Oskar Negt
Kindheit und Schule

Oskar Negt

Kindheit und Schule
in einer Welt
der Umbrüche

Steidl

1. Auflage Februar 1997
© Copyright Steidl Verlag, Göttingen 1997
Lektorat: Daniela Hermes
Umschlag: Gerhard Steidl
Alle deutschen Rechte vorbehalten
Satz, Druck, Bindung:
Steidl, Düstere Straße 4, D-37073 Göttingen
Printed in Germany
ISBN 3-88243-419-8

Inhalt

Vorwort 9

I Lernen und Erziehung unter Bedingungen einer Erosionskrise
1. Wozu noch lernen? Arbeitslosigkeit und die Folgen einer kulturellen Erosionskrise 15
2. Auf halbem Wege: Die bildungspolitische Ausgangssituation .. 25
3. Plädoyer für eine gesamtdeutsche Bildungsreform 33

II Gewichtsverlagerungen der Erziehungs- und Lernorte
1. Vom Kindheitsmythos zur Lebenswelt der Kinder 51
2. Primäre Lebensverhältnisse: Familie, Haushalt, Kleine Heime . 65
3. Kinder- und Jugendöffentlichkeit: Freiheit als Bewegungsraum 91
4. Erosionen im staatlichen Schulsystem: Der Funktionszuwachs der Schule 115

III Das reichhaltige Angebot der Alternativpädagogik
1. Kindheitsforschung und Alternativpädagogik 121
2. Zum Begriff »Alternativpädagogik« 127
3. Wie entsteht eine Alternativschule? 134
4. Die Idee der Glocksee-Schule 140
5. Fünf Brücken zur Regelschule: Ein Gespräch mit Rainer Winkel 160
6. Ein gebrochener Reformansatz: Die Legitimationslast der Gesamtschule 172

IV Was sollen unsere Kinder und Jugendlichen lernen?
1. Zur Dialektik von Selbstregulierung und Strukturierung 191
2. Die Grundlagenkompetenz: »Zusammenhang herstellen« 210
3. Das kommunikativ ermittelte Allgemeine 222
4. Fünf gesellschaftliche Schlüsselqualifikationen 227

V	**Die offene Angebotsschule**	
1.	Schule als öffentliches Lern- und Kommunikationszentrum	239
2.	Betriebsklima im pädagogischen Feld	247
3.	Kindgemäße Architektur	256
4.	Das Prinzip Hautnähe	264
5.	Zuverlässigkeit als pädagogisches Arbeitsprinzip oder die angstfreie Schule	273
6.	Zur Neuformulierung des Generationenvertrages	282

Wie lernen Menschen? 10 Variationen

1. Persönliches im Erkenntnisinteresse 297
2. Erlöserkinder: Siegfried, Rousseaus Emil und die Kinder von Summerhill 306
3. »Vergesellschaftung von unten« als Bedingung individueller Freiheit: Zur Selbstaufklärung der Aufklärung 313
4. Tabula rasa (White paper) oder Marmor? Die erkenntnistheoretische Beweiskraft eines Neugeborenen 328
5. Begabung, soziale Ungleichheit, Eliteförderung: Anthropologische Variationen 341
6. Schule als therapeutisches Laboratorium: Summerhill 358
7. Reisen als Lern- und Arbeitseinheit: Die dänischen Tvind-Schulen 373
8. Arbeit und Spiel: Die École Moderne Freinets 381
9. Glocksee-Schule heute: Ein Blick in die Praxis von *Doris Krammling-Jöhrens* 395
10. Der Mythos von Sisyphos: Die pädagogische Wirklichkeit 416

Anmerkungen 421
Auswahlbibliographie 430

Die Arbeit an diesem Buch hat sich über zwanzig Jahre hingezogen – und sie wäre ohne die alltägliche Herausforderung durch meine Kinder nicht geleistet worden. Drei Jahrzehnte lang haben mich Kinderläden und Alternativschulen begleitet, mit einer wechselnden Gefühlsmischung von Mühe, Ärger und Glück. Ich widme deshalb dieses Buch meinen Kindern: Monika (*1966), Katharina (*1969), Philip (*1983), Laura (†*1985) und Leonore (*1989).

Deine Erzieher vermögen nichts zu sein als deine Befreier. Und das ist das Geheimnis aller Bildung: Sie verleiht nicht künstliche Gliedmaßen, wächserne Nasen, bebrillte Augen... sondern Befreiung ist sie, Wegräumung alles Unrats...

(Friedrich Nietzsche)

Wenn Schule ein Raum für Erfahrung werden soll, dann immer auch ein Raum für die Erfahrung von Alternativen.

(Hartmut von Hentig)

Berechtigte Frage eines lernwilligen Schülers an seinen Lehrer: Wie kann ich lernen, was Sie wissen, ohne zu werden, wie Sie sind.

(Arnfried Astel)

Vorwort

Unsere Schulen sind in einem erbarmungswürdigen Zustand. Jeder weiß das. Die meisten der unmittelbar Betroffenen – Kinder und Jugendliche, Eltern und Lehrer, verzweifelte Erzieher – machen sich ihre höchst privaten Gedanken über die Schuldigen. Hin und wieder werden gesellschaftliche Ursachen dingfest gemacht. Wer sich auf geschichtlichen Pfaden bewegt und im Horizont des Wertezerfalls zu denken gewohnt ist, stößt gerne auf den Sündenfall der antiautoritären Erziehung: Sie habe einen Stein ins Rollen gebracht, der durch pädagogische Sisyphosarbeit nie wieder über den Berg gebracht werden könne. Diese Erklärung scheint vor allem auch denjenigen einen ruhigen Schlaf zu bescheren, für die Reformprojekte stets mit Zersetzung und Rückschritt verbunden sind. Aber solche Erklärungen sind lediglich geeignet, den Blick auf die gesellschaftlichen Strukturen zu verstellen und günstige Ausgangspositionen für kurzfristige politische Interessenzuordnungen, für innerstaatliche Feinderklärungen zu schaffen.

Wir leben in einer Welt voller Umbrüche. Ganze Staatensysteme haben sich aufgelöst, ohne daß es dafür eines Krieges bedurft hätte; längst als überholt betrachtete ethnische Rivalitäten, ja archaische Stammesfehden sind bis ins Zentrum Europas vorgerückt; das System der Erwerbsarbeit ist offensichtlich an eine Grenze gestoßen, die mit herkömmlichen Mitteln der Marktökonomie nicht überschritten werden kann.

Wo Wandlungen dieses epochalen Ausmaßes geschehen, entsteht eine Diskrepanz zwischen dem gewaltigen Objektüberhang an veränderten Verhältnissen und der Lernbereitschaft der Menschen, die subjektiv verunsichert sind. Nimmt man die vergangenen anderthalb Jahrzehnte, so kann man von einem äußerst beschleunigten Aktionszyklus der Gegenwartsgeschichte sprechen. Damit die Menschen begreifen können, was in ihrer Umwelt geschehen ist, liegt es nahe, jetzt einen geschichtlichen Lernzyklus zu beginnen.

Vergleichbare historische Umwälzungen galten bisher immer als Herausforderung, die alten Einrichtungen des Lernens – Schulen, Berufsausbildung, Erwachsenenbildung, öffentliche Kommunikationsformen – in Frage zu stellen. Aus der Not von überfälligen Neuorientierungen entstanden Bildungs- und Lernreformen: Eine Antwort auf den Zusammenbruch des preußischen Staates war die Humboldtsche Schul- und Universitätsreform, mit dem Zentrum philosophischer Weltbildung. Die großen Alternativschulprojekte zu Beginn des zwanzigsten Jahrhunderts und nach dem Ersten Weltkrieg waren Dokumente der Spurensuche, aus dem mit destruktiven Elementen durchsetzten bürgerlichen Kulturzusammenhang herauszukommen und durch konkrete Projekte Erziehung und Lernen neu zu definieren. Die *education act* wurde 1944 verabschiedet, als Großbritannien ökonomisch völlig am Boden lag.

Nach 1945 blieb im Westen Deutschlands eine vergleichbare Reformanstrengung zunächst aus. Die sozialliberale Bildungsreform Ende der sechziger und Anfang der siebziger Jahre wurde erst eingeleitet, als die öffentlichen Haushalte angefüllt waren und von oben herab relativ viel zu verteilen war. Das als absolute Ausnahme, als einen nicht wiederholbaren geschichtlichen Spezialfall zu betrachten ist der erste entscheidende Akt für die Entwicklung von Perspektiven, die Lernen und Erziehung im erweiterten Horizont des heute notwendigen geschichtlichen Lernzyklus begreifen.

In diesem Buch steht die Schule im Zentrum von Überlegungen, einen solchen neuen Lernzyklus in allen Bereichen lebendiger gesellschaftlicher Tätigkeit einzuleiten. Meine ursprüngliche Absicht war, mich formelhaft kurz zu fassen, um einen übersichtlichen Forderungskatalog für die radikalisierte Fortsetzung der sozialliberalen Bildungsreform zu formulieren. Doch mit jedem Schritt der Reflexion über die Schule geriet ich tiefer in jene Schichten gesellschaftlicher Umstrukturierungen, ohne deren Analyse Veränderungen der Schule bloße abstrakte Postulate geblieben wären. Und je tiefer man in die Bereiche unterschlagener Wirklichkeit eindringt, desto widersprüchlicher und angespannter erscheint die Stimmungs- und Gesinnungslage. Dem verbreiteten Wunsch und dem guten Willen vieler einzelner, die gesellschaftlichen Institutionen des Lernens und der Erziehung auf ein Niveau zu bringen, das den heutigen geschichtlichen Anforderungen gewachsen wäre, entsprechen alltägliche Ohnmachtserfahrungen und drückende Empfindungen der Lähmung.

Wir sind heute mit Aufgaben konfrontiert, für deren Lösung niemand eine unzweifelhaft erfolgversprechende Strategie vorlegen kann. In der kulturellen Suchbewegung, der wir uns öffnen müssen, um begründete Antworten auf die Herausforderungen zu finden, beginnen wir ein neues Experimentalstadium pädagogischer und erzieherischer Arbeit. Was Schulversuche mit verschiedenen methodischen Lernschwerpunkten, was die im allgemeinen von tiefem Realismus getragenen utopischen Organisationsphantasien von Pädagogen in Privatschulen oder in öffentlichen Erziehungsexperimenten ganz unterschiedlicher rechtlicher Konstruktion anzubieten haben, ist deshalb für mich in diesem Buch eine wesentliche Erfahrungsgrundlage für politische Reformen. Als ich vor gut fünfzehn Jahren in einem programmatischen Artikel die Schulversuche – von der Glocksee-Schule über andere freie Schulexperimente, Hartmut von Hentigs Laborschule bis zu den Gesamtschulen – gegen Angriffe zu verteidigen versuchte, sollte der Titel »Die Alternativpädagogik ist ohne Alternative«[1] Ermutigung und Signal zugleich für die Vervielfältigung pädagogischer Alternativen sein. Die Realität hat diese Forderung eingeholt; ohne produktive Aufarbeitung der Alternativschulen wird die Existenzgrundlage des staatlichen Regelschulsystems immer bedrohlicher eingeengt.[2]

In der Radikalisierung der Herausforderungen heute liegt auch die entscheidende Differenz zu jenen Lern- und Erziehungskonzeptionen, die sich am geschichtlichen Imperativ orientieren, jede Debatte über Erziehungsideale sei nichtig und gleichgültig der einen Verpflichtung gegenüber, daß Auschwitz sich nicht wiederhole. Nur im ungeschminkten materialistischen Motiv überlebe Moral, sagt Adorno. Das ist zu einem emanzipativen Minimum geworden. Denn die Situation hat sich, seit es Hiroshima und Tschernobyl gibt, radikalisiert, weil das, was selbst die Nazis nur als deutsche Götterdämmerung zustande brachten, jetzt die Lebensgrundlagen der ganzen Menschheit betrifft, und darüber hinaus aller Lebewesen. Ein neu zu formulierender Generationenvertrag muß diesen geschichtlichen Veränderungen Rechnung tragen.

Das Buch ist in zwei große Teile gegliedert. Die fünf Kapitel des ersten Teils untersuchen die veränderten gesellschaftlich-geschichtlichen Voraussetzungen für Erziehung und Lernen und formulieren Ansätze für mögliche pädagogische Antworten auf die neuen Herausforderungen.

Schritt für Schritt rückt die Schulreform ins Zentrum dieses systematischen Teils, pädagogisch und politisch. In den Variationen des zweiten Teils bewege ich mich in konzentrischen Kreisen um das Thema: Wie lernen Menschen? Gibt es anthropologische Grenzen der Erziehung und des Lernens? Wo und wie ist mit Lernen experimentiert worden? Die Variationen sind Vertiefungen von Fragestellungen, die sich aus dem Haupttext ergeben, am Ende aber in diesen nicht vollständig integrierbar waren, da sie über die aktuelle Dringlichkeit einer Reform der Schule und des Bildungssystems weit hinausgehen. Unter diese Variationen eingeordnet habe ich auch einen Originalbeitrag von Doris Krammling-Jöhrens, Lehrerin an der Glocksee-Schule. Sie vermittelt einen intensiven Einblick in die Praxis der Glocksee-Schule heute.

Den aufmerksamen Lesern und Leserinnen dieses Buches wird eine Lücke sofort auffallen: die Behandlung des Geschlechterverhältnisses, die Differenzierung der pädagogischen Praxis nach Jungen und Mädchen. Ich bin mir dieses Mangels sehr wohl bewußt, geriet aber beim Studium der Glocksee-Materialien in ein Dilemma: Auf der einen Seite ist in meiner zehnjährigen wissenschaftlichen Begleitung der Glocksee-Schule unentwegt über diese Konflikte diskutiert worden. Doch vieles von dem, was das Geschlechterverhältnis betrifft, bedürfte neuer Überprüfung, zum Beispiel das Problematische der Koedukation, der gemeinsamen Erziehung von Mädchen und Jungen. Daß Mädchen ihre eigentlichen Begabungen und Fähigkeiten in Schulklassen, die durch beide Geschlechter besetzt sind, nicht wirklich ausbilden können, war bisher ein Gesichtspunkt, der in der geschlechtsbezogenen Pädagogik kaum in Betracht gezogen wurde. Im Rahmen dieses Buches kann ich die von mir empfundene Lücke nur durch ein Bekenntnis schließen: Das Studium der Schriften von Regina Becker-Schmidt und Gudrun-Axeli Knapp, von Mechthild Rumpf und Christine Morgenroth, die das Geschlechterverhältnis in ganz verschiedenen Dimensionen erörtern, aber doch auf dem Hintergrund einer mich selbst mitprägenden Theorietradition der Frankfurter Schule, hat mich davon überzeugt, daß weitreichende Fragestellungen in der pädagogischen Praxis noch intensiver untersucht werden müssen. Die bei diesen Autorinnen entwickelten Perspektiven kann ich nur mit höchster Zustimmung zur Kenntnis nehmen.[3]

Wer sich, wie in meinem Falle, als Wilderer in pädagogischen Gefilden bewegt, die professionell von anderen verwaltet werden, hat viel Grund für Danksagungen. Da der institutionelle Ausgangspunkt für meine Untersuchung die Glocksee-Schule ist, bedarf sie in diesem Zusammenhang auch besonderer Erwähnung: Barbara Both und Dieter Hermann, Ulrike Köhler und Doris Krammling-Jöhrens, Lehrerinnen und Lehrer der ersten Stunde und weit darüber hinaus, haben entscheidend dazu beigetragen, daß es die Glocksee-Schule heute gibt; Peter Weigelt gehört zu den unerbittlichen Verfechtern des Prinzips der Selbstregulierung, hat mir Anregungen und Anstöße in vielen Punkten vermittelt. Thomas Ziehe, Mitarbeiter in der ersten wissenschaftlichen Begleitung, hat mich, gegen viel inneren Widerstand am Anfang, immer wieder auf das Problem notwendiger Strukturierungsarbeit gestoßen. Hans-Peter Thiele, ein leidenschaftlicher Medienarbeiter, hat keine Chance verpaßt, der Glocksee-Schule öffentliches Ansehen zu verschaffen. Friedel Ilgner schließlich, ursprünglich Conti-Arbeiter, war als erster Hausmeister der Glocksee ein ausgesprochener Glücksfall für den Schulversuch; nicht wenige Kinder haben bei ihm Lesen und Schreiben gelernt.

Christine Morgenroth und Thomas Ziehe haben die Arbeit am Manuskript kritisch begleitet. Ohne die Mithilfe von Christine Schwarz und Rita Benneke wäre das Ganze nie lesbar auf Papier gekommen. Diesen beiden gilt mein besonderer Dank. So bleibt mir am Ende nur der Wunsch, meine Leserinnen und Leser mögen das kritisieren, was ich geschrieben habe, und nicht, was ich hätte schreiben sollen, aber hier jedenfalls nicht geschrieben habe.

Oskar Negt   Hannover, im Oktober 1996

I Lernen und Erziehung unter Bedingungen einer Erosionskrise

1. Wozu noch lernen? Arbeitslosigkeit und die Folgen einer kulturellen Erosionskrise

Lern- und Bildungsbegriffe, die sich in langen geschichtlichen Zeiträumen entwickelt und bewährt haben, werden heute im Zuge großer gesellschaftlicher Umwälzungen in Frage gestellt. Die Signale für ein überfälliges Umdenken kommen vor allem aus den etablierten Institutionen von Bildung und Lernen, aus den Volkshochschulen ebenso wie dem öffentlichen Schulsystem, aus gewerkschaftlichen Bildungseinrichtungen nicht weniger als aus Trainingskursen des Managements. Die angestrengte Suche ist auf einen neuen Begriff des kulturellen Lernens gerichtet, für den zwei Merkmale gleichzeitig entscheidende Bedeutung haben: Orientierung und Kompetenz.

Treten solche Suchbewegungen, die im Grunde auf die Neudefinition gesellschaftlicher Schlüsselqualifikationen hinauswollen, immer dann auf, wenn die Welt aus den Fugen geraten ist und die Menschen mit ihrem subjektiven Verarbeitungsvermögen dem Geschehen, den objektiven Umbrüchen weit hinterherhinken, so scheint diese Suche heute völlig ins Leere zu gehen und ohne konkrete Folgen zu bleiben. Gegenseitig sich ergänzende Blockaden erzeugen Starre und Stillstand. Auf der Objektseite bricht sich die Suche an den Haushaltsengpässen. Auf der Subjektseite fügt sich bei den von Mittelkürzungen Betroffenen der Wunsch nach Auswegen häufig vorauseilendem Gehorsam: Gedanken, die möglicherweise an der Realität scheitern könnten, werden erst gar nicht gedacht. So vertieft sich in doppelter Hinsicht die Misere des Bildungs-, Erziehungs- und Lernsystems unserer Gesellschaft, die von der Sache her nichts dringender benötigte, als angesichts der mit ungeheurem Tempo eintretenden Veränderungen (wie der Sturzgeburt der Wiedervereinigung, des Zerbröckelns des dualistischen Weltsystems, der neuen

Krisenherde im Osten und der Verschärfung der alten im Westen) einen neuen gesellschaftlich-geschichtlichen Lernzyklus zu eröffnen.

Das würde voraussetzen, den erstarrten und monomanischen Blick auf die quantitativen Forderungen an die staatlichen Haushalte zu überwinden und die Arbeitsprozesse »Lernen und Bildung« selbst zum Thema zu machen. Wer heute Verhalten, Gefühle und Denken von Kindern und Jugendlichen begreifen will, muß sich vorab der Mühe unterziehen, ein deutbares Bild vom gesamtgesellschaftlichen Krisenzustand zu gewinnen. Er wird nichts verstehen, alles mit moralischen Urteilen zu belegen versuchen und im übrigen damit zufrieden sein, in stolzer Distanz zur neuen Generation alltäglich sich in allen wesentlichen Vorurteilen bestätigt zu finden, wenn der gegenwärtige Zustand nicht in der Größenordnung einer kulturellen Erosionskrise verstanden wird. Das klingt wie ein großes Wort, bezeichnet aber einfache Tatbestände.

Das Hauptproblem ist keineswegs mehr, für Arbeitslose – Akademiker wie Nichtakademiker – Arbeitsplätze zu schaffen und Jugendlichen, die von der Schule kommen, Lehrstellen zu vermitteln, im übrigen aber mit demonstrativem Selbstbewußtsein die Gültigkeit und Intaktheit des bestehenden Systems zu bestätigen. Was als das Massenproblem von Arbeitslosigkeit an die Öffentlichkeit dringt, ist vielmehr nur Symptom einer grundlegenden Strukturkrise der durch herkömmliche Berufsarbeit definierten Industriegesellschaft.

Denn ginge es nur darum, für einen nach dem Schema von Aufschwung und Rezession ablaufenden Zyklus, der sich zur Zeit wieder im Tief bewegt, Überwinterungsprogramme zu formulieren, so könnte man getrost darauf vertrauen, daß die gehorteten Qualifikationen, die von Individuen angelegten Bildungsvorräte eines Tages wieder der wirtschaftlichen Wachstumsdynamik voll integriert werden können. Der Blick wäre darauf zu richten, wie diese Berufsqualifikationen, die momentan keine Verwendung finden, vor Verrottung bewahrt werden und wie deren Träger sozialpolitisch mit einem Minimum von Existenzmöglichkeiten auszustatten sind. Solche Hoffnungen klammern sich jedoch zu sehr an die überholten Vorstellungen von Hochkonjunktur und Rezession, von vorübergehend mageren Jahren, denen dann wiederum zwangsläufig fette einer längeren Prosperität folgen. Die öffentlichen Beschwörungsrituale, die mit magischem Denken durchsetzt sind und durch

Wortoptimismus die Verhältnisse zum Besseren wenden wollen, tragen das Ihre dazu bei, den Schein einer im Grunde krisenfreien industriellen Gesellschaft aufrechtzuerhalten.

In Wirklichkeit handelt es sich jedoch um eine epochale Strukturkrise der industriellen Zivilisation insgesamt, und was auf hohem technologischen Niveau in den westlichen Industriegesellschaften vorgelebt wird, wird wohl mit mehr oder minder starken Zeitverschiebungen die nachgeholten Industriegesellschaften des Ostens genauso erfassen. Die Aufspaltungs- und Ausgliederungstendenzen in den Gesellschaftsordnungen Westeuropas und Nordamerikas bestimmen immer spürbarer das rauhe Klima, die Atmosphäre eines Kältestroms, der durch unsere Gesellschaft geht. Es entsteht eine sozial-kulturelle Zwei-Drittel-Gesellschaft, der die politische Ein-Drittel-Gesellschaft entspricht.

Daß nämlich aus diesen ökonomischen und politischen Ordnungen, die über eine relative Stabilität im politischen Konsensus, in der materiellen Zukunftssicherung und in den allgemeinverbindlichen Wertvorstellungen verfügen, gut ein Drittel der erwerbs- und arbeitsfähigen Bevölkerung auf Dauer ausgegliedert zu werden droht, ist eine moralische Provokation und muß als kultureller Skandal verstanden werden. Das abgekoppelte Drittel der Bevölkerung deckt ein sehr weites Spektrum von ausgegrenzten und praktisch nicht mehr integrierbaren Massen ab: Millionen von Dauerarbeitslosen, Menschen, die zu Objekten sozialpsychiatrischer Betreuungsinstitutionen werden, Randgruppen, die unter der Kategorie der »neuen Armut« zusammengefaßt sind.

Was bisher als marginales Problem abgetan wurde, um die gute, geordnete Gesellschaft von Widersprüchen zu entlasten, ist längst ins gesellschaftliche Zentrum eingedrungen. Denn auch die Produktions- und Lebensprozesse in jenem Teil der Gesellschaft, in dem sich die Menschen bisher gesichert und aufgehoben fühlen, sind keineswegs mehr problemlos auf eine befriedigende Zukunft gerichtet.

Wenn einst marginale Probleme ins gesellschaftliche Zentrum eindringen, so drückt sich das nicht nur in der Veränderung der sozialkulturellen Existenzbedingungen einer wachsenden Zahl von Menschen aus, sondern erfaßt gleichzeitig auch das ganze Bildungs- und Ausbildungssystem. Erziehung und Lernen können nur durch unzulässige und willkürliche Abstraktionen aus dem gesamtgesellschaftlichen »Betriebsklima« gelöst werden. Eine historische Umdefinition von Erziehung und Lernen steht auf der Tagesordnung.

Was von konservativen Bildungspolitikern als Lösungsmöglichkeiten der Bildungsmisere ins Auge gefaßt wird – an die Stelle von Chancengleichheit verschärfte Selektionskriterien des Bildungszugangs zu setzen und einer auf technologische Kompetenz reduzierten Massenbildung speziell geförderte Elitebildung gegenüberzustellen –, würde nicht nur die Zweiteilung der Gesellschaft bruchlos ins Bildungssystem übertragen und damit alle Gerechtigkeitsvorstellungen, die mit der sozialliberalen Bildungsreform verknüpft waren, zum alten Eisen werfen. Schwerwiegender scheint mir noch der Einwand zu sein, daß eine solche Restauration des alten Klassensystems der Bildung von Bedingungen ausgeht, die zur reinen Fiktion geworden sind. Diese Konzeptionen setzen nämlich voraus, daß es nur einer entschlossenen Ökonomisierung der Ausbildungszeiten und einer technisch-industriellen Effektivierung der Qualifikationen bedarf, um alle, die auf den verschiedenen Ebenen des Ausbildungssystems qualifizierte Abschlüsse erlangen, in das bestehende Berufssystem integrieren zu können. Die Krise der herkömmlichen Erwerbs- und Arbeitsgesellschaft ist im Verstehenshorizont dieses technologisch aufgeputzten Neu-Konservativismus kein Thema.

Für eine Politik, die sich auf die Zukunft der Gesellschaft, also wenigstens auf die nächsten zwanzig, dreißig Jahre einstellt, muß diese Krise aber gerade das Hauptthema sein. Es gehört zu den Grundtäuschungen der sogenannten Realisten unter den Krisenbewältigern, daß sie am überkommenen System der Organisation gesellschaftlicher Arbeit und an den gegebenen Berufsstrukturen um so nachdrücklicher festhalten, je deutlicher deren Risse spürbar werden. Sie experimentieren mit der Verlängerung der Gegenwart in die Zukunft oder mit Totenbeschwörungen der Vergangenheit. Es ist noch nicht voll ins Bewußtsein gedrungen, daß es bei der gegenwärtigen Krise nicht nur darum geht, daß die vorhandenen Arbeitsplätze knapper werden, sondern viele von ihnen werden schon in naher Zukunft ganz von der Bildfläche verschwunden sein, andere ihre Qualifikationsanforderungen so grundlegend verändert haben, daß sie mit dem, was sie heute darstellen, nur noch den Namen gemeinsam haben werden. Es ist kein Geheimnis mehr, daß es viele Berufe, für die heute ausgebildet wird, in zehn bis zwanzig Jahren nicht mehr gibt. Wo ist also die Vorsorge für die neue Generation anzusetzen?

Die bloße Tatsache, daß heute ein junger Mensch eine Ausbildung für irgendeinen Arbeitsplatz bekommt, mag zu einer kurzfristigen Beruhigung des Lehrstellenmarktes führen, eine gesellschaftliche Zukunftsinvestition kann das nicht sein. Das gilt im übrigen nicht nur für die Handwerksberufe, auf deren Ausbildungsanstrengungen bei der spektakulären Lehrstellengarantie im Herbst 1996 mit besonderem Stolz verwiesen wurde, sondern auch für viele akademische Berufe. Die beschleunigte Verwissenschaftlichung der Produktionsprozesse, die mit einem raschen Veralten eingeübter Fähigkeiten und Informationen verknüpft ist, hat zur Folge, daß das theoretische und praktische Wissen, das heute zum Beispiel Ingenieure und Ärzte erwerben, schon in einem Jahrzehnt in wesentlichen Teilen überholt sein wird. Eine Mindestforderung, die sich aus dieser Entwicklung ergibt, besteht darin, daß neben der engeren Berufsausbildung eine fortlaufende, die Berufstätigkeit begleitende Fortbildung institutionalisiert wird, die an künftigen und nicht vergangenen Arbeitsplätzen orientiert ist. Lebenslanges Lernen ist zur Existenzfrage geworden.

Und kaum bedarf es noch eines ausdrücklichen Hinweises darauf, daß die in vielen Bereichen erst in den Anfängen steckende mikroelektronische Entwicklungsdimension der Technologie mit den Qualifikationsvoraussetzungen der Arbeit gleichzeitig ihre Organisationsformen und das Verhältnis von Kopf- und Handarbeit insgesamt umwälzt. Die Struktur der Arbeitsplätze, ja Arbeit selbst, ist in einen Strudel gesellschaftlicher Dynamik hineingezogen, die durch eine Offenheit der Situation gekennzeichnet ist, in der alte Wertorientierungen und Wertvorstellungen nicht mehr bedingungslos gelten, neue gesellschaftlich anerkannte und verbindliche Wertmuster zur Orientierung des Denkens und des Verhaltens jedoch noch nicht existieren.

Eine Bildungspolitik, die den ernsthaften Versuch unternimmt, aus dem verengten Horizont von Konjunkturverläufen des bildungsökonomischen Bedarfs auszubrechen und eine tragfähige Konzeption für die Zukunft zu entwickeln, muß von dieser Umbruchsituation der Gesellschaft ausgehen und einen Begriff des Lernens formulieren, der die Menschen instand setzt, die künftig zu erwartenden Probleme dieser Gesellschaft zu begreifen und Lösungswege ins Auge zu fassen. Dabei wird sich zeigen, daß es sich nicht nur um einschneidende Veränderungen im System der Arbeitsplätze und in den Qualifikationsanforderungen der Arbeit handelt. Vielmehr sind in den vergangenen zwei Jahrzehnten auch zahlreiche Problemstellungen neu aufgetreten und haben zum Teil politische Auseinandersetzungen geprägt, welche die prinzipielle Legitimation einer wachstumsorientierten, auf Raubbau an der inneren und äußeren Natur beruhenden Industriegesellschaft betreffen. Bedenkenlose Modernisierungsstrategien insgesamt stoßen auf immer größeren Widerstand.

Wenn eine Politik nach ökologischen Maßstäben gefordert wird, dann entspringt das nicht einer zivilisationskritischen Randgruppenmeinung, sondern drückt ein fundamentales Bedürfnis der Menschen aus, die besinnungslose Plünderung der Natur zu beenden und die Sicherung der Lebensgrundlage der neuen Generation ins Zentrum der Aufmerksamkeit zu rücken. Ökologische Kritik trifft sich mit dem wachsenden Widerstand gegen eine gedankenarme Fortschrittsmechanik, in der die produzierten Zerstörungspotentiale in keinem Verhältnis mehr zu den das Leben fördernden und erweiternden gesellschaftlichen Produktionsprozessen stehen.

Auf die Zukunft bezogen werden sich demzufolge, wenn Krisenbewältigung ein Hauptgesichtspunkt in der Neuorganisation von Lernen und Erziehung sein soll, ganz neue Fragestellungen ergeben. Was benötigt ein Mensch, der heute geboren wird und jene Ausbildungsgänge wahrzunehmen imstande und bereit ist, die ihm die gegenwärtigen Bildungseinrichtungen anbieten, an Kompetenzen, um mit den Problemen einer Gesellschaft der Jahrtausendwende im Interesse einer befriedigenden eigenen Lebensgestaltung zurechtzukommen? Was sollen also unsere Kinder lernen? Und wofür sollen sie etwas lernen? Was ist, wenn der Bildungsökonomie die ökonomischen Grundlagen abhanden gekommen sind?

Eines ist klar: Der Versuch, die Krise der Arbeitsgesellschaft durch pädagogische Kraftanstrengungen zu lösen, ist zum Scheitern verurteilt. Derartige bildungspolitische Strategien sind ideologische Ersatzlösungen.

Wenn Begriffe wie Erziehung, Lernen, Kindheit und Schule in einen Wertehorizont einbezogen werden, der zentrale Probleme der modernen Welt ausdrückt, verleiht erst die Untersuchung von charakteristischen Merkmalen der gegenwärtigen Krisensituation jedem der genannten Aspekte sein spezifisches Gewicht. Gesellschaftlicher Ausschluß von Bildung ist, wie Adorno einmal gesagt hat, nicht allein durch Bildung rückgängig zu machen. Am Ende hängt die Bildungsreform davon ab, wie die Gesellschaftsreform vorankommt.

Kritik und *Krise* haben einen gemeinsamen griechischen Wortursprung. Sie kommen von *krino*, was soviel bedeutet wie *scheiden, trennen,* aber auch *entscheiden.* Wenn von einer Sache gesagt wird, sie befinde sich in der Krise, so heißt das also, daß vorher zusammengehörige, in ihrer Alltagsverbindung als natürlich angenommene Elemente sich zu trennen beginnen, bis hin zu der Möglichkeit ihrer Auflösung und ihrem Ausscheiden aus dem Ganzen, was meist die Umstülpung auch dieses Ganzen zur Folge hat. Tritt beispielsweise in der Krankheitsgeschichte eines Menschen eine Krise auf, so besteht in der Regel höchste Alarmstufe; der im Körper isolierte und unter Kontrolle stehende Krankheitsherd hat die Neigung, sich zu verallgemeinern, den gesamten Körper zu erfassen, also auch die vorher intakten Organe in Mitleidenschaft zu ziehen und so das Leben des ganzen Körpers zu gefährden. Eine Krise treibt auf einen Höhepunkt zu, der eine auf das Ganze bezogene Entscheidung enthält: Tod oder Heilung.

Von den »Selbstheilungskräften des Marktes« ist neuerdings wieder häufig die Rede. Es sieht so aus, als wären viele der liberalen und konservativen Krisenideologen über den Tatbestand, daß die Insolvenzen mittlerer und kleiner Betriebe sprunghaft angewachsen sind und ganze Industriezweige ruiniert werden, gar nicht so unglücklich. Was fällt, soll noch gestoßen werden. Sie sehen darin einen längst überfälligen Prozeß des Gesundschrumpfens. Nur das Überlebensfähige ist überlebenswert. Schumpeters dynamischer Unternehmer, jenes Selbstideal der Marktökonomie, scheint dabei im Hintergrund zu stehen; ihm wächst gerade in Krisenzeiten ein besonderes Innovationsvermögen zu. »Diese Fähigkeit (der Innovation) gedeiht nicht in einem Klima des Versorgtseins rundum, das menschliche Kräfte sanft entschlummern läßt.« Bereits 1983, als die geistig-moralische Wende ihr großes Zukunftsprogramm verfaßte, war dieser ermutigende Satz ausgerechnet in der Weihnachtsausgabe der »Süddeutschen Zeitung« zu lesen, geschrieben von Franz Thoma, einem der schärfsten Kritiker jeder Form der Arbeitszeitverkürzung und der Umverteilung der Erwerbsarbeit.

Ich bin mir bewußt, daß organische Vorgänge auf die Gesellschaft nicht einfach zu übertragen sind. Dennoch halte ich zwei Momente im Krisenbegriff, die an dem krankheitsgeschichtlichen Beispiel deutlich werden, für entscheidend: Wird von Krise gesprochen, so ist das nie ausschließlich ein theoretisches Erkenntnisproblem, sondern fordert immer eine praktische Entscheidung. Wer sich auf bloße Krisenerklärungen beschränkt, wird der Realität des Gegebenen stets den Vorzug geben vor den Perspektiven des Möglichen, die sich in der Krise andeuten und Orientierung bieten, und wird dadurch, ob er das weiß oder nicht, Opfer von Scheinobjektivität. Sich der Krise gegenüber wertneutral zu verhalten, als könnte man sich aus ihr herausziehen und den Status des allseitig abwägenden Beobachters annehmen, ist eine praktische und theoretische Unmöglichkeit. Parteilichkeit ist kein Mangel, sondern konstituiert in diesen Fragen allererst den Wahrheitsgehalt objektiver Erkenntnis.

Ich spreche an verschiedenen Punkten dieses Buches von Erosionskrise und bin mir bewußt, daß dieser Begriff, gemessen an klassischen Definitionsregeln, wenig präzise ist. Gemeint ist damit ein aus den Fugen geratener gesamtgesellschaftlicher Zustand, in dem kein Stein mehr auf dem anderen bleibt. Daß versteinerte, von der Loyalität breiter Bevölkerungsschichten gestützte Machtverhältnisse das Ganze zusammenhalten und die normale Funktionsweise des politischen Herrschaftssystems vorerst sichern, ist kein Argument gegen eine solche Instabilitätsthese. Wie wir in reichlichem Maße aus der Geschichte unseres Landes wissen und mit Blick auf die gegenwärtigen Erosionen sich für ewig haltender Herrschaftsordnungen bestätigt finden, können Machtverhältnisse von heute auf morgen zusammenbrechen, ohne daß dem öffentlich sichtbare, langwierige, spektakuläre Prozesse der gesellschaftlichen Desintegration vorausgegangen sein müssen.

Von den herkömmlichen Krisen unterscheiden sich Erosionskrisen dadurch, daß diese sich vor allem auch unterhalb des öffentlichen Institutionensystems auswirken, daß sie die Subjekte in ihrer seelischen und geistigen Grundausstattung erfassen. Krisen dieses Typs verändern die Subjekte in ihren wichtigsten Lebensäußerungen, in ihrem Arbeitsverhalten, in ihrem Selbstwertgefühl, in ihren Wert- und Bedürfnisorientierungen.

Hier ist nicht der passende Ort, um noch einmal ausführlich auf den Begriff der Erosionskrise selbst einzugehen.[1] Am nächsten kommt ihm wohl die Theorie der Anomie; denn wie immer man die Identitätskrisen in komplexen Industriegesellschaften, was ihre subjektive Seite betrifft, bezeichnen mag, sie tragen unverkennbar Züge dessen, was um die Jahrhundertwende der französische Soziologe Emile Durkheim den Zustand der Anomie genannt hat, als er die Typisierung von Selbstmordraten und pathologischen Formen der Arbeitsteilung untersuchte.[2] Für Durkheim ergab sich in seiner Gesellschaftsanalyse der überraschende Tatbestand, daß es neben dem altruistischen und egoistischen Selbstmord einen dritten Typus gab, der viel stärker mit der moralischen Situation des Kollektivbewußtseins einer Gesellschaft verknüpft war. Er trat unabhängig von der ökonomischen Situation der Menschen auf. Daraus leitete Durkheim ab, daß die Erosion der Normen entscheidender Faktor für diesen Typus des Selbstmordes ist. Charakteristisch für Anomie ist eine Situation der Norm- und Orientierungslosigkeit, die in den Individuen, auch wenn ihre soziale Lage, ja die der Gesamtgesellschaft relativ stabil erscheint, Gefühle der Vereinsamung und Verlassenheit, Angstzustände von Macht- und Hilflosigkeit bewirkt. Es ist ein Zustand, in dem alte Normen nicht mehr gelten, die regulierende Kraft der Tradition (zum Beispiel die einer patriarchalischen Kultur, die religiöser Wertesysteme) teilweise oder ganz außer Kraft gesetzt ist, aber neue Handlungsorientierungen, die Sicherheit im Alltagsverhalten verbürgen, noch nicht gefunden sind.

So entsteht in einer Gesellschaft die unstrukturierte Situation ausgesetzter Regeln, die Durkheim zutreffend als »moralisches Vakuum« bezeichnet. *Erosion* setzt den Akzent deutlicher auf den Prozeß der Zersetzung und weniger, wie bei Durkheim, auf das Resultat, den Zustand. Der Begriff entstammt der Geologie, bedeutet, wörtlich übersetzt, *Ausnagung* und bezeichnet hier die ausfurchende und abtragende Tätigkeit des fließenden Wassers durch Stoßkraft (bei starkem Gefälle) und Geschiebeführung (bei leichtem Gefälle).

Was die Subjektseite der Krise betrifft, so besteht heute eines ihrer hervorstechenden Merkmale darin, daß offenbar die Panzerungen der alten autoritär-autoritätsgebundenen Sozialcharaktere porös zu werden beginnen. Gewiß, sie sind nicht verschwunden, aber die geschichtlichen Bedingungen für deren Prägung (ungebrochene Vaterautorität, über Arbeit vermittelte Mechanismen der Triebunterdrückung, gesellschaftliche Ökonomie des Mangels beispielsweise) sind ungünstiger geworden.

Mit den alten Charakteren konnte man noch eine ganze Menge anstellen, ohne daß man mit Widerstand, mit Leistungsverweigerung oder wenigstens mit Entzug durch Krankheit rechnen mußte. Hunderttausende dieser Sozialcharaktere konnte man nach Stalingrad auf die Schlachtbank schicken, und die, die Stalingrad und das ganze Kriegsinferno überlebten, machten sich nach ihrer Rückkehr mit demselben emsigen Fleiß, wie sie ihn in der Kriegsarbeit gewohnt waren, daran, die zertrümmerte Gesellschaft wieder aufzubauen, als wenn überhaupt nichts Besonderes passiert wäre. So sicher können spätkapitalistische Herrschaftssysteme der Gehorsamsbereitschaft der Menschen nicht mehr sein.

Autoritäre Systeme konnten mit diesen Charakterstrukturen vorzüglich arbeiten; sie waren für beliebige Ziele einsetzbar, denn das Hauptkennzeichen bestand ja darin, daß Fragen nach dem Sinn der extremen Leistungsbereitschaft und den Motiven dieser unendlichen Geduld selbstauferlegten Tabus unterworfen wurden. Die Selbstansprüche gingen nach innen, nicht als Forderungen nach Veränderung menschenunwürdiger Verhältnisse nach außen.

Diese Charakterstruktur war am geglückten Arbeitsvollzug orientiert, an den abstrakten Leistungsnormen, ganz unabhängig davon, ob die verausgabte Arbeitskraft vom Subjekt als Selbstverwirklichung empfunden wurde oder als entfremdet, sinnlos, geist- und nervtötend. Die Menschen, mit denen wir es heute zu tun haben, sind anders strukturiert, selbst wenn der hoffnungsvollen Erwartung, daß sich neue Menschen unter alten Verhältnissen bilden, immer mit Skepsis begegnet werden muß. Dennoch ist diese Tendenz zur Strukturveränderung ein wichtiges und neuartiges Zusatzelement für den von mir bezeichneten Typus der Krise, dessen objektive Erscheinungen am deutlichsten in chronischer Arbeitslosigkeit, Abdrängung und Verarmung beträchtlicher Bevölkerungsteile, im Legitimationsverlust des politischen Herrschaftssystems und in den betriebsamen Suchbewegungen der Jugendlichen erkennbar sind. Die Lern- und Erziehungsvoraussetzungen haben sich, auf der Seite der objektiven Verhältnisse ebenso wie in der inneren Aufnahmebereitschaft der Menschen, in den vergangenen drei Jahrzehnten grundlegend gewandelt.

2. Auf halbem Wege: Die bildungspolitische Ausgangssituation

1964 spricht Georg Picht beschwörend vom Bildungsnotstand; heute, drei Jahrzehnte danach, scheint der aufgehobene Bildungsnotstand in eine Bildungskatastrophe übergegangen zu sein. Klagen über die Misere des Bildungs- und Ausbildungssystems, der berufsbezogenen Qualifikation und der politischen Erwachsenenbildung sind auf allen Ebenen und in den letzten Winkeln des Lehr- und Lernbetriebs zu hören. Wo Haushaltsbeschlüsse zu fassen sind, errichten die betroffenen Institutionen nach den Regeln eines sozialdarwinistischen Überlebenskampfes um so eifriger Befestigungsanlagen, je entschiedener die gesellschaftliche Dynamik alles in Frage stellt, was bisher als gesicherter Legitimationsbestand von Bildung galt. In vielen Bildungs- und Ausbildungsbereichen klaffen Angebot und Nachfrage immer weiter auseinander. So kommen zum Beispiel auf 700 000 Studienplätze 1,8 Millionen Studierende. Jedes Jahr erwerben in den alten Bundesländern etwa 270 000 Jugendliche eine Studienberechtigung; sie drängen, weil ihnen die Arbeitsgesellschaft kaum eine andere Möglichkeit läßt, in die überquellenden Hörsäle und viel zu kleinen Seminar- und Praktikumsräume. »Im Jahre 2000 werden eher 40 % gegenüber jetzt 30 % eines Altersjahrgangs mit einem Studium an einer Fachhochschule oder Universität beginnen wollen.«[3]

Das in den Bildungsbereichen auftretende Überlastungsproblem wäre, könnte man sich auf die kalkulierende Vernunft einer Ökonomie der Gesamtgesellschaft stützen, durchaus zu lösen; denn Tausende, die qualifizierte, lebendige Arbeitskraft anbieten, Lehrer, Hochschullehrer, Berufsausbilder, Sozialarbeiter, sind arbeitslos, müssen unter häufig entwürdigenden Bedingungen um ihre berufliche Identität kämpfen. Welche Ironie der Geschichte, daß die tendenzielle Entkoppelung von Bildungs- und Beschäftigungssystem, welche die kritische Bildungsforschung der sechziger und Anfang der siebziger Jahre in emanzipatorischer Absicht forderte – um Lernen, Bildung, Qualifikation nicht allein nach kurzfristigen ökonomischen Bedarfskriterien auszurichten –, heute bittere Realität geworden ist, allen Prognosen und Versprechen übrigens zuwider.

Was Georg Picht als engagierter Pädagoge, Philosoph und evangelischer Christ mit einer die damaligen Gemüter stark erregenden »Flammenschrift an der Wand« hatte schreiben wollen, ging freilich auf einen ganz anderen Zustand als den der Massenarbeitslosigkeit akademisch Qualifizierter. Es war die drohende Bildungsnot einer Gesellschaft, die sich auf ihren wirtschaftlichen Erfolgen auszuruhen gedachte, worauf die Kritik von Picht gemünzt war, nicht die Not der Ausgebildeten, die für ihr erworbenes Wissen und ihre Fähigkeiten keine Betätigungsmöglichkeiten mehr finden. Massenweise gehortete, aber an der Umsetzung gehinderte Qualifikationen hat sich die damalige Bildungsökonomie wohl nur als vorübergehende Erscheinung einer verzögerten Marktanpassung vorstellen können, denn die Überzeugung, daß vorhandene Bildungspotentiale aus eigener Kraft Arbeitsplätze schaffen, war verbreitet.

Die widersprüchliche Ausgangslage des Bildungs- und Ausbildungssystems, auf die sich die Pichtsche Prognose bezieht, bedarf der Erläuterung. Was immer wieder von Historikern und Soziologen als Konstitutionsmerkmal der deutschen Geschichte genannt worden ist, daß nämlich bestimmte Entwicklungen einen verspäteten und ungleichzeitigen, mit Verzerrungen der kulturellen Dimensionen verknüpften Verlauf angenommen haben, gilt im buchstäblichen Sinne auch für das westdeutsche Erziehungs- und Bildungssystem. Als 1945 das Deutsche Reich zusammengebrochen war, wurde das als Schicksal und Katastrophe hingenommen; die Chancen, die für eine Aufarbeitung der Vergangenheit bestanden hätten, nämlich eine grundlegende Änderung des Bildungs- und Erziehungssystems, sind nicht genutzt worden.

Die westdeutsche Nachkriegsgesellschaft, die sich dem ökonomischen Druck des Wiederaufbaus und der politischen Option der Westintegration mit wachsenden parlamentarischen Mehrheiten fügte, wurde auf allen kulturellen Ebenen komplett restauriert, und der Gedanke, daß die maßgeblichen Repräsentanten des alten Bildungssystems, die sehr schnell wieder zu Ansehen, zu Amt und Würden kamen, ihren wesentlichen Anteil an der Entstehung des Faschismus hatten, wurde unterschlagen. Zu der Zeit aber, als sich diese deutsche Bildungstradition allgemein als überholt erwies, war die Aufarbeitung der Vergangenheit längst kein öffentliches Thema mehr. Da nicht Bewältigung, sondern Verdrängung zu diesem Öffentlichkeitsentzug geführt hatte, waren alle Möglichkeiten zu einer Verkopplung der Selbstaufklärung von Bildungseinrichtungen mit geschichtlichen Lernprozessen blockiert.

Der kollektive Stolz, in sehr kurzer Zeit aus dem Nichts eine Wohlstandsgesellschaft aufgebaut zu haben, verband sich mit der befriedigenden Feststellung, daß es zum ersten Mal gelungen war, eine bürgerlich-parlamentarische Demokratie auf deutschem Boden mit einem hohen Grad an Stabilität zu etablieren. So rückte, was das Bildungssystem betrifft, zwangsläufig eine ganz andere Frage in den Vordergrund, nämlich das Problem der Beseitigung von Modernisierungsrückständen, von überfälligen Anpassungsleistungen des Bildungssystems an die kapitalistisch-industrielle Dynamik der Gesellschaft. Einer Nachkriegsordnung, die das »Wunder« einer ökonomischen Rekonstruktion vollbracht hatte, schien es jetzt an der Zeit, sich der alten Kulturtraditionen zu erinnern und sie den Anforderungen einer modernen Gesellschaft anzupassen. Es sind also nicht Krisen und Katastrophen, die dieses Modernisierungspostulat bestimmen, sondern im Gegenteil: Es ist das Bedürfnis, aus einem gewissen Überfluß heraus das Bildungs- und Ausbildungssystem zu reformieren, um die internationale Konkurrenzfähigkeit der Gesellschaft zu verbessern und deren politisch- ökonomische Grundlage für die Zukunft zu sichern.

Einer der Gründe für die ungeheure Wirksamkeit von Pichts Katastrophenprognose lag darin, daß sie sich an Bedarfskriterien orientierte. Um die Konkurrenzfähigkeit der deutschen Wirtschaft zu erhöhen, den Bedarf der Bundeswehr an Offizieren, der Schulen an Lehrern, der fortschreitenden Wissenschaft an Wissenschaftlern zu decken (also eine Frühform der Standortdebatte, noch ganz von deutschen Bildungstraditionen geprägt), müßten Bildung und Ausbildung effektiver gestaltet und wesentlich erweitert werden. »Unsere gesamte Wirtschafts- und Sozialordnung ruht ... insbesondere auf der Leistung der qualifizierten Führungskräfte.«[4] Dieser Bedarf an einer allgemeinen Höherqualifizierung, wie er von Picht mit einem deutlichen elitären Akzent vorgetragen wird, ist so sehr an die wirtschaftlich-technologische Entwicklung geknüpft, daß er deren Schicksal auf Gedeih und Verderb teilen muß.

Eine im Hinblick auf Bildungsökonomie betriebene Reform setzt allerdings mit den so konstruierten Anfängen bereits ihr Ende. Indem ihr von Anbeginn das gesellschaftliche und geschichtliche Krisenbewußtsein fehlt, also die lebendige Reaktion auf eine Erschütterung der Gesellschaft, wird der Boden zubereitet für eine Permanenz der Bildungskrise, das heißt für den Verlust des autonomen, den demokratischen Lebenszusammenhang der Gesellschaft prägenden Stellenwerts von Bildung. In einer Nachbetrachtung aus dem Jahre 1984 hat deshalb Carl-Heinz Evers, Berliner Schulsenator zur Zeit der Pichtschen Prognose, in dessen Analyse jeden Hinweis auf den »Demokratierückstand« vermißt.

Eine solche Funktionalisierung durch wirtschaftliche Bedarfsrechnungen ist nicht immer bestimmend gewesen, wenn überholte Bildungssysteme reformiert wurden. Die von Humboldt eingeleitete Bildungsreform zum Beispiel, einschließlich der Errichtung der Universität Berlin, erfolgte in einer Zeit der nationalen Niederlage. Bildung durch Wissenschaft betrachtete er als ein wesentliches Element der Regeneration eines Volkes und als unverzichtbar für die Bewältigung der Krise. Zwar beschränkt sich diese Bildungsreform wesentlich auf höhere Bildung, aber die Wirksamkeit der Ideen Humboldts gründet sich darauf, daß sie sich gerade gegen die pragmatische Verengung des Lehrstoffs des herkömmlichen »akademischen Bergwerks« wendeten und die Hauptkraft auf bewußte Bearbeitung von Lebenskrisen richteten. Daß er die Philosophische Fakultät ins Zentrum der Universität rückte und nicht etwa die Juristische oder eine andere, der Ökonomie näherstehende, ist gewiß dem bestimmenden Einfluß der großen Philosophen des Deutschen Idealismus zu danken; es mag als Zeichen dafür genommen werden, daß für Humboldt Bildung notwendigerweise mit Selbstbildung verknüpft ist.

Das zweite Beispiel für eine aus der Krise geborene Bildungsreform kommt aus Großbritannien. Bereits 1944, also noch unter dem Druck des Kriegsgeschehens und auf der Grundlage einer fast vollständig ruinierten Ökonomie, wurden intensive Vorarbeiten eingeleitet zur Umgestaltung des ganzen Erziehungs- und Bildungswesens, insbesondere in der Grundschule. Nichts von dem, was damals formuliert und in Versuchsprogrammen realisiert wurde, mußte seitdem zurückgenommen werden.

Da es in der Bundesrepublik der sechziger Jahre wesentlich um Anpassung, nicht um autonome Neugestaltung des Bildungs- und Ausbildungssystems ging, konnte die Kritik der bestehenden Verhältnisse, die das Modernisierungspostulat auf einen Nenner brachte, mit ganz verschiedenen Inhalten und Programmen verknüpft werden.

<u>Drei Entwicklungslinien</u> gehen in die erste Bildungsreform ein, die sich <u>überkreuzen, sich</u> gegenseitig <u>verstärken</u> oder häufig auch <u>blockie-</u>

ren. Alle drei tragen die Brandmale der historischen Verspätung. Zum einen ist es die von Picht vorgetragene Modernisierungsstrategie, die sehr schnell zu ökonomischer Rationalisierung und verwaltungstechnischer Vereinfachung verkümmert und die Bildungsinstitutionen der Betriebsförmigkeit der industriellen Produktion anpaßt. Die Absicht, durch breite Mobilisierung der gesellschaftlichen Bildungsreserven die Selektionsbasis für Führungskräfte zu erweitern, konnte unter gesellschaftlichen Bedingungen, unter denen relevante Machtgruppen der Sozialdemokraten, der Liberalen und der Gewerkschaften am traditionellen Demokratisierungsgebot festhielten, nicht problemlos durchgesetzt werden.

Die zweite Entwicklungslinie wird daher durch Programmpunkte bestimmt, die auf Herstellung der Gleichheit von Bildungschancen gerichtet sind, auf Erweiterung der demokratischen Selbst- und Mitbestimmung, um die autoritär verkrusteten Strukturen der Adenauer-Ära aufzubrechen. Bildung ist keine Angelegenheit des ökonomischen und technischen Bedarfs, sondern Bürgerrecht, eine einklagbare Verfassungsnorm des demokratischen und sozialen Rechtsstaates. Die Bildungsprivilegien sind abzuschaffen, und die Reform muß so gestaltet werden, daß alle Menschen, die sich bilden wollen, auf verschiedenen Stufen des Systems auch objektiv Bildungszugang haben.

Eine dritte Entwicklungslinie entspringt dem neuen Generationskonflikt. Bildung als Bürgerrecht wird hier zwar auch eingeklagt, aber die jungen Menschen, die darum bemüht sind, ihre Schulen und Hochschulen umzukrempeln, verbinden mit Bildung gleichzeitig ein politisches Mandat. In diesem politischen Mandat ist zweierlei enthalten: zum einen die Kritik an den Vätern und Müttern, die Mittäter und Mitdenker im Dritten Reich gewesen sind und jetzt im Vollgefühl neuer wirtschaftlicher Erfolge davon nichts mehr wissen wollen; zum anderen bezieht sich die von dieser Protestgeneration in Gang gesetzte Bildungsreform auf die Kritik und Umgestaltung der kapitalistischen Gesellschaftsordnung. Die Frage, was Gemeinwesen sei, tritt in den Vordergrund des Interesses, die Auseinandersetzung mit dem faschistischen Erbe und mit der Unterdrückung der revolutionären Befreiungsbewegungen in der Dritten Welt ist gekoppelt an die Strukturveränderung der Schule und der Universität. Bildung und Ausbildung wurden als transzendierende, die gegenwärtige Gesellschaft überschreitende Elemente der individuellen Emanzipation verstanden, der bloßen ökonomischen Verwertung ebenso gegenübergestellt wie dem politischen Bürgerrecht.

Keine dieser Entwicklungslinien hat sich, wie wir heute wissen, konsequent durchsetzen können, und bereits in der Reformperiode war es unmöglich, einen allgemein akzeptierten gesellschaftlichen Konsens darüber herzustellen, worin die unverzichtbaren, einer Gesellschaft des ausgehenden zwanzigsten Jahrhunderts entsprechenden Voraussetzungen für Lernen und Bildung bestehen. Es wäre ein fundamentaler Irrtum, wollte man die gegenwärtige Misere der deutschen Bildungseinrichtungen ausschließlich oder doch in erster Linie auf die ökonomische Krise zurückführen. Wachsender Motivationsverlust der Lernenden und Lehrenden und steigende Aggressionspotentiale in den Schulen, die beiden typischen Merkmale einer mißglückten Reform, zeigen sich vielmehr bereits sehr früh in den betriebsförmig angelegten Institutionen der ersten Bildungsreform, die nicht selten Krankenhäusern, Verwaltungsgebäuden und Fabriken ähnlicher sind als pädagogischen Einrichtungen.

Da es einzelne Programme und Wertvorstellungen, aber keine geschlossene Bildungskonzeption der Reform gab, war diese ganze Periode von Anbeginn bestimmt durch fortwährende Verteidigung, durch den Mechanismus von Aus- und Abgrenzungen. Am Ende schränkte die gesellschaftliche Realität die Reformprojekte immer stärker ein, die emanzipatorischen Ansprüche verfielen dem Rationalisierungsverdikt.

Die ökonomische Krise hat diese Orientierungslosigkeit zweifellos verstärkt, aber nicht erst erzeugt. Die allgemeine Ratlosigkeit deckt ein weites Spektrum von Reaktionen ab; diejenigen, die mit Erwartungen einer »Großen Pädagogik«, wie Brecht die revolutionäre Umgestaltung des Lernens und der Bildung bezeichnet hat, die Reformbestrebungen aktiv begleitet haben, empfinden nichts als Enttäuschungen und gliedern sich resigniert im Routinebetrieb ein oder ziehen sich ganz aus der pädagogischen Arbeit zurück. Häufig sind es gerade die besten unter den Lehrern, die das Handtuch werfen und lieber eine Kneipe oder ein Café aufmachen oder sich aufs Land zurückziehen, als den Schein pädagogischer Arbeit aufrechtzuerhalten. Nicht viel besser ergeht es den Bildungsliberalen und den Sozialdemokraten. Sie halten mit der Verbissenheit von Verlierern, die das Recht und die guten Absichten auf ihrer Seite haben, an den Grundimpulsen der Reform fest und richten sich in Verteidigungsstellungen ein.

Die einzigen, die einen optimistischen Blick in die Zukunft werfen und sich als glückliche Besitzer einer offensiven Strategie betätigen, scheinen die Konservativen zu sein. Ihr Blick nach vorne lebt jedoch von der Vergangenheit. Es sind die Lücken und Fehlentwicklungen der Reformperiode, aus denen sich ihre Konzeptionen speisen, und ihre in die Zukunft weisenden Strategien bestehen in nichts anderem als in der unverhüllten Reduktion des Modernisierungsprogrammes auf technologische Rationalisierung, der die Einübungsrituale von Werten und Normen, der »Mut zur Erziehung«, als konzeptionelle Dekoration beigegeben sind.

So offen wie heute ist noch nie die Misere des Bildungs- und Ausbildungssystems als Ruf nach technischen Lösungen verstanden worden. Wie in der Gesamtgesellschaft werden auch hier Krisenlösungen vorgeschlagen, die das schlechthin Unvereinbare miteinander koppeln: völlige Freisetzung des sozialdarwinistischen Kampfes aller gegen alle auf dem Boden einer von sozialrechtlichen Barrieren möglichst ungehinderten Wirtschaftsdynamik, Wertekonservativismus, Verkabelungswahn, der die lebendigen Kommunikationsstrukturen zwischen den Menschen zerstört, und neubelebte Familienideologie. Von den technischen Analphabeten ist die Rede, so als wäre die Bildungsmisere Resultat des Mangels an Qualifikationen und nicht des Überschusses. Dem Umgang mit dem Computer wird gleicher Rang wie dem Lesen, Schreiben und Rechnen gegeben, als einer Art vierter Kulturtechnik. Es ist offensichtlich, daß es bei diesen Lösungsversuchen der Bildungsmisere nicht in erster Linie um die Sorge für das Lebensschicksal der Jugendlichen geht, sondern um die ökonomische Verwertbarkeit ihres Phantasierohstoffs, der der Faszination der Technik entspringt. Hamburgs Schulsenator Joist Grolle hat 1984 mit Recht festgestellt: »Wir haben noch nie eine Epoche der Bildungsgeschichte gehabt, in der der Druck des Marktes auf das Schulwesen so groß war wie heute.«[5]

Aber auch dort, wo das Modernisierungskonzept nicht auf die verkümmerten Restbestände technischer Kompetenz reduziert wird, sondern seine pädagogischen und soziologischen Gehalte bewahrt hat, nimmt das beharrliche Festhalten an den ursprünglichen Reformansätzen angesichts der inzwischen eingetretenen gesellschaftlichen Krise und des desolaten Zustandes des Bildungssystems leicht die Züge bloßer abstrakter Rechtfertigung an. Im Prinzip ist zwar nichts überholt oder gar, wie die Konservativen meinen, durch einen viel zu weit gefaßten Experimentierspielraum gescheitert; vom Scheitern eines Experiments kann im Ernst nur gesprochen werden, wenn zuvor alle Bedingungen zu einem Gelingen geschaffen wurden und der Prozeß des Experimentierens nicht durch willkürliche Eingriffe von außen abgebrochen wird.

Reformexperimente im Erziehungswesen haben, wie die Geschichte zeigt, ihre eigene Zeitstruktur. Ob sie gelungen sind oder fehlgeschlagen, ist nicht daran zu messen, mit welchen kurzfristigen Resultaten sie an die Öffentlichkeit treten, als handele es sich um die Präsentation eines neuen Autotyps, der lange Wartezeiten und die Entwicklungskosten rechtfertigt. Die Bildungsreform hat keine Möglichkeit gehabt, ihre Tragfähigkeit unter Beweis zu stellen; sie ist aus politischen Gründen auf halber Strecke steckengeblieben, abgebrochen und zum Teil ins Gegenteil verkehrt worden. Die Halbherzigkeit, mit der ihre eigenen Initiatoren an der Arbeit waren, hat den konservativen Revisionen Zuarbeit geleistet.

Die damals formulierten Ideen haben ihre Gültigkeit bewahrt. Vorstellungen über die Gleichgewichtigkeit von sozialem, emotionalem und kognitivem Lernen, Förderung der Kreativität, das Lernen des Lernens usw. sind nie aktueller gewesen als heute, wo sie mit aller Macht aus dem Schulalltag und aus den übrigen Bildungseinrichtungen hinausgedrängt werden. Um aber ihren unabgegoltenen Wahrheitsgehalt in praktische Programme der Erziehung und des Lernens umsetzen zu können, ist es notwendig, sich von der gegenwärtigen Umbruchs- und Krisensituation möglichst klare Vorstellungen zu machen.

3. Plädoyer für eine gesamtdeutsche Bildungsreform

Aus der gegenwärtigen Gesellschaftskrise die Notwendigkeit und Aktualität einer radikalen Reform des Bildungs- und Erziehungssystems zu begründen ist der politische Zweck des vorliegenden Buches. Ich spreche mit Bedacht vom politischen Zweck. Seit Jahren sind engagierte Pädagogen und renommierte Erziehungswissenschaftler, Sozialpsychologen und kompetente Therapeuten mit begründeten Untersuchungen und mahnenden Appellen darum bemüht, die Öffentlichkeit aufzurütteln. Gewaltanfälligkeit der Jugendlichen und Schulmüdigkeit, zerbrochene Lernmotivationen im Unterricht und Fluchttendenzen aus der Gesellschaft sind keine belanglosen Randerscheinungen einer Gesellschaft mehr, die gerne als wohlgeordnet und auf ausgleichender Gerechtigkeit beruhend charakterisiert wird. Es muß befürchtet werden, daß die zur Zeit noch zerstreut auftretenden Krisensymptome eines Tages brennpunktartig zusammenschießen und zu einem qualitativen Umschlag unseres ganzen demokratischen Gesellschaftssystems führen.

Weder mahnende Appelle noch aufklärende Untersuchungen haben es bisher geschafft, die sogenannten Realpolitiker zu einer radikalen Umkehr in ihrem strategischen Denken zu bewegen. Geblendet und fasziniert von der geschichtlichen Ausstrahlungskraft der Kapital- und Marktlogik, grübeln sie Tag und Nacht über die Sicherung des Wirtschaftsstandortes Deutschland, ohne zu merken, in welchem Maße ihr ganzes Denken und Handeln auf diesen betriebswirtschaftlichen Horizont beschränkt ist.

Gegenwärtig scheint nichts überzeugender zu sein als die Parole, jeder müsse sparen und Opfer bringen. In der Regierungserklärung des Bundeskanzlers vom 26. April 1996 heißt es: »Ohne Einsparungen verspielen wir die Zukunft unserer Kinder.« Abgesehen aber davon, daß wenig von den Reichen, Besitzenden, Gutausgestatteten genommen wird und die Kranken, Arbeitslosen, die Bezieher kleiner Einkommen, die Familien mit Kindern erhebliche Einschränkungen erfahren müssen, ist diese Idee schlanker Produktion noch in einer anderen Hinsicht ein betrügerisches Unternehmen: In nahezu allen wichtigen Punkten geht es zu Lasten der Lebensausstattung der neuen Generation.

Schulen lassen sich nicht wie Fabrikationsanlagen rationalisieren. Es ist höchste Zeit, die Ideologie betriebswirtschaftlicher Rechnungslegung, den auf gegeneinander abgedichtete Bereiche (Unternehmen, Verwaltungen, Institutionen, Schulen) gerichteten borniertne Rationalisierungsblick zu überwinden und in den Horizont gesamtgesellschaftlicher Kosten-Nutzen-Rechnungen einzubeziehen, was die stolzen Rationalisierungsgewinner im einzelnen einsparen. Schon heute zeigt sich ein überraschendes Ergebnis: Je entschiedener jeder Einzelbereich durchrationalisiert wird, desto irrationaler wird das Ganze. Was wir an der einen Stelle einsparen, scheint das Gemeinwesen mit immer größeren Kosten zu belasten. Jeder spart auf Kosten des anderen. Am Ende bildet sich eine Welt des Scheins, als wäre gesamtgesellschaftliche Vernunft nichts anderes als die bloße Summe der rationalisierten Einzelbetriebe, Ökonomie der Inbegriff der Betriebswirtschaft.

Diesen gefährlichen Aberglauben zu überwinden wäre Sinn und Zweck einer Reform, die sich einer »Ökonomie des ganzen Hauses« verpflichtet fühlte. Erziehungs- und Bildungsreformen, die heute in Gang zu setzen wären, sind am Ende nur begründbar aus diesem Zusammenhang einer gesamtgesellschaftlichen Vernunft, die auch wirtschaftliche Kriterien enthält. Denn wer mit forscher Kennermiene schlagfertig jeden Redeansatz über Mut zur Veränderung und über notwendige gesellschaftliche Reformen mit der suggestiven Frage abbricht, wer denn das bezahlen solle, der muß darauf gestoßen werden, daß die einfachste und kostengünstigste Anlage einer Gesellschaft in der konsequenten Durchführung von Reformen liegt. Verschwendung im Alltagsgebrauch von Gütern, Plünderung des Gemeinwesens und fahrlässige Verschleuderung gesellschaftlichen Reichtums sind immer auch Resultate kultureller Perspektivlosigkeit. Nichts ist teurer, als überholte Verhältnisse am Leben zu halten, nichts kostspieliger und verschwenderischer als die Verweigerung von Gesellschaftsreformen. »Die gesellschaftlich am wenigsten kostspieligen Lösungen der kollektiven Probleme sind kollektive Lösungen.«[6]

Der Gedanke, daß die menschlichen Kosten in dem Maße wachsen, wie Systeme sich für ewig erklären und – unfähig, Fehler noch selbst wahrzunehmen – mit militanter Abwehr auf jede Veränderungsabsicht reagieren, ist so alt wie die politische Philosophie. Fichte formulierte angesichts der zwiespältigen Reaktion auf die Französische Revolution: »Es ließe sich ... eine vielleicht lehrreiche historische Untersuchung anstellen über die Frage, ob unser Übel in der Welt durch gewagte Neuerungen entstanden sei, oder durch träges Beruhen bei den alten, nicht mehr anwendbaren oder nicht mehr hinlänglichen Maßregeln.«[7]

Daß ich mein Plädoyer für eine Fortführung, ja Radikalisierung der Bildungsreformen bewußt auch an Kriterien der Ökonomie binde, ist keine Entwertung der kulturellen und menschlichen Dimensionen von Erziehung und Lernen, ganz im Gegenteil. In einer Gesellschaft freilich, deren vorherrschendes Bewußtsein durch ökonomische Denkweisen so bestimmt ist wie die gegenwärtige, erscheint es mir sinnvoll, mit Kritik bei dieser Ideologie anzusetzen – wie in vergangenen Zeiten wirksame Kritik vielfach an Bewußtseinsgestalten wie der Religion, der Politik, dem Nationalstaat ihren Ausgang nahm. Wenn es heute um die Notwendigkeit von Reformen geht, dann kann der Widerstand gegen die Übel des Bestehenden seine Kraft nicht mehr ausschließlich aus moralischen Quellen schöpfen, sondern bedarf derselben harten ökonomischen Kriterien, die heute auf jeden Einzelbetrieb angewendet werden – jetzt aber auf den Volkswohlstand, die Ökonomie des Gemeinwesens bezogen.

Hier ist der Ort, die Offenlegung gesamtgesellschaftlicher Bilanzen einzuklagen. Wer heute bei Bildung und Erziehung – bei Institutionen, in denen urteilsfähige Menschen aufwachsen sollen, die die demokratische Gesellschaftsordnung aus ureigenen Interessen tragen – die gleichen Regeln des Einsparens praktizieren will wie bei bürokratischen Verwaltungen, bei Dienstleistungsbetrieben oder industriellen Unternehmen, der wird unzweifelhaft eines Tages damit konfrontiert sein, daß andere Ressorts, andere Gesellschaftsbereiche mit Forderungen ins Licht der Öffentlichkeit treten, die ursächlich mit jenen Einsparungen zusammenhängen. Forderungen nach mehr und nach sichereren Gefängnissen, nach mehr und besser ausgestatteter Polizei, nach psychiatrischen Betreuungseinrichtungen gehören dazu. Die öffentliche Unterstützung für diese Forderungen ist stets groß, widerspricht aber allen Regeln sorgfältiger gesellschaftlicher Haushaltsführung.

Die gestörte Balance zwischen der Betriebswirtschaft und der »Ökonomie des ganzen Hauses«, Nationalökonomie, Volkswirtschaft – wie immer man die Reflexionsanstrengung gesamtökonomischer Vernunft bezeichnen mag – lastet auf der Gesellschaft wie ein Alpdruck. Die junge Generation ist davon in jeder Beziehung am stärksten betroffen.

Bei den Kalkulationen über Leistungen und Kosten, welche die Beratungen öffentlicher Haushaltsentwürfe begleiten, fehlt in der Regel ein Posten fast vollständig, der sich jedoch als der bei weitem größte erweisen könnte: Phantasie, Gedankenarbeit, vielleicht sogar Berechnungen und Prognosen darauf zu richten, welche gesellschaftlichen Kosten die Vernachlässigung der kommenden Generation verursacht. Es gehört zu den Perversionen einer Gesellschaft, die vor objektiv verfügbarem Reichtum schier zu ersticken droht, daß sie wenig dafür verwendet, damit die nachfolgende Generation entsprechend ausgestattet wird, diese Ernte in eine menschliche Gesellschaft einbringen zu können. Nie hat wohl eine Gegenwartsgeneration mit einem derart räuberischen Instinkt die Errungenschaften des Vergangenen aufgebraucht und mit entschlossener Realitätsverleugnung alles von sich weggeschoben, was die Bereicherungssucht des einzelnen behindern könnte. Wie immer die Selbstregulierungskräfte dieser Gesellschaft des Privatinteresses wirksam sein mögen, in der Zeitdimension der Zukunft zeigt sich die Kapital- und Marktlogik völlig blind.

Es ist leicht zu begreifen, warum die beruflich erfolgreiche und mit politischen Einflußchancen ausgestattete Erwachsenengeneration von besonderer Sorge ergriffen ist, wenn es um die materielle Sicherung eines würdigen Alterns geht. Wäre der Generationenvertrag nicht auf einen Rentenversicherungsvertrag heruntergekommen, könnten dagegen auch keine sinnvollen Einwände erhoben werden. Denn wie alte Menschen in einer Gesellschaft behandelt werden, ist immer auch ein Indiz für den erreichten Kulturzustand, der ja, wenn er rechtens diesen Namen verdient, nie ausschließlich von der Nützlichkeit und der Verwertbarkeit der Menschen zehrt. Die neue Generation erfreut sich freilich keiner vergleichbaren öffentlichen Aufmerksamkeit: Erziehungs- und Kindergeld, Aufwendungen für Schulen, Kinderläden, Kindergärten, für Universitäten und berufliche Ausbildungseinrichtungen, für notwendige Umschulungen usw., das steht sehr schnell zur Disposition, wenn es um Einsparungen geht.

Mir ist bewußt, daß jede Väter- und Müttergeneration in Skepsis gelebt hat. Immer haben sie darüber Klage geführt, daß ihre Kinder weder fähig noch willens sind, in Eigenverantwortung die Welt von morgen zu gestalten. Diese geschichtliche Weite des Problems aber zum Anlaß zu nehmen, die spezifische Fragestellung in unserer Zeit zu verharmlosen, wäre eine gefährliche Fehleinschätzung, denn wir hinterlassen unseren Kindern eine ganz andere gegenständliche Realität. Wer die Gesellschaft mit Atomkraftwerken bestückt, der muß sich Gedanken darüber machen, wie die kommende Generation mit den gefährlichen Schrottresten fertig wird. Kinder, die 1996 geboren werden, treten nicht nur mit einer Schuldenlast von schätzungsweise 50.000 Mark in ihr Leben, sondern sind im Jahre 2020 in einem Alter, wo sie konkret daran denken müssen, die dann an ihr Arbeitsende angelangten Kraftwerke massenweise zu entsorgen, zu vergraben, einzubetonieren. Wer mit der Absicht, gegenwärtige Arbeitsplätze zu sichern, Umwelt zerstört, der muß sich Gedanken darüber machen, welche öffentlichen Plätze für Kinder noch verfügbar sind, die nicht durch tödliche Gifte, durch unerträgliche Enge, durch pathologische Privatisierungssucht bestimmt sind. Der Kampf um öffentliche Räume für Kinder, die keinen Profit abwerfen, könnte sich als folgenreicher erweisen als der Streit um private Räume, in denen Unternehmer oder Gesellschaften mit der Sicherung von Arbeitsplätzen Profit machen.

Wenn wir Bildungs- und Erziehungsreformen ins Auge fassen, dann bedarf es der Zuspitzung der Widersprüche, der Dramatisierung der Verhältnisse, um den Anschein eines friedlichen Ausgleichs der Interessen zu widerlegen. Jürgen Borchert, Richter am hessischen Landessozialgericht, beschreibt eindrucksvoll das Auseinanderfallen der Generationensolidarität, was Wirkungen in fast allen gesellschaftlichen Bereichen zeigt, in der Familie genauso wie in der Schule, im Kindergarten nicht weniger als in den Arbeitsverhältnissen. »Heute könnte die Verteilung des verfügbaren Volkseinkommens zugunsten der Altengeneration und zu Lasten der beiden jüngeren Generationen gar nicht asymmetrischer mehr sein, als sie ist. Das beweist die Armutsexplosion bei Familien schlagend: Stand 1965 nur jedes fünfundsiebzigste Kind unter sieben Jahren zeitweilig oder auf Dauer im Sozialhilfebezug, war es 1990 jedes zwölfte und ist es heute jedes siebte Kind. Eine vierköpfige Familie mit Durchschnittseinkommen lebt heute bereits auf Sozialhilfeniveau. Zu der einfachen Einsicht, daß Sparen bei der Nachwuchsgeneration Raubbau an der Zukunft bedeutet und daß es sinnvoller wäre, junge Menschen zur Ausbildung zu schicken als alte zum Sonnen nach Mallorca, ist die Politik offensichtlich nicht mehr in der Lage... Heute stehen wir vor dem Generationenkrieg: Graue Panther gegen Beitragszahler. Ausgerechnet das größte Sozialleistungssystem zerstört durch seine Asymmetrie der Lasten und Leistungsverteilung und den steigenden Anteil der Alten den gesellschaftlichen Zusammenhalt restlos: Sein Ergebnis ist eine Umverteilung von Jung zu Alt, von Frauen zu Männern, von Familien zu Kinderlosen.«[8]

Es ist die Absicht meines Buches, den Boden für eine qualitative Erziehungs- und Lernreform zu beackern; diese Form der Arbeit meine ich buchstäblich. Nichts an wirklichen geschichtlichen Veränderungen wird sich vollziehen, wenn Stellen- und Arbeitsplatzargumente einzig und allein bestimmend bleiben und die Arbeitsprozesse, das konkrete Lernen, die Kommunikationsstrukturen im lernenden Umgang mit Verhältnissen, Dingen und Personen sich nicht verändern. Überspitzt hieße das: Auch die Verdoppelung der jetzt vorhandenen Lehrerstellen würde an der Misere des Schulsystems nichts Grundlegendes verändern. Das darf nicht als Legitimation verstanden werden, um die vorhandenen Ausstattungen noch stärker zu reduzieren. Im Gegenteil: je entschiedener und qualifizierter eine Reform der Schule und des gesamten Bildungssystems mit begründeten Argumenten in die Öffentlichkeit dringt und Aufmerksamkeit herzustellen vermag, desto schwieriger wird es auch in den Haushaltsdebatten sein, Forderungen nach spezifischen Erweiterungen abzuweisen.

Wenn ich in diesem Buch ein nachdrückliches Plädoyer für die Fortsetzung und Radikalisierung der Bildungsreform zu formulieren versuche, dann aus Gründen, die mit dem entschiedenen Protest gegen ein sich neu formierendes öffentliches Unglück zu tun haben. Die erste Bildungsreform – im politischen Aufbruchsgeist der sozialliberalen Koalition und der Protestbewegungen, die eine lange konservative Restaurationsperiode beendeten – war eine Reform, die mit Staatseingriffen und bürokratischen Planungen wesentlich von oben kam. Die Beseitigung der Modernitätsrückstände konnte sich auf volle Kassen stützen, und so lag die Macht eindeutig bei denjenigen, die Arbeitsplätze zu vergeben hatten und dafür auch die entsprechenden Gesinnungen verlangten. Schon zu Beginn wurde der Emanzipationsschub, den diese Reform programmatisch vertrat, durch verwaltungstechnische Rationalisierungen auf allen Ebenen gebrochen.

Die zweite Bildungsreform, die in Gang zu setzen Sinn und Zweck aller bildungspolitischen Maßnahmen sein muß, kann nicht von oben kommen. Hier ist der Reformgeist zur Zeit überwiegend ausgebrannt. Die staatlichen Instanzen können allenfalls fördern, lenken, behindern, was unten sich rührt, was Lehrer, Pädagogen, Sozialarbeiter, Hochschullehrer an notwendigen Veränderungen der Lern- und Erziehungsinstitutionen vorschlagen und praktizieren. Die zweite Bildungsreform kann nichts anderes sein als die Summe der individuellen, kooperierenden Kräfte all jener, die an pädagogischen Arbeitsprozessen auf verschiedenen Ebenen und in vielfältigen Institutionen beteiligt sind. Ihr Leiden an den überholten Verhältnissen wird sich, wenn sie den Mut aufbringen, Alternativen zum Bestehenden in überzeugenden Entwürfen kritischer Praxis sichtbar zu machen, in eine Kraftquelle der Veränderung verwandeln.

Eine solche Bildungsreform wäre der rebellische Ausdruck der lebendigen pädagogischen Arbeit gegen die Besitzstände der toten, durch Institutionen, Regeln, verdinglichte Curricula festgelegten Arbeit. Dieser Widerspruch zwischen lebendiger Arbeit in den Schulen und in sonstigen Bereichen und der widerständigen, alte Regelsysteme befestigenden toten Arbeit ist eine Frage des Alltagskonfliktes, und wo dieser Widerstand nicht selbstbewußt von Lehrern, Pädagogen, Sozialarbeitern ausgetragen werden kann, setzen sich Mechanismen der Realitätsverleugnung und der Verdrängung an die Stelle einer kritischen Verarbeitung konfliktreich erfahrener Wirklichkeit.

Aber die Widerstände gegen eine Mobilisierung pädagogischer Phantasie kommen nicht nur von oben, vom Verwaltungsapparat der Staatsschule, den Kulturbürokratien und jenen, die über die wirtschaftlichen Machtmittel verfügen. Sie kommen auch von unten, von denjenigen, die an vorderster Front einer stets frustrierender werdenden Erziehungs- und Lernarbeit stehen und die sich, nicht wissend, daß sie die beklagte Krankheit des Systems selbst mitproduzieren, in einem »depressiven Zirkel« eingerichtet haben. Sie verbrauchen sehr viel Energie für eine Balancearbeit, die immer zu ihren Ungunsten ausläuft.

Gefangene einer Globalisierungsfalle, in der weiter oben, im Extremfall durch den Weltmarkt, immer alles schon vorentschieden ist, gehen sie mit ihren eigenen depressiven Gedanken sehr fürsorglich um; da sie viel wissen, ist ihnen auch bewußt, worin die allgemeinen Gesetze dieser Gesellschaft bestehen. Angesichts von Macht, Herrschaft, Unterdrückung bewirkt verzweifelte, ohnmächtige Rebellion nichts anderes als die Störung des emotionalen Gleichgewichts. Da sie nichts stärker fürchten und nichts beschwerlicher finden, als aus der einmal erreichten Balance zwischen Frustration und Routine auszubrechen, kommen sie allmählich in die Situation, sich jeden über das Bestehende hinausgehenden Gedanken strikt zu verbieten. Das ist Resultat der Erwägung, daß man Dinge, die doch nicht zu verändern sind, in ihrer Veränderbarkeit auch gar nicht mehr denken solle. So bilden sie sich ihren eigenen Begriff von Realität und aufgeklärtem Verhalten. Der depressive Zirkel, der ihnen Anpassungsschutz sichert, kommt von unten dem Beharrungsstreben der Bürokratien und der gegebenen Privilegienstruktur entgegen.

So ist der erste Akt zur Befreiung der lebendigen pädagogischen Arbeit, diese krankmachende Schlinge, diese selbstverschuldete Mutlosigkeit im überschreitenden Denken zu überwinden.

Und der zweite Akt besteht darin, das eigentliche Beziehungsfeld, in dem diejenigen stehen, die mit Erziehungs- und Lernprozessen lebendiger Menschen zu tun haben, in der ganzen Weite der Organisationsphantasie zuzulassen. Denn die Verarmung pädagogischer Phantasie ist das Resultat dieser unheiligen Allianz von bürokratischer Staatsschule und einem Typus von Lehrer, der vorauseilenden Gehorsam übt gegenüber Regelsystemen, die er selbst im Innern verneint, aber aus mangelnden Alternativen immer wieder akzeptiert und in seinem Denken und Verhalten fortschleppt.

Eine Bewegung für die Bildungsreform in Gang zu setzen, die von Eltern, Lehrern, Wissenschaftlern, Künstlern in Eigeninitiative getragen wird, um sich der Kapital- und Marktlogik als jener Kraft entgegenzustemmen, der es gelungen ist, durch Machtanmaßung und mediengesteuerte Symbolsetzung sich selbst in der Wertehierarchie gesellschaftlicher Lebensverhältnisse ganz oben anzusiedeln, ist also das politische Ziel dieses Buchs.

Pädagogen wie Hartmut von Hentig, gleichzeitig Kultur- und Gesellschaftskritiker, legen seit Jahrzehnten ihren Finger in die Wunden eines Schulsystems, das die ihm obliegenden eigentümlichen Aufgaben der Erziehung junger Menschen zu urteilsfähigen Staatsbürgern immer weniger erfüllt. Wie ist es möglich, diesem Vernunftschrei der ausgewiesenen Fachleute in Fragen der Erziehung und des Lernens politisches Gewicht zu verschaffen, so daß die Menschen aufwachen und begreifen, daß der mit Abstand größte Kostenfaktor in allen Haushaltskalkulationen die Vernachlässigung der kommenden Generation ist?

Ich habe keine Antworten auf diese Fragen, die jedem plausibel erscheinen werden. Jahrelange Erfahrungen mit schulischen Konflikten und mit Alternativen zum Bestehenden haben mich davon überzeugt, daß niemand auf Veränderungen hoffen darf, der nicht dort, wo er geht und steht, wo er arbeitet und nachdenkt, Anstöße für Veränderungen formuliert und aktiv in den bestehenden Unbewußtseinszustand eingreift.

Der pädagogische Optimismus ist jenes Wahrheitskriterium, von dem Spinoza spricht: Index sui et falsi (in freier Übersetzung: für sich selbst sprechend und gleichzeitig auf das Falsche verweisend). Wer sich einer pessimistischen Anthropologie überantwortet, dem ist die Lernfähigkeit der Menschen als wichtigste kulturelle Errungenschaft verlorengegangen. Denn ohne pädagogischen Optimismus, ohne innere Überzeugung, die für andere spürbar wird, daß Lernprozesse sinnvoll und praktikabel sind, ist Arbeit in Erziehungs- und Lernzusammenhängen unmöglich.

Die schon fast rituell wiederholte Klage über die wachsende Zerstörung von Lernmotivationen und zunehmende Gewaltanfälligkeit der Jugendlichen läßt die Staatsschule in ihren Strukturen völlig unberührt. Hier ist jedoch der Reformhebel anzusetzen. In welcher sonstigen gesellschaftlichen Institution halten sich Menschen, die in der Regel mit Neugier und Lernwillen ausgestattet sind, aufgrund gesetzlichen Zwangs so lange auf wie in der Schule? »Die Schule stellt die größte gesellschaftliche Veranstaltung unserer Kultur dar. Sie beansprucht die lernfähigsten und vitalsten Jahre im Leben der Menschen. Sie verbraucht – schließt man Studium und Ausbildung mit ein – oft zwanzig Jahre, die Hälfte der dann folgenden vierzig Berufsjahre; sie frißt nicht die Kinder, wohl aber die Kindheit und Jugend. Sie entläßt die jungen Menschen erkenntnisreich, aber erfahrungsarm, erwartungsvoll, aber orientierungslos, ungebunden, aber auch unselbständig – und ein erschreckend hoher Anteil unter ihnen ohne jede Beziehung zum Gemeinwesen, entfremdet und feindlich bis zur Barbarei. Das Mißverhältnis von Aufwand und Erfolg, von Absicht und Ergebnis ist so groß und jetzt so offensichtlich, daß allenthalben die Menschen bereit zu sein scheinen, zunächst einmal die hier vorgeschlagene Denk-Übung mitzumachen.«[9] Mit dem Ziel, die »pädagogische Schule« wiederzugewinnen, bringt Hartmut von Hentig einen zweiten, für die neuen Reformbemühungen entscheidenden Aspekt ins Spiel: Das

Gemeinwesen ist die substantielle Grundlage von Bildung und Lernen. Die Effektivitätskriterien des Unterrichts, das Lernniveau und die Beweglichkeit in der Informationsaneignung mögen so groß sein, daß sie den Vergleich mit einem durchrationalisierten Wirtschaftsunternehmen aushalten können; wenn aber in diesen Bildungsprozessen nicht substantiell im Bewußtsein der jungen Menschen verankert wird, daß das Gemeinwesen, der soziale und politische Zusammenhang der Gesellschaft, die Grundlage des Lebens ist, dann sind Institutionen, die diesen Gemeinwesenaspekt ausklammern, nicht geeignet, Wege aus der gegenwärtigen Misere zu weisen. Es ist gefährlich, wenn die Plünderung der Gemeinwesensubstanz – die Zerstörung des solidarischen, durch ein hohes Maß ausgleichender Gerechtigkeit bestimmten Zusammenhangs der Gesellschaft – unter dem Vorwand eines Umbaus des Sozialstaates in der Öffentlichkeit als normaler Vorgang hingenommen wird, der lediglich die Reduzierung überprivilegierter Besitzstände bezeichnet.

»Warum sind Bildung und Ausbildung Sache des Gemeinwesens?« fragt von Hentig. Seine Antwort ist überraschend, zeigt aber präzise die Richtung einer notwendigen Veränderung. »Weil und sofern sie den Einzelnen in den Stand setzen, ein guter Bürger zu sein. Dreiviertel der Gegenstände und Vorgänge in unseren Schulen erfüllen dieses Kriterium nicht.«[10] Es ist aber gerade dieser Punkt, den die überwiegende Zahl der Bildungspolitiker nicht begriffen haben. Indem sie eine Veränderung der Schule erstreben, bewegt sich in ihren Köpfen nichts anderes als die Angleichung der Schulen an die Schlankheitsmodelle von Wirtschaftsunternehmen. So erklärt der Forschungsminister Jürgen Rüttgers in aller Unschuld: »Eine Schule wird besonders attraktiv mit dem pädagogischen Optimismus der Lehrer. Der ist doch gratis zu haben. Wir wissen, was Qualität von Schule noch ausmacht: Leistungsorientierung, kontrollierende Beobachtung und Begleitung der Lernfortschritte, Sicherung eines Minimums an Disziplin und Ordnung, aber auch ein Klima des Vertrauens – das sind einige der Faktoren, deren Einhaltung nichts oder jedenfalls nur sehr wenig kostet.«[11] Wer das Reformprogramm für die Veränderung des Bildungs- und Lernsystems unserer Gesellschaft so begreift, ist in dem Irrglauben befangen, die Menschen, insbesondere die Jugendlichen, würden die tiefen Risse, das Ungerechte in der Verteilung der Lebenschancen, den Kältestrom in der räuberischen Konkurrenz um Arbeitsplätze nicht mehr erfahren und sich durch eine mediengesteuerte Unterhaltungsindustrie zu einem optimistischen Weltblick bringen lassen.

Die Überwindung dieser Täuschungen, dieser verbreiteten Lebenslügen, als wäre im wesentlichen alles mit dieser Gesellschaft in Ordnung, ist dagegen Vorbedingung jeder pädagogischen Arbeit, die auf Bildung und Erhalt eines demokratischen, lebensfähigen Gemeinwesens geht.

Ich möchte diesen Gemeinwesenbezug, der für eine zweite Bildungsreform entscheidendes Gewicht hat, in einem anderen Kontext noch ein Stück weiterführen. Denn mit Recht könnte sofort der Einwand gemacht werden, daß eine vom gesamtgesellschaftlichen Aktionsfeld getrennte Bildungsreform unmöglich sei; das ist richtig, jede ernstzunehmende Veränderung der Lern- und Bildungsbegriffe enthält die Tendenz zur Gesellschaftsveränderung. Es wäre freilich gefährlich, mit kurzfristigen institutionellen Veränderungsvorschlägen anzusetzen, bevor überhaupt ein öffentliches Klima erzeugt ist, das die richtigen Fragen zum Gegenstand möglicher Verständigung macht.

In dieser zweiten Reformperiode der deutschen Nachkriegsgesellschaft geht es nicht darum, alle Probleme lösen zu wollen, die in der gegenwärtigen Zeit der Umbrüche, nach dem Zerfall der Ost-West-Blockierungen, aufgrund der verschärften Krise der Arbeitsgesellschaft usw. auftreten. Die Kräfte der öffentlichen Mobilisierung müssen sich vielmehr darauf konzentrieren, die Bereiche unterschlagener Wirklichkeit aufzudecken und bei möglichst vielen Menschen die Organisationsphantasie für Lösungen freizusetzen, die dann Gegenstand eines öffentlichen Diskurses werden können und eindeutig auf das Wohl des Gemeinwesens, auf die »Ökonomie des ganzen Hauses«, bezogen sind. In dieser Reformperiode muß zunächst ein rationales Zwischenstadium geschaffen werden, in dem die bestimmenden Konflikte dieser Gesellschaft öffentlich werden und damit politikfähig. Erst die Politikfähigkeit dieser Probleme würde auch neue Motive, eine Art überschüssiges utopisches Bewußtsein bei Schülern und Lehrern schaffen, um aus den verdinglichten und bürokratisierten Strukturen der schulischen Verwaltungsarbeit auszubrechen.

Es kommt also darauf an, Schule neu zu denken, die darin verteilte tote Arbeit zu überwinden und Organisationsphantasie freizusetzen. Wo Erosions- und Umbruchprozesse innerhalb einer gesellschaftlichen Ordnung am Werk sind, werden politische Auswege, die sich an Kriterien des Gemeinwesens und des Volkswohlstandes orientieren, von der wiedergewonnenen Lernfähigkeit der Menschen abhängen. Dabei geht es ja, nimmt man den Begriff des geschichtlichen Lernens, der im Schnittpunkt von erinnerter Vergangenheit, gegenwartsbezogener Aktionszeit und Zukunftsentwürfen steht, nie um bloße Anhäufung von Wissen, sondern immer um prägende Momente der Urteilsfähigkeit und des geschärften Unterscheidungsvermögens, wodurch falsch Zusammengesetztes getrennt, in der Sache Begründetes zusammengefügt wird. Es ist ja gerade ein entscheidender Lernprozeß, der zur Überwindung von Vorurteilen führt, wenn undurchschaute gesellschaftliche Krisenmechanismen nicht fortwährend Schuldzuweisungen und Feindprojektionen enthalten. Wer die Strukturkrise einer durch Kapital- und Marktlogik definierten Arbeitsgesellschaft nicht wahrnimmt und nach Schuldigen der Massenarbeitslosigkeit, der Zerstörung eigener Lebensperspektiven Ausschau hält, wird in der Regel nie die Mächtigen und Reichen angreifen, sondern die Ohnmächtigen und Fremden.

Entzerrung der überlagerten, vielfach verquickten Krisenherde, Aufhebung der fortwährenden Problemverschiebungen – eine solche Aufklärungsarbeit, die heute mit politischer Bildung unabdingbar verknüpft ist, setzt freilich ein gesamtgesellschaftliches Klima voraus, in dem der wildwuchernde Krieg aller gegen alle, die zum Prinzip gewordene Leistungskonkurrenz mit einer Ideologie des Sozialdarwinismus, die die Schwachen und Ohnmächtigen, den Verlierern und Zurückhaltenden das Brandmal vernichtungswürdiger Existenzen aufprägt, einer Lebensauffassung von solidarischer, gegenseitiger Anerkennung weicht.

Kann die zweite Bildungsreform nur als eine Initiative von unten verstanden werden, als eine politische Offensive derjenigen, die alltäglich und in lebendiger Beziehung mit Problemen der Erziehung und des Lernens stehen, so ist für sie ein weiteres Merkmal charakteristisch: Sie läßt sich nur als ein gesamtdeutsches Projekt umsetzen. Nichts im soziokulturellen Zusammenwuchern der beiden Staatsteile, die rechtlich durch Anschluß miteinander kombiniert wurden, kann größere Folgen haben als die Übertragung eines in sich nicht funktionsfähigen Schul- und Ausbildungssystems auf Verhältnisse, die durch ganz andere Traditionen bestimmt waren und zunächst einer intensiven Aufarbeitung bedurft hätten. Aber auch hier sind Lernanstrengungen erforderlich, die die Modernitätsrückstände Ostdeutschlands im Zusammenhang mit der Krise des krebsartig wuchernden Modernisierungsprozesses Westdeutschlands diskutieren. Von solcher gesamtdeutscher Mühe ist zur Zeit noch kaum etwas spürbar.

Was viele Menschen in Ostdeutschland an westlichen Lebenseinstellungen als störend und menschenfeindlich wahrnehmen, ist gerade das, was Ernst Bloch den Kältestrom der Gesellschaft nennt, jene öffentlich vereiste Atmosphäre, die bis in die Privatbeziehungen hineinreicht und, wie insbesondere die deutsche Geschichte lehrt, in der Regel mit einer herabgesetzten Hemmschwelle beim Töten des Andersdenkenden, des Andersartigen, des Behinderten oder Unbotmäßigen verknüpft ist. Die das Elend lauthals beklagen, sind gleichzeitig aktiv Mitwirkende an diesem Unheil. Die in bewohnte Häuser geschleuderten Brandfackeln, Tötungen von Obdachlosen und Behinderten, die von Krankenschwestern und Pflegern ins Werk gesetzten Tötungen hilfloser alter Menschen in Krankenhäusern, die zynische Härte, mit der Arbeitsbereite und Arbeitswillige auf die Straße geworfen werden: das sind alles keine zusammenhanglosen Ereignisse, sondern nur verschiedene Ausdrucksformen einer Gesamtkrise, die auf Lösungen drängt.

Eine zweite Bildungsreform ist nur möglich, wenn in ihr die Aufarbeitung der Vergangenheiten der beiden Teilstaaten ernsthaft ins Auge gefaßt wird. Auch darin drückt sich der Verlust einer Beziehung zum Gemeinwesen aus, wenn nicht darüber nachgedacht wird, welche Folgen Realitätsverleugnung und Verdrängung gesellschaftlicher Prozesse haben. Voraussetzung für eine solche Bereitschaft zur Aufarbeitung ist Solidarität. Nicht nur gelebte Soldarität, auch lebendiges Lernen hängt von einem hohen Maß des Wärmestroms in der Gesellschaft ab – und dieses Lernen ist gleichzeitig dessen Resultat. Daß kein Lernen zwischen den Menschen des Ostens und den Menschen des Westens stattfindet, ist möglicherweise die folgenreichste Wirkung der gebrochenen Einheit.

Die Ostdeutschen können von den Westdeutschen nichts lernen, wenn ihre Erfahrungen, ihre in einer vierzigjährigen gesellschaftlichen Lebensgeschichte gebundene lebendige Arbeitskraft nicht anerkannt werden. Die Westdeutschen können von den Ostdeutschen nichts lernen, wenn sie darauf beharren, alles Wichtige schon gelernt zu haben, und ihnen so nur noch die Chance offensteht, als Lehrende und Belehrende aufzutreten. Dieses Arroganzgefälle steckt also in der Struktur. Wenn Anschluß und Übertragung die einzigen Kommunikationsformen sind, die das westdeutsche mit dem ostdeutschen Schulsystem verbinden, dann fehlen Formen der gegenseitigen Achtung, die Neugierde auf das Andere möglich und notwendig machen.

Lernen, das den ganzen Menschen zu erfassen imstande wäre, also soziale, emotionale und kognitive Leistungen gleichermaßen einschließt, ist ohne ein Maß von Selbstregulierung und Eigenaktivität nicht möglich. So wäre, in der Beziehung zwischen Ostdeutschen und Westdeutschen, die Wiederherstellung des Selbstvertrauens der Lernsubjekte, die in ihrer Fähigkeit zur Erfahrungsverarbeitung, zur Organisationsphantasie für Problemlösungen gegenseitig Anerkennung finden, entscheidender Akt für eine Reform des gesamtdeutschen Bewußtseins, die den Schleier von Krisenverdrängung auf der einen und bloßen Anpassungserwartungen auf der anderen Seite durchbricht.

Die Auflösung dieses fatalen Mechanismus wechselseitiger Bewußtseinsblockierungen ist übrigens auch insofern notwendig, als gesellschaftliche Anpassungsleistungen an ein neues System überhaupt nur dann gelingen, wenn die Menschen das Selbstbewußtsein und das Selbstvertrauen als Lernsubjekte gewonnen haben. Erst dadurch könnte jene Entwertung aufgehoben werden, der die Ostdeutschen unterworfen sind und die mit für das verantwortlich ist, was sie selbst beklagen und was bei ihnen beklagt wird: Erwartungen an andere, die im Wiedervereinigungsprozeß nicht aufgehobene, sondern lediglich verschobene Krise ihrer Lebensgestaltung zu überwinden.

Die Probleme einer gebrochenen Einheit machen politische Bildung im Sinne einer öffentlichen Aufarbeitung der Vergangenheiten beider deutscher Teilstaaten zur Existenzfrage der Demokratie.

Von Aufarbeitung der Vergangenheit ist allenthalben die Rede; es bilden sich offene Diskussions- und Verteidigungsforen in der Absicht, die Bilanzierungsarbeit über Kosten und Lasten des Vergangenen nicht im Aktengestrüpp mediengesteuerter Enthüllungen versickern zu lassen. Der innere Widerwille, ja der öffentliche Protest dagegen ist im Wachsen begriffen, daß eine den sozialpsychologischen Tatbestand des Verfolgungswahns erfüllende Kontrollapparatur mit ihrer schier unerschöpflichen Dokumentenproduktion alles abdecken soll, was mit dem immer wieder beschworen, von der kritischen Öffentlichkeit zur magischen Lösungsformel stilisierten Aufarbeitungsbegriff verknüpft wird. Freud, der Vater dieses Gedankens, präzisierte seinen Bedeutungsgehalt: Aufarbeitung der eigenen Lebensgeschichte heißt Durcharbeiten des gesamten biographischen Materials, den Spuren der Gefühlsverschiebungen und den Erinnerungsresten mit größter Aufmerksamkeit zu folgen, also das Verdrängte und zu bloßen Schwarzmarktphantasien Abgewertete bewußt zu machen.

Demokratie kann, wie nachdrücklich das Lehrbeispiel Weimarer Republik zeigt, auf Dauer nicht existenzfähig sein ohne Demokraten. Diese zu erziehen, den Eigensinn und die Selbsttätigkeit auf allen Ebenen zu fördern, in den Schulen, Universitäten, der Öffentlichkeit und in den Geselligkeitsforen das politische Urteilsvermögen zu bilden, bildet heute die Hauptaufgabe einer Gesellschaft, die sich der Probleme der Wiedervereinigung bewußt ist. Dazu ist die Integration des ganzen Reichtums von praktischen pädagogischen Alternativen in das Regelschulsystem nötig.

Die Klagen über Politikverdrossenheit, über Wucherungen der Vorurteile gegen das Fremde, bedrohliche Potentiale des Rechtsextremismus sind untrügliche Zeichen für eine schleichende Aushöhlung der demokratischen Substanz unserer Gesellschaft. Aufarbeitung einer wie immer gearteten Vergangenheit und massenweise Bildung der politischen Urteilsfähigkeit sind zwei völlig miteinander verkoppelte Vorgänge. Vorurteile, die Ausgrenzung und am Ende sogar Vernichtung des Anderen, des Anderslebenden und Andersdenkenden, können nur durch Entwicklung des kulturellen Unterscheidungsvermögens überwunden werden, ja dieses auf das politische Gemeinwesen bezogene Unterscheidungsvermögen ist die Lebensatmosphäre einer demokratischen Gesellschaftsordnung.

Aber diese Art politischer Bildung, die kollektive Narben bewußt macht und Barrieren gegen den Wiederholungszwang aufbaut, kann nur eine sinnvolle Perspektive haben, wenn geschichtliche Lernprozesse zwischen den verschiedenen Gesellschaftsordnungen nicht ausgeschlossen werden.

Menschliche Lernprozesse waren für die, die aus der Entmündigung der Menschen im Dritten Reich Konsequenzen für den inneren Bildungsprozeß ziehen wollten, unabdingbare Voraussetzung einer lebensfähigen demokratischen Gesellschaftsordnung. Politische Bildung, Erziehung zur Mündigkeit: das war der kategorische Imperativ, dem sich eine ganze Generation aufgewachter, für unsere politische Kultur prägender Persönlichkeiten verpflichtet fühlte; in ihrer Vorstellungswelt konnten weder nationaler Machtzuwachs noch grandiose Aufbauleistungen diese für das demokratische Gemeinwesen zentrale Arbeit an den sozialpsychologischen Grundlagen der Gesellschaft ersetzen. Sie hatten mit ähnlichen Problemen zu kämpfen, die es heute gibt: der Überpolitisierung aller Lebensbereiche. Dem Dritten Reich folgte die Privatisierung, die Ohne-Mich-Bewegung, die Unterforderung und Abwertung des Politischen. Politik verdirbt den Charakter; am besten, man hält sich zu dieser ganzen Sphäre in Distanz. Wer also über die neuen Bundesländer redet, kann deshalb über die alten nicht schweigen. Wäre das so, könnte man aus der Geschichte nichts lernen, und in Wiederholung bestünde ihr fatales Gesetz.

Um Öffentlichkeit und Mobilisierungskraft für ein gesamtdeutsches Reformprojekt zu schaffen, müssen wir zunächst aufrichtig die Bilanz der deutschen Wiedervereinigung ziehen, der verpaßten Chancen und der Sackgassen, aus denen ein noch so großer Geldaufwand nicht herauszuführen vermag. Wir brauchen das vorbehaltlose Eingeständnis, daß sich jene von Kapital und Markt dominierten westlichen Gesellschaftsordnungen, die sich für einen Augenblick als geschichtliche Sieger über ein noch schlechteres System fühlen konnten, von tiefsitzenden Krisen erschüttert werden, welche die Reichweite kultureller Erosionskrisen haben und längst nicht mehr auf das Problem industrieller Standorte, auf Marktchancen und Wettbewerbsvorteile zu reduzieren sind. Die Erosionskrise hat vielfältige Ausdrucksformen, und diese werden wiederum in unterschiedlichen gesellschaftlichen Milieus mit verschiedenen Gefühlen aufgenommen. Nimmt man aber Max Webers Begriff der Kulturdämmerung als charakteristische Atmosphäre solcher Umbruchszeiten, so entspringt diese immer auch der massenweisen Erfahrung, daß zentrale Institutionen der Gesellschaftsordnung ihre geschichtliche Substanz verloren haben.

Ist diesen Institutionen der lebendige Geist, der ihre Zukunftsfähigkeit und ihre Geltung bestimmte, verlorengegangen, dann besteht die Neigung, ihr Leben durch imperiale Übertragung auf ganz andere Verhältnisse zu verlängern; der Zusammenbruch der Sowjetunion und des sozialistisch dekorierten Planungssystems des Ostblocks hat den Kerninstitutionen des Kapitalismus eine einzigartige Chance verschafft, Legitimationsprofite zu akkumulieren, ohne dadurch freilich ein einziges Strukturproblem der so als Übertragungsmodell betrachteten Ordnung lösen zu können.

Wie sollte auch eine in sich selbst brüchige Ordnung, welche unter hiesigen Voraussetzungen alle vernünftigen Alternativen der Gesellschaftsentwicklung aufzulösen bemüht ist, in Ländern menschenfreundliche Entwicklungen begründen, in denen wesentliche Voraussetzungen für eine das Kapital bändigende und kulturell einbindende bürgerlich-demokratische Gesellschaftsordnung fehlen? Wo immer Kapital und Markt als zentrale Regulative des gesellschaftlichen Zusammenhangs eingeführt werden, ohne gleichzeitig die Brechungen eines sozialstaatlich verfaßten Systems bürgerlicher Ordnung mit gesicherten Freiheitsrechten zu schaffen, zeigen sich in großen Teilen der betreffenden Länder Tendenzen zur Verödung, zur blanken Ausbeutung und Unterdrückung.

Öffentliches Bewußtsein für diese geschichtlichen Umbruchsituationen zu schaffen, den drückenden Objektüberhang beschleunigter Veränderungen, die überhaupt noch nicht von den Menschen subjektiv verarbeitet sind, zu vermindern, die Verhältnisse in menschlichen Maßstäben handhabbar zu machen – das macht Reformanstrengungen notwendig und sinnvoll.

Die Misere des gegenwärtigen Bildungs- und Ausbildungssystems, der Schulen, der Universitäten, der Berufsausbildung ist nicht, wie aus konservativer und rechter Ecke zu vernehmen ist, Resultat von reformerischen Projekten; im Gegenteil, es ist greifbares Ergebnis einer nicht zu Ende geführten, abgebrochenen Reform: Die Bildungsreform ist ein unvollständiges Projekt.

II Gewichtsverlagerungen der Erziehungs- und Lernorte

1. Vom Kindheitsmythos zur Lebenswelt der Kinder

Als der Erste Weltkrieg zu Ende ging, regte sich in den Ruinen der bürgerlichen Kultur und in der Arbeiterbewegung ein fieberhaftes Interesse an Kindheit und Erziehung. Den Schulen und der Erziehung, dem autoritären Volksschullehrer ebenso wie dem staatsfrommen Studienrat wurde die kulturelle Katastrophe mit angelastet. Nichts dergleichen findet sich nach dem Zweiten Weltkrieg: Das herkömmliche Schulsystem, die alten Erziehungs- und Lernformen werden in Westdeutschland komplett restauriert; das Lehrpersonal der Bildungsanstalten kehrt subjektiv völlig schuldfrei in die Institutionen zurück. Erst zwanzig Jahre später werden Kindheit und Lernen zu Themen des öffentlichen Interesses, dann aber radikal als Bruch in der Sozialisationsgeschichte, demgegenüber die Vorstellungen der Weimarer Zeit relativ traditionell erscheinen.

Am Anfang stehen nicht pädagogische Interessen, sondern politische. Die aus der Rekonstruktionsperiode der westdeutschen Nachkriegsgesellschaft hervorgegangene Generation beginnt kollektiv darüber nachzudenken, ob die Erhöhung des Lebensstandards die einzige menschliche Alternative zum Faschismus gewesen sei. Frei von drückender Not, mutig und selbstbewußt, rebelliert diese Generation gegen die von den Eltern aufgebaute Ordnung, in der die mit Arbeitseifer subtil verdrängten Anteile von Krieg, Verbrechen und leistungsbewußtem Mitläufertum fortzuleben scheinen. In dieser Rebellion steckt ein Moment, das auf Grundrisse einer politischen Sozialutopie, einer Neuordnung der Gesellschaft geht, welche die im Grundgesetz bekenntnishaft gegebenen demokratischen Versprechen der Selbstbestimmung und der Selbstregulierung des Gemeinwesens ernst nimmt und einklagt.

Bereits in der Anfangszeit der Protestbewegung zeigen sich tastende Versuche, das Unbehagen in der alternativlos gewordenen politischen Landschaft begreifbar zu machen, Handlungsperspektiven zu entwickeln. Durch die Große Koalition und die drohende Verabschiedung von Notstandsgesetzen waren der Außerparlamentarischen Opposition aus allen Bevölkerungsschichten Kräfte zugewachsen. Allmählich kristallisieren sich zwei Frontstellungen heraus: Die eine fordert, das gesellschaftliche Erbe der deutschen Katastrophengeschichte, von Krieg und Faschismus, noch in den Verdrängungen der Nachkriegsgesellschaft aufzudecken, Aufarbeitung der Vergangenheit als ein die ganze Gesellschaft erfassendes Aufklärungsprojekt zu verstehen. Eher die ökonomische und sozialpsychologische Kontinuität im Verhältnis von Drittem Reich und Gesellschaft der Bundesrepublik ist Thema als der Bruch. »Jede Debatte über Erziehungsideale ist nichtig und gleichgültig diesem einen gegenüber, daß Auschwitz sich nicht wiederhole«, hatte Theodor W. Adorno erklärt und damit die programmatische Zielrichtung für die emanzipatorische Bildungsarbeit dieser Zeit formuliert. Die politischen Erziehungsimpulse führen zur Wiederentdeckung der Kindheit.[1]

Die andere Frontstellung verneint nicht die Notwendigkeit einer gründlichen Aufarbeitung, setzt aber wesentlich auf den Bruch mit den deutschen Erbschaften, auf Neubeginn im buchstäblichen Sinne des Lebensanfangs: Sie fordert praktische Projekte einer alternativen Erziehungstradition, die dem antiautoritären, politisch unbotmäßigen Geist der fortgeschrittenen bürgerlichen Demokratie ebenso entspringen wie Lernexperimenten der revolutionären Arbeiterbewegung. Nicht die Bestimmung neuartiger Erziehungsideale steht am Anfang dieser vielfältigen Projekte für Kinder und Jugendliche, sondern das bewußte Einbeziehen des Bildungsrohstoffs in Lernprozesse, die zurückhaltende pädagogische Umgangsweise mit Bedürfnissen, Phantasien, Interessen der Lernsubjekte. Diese Wiederentdeckung der Kindheit – entsprungen aus der praktischen Neugier, wie Kinder sich durch bewußt veränderte Erziehungs- und Lernmethoden entwickeln – signalisiert historische Veränderungen des Kindheitsbegriffs, ohne deren Berücksichtigung die existierenden Bildungsinstitutionen kaum angemessen beurteilt werden können. Wie der geschichtliche Substanzwandel der Kindheit zu fassen ist, ohne den Substanzbegriff in seine Elemente aufzulösen, erweist sich immer deutlicher als ein Fragenkomplex, der den empirischen Analysen von Kindheit vorausgeht und eher auf die Notwendigkeit einer Gesellschaftstheorie der Gegenwart hinweist als auf weitere geschichtliche Untersuchungen zur Kindheit.

Wenn es zutreffen sollte, daß Kindheit dem Erwachsenenleben so nahe gerückt ist, daß das Erkenntnisobjekt den in sich deutlichen und trennscharfen artbildenden Begriff verloren hat, dann wäre der Ausgangspunkt einer Untersuchung von Kindheit nicht die Unterscheidung von der Erwachsenenwelt, sondern der ärgerliche Tatbestand, daß alles, was wir Kindern zuschreiben, von den Erwachsenen vorgeprägt ist. So gesehen wäre Kindheit nur vorstellbar als etwas, das von den Erwachsenen mit Willen und Bewußtsein als eine Sphäre selbstregulierter Eigentätigkeit hergestellt werden müßte.

Der unausgetragene Widerspruch zwischen Kindheit als Substanz und als einer regulativen Idee, der man Gutes für die menschliche Entwicklung zuschreiben kann, der in der Wirklichkeit aber nichts entspricht, kommt in fast allen heutigen Kindheitsanalysen zum Vorschein. Wo an Kindheit als Substanzbegriff festgehalten wird, wie in den pointierten Analysen von Philippe Ariès und Lloyd de Mause, lassen sich aufgrund nahezu identischen Materials absolut gegensätzliche Schlußfolgerungen ziehen. Lloyd de Mause sagt: »Die Geschichte der Kindheit ist ein Alptraum, aus dem wir gerade erst erwachen. Je weiter wir in der Geschichte zurückgehen, desto unzureichender wird die Pflege der Kinder, die Fürsorge für sie, und desto größer die Wahrscheinlichkeit, daß Kinder getötet, ausgesetzt, geschlagen, gequält und sexuell mißbraucht wurden. Wir wollen zusehen, wieviel von dieser Geschichte der Kindheit wir aufgrund der uns verbliebenen Zeugnisse rekonstruieren können.«[2] Diesem Begriff der Kindheit fehlt jede romantische Färbung. Wenn es Fortschritt geben sollte, dann in der Entwicklung von Kindheit.

Der Tod von Kindern hat nicht immer die unendliche Trauer zur Folge gehabt, die wir heute damit verbinden.[3] Friedrich Rückerts Kindertotenlieder bilden einen Einschnitt. Nahezu 500 Lieder hat Rückert niedergeschrieben, um den Verlust zweier Kinder zu verarbeiten, die kurz nacheinander am 31.12.1833 und 16.1.1834 starben. Franz Schuberts Streichquartett »Der Tod und das Mädchen« ist Ausdruck eines Schmerzes, der die ganze Existenz von Müttern und Vätern berührt. Diese Begegnungen mit dem Tode drücken eine Trauer über den Verlust von Kindern aus, die noch in Goethes »Erlkönig« so nicht erkennbar ist. »Erreicht den Hof mit Müh' und Not – in seinen Armen das Kind war tot.« Die literarische und musikalische Thematisierung von toten Kindern differenziert sich in dem Maße, wie Kindheit eigener Gegenstand der Erziehung und der pädagogischen Öffentlichkeit wird. Nicht daß Menschen vorher gleichgültig gegenüber dem Tod von Kindern gewesen wären, aber die Überlebenschancen kleiner Kinder waren so gering, daß noch in der Zeit Molières Namen häufig erst im dritten oder vierten Lebensjahr gegeben wurden. Mit der zunehmenden Hygienisierung der Lebensverhältnisse, mit der Verringerung der Kinder- und Müttersterblichkeit, wächst das Bedürfnis, das Leben eines Kindes möglichst lange zu sichern. Und heute begleitet die Angst vor dem Tod die Eltern ein Leben lang, bei jeder Straßenkreuzung, immer und überall.

Für Philippe Ariès ist die Entwicklung des Kinderlebens mit zunehmender Ghettoisierung, mit Zwangsregeln und Einschränkungen der gesellschaftlichen Erfahrungsfähigkeit verknüpft; Schule und Familie erweisen sich als die kindgemäßen Gefängniseinrichtungen.»Die Familie und die Schule haben das Kind mit vereinten Kräften aus der Gesellschaft der Erwachsenen herausgerissen. Die Schule hat das einstmals freie Kind in den Rahmen einer zunehmend strengeren Disziplin gepreßt, die im achtzehnten und neunzehnten Jahrhundert in die totale Abgeschlossenheit des Internats münden wird. Die Besorgnis der Familie, der Kirche, der Moralisten und der Verwaltungsbeamten hat dem Kind die Freiheit genommen, deren es sich unter den Erwachsenen erfreute. Sie hat ihm die Zuchtrute, das Gefängnis, all die Strafen beschert, die den Verurteilten der niedrigsten Stände vorbehalten waren. Doch verrät diese Härte, daß wir es nicht mehr mit der ehemaligen Gleichgültigkeit zu tun haben: Wir können vielmehr auf eine besitzergreifende Liebe schließen, die die Gesellschaft seit dem achtzehnten Jahrhundert beherrschen sollte. Es liegt auf der Hand, daß dieser Einbruch der Kindheit in die Gefühlswelt die heute besser bekannten Phänomene des Malthusianismus, der Geburtenkontrolle hervorgerufen hat. Der Malthusianismus kam im achtzehnten Jahrhundert zu dem Zeitpunkt auf, als es der Familie gelungen war, sich um das Kind herum zu reorganisieren und als sie die Mauer des Privatlebens zwischen sich und die Gesellschaft schob.«[4]

Ist Gleichgültigkeit für de Mause ein Zeichen des Schreckens, unter dem das Kinderleben steht, so ist sie für Ariès Ausdruck des freien Bewegungsraums in der Erwachsenenwelt, die noch keinen speziellen Erziehungs- und Kontrollblick auf Kinder entwickelt hat. Die Kategorien beider Historiker sind organisiert um die begrifflichen Muster von Schutz, Sorgfalt und Trennung. In einer dritten Position, die mit Kindheit als Substanzbegriff operiert, geht es um die Rekonstruktion der Kindheitsentwicklung unter der Perspektive ihres fatalen Endes, das durch den Geheimnisverlust im Zeitalter elektronischer Medien gekennzeichnet ist.

Neil Postman, der weitgehend dasselbe geschichtliche Material über Kindheitsentwicklung benutzt wie Ariès und de Mause, schreibt: »Im Mittelalter konnte weder jung noch alt lesen, und das Leben aller vollzog sich im Hier und Jetzt, im ›Unmittelbaren und Lokalen‹, wie es Mumford nannte. Deshalb bedurfte es auch keiner Vorstellung von Kindheit, denn alle hatten Teil an der gleichen Wissensumwelt und lebten insofern in der gleichen gesellschaftlichen und kulturellen Formation. Als aber die Druckerpresse zur Wirksamkeit gelangt war, da zeigte sich, daß mit ihr eine neue Art von Erwachsenheit auf den Plan getreten war. Seit der Erfindung des Buchdrucks mußte die Erwachsenheit erworben werden. Sie wurde zu einer symbolischen Leistung, war nicht länger Resultat einer biologischen Entwicklung. Seit der Erfindung des Buchdrucks mußten die Kinder Erwachsene erst werden, und dazu mußten sie lesen lernen, die Welt der Typographie betreten. Damit ihnen das gelang, brauchten sie Erziehung. Deshalb erfand die europäische Zivilisation die Schule von neuem, und damit machte sie aus der Kindheit eine Institution.«[5] Weil Lesen, Schriftkultur, das entscheidende, charakteristische Moment der Entstehung von Kindheit und ihrer Geheimnisse ist, wird Schule zum »letzten Bollwerk gegen das Verschwinden der Kindheit«[6]; die Totalisierung der elektronischen Medienwelt, die Lesen und Bücher erübrigt, ist der eigentliche Grund für das Verschwinden der Kindheit.

In der Suche nach dem klar definierten Gegenstand, der das Wesen der Kindheit ausmacht, erweitert sich der Horizont der Fragestellungen derart, daß am Ende nur die Summe der verschiedenen Merkmale als Wesensbestimmung genommen werden kann, die Bewertungen der Tatbestände dagegen beeinflußt scheinen von eigenen Kindheitserinnerungen und dem aktuellen Umgang mit Kindern (in der Elternrolle, als Pädagoge oder Sozialarbeiter). Angesichts des Übergewichts historischer Forschung zur Kindheit, die gleichwohl Eindeutigkeit und Trennschärfe des Erkenntnisobjekts nicht herzustellen vermag, drängen sich Überlegungen auf, daß das erkenntnisleitende Interesse geklärt werden muß. Ist vielleicht die eigene Kindheit des jeweiligen Autors, Schlüsselerlebnisse von Glück und Unglück, so in das Erkenntnisinteresse eingegangen, daß auch die bewußteste Distanz zum Objekt von individuellen Erfahrungen bestimmt ist? Kein Forschungsgegenstand ist geeigneter für wissenschaftliche Verschlüsselungen sehr persönlicher Interessen.[7]

Von der Gegenwart ist deshalb auszugehen, wenn von Kindheit in praktischer Absicht gesprochen wird; nur eine kritische Gegenwartsanalyse, in der die Stellung des Kindes, der Kindheitserinnerungen und des Kindheitsbildes bestimmt wird, kann zu halbwegs zuverlässigen Auskünften über das führen, was einmal anders gewesen ist, ohne durch den Wunsch, das Verlorene zurückzuholen, das Interesse an Untersuchungen der Kinderwelt und an Vorstellungen über deren mögliche und notwendige Veränderungen zu verdecken. Denn die Anatomie der Gegenwartsgesellschaft öffnet allein den Blick für das, was in ganz anderen geschichtlichen Konstellationen, in der jeweiligen konkreten Totalität der einzelnen Epochen, Kinder bedeutet haben.[8]

Wenn Begriff und Sache nicht mehr übereinstimmen, die Differenzierungen der Erfahrungsgehalte aber Erweiterungen nahelegen, die den klar umgrenzten Gegenstandsbereich überschreiten, ergibt sich stets ein Rankenwerk von Begriffsverbindungen, die dem alten Kernbegriff so zugeordnet sind, daß wenigstens der Schein seiner objektiven Geltung erhalten bleibt. So entstehen Bindestrich-Kindheiten.

Hartmut von Hentig, tätiger Pädagoge und Wissenschaftler, hat für die kindliche Lebenswelt in fortgeschrittenen kapitalistischen Industriegesellschaften die darin enthaltene Verlegenheit der Begriffsbildung umschrieben. Indem er Kindheit in sechs Gegenstandsbereiche auseinanderlegt, löst er den Substanzbegriff auf und macht einen Funktionsbegriff daraus.[9] Kindheit ist heute Fernsehkindheit, pädagogische Kindheit, Schulkindheit, Zukunftskindheit, Stadtkindheit, Kinder-Kindheit. Aber die Elemente der Kindheit, auf diese Weise ausgebreitet, machen die eindeutig begrenzte Zahl der Beziehungszusammenhänge, aus denen charakteristische Kindheitsmerkmale zu gewinnen wären, zur puren Fiktion. Die Kleinfamilienkindheit rückt die Frage der reduzierten und häufig aufgesprengten Familien in den Vordergrund, das »Teilzeitkind« (Günther Bittner) verweist auf die fragmentierten Anwesenheitszeiten von Eltern, die den Flexibilisierungsregeln des Produktionsprozesses folgen. Der alltägliche Umgang mit Kindern und Jugendlichen schlägt Wunden. Das realistische Ziel bei der Kindheitsfrage besteht deshalb nicht in einem Drehen und Wenden dessen, was Kindheit gewesen ist und welche Verluste heute zu beklagen sind, sondern in der Konzentration der Organisationsphantasie auf mögliche alternative Lebensformen der Erwachsenenwelt, die eine neue Form der Kindheit erlauben. Vieles kann nicht auf unsere Lebensverhältnisse übertragen werden, und doch gibt es in der Geschichte einiges zu erinnern, das Beispiel für eine sinnvolle Neugestaltung von Kindheit und Lernen sein kann.

Die Kritik der Gesellschaft steht am Anfang des Wandlungsprozesses von Kindheit. Was die Wirklichkeit von Kindheit bestimmt und wohin die Erwachsenenwelt ihre Aufmerksamkeit und ihr öffentliches Interesse zu richten hat, um aus der prekären Kindersituation entwicklungsfähige Alternativen zu gewinnen, das setzt aufrichtige Mühe um eine Entmythologisierung von Kindheit voraus, die gerade auch dann sich als notwendig erweist, wenn in der Diskussion um den Substanzbegriff die Auflösungserscheinungen kunstvoll und werbewirksam arrangiert sind. Die kritischen Einwände gegen Postman, die Heinz Hengst formuliert, gelten für einen großen Teil der Kinderliteratur, die die gesellschaftliche Wirklichkeit in ihren Widersprüchen unterschlägt. »Die (heilige) Allianz von Kindheit, Buch- und Schulkultur wirkt so überzeugend – besonders im Vergleich mit der (unheiligen) von Fernsehen, Computerspielen und Videogewalt –, daß so eine Banalität wie Kinderalltag und die tatsächlichen Erfahrungen der Kinder darüber aus dem Blickfeld geraten und bedeutungslos werden müssen.«[10]

Abgesehen davon, daß die Buchkultur – wie bedeutend sie für die Entwicklung des Kindheitsbegriffs von Erwachsenen auch gewesen sein mag – den Erziehungs- und Schulalltag nie maßgeblich geprägt hat, ist das weite Spektrum, in dem sich das Kinderleben bewegt, durch lineare Zuordnungen nicht zu erfassen gewesen.[11] Die Klage darüber, daß wir eigentlich vom Wesen der Kinder nichts wissen, geht weit in die Geschichte zurück; diese Klage ist mit Verlusttrauer verknüpft und zeigt immer zwiespältige Gefühle der Erwachsenen: Kindheit als Risiko, als Utopie, als Erinnerungsfolie.

Im ersten Korintherbrief (13,9–11) heißt es: »Denn unser Wissen ist Stückwerk, und unser Weissagen ist Stückwerk. Wenn aber kommen wird das Vollkommene, so wird das Stückwerk aufhören. Da ich ein Kind war, da redete ich wie ein Kind und war klug wie ein Kind und hatte kindische Anschläge; da ich aber ein Mann ward, tat ich ab, was kindisch war.« – »Von Kindheit haben wir keine Begriffe«, klagt Hölderlins Hyperion, das »Land der Griechen mit der Seele suchend«, die Wiege der Kultur (Goethes »Iphigenie«); und Rousseau, einer der ersten großen Kindheitsforscher, stellt bedauernd fest: »Man kennt die Kindheit durchaus nicht.«

Von Karl Kraus stammt das Wort: Den Weg zurück in die Kindheit möchte ich mit Jean Paul lieber gehen als mit Freud. Auf die selbstgestellte Frage »Warum sind keine frohen Erinnerungen so schön als die aus der Kinderzeit?« gibt Jean Paul die Antwort: »Schon die Frage erquickt mit Freudigkeit, und die Untersuchung gewährt das selber, was sie prüft. Die meisten von uns haben die schöne Erfahrung gemacht, daß es noch ein Freudengedächtnis auf der Erde gibt…«[12] Ein Freudengedächtnis wird es kaum sein, wenn sich jemand, versehen mit dem Leitfaden des Freudschen Triebverzichtslernens, in dem Leid und Glück, Katastrophe und Ausweg untrennbar miteinander verknüpft sind, auf Spurensuche ins Reich der Kindheit begibt. Es bleibt ein prägender Rest eigener Kindheitserfahrungen, der in die Wertungsperspektiven der Analyse eindringt und eine Parteilichkeit herausfordert, ohne die Objektivität in der Beschäftigung mit Kindheit schwerlich zu erreichen ist.

Es füllt gewiß nicht den ganzen Kindheitsbegriff der Gegenwart, wenn ich die soziale Situation, den Kindesmißbrauch aus vielfältigen Ursachen, zunehmende Kinderarbeit, Hunger, Not und Sterben von Kindern auch jener Regionen in meine Betrachtung einbeziehe, die vom Reichtum überquellen und die objektiv imstande wären, Armut und Elend abzuschaffen. Nach einem Bericht des US-amerikanischen Handelsministeriums aus dem Jahr 1993 hat die Zahl der armen Kinder in den USA seit 1973 um mehr als 6 Millionen zugenommen. Im gleichen Zeitraum stieg das Bruttoinlandsprodukt um zwei Billionen Dollar. Die statistischen Daten zeigen damit, daß die Kinder im Schnitt noch mehr verarmten als die Erwachsenen, während die Nation als Ganze reicher wurde. Als Armutsgrenze gilt offiziell ein Einkommen von unter 15 000 Dollar im Jahr für eine vierköpfige Familie. Dem erwähnten Bericht zufolge haben 1992 etwa 39 Millionen Amerikaner in Armut gelebt, davon betroffen waren vor allem Kinder: Jedes vierte Kind unter 18 Jahren, also 16 Millionen, zählt in den USA zu den Armen.[13]

Die meisten westeuropäischen Länder nähern sich diesen Zahlen an. Von Beißhemmungen freigesetzte Kapital- und Marktlogik zehrt in fast allen Ländern zunehmend die sozialen Reservatbereiche auf und reißt die Schutzmauern ein, die bisher ein zivilisatorisches Minimum sozialer Gerechtigkeit und Einkommensausgleich sicherten. In Deutschland leben 1992 rund eine Million Kinder in Armut.[14] So ist es nicht erstaunlich, daß auch in den entwickelten und reichen Ländern, keineswegs nur, wie man sich einzureden gewöhnt hat, in Lateinamerika oder im Fernen Osten, verdeckte und offene Kinderarbeit zugenommen hat, und manche Verhältnisse machen Charles Dickens' sozialkritische Szenen aus »Oliver Twist« zu einer brennend aktuellen Angelegenheit.

Die Internationale Arbeitsorganisation in Genf schätzt die Zahl der arbeitenden Kinder weltweit auf 75 bis 150 Millionen. Schon 1983 hat Terre des hommes darauf hingewiesen, daß in der Bundesrepublik über 500 000 Kinder einen anstrengenden 8-Stundentag arbeiten. Die soziale Verelendung der Kinder ist in allen Bereichen gewachsen, immer mehr Kinder leben auf der Straße. Weiter gestiegen ist die Zahl von Kindesmißhandlungen, von Sexualmißbrauch. »Sexueller Mißbrauch von Kindern war bis Mitte der achtziger Jahre nur eine Randnotiz in der Polizeistatistik. Verstärkte Aufklärungskampagnen führten dazu, daß immer mehr Vergehen an Kindern angezeigt wurden. Jedes zweite mißbrauchte Kind war jünger als sechs Jahre. Neun von zehn Tätern sind Väter, Stiefväter oder Männer aus dem Bekanntenkreis der Familien...«[15]

Entmythologisierung der Kindheit ist deshalb nicht nur unter Gesichtspunkten der wissenschaftlichen Aufklärung erforderlich, sondern vor allem aus praktischen Gründen. Arbeitsprozesse zur Veränderung der Kindermiseren können nur konkret ansetzen, wenn die verschiedenen Seiten von Kindheit auseinandergelegt und zum Beispiel der ideologisch besetzte, aber für manche Kinder tödliche Scham- und Schutzraum der Familie aufgebrochen wird.

So ist weder Romantik noch die melancholische Verlusterfahrung der Punkt, an dem sich Kindheit heute aufhellen ließe; alles, was Kindheit und Lernen betrifft, berührt unsere gesellschaftlich vorgeprägte Lebensorganisation: Die Entmythologisierung der Kindheit bis hin zu jenem Punkt zu treiben, an dem Kindheit sich als Fiktion enthüllt – durchaus nicht im faden Sinne der Einbildungen, sondern als eine Art kommerzialisierbare Fiktion in die Handlungsmotive der Medien- und Spielzeugindustrie eingebunden –, das ist eine sinnvolle Aufgabe, weil dadurch die mit dem Kindheitsbegriff verknüpften Interessen erkennbar werden. »Nur solange Kindheit von Erwachsenen als besonderer Status, eine besondere Welt verstanden und behandelt wird, ist ein zusätzlicher Absatzmarkt für Kinder wahrscheinlich.«[16] Auch die angestrengtesten Bemühungen um die Aufrechterhaltung einer solchen Kindheit stoßen freilich fortwährend auf die Realitätsmacht einer Gesellschaft, in der Kinder und Erwachsene an derselben Kulturindustrie teilnehmen; »Kindermassenkultur« und die Massenkultur der Erwachsenen sind so eng verflochten, daß ihre Unterschiede nur schwer auszumachen sind.

Dieser Position entsprechend ist es weder möglich, die im klassischen Bürgertum ausgebildeten Kindheitsmuster in ihrer präzisen Sonderung von der Erwachsenenwelt zu retten und wieder zu beleben, noch die Idee der Kindheit zu opfern. Nur als eine neue Qualität hat sie Überlebenschancen. »Die große Verführung künftiger Kindheitsforschung dürfte darin bestehen, gegenwärtige Entwicklungen zu verabsolutieren und für eine Präfiguration der Zukunft zu halten. So wird bereits ›Kindheit ohne Zukunft‹ als Frage- und Feststellung herumgereicht und dient dazu, Kindheit mit neuen Vorzeichen als abgelebten Status zu vermarkten. Sicher sind die Versuche, Kindheit unter Laborbedingungen herzustellen und damit ihre Weiterexistenz zu garantieren, zum Scheitern verurteilt. Gleichwohl kann nicht ohne weiteres unterstellt werden, daß Kindheit als geschützter und kontrollierter Lebensraum keine Zukunft hat. Zukunftslos ist die Kinder-Kindheit, zukunftslos ist das traditionelle Erwachsensein: Bevormundung und Entmündigung sind Erscheinungen, denen die altersspezifische Färbung mehr und mehr verlorengeht. Der technokratische Zirkel, in dem pädagogische und therapeutische Kindheit produziert werden, damit Pädagogik überhaupt wirken kann, bestimmt längst das Erwachsensein. Das Paradigma, welches auf der Unterteilung des Lebens in fixe Alltagsphasen beruht, ist obsolet geworden und mit ihm die Unterscheidung von Kindheits- und Erwachsenenstatus. Kindheitstypische Zumutungen betreffen gegenwärtig alle. Insofern ist also heute Kindheit, wenn sie als Kinder-Kindheit gemeint ist, eine Fiktion. Zumindest gilt dies für die wichtigsten Lebensbereiche.«[17]

Aber nicht nur das Autoritätsgefälle, das herkömmlicherweise die einseitige Übertragung von kulturellen Normen, Lebensstil und Denkweisen von der Erwachsenengeneration auf die Kinder sichert, wird zunehmend eingeebnet, vielmehr zeigen sich Wirkungen und Übertragungen in umgekehrter Richtung. »Der Umstand, daß immer mehr Menschen (mehr oder weniger reflektiert) für die kulturelle Kompetenz von Kindern sensibilisiert werden, zeigt deren neue historische Qualität. Es gibt Anzeichen dafür, daß Kinder die Seh- und Denkweisen eines nicht unerheblichen Teils der Erwachsenengeneration intensiver und wirkmächtiger beeinflussen als die Erfahrungen und Maßstäbe, die aus ihrer Jugend oder aus ihren beruflichen und wissenschaftlichen Sozialisationsprozessen resultieren. Weil sie mit ihrem traditionellen Rüstzeug als Eltern, Sozialpädagogen, Lehrer und Hochschullehrer Schiffbruch erleiden, sind sie für neue Impulse empfänglich.«[18]

Macht und Ohnmacht werden dabei nicht ihre Bedeutung verlieren; aber die Macht der Erwachsenen scheint jede auf Verinnerlichung gehende Autorität verloren zu haben und besteht lediglich darin, mit Vorschriften und Drohungen zu hantieren, die Vorteile und Nachteile signalisieren.

Werden diese Argumente geschichtlich gewendet, so gibt es die merkwürdige Situation, daß wir von der Idee der bürgerlichen Kindheit nicht loskommen, aber in den wirklichen Beziehungen der Kinder zu den Erwachsenen dem Mittelalter und der antiken Welt näher stehen als der Hochphase des Bürgertums. Auch für den vorbürgerlichen Menschen sind Kinder als solche nicht geheimnisumwittert; da sie nicht abgesondert leben, ist das, was sie tun, auch nur dann für die Erwachsenen interessant, wenn es für sie verständlich ist. Ariès hatte mit Recht festgestellt: »Im Mittelalter und am Anfang der Neuzeit – in den unteren Schichten auch noch viel länger – waren die Kinder mit den Erwachsenen vermischt, sobald man ihnen zutraute, daß sie ohne Hilfe der Mutter oder der Amme auskommen konnten, das heißt wenige Jahre nach einer spät erfolgten Entwöhnung, also mit sieben Jahren. In diesem Augenblick traten sie übergangslos in die große Gemeinschaft der Erwachsenen ein, teilten ihre Freunde, die jungen und die alten, die tagtäglichen Arbeiten und Spiele mit ihnen.«[19]

Gleichwohl ist heute alles ganz anders; das Naturverhältnis der Generationen zueinander, die biologisch bestimmte Geschlechterfolge, die Übertragungsprozesse vollziehen sich nicht zwanglos, sondern bedürfen gesonderter Kommunikations- und Reflexionsprozesse. Die Subjektivität – nicht nur der Erwachsenen, sondern auch die im Kind angelegte – gibt allen heutigen Beziehungen eine unverwechselbare Färbung.

Der Gedanke freilich scheint mir nicht abwegig zu sein, daß die bürgerliche Epoche der Kindheit – die in der Familie ansetzende radikale Trennung der Lebenswelten von Erwachsenen und Kindern, um dann, im öffentlichen Raum der Schule, Erziehung und Lernen ganz auf die Verinnerlichung von Disziplin und Folgebereitschaft zu konzentrieren – die geschichtliche Ausnahme darstellt, nicht die Regel. Wenn, wie Ariès es sieht, die mittelalterliche Gesellschaft kein Verhältnis zur Kindheit hatte, so kann man heute umgekehrt davon sprechen, daß das Verhältnis zur Kindheit eine solche emotionale Dichte angenommen hat, daß Kinder eine zentrale Funktion im Gefühlshaushalt der Erwachsenen einnehmen. Da sie ihnen zu nahe stehen und auf diese Nähe offenbar auch nicht ohne Schmerz verzichten können, entsteht die Neigung, dieses Projektionsobjekt für mannigfache Gefühle sich möglichst lange zu erhalten – was um so anstrengender ist, weil der extreme Nesthocker, als der das menschliche Lebewesen auf die Welt kommt, mit großer Geschwindigkeit die Welt der Erwachsenen anpeilt. Die damit einhergehende soziale Infantilisierung des Kindes ist jedoch das krasse Gegenteil von dem, was eine neue Qualität von Kindheit ausmachen würde.

Sich von den geschichtlichen Überlagerungen der Kindheitsforschung zu lösen, um die komplexen und differenzierten gesellschaftlichen Strukturen, unter denen Kinder heute leben, unbefangener untersuchen zu können, ist deshalb so schwer, weil ganzheitliche Kindheitsbilder der Vergangenheit auf ein breites Bedürfnis der Erwachsenen treffen. Die Kindheitsbilder, Mythen und Deutungen in Kontexten, die von religiösen Heilserwartungen, innerweltlichen Befreiungshoffnungen oder Fortschrittsideen bestimmt sind, vermischen sich auf erkenntnisblockierende Weise mit Realitätssplittern des Kinderlebens.

Diesen Zusammenhang in der Bewertung der ja bereits gedeuteten historischen Materialien vernachlässigt zu haben ist für Dieter Richter, der die Verdienste von Ariès und anderen Kindheitsforschern durchaus anerkennt, ein entscheidender Einwand gegen die Triftigkeit der Aussagen und vor allem die geschichtsphilosophischen Folgerungen. Den methodischen Ansatz von Ariès, mit der geschichtlichen Vermitteltheit der Kategorie Kindheit zu arbeiten, nimmt Richter auf und formuliert berechtigte Zweifel am üblichen Interpretationsverfahren: »In die Diskussion hat sich bisweilen eine Begriffsverwirrung eingeschlichen, an deren Zustandekommen Ariès selber nicht ganz schuldlos ist: Das Verständnis von Kindheit als Kinderleben und von Kindheit als Kindheitsbild. ›Kinderleben‹ meint die gesellschaftliche Wirklichkeit von Kindern, ihr Leben und Treiben in einer bestimmten Epoche und an einem bestimmten Ort; ›Kindheitsbild‹ meint die Entwürfe und Vorstellungen, die sich eine Epoche, eine soziale Gruppe oder auch ein einzelner von Kindern macht (und die individuell und gesellschaftlich außerordentlich wirksam sein und das Verhalten gegenüber ›wirklichen‹ Kindern durchaus beeinflussen können)... Ein Sujet wie das der Kinderdarstellung (in historischen ebenso wie in zeitgenössischen Zeugnissen) verleitet offenbar in ganz besonderer Weise zur vorschnellen Identifikation des Dargestellten mit der ›Realität‹: Projektion im Freudschen Sinne scheint dabei im Spiel zu sein.«[20] Kinder stehen demzufolge für etwas, was sie nicht sind; nichts, was Kinder betrifft, ist emotionslos als Tatbestand aufzunehmen, weder die geglückten Seiten noch das Leid und die Tragödie. Da Kinder hervorragende Projektionsobjekte sind, ist höchste Vorsicht im Umgang mit Kindheitsdeutungen geboten.

So mag zutreffen, daß Kindheit mit einer von den anderen Lebensphasen der Menschen unterschiedenen eigentümlichen Struktur erst zu Beginn der bürgerlichen Epoche auftritt, keineswegs aber die Hochachtung des Kindes. Der Kinderkult scheint ein Grundmuster der abendländischen Tradition seit der Spätantike zu sein. Kinder, wie sie in solchen Kindheitsbildern auftreten, »mögen uns wenig ›kindlich‹ (in modernem Verständnis) erscheinen, und sie werden dies tatsächlich erst zunehmend im Spätmittelalter und in der Renaissance. Gleichwohl sind es Bilder von Kindern. Die Verehrung dieser Kinder, ihre Stilisierung zum Vorbild, zum Exempel, zum Heiligen ist ein charakteristisches Muster, obschon es ursprünglich nicht das (wiederum im modernen Sinne) spezifisch ›Kindliche‹ dieser Kinder war, was Gegenstand der Verehrung wurde. Die Verehrung des Kindes hat alte religionsgeschichtliche Wurzeln.«[21]

Dieser Kinderkult hört nicht auf, aber er erfährt im Übergang zur bürgerlichen Neuzeit entscheidende Veränderungen. Mit der wachsenden Bedeutung von Rationalisierung und Entzauberung der Welt wird alles, was sich der Vernunft nicht unterordnen läßt, eindeutig kenntlich gemacht, indem es zu gesonderten Objektbereichen ausgegliedert, aus den traditionellen Näheverbindungen gelöst wird, und damit erleidet das Kind das Schicksal jener Erkenntnisobjekte, die strukturlos sind und zunächst nur den Status von Material für die tätige Vernunft haben.[22] Dieter Richter spricht deshalb von der Entwicklung zum »fremden Kind«, von dem es Züge bereits in der vorbürgerlichen Welt gibt, aber nicht in der Prägnanz, wie nun der Unterschied zwischen der von Vernunft bestimmten Konstitution der Gegenstandswelt und dem, was lediglich gegeben ist, zugespitzt wird – dem Fremden, dem Anderen, was viele Gestalten annimmt, im Blick der Oberschichten das Volk zum Beispiel, die Wilden, die Natur. »Die zunehmende Beachtung, die Kindern und dem Status Kindheit während der Jahrhunderte der Neuzeit geschenkt wird, ist – so die These – nicht wachsender Nähe, sondern wachsender Distanz zwischen Erwachsenen und Kindern geschuldet.«[23]

Nicht nur Kinder brauchen Erwachsene; der Erwachsenenstatus, das Bewußtsein, reif und überlegen zu sein, scheint in dem Maße gerade der Kinder, der Kindheitsbilder zu bedürfen, wie die alltägliche Wirklichkeit diese mühsam erreichte Entwicklungsstufe bedroht. Der Wille zur Entmythologisierung bricht sich am Prinzip Hoffnung.

Lassen wir diesen Kindheitsmythos auf sich beruhen; wo ist aber der Ort, wo Kindheit konkrete Gestalt annimmt, wo ist der primäre, durch präzise Raum- und Zeitmaße bestimmte Erfahrungs- und Lernzusammenhang aufwachsender Kinder? Ohne Familie und Schule, die für den Sozialisationsprozeß entscheidenden Institutionen, in die Betrachtung einzubeziehen, kann es nicht gelingen, aus der Anschauung geschichtlicher Wandlungsprozesse von Kindheit überfällige Reformen des Erziehungs- und Lernsystems auf den Weg zu bringen.

Verlassen wir deshalb den Erkenntniszusammenhang von Kindheit und wenden uns einer gesellschaftlichen Institution zu, die sich auf dem ideologischen Kampfgelände gewiß auch nicht durch wertfreie Urteile auszeichnet, der soziologischen Analyse aber zugänglicher ist als Kindheit: dem Funktionswandel der Familie.

2. Primäre Lebensverhältnisse: Familie, Haushalt, Kleine Heime

Die sozialwissenschaftliche Literatur ist voll mit Klagen über die Selbstauflösung der bürgerlichen Familie. Vielleicht ist es gar kein großes Unglück, daß die Familie als Institution, die in ihrer Widersprüchlichkeit jedenfalls im zwanzigsten Jahrhundert mitbestimmend war für die Katastrophen dieser Zeit, im Zerbrechen begriffen ist. Es wäre nicht zum ersten Mal in der Geschichte, daß eine Institution, deren substantielles Selbstverständnis verlorengegangen ist, nur noch in Verlegenheitskonstruktionen existiert, weil eine offizielle Ideologie sie retten möchte. Auch wenn viele Familien die traditionellen Funktionen weiterhin erfüllen und in Zukunft, wie beispielsweise die Zahl der Frühehen zeigt, erfüllen möchten: Die objektive Tendenz geht über die redliche Mühe und die entschlossenen Willensanstrengungen einzelner hinaus und weist unübersehbar in eine ganz andere Richtung. Doch wer bei der radikalen Kritik an der bürgerlichen Familie vom Tatbestand ihrer Selbsterosion ausgeht, muß unbedingt fragen, was mit den Funktionen geschieht, die diese Familienstruktur für den menschlichen Wachstumsprozeß erfüllt. Übernehmen andere Institutionen diese Funktionen? Sind sie mittlerweile für die urteilsfähige Entwicklung der Menschen überflüssig? Ist auf den Gesetzgeber zu vertrauen, daß durch Legalisierung neuer Tatbestände und Aufhebung alter die Situation der neuen Generation, der aufwachsenden Kinder, sich grundlegend verändert?

Ob die Auflösung der alten Familienformen die Freiheit und Selbstbestimmungsrechte der Ehepartner vergrößert, ob der Leistungsanspruch, den die Gesellschaft stellt, auf diese Weise erweitert wird oder nicht, ist in meinem begrenzten Untersuchungszusammenhang unwichtig. Entscheidend für mich ist die Bedeutung der Familie im Blick auf die Situation von Kindern. In die Geschichte gehe ich zurück, weil die Familie zu jenen gesellschaftlichen Institutionen der modernen Welt gehört, die seit ihrer Entstehung Kontroversen ausgelöst hat. Die Spannung, ja das Widersprüchliche in dieser gesellschaftlichen Einrichtung bestimmt die extremen Ausschläge von Idealisierung und Entwertung in so entscheidendem Umfang, daß eine kurze historische Spezifikation ihres Form- und Gestaltwandels nötig ist.

Wie immer sich Wandlungen der Familieninstitution historisch abgespielt haben mögen, die im Wortursprung enthaltene Nähe und Intimität von Beziehungen kennzeichnet deren Sinngehalt. Das lateinische *familiaris* heißt übersetzt *zur Familie gehörig, vertraut, vertraulich*. In patriarchalischen Gesellschaftsordnungen, die das Ideal der Selbstversorgung erstrebten, war der Begriff sehr weit gefaßt; *familia* ist die gesamte Hausgenossenschaft: Weib, Kind, Hof, Blutsverwandte, Abhängige und Sklaven bilden einen Hausverband, der dem *pater familias,* dem *dominus,* unterstellt ist.

Erst im sechzehnten Jahrhundert entsteht, der Sache nach ebenso wie im Begriff, die Familie in unserem modernen Sinnverständnis. Dabei rückt eine wortgeschichtliche Seitenlinie von *familia* in den Vordergrund, die ein ganz anderes Gewicht und eine von der Tradition unterschiedene Funktion annimmt: *famulus,* der Diener, Gehilfe. Ist ursprünglich *familia* der Inbegriff von Herrschen und Dienen im Oikos, dem autark wirtschaftenden Haus, so gerät die Familie, je mehr Funktionen, wie Produktion und Reproduktion, aus diesem Lebenszusammenhang ausgegliedert werden, in die Rolle eines Gehilfen, eines Trägers von Zwecken, die nicht in ihr selbst liegen.

Martin Luther hat diese Dienerschaft der Familie, ihre *famulus*-Funktion (verstärkt im Innern noch einmal durch die Dienerschaft der Frau, der Mutter) am entschiedensten formuliert, vor allem im Großen Katechismus, in dem unter den zehn Geboten dem vierten Gebot »Du sollst Vater und Mutter ehren« der bei weitem umfangreichste Kommentar gewidmet ist. Die Familie bekommt – und das ist neu gegenüber der vorbürgerlichen Welt – eine zentrale Funktion für den Staatsaufbau: Familie ist das entscheidende Glied zwischen Gott und Staat. Vermittelt über die Autorität der Eltern, rückt sie zum eigenen Stand in der Schöpfungsordnung auf, zu gottähnlicher Obrigkeit; in dieser religiös abgesicherten Funktion hat sie für Gehorsam, Disziplin, Ordnung zu sorgen. In dem Maße, wie der alte Oikos, das ganze Haus, zerfällt, wird Familie zum Fundament des Staates, und damit gibt der Reformator der Beziehung zwischen Eltern und Kindern eine neue Qualität. »Der Obrigkeit gute Bürger zu erziehen? Nein, daran hatten Eltern vor Luther nicht gedacht.«[24] Man lebte damals in seinem Stand als Handwerker oder als Kaufmann, in seiner Berufsgruppe; Politik betrieben die reichen Familien und die Vertreter der Zünfte. Die Orientierung der neu entstehenden Familien an

Staatszwecken ist eine Antwort auf den Zerfall des mittelalterlichen Reichsgedankens und ein wesentliches Medium für die Entwicklung des absolutistischen Territorialstaates, unabhängig von konfessionellen Zusammenhängen.

Barbara Beuys hat den geschichtlichen Bruch, den dieser Aspekt der modernen Familienentwicklung mit sich brachte, mit Recht in den Vordergrund gerückt: »Die neue protestantische Kirche brauchte Menschen – als Pfarrer, um eine Hierarchie aufzubauen, als staatliche Diener, die dieser Kirche wohlgesonnen waren. Luther hat das nicht verschwiegen, sondern aus dieser Not eine Tugend gemacht. Er konnte nicht wissen, was er damit tat. Von nun an saß unsichtbar am Familientisch neben dem Vater eine zweite allmächtige Autorität, der sich alle unterwerfen mußten: der Staat. Die Familie war nicht mehr bloß eine Gruppe, in der Menschen ein paar Jahre geborgen aufwachsen konnten. Sie bekam einen höheren Zweck: der Obrigkeit gehorsame Untertanen aufzuziehen. Die Familie als Keimzelle des Staates ist in dieser protestantischen Ehelehre geboren. Und das allerwichtigste ist: Luthers Schriften bleiben nicht ein Geheimnis, weniger als die Werke früherer Kirchenlehrer... Gierig nahm der Absolutismus, der sich in den folgenden 150 Jahren entwickelte, diese Vorstellung auf... Die Familie als Keimzelle von Staat und Ordnung: es ist eine Ironie der Geschichte, daß niemand in der zweiten Hälfte des zwanzigsten Jahrhunderts diese These des Martin Luther so vehement verteidigt wie die römische Kirche. Es kamen strengere Zeiten für Eltern – und Kinder.«[25]

So entwickelt Luther (und vor allem sein ungeliebter Schüler Calvin) eine Berufsethik der innerweltlichen Sündenabtragung, in der Arbeit als rastloser Erwerbstrieb, Arbeit um der Arbeit Willen, zum gottwohlgefälligsten Tun wird. Auch die Klosterformel *ora et labora*, die in der mittelalterlichen Welt entstand, enthielt immer ein Doppeltes und Unterschiedenes von Gebet und Arbeit. Seit Luther ist Arbeit eine Art innerweltlicher Gottesdienst, und in diesem innerweltlichen Gottesdienst hat jeder seinen beruflichen Platz, der ihm Gehorsam, Fügsamkeit und Disziplin vorschreibt. Ist der Mensch damit belastet, die objektiv verlorengegangene Ordnung aus sich heraus, aus den eigentümlichen Potentialen der Subjektivität, wiederherzustellen, so sind Begriffe wie Fügsamkeit, Gehorsam, Folgebereitschaft auf der Ebene der Familie, der Schule und des Staates gleich gültige, gleich wertige Begriffe.

Die Familie, in vorbürgerlicher Zeit einfach ein Durchgangsstadium von Kindern zu Erwachsenen, wird ebenso wie die Schule zu einem weltgeschichtlichen Instrument der diesseitigen Ordnung, in erster Linie der Bildung von Obrigkeitsbewußtsein. »Denn aus der Obrigkeit der Eltern fließt und verbreitet sich alles andere. Denn wenn ein Vater sein Kind nicht allein zu erziehen vermag, so nimmt er einen Schulmeister dazu, der es lehren soll; ist er zu schwach dazu, so nimmt er seine Freunde und Nachbarn zu Hilfe; stirbt er, so befiehlt und übergibt er das Regiment und die Oberhand anderen, die man dazu verordnet.« Immer wieder setzt Luther den Staat und den Staatsaufbau mit den Unterordnungsverhältnissen in der Familie in Beziehung. Der Staat hat wesentlichen Anteil an der Autorität der Eltern.

Was mit Luther beginnt und für die moderne Ethik bestimmendes Gewicht annimmt, ist die veränderte Stellung der Subjektivität, des Freiheitsbewußtseins der Individuen und die immer stärker in der Hierarchie der Werte nach oben rückende Arbeit. Auf dem Höhepunkt des deutschen Idealismus, dort, wo die ganze Welt aus dem Subjekt heraus noch einmal produziert wird und nichts außerhalb des Systems bleiben darf, in der protestantischen Philosophie Hegels, gewinnt die Familie eine eigentümliche metaphysische Würde. In der Entwicklungsdimension des objektiven Geistes, in abnehmender Abstraktion von Recht und Moralität, ist die Familie die erste und entscheidende Wirklichkeit der sittlichen Substanz. Sie vollendet sich in dreifachen Ausprägungen: »a) In der Gestalt ihres unmittelbaren Begriffs als Ehe, b) in dem äußerlichen Dasein, dem Eigentum und Gut der Familie und der Sorge dafür; c) in der Erziehung der Kinder und in der Auflösung der Familie.«[26] Die innere Verschränkung der drei Funktionen macht das klassische Selbstideal der bürgerlichen Familie aus. Was Hegel im letzten Punkt der Familienfunktion als »Auflösung« bezeichnet, ist in seinem System der Übergang zu einer neuen Form des objektiven Geistes, hier der Gesellschaft. Daß er diese Einrichtung in ihrer inneren Dialektik betrachtet, also auch nach der Seite ihrer Auflösung, verweist freilich auf eine reale Tendenz. Die bürgerliche Familie teilt die Schicksale der bürgerlichen Gesellschaft, sie ist auf Gedeih und Verderb mit ihr verknüpft, so daß deren Erosionstendenzen, und weiter gefaßt die des Staates, das Naturelement der Familie nicht unberührt lassen können.

Institutionelle Gebilde, die so eng und intensiv durch normenvermittelnde Tätigkeit mit einer ganzen Epoche gesellschaftlicher Selbstreproduktion der Menschen verbunden sind – die wie die Familie in existentiellen Notsituationen einen letzten Rettungsanker bilden –, sterben nie einfach ab, ohne Lücken, Löcher, Splitter und Verwerfungen zu hinterlassen. Derartige gesellschaftliche Einrichtungen können über Jahrzehnte Funktionsverschiebungen erleiden, die den aufmerksamen Beobachtern als Ausdruck von Substanzverzehr erscheinen mögen; aber plötzlich, ohne daß Trendberechnungen einen solchen Umschwung angezeigt hätten, treten sie wieder in das grelle Licht des öffentlichen Interesses, weil sie sich als einzige verläßliche Gehäuse der Notversorgung und des Überlebens erweisen, wenn alles im staatlichen und gesellschaftlichen Umfeld in Auflösung begriffen ist.

In dem einzigartig kriegslüsternen und blutrünstigen zwanzigsten Jahrhundert, in dem sich Terrorregime, verlustreiche Kriege und verelendete Nachkriegszeiten mit technologischen Spitzenleistungen und sinnloser, aber punktuell höchst eindringlicher Organisationsphantasie abwechselten, wäre diese zivilisierte Menschheit, die das alles mit verursacht hat, vielleicht einem selbstverschuldeten kollektiven Wahnsinn verfallen oder einfach zugrunde gegangen, hätte es solche kleinen, für die Lebensproduktion des Alltags entscheidenden Einheiten wie die Familie nicht gegeben. Was hat die Menschen zum Beispiel in Sarajewo drei Jahre unter Dauerbeschuß und im Belagerungszustand täglich am Leben erhalten können, wenn nicht die mit materiellem Substrat, das heißt der Lebensproduktion, wieder aufgewerteten Familien – da doch offensichtlich keine andere gesellschaftliche Institution oder staatliche Einrichtung mehr hat leisten können als ein symbolisches Regieren? Wie leben und überleben die Menschen in den ehemaligen Ländern der Sowjetunion, ohne soziale Sicherungen, ohne Lohnzahlungen selbst für die, die arbeiten, von Arbeitslosen und Rentnern ganz abgesehen?

Um dem möglichen Mißverständnis, daß es sich bei der Familie um die einzige gesellschaftliche Institution mit Naturgrund handele, begegnen zu können, bedarf es der soziologischen Differenzierung gerade bei dieser gesellschaftlichen Institution, die mit ungewöhnlicher Resistenzkraft ausgestattet ist. Die besondere Lebenskraft alles Totgesagten hat sprichwörtliche Erfahrungsqualität. Das Verwirrspiel extremer Ausschläge und polarisierter Kampfpositionen, das die Institution Familie immer wieder hervorruft, ist um so bemerkenswerter, als die sonst durchaus akzeptierte Beweiskraft von Tatbeständen in diesem Fall häufig keine Geltung hat. Man gewinnt beim Lesen der Streitliteratur oder bei Parlamentsdebatten nicht selten den Eindruck, daß es hier mehr um Glaubensgewißheiten und Hoffnungen geht als um nüchterne Entwicklungsabschätzungen.

Ist die Zählebigkeit und Widerstandskraft von Institutionen wie der Familie darauf gegründet, daß sie in elementaren Notsituationen die Funktion von Überlebensorganisationen übernehmen, so zeigt sich, betrachtet man die Familiengeschichte im ganzen, eine zweite, nicht weniger wichtige Aufgabe, die gerade dieser sozialen Einheit zukommt: Familie als Sozialisationsort, als verdichteter Raum des Persönlichkeitsaufbaus. Denn wie sollten Normen, Lebensregeln, Verbote, Zeitstrukturen und Wahrnehmungsweisen anders ins Innere des Menschen übersetzt und dort befestigt werden als durch Beziehungsarbeit in Näheverhältnissen? Räumliche und zeitliche Konstanz ist erforderlich, damit der Mensch zu Ende geboren werden kann. Die gleichsam zweite Geburt, also jene, welche den gesellschaftlichen Reifungsprozeß des Individuums bestimmt, setzt Nähe und Schutz ebenso voraus wie die erste Geburt, das biologische Zur-Welt-Kommen.

Sich ohne Angst entfernen zu können, fremdes gesellschaftliches Gelände zu betreten, um die immer wache Neugier zu befriedigen und das Angstklammern an Ursprungsobjekte zu überwinden – das setzt einen möglichst störungsfreien Bewegungsraum in den primären Lebensverhältnissen voraus, der mit verläßlichen Bindungen an lebendige Menschen ausgestattet ist. Ausbildung von Bindungsfähigkeit hat wiederum Nähe zur Bedingung. Keineswegs muß diese Nähe aus biologischen Erbteilen bestehen, aus Mutter und Vater, die ein Kind gezeugt und sein Aufwachsen pfleglich begleitet haben, wenn das auch freilich nicht ganz unwichtig ist: Viele im frühen Alter zur Adoption freigegebene Kinder haben an irgendeinem Punkt ihrer Entwicklung ein starkes Interesse daran, ihre biologischen Eltern kennenzulernen. Offenbar ist es ein Urbedürfnis, wissen zu wollen, woher man kommt, selbst wenn die Kinder mit den gegenwärtigen elterlichen Bezugspersonen völlig einverstanden und zufrieden sind.

Nur wenn Nähebedürfnisse erfüllt sind, wenn Bindungsfähigkeit entwickelt wurde, dann wird der Weg in die Fremde angstfrei beschritten; es mag dann nicht mehr das Gefühl bestimmend sein, daß man sich der ursprünglichen Verläßlichkeit ständig neu versichern muß. Die Verwurzelungsfähigkeit wird in der Regel, wenn Objektbindungen einmal im Leben glücken, zum unverlierbaren Bestandteil des »inneren Gemeinwesen« des Menschen. Im Erwachsenenalter sind häufig die Ursprungsorte, Heimat, Familie, vertraute Personen gar nicht mehr vorhanden, oder sie sind durch die Turbulenzen der Geschichte zur Unkenntlichkeit verrückt. Aber daß solche Bindungsfähigkeit entsteht, daß im Gefühlshaushalt eines Menschen überschüssige Energie vorhanden ist, die durch Entfernungs- und Entfremdungsängste nicht verzehrt wird, hat eine so fundamentale Bedeutung für die Lebensgeschichte, daß sie selbst noch die Entwicklung öffentlicher Tugenden beeinflußt. Und damit bin ich wieder bei der entscheidenden Frage: Welche der vielfältigen Funktionen, die die Familie im Prozeß der Subjektbildung übernommen hatte, müssen jetzt von anderen Instanzen und Einrichtungen wahrgenommen werden oder sind, was immerhin möglich wäre, überflüssig geworden?

Eine Institution, die einem geschichtlichen Substanzverzehr ausgesetzt ist, ohne daß sich praktikable und überzeugende Alternativen aufdrängen, entwickelt sich zum Kampfplatz widerstreitender Interessen. Man spricht, um das Epochale dieser Entwicklungen zu unterstreichen, von Modernisierungs- und Individualisierungsschüben. Wenn ich von den drei Funktionen ausgehe, die Hegel dem substantiellen Begriff der Familie zuschreibt, dann ist nicht nur jener Teil des Generationenvertrags, der die Weitergabe von Besitz und Eigentum betrifft, seit langem in Frage gestellt, sondern neuerdings auch die Ehe. Die Blütezeit der Kleinfamilie lag in den sechziger Jahren des zwanzigsten Jahrhunderts, als mehr als 90 Prozent der Deutschen im Laufe ihres Lebens heirateten. Um 1910 waren es nur etwa 40 Prozent, und heute ist die Zahl auf etwa 50 Prozent gesunken. Die Scheidungswahrscheinlichkeit einer Ehe erhöht sich ständig, die Wiederverheiratungswahrscheinlichkeit nimmt ab. »Verheiratete Paare mit und ohne Kinder dominieren zwar noch immer, aber die frühere Dominanz von 80 Prozent der Haushalte wird nicht mehr erreicht. Demographen nehmen an, daß mit der Jahrtausendwende diese Lebensform in Europa die 50-Prozentgrenze unterschreiten wird. Uneheliche Geburten nehmen wieder zu, ebenso Lebensgemeinschaften ohne Trauschein (sie sind bei den jüngeren Altersgruppen in den skandinavischen Ländern fast so häufig wie Ehen), ebenso wie Einpersonenhaushalte (derzeit etwa 30 Prozent), und zwar keinesfalls nur bei verwitweten Personen. Zugleich nehmen Formen des nicht-familiären Zusammenlebens zu, es entstehen also wieder Haushaltsformen, die nicht durch Verwandtschaft konstituiert sind, zum Beispiel Wohngemeinschaften u.ä. Etwas, das der Kleinfamilie als der neuen Lebensform des ersten Modernisierungsschubs vergleichbar wäre, zeichnet sich jedoch nicht ab: verschiedene Lebensformen koexistieren, ohne daß eine einzelne mit hegemonialem Anspruch auftreten könnte, weder ideologisch noch statistisch.«[27] Die Scheidungskurve hat ein Spitzenniveau erreicht, jede dritte Ehe wird per Gerichtsbeschluß liquidiert. Derzeit sind es gut zwei Millionen Kinder, die in sogenannten Ein-Elternteil-Familien leben, 1,8 Millionen bei der Mutter, etwa 260 000 beim Vater. Bundesweit wird jedes siebte Kind unehelich geboren, in Ostberlin jedes zweite.

Was immer der Partnerwechsel an Freiheit und Möglichkeiten der Selbstverwirklichung zu bieten vermag, die eigentlichen Trennungs- und Scheidungsopfer sind die Kinder. Die Wirklichkeit einer in Erosion begriffenen Familieninstitution, die als vorherrschendes Sozialisationsgefäß zu zerbrechen droht, stößt nicht zuletzt deshalb auf eine hartnäckige, mit biologisch-archaischen Versatzstücken befestigte Familienideologie, weil alternative Lebensformen, die zentrale Funktionen im Generationskonflikt durchaus angemessen erfüllen könnten, aus dem öffentlichen Bewußtsein gedrängt und rechtlich diskriminiert werden.

In einer Zeit, in der verheiratete und nichtverheiratete Paare ihre Beziehungen schneller und leichter wechseln als je zuvor in der Geschichte, wächst eine Millionenschicht an Entrechteten auf, die schon früh Gewalt an Körper und Seele erfahren, weil sie zu Kampfobjekten geworden sind. Nach § 1671 BGB bestimmt das Vormundschaftsgericht, »welchem Elternteil die elterliche Gewalt über ein gemeinschaftliches Kind zustehen soll«. Von einem gemeinsamen Vorschlag der Eltern soll das Vormundschaftsgericht nur abweichen, wenn dies zum Wohle des Kindes erforderlich ist, heißt es in demselben Paragraphen. Kein Gericht der Welt ist jedoch imstande, sich vom Wohle des Kindes ein klares Bild zu machen. Von Familienanwälten ist zu hören, daß für Scheidungsprozesse zwar eindeutige Regelungen über die Vermögensteilung existieren, in bezug auf Kinder kann es jedoch passieren, daß ein Elternteil entschädigungslos enteignet wird – ein Gerichtsurteil, das, wie man immer wieder erfahren muß, für manche der betroffenen Kinder einem Todesurteil gleichkommt. Das lauthals als Jahrhundertreform des Ehe- und Familienrechts formulierte Gesetz, die 1977 verabschiedete Nachbesserung des von 1896 stammenden Paragraphen mit dem Titel »Elterliche Gewalt nach Scheidung der Eltern«, hat zwar eine Liste von Tatbeständen für Ehealimente aufgestellt und festgelegt, daß ein geschiedener Ehegatte Unterhaltsansprüche gegen den anderen hat, »so lange und so weit von ihm wegen der Pflege oder Erziehung eines gemeinschaftlichen Kindes eine Erwerbstätigkeit nicht erwartet werden kann« (§ 1570 BGB). Doch dieses Reformgesetz hat weder die Menschenwürde des Kindes gesichert noch seine Rechte erweitert. Das Gegenteil ist eingetreten: Die enge Verknüpfung von Unterhaltsanspruch und Sorgerecht bringt streitende Ehepartner auf den Gedanken, die Kinder vor Gericht als Geiseln in die erpresserische Kalkulation einzubeziehen und um sie die gegeneinander gerichteten Strafbedürfnisse auszutragen. Denn wer das Sorgerecht erkämpft hat, besitzt mit den Kindern ja gleichzeitig einen zahlenden Anteil am anderen, der nicht nur das Kind verloren hat, sondern zusätzlich auch noch einen erheblichen Teil seines Gehalts opfern muß.

Für Familienrichterinnen oder Familienrichter wäre es gewiß lehrreich, aber vielleicht doch eine Überforderung, der Weisheit des Dorfschreibers Azdak in Brechts »Kaukasischem Kreidekreis« zu folgen. Wie kann ein Richter entscheiden, wo das Wohl des Kindes am besten gesichert ist, wo es hingehört? Er läßt einen Kreis zeichnen, stellt das Kind in die Mitte, befiehlt den streitenden Frauen, ihre Kräfte zu messen. »Faßt das Kind bei der Hand. Die wahre Mutter wird die Kraft haben, das Kind aus dem Kreis zu sich zu ziehen.« Grusche, die Bauersfrau, zieht nicht; sie überläßt der Gouverneursfrau freiwillig das Kind. »Soll ich's zerreißen? Ich kann's nicht.« Der weise Richter spricht ihr das Kind zu, legt aber den Richterrock ab, »weil er mir zu heiß geworden ist«. Und am Schluß bringt der Sänger das Ganze auf den Begriff, damit es weiter erzählt werden kann:

»Und nach diesem Abend verschwand der Azdak und ward nicht mehr gesehen.

...

Ihr aber, ihr Zuhörer der Geschichte vom Kreidekreis
Nehmt zur Kenntnis die Meinung der Alten:
Daß da gehören soll, was da ist, denen, die für es gut sind, also
Die Kinder den Mütterlichen, damit sie gedeihen
Die Wagen den guten Fahrern, damit gut gefahren wird
Und das Tal den Bewässerern, damit es Frucht bringt.«

Die Kinder nicht den Müttern, sondern den Mütterlichen: wo jedoch der Müttermythos, die Abwehr der Fremdbetreuung von Kindern, die Verneinung ihrer Bindungsfähigkeit an andere Bezugspersonen so stark ausgeprägt sind wie in Deutschland, wird es vermutlich noch lange dauern, bis jener Zustand erreicht ist, der zum Beispiel für Frankreich und Dänemark selbstverständlich ist. Denn über 60 Prozent der geschiedenen Ehepartner in Frankreich treffen durch Vereinbarungen unterhalb der Gerichtsebene Regelungen zum gemeinsamen Sorgerecht für die Kinder, in Dänemark sind es gut 50 Prozent.

So ist das Problem der Familien und der Funktionen, welche die Kernfamilie, wenn sie denn überhaupt noch existieren sollte, für den Bildungsprozeß des Menschen erfüllen kann, wesentlich in bezug auf die Kinder neu zu bestimmen. Hierbei wäre auch an Deklarationen und Konventionen anzuknüpfen, die formell in der Regel von der deutschen Regierung akzeptiert und respektiert werden, so an die Bestimmung der UNO-Kinderkonvention, in der es in Artikel 9 heißt: »Das Recht des Kindes zu wahren, regelmäßige persönliche Beziehungen und unmittelbare Kontakte zu beiden Elternteilen zu sichern.« Auch wenn in allen durch Modernisierungsschübe bestimmten Industriegesellschaften die Institution Familie – mehr oder minder zeitlich verzögert – zur Auflösung tendiert, so ist gleichwohl die Stellung von Kindern in den einzelnen Ländern grundverschieden. Deutschland gilt in diesem Zusammenhang als eine kinderfeindliche Gesellschaft, die wenig tut, um der Vereinsamung, der Verarmung und der mangelnden Betreuung von Trennungswaisen durch materielle Hilfe, durch bestimmte Organisationsformen und alternative Lebensformen zu begegnen.

Die Gefäßgröße ist für alle lebenswichtigen Prozesse entscheidend; und der lebenswichtige Prozeß, der sich in der widersprüchlichen Einheit Familie abspielt, ist durch ein ausgewogenes Maßverhältnis von Nähe und Distanz bestimmt, von der Fähigkeit einer solchen Institution, gleichsam die Dialektik von Nähe und Distanz auszutragen. Ich benutze mit Bedacht das Wort Dialektik; denn wo Familien in ganz symbiotische Nähebeziehungen versinken, sind sie, wenn Konflikte aufbrechen, in ihrer Existenz ebenso gefährdet wie im Falle, daß ein Klima der Distanz, der Beziehungskälte vorherrscht. Nähe und Distanz drücken ein Spannungsgefüge aus, das zerbricht, sobald die Dynamik zwischen diesen Polen unterbunden wird oder eine Seite die andere vollständig erdrückt. In Arbeitsprozessen, in denen Lebens- und Lernfähigkeit eines Menschen das eigentliche Prozeßresultat sein soll, ist die Werkstattgröße nicht gleichgültig.

Jede Institution hat das ihr eigentümliche Maßverhältnis[28], in dem Balancearbeit zwischen Nähe und Distanz stattfindet – in einem Industriebetrieb eine andere als in der Schule, in den öffentlichen Einrichtungen deutlich von derjenigen unterschieden, welche Jugendliche zum Beispiel in Peer-groups suchen. Helm Stierlin, langjähriger Leiter der Abteilung für psychoanalytische Grundlagenforschung und Familientherapie an der Universität Heidelberg, spricht deshalb mit Recht von Bindungsfamilien und Ausstoßungsfamilien, von Bindungsszenarien und Ausstoßungsszenarien.[29] Wenn die Bindungskräfte der Familie ausgebildet sind, kehren Kinder, die aus aktuellem Konflikt weglaufen, in der Regel bald wieder zurück. Stierlin gibt allerdings zu erkennen, daß in den an Zahl zunehmenden fragmentarischen Familienzusammenhängen, in denen ein zivilisierter Umgang mit der Trennung nicht stattfindet, die auf Dauer Ausgegliederten an Zahl und Bedeutung zunehmen.

So wird die Frage für eine Gesellschaftsordnung, die sich ihre demokratischen Strukturen bewahren will, immer dringender: Sind die alten Familienstrukturen heute noch imstande, Menschen auf der ersten Stufe ihrer Vergesellschaftung zu befähigen, mit Situationen umzugehen, die den egozentrischen Machtanspruch, den jedes Kind durch seine Triebdynamik mitbringt, brechen helfen, in zivilisatorische Formen umwandeln? Wie und wo lernen Kinder, die nicht schon sehr früh mit anderen ihresgleichen, Geschwistern oder Fremden, in den konkreten Alltagssituationen konfrontiert sind, das Teilen? Für eine demokratische Gesellschaftsordnung ist ausgleichende Gerechtigkeit eine ebenso unabdingbare Tugend wie Geduld im Aushandeln von Kompromissen. Wo können Kinder diese Tugend heute lernen, wenn in den emotional überhitzten Konflikten der Erwachsenen – aufs äußerste durch Trennungsszenerien verschärft – jedes Maß des abwägenden, rationalen Umgangs verletzt ist?

Immer wieder bedrängt mich in dieser kulturellen Erosionskrise die Frage: Wo bleibt das Gemeinwesen, wenn es denn schon in den primären Lebensverhältnissen keinen gesicherten und verläßlichen Bildungs- und Orientierungsort mehr hat? Es ist allerdings keine bloße Spekulation, den »Balanceakt Familie«, wie ein Buchtitel[30] es formuliert, nach jener Seite hin zu öffnen, wo sich neue Lebensformen bilden, welche die alte und die neue Generation einbeziehen und nicht nur das Single-Dasein einzelner betreffen. Wie gleichgeschlechtliche Partner oder Lebensabschnittspartner ihre Verhältnisse organisieren, ohne mit Kindern belastet zu sein, wird am Ende so entscheidend für die Zukunft unserer Welt nicht sein. Was aber mit unseren Kindern geschieht, das muß Grundthema bleiben für eine Gesellschaft, die ihre emanzipatorischen Selbstansprüche noch nicht aufgegeben hat.

Ich will dieses Problem noch um einen Punkt verschärfen. Es ist noch nicht lange her, daß Kindersterblichkeit, der Mangel an sexueller Aufklärung und an Verhütungsmitteln »Kinderproduktion« zu einer Art Naturereignis machte, das die Verantwortung für das einzelne Leben nur schwer den Erwachsenen zuwies. Im Generationenvertrag, wenn es denn einen solchen geben sollte, hat sich seitdem Grundlegendes verändert. Die Fähigkeit, durch individuelle Geburtenkontrolle Kinder zu wollen und zu bekommen, aufgrund der medizintechnischen Entwicklung Samen in einen fremden Körper einzupflanzen, ja Leben in einem toten Körper der Mutter zu erhalten, das alles enthüllt eine geschichtlich völlig neuartige Verantwortungsethik gegenüber Kindern, die jetzt in den Machbarkeitshorizont der Erwachsenen einbezogen sind. Dem Generationenproblem ist der biologische Boden entzogen, der das Individuum von der Verantwortung für Kinder entlasten konnte. »Unsere Kultur bewegt sich gegenwärtig auf einen Typus generativen Verhaltens zu, bei dem möglich scheint, daß Kinder nur geboren werden, wenn die Erwachsenen das wollen. Die erste pädagogische Frage wäre dann (und für viele ist sie es heute bereits): Warum wollen wir Kinder? Auf die empirische Komponente der Frage (Welche Gründe führen Erwachsene heute dafür an, daß sie Kinder haben?) gibt es sicher ein komplexes Bündel von Antworten...«[31]

Was ich will und was ohne meinen Willen gar keinen Existenzgrund hätte, ist in der Tat mit meiner eigenen Weltauffassung und der Zeitperspektive anders verknüpft als das, was mir zustößt. Dieser Verantwortung kann ich mich unter keinen Umständen entziehen, weder individuell für mein eigenes einzelnes Kind noch für die gesellschaftlichen Bedingungen, unter denen andere Kinder aufwachsen. Die radikalisierte Verantwortungsethik lenkt noch einmal brennpunktartig die Aufmerksamkeit auf die Familie als kleinste menschliche Gemeinschaft und auf die extrem angewachsenen Spannungen, die im Widerspruch zwischen Überforderung und schrumpfender Gefäßgröße begründet sind.

Seit langem verweist die kritische Familienforschung auf den unumkehrbaren Umbruch der Familieninstitution. Die Historikerin und Ethnologin Ingeborg Weber-Kellermann hat in einer Untersuchung, die einen großen Bogen von der frühgeschichtlichen bis zur heutigen Familienstruktur schlägt, dargestellt, daß die Zeit einer autoritären Machthierarchie im Erziehungsgeschehen als sozialer Norm vorbei ist, »wenn ihre Nachwehen auch noch vielfach spürbar sind und sie von manchen zurückgewünscht wird. Darum sind die Familienformen der Gegenwart so diffus und schwer zu ordnen. Der Übergang nach vielen Jahrhunderten des Patriarchalismus in eine Welt der Mitbestimmung und Partnerschaft auch am Familientisch vollzieht sich langsam und unter Schwierigkeiten, aber doch als ein unaufhaltsamer Lernprozeß. Erst spätere Generationen werden verstehen, in welch großem geistigen Umbruch in den sechziger, siebziger und achtziger Jahren unseres Jahrhunderts die Familie als kleinste menschliche Gemeinschaft sich befunden hat – einen mindestens so entscheidenden Wandel wie einst nach der Französischen und in der industriellen Revolution um 1800. Es gibt für diese Veränderung keine anderen Vorschriften und Regeln als die des offenen Gesprächs, der Toleranz, des gegenseitigen Verstehens zwischen den Generationen und Geschlechtern und gänzlicher Verbannung von Macht.«[32]

Wenn die Familie, wie sich abzeichnet, keine lebensfähige Einheit mehr ist, dann drängt sich der Gedanke auf, daß auch die Kernfamilie nicht mehr der vorherrschende Sozialisationsort für die kommende Generation ist, sondern als ein geschichtlicher Spezialfall betrachtet werden muß. Vor dem sechzehnten Jahrhundert hat es sie nicht gegeben, und es ist absehbar, daß es sie in den gewohnten Formen im kommenden Jahrhundert nicht mehr geben wird. Auch aufopferungsvolle Verteidigungsarbeit in allen Bereichen und Gremien, um der Gesellschaft und dem Staat mit der alten, wesentlich patriarchalisch geprägten Kleinfamilienordnung eine natürliche Keimzelle zu erhalten, vermag wenig gegen die Alltagserfahrung auszurichten, daß der bestimmende Aufenthaltsort der Generationen und selbst ihr üblicher raumzeitlicher Treffpunkt nicht mehr im Kleinfamilienverband zu finden ist.

Da die Kleinfamilie augenscheinlich ersetzbar ist, aber nicht deren Funktionen, richtet sich die Organisationsphantasie der Menschen auf die Erfindung von Alternativen. Ende der sechziger Jahre kam die Idee der Wohngemeinschaft auf, des gemeinsamen Haushalts, in dem vorübergehend Fremde aufgenommen werden, wo sich aber in einer raumzeitlichen Einheit doch konstante Beziehungen bilden, die Kinder, Erwachsene, Alte mit einschließen. Diese Idee nimmt gewiß archaische Elemente des alten Oikos, des ganzen Hauses wieder auf, aber sie muß keineswegs rückwärtsgewandt bleiben, sie kann durchaus alternative Lebensformen mit Subjektivierungs- und Modernisierungsprozessen verknüpfen. Die Generationen sind sich näher gerückt, aber es fehlen noch die verdichteten Erfahrungsräume, in denen sie voneinander lernen könnten.

Die Not der gut zwei Millionen alleinerziehenden Elternteile in Deutschland drängt auf die Veränderung der primären Sozialisationseinrichtungen. Bei einem Viertel der in nichtehelichen Lebensgemeinschaften lebenden Paaren werden Kinder aus einer früheren Partnerschaft mehr oder weniger integriert. So könnte sich historisch herausstellen, daß der Haushalt die tragende Einheit der Vergesellschaftung der Menschen ist, in einer Anordnung von Räumen und Plätzen, die persönliche Distanzierungsmöglichkeiten gewährleistet, wodurch die Balance zwischen Distanz und Nähe erhalten bleibt. Aber der Hauptpunkt der Familiensozialisation traditioneller Form, die Sicherheit, auch im Falle äußerster Konflikte, von Wut und Trauer, von extremer Undankbarkeit, notfalls doch zurückkehren zu können, ohne in der hitzigen Kleinfamilie sofort wieder auf die einzig verfügbaren alten Streitobjekte stoßen zu müssen, ist in unserer Gesellschaft fortwährend geschrumpft – eine der Grundursachen für die wachsende Entfremdungserfahrung von Kindern und Jugendlichen in unserer Gesellschaft.

Gerade in einer Zeit, in der Subjektivierung und Individualisierung eine immense Bedeutung für Jugendliche und Erwachsene haben, wird das Ertragen und das Austragen von Konflikten zum wesentlichen Bestandteil der Bindungsfähigkeit; dafür sind räumlich-zeitliche Differenzierungen in den Einheiten der primären Lebensverhältnisse erforderlich. Es bedarf des emotionalen Ausgleichs, des neutralen, vielleicht sogar des fremden Urteils, um solche verknoteten Konflikte in den Intimbereichen zu entwirren. Das kann nur gelingen, wenn es eine raumzeitliche Verläßlichkeit im Umgang mit Dingen und Personen gibt, die nicht auf Absichten und moralischem Erziehungswillen beruht, sondern auf sinnlicher Evidenz, auf der wirklichen Anwesenheit von Menschen, die Bindungen durch Konflikte nicht einfach aufkündigen.

Das hat, wenn ich ihn richtig verstehe, Hermann Giesecke gemeint, wenn er das Ende der Erziehung gekommen sieht und dafür plädiert, den pädagogischen Zugriff auf die Kinder zu unterlassen. Dafür formuliert er allerdings eine Voraussetzung, die gerade die heutigen Restfamilien nicht mehr erfüllen: »Kinder brauchen eine Familie – oder eine entsprechende Sozialform – als eine Art von ›sozialem Heimathafen‹, als eine soziale Organisation also, zu der sie unbedingt gehören, aus der ihnen keine Entfernung oder Entlassung droht, in der sie selbst eine feste Position haben und die Kontinuität verspricht: morgen wird es genauso sein, wie es gestern war.«[33] Es ist eine Art naturrechtlich gesichertes Asyl (*asylia* heißt im Griechischen *Unverletzlichkeit, unberaubt, persönliche Sicherheit*) gefordert, aus dem man nicht vertrieben werden kann, selbst wenn man das momentane Wohlwollen der Erwachsenen verloren hat.

»Wenn diese Basis nicht in irgendeiner Form wiederhergestellt wird, können die daraus resultierenden Schäden für die weitere Entwicklung größer sein als der zeitweilige oder endgültige Beziehungsverlust zu einem Elternteil.«[34] Die raumzeitliche Verläßlichkeit, durch die körperliche Nähe und Anwesenheit konkreter Bezugspersonen vermittelt, ist eine nicht ersetzbare Funktion in menschlichen Bildungsprozessen; nur das erlaubt Identitätsfindung, Entwicklung des Selbst, und beides ist verknüpft mit dem Glücksgefühl der Wiedererkennung in den Objekten. Es ist keine Frage, daß die Herstellung solcher Zuverlässigkeit überhaupt nicht gebunden ist an die leiblichen Eltern, sondern von fremden Bezugspersonen, welche die Ruhe der Übertragungs- und Bindungsfähigkeit ausstrahlen, ebenso geleistet werden kann.

An zwei Szenerien will ich erläutern, was ich damit meine. Bei der Geiselnahme von 21 Kindern eines Kindergartens in Neuilly stellten sich eine Kindergärtnerin und eine Feuerwehrärztin freiwillig zur Verfügung, um in der Gewalt des Geiselgangsters über 46 Stunden die zwei- bis siebenjährigen Opfer und deren Eltern vor Panikreaktionen zu bewahren. »Zwei Tage lang beschäftigten sie die Kinder, sangen mit ihnen, bedeuteten ihnen, alles sei ein Spiel, und beruhigten sie, wenn die Kleinen der Sache überdrüssig wurden. Die Waffe des Geiselnehmers erklärten sie mit einer Wolfsjagd.«[35] Die Kindergärtnerin, dreißigjährig, verheiratet und selbst Mutter eines noch nicht zweijährigen Kindes, nahm alle Gefahren aus eigenem Entschluß auf sich, denn der Geiselnehmer hatte ihr freigestellt, die Schule zu verlassen. Die fünfundzwanzigjährige Ärztin, Hauptmann bei der Feuerwehr, löste sie ab und übernahm ihre Funktion, wenn die Kindergärtnerin müde war. In dieser höchst gefährlichen Situation eines Geiseldramas, in dem das deponierte Dynamit jederzeit explodieren konnte, erzeugten beide Frauen durch ununterbrochenes Vertrauen, das sie auf die Kinder ausstrahlten, eine für alle Beteiligten entwirrbare Atmosphäre. Daß kein Unglück passierte, ist der Anwesenheit dieser Frauen zu danken.

Die zweite Szenerie ist in die psychoanalytische Kindheitsliteratur eingegangen. Anna Freud hat in ihren Untersuchungen über Kriegskinder und Heimkinder dieses Moment von sinnlich präsenter Verläßlichkeit als das entscheidende angegeben, was selbst in extremen Notlagen verhindert, daß Kinder unter traumatischen Folgeerscheinungen zu leiden haben. Dabei geht es nicht nur um Eltern oder nahe Verwandte, sondern grundsätzlich um verläßliche Bezugspersonen, die für die Kinder zunächst durchaus Fremde sein können. Anna Freud hat Kinder untersucht, die dem deutschen Bombardement auf London ausgesetzt waren. »Der Krieg bedeutet der Mehrzahl der Kinder wenig, so lange er nur ihre körperliche Sicherheit bedroht, ihre Lebensbedingungen verschlechtert und ihre Rationen kürzt: er gewinnt erst entscheidende Bedeutung, wenn er den Familienverband auflöst und damit die ersten Gefühlsbindungen der

Kinder an ihre nächsten Angehörigen erschüttert. Viele Kinder haben aus diesem Grund die Aufregungen des Londoner Bombardements besser vertragen als die zu ihrem Schutz vorgenommene Evakuierung aus der Gefahrenzone.«[36] So ist nicht erstaunlich, daß Kinder in Notlagen auch die Angstreaktionen ihrer Eltern teilen, insbesondere die der Mütter: »...wenn die Mutter sich fürchtet, zittert das Kleinkind vor Angst; wenn die Mutter ruhig ist, beruhigt sich das Kleinkind automatisch an ihrer Ruhe. Diese in ihren Einzelheiten und Konsequenzen noch nicht genügend studierte Gefühlsverbindung zwischen Mutter und Kind erklärt die verhältnismäßig geringe Angst der Londoner Kriegskinder aus der ruhigen gefaßten Verhaltensweise der Eltern.«[37] Anna Freud zeigt aber auch, daß die durch Angst erregten Kinder, wenn sie von ihren ängstlichen Müttern entfernt und anderen Bezugspersonen übergeben werden, ihre Ängste verlieren. Sie legt also nahe, indem sie die verschiedenen Formen der Angst unterscheidet, Realangst, Triebangst und Gewissensangst, daß Fremdbetreuung für das Kind kein Schaden ist, daß vielmehr Situationen auftreten können, in denen die Angstreaktionen der Kinder verschwinden, wenn sie von ihren Eltern getrennt werden. Daß der Distanzierungsaspekt auf diese Weise in die Kindheitsentwicklung einbezogen wird, so daß ein bewußt archaisch gehaltener Bereich sich auflockert, ist ein Akt notwendiger Aufklärung, der der Persönlichkeitsentwicklung des Kindes zugute kommt.

Beide Szenerien fügen sich in die Entwicklung ein, daß eher vom Haushalt, vom Haus und der Wohnung als den raumzeitlichen Gebilden gesprochen werden kann, in denen sich vielfältige Beziehungsarbeit abspielt, deren Resultat auch solche Erfahrungen von Verläßlichkeit und der mit Aufarbeitung von Distanz verknüpften Nähe sind.

Nehmen wir die Veränderungen der Familienfunktionen in dieser historischen Dimension, so läßt sich zweierlei feststellen: Die Sondersphäre von Kindheit löst sich gleichzeitig auf mit dem Schwinden der traditionellen Kleinfamilie, die in ein größeres Beziehungsgeflecht eingeht, das mit den vorbürgerlichen Haushaltsformen mehr gemeinsam hat als mit der klassischen bürgerlichen Familienstruktur. In diesen neuen Haushalten, zu denen dann auch traditionelle Familienformen gehören können, sind wiederum mehrere Generationen unter einem Dach. Diese sozialkulturellen Haushalte, die man eher als kleine Gemeinwesen betrachten kann, haben nicht mehr lineare Generationenbeziehungen zur Grundlage, sondern ein gefügeartiges Beziehungsgeflecht, in dem nahe Verwandte, fremde Personen, Besucher in verschiedenen Zusammenhängen, vorübergehende Gäste den Lern- und Erfahrungsort Haushalt reichhaltiger gestalten, weil sich hier eine neue Form von Öffentlichkeit innerhalb des Privaten bildet.

Räume als verdichteter Austragungsort von Nähe und Distanz, die auf diese Art entstehen und tendenziell, aber längst noch nicht vorherrschend gesamtgesellschaftliche architektonische Anerkennung durch Umbau von alten Wohnungen und Häusern gefunden haben, könnten langfristig ebenso Funktionserweiterungen hin zu mehr Gesellschaftlichkeit erfahren, wie umgekehrt gesellschaftliche Institutionen wie die Schule ein Stück von Intimität und Nähe aufnehmen.

Daß die Generationen sich in diesen Räumen näher kommen, bedeutet für mich keineswegs, daß die neue Generation in ihre künftigen Aufgaben selbstverständlich und naturwüchsig hineinwächst, so daß man Kinder als kleine Erwachsene betrachten könnte. Bei aller Ähnlichkeit zur vorbürgerlichen Welt besteht eine entscheidende Differenz: Der objektive Schein der Generationennähe verschleiert, daß die Erwachsenenwelt heute eine ganz andere Verantwortung gegenüber den Kindern und Jugendlichen zu übernehmen hat, als das in vorbürgerlichen Zeiten notwendig war.

Der Grund für diese Differenz liegt in der Entwicklung der modernen Technologien. Der griechische oder römische Oikos, der Haushalt des Mittelalters und auch der der bürgerlichen Welt – sie alle sind geprägt durch archaisch-naturwüchsige Elemente des Lebenszusammenhangs. Hier entsteht Leben, hier wird es gepflegt, hier sterben Kinder und sterben Erwachsene. Alles, was man als technische Entwicklung bezeichnen könnte, liegt außerhalb der Haushalte. Deren Herrschaftsgefüge ist bis in die Neuzeit hinein nicht durch technische Errungenschaften konstituiert. Das Archaische, das anklingt, wenn ich die familienartigen Lebensformen des Haushalts als Alternative zur Restfamilie verstehe, geht in dem Augenblick verloren, wo man die strikte Trennung des Innen und des Außen aufhebt. In der modernen Lebenswelt spielen technische Neuerungen, auch im Sinne von raumzeitlichen Haus- und Wohnungseinteilungen, eine so zentrale Rolle, daß dadurch selbst die individuellen Freiheitssphären innerhalb des Hauses gesichert werden können, was für den alten Oikos in dieser Weise überhaupt nicht galt. Technik als Konstitutionselement des Privathaushalts zu begreifen bedeutet gleichzeitig, die von mir als notwendig bezeichnete Dialektik von Nähe und Distanz auf dem Niveau modernisierter Lebensverhältnisse auszutragen. Es ist deshalb sinnvoll, auf dieses komplexe Verhältnis von technischen Neuerungen und Haushalt kurz einzugehen.

Wenn Soziologen, Philosophen, mittlerweile jeder, der sich Kompetenz in Zivilisationsfragen zuspricht, in großen Zusammenhängen von der Technik und den neuen Technologien reden, sind es selten die Nähe-Bereiche, in denen die Wirkungen von technischer Rationalisierung, Mechanisierung und ökonomisch vermittelter Umgestaltung der Lebensführung einer differenzierten Betrachtung unterzogen werden. Natürlich ist man sich dessen bewußt, was es für die Kommunikationsstrukturen innerhalb einer Familie bedeutet, wenn Kinder und Erwachsene einen erheblichen Teil ihres wachen Lebens als Fernsehzuschauer verbringen oder sich anderer Formen der Kommunikationstechnologie in einer Weise und in einem Umfang bedienen, daß die lebendigen Beziehungen zwischen den Menschen darunter leiden. In welchen Formen Technik jedoch in die Poren der Lebenszusammenhänge eindringt und dort das Bewußtsein und Verhalten der Menschen besetzt, was ihre gegenständliche Umwelt ausmacht, ihre Außenhaut gleichsam, also das Haus, die Wohnung, Schutzräume entlastender Intimität, steht in der Hierarchie der wissenschaftlich wichtigen Erkenntnisgegenstände in der Regel weit unten.[38]

Über Familie, Eltern-Kind-Beziehungen, Gewalt in den Beziehungen zwischen Ehepartnern und zu den Kindern, über alle Konfliktbereiche, denen rechtliche und moralische Probleme entspringen, gibt es umfangreiche und zum Teil sehr detaillierte Untersuchungen. Dabei geht es häufig auch um die Wirkungen der Technologie auf die Veränderung dieser Beziehungsverhältnisse. Wer mit einem Walkman durch die Wohnung läuft, will damit auch kenntlich machen, daß ihn die unmittelbare Umgebung nicht besonders interessiert. Er hat die technische Möglichkeit, sich in eine Welt der Sprache und der Musik einzubinden, ohne die mit ihm zusammenlebenden Menschen auch nur zu stören. Aber auch hier wird Technik als etwas verstanden, was von außen in die Familien eindringt, was den Menschen angetan wird, als wäre es eine Sache, die ihrem Wesen widerspricht. Wo es sich um technische Verwicklungen von Beziehungsverhältnissen handelt, besteht häufig die Neigung, von Störungen, Einschränkungen oder dem Verlust lebendiger Erfahrungsfähigkeit zu sprechen, so als würde hier eine nicht-technische Substanz, ein sittliches Verhältnis, angetastet.

Daß einzelne Techniken, Maschinen, Apparate, auch ganze Technologien und Systeme in die Wohnungen und in die Familien eindringen und die individuelle Lebensführung, das Denken und Verhalten mit prägen, ist ganz unbestreitbar. Solange dieses Verhältnis zwischen Haushalt und Gesellschaft in bezug auf technische Medien jedoch als ein mehr oder weniger zufälliges Verhältnis zwischen dem Innen und Außen betrachtet wird, ist der technische Einfluß auf den Lebenszusammenhang auf einzelne Ursache-Wirkungs-Beziehungen reduziert. Man sagt dann: Diese technische Erfindung hat Einfluß auf diese bestimmte Verhaltensweise oder auf einzelne Sinne des Menschen; wer viel vor dem Fernseher sitzt, verstärkt Neigungen zu passivem Konsum. Was bei dieser Betrachtungsweise fehlt, ist die Frage nach der inneren technischen Struktur der Wohnung, des Haushalts, also nach der Konstitution der gegenständlichen Umwelt, die wir Haus oder Wohnung nennen. Genauer müßte man von einer technisch vermittelten Konstitution der Haushalte sprechen; Konstitution bedeutet die Grundregel einer Gemeinschaft, die deren inneren Zusammenhalt bildet.

Es ist für mich also die Frage, ob das, was wir heute vor den Eingriffen der neuen Technologien schützen wollen, Kindheitsgeheimnisse, Intimität, Privatsphäre, ja die anheimelnde Atmosphäre von Gemütlichkeit, bequem Sitzen und Liegen – ob diese und viele andere Dinge, die für die heutigen Menschen zur Selbstverständlichkeit geworden sind, ursprünglich nicht selbst Resultate technisch-industrieller Produktionsprozesse gewesen sind.

Wenn ich im folgenden von der Struktur des Haushalts, des Hauses, der Wohnung ausgehe, dann bedeutet das nicht, daß ich – was Technik betrifft – die Gesellschaft von diesem Punkt aus begreifbar machen möchte. Es geht vielmehr darum, in einem für die Lebensproduktion zentralen Bereich, wo die Menschen sich tagtäglich aufhalten, wo sie essen, trinken, schlafen, wo die neue Generation heranwächst, jene Widersprüche der technischen Entwicklung sichtbar zu machen, welche die Menschen unmittelbar und täglich erfahren. In der Beziehung zwischen Produktion und Reproduktion der Menschen, wie Marx dieses Verhältnis bezeichnet hat, treten geschichtlich sehr komplizierte und manchmal verschobene Wechselwirkungen auf. Nie besteht jedoch in der Beziehung zwischen Produktion und Leben ein bloßes Abbildungsverhältnis; die Technisierung des Haushalts folgt auch einer eigenen Logik. Es sind Trennungs- und Entmischungsprozesse, die sich in der Gesellschaft vollziehen, und jede einzelne Sphäre, die sich dabei herausbildet, ist mit einem gewissen Eigensinn ausgestattet. Wo dieser Eigensinn nicht anerkannt wird, spielen sich die merkwürdigsten Verdrehungen ab.

Der französische Komiker Jacques Tati hat während der fünfziger Jahre in den Filmen »Mein Onkel« und »Die Ferien des Monsieur Hulot« den durchmodernisierten Haushalt als ein Unsumme von Mißgeschicken dargestellt. Vielleicht hat man heute Schwierigkeiten, über die einzelnen Szenen noch zu lachen. Aber der Widerspruch zwischen dem menschlichen Bedürfnis, sich in seiner Wohnung wohl zu fühlen, und der vollautomatisierten Küche als dem Zentrum der Familienversorgung, wo nur noch Knöpfe zu bedienen sind – diesen Widerspruch hat Tati klassisch ins Bild gesetzt. Er zeigt, wie beabsichtigte Erleichterungen des Lebens in zusätzliche Beschwernisse umschlagen. Das Haus wird hier zu einer Fabrik, die genau das ausschließt, was die Menschen am Häuslichen interessiert.

Aber Tatis Alptraum vom mechanisierten Haushalt bringt lediglich zur Anschauung, daß die Technisierung des Haushalts anderen Gesetzen folgt als die Technisierung und Rationalisierung eines Industriebetriebs. Die verwickelten Beziehungen zwischen Haushalten, in denen konsumiert und gelebt wird, und Betrieben, in denen primär Waren produziert werden, gehören zu den wichtigsten Erkenntnisobjekten kulturgeschichtlicher Analyse. Zu den gesicherten Erkenntnissen dieser Analysen gehört: Technik steht offenbar am Anfang eines Prozesses, in dem sich ein vielfältig gegliedertes Inneres (moralisch geschützte Intimität, verfassungsrechtliche Sicherung der Privatsphäre, Entmischung der Räume innerhalb eines Haushalts, Trennung der Generationen usw.) von einem Außen absetzt, das mit Gesellschaft, Staat identifiziert wird. Der Preis für diese Autonomisierung des Privaten ist zweifellos die strikte Trennung von Leben und Produktion, die Ausgliederung der Produktionsprozesse aus den konkreten Lebenszusammenhängen. Die unmittelbaren Lebenszusammenhänge verlieren dadurch gleichsam ihre materielle Substanz. Was als Autonomie gedacht war, verkehrt sich in Abhängigkeit.

Im Zuge der sich ständig beschleunigenden mikroelektronischen Revolution beginnt sich allerdings diese im Verlauf von Jahrhunderten entstandene Trennung zwischen dem Innen und dem Außen wiederum aufzulösen. Sogar Elemente der Heimarbeit bilden sich erneut heraus, wie am Anfang der bürgerlichen Epoche. Dieser Dialektik von innen und außen, von materiell-geistiger Lebensproduktion, die sich in der konkreten Umwelt eines Haushalts vollzieht, und Warenproduktion, möchte ich im folgenden an beispielhaften Zusammenhängen nachgehen.

Im Unterschied zur Fabrik, die man sich sehr wohl fast menschenleer vorstellen kann, wenn Mechanisierung in Automatisierung übergeht, ist der Haushalt von lebendigen Menschen, welche die Ökonomie des Raumes und der Zeit aufsprengen, nie ganz abzutrennen. Im Inneren des Hauses ist also das, was den Überhang der Gegenstände betrifft, Verzierungen, Möbel, Hausgerätschaften, von der Wahrnehmungs- und Erfahrungsweise der davon betroffenen Menschen nicht zu trennen. Subjektive Ansprüche den Dingen gegenüber behalten ihr eigenes Recht.

Hat sich der mittelalterliche Mensch in seiner Wohnung, seinem Haus wohl gefühlt? Diese Frage ist schwer zu beantworten. Eindeutig scheint jedoch zu sein, daß wenig unternommen wurde, die alltägliche Existenz im Hause bequemer, gemütlicher und insgesamt den körperlichen Bedürfnissen angemessener zu gestalten – ganz im Unterschied zu den Verhältnissen der griechischen und römischen Antike. Technische Möglichkeiten, Stühle zu konstruieren, die einer entlastenden Sitzform angemessen sind, oder Bänke mit Lehnen zu versehen, bestanden durchaus. Man richtete wenig Phantasie darauf, sich in dieser Welt bequem und gemütlich einzurichten. Unbehaustheit unterstrich und dokumentierte die Übergangssituation des menschlichen Daseins. Siegfried Giedion, der die gründlichsten Studien zum Mechanisierungsprozeß der modernen Welt vorgelegt hat, schreibt dazu: »Vom heutigen Standpunkt aus hat es im Mittelalter überhaupt keinen Komfort gegeben. Die Einrichtung war fragmentarisch, die Heizung schlecht. Holz in großen Stößen verbrennen zu sehen, ist zweifellos etwas ewig Anziehendes. Das Mittelalter hat es verstanden, das offene Herdfeuer in das tägliche Leben mit einzubeziehen und dem Feuerplatz, dem Kamin, eine Form zu geben, die weit über das bloß Notwendige hinausreicht. Doch was für ein Rückfall in Primitivität gegenüber den römischen Villen mit ihren gleichmäßig durchwärmten Wänden und Böden, wie sie jenseits der Alpen zu finden waren, wo immer die Römer sich niedergelassen hatten. In den mittelalterlichen Häusern war es kalt. Deshalb erscheinen auf den Miniaturen immer wieder ein kleiner, runder Eßtisch, ein Arbeitstisch oder eine Bank, die an die offene Flamme des Kamins gerückt sind. Manchmal sogar Truhenbänke mit beweglicher Rückenlehne, so daß man sich abwechselnd dem Feuer zuwenden oder ihm den Rücken kehren konnte. Der gleiche Rückfall in Primitivität zeigt sich in der übrigen mittelalterlichen Einrichtung. Gab es überhaupt keinen Komfort? Konnte man die karge Ausstattung der Zimmer mit einer Reihe von Truhen, unförmigen Bocktischen und grob gezimmerten Bettstellen mit dem Namen Komfort bezeichnen?«[39]

Für die Wohnkultur des ganzen Mittelalters war das Milieu des Klosters bestimmend; das Mönchtum war die kulturbildende Schicht dieser Zeit. Dem mönchischen Dasein, das auf Vergeistigung des Körperlichen durch strenge Lebensregelung und asketische Übungen gestimmt war, entsprach die Innenarchitektur, die den gegenständlichen Lebensraum der Menschen prägte. Wenn Kasteiung des Fleisches, das heißt Überwindung der menschlichen Triebnatur, ein Ziel des Lebens ist, dann wird sich kein gesellschaftliches Interesse darauf richten, Stühle, Sitzbänke oder Tische zu konstruieren, die der Entspannung und Bequemlichkeit dienlich sind. Komfort in unserem Sinne hat es in dieser Zeit nicht gegeben. Nicht, daß man es nicht besser hätte wissen können: Die antiken Vorbilder waren zwar nicht besonders vertraut, aber die Kreuzritter zum Beispiel hatten durchaus eine weltläufige Kenntnis von der ganz anders gearteten arabischen Wohnkultur und dem, was noch in den Ruinen Roms und der griechischen Antike ersichtlich war.

Das ganz besondere Verhältnis, das einzelne Dinge oder Personen zum Ganzen des Raumes einnehmen, macht die Wohnkultur des Mittelalters aus. Nicht bequeme Möbel, dekorative Behälter oder stilisierte Gefäße sollen den Raum ausfüllen; die Proportionen des Raumes als solche sollen Ruhe und Besonnenheit ausstrahlen und gleichzeitig dem, der sich in diesem Raum aufhält, die Möglichkeit der Konzentration und ein friedliches, ausgeglichenes Lebensgefühl vermitteln. Intimität ist keine bloß subjektive Bestimmung, sondern Ruhe und Selbstbesinnung sind räumlich vergegenständlicht. Giedion spricht in diesem Zusammenhang zutreffend von der Würde des Raumes: »Ein mittelalterlicher Raum erscheint eingerichtet, auch wenn kein Möbelstück in ihm steht. Er wirkt niemals kahl. Er lebt aus seinen Proportionen, seinem Material, seiner Form, gleichgültig, ob es sich um Kathedralen, Kreuzgänge, Refektorien oder um bürgerliche Stuben handelt. Dieses Gefühl für die Würde des Raumes endet nicht mit dem Mittelalter. Es setzt sich fort, bis die Industrialisierung des neunzehnten Jahrhunderts das Gefühl dafür trübt.«[40]

Würde des Raumes bedeutet ein Proportionengefüge, das seine Ausstrahlungskraft aus sich selbst gewinnt, das heißt autonom gegenüber den einzelnen Dingen und den sich im Raume bewegenden oder sich aufhaltenden Menschen ist. Das Objektive beherrscht das Subjektive; der Würde des Raumes entspricht subjektiv Ruhe, Konzentration, Besinnung. Die einzige Person, die unter diesen Bedingungen des ganzen Hauses Würde für sich in Anspruch nehmen könnte, wäre der pater familias (und vielleicht, wenn auch in viel geringerem Grade, die mater familias).

In dem Maße nun, wie geschichtlich Würde zu einer Qualität freier und autonomer Subjekte wird, nimmt mit der Differenzierung der Gegenstände gleichzeitig die Desintegration dieses einheitlichen Raums zu. Man erwartet jetzt von den Dingen, daß sie auf spezifische Bedürfnisse des Körpers antworten, daß es eine Proportion zwischen Dingen der unmittelbaren Umwelt (Stühlen, Bänken, Truhen usw.) und den natürlichen menschlichen Bewegungen gibt. Erst mit der Freisetzung der natürlichen körperlichen Bewegung, der lebendigen Betätigungsweise der Sinne, dringt der technische Erfindungsgeist in den Haushalt und schafft dadurch für die Menschen eine ganz neue alltägliche Erfahrungsweise mit der Technik. Vielleicht liegt darin die große Neuerung der Renaissance, daß sie den Körper rehabilitiert, was ja in den zahllosen Körperstudien Leonardos eindrucksvoll dokumentiert ist.

Die Ausbildung einer häuslichen Umgebung, der es um größere Bequemlichkeit, um Sauberkeit und Ästhetisierung der Gebrauchsgegenstände geht, ist mit zwei Prozessen verbunden, die auf den ersten Blick gar nicht miteinander in Einklang zu bringen sind: der Technisierung des häuslichen Lebens und der Entwicklung von Individualität. Indem sich die Körperstarre löst, werden die Dinge der unmittelbaren Umgebung beweglicher, veränderbarer, neuen Verbindungen zugänglicher.

Wenn in Zukunft lebensfähige Einheiten entwickelt werden sollen, die für die Menschen verläßliche Erfahrungsräume sind, dann wird diese differenzierte architektonische Gestaltung der Wohnung, des Hauses, von größtem Gewicht sein. Nie zuvor in der Geschichte ist es möglich gewesen, die raumzeitlichen Verhältnisse eines Haushaltes so zu organisieren, daß sie den Bedürfnissen des Rückzugs, der individuellen Distanz ebenso entsprechen wie denjenigen der Vergemeinschaftung und der Geselligkeit. Das gilt auch für die Reintegration der Generationen, die nicht mehr gezwungen sind, ihr Privatleben vollständig zu opfern, wenn sie in solchen komplexen Einheiten zusammenleben. Daß hier Lern- und Erziehungsorte ganz neuer Art entstehen können, wenn der architektonische Besitzindividualismus überwunden wird, der Wohnzelle neben Wohnzelle setzt, läßt sich an Projekten erläutern, die ich aus Schleswig-Holstein kenne, die es aber mittlerweile auch in anderen Ländern gibt.

Vereine und Interessengemeinschaften, die sich hier gebildet haben, nennen ihr Projekt »Kleine Heime«. Es handelt sich um quasi-familiäre Wohn- und Arbeitszusammenhänge, in der Regel mit einer Kernfamilie, mit eigenen Kindern, einem erweiterten Haushalt mit entsprechender Umgebung, eigenen Werkstätten oder Freizeitbetätigungen. Sie kaufen alte Schulen auf oder nicht mehr bewirtschaftete Bauernhöfe. Sie nehmen straffällige Jugendliche auf, elternlose Kinder, Menschen in der Regel, die aus fragmentierten Restfamilien ausgebrochen sind oder aus Heimen, die nichts mehr für sie tun konnten. Fast alle Kinder und Jugendlichen, die in diesen Kleinen Heimen leben und aufwachsen, werden zurückgewonnen für das gesellschaftliche Leben, machen in der Regel ihren beruflichen Ausbildungsweg und werden in ihren Selbstwertgefühlen gestärkt. Es ist ein durch Nähebeziehungen geprägter, verläßlicher Lebensraum, der ihnen weder in den staatlichen Heimen noch in zerrütteten Kleinfamilien geboten wird. Karin Schäfer, eine der aktivsten Frauen in der Bewegung »Kleine Heime«, die seit 1972 selbst eine solche Einrichtung führt, bezeichnet treffend das Problem der Beziehung zwischen Familien- und Fremderziehung: »Die Familien sind die Produktionsstätten des Humanvermögens, von dem ein Gemeinwesen lebt... Bei der Wirtschaftlichkeitsberechnung eines Gemeinwesens den Wert des von der Familie bereitgestellten Humanvermögens in die Bilanz nicht mit einzustellen oder die Kosten für die Beseitigung der Schäden an diesem Humanvermögen nicht zu berücksichtigen, wäre pure Augenwischerei. Und die Schäden an diesem Humanvermögen sind groß. Mit der Chiffre ›Familie‹ meine ich den Ort, an dem ein Kind erfährt: ›Ich bin wertvoll.‹ Wenn also Fremderziehung nötig ist, dann sollte sie im Sinne dieser Chiffre ›Familie‹ arbeiten, so lange es geht – so lange die quasi familiären Kleinen Heime und Wohngruppen noch an das durchaus erschöpfliche Potential integrativen Humanvermögens angeschlossen sind bzw. sich immer wieder anschließen können. Nicht alle hier anfallenden Dinge können mit Kleinen Heimen geregelt werden – wohl aber gilt es, nicht die Strukturen zu stärken, die auf Technik orientierte Maßnahmenkataloge zur Reparatur aktenkundiger Auffälligkeiten setzen, sondern die Strukturen, die Orte und Bedingungen schaffen, daß ein Kind sagen kann: ›Ich bin wertvoll.‹ In der volkswirtschaftlichen Gesamtrechnung ist die Investition in dieses Kapital des Humanvermögens ernsthaft renditeträchtig und höchst vernünftig.«

In der Kostenrechnung einer Ökonomie des ganzen Hauses, die einzig und allein dem Begriff gesamtgesellschaftlicher Vernunft entspricht, nimmt jener Posten, der sich aus Störungen, Schädigungen, Angstbesetzungen im frühkindlichen Sozialisationsgeschehen zusammensetzt, einen ebenso großen Umfang ein wie die langfristigen Kosten der ökologischen Verwüstung unserer Lebensgrundlage. Die Organisationsphantasie auf sinnvolle Alternativen zu richten trägt nicht nur zur Humanisierung unserer Lebenswelt bei, sondern auch zu einem sparsamen Umgang mit unseren Ressourcen.

3. Kinder- und Jugendöffentlichkeit: Freiheit als Bewegungsraum

Mit den Funktionsverlusten der Familien im Sozialisationsgeschehen verändern sich gleichzeitig die Raum-Zeit-Koordinaten, die für die Kinder und die Jugendlichen bestimmend sind. Ihr Bewegungsraum wird nicht nur enger, die Restfamilien unterliegen auch einer emotionalen Überforderung. Ist diese überhöhte Drucksituation im Alltag verknüpft mit der Erosion, dem Abbröckeln der klaren Trennwände zwischen innen und außen, wie sie für die traditionelle bürgerliche Familie charakteristisch waren, dann steigert sich der Drang nach außen. Die Flucht aus der privaten Enge der Familie ist mit einem Freiheitsversprechen verbunden. Was im einzelnen diese Freiheit an befriedigenden oder gar glücklichen Erlebnissen zu bieten vermag, ist gegenüber dem Wunsch, den Kontroll- und Disziplinarraum des Privaten zu verlassen, ziemlich gleichgültig.

Auch wenn der Schutzraum des Privaten vielfach funktionslos geworden ist, sind dadurch die Bedürfnisse, irgendwo einen sicheren Ort der Rückkehr zu haben, nicht verschwunden. Wo dafür kein gesellschaftlicher Raum zur Verfügung steht, suchen diese Bedürfnisse nach eigenen Wegen der Befriedigung, meist in einer Zwischenwelt, von der Staatsschule ebensoweit entfernt wie von der Familie. Deshalb ist von zentraler Bedeutung, wie die gesellschaftlichen Energien und Bedürfnisse im Beziehungsgeflecht zwischen Familie, Öffentlichkeit und Schule verteilt sind.

Wird Schule zum Beispiel als eine Institution der Realitätsertüchtigung verstanden, so liegt es auf der Hand, Phänomene wie Antirealismus, Phantasie und Sehnsucht aus der Schule herauszuhalten und dort zu belassen, wo sie für die Gesellschaft angeblich den geringsten Schaden anrichten – im privaten Bereich. Aber der Preis für diese Ausgliederung ist die Verdichtung der Beziehungsarbeit, ohne die ein Mensch weder körperlich noch geistig-seelisch aufwachsen kann, auf den kleinstmöglichen Raum und damit eine weitere Überforderung der Familie. Eine solche Störung der Beziehungsökonomie, die vielfach zu Explosionen, zu Grausamkeit und Härte führen kann, hat übrigens Max Horkheimer bereits 1936 beschrieben: »Es muß am Ende alles mehr und mehr künstlich gestützt und zusammengehalten werden... Die Totalität der Verhältnisse im gegenwärtigen Zeitalter, dieses Allgemeine war durch ein Besonderes in ihm, die Autorität, gestärkt und gefestigt worden, dieser Prozeß hat sich wesentlich in dem einzelnen und konkreten, der Familie, abgespielt... Dieses dialektische Ganze von Allgemeinheit, Besonderheit und Einzelheit erweist sich nun als Einheit auseinanderstrebender Kräfte. Das sprengende Moment der Kultur tritt gegenüber dem zusammenhaltenden stärker hervor.«[41] Horkheimer sieht die Familie in einer Doppelfunktion: In einem von direkten und fortlaufenden Eingriffen geschützten Lebensraum stattet sie den Menschen mit Grundfähigkeiten für die Arbeit in der harten und grausamen gesellschaftlichen Realität aus, und zwar unter Zuhilfenahme des Antirealismus der Gefühle und der Wünsche; sie dient aber gleichzeitig dazu, emotionale Reserven zu bilden, Wärme und Nähe, die dazu befähigen, die kalte Realität und die Anpassungsleistungen mit ihren gegenüber den eigenen Wünschen schonungslosen Anforderungen zu ertragen, sie zu verarbeiten und zu bewältigen.

Dieses Spannungsverhältnis zwischen innen und außen wird nun in dem Maße problematisch, wie die bürgerliche Familieninsel durch das unmittelbare Eindringen gesellschaftlicher Mechanismen (Schrumpfen der Autoritätsrolle der Eltern, Einfluß der Medien, Eindringen der Kommunikationstechnologien usw.) die relative Autonomie des Schutzraumes verliert. Um die spezifische Bedeutung von Kinder- und Jugendöffentlichkeit zu charakterisieren, muß das, was sich im Binnenraum der Familie abspielt, hier noch etwas genauer untersucht werden.

Wo und wann beginnt die Vergesellschaftung des Menschen? Da er nicht als gesellschaftliches Lebewesen auf die Welt kommt, ist es von großer Bedeutung, in welcher Weise, wo und wann das Mädchen oder der Junge die öffentliche Bühne betritt, auf der Tugenden verlangt und respektiert werden, die im Familienzusammenhang vorgebildet sein können, die in diesem primären Produktionsvorgang jedoch nicht entscheidend sind. Das Reich der Beziehungsverhältnisse ist im Sozialisationsbereich verschlüsselt. Das Wort Sozialisation (mittlerweile zur Fachsprache gehörig, zweifellos aber eine soziologische Mißbildung) ist in seiner spezifischen psychologischen Bedeutung der amerikanischen Wissenschaftssprache entlehnt und umfaßt jeden Prozeß der Verinnerlichung objektiver Verhältnisse, in dem gesellschaftliche Normen (Gebote und Verbote, Raum- und Zeitwahrnehmung, sprachliche Symbolbildungen usw.) am Ende zum gesicherten Bestand der Person werden. Ist dieser Prozeß gelungen, dann hat sich in der Regel das Ich als realitätsprüfende Instanz herausgebildet. Sozialisation verweist zunächst auf die intimen Orte und Zeiten, in denen Gesellschaften sich fortpflanzen und in denen die ursprüngliche Vergesellschaftung der Individuen durch die dafür notwendige Umwegproduktion wirklich stattfindet. Die äußere Ökonomie, in der Güter produziert und nach bestimmten Wertrelationen ausgetauscht werden, verhält sich dazu als Reich der Notwendigkeit, kennt aber die Produktionsmittel, Situationen und Umwege nicht, in denen allein Primärvergesellschaftung stattfindet.[42] Beziehungsverhältnisse bilden insofern integrale, in ihrer vertikalen Organisation untereinander verknüpfte und für das gesamte gesellschaftliche Leben grundlegende Zusammenhänge, auch wenn sie horizontal, im Verhältnis zur Warenproduktion, keineswegs dominant erscheinen.

Verglichen mit Industriearbeit, die in der gegenwärtigen Gesellschaft so sehr in den Vordergrund getreten ist, daß sie mit dem Begriff Arbeit schlichtweg identifiziert wird, ist Arbeit in den Beziehungsverhältnissen äußerst verschiedenartig und vielfältig; die Industriearbeit scheint demgegenüber als die Anwendung relativ weniger Arbeitsvermögen, sie erweist sich als typisiert. Ihre Produkte sind, gemessen an der subtilen Steuerung und dem vielgliedrigen Zusammenhang der Beziehungsarbeit, vielfältig, die Arbeitsverhältnisse dagegen einfach. Aber noch ein weiterer Unterschied zur Industriearbeit ist kennzeichnend. Sozialisation bezeichnet im Kern, daß die Vergesellschaftung der Menschen nicht direkt, durch bloße Wiederholung der gesellschaftlichen Mechanismen, sondern im Intimbereich und dort indirekt geschieht. Die Urobjekte, auf die das Kind stößt, sind objektiv nicht freiwillig und nicht in jedem Fall bewußt Agenten des Reichs der Notwendigkeit. Die von diesen Urobjekten, in der Regel von Eltern oder anderen Bezugspersonen, ausgeübten Feingriffe der Erziehung und des Lernens haben eigene Maß- und Steuerungsverhältnisse zur Grundlage. Keine Agentur der äußeren Ökonomie kann diese Grundlage der ersten Erziehungsschritte ersetzen, weil alle angewandten Mittel zu direkt wären. Insofern entsteht die Grundform der Vergesellschaftung, die Ausbildung der Grundfähigkeiten und der öffentlichen Tugenden in letzter Instanz ausschließlich in den Sozialisationsbereichen.

Aber bereits Freud äußert den Verdacht, daß für diese primäre Produktion die klassische bürgerliche Familie keine ausreichende Grundlage mehr bildet. »In der Sehnsucht mancher Erwachsener nach dem Paradies ihrer Kindheit, in der Art, wie eine Mutter über ihren Sohn, auch wenn er mit ihr selbst in Konflikt gekommen ist, zu sprechen vermag... sind Vorstellungen und Kräfte lebendig, die freilich nicht an die Existenz der gegenwärtigen Familie gebunden sind, ja unter dieser Form zu verkümmern drohen, aber im System der bürgerlichen Lebensordnung selten eine andere Stätte haben als eben die Familie.«[43] Das Kind-Ich im Erwachsenen, das die paradiesischen Vorstellungen der Rückkehr wachruft, hat freilich schon sehr früh damit begonnen, Wünsche nach öffentlicher Betätigung zu äußern; das Kind ist dem Kind ein Bedürfnis. Vergemeinschaftung wird in dem Maße zu einem Lebensproblem des Aufwachsens, wie die fragmentierten Restfamilien mit Lebensabschnittspartnerschaften keinen gesicherten Boden für die familiale Vergesellschaftung mehr bieten. Die Idee einer Kinderöffentlichkeit, wie sie in den Konzeptionen der Alternativpädagogik immer wieder formuliert wurde, ist keineswegs etwas Zusätzlich-Nebensächliches, auf das leicht zu verzichten wäre. Was ich als Kinderöffentlichkeit bezeichne, ist vielmehr ein konstitutives, das heißt unverzichtbares Element eines Sozialisationsprozesses, in dem sich emotionale, soziale und kognitive Fähigkeiten des Kindes und des Jugendlichen gleichgewichtig entwickeln.

Worin Kinderöffentlichkeit besteht, läßt sich nur schwer definieren. Jeder, der unangemeldet eine Alternativschule besucht, wird zunächst über das Chaos, das sich abspielt, betroffen sein und Schwierigkeiten haben, irgendwelche Regeln in diesem Durcheinander zu entdecken. Erst intensive und längere Beobachtungen werden ihm erlauben, Einblick in die Gesetze dieses »Chaos« zu gewinnen. In dem Maße, wie der Chaosverdacht schwindet, schält sich heraus, was unter dem Begriff einer Kinderöffentlichkeit zu verstehen ist.

Kinderöffentlichkeit beginnt mit der Freisetzung der körperlichen Bewegung und der Überwindung der gesellschaftlich festgeschriebenen Raumeinteilung. Kinder brauchen, wenn sie ihre spezifische Form von Sinnlichkeit vergegenständlichen, eine deutlich raumbetontere Öffentlichkeit als Erwachsene; sie benötigen Experimentiergelände, Plätze, ein offenes Aktionsfeld, in dem die Dinge nicht ein für allemal festgelegt, definiert, mit Namen versehen, unabänderlich durch Gebote und Verbote reglementiert sind. Und sie benötigen andere Zeiträume als Erwachsene, um sich entfalten und erproben zu können. Kinder, die keinen ausreichenden Spielraum für ihre Ausdrucksbedürfnisse haben und in ihrer Neugier und Bewegungsphantasie auf die komplett ökonomisierte Raumstruktur der bürgerlichen Öffentlichkeit eingeschränkt werden, können weder ihre kognitiven noch ihre sozialen oder emotionalen Fähigkeiten entfalten. Und im schlimmsten Fall ist die Entstehung von Krankheiten und diffuser Aggressivität in solchen Einschränkungen mit angelegt.

Daß diese Art Öffentlichkeit, sobald sie sich auszudehnen droht, auf handfeste materielle Interessen der Erwachsenen stößt, ist nicht erstaunlich. Für die Erwachseneninteressen stellt sich die Tätigkeit der Kinder, sobald sie sich öffentlich entfaltet, als Schaden und Störung dar. Denn Kinderöffentlichkeit hat, wie übrigens jede authentische Form der Öffentlichkeit, die Tendenz, das Ganze der Gesellschaft einzubeziehen. Als halbautonome Protestform entsteht sie in dem Augenblick, da Kindheit als gesonderter, abgespaltener Lebenszyklus des Menschen entstanden und als privatisierter gleichzeitig Objekt der öffentlichen Interessen geworden ist. So ist sie Ausdruck von Herrschaft und Protest dagegen in einem. Sie verschafft den Kindern jenen Interpretationsrahmen ihrer Bedürfnisse, ihres Verhaltens und Denkens, den sie brauchen, um nicht bloße Objekte zu bleiben. Als einzelne können sie die Übermacht der Erwachsenen nicht brechen; sie sind auf Öffentlichkeit als eine kollektive Protestform angewiesen, weil sie sich nur dadurch vom Gefühl absoluter Ohnmacht etwas befreien können.

Insoweit ist Kinderöffentlichkeit nur zu verstehen, wenn man in bezug auf Kinder jener »Mikrophysik der Macht« nachgeht, die Michel Foucault an der inneren Dynamik der sozialen Kontrolle aufzeigt, den detaillierten Einteilungen als den bestimmenden Herrschaftsmitteln der ganzen bürgerlichen Gesellschaft. Denn es ist diese Mikrophysik der Macht, durch welche der Interpretationsrahmen, der die Kinder vor der permanenten Enteignung ihrer Ausdrucksmittel schützt, alltäglich und unumgänglich produziert wird.

Kinderöffentlichkeit ist eine durch und durch materielle Angelegenheit; nicht das Reservat, das die Erwachsenen für sie bereithalten, und der permanente Wartestand, in dem sie von den Erwachsenen gehalten werden, befördert die Selbstfindung und die Wirklichkeitsaneignung der Kinder, sondern allein die Entdeckung und der Gebrauch ihrer eigenen Ausdrucksmittel: Körper, Raum, Zeit, Bewegung, Sehen, Tasten, Sprechen, Schreien sind körperliche Ausdrucksformen in Raum und Zeit, die den Ursprungszustand menschlichen Befindens definieren. »Zeit ist der Raum menschlicher Entwicklung«, hat Marx gesagt. Auch das Umgekehrte trifft zu: Raum ist die Zeit menschlicher Entwicklung. Kinder sind, was ihr tatsächliches Verhalten betrifft, im Grunde gute Materialisten. Mit der Schillerschen Verheißung »Der Mensch ist frei geschaffen, ist frei und würd' er in Ketten geboren« können sie – und nicht nur sie – wenig anfangen, dagegen sehr viel mit dem, was Thomas Hobbes, dieser unbefangene Materialist, in der ersten Stunde des Bürgertums gesagt hat: »Nach meiner Ansicht ist die Freiheit nichts anderes als die Abwesenheit von allem, was die Bewegung verhindert. Deshalb ist das in ein Gefäß eingeschlossene Wasser nicht frei, das Gefäß hindert sein Ausfließen; dagegen wird es frei, wenn das Gefäß zerbricht. Ein jeder hat mehr oder weniger Freiheit, je nachdem er mehr oder weniger Raum zur Bewegung hat. Deshalb hat der in ein weites Gefäß Eingeschlossene mehr Freiheit als der in einem engen Gefängnis Befindliche.«[44]

Indem Hobbes die bürgerliche Freiheit eng mit der körperlichen Bewegungsfreiheit verbindet, so daß »ein Mensch um so größere Freiheit hat, auf je mehr Arten er sich bewegen kann«, unterschlägt er zwar die Rolle, welche die Ideologie der Willensfreiheit bei der gegenständlichen Befestigung der menschlichen Tätigkeitskräfte spielt; aber er trifft sehr genau den materialen Kern der Freiheit, die ohne Freizügigkeit und reale, also auch körperliche Bewegungsmöglichkeit im Raum stets ein Moment von Überwältigung, Zurichtung, von Herrschaft in sich trägt. Denn Herrschaft, Gewaltenunterdrückung setzen, noch bevor sie Seele und Geist erfassen und sich ihrer als Transformationshebel bedienen, in der Gattungsgeschichte wie in der individuellen Sozialisationsbiographie des Kindes primär am Körper an. Immer haben verinnerlichte Erziehungsrituale zur Folge, daß sich angstgeleitete Phantasien unmittelbar in eine Einschränkung des körperlichen Betätigungskreises umsetzen.

Deshalb ist die politische Ökonomie des Körpers – die Ökonomie der Bewegung – Ausgangs- und Zielpunkt bei der Durchsetzung von Gewaltverhältnissen, die ja nicht allein durch Grobeinstellungen wirksam werden, sondern auch gleichsam in die Poren des Körpers, nicht zuletzt über moralische Motivbildung, eindringen. Das Organisationsprinzip bürgerlicher Öffentlichkeit, das an Ausgrenzung und gegeneinander abgedichtete Detailfunktionen gekoppelt ist, wird mittels Disziplinierung und Kontrolle den Mikrostrukturen der Gesellschaft eingepflanzt. Zum Zweck der Errichtung von Herrschaft, die schwach und anfechtbar bleibt, solange sie auf fortwährenden Zugriff angewiesen ist, wird zunächst die gesellschaftliche Lebenswelt in einen Disziplinarraum umgewandelt, sie wird parzelliert, und die einzelnen Parzellen werden mit durchsichtigen Mauern umgeben. Dabei werden an sich nutzlose, für den unmittelbaren Verwertungsprozeß unbrauchbare, aber für die Reproduktion der Arbeitskraft notwendige Raumteile ausgegliedert: Kinderzimmer, Schule und Schulhof, Kinderspielplätze usw., so daß eine lückenlose Stadt- und Gebäudearchitektur entsteht, die eine von wenigen zentralen Beobachtungsposten ausgehende Kontrolle abgebrochener Bewegung zuläßt und Bewegungen, die der Intensivierung und Verdichtung von Kommunikation dienen, erschwert oder verhindert. »Die Disziplin macht sich zunächst an die Verteilung der Individuen im Raum«, sagt Foucault. Da die Individuen sich in diesen Raumteilen jedoch nicht festbinden lassen und die Gefahr besteht, daß sie sogar in diesen Parzellen Identität ausbilden, die eine die Begrenzungen überschreitende Erfahrung und Tätigkeit erlaubt, reicht der starre Verteilungsmodus nicht aus, um eine unkontrollierbare Dynamik der Interessen und Wünsche, des Denkens und Handelns zu unterbinden. Daher lautet der strategische Grundsatz: »Jedem Individuum seinen Platz und auf jeden Platz ein Individuum.«

So wie es eine Mikrophysik der Macht und der Machtausübung gibt, so auch eine Mikrophysik der Gegenmacht. Die Öffentlichkeit, in der sich diese Mikrophysik darstellt, ist freilich, im Unterschied zur bürgerlichen Öffentlichkeit, deren Anordnungs- und Kontrollmechanismen Erfahrungsfähigkeit blockieren, gerade auf das Gegenteil gemünzt: auf den Produktionsprozeß von Erfahrungen. Beruht dieser auf der Selbstorganisation der Kinder, fördert er diese und schafft er objektive Möglichkeiten, die Selbsttätigkeit zu erweitern, dann ist damit ein wesentliches Element der authentischen Kinderöffentlichkeit bezeichnet. Dabei sind allerdings einige einschränkende Bemerkungen erforderlich. Sicherlich spielen für diesen Erfahrungsprozeß gemeinsame, gewissermaßen öffentlich gemachte Räume, die den Kindern ermöglichen, sich zu sammeln und ihre eigenen Angelegenheiten zu verhandeln, eine Rolle. Es wird über Angebote gesprochen und überhaupt über die Regeln befunden, die sich die Kinder selbst setzen oder die von Erwachsenen vorgegeben sind. Solche öffentlichen Verhandlungsräume gibt es in fast allen Schulen. Aber das definiert noch keine Kinderöffentlichkeit. Diese muß vielmehr jene Räume einbeziehen, die nicht als solche Gemeinschaftsräume definiert sind. Kinderöffentlichkeit betrifft das Ganze der Schule und nicht einzelne Räume, die eigens dafür vorgesehen sind. In diesem Sinne muß es die Möglichkeit geben, daß sie sich an jedem Ort und zu jeder Zeit des schulischen Geschehens herstellen kann, wenn Kinder das als wichtig betrachten für das öffentliche Verhandeln ihrer Interessen und Konflikte.

Solche Öffentlichkeiten stellen sich, wie aus Alternativschulen berichtet wird, auf ganz verschiedenen Ebenen her, vielfach auch durch spontane Ansammlungen. So kann zum Beispiel Öffentlichkeit dadurch entstehen, daß in den Freinet-Klassen Texte, die zum Druck abgeliefert werden, Diskussionen spontan herausfordern, an denen sich immer mehr Kinder, wie Bienen von einem Honigtopf angezogen, beteiligen. Oder Kinderöffentlichkeit kann dadurch zustande kommen, daß wie in Summerhill jeden Samstag große Schulversammlungen abgehalten werden. In den Tvind-Schulen stellen sich solche Öffentlichkeiten her, wenn an einem bestimmten Projekt, etwa der Reparatur eines Automotors, gearbeitet wird. Immer ist dabei Voraussetzung, daß die Kinder dabei körperlich anwesend sind, daß sie sehen, hören, sich bewegen. Schulversammlungen, bei denen Anweisungen entgegengenommen werden, bilden keine Kinderöffentlichkeit. Hierbei wird die vorgegebene Raum- und Zeitorganisation durch spontane Betätigung der Kinder nicht in Frage gestellt.

Wer demokratisches Verhalten und Denken der Kinder auch nur als globales Lernziel formuliert, muß daraus die radikale Konsequenz ziehen, daß Demokratie keine bloße Angelegenheit von Erwachsenen ist. Die Ausbildung von Fähigkeiten, die Initiative, Planung, Eigenmotivation und Kreativität bezeichnen, ist keine bloß theoretisch zu bewerkstelligende Veranstaltung für Kinder, sondern vollzieht sich praktisch auf jeder Stufe der Lernzusammenhänge, für die Erwachsene eine unentbehrliche Hilfe sein können, für die sie aber kein Ersatz sind. Kinderöffentlichkeit bildet jene lebendige Vergesellschaftungsform, wenn sie die drei Komponenten des Lernens, das kognitive, soziale und emotionale Lernen, zusammenschließt. Wer eine dieser Komponenten von den anderen trennt, löst die Einheit des Lernbegriffs auf und schränkt damit die Erziehungsmöglichkeiten ein.

Spätestens an diesem Punkt tritt nun das Problem auf, wie bei solch einer den primären Erfahrungszusammenhang bestimmenden Kinderöffentlichkeit das Fernsehen zu beurteilen sei, mit dem Kinder ja einen nicht unerheblichen Teil ihrer Zeit verbringen? Daß ein einzelnes vor dem Fernsehschirm sitzendes Kind alleine oder mit Erwachsenen keinerlei Formen von Kinderöffentlichkeit herstellen kann, bedarf keiner besonderen Begründung. Werden Filme in der Schule verwendet, so daß größere Gruppen von Kindern sich einen Film ansehen, so kann das rein passiv geschehen, aber es können dabei durchaus Motive entstehen, die in eine selbstorganisierte Kinderöffentlichkeit eingehen. Doch auch hier ist das Fernsehen selbst in Beziehung zum Zuschauer keine Ausdrucksform von Kinderöffentlichkeit, sondern kann allenfalls Anlaß dafür sein, eine zu produzieren. Ich will im einzelnen auf die Frage der Medien hier nicht eingehen[45] und beschränke mich auf wenige Bemerkungen. Wo der private Raum nicht überwunden wird und keinerlei Eigenaktivität von Kindern entsteht, kann sich so etwas wie Kinderöffentlichkeit nicht bilden. Das heißt nicht, daß das Fernsehen und andere elektronische Medien, Computer oder sonstige Techniken der Kommunikation nicht erheblichen Einfluß auf die Kinder und Jugendlichen haben. Das scheint unter Medienforschern mittlerweile unstritig zu sein. Die Forschungsresultate über die Stundenzahl, die Kinder oder Jugendliche vor dem Fernsehschirm verbringen, hier noch einmal auszubreiten, wäre jedoch müßig. Für mich ist der entscheidende Punkt der, daß in dem Maße, wie primäre Formen des Erfahrungs- und Kommunikationszusammenhangs in den Familien oder in der Öffentlichkeit schrumpfen, die mediale Wirklichkeit mit ihren Suggestionen und Verführungen an Bedeutung zunimmt.

So stellt sich für mich das Medienproblem in einer anderen Dimension: nicht, was diese mediale Wirklichkeit bewirkt, sondern was sie blockiert; daß die Menschen keinen Augenblick mehr alleine gelassen werden, daß sie wohl selbst schon den inneren Druck eines schweren Realitätsverlustes empfinden, wenn sie von den Drähten, Kabeln, Kanälen abgekoppelt sind, die ihnen diese zweite, sekundäre Realität aufprägt. Langfristig könnte sich ein gesellschaftlicher Zustand bilden, der Alltagskulturen und politische Wahrnehmungsfähigkeit für die exklusiven Gefahrenherde der Gesellschaft derart verkümmern läßt, daß unter dem gestohlenen Mantel der Kommunikation verständigungsorientiertes Handeln im Sinne der Umgestaltung einer ganzen Gesellschaft sich zersetzt, ohne daß die Menschen das auch nur bemerken.

Dieses Problem betrifft die Erwachsenen selbstverständlich genauso wie die Kinder und Jugendlichen. Es müßte hier also über die Erwachsenen geredet werden, welche nichts oder zuwenig dafür tun, daß die lebendigen Kommunikationsräume der Heranwachsenden vergrößert werden. Die technisch vervielfältigten Mittel der Kommunikation und der Information täuschen am wirksamsten darüber hinweg, daß Kommunikation in der primären Wirklichkeit eher die Ausnahme als die Regel ist und daß die Informationsangebote, so reichhaltig sie auch sein mögen, an der unentwickelten Kompetenz, Informationen zu zusammenhängendem Wissen zu verarbeiten, scheitern. Denn in dem Maße, wie wir in den Näheverhältnissen unserer Lebenswelt verkümmern, wie die Sinne des Sehens, des Tastens, der Hautkontakte, aber auch die praktischen Sinne des Lebens, des Wollens usw. nicht weiter entwickelt werden, treten notwendigerweise Ersatzformen und Ersatzbefriedigungen auf. Die zweite Wirklichkeit, die der medialen Welt, erhöht die Chancen ihres Einflusses und ihrer Macht in dem Maße, wie die Grundausstattungen der primären Wirklichkeit unbearbeitet, unentwickelt bleiben, sich also dem Entwicklungsstand der Technik, der gesellschaftlichen Erkenntnis nicht gewachsen zeigen. So ist alles auf die Frage zu richten, wie die Alltagswelt der Menschen, der lebendige Erfahrungshorizont von Dingen und Beziehungen so gestaltet werden können, daß die mediale Wirklichkeit den objektiven Schein ihrer Substanz und Eigenständigkeit verliert und das, was ursprünglich als Medium, als Vermittler auftritt, diese Mittlerfunktion wiedergewinnt. Wo das gelingt, bestünde die Chance, daß Medien der Erweiterung von menschlicher Erfahrungsfähigkeit dienen, den Menschen neue Organe des Ausdrucks zuwachsen. Aus der Übung des Fernsehens könnte sich so etwas wie ein Fernsinn bilden. Die immer reichhaltigeren elektronischen Medien lehren durchaus Möglichkeiten, die als mangelhaft empfundenen, gattungsgeschichtlich aber festgelegten Organe und Sinne des Menschen zu erweitern. Daraus könnte sinnliches Urteilvermögen für die Ferne entstehen, für Fernwirkungen meines eigenen Handelns und für das Handeln anderer an anderen Orten. Nie wird jedoch die Entwicklung dieses Fernsinns möglich sein ohne gleichzeitige Erweiterung und Kultivierung des Nähesinns.

Wer heute Verhalten, Gefühle und Denken von Kindern und Jugendlichen begreifen will, muß vorher die kulturelle Erosionskrise verstehen. Deren normative Zwischenwelten, die nicht normale Generationskonflikte bezeichnen, sondern sozialen und kulturellen Gesteinsverschiebungen im gesellschaftlichen Gefüge entspringen, drängen die Jugendlichen in einen Zustand äußerster Spannung: Verhaltens- und Denkunsicherheiten treten auf, Zerrissenheit und eine den Erwachsenen häufig unverständliche Widersprüchlichkeit.

Die Substanzbegriffe lösen sich auf. Es gibt keinen vorherrschenden Typ des Jugendlichen mehr, wenn es denn je einen gegeben haben sollte. In den fünfziger Jahren hatte der Soziologe Helmut Schelsky mit einigem Recht noch von einer skeptischen Generation sprechen können; die charakteristischen Merkmale wechselten. Man sprach von der unpolitischen, dann von der Protestgeneration, vom Typus des heutigen jungen Arbeiters. Keines dieser Merkmale ist heute verwendbar.

Wir haben es, philosophisch gesprochen, mit einer Zeit der Relationsbegriffe zu tun; unter Bedingungen des von mir als Erosionskrise bezeichneten gesellschaftlichen Umbruchs verlieren die trennscharfen Typologien ihren Erkenntniswert; an ihre Stelle treten kulturelle Suchbewegungen, die, und das ist gewiß das Bestürzende für die künftige Jugendforschung, in ganz verschiedene Richtungen gehen können.

Angesichts des sich abzeichnenden Mißbrauchs der damaligen Jugendphantasien durch die Nazis hat Ernst Bloch ein bekanntes Bibelwort ins Moderne übersetzt: Der Mensch lebt nicht vom Brot allein, zumal wenn er keines hat. Wo solche Suchbewegungen über längere Zeit ins Leere laufen, werden eines Tages politische Scharlatane und falsche Propheten die unbefriedigten Bedürfnisse aufsammeln und diesen gewaltigen Rohstoff, der heute noch demokratischer Bindungen fähig wäre, für ganz andere Zwecke verarbeiten. Für jene, die den Faschismus in seinem Entstehungsprozeß miterlebt haben, hat ein bitterer Erfahrungssatz, den Norbert Elias formulierte, die Härte eines kategorischen Imperativs angenommen: »Wenn die Gesellschaft den Menschen der heranwachsenden Generation eine kreative Sinnerfüllung versagt, dann finden sie schließlich ihre Erfüllung in der Zerstörung.«

In Zeiten kollektiver Depressionen und ästhetisch hoch bewerteter Kulturdämmerungen liegt eine Schwierigkeit darin, Utopien zu entwickeln, die in ihrem Kern auf Verzicht gegründet sind: Wie sehen aber Utopien aus, die nicht bloß auf Negatives, auf Kritik schlechter Verhältnisse, gestützt sind? »Wir brauchen neue Fortschrittsutopien, heute gibt es zu viele regressive Utopien« – das ist der Schlachtruf der Unentwegten, die sich durch die gegebenen Zustände nicht dumm machen lassen wollen, was etwas Überzeugendes an sich hat. Ein Element Hoffnung müssen Utopien enthalten, freilich nicht als Notopfer, wie in der berühmten Büchse der Pandora. Wo Angstzustände kultiviert werden, wo der Zynismus der schlechten Realität das intellektuelle Vergnügen völlig ausschöpft und die Schärfe des Wortes gerichtet ist auf das Aufstöbern gescheiterter Utopien, da beginnt die Realität selbst zum Mythos herabzusinken, der keinen Ausweg zuläßt, weil er die Kategorie des Neuen nicht kennt.

Die Erkenntnisse der Entwicklungspsychologie und der soziologischen Strukturforschung im zwanzigsten Jahrhundert bestätigen aber den unzweifelbaren Tatbestand: Kinder und Jugendliche, die gesellschaftlich-geschichtlicher Ideale beraubt sind, werden nicht nur in ihrem Wachstum behindert, sondern auch in ihren Lebenseinstellungen entmutigt und auf Ersatzgefühle gedrängt. Utopien mögen für realitätstüchtig gewordene Erwachsene wenig Bedeutung haben, für Kinder und Jugendliche und deren Reifungsprozeß sind sie lebenswichtig. Diffuse Gewalt, das rebellische Umsichschlagen gegen Raumumzäunungen, welche die gute Gesellschaft und die säuberliche Ordnung bestimmen, kann Ausdruck einer Lebenskraft sein, der die gesellschaftlichen Ideale fehlen. Man weiß das alles, aber es wird wenig getan, um die öffentliche Aufmerksamkeit auf dieses Dilemma zu lenken, in das aufwachsende Menschen durch einen versteinerten Realismus geraten.

Massenmedien, Drogen und deren schädliche Folgen, welche alle Aufmerksamkeit auf sich ziehen, sind deshalb so bedrohlich, weil nur wenig

Phantasie auf die utopische Seite des Kinder- und Jugendlebens gerichtet wird. Wenn Formen kollektiver Vergemeinschaftung zerstört werden, wenn im Interesse privatkapitalistischer Leistungskonkurrenz (in die sich ja Jugendliche und Kinder gar nicht einfügen können) und des besinnungslosen Konsumdenkens die herrschende Gewalt freiweg ihre Chance nutzt, angesichts der »realsozialistischen« Götter- und Götzendämmerung alles abzuräumen, was die kollektive gesellschaftliche Phantasie auszudrücken bemüht gewesen ist, dann haben wir es mit der Gefahr zu tun, daß die Traumphantasien der Kinder und Jugendlichen zunehmend Fremdsteuerungen unterworfen werden. So ins Dunkel der Nicht-Öffentlichkeit gedrängt, können die Traumphantasien der Kinder und Jugendlichen nicht anders, als sich in eigenproduzierte Scheinwelten einbinden zu lassen, deren standardisierte Muster von hochindustrialisierten Medieninszenierungen vorgegeben sind.

Kinder und Jugendliche brauchen nicht nur Märchen, Legenden, große und kleine Erzählungen oder märchenähnliche Bildwelten, sie benötigen auch Phantasieprojekte, um die sich Lebensführung und erstrebenswerte Sinnstiftungen organisieren. Unentrinnbar zeigen sich Gegenbewegungen zum prosaischen Alltag nicht nur in fiktiven Welten, sondern auch darin, daß es große Bewunderung für Greenpeace, für Aktionen von Robin Wood, für die Antikriegsproteste während des Golfkrieges usw. gibt. Wenn diese Gefühle keinen Ausdruck finden, wenn sie in der ganzen Breite ihres Symbolspektrums öffentlich nicht ernst genommen und in einer Art kollektivem Gedächtnis aufbewahrt werden, suchen die Ursprungsmotive nach anderen Auswegen. Die fahrlässige Gleichgültigkeit, mit der professionelle Politik diesen politischen Rohstoff behandelt, ist Ausdruck der institutionellen Illusion, als würden Institutionen ohne lebendige Beteiligungen von Menschen fortexistieren können.

Wir wissen heute über Motivationen, Phantasien, Sinnprobleme, politisches Verhalten der Jugendlichen weniger als je zuvor. Treten sie als Heranwachsende unter dem Forschungstitel »Adoleszenz« ans Licht der Öffentlichkeit, dann hat das erkenntnisleitende Interesse bereits eine in zwei Richtungen weisende Verengung erfahren: Jugendliche sind wesentlich nur interessant als Konsumenten oder in ihrer Gewaltbereitschaft als Störer.

Als Helmut Schelsky 1957 mit dem für Krisen geschärften Blick eines Konservativen sein Buch über die skeptische Generation schrieb, konnte er noch darauf vertrauen, daß es einen vorherrschenden Typ des Jugendlichen gibt. Für den Großteil der Jugendlichen, deren bestimmender Strukturtyp weniger der Oberschüler und Student als vielmehr der Arbeiter und Lehrling ist, stellt Schelsky vertraute Merkmale fest: entpolitisiertes, ja entideologisiertes Bewußtsein, mit der Neigung, sich in Bereichen des Alltags zu arrangieren, wenig Bereitschaft, sich in radikalen politischen oder sozialen Bewegungen zu betätigen. Schelsky wird praktisch darauf gestoßen, daß schon hier Jugendliche in einer wachsenden Spannung zwischen familiären Vertrautheitsbedürfnissen, der Sicherheit im Privaten, im Beruf, im Meistern des Lebens – in der Banalität, wie Schelsky sagt – und dem unangreifbaren Konformitätsdruck der kapitalistischen Gesellschaft stehen, der die Durchsetzung von Grundbedürfnissen ausschließt. Ihm dämmert selbst die ganze Brüchigkeit seiner Ideologie, die er mit »skeptischer Generation« umschreibt.

Gut zehn Jahre vor der Rebellion der Studenten und Jugendlichen malt er mit gemischten Gefühlen ein Bild an die Wand, das zutreffender ist als die ganze ausgefeilte Analyse: »Diese vitalen, nicht programmierbaren Protestbedürfnisse der Jugend müssen sich gerade mit der Konsolidierung der industriellen Gesellschaft steigern. Ich erwarte eine ›sezessionistische‹ Jugendgeneration (also eine Jugendgeneration, die aus der Gesellschaft auszieht, O.N.), gekennzeichnet durch eine Welle ›sinnloser‹ Ausbruchsversuche aus der in die Watte manipulierter Humanität, überzeugender Sicherheit und allgemeiner Wohlfahrt gewickelten modernen Welt. Die Rolle des von der sozialen Erfüllung seiner eigenen Begehrlichkeiten institutionell umstellten Menschen der modernen Gesellschaft kann für die Jugend, die in diese Situation als Erbe hineinwachsen soll, nicht ohne Provokationen übernommen werden. Die Frage ist, wogegen sich diese richten werden.«[46]

Diese jugendsoziologische Prognose von 1957, der lediglich das Erfahrungsmaterial der sogenannten Halbstarkenkrawalle zugrunde lag, ist meines Wissens die einzige, die diese Aufspaltung, diesen Auszug einer ganzen Generation aus der offiziellen Gesellschaft benennt. In klarem Widerspruch zu seinen schon damals geäußerten Befürchtungen, die ihn später ganz nach rechts gerückt haben, schließt Schelsky mit einer leichten Hoffnung, die alle pädagogischen Anstrengungen zur Reintegration ironisiert und gleichzeitig eine kardinale politische Fehleinschätzung enthält: »Nichts wäre falscher, als diese Proteste gegen die soziale Anpassung als Vorboten radikaler politischer oder sozialer ›Bewegungen‹ der Jugend zu deuten; gerade gegen diese Einplanung und Einarbeitung ihrer provokatorisch ausbrechenden Spontaneität in kollektiv-organisatorische Kanäle richtet sich ja dieses Grundbedürfnis. Auch alle planmäßig pädagogisch eingebauten Ventile wird man sorgfältig unbenutzt lassen. Ich bin überzeugt, daß die Phantasie der jugendlichen Ausbruchsversuche aus der Welt in Watte, die man dieser Jugend zumutet, aller praktischen Weisheit der Pädagogen, Politiker, Psychologen und Soziologen der Anpassung überlegen sein wird.«[47] Es ist unwahrscheinlich, daß Schelsky die 68er-Generation im Auge gehabt haben könnte, als er von einer »überlegenen« Stufe praktischer Weisheit sprach; aber die Tendenzen der Desintegration der jugendlichen Gesellungsformen, in »bündischen« Gemeinschaften und politisch motivierten Jugendgruppen, an deren Stelle er »informelle Gruppierungen« treten sieht, erfaßt er sehr genau.

Das Ausbrechen aus der Enge und der Öde von Familiensituationen, um die Weite des öffentlichen Raumes erfahren zu können, ist ein Grundbedürfnis Heranwachsender und ist auch dann nicht voll zu befriedigen, wenn die Erwachsenen alles daran setzen, institutionelle Freiräume zu schaffen. Wo immer die Realitätsdefinition in den Einrichtungen spürbar wird, regt sich der rebellische Geist, der um eigene, unverwechselbare Identität ringt. Wenn ich hier der Typenbildung, der Festlegung eines jugendlichen Charakterbildes mit konstanten Merkmalen so vehement widerspreche, dann nicht aus methodischen Gründen der Sozialforschung, die sich differenzierterer Instrumente bedienen sollte. Vielmehr ist dem Erkennenden das Objekt solcher möglicher Typologien verlorengegangen. In der großen Untersuchung über »Student und Politik«[48] analysieren Jürgen Habermas und Ludwig von Friedeburg neben einer Typologie des politischen Habitus – zum Beispiel die Unpolitischen mit Apathie, die irrational Distanzierten, die rational Distanzierten – mit Bedacht gleichzeitig die politische Tendenz, die viel genauer das Prozeßgeschehen erfaßt. Von politischer Tendenz sprechen sie, wenn es um das demokratische oder autoritäre Syndrom geht, wenn zwischen formalen

Demokraten und inhaltlichen Demokraten unterschieden wird, die Demokratie als Produkt der Realisierung von Grundrechten begreifen und nicht als bloßes Regelsystem. Aber die frühen sechziger Jahre sind trotzdem noch die Zeit, in der die Sozialwissenschaften mit Fug und Recht von Charaktertypologien und mehr oder weniger konsistenten Gesellschaftsbildern sprechen können. Die Untersuchungen von Popitz und Bardt, vor allem das »Gesellschaftsbild des Arbeiters«[49], können relativ objektive Strukturen erfassen, indem sie die entsprechenden Charaktertypen in ihrem Denken, Fühlen und Verhalten unterscheiden.

Die kulturellen und sozialen Voraussetzungen für solche Typologien haben sich heute grundlegend verändert. Auch der »Halbstarke«, auf den Schelsky sich kapriziert, bricht aus einer gegebenen, in den Regeln eindeutig definierten Struktur aus, weil er sie für unerträglich hält und das Angebot der Erwachsenen nicht akzeptiert. Der antiautoritäre Protest der Studenten und Jugendlichen 1968 ist politisch, weil es einen »rigiden Funktionalismus« (Lothar Hack) gibt, weil die autoritär geprägten Institutionen und Subjekte aus sich heraus keine Neigung verspüren, sich zu bewegen oder in Dynamik aufzulösen. Die Erosion dieser Institutionen und des sie bestimmenden Führungspersonals hebt gewiß das Herrschaftsgefüge nicht auf, gegen das es in diesen Protesten immer auch gegangen ist, aber aus der Welt in Watte, in die Schelsky die neue Generation der Aufbauphase einbezogen sah, ist eine von unwirtlicher und fremdartiger Strukturlosigkeit geworden.

Wie wachsen Jugendliche auf, wo ist der Realitätsbezug ihrer Identitätsbildung und der Entwicklung ihres Selbstbewußtseins, wenn der Nähebezug konkreter Abgrenzungspersonen verschwindet? Was ist zu tun, wenn die verlorenen Töchter und Söhne nicht mehr heimkehren?

Die gesellschaftliche Umwelt, mit der es die Zehn- bis Siebzehnjährigen beiderlei Geschlechts Mitte der neunziger Jahre zu tun haben, ist in deutlichem Unterschied zur Jugend der fünfziger Jahre und der Protestgeneration von '68 durch zwei Erfahrungsdimensionen gekennzeichnet. Einerseits ist der durch verbindliche Normen und überzeugende Regeln bestimmte Überlieferungszusammenhang sichtbar zerfallen. Strukturen, die in Familie und politischen Institutionen, in Schule und Jugendverbänden eine selbstverständliche Lebensorientierung schufen, sind dieser Jugend verlorengegangen. Das kann man als Objekt- und Realitätsentzug bezeichnen, selbst wenn man annimmt, daß damit subjektive Spielräume für Verhalten und Denken vergrößert werden.

Der andere Erfahrungszusammenhang ist gleichsam ein Realitätsgewinn. Die mit gewaltiger Beschleunigungsintensität bis in die Poren der Lebensverhältnisse hineingeschobene mikroelektronische Welt wird von den Jugendlichen vielleicht intensiver als epochale Neuerung wahrgenommen, als das von Erwachsenen geschieht, die eher herkömmlichen Formen des Lebens nachtrauern, den Büchern, der handschriftlichen Schreibweise usw. Die primären Lebensverhältnisse, in denen Kinder und Jugendliche aufwachsen, sind ja nicht lediglich durch technische Erleichterungen bestimmt, durch Kühlschrank, Telefon, Staubsauger. Technik ist für sie ein Lebenselement geworden; nicht telefonieren zu können produziert manchmal Entzugserscheinungen.

Ich behaupte nicht, daß darin eine wünschenswerte Lebensnorm bestünde. Aber den in der mikroelektronischen Technik eingebundenen Phantasierohstoff aus Erziehungs- und Lernprozessen auszugliedern und so zu tun, als könnte man mit eindeutigen Verboten dagegen etwas ausrichten, wäre eine gefährliche Illusion, gefährlich deshalb, weil damit existierende Bedürfnisse, Interessen, Phantasien ihrer öffentlichen Ausdrucksmöglichkeiten beraubt werden und die darin enthaltenen Energien in Schwarzmarktbereiche abgedrängt werden.

Die vorherrschende Realitätsmacht der Mikroelektronik hat Körper, Seele und Bewußtsein der Jugendlichen direkt erfaßt. Die technisch konstituierte Welt übt ihren bestimmenden Einfluß auf die Jugendlichen nicht nur auf den bis zur körperlichen und geistigen Erschöpfung gehenden Massenparties aus, sondern auch in ganz anderer Hinsicht, nämlich in der kunstvollen strategischen Nutzung dieser technisch-medialen Möglichkeiten, um zum Beispiel das Versenken einer verdreckten Bohrinsel zu verhindern oder andere ökologisch sinnvolle Aktionen erfolgreich in Szene zu setzen. Auch hier dringt das technische Übermaß – die Beschleunigung der Schläge, der Beats im Doppelsinne, des Herzschlags und des Trommeltaktes, der ihn zu überbieten trachtet – bis in die körperliche Organisation der Menschen.

Es mag vieles dafür sprechen, wie Gerhard Schulze an einer Reihe von Milieustudien nachzuweisen versucht, daß die Welt der Jugendlichen eine Erlebnisgesellschaft ist: Intensivierung des körperlichen Ausdrucks,

Bewegung in einer von gesellschaftlichen Spaltungen völlig unabhängigen Gemeinschaft, Einbinden in das ozeanische Gefühl, aus der verödeten Gesellschaft ausgestiegen zu sein, aber nur für ein paar Tage, mit gesichertem Rückfahrtschein. Sie verstehen sich als Rasende, die jedoch nur kalkulierte Risiken eingehen. »Zu den Ravern, den Rasenden, den Tobenden zählen sich in der Bundesrepublik inzwischen über drei Millionen Jugendliche. In fünf Jahren ist aus der Untergrundszene eine Massenbewegung geworden; Straßen-Raven und Hallen-Raves mit Zehntausenden gibt es in Berlin, Hamburg, Dortmund, Köln, Frankfurt, München, auch in Zürich und Wien; die Kirchen werben mit Techno-Gottesdiensten um neue Gläubige; von der ›Jungen Union‹ bis zu Greenpeace versuchen alle möglichen Gruppen, unter den Millionen Ravern Einfluß zu gewinnen... Die Raver vereint nicht viel; nur die Energie, sich Freitag abends aus dem falschen Leben zu verabschieden und bis Montag morgens sich das richtige zu suchen, und zwar in den stickigen Nebelschwaden der Dancefloors, in ihren Lichterblitzen und ihrem Geräuschdonner.«[50] Wie immer nun dieser Typ des Ravers verstanden werden mag – in Abgrenzung zu Hippies, Ökos, Punks, Beatniks und anderen Rebellen gegen das Bestehende –, die schnell wechselnden Signale und sichtbaren Symbole deuten sozialpsychologisch Suchbewegungen an, die zur Zeit keine festen Ziele haben. Wie Selbstfindung und Identitätsbildung zu verwirklichen sind in einer Welt, in der die Strukturen aufbrechen, wird zum größten Problem dieser rasch wechselnden Jugendmoden, denen offenbar gegenwärtig die festen Umrisse von bestimmten Milieus fehlen.

»Selbstbestimmung steht doch immer im Mittelpunkt jugendlichen Denkens und Handelns. Doch Selbstbestimmung ist aufgrund des vielfältigen Angebots schwerer und einfacher zugleich geworden: Wo einst der Langhaarige aufgrund seiner langen Haare eindeutig Stellung bezog und sich die Punkerin früher noch gegenüber dem gängigen Frauenbild abgrenzen konnte, bestehen heute unzählige Möglichkeiten der Stile und des Outfits, gibt es den flexiblen Wechsel zwischen vielen Gruppierungen, die aber gleichzeitig kaum mehr eine Provokation darstellen. Dies hatte zur Konsequenz, daß Rechtsradikalität für einige Jugendliche zuletzt leider wirksame Form des Protestes wurde. Dies kann aber auch zur Konsequenz führen, daß der einzelne Jugendliche sich nicht mehr nur über eine Gruppe definieren muß. An eine einheitlich wirksame Protestkultur ist so schnell aber nicht mehr zu denken.«[51]

Ich halte deshalb den Ansatz, den Thomas Ziehe in der Analyse jugendlichen Verhaltens formuliert, für tragfähiger und perspektivenreicher.[52] Er spricht nicht von Typologien, auch nicht von festsitzenden Charaktermerkmalen, die sich für einzelne Gruppen oder auch Schichten von Jugendlichen angeben lassen. Für ihn sind es kulturelle Suchbewegungen, deren Horizonte sich sehr weit öffnen und keineswegs Bürgschaften enthalten, daß die subjektiven Wunschvorstellungen sich realisieren.

Die Jugendlichen drängen aus den Familien heraus, aber die Zwischenschichten, die sich auf dem Wege von familialer Intimität zu gesellschaftlichen Institutionen wie Schule oder Berufsfeld anbieten, sind brüchig. Die Vergemeinschaftung von oben kann nicht gelingen, und die Vergesellschaftung von unten zeigt ein Gelände, auf dem es wenig öffentliche Anerkennung gibt, ohne daß damit Kontrollen verbunden wären.[53]

Ziehe hat einige dieser Unruhemotive, die Suchbewegungen in Gang bringen, genannt: Da sind die einen, die ihr Innenleben als ihren letzten verläßlichen Besitz verteidigen; in körperbezogenen Workshops, Tanzkursen, Theaterereignissen suchen sie Nähe, um der gesamtgesellschaftlichen Kälte auszuweichen. Die anderen interessiert Gewißheit, der feste Boden unter den Füßen: nicht jeden Tag überlegen zu müssen, was richtig und was falsch ist, sondern sich entlastet zu fühlen von der Dauerreflexion. Hierin gehören Bestrebungen, die in ganz verschiedenen Spielarten des Fundamentalismus attraktive Antworten finden – bis zu dem Gewißheitsversprechen von Sekten, die im Tausch gegen das eigene unsichere Urteilsvermögen den Pragmatismus reflexionsloser Welterklärung anbieten. Eine dritte Suchbewegung ist auf eine mit äußersten Risiken verbundene Potenzierung und Intensivierung der Lebensbefriedigung gerichtet. Als in Brandenburg und Hannover Radrennen auf normal befahrenen Straßen veranstaltet werden, spielen Tausende von Jugendlichen als Zuschauer mit, im Hochgefühl eines Triumphes über den banalen Alltag. Der Lebenssinn liegt im Todesrisiko, in der Droge der Geschwindigkeit und der Flucht aus dem, was Alltäglichkeit ist.

Aber es ist auch eine ganz andere Suchbewegung zu nennen, die nach Sinngebung der eigenen Existenz im politisch Allgemeinen Ausschau hält: Viele Jugendliche sind bei Greenpeace engagiert, in Bürger- und

Menschenrechtskampagnen, bei amnesty international, in Hilfsaktionen für Opfer der Bürgerkriege. Die einzelnen Suchbewegungen in ihren Zahlenrelationen zu vergleichen wäre technisch unmöglich, aber auch nutzlos, wie Thomas Ziehe mit Nachdruck betont. Denn sie zeigen allesamt Prozesse, die von gesamtgesellschaftlichen Erosionsbedingungen bestimmt sind und deshalb offen sind. In welche Richtung sie sich am Ende bewegen, wo sie Realitätsmacht annehmen – ob hin zu einer menschlichen Gestaltung des Gemeinwesens, zu demokratischer Selbstbestimmung, oder hin zur Erweiterung dogmatischer Gewaltpotentiale –, ist nicht Schicksal, sondern hängt wesentlich vom Denken und Verhalten der gegenwärtigen Erwachsenengeneration ab.

In der Tradition der Subjekt-Objekt-Beziehungen benennt Thomas Ziehe drei in ihrem Wesen deutlich unterschiedene Suchbewegungen. Zunächst die der Subjektivierung, der Suche nach Nähe, um der gesellschaftlichen Kälte auszuweichen – hier spielen Reflexivität, Machbarkeit und Individualisierung eine zentrale Rolle. Die zweite Suchbewegung betont gerade das Abstoßen von diesem Subjektivierungselement – Ziehe bezeichnet sie deshalb als Tendenz zur Ontologisierung, eine Suche nach Gewißheit, nach einer vormodernen, ja ahistorischen Einbindung in den Sinn des Seins. Und die dritte Suchbewegung geht auf Potenzierung, auf die Intensität des Lebens: Ästhetisierung ist ein wesentliches Moment dieses Lebensbedürfnisses, das sich heute in unseren Breitengraden nicht mehr kriegerisch ausdrückt, aber doch mit höchsten Lebensrisiken behaftet ist.[54]

Diesen kulturellen Suchtendenzen von Subjektivierung, Ontologisierung und Ästhetisierung möchte ich eine weitere hinzufügen, die man als Wirklichkeitssuche bezeichnen kann. Was ich damit meine, ist nicht ganz leicht zu erklären. Aber Jugendliche, existierend in einer Zwischenwelt von Kindheit und Erwachsenendasein, von dem einen noch nicht ganz entfernt und mit dem anderen um Anerkennung ringend, sind auf einen großen öffentlichen Raum angewiesen, der ihnen Platz für eigene Realitätsdefinitionen gibt. Wo aber jeder Quadratzentimeter eines möglichen öffentlichen Raumes oder jede Minute einer öffentlichen Zeit durch die glücklichen Erstbesitzer, wie es im alten Naturrecht heißt (*beati possidentes*), besetzt sind, werden der Jugend autonome Vergesellschaftungsformen verweigert, wodurch eine eigentümliche Leere in ihrer gesellschaftlich bedürftigen Subjektivität entsteht.

Manche der Gewaltaktionen haben in diesen Realitätsbedürfnissen ihren Grund. Wo kann ich als Jugendlicher, der der Kinderbetreuung entrinnen will, aber in keiner Hinsicht den Erwachsenenstatus beanspruchen darf, als eine werdende Persönlichkeit mit eigener Würde und eigenem Anspruch auf gesellschaftlichen Rang Anerkennung finden? Wer nimmt öffentlich überhaupt zur Kenntnis, daß ich existiere? Je ärmer ich in meinen eigenen Lebensverhältnissen, in der Familie, in der beruflichen Aussicht auftrete, je weniger ich zu bieten habe, desto nichtswürdiger ist doch meine Existenz, und wenn ich verschwände aus dieser Welt, wäre das Gesamtübel eher verringert. Wenn ich aber leben will, muß ich anklopfen, muß ich einen Stein werfen, muß ich etwas machen, was mich als unaustauschbaren Verursacher in diese Realität zurückbringt.

Ich weiß, daß diese Suchbewegungen nach Realität, die meiner Überzeugung nach in kulturellen Erosionskrisen besonders stark auftreten, nicht alle Probleme der Gewaltanfälligkeit von Jugendlichen erklären können. Aber es geht auch nicht nur darum, Gewalt von Jugendlichen zu erklären; die öffentliche Sphäre, Jugendöffentlichkeit in einem soziologisch sehr weit gefaßten Sinne, ist heute derart eingeschränkt und verkümmert, daß Explosionen, Chaostage, aus unbefriedigter Realitätssuche kommende Angriffe auf das bestehende System gleichsam Ausdruck des Lebenswillens und der Gesundwerdung einer Generation sind. Denn nie in der Geschichte des zwanzigsten Jahrhunderts hat es in den fortgeschrittenen Industrieländern derart geringe Betätigungsräume für Kinder und Jugendliche gegeben – Räume, in denen sich die zweifellos rebellischen Kräfte des Erwachsenwerdens ohne das Risiko, mit Polizeiaufgeboten konfrontiert zu sein, entwickeln können, aus einer selbstbewußten Seelen- und Geisteshaltung von Jugendlichen heraus.

Da stehen Jugendliche auf Autobahnbrücken und werfen Steine, die töten. In der anschließenden Gerichtsverhandlung wird deutlich, daß es keinerlei Motive für solche Handlungen gibt, aber die betreffenden Jugendlichen sind zum ersten Mal in ihrem Leben im Brennpunkt öffentlichen Interesses. Da werden Brandfackeln in bewohnte Asylbewerberheime geworfen, wenig Polizei sammelt sich, aber die Medien marschieren in einer Frontstellung auf, als ginge es um ein zentrales gesellschaftliches Ereignis. Die Täter fühlen sich geschützt durch die zustimmend zusehenden oder auch wegsehenden Leute ihrer Nachbarschaft und haben zum ersten Mal das Gefühl, in den Möglichkeiten ihrer eigenen Kräfte wahrgenommen zu werden. Es kann überhaupt nicht überschätzt werden, was für den Selbstwerdungsprozeß eines Jugendlichen der öffentliche Blick auf ihn bedeutet: Die Skater, die halsbrecherisch die Straßen unsicher machen, eine manchmal lebensgefährliche Eroberung der Straße als öffentliches Ereignis. Das gilt ebenso für Graffitti wie für Rap-Musik und den Breakdance, der auf »Blockparties«, in Parks und Schulen aufgeführt wird. Die sonst von Privateigentum besetzten gesellschaftlichen Räume zur Tanzfläche zu erklären macht zunächst einen sehr friedlichen, die Gemüter ausgleichenden und systemversöhnenden Eindruck; aber Herrschaftsräume für andere als kapitalistische Verwertungszwecke oder Machtdemonstrationen zu benutzen ist doch stets ein Hinweis darauf, daß sich die Symbolwelt zu verändern beginnt. Thomas Ziehe hat deshalb mit Recht davon gesprochen, daß sich die jungen Leute sehr schnell zu Semiotikern, zu Gleichgesinnten entwickeln, die mit bestimmten Sprachcodes arbeiten, die den Erwachsenen verschlossen bleiben. Denn für die in technischen Angelegenheiten den Eltern weit überlegenen Jugendlichen ist ja Verschlüsselung ihrer Absichten, was Codierung bedeutet, eine selbstverständliche Kompetenz. Die rasch wechselnden Stilrichtungen und Mischungen der Jugendszene gehören deshalb zum Insiderwissen. Jugendliche entziehen sich so am besten den Etikettierungen der Medien und der Erwachsenen. Wolfgang Harnischfeger, Schulleiter eines Berliner Gymnasiums, geht mit diesem Problem folgendermaßen um: »Ich muß mich selber einbringen als Person, und dann merken die Schüler, daß ich an ihnen auch als Mensch interessiert bin und nicht nur an ihren Köpfen, um etwas in sie hineinzutrichtern.« Sie als Menschen anzuerkennen bedeutet allerdings auch, ihnen Gerechtigkeit in ihrem wirklichen Verhalten entgegenzubringen.

Bei den Demonstrationen gegen den Golfkrieg, gegen die französischen Atomversuche, gegen Rassismus oder Tierquälerei, bei Verkehrsblockaden usw. – in allen diesen Fällen ist es schwer, Teilnehmerinnen oder Teilnehmer über Dreißig zu finden. Wer könnte aber behaupten, daß die Partizipationsmöglichkeiten für Jugendliche in den angebotenen Institutionen so groß sind, daß sie zugreifen müßten. Von Politik in einem uns verständlichen Sinne halten sie gewiß wenig oder gar nichts; geht es aber darum, ein Produkt des Konzerns zu boykottieren, der irgendeine Schweinerei beging, dann betreiben diese Jugendlichen Politik an der Ladenkasse. Sie sind Kinder der Marktwirtschaft, so benutzen sie millionenfach diese Zahlungseinheit, um sich politisch zu äußern.

Das Problem der heutigen Jugend auf den verengten Blickwinkel der Gewaltbereitschaft zu reduzieren und die kulturellen Suchbewegungen, die das weite Spektrum möglicher Identitätsbildung und verbindlicher Gemeinwesenorientierung ausmessen, aus dem gesellschaftlichen Krisenzusammenhang herauszuhalten würde die gegenwärtig Mächtigen von grundlegenden Veränderungen der Gesellschaft entlasten, aber die von ihnen produzierten Probleme auf die kommende Generation projizieren.« ... die Slums der Dritten Welt, die durch Dampfwalzen beseitigt werden sollen, entstehen nur wenige Meter entfernt neu. Mit den psychischen Slums, die sich in der ersten Welt ausbreiten wie ein Steppenbrand, ist das nicht anders.« Götz Eisenberg und Reiner Gronemeyer weisen in einer Studie über Jugend und Gewalt mit Recht darauf hin, daß Gewaltanfälligkeit in einer Gesellschaft stets eine Frage des Zentrums, nicht der Randgruppen und der Peripherie ist. Ihre Studie dient dem Nachweis, »daß die ›Welle der Jugendgewalt‹ in sozialen Erosionen wurzelt, die nicht kurzerhand mit Geld oder Betreuung zu therapieren sind. Die Zermürbung der klassischen Sozialisationsinstanzen – der Familie, der Schule vor allem – öffnet die Tore für die Rückkehr der Gewalt in den Alltag der ›zivilisierten Gesellschaften‹. Die traditionelle Moral geht, und die neue Gewalt kommt. Der alte gesellschaftliche Klebstoff ›Moral‹ war zwar keineswegs das summum bonum; es gibt gute Gründe, ihren Abgang zu begrüßen. Aber es ist im Augenblick nicht erkennbar, was an die Stelle treten soll: elektronische Vernetzung der Individuen? Fundamentalistische Zwangsoptionen? Ob die Künftigen nun als Knoten in Informationsnetzen existieren oder ob sie in Kapillaren einer zum Weltmarkt gewordenen Weltgesellschaft umhertreiben oder ob sie statt Gesellschaftsmitglieder Anhänger von Sekten sein werden: Es verabschiedet sich nicht nur ein Jahrhundert, sondern es verabschiedet sich eine Gesellschaftsform, die mit Familien, Schulen, Arbeitsplätzen und – schon länger im Abwind – Kirche einen Kordon um die Individuen bildete. Aus diesem Nest fallen immer mehr Kinder und Jugendliche heraus. Sie finden sich in einer Sinnwüste wieder, und viele scheinen sich auf eine Existenz als lonesome cowboy einzustellen. Mit der Devise: Sich bewaffnen, niemandem vertrauen.«[55]

In dem für die Sozialisation, für Erziehung und Lernen bisher dominierenden Beziehungsverhältnis Familie–Öffentlichkeit–Schule haben sich entscheidende Gewichtsverlagerungen vollzogen, die die innere Zusammensetzung und Funktionsweise der einzelnen Bereiche in Frage stellen. Wenn sich weder in der Familie noch in den Bereichen von Kinder- und Jugendöffentlichkeit Bewegungs- und Selbstbestimmungsräume finden, in denen die Dialektik von Nähe und Distanz ausgetragen werden kann, dann findet eine Art Problemexport in die Schulen und die übrigen Bildungseinrichtungen statt, die zu Problemaufbewahrungsanstalten werden.

Das ist der Grund, warum ich in einer Untersuchung, die Argumente für die unabdingbare Fortführung von Schul- und Bildungsreformen deutlich zu machen versucht, an den primären Lebensverhältnissen, an Familie und Öffentlichkeit im Sinne des außerschulischen Verhaltensraumes ansetze; denn ohne Veränderung dieser sozialen Bereiche, ohne institutionelle Erweiterungen und inhaltliche Umgestaltungen in diesen Bereichen kann auch die Reform der Schule nicht gelingen.

Wenn der Kampf um Anerkennung, zentrales Element der Sozialisation im Jugendalter, in den von den Erwachsenen definierten und mit hoher Wertigkeit versehenen Öffentlichkeitsbereichen keine eigensinnigen Formen findet, dann verlagert er sich zwangläufig in die Schulen, die dadurch mit Problemen konfrontiert werden, die mit Lernen und Erziehung im klassischen Sinne nur wenig zu tun haben. Es sind also Öffentlichkeitsräume erforderlich, autonome Jugendzentren, Plätze, Versammlungsorte, die alle nicht unter rein betriebswirtschaftlichen Gesichtspunkten privater Verwertung gesehen werden können. Das Gemeinwesen ist verpflichtet, die neue Generation mit subjektivem Vermögen, mit Produktionsmitteln so auszustatten, daß sie eine zukunftsfähige Gesellschaft gestalten kann.

4. Erosionen im staatlichen Schulsystem: Der Funktionszuwachs der Schule

Funktionsveränderungen und Gewichtsverlagerungen der herkömmlichen Lern- und Erziehungsorte zeigen sich am deutlichsten dort, wo Aufgaben verlorengehen oder sich Handlungsfelder abspalten, die für diese Institutionen typisch waren. Es ist durchaus möglich, daß solche Einrichtungen auch vorher nicht bekannte Funktionen übernehmen. Im allgemeinen ist aber der Auszehrungsprozeß der institutionellen Substanz dadurch bestimmt, daß die Einrichtung in ihrem öffentlichen Regelsystem erhalten bleibt, im Gefüge jedoch Risse bekommt, die schließlich zum Einsturz führen.

Die heutige Staatsschule ist durch eine widersprüchliche, ja zum Zerreißen gedehnte Situation gekennzeichnet: Auf der einen Seite richten sich zunehmend Erwartungen auf diese Schule, durch Bildung und Lernen Probleme zu lösen, die sich aus der Funktionsuntüchtigkeit anderer Einrichtungen der Gesellschaft ergeben, zum Beispiel des Erwerbssystems. Wo Lernen zentral mit der Aneignung von Fachkompetenzen und Orientierungsmarkierungen verknüpft wird, sind die schulischen Institutionen höchsten Anforderungen ausgesetzt: Qualifizierung, Kompetenz, flexibles Lernen, schnelle Umschulungen, geistige und psychische Beweglichkeit – all das drückt hohe Erwartungen aus, die in den Grundbedingungen für Qualifikation und Lernen überwiegend von der Schule erfüllt werden sollen.

Auf der anderen Seite wird immer deutlicher, daß die vorhandenen Strukturen der Staatsschulen gerade das, was geschichtlich erforderlich wäre, nicht leisten können. Überforderung und Leistungsmängel, selbst in der traditionellen Vermittlung herkömmlicher Kulturtechniken (Lesen, Schreiben, Rechnen), führen zu einer inneren Erosion des Systems, was zwei schwerwiegende Folgen hat: die wachsende Gewaltbereitschaft der Kinder und Jugendlichen und die Tendenz zur Demotivation im Lernen. Wo sich diese Tendenzen miteinander verknüpfen, geht ein produktives Klima verloren, das alle drei Dimensionen sinnvollen Lernens erlaubt – die Erweiterung kognitiver Kompetenzen ebenso wie die des emotionalen und sozialen Haushalts von Kindern und Jugendlichen.

Die inneren Erosionstendenzen des Staatsschulsystems, in dem Lernprozesse eher verwaltet als kreativ gestaltet werden, finden unter anderem darin Ausdruck, daß das für berufliche Qualifikationen unabdingbare Wissen teilweise nicht mehr in der Schule vermittelt wird, sondern durch Nachhilfeunterricht. In den letzten Jahren hat sich ein ganzer Industriezweig mit Nachhilfeinstituten gebildet, der nichts mit dem gemeinsam hat, was man sich herkömmlich unter einem privaten Nachhilfelehrer vorstellt. Diese Nachhilfeinstitute entwickeln die geforderte pädagogische Phantasie in nahezu allen Unterrichtsgegenständen, dem Kunstunterricht nicht weniger als der Mathematik und dem Sprachenlernen, und Eltern sind zunehmend bereit, dafür auch etwas zu bezahlen. Diese Ausgliederung aus dem öffentlichen Schulsystem kann man, wenn der damit einhergehende Beigeschmack arroganter Abwertung vermieden wird, als Tendenz zur Amerikanisierung des deutschen Schulsystems bezeichnen.[56]

Zudem kommt es zu einer inneren Polarisierung, so daß die öffentliche Schule der Restversorgung von Schülern dient, während die Neigung der Eltern zu Privatlösungen wächst. Das müssen nicht immer Privatschulen sein, noch gefährlicher sind die Schwarzmarktlösungen. Insbesondere Klaus Hurrelmann hat immer wieder darauf hingewiesen, daß diese Gefahren dem öffentlichen Schulsystem in der herkömmlichen Staatsvermitteltheit immanent sind und grundlegende Reformen erfordern. Derartige Reformen betreffen ja nicht nur die Haushaltsautonomie der Schulen, für die Hurrelmann plädiert, sondern sie beziehen sich auf den Lern- und Erfahrungsraum Schule insgesamt, der ohne die Autonomie pädagogischer Phantasiearbeit leer bleibt, auch wenn viele Gegenstände hin und hergeschoben werden.

Wird Schule als ein bestimmender Lern- und Erziehungsort wahrgenommen, dann kann er aus dem Zusammenhang der Erosionskrise, in der ich mannigfaltige kulturelle Suchbewegungen aufgezeigt habe, nicht herausgehalten werden. Wer meint, die Schule sei im großen und ganzen in Ordnung und erfülle ihre zeitgemäßen Funktionen, der denkt in Kategorien einer unterschlagenen Wirklichkeit. Es ist auch wenig damit getan, den Zersetzungstendenzen einer öffentlichen Einrichtung zuzusehen und vielleicht noch zu stoßen, was fällt. Das Vertrauen auf produktive Lernprozesse durch Eingliederung der Kinder und Jugendlichen in die normalen gesellschaftlichen Prozesse ist naiv, weil eben die Bedingungen von subjektiven Erfahrungen sich verändert haben. Die Wirklichkeit der heutigen Gesellschaft bietet kaum konkete Angebote für Utopie und Erinnerungsfähigkeit, ohne die sich kreative Lernprozesse schwerlich denken lassen.

So sind unter den gegebenen gesellschaftlichen Bedingungen Moratorien des Lernens, der Ausbildung kreativer Phantasien, des kommunikativen Umgangs der Menschen untereinander und mit sich selbst erforderlich, ohne daß in jedem Augenblick der Ökonomisierungszwang auf den Gehirnen, der Seele und den Körpern der Heranwachsenden lastet. Je härter der Außendruck wird, je entschiedener die Sogwirkung ist, Menschen frühzeitig in diese pragmatischen Realitätsbezüge bruchlos einzufügen, desto entschiedener muß der Kampf für öffentliche Räume geführt werden, in denen Menschen Identität bilden können, die ihnen eigensinnige Bewegungsmöglichkeiten und kritische Einschätzungen des Gegebenen verschaffen.

Ich behaupte nicht, daß die Schule das einzig denkbare Moratorium dieser Art sein kann. Auch wäre es verfehlt, pädagogische Arbeit zum bestimmenden Medium der Krisenlösung aufzuwerten; keineswegs zufällig ist jedoch, daß sich in den vergangenen Jahrzehnten die Bildungs- und Ausbildungszeiten gewaltig ausgeweitet haben. Dazu nur wenige Zahlen: 1960 waren in der Altersgruppe zwischen 15 und 20 etwa 77 Prozent der Wohnbevölkerung Erwerbspersonen, in der Gruppe von 20 bis 25 etwa 84 Prozent; 1985 waren in der Gruppe der 15- bis 20jährigen nur 45 Prozent erwerbstätig, in der Gruppe der 20- bis 25jährigen 77 Prozent. Entsprechend sind die Zahlen für Schüler und Studenten in Vollzeitschulen 1960 und 1986. Im Alter von 14 gingen 1960 75 Prozent zur Schule, 1986 98 Prozent. Bei den 16jährigen waren es 1960 25 Prozent, 1986 76 Prozent; bei den 18jährigen 1960 12 Prozent, 1986 34 Prozent. Selbst in den noch höheren Jahrgängen zeigen sich entscheidende Strukturverschiebungen. Von den 19jährigen waren 1960 10 Prozent, 1986 23 Prozent in Vollzeitschulen, von den 20jährigen 1960 4 Prozent, 1986 18 Prozent.[57]

»Es versteht sich von selbst, daß die Charakterisierung des Strukturwandels der Jugendphase von einer vordringlich arbeitsintegrierten zu einer vordringlich schulisch geprägten Lebensform nicht die Gesamtheit der Veränderungstendenzen umfaßt, denen sich die Jugendlichen heute gegenübergestellt sehen und die ihre Entfaltungsmöglichkeiten konstituieren. Sie kennzeichnet die Umstrukturierung der institutionell allgemein und verbindlich vordefinierten Inhalte und Bewegungsräume dieser Phase, die eingebettet ist in einen sehr viel breiter ausgelegten Prozeß des kulturellen Wandels, zu dem das abnehmende Gewicht der Erwerbsarbeit im Leben der Menschen insgesamt, eine Veränderung der familialen Binnenbeziehungen und Erziehungspraktiken (Liberalisierung) ebenso zählen wie erhöhte Konsummöglichkeiten und neue Freizeit- und Medienangebote.«[58]

Martin Baethge und seine Mitarbeiter halten in ihrer Studie über Arbeit und Identität fest, daß sich das Sozialisationsparadigma von einem produktionsbezogenen Orientierungskonzept zu einem auf Konsum und Lebensstile bezogenen Konzept verschoben hat, ohne daß jedoch die Arbeit dabei in ihrer Bedeutung für Identitätsbildung belanglos geworden wäre. Das psychosoziale Moratorium ist mit höherer Irrtums- und Versagenstoleranz verknüpft als die betriebliche Situation. Jugendliche können länger in altershomogenen Gruppen leben. Allerdings bedeutet dieses Moratorium auch, daß Jugendliche wesentlich später für die materielle Existenzsicherheit Verantwortung zu tragen haben. Manches davon trägt dazu bei, daß ihre Selbstwertgefühle sehr lange keinen Realitätsbezug haben, weil die gesellschaftliche Nützlichkeit ihrer Tätigkeit fehlt. Mit Recht betonen die Autoren, daß dieses Moratorium Schule weniger in dem, was es im einzelnen bietet, als durch die Aufenthaltsdauer zur eigenen Sozialisationsinstanz geworden ist. Das bedeutet andererseits, daß dieser Sozialisationsprozeß stärker individualisiert, auf individuelle Identitätsbildungsmuster gerichtet ist, also weniger kollektive Momente enthält. Gleichzeitig aber fördert diese arbeitsenthobene Jugendphase die Tendenz zur Universalisierung und trägt zur Ausbildung eines über lokale Verhältnisse hinausgehenden Blicks bei.

Nimmt man also diese gewaltige Ausweitung der Bildungs- und Ausbildungszeiten, die ja in Krisensituationen schließlich auch den Arbeitsmarkt entlasten, so ist schwer vorstellbar, daß eine Entschulung der Gesellschaft, wie manche fordern, zur Lösung von Lern- und Erziehungsproblemen beitragen könnte. In meiner Sicht erhält die Schule auf der Grundlage dieser Strukturverschiebungen in den Sozialisationsinstanzen einen Funktionszuwachs. Bleibt die Schule, was sie gegenwärtig ist, dann könnte man in diesem Zusammenhang nur von kompletter Überforderung sprechen. Da sie gegenwärtig noch nicht einmal die herkömmlichen Aufgaben bewältigt, wie sollte sie dann neue übernehmen können?

Die Schule kann diese neuen, den geschichtlichen Herausforderungen entsprechenden Aufgaben nur bewältigen, wenn sie in entscheidenden Punkten reformiert wird. Das würde vor allem bedeuten, daß sie eine Institution mit öffentlichem Rang und öffentlicher Finanzierung bleibt, aber in ihrem ganzen Arbeitsgeschehen, ihrer Architektur, der Vielfältigkeit ihrer Angebote einzig und allein nach Prinzipien der pädagogischen Organisationsphantasie gestaltet ist.

Diese Organisationsphantasie muß nicht völlig neu erfunden oder in wissenschaftlichen Analysen aufgedeckt werden. Solange es die Staatsschule als beaufsichtigtes Regelsystem gibt, ist sie begleitet von pädagogisch begründeten Gegenentwürfen, praktischen Experimenten, Lern- und Erziehungsprojekten, die im Leben der Kinder und Jugendlichen verankert sind. Was manchmal abwertend, weil es mit Utopieverdacht verknüpft wird, Alternativschule genannt worden ist, drückt heute die gesellschaftlich-geschichtlich angemessene Form der »Regelschule« aus. Wobei Regelschule in diesem weitgehend reformierten Sinne nicht zu verstehen ist als das Insgesamt von pädagogischen Prozessen nach staatlich formulierten Plänen, Vorschriften, Lernschritten; gerade das erweist sich immer stärker als unpraktikabel.

Wenn Alternativschulen je aktuell waren, dann heute. Die Reform des Schulsystems hat die große Chance, die vorgetane Arbeit der Alternativpädagogik, die selbstverständlich auch im Zusammenhang der Privatschulen bedeutungsvoll war, als Grundlage wirklicher pädagogischer Reformprojekte zu betrachten, die Alternativen darauf zurückzuführen, woraus sie in ihrem Widerspruchsgeist entstanden sind.

III Das reichhaltige Angebot der Alternativpädagogik

1. Kindheitsforschung und Alternativpädagogik

1965 erschien im Szczesny Verlag ein Buch von Alexander S. Neill: »Erziehung in Summerhill, das revolutionäre Beispiel einer freien Schule«. Das Werk entpuppte sich als Ladenhüter, und Szczesny überließ die deutschen Rechte dem Rowohlt Verlag. Bis Dezember 1969 verkaufte Rowohlt 30 000 Exemplare unter dem neuen Titel »Theorie und Praxis der antiautoritären Erziehung. Das Beispiel Summerhill«, im Mai 1970 waren es bereits 275 000 Exemplare. Das Interesse an alternativer Kindererziehung war derart angewachsen, daß selbst die Boulevardpresse das Thema aufgriff. Veranstaltungen, in denen neue Kinderladen- oder Schulprojekte diskutiert wurden, lockten Eltern aus allen sozialen Schichten an. Der praktischen Entdeckung der Kindheit in der zweiten Hälfte der sechziger Jahre folgten historische Forschungen und empirische Analysen bis hin zu Neil Postmans Bestseller »Das Verschwinden der Kindheit«, der das Ende der Kindheit beschwört.

Bildungsvorstellungen, die sich auf die Emanzipation des einzelnen Menschen richten und gleichzeitig die Gesamtgesellschaft einbeziehen, hat es seit der griechischen Antike gegeben. Sie werden keineswegs nur von Pädagogen formuliert, sondern sind wie zum Beispiel bei Hegel in ein Gesamtsystem des philosophischen Denkens integriert. Häufig wird in sozialutopischen Zusammenhängen eine gegen die bestehenden Verhältnisse gerichtete Erziehungslehre entwickelt, mit der Absicht, in der Kritik auch die besseren Möglichkeiten des Wirklichen sichtbar zu machen. So gleichgültig gegenüber dem, was aus den eigenen Kindern wird, ist kaum eine Generation der modernen Geschichte gewesen, daß sie nicht erhebliche Anstrengungen darauf verwendet hätte, die Startbedingungen und Lebenschancen der Kinder zu erweitern.

Im Mittelalter gab es im wesentlichen nur Dom- und Klosterschulen, die dem Gesamtleben der Kirche integriert waren. Mit der Entwicklung des Bürgertums entstanden Schulen, die der rechtlichen Kontrolle der

Städte unterlagen. Es waren meist noch Lateinschulen, aber bereits im sechzehnten Jahrhundert begann, gestützt auf Küster und Pfarrer, der Ausbau des Dorfschulsystems. Von einer wachsenden Bedeutung des Schulsystems mit Institutionen, für die Eltern Schulgeld bezahlen, die Unterrichtspläne haben, in denen Pflichten und Entlohnungen von Lehrern festgelegt sind, kann man allerdings erst mit der Entstehung des modernen bürgerlichen Territorialstaates sprechen.[1] Und erst mit der vollen Entfaltung des Schulsystems im neunzehnten Jahrhundert beginnt eine Bewegung der Alternativschulen, die weit über das hinausgeht, was einzelne Pädagogen wie Comenius, Pestalozzi, Rousseau und andere vorher schon an Erziehungs- und Lernprojekten entwickelt hatten.

Historische Bildungsvorstellungen, die die Kindheit entdecken und Konzepte entwickeln, wie aus Kindern Erwachsene zu machen sind, liegen – was den Stand der Wissenschaften betrifft – in einem metaphysisch-geschichtsphilosophischen Stadium. Sie benutzen das Kind für Zwecke der Anthropologie, der Erkenntnistheorie oder für geschichtsphilosophische Entwürfe zur Erziehung des Menschengeschlechts; das Kind wird aber nicht selbst Objekt wissenschaftlicher Erforschung. Die moderne Entwicklung der Alternativschulbewegung[2] dagegen, von der ich zwei frühe Beispiele anführen will, wendet sich den Besonderheiten der kindlichen Psyche und des kindlichen Denkens zu.

Die erste Waldorf-Schule wurde 1919 gegründet, aber die Konzeption entwickelte Rudolf Steiner teilweise schon um die Jahrhundertwende. Steiners Vorstellungen von Kindererziehung und -bildung sind eingebettet in den Gesamtentwurf einer Kosmologie, in der die praktische Emanzipation der Arbeiterklasse ebenso ihren Platz hat wie die Entwicklung der Geld- und Warenwirtschaft. 1907 formulierte er in der kleinen Schrift »Die Erziehung des Kindes vom Gesichtspunkte der Geisteswissenschaft« zum ersten Mal das Programm, das von Vorstellungen Goethes sehr stark beeinflußt war und später zur Ideologie der Waldorf-Schulen wurde.

Wie Rudolf Steiner gestand Maria Montessori, die ihre Arbeit ebenfalls um die Jahrhundertwende begann, dem Kind eine eigenständige Entwicklungspsychologie zu und gründete darauf bestimmte pädagogische Maßnahmen. Beide brachen scharf mit der bis dahin selbstverständlichen Tradition, daß Kindheit lediglich ein Vorstadium des Erwachsenendaseins darstellt, auf das hin ein Kind gehoben werden muß. Gestützt auf wissenschaftliche Erkenntnisse betonen Steiner und Montessori die Eigenständigkeit der Kindheitsphase. Vor allem Steiners entwicklungspsychologische Ideen sind freilich noch einem organischen Wachstumsgedanken und einer mystifizierten Vorstellung von Kindheit verpflichtet, während Maria Montessori, erfahren in der pädagogischen Arbeit mit gestörten Kindern, ein viel deutlicheres Erkenntnisinteresse an wissenschaftlichen Untersuchungen hat. Gleichwohl ist das Prinzip, daß Kindheit eine eigene Entwicklungslogik hat, bei beiden deutlich erkennbar. Als Beispiel mögen Ausführungen von Maria Montessori dienen: »Das Kind darf nicht als schwaches und schutzloses Wesen betrachtet werden, das nur Schutz und Hilfe benötigt: sondern als ein geistiger Embryo, der von Geburt an mit einem aktiven psychischen Leben begabt ist und von feinsten Antrieben zum aktiven Aufbau der menschlichen Persönlichkeit geleitet wird. Da das Kind den Menschen aufbaut, müssen wir es als den Erzeuger der Menschheit betrachten und als unseren Vater anerkennen. In ihm liegt das große Geheimnis unseres Ursprungs, nur in ihm können sich die Gesetze offenbaren, die den Menschen zur Normalität führen. In diesem Sinne ist das Kind unser Lehrmeister.«[3]

Was die Psychologie des Kindes betrifft, so bedeutet die Arbeit von Sigmund Freud einen revolutionären Einschnitt im Wissen um die Psychogenese der Kindheit und die konkreten Strukturen der menschlichen Entwicklung in den ersten Lebensjahren. Wird für die gesamte klassische Pädagogik bis zum Ende des neunzehnten Jahrhunderts der Mensch in dem Maße vollständiger, wie er die Entwicklungsstufen der Menschheit aufsteigt, so ist umgekehrt für Freud und die meisten psychoanalytisch orientierten Pädagogen der kognitive, emotionale, ja sogar der soziale Haushalt des Menschen potentiell in den ersten Lebensjahren festgelegt. Erziehung vermag viel, aber bei weitem nicht so viel, wie sich das die Vernunftphilosophen in ihrer Absicht, aus guten Naturanlagen des Menschen vernünftige und sozial handelnde Lebewesen zu machen, geträumt hatten. Die Erkenntnisse von Freud stürzten deshalb die gesamten Vorstellungen von Kindheit um und haben grundlegende Bedeutung für die pädagogische Arbeit des zwanzigsten Jahrhunderts.

Kinder sind für Freud keine kleinen Erwachsenen mehr, sondern von Geburt an Personen mit eigenständigen Bedürfnissen, Interessen und Ausdrucksmöglichkeiten. Das ganze Beziehungsgeflecht des Erwachsenen entfaltet nur die Strukturen, die in der kindlichen Psyche angelegt sind. Freud befreit als erster das Verhältnis zwischen Eltern und Kind aus dem vorwissenschaftlichen Stadium von rein kognitiven Interaktionen und von idealistischen Überzeugungen direkter Gewalt. Bekanntlich hat die Entdeckung der kindlichen Sexualität als Gegenstand wissenschaftlicher Analyse – denn im Alltagsumgang mit Kindern ist sie längst bekannt gewesen – Freud große Schwierigkeiten bei seinen Kollegen eingebracht. Freud betrachtet gegen alle Vorurteile die mit dem Sexualleben verknüpften Triebenergien als entscheidende Kräfte für die innere Differenzierung der sich ausbildenden Person. »Das Sexualleben beginnt nicht erst mit der Pubertät, sondern setzt bald nach der Geburt mit deutlichen Äußerungen ein.«[4] Freuds Dreiphasenmodell (orale, sadistisch-anale, phallische Phase) zeigt, daß die Bewältigung der Phasen grundlegend ist für die Ausbildung der Person, daß sie aber nicht als etwas Vergangenes abzuheften sind, sondern in vielfältigen Formen fortleben.

Erst durch die differenzierte Kenntnis der kindlichen Entwicklungspsychologie können Alternativschulen entstehen, die sich die Aufgabe stellen, Beziehungsarbeit auch unterhalb der Ebene rein bewußter Einstellung zu leisten. Beziehungsarbeit in der Schule verliert nur dann ihren reinen Postulatcharakter – der von einem vorgefaßten, feststehenden Bild des Kindes ausgeht –, wenn Lehrer wenigstens einen groben Einblick in die spezifischen Gesetzmäßigkeiten der kindlichen Entwicklung haben.

Die Regelschule aller Zeiten tut so, als wäre bei Lernprozessen nur das »Ich« beteiligt, der kognitive Apparat, Gedächtnisleistungen, Denkoperationen, Kombinationsvermögen usw. Die anderen Eigenschaftsbestimmungen der Person werden auf archaischer Ebene gehalten, wie sie sich naturwüchsig in den Familien gebildet haben; hier können sie sich jedoch, je stärker sich die Familienstrukturen wandeln, immer weniger befriedigend entfalten. Ein großer Teil der freigesetzten Energien zerstreut sich oder wird aggressiv abgelenkt.

Legt man psychoanalytische Erkenntnisse von Kindheit zugrunde, so verbietet es sich, einem Programm reiner Ich-Pädagogik zu folgen. Von Ich-Pädagogik spreche ich in Analogie zur Ich-Psychologie, die wesentlich darauf beruht, nur jene Einstellungen aufzunehmen und zu behandeln, welche die Schwelle des Bewußtseins und der kognitiven Operationen überschritten haben, also alle Prozesse des Unbewußten und Vorbewußten, die im Bereich der Gefühlsregungen liegen, auszugrenzen. Gerade Freud hat demgegenüber darauf beharrt, daß das »Ich nicht Herr im eigenen Hause ist«. Zwar kann man seine Bemerkung, daß dort, wo Es war, Ich sein solle, als einen pädagogischen Aufklärungsauftrag verstehen; aber die mühevolle Arbeit der Trockenlegung der Zuider-See – von der er bei dieser Leistung sprach – ist gedacht als ein mit Abwegen und Umwegen verknüpftes Ringen, nicht als eine gezielte planvolle Tätigkeit. Es handelt sich um ein Kampffeld, auf dem Balancearbeit gegenüber verschiedenen Triebansprüchen zu leisten ist, die in dem Maße selbst unter Energieverzehr leidet, wie die Triebansprüche nicht ins Bewußtsein gehoben werden, sondern verdrängt bleiben. »Als Niederschlag der langen Kindheitsperiode, während der der werdende Mensch in Abhängigkeit von seinen Eltern lebt, bildet sich in seinem Ich eine besondere Instanz heraus, in der sich dieser elterliche Einfluß fortsetzt. Sie hat den Namen des Über-Ich erhalten. Insoweit sich dieses Über-Ich vom Ich sondert oder sich ihm entgegenstellt, ist es eine dritte Macht, der das Ich Rechnung tragen muß. Eine Handlung des Ichs ist dann korrekt, wenn sie gleichzeitig den Anforderungen des Es, des Über-Ichs und der Realität genügt, also deren Ansprüche miteinander zu versöhnen weiß.«[5]

Wenn auch Kindheit nicht viel länger als sechzig, siebzig Jahre Gegenstand entwicklungspsychologischer Forschung ist, so ist das immerhin ein großer Zeitraum, wenn man in Betracht zieht, wann die Geschichte der Kindheit überhaupt ernsthaft historisch erforscht wurde. Die französische Annales-Schule hat wesentlich dazu beigetragen, die Geschichtsforschung dem Alltagsleben und damit auch der Kindheit zu öffnen. Nicht immer sind es Historiker, die sich dieses für das menschliche Leben zentralen Gegenstandes angenommen haben, sondern häufig Soziologen und Psychologen, die begriffen haben, daß Haupt- und Staatsaktionen, Schlachten, Fürstenhäuser, Kriege und sonstige, als politisch hochwertig eingeschätzte Gegebenheiten der Vergangenheit kaum etwas von dem wiedergeben, was die Menschen wirklich berührt. Daß Kinder dennoch weiterhin ein Schattendasein in der geschichtlichen Forschung führen, übrigens viel stärker noch als die Frauen, kommt auch daher, daß sie in der Regel nicht für sich selbst sprechen und schreiben konnten. Sie sind stumm geblieben, und wo man etwas über sie erschließen kann, sind es die Erinnerungen der Erwachsenen und deren Interessen.

Psychoanalytische und historische Erforschung der Kindheit hat zwar in einem erheblichen Maße die Entwicklungsbedingungen von Kindern bewußt gemacht, konnte aber die Ambivalenz der Einstellungen im Verhältnis zwischen Erwachsenen und Kindern nicht aufheben. Im Alltag ist diese Doppelwertigkeit des Verhaltens von Erwachsenen zu Kindern geblieben. Doch ihre Form hat sich verändert. Was Psychologen zum Beispiel als Empathie bezeichnen, als jene Einfühlsamkeit in das Kind, die es nicht überwältigt und vereinnahmt, sondern die seine Eigenständigkeit und Autonomie anerkennt, ist historisch ein ganz neues Phänomen. Symbiotische Überwältigung des Kindes hat es wohl immer gegeben; auch Sympathie und Liebe. Aber es ist noch gar nicht lange her, daß Erwachsene für die Leiden der Kinder nicht das geringste Empfinden hatten, und schon gar nicht für deren eigene Interessen und Bedürfnisse. Diese Empathie ist eine entscheidende Voraussetzung für die Entstehung der modernen Alternativschulen, die sich als Folge von Protesten gegen die institutionellen Illusionen des öffentlichen Schulsystems gebildet haben. Aber von Doppelwertigkeit in der Einstellung zu Kindern sind auch Alternativprojekte nicht frei, wenn sie auch eher Chancen haben, diese zu reflektieren und in der pädagogischen Öffentlichkeit auszutragen.

Zur Doppelwertigkeit im heutigen Begriff von Kindheit gehört, daß auf der einen Seite Kindheit überhöht und in der Erinnerung als das Reich des Glücks und der Freiheit glorifiziert wird. So entsteht eine Art sentimentale Neigung zur Kindheit, was damit zu tun hat, daß in unserer Gesellschaft offenbar eine innere Abwehr besteht, Altern als Lebensgewinn zu betrachten. Die Ausgrenzung des Alters und des Todes aus dem Leben der Menschen hebt das Ansehen der Kindheit und der Jugend.

Auf der anderen Seite gibt es eine ebenso starke Neigung, Kinder möglichst früh in die Härte des Lebens einzuüben und sie vorgreifend für das Erwachsenendasein zu befähigen, mit dessen Leiden man konfrontiert ist. Kindheit erscheint als ein Schonraum, als ein mehr oder weniger realitätsloser Wartestand. Hartmut von Hentig hat in diesem Zusammenhang von einer Kinder-Kindheit gesprochen. Das Kind lebt in seiner Altersgruppe oder mit Erwachsenen, die sich zu ihm pädagogisch verhalten, also wie zu einem Kind, das fortwährend belehrt und erzogen werden muß.

2. Zum Begriff »Alternativpädagogik«

Über Alternativschulen läßt sich nicht im Abstrakten und Allgemeinen reden. Mit dem Wort *abstrakt* meine ich, daß keine pädagogische Konzeption, die sich als alternativ versteht, isoliert vom konkreten Projektzusammenhang betrachtet werden kann. Erst durch die wirklich ablaufenden pädagogischen Arbeitsprozesse läßt sich bestimmen, worin das unverwechselbar Besondere eines solchen Projekts besteht, was das Neue daran ist. Die von mir empfohlene Vorsicht, Alternativschulen nach allgemeinen Prinzipien abzuhandeln, entspringt der Erfahrung, daß situationsunabhängige Merkmale, die für alle solche Alternativprojekte gelten, zwar deren Vergleichbarkeit vergrößern, gleichzeitig aber das Gewicht und die Bedeutung dieser Merkmale im Kontext des pädagogischen Alltags eines solchen Projekts verzerren. Es gibt Alternativschulen, aber nicht die Alternativschule.

Nietzsche hat festgestellt, daß alle wirklich historischen Begriffe nicht definierbar seien: »Alle Begriffe, in denen sich ein ganzer Prozeß semiotisch zusammenfaßt, entziehen sich der Definition; definierbar ist nur das, was keine Geschichte hat.« *Alternativschule* ist ein solcher historischer Begriff. Wo Definitionen trotzdem verwendet werden, eignen sie sich allenfalls als Gedächtnisstütze. Da ich immer wieder darauf zurückkommen werde, daß Alternativschulen nicht in klar definierten Merkmalseinheiten, sondern nur in Prozeßkategorien zu fassen sind, halte ich es für sinnvoll, an dieser Stelle eine systematische Begründung zu versuchen, warum definitorische Verfahren insgesamt für pädagogische Arbeitsprozesse unzulänglich sind. Eine solche Kritik ist um so dringender, je deutlicher formale Rechtsvorschriften – verwaltungsrechtliche Erlasse, die sogenannten »pädagogischen Akte«, Lernschritte und Lernziele, versicherungsrechtliche Bestimmungen, die das Verhalten der Schüler »definieren« – nicht nur die institutionellen Rahmenbedingungen der Schule, sondern auch die pädagogischen Prozesse selbst bestimmen und in das alltägliche schulische Geschehen eindringen. Das deutsche Schulsystem wird in hohem Maße von solchen formalen Rechtsvorschriften bestimmt, was auch ein dauerndes Problem bei der Gründung und Entwicklung von Alternativschulen ist, deren Spielräume stark eingeschränkt sind.

Schon die Wortgeschichte gibt für unseren Zusammenhang keine Erläuterung. Im siebzehnten Jahrhundert hat sich *alternativ* als Lehnwort aus dem französischen *alternative* gebildet. Das französische *alterne* geht auf das lateinische *alternus* zurück und heißt *abwechselnd, wechselweise*. In der Bezeichnung dessen, was über die bestehenden Verhältnisse hinausweist, was anders gedacht und geplant werden soll, spielt sich eine geschichtliche Veränderung ab. Gegenwärtig ist ein inflationärer Gebrauch des Wortes *alternativ* festzustellen; vieles fällt darunter, was früher andere Namen fand, aber der Sache nach vergleichbar ist.

Gegenentwürfe zur existierenden Gesellschaft hat es gegeben, solange die uns bekannte Geschichte zurückreicht. Seit der griechischen Antike ist dieses Andere, was aus der Verneinung des gegenwärtig Existierenden entsteht, Utopie genannt worden, was wörtlich bedeutet *kein Ort, nirgendwo*. Aber in der Verneinung des Ortes in der Gegenwart war immer auch der Anspruch enthalten, daß die in diesen Entwürfen entwickelten Verhältnisse eines Tages Realität werden sollten. Das gilt für Platos Staatskonstruktion ebenso wie für das Neu-Atlantis von Bacon und die viel späteren, vom aufziehenden industriellen Geist bestimmten Gesellschaftsentwürfe von Saint-Simon, Owen und Fourier, die Friedrich Engels unter dem vereinfachenden Sammelnamen Utopisten zusammenfaßte und damit wohl auch kritisierte. In allen diesen Utopien hatte Erziehung eine zentrale Stellung. Man würde aber nie auf den Gedanken kommen, die dort vorgeschlagenen Ziele und Methoden des Lernens, selbst wenn deren Verwirklichung schulähnliche Einrichtungen vorsah, als Alternativschulen zu bezeichnen.

Alternativschulen im strengen Sinne gibt es erst seit der Einführung eines öffentlichen Schulsystems. Aber es ist keine Frage, daß eine Reihe von Merkmalen, welche die Form der Erziehung in jenen gesellschaftlichen Gegenentwürfen bestimmen, in Alternativschulkonzepten wiederkehren, wenn sie auch häufig nicht ausdrücklich auf die Veränderung der Gesamtgesellschaft zielen. Immer deutlicher kristallisiert sich im letzten Jahrhundert der Gedanke heraus, daß nicht mehr, wie in den erwähnten Utopien, Erziehung organischer Bestandteil einer gesamtgesellschaftlichen Alternative ist, sondern als arbeitsteiliges Gebiet mit spezifischen Gegenständen, Regeln, Zielen und Methoden betrachtet werden muß. Wenn aber kein gesamtgesellschaftlicher Gegenentwurf mehr Ansatzpunkt für die Veränderung von Erziehung ist, dann entsteht die Möglichkeit, daß eine in einer bestimmten Zeit entstandene Erziehungsvorstellung, die hier als Utopie oder radikale Alternative erscheint, in einem späteren Stadium durchaus als Realität gelten kann.

Kant drückt diese Spannung zwischen dem staatlichen Schulsystem, den Normalschulen und den Experimentalschulen am nachdrücklichsten und radikalsten aus, weil er sie an zwei polaren Punkten verankert: der Anthropologie und der Vernunftkritik. »Der Mensch ist das einzige Geschöpf, das erzogen werden muß. Unter Erziehung nämlich verstehen wir die Wartung (Verpflegung, Unterhaltung), Disziplin (Zucht) und Unterweisung nebst der Bildung. Demzufolge ist der Mensch Säugling, – Zögling, – und Lehrling… Die Menschengattung soll die ganze Naturanlage der Menschheit, durch ihre eigene Bemühung, nach und nach von selbst herausbringen. Eine Generation erzieht die andere.«[6] Hauptzweck der Erziehung ist die Entwicklung der Naturanlage zur Freiheit. »Der Mensch kann nur Mensch werden durch Erziehung. Er ist nichts, als was die Erziehung aus ihm macht. Es ist zu bemerken, daß der Mensch nur durch Menschen erzogen wird, durch Menschen, die ebenfalls erzogen sind.«[7]

Für Kant ist es undenkbar, daß es einen einzigen Erziehungsplan geben könnte, der sich in einem verbindlichen Schulsystem realisiert. Die von der Natur in der Menschheit angelegten Keime, die es durch Erziehung zu entwickeln gilt, sind derart vielfältig, daß es immer nur Annäherungen an die Verwirklichung dieser Anlagen geben kann – ein Gedanke, der die gesamte humanistische Bildungsreform bestimmte. Auch für Humboldt ist die »Mannigfaltigkeit der Situationen«, von welcher Erziehung auszugehen hat, Hauptgesichtspunkt für die Unvereinbarkeit der pädagogischen Arbeit mit dem staatlichen Anstaltscharakter der Schule.

Kant begründet diese »Mannigfaltigkeit der Situationen« aus der menschlichen Naturanlage. »Es liegen viele Keime in der Menschheit, und nun ist es unsere Sache, die Naturanlagen proportionierlich zu entwickeln, und die Menschheit aus ihren Keimen zu entfalten, und zu machen, daß der Mensch seine Bestimmung erreiche.«[8] Erziehung folgt zwar Prinzipien, sie hat Grundsätze und Begründungen, aber sie ist kein deduktives, das heißt auf der Grundlage oberster Sätze schlüssig entwickeltes System von Regeln. Erziehung ist eine Kunst, und sie bedarf deshalb der Erfahrung, der Klugheit und des Experiments. Wie kein Pädagoge hat

Kant daher die Forderung formuliert, daß Experimentalschulen den Normalschulen stets vorausgehen müssen. »Erst muß man Experimentalschulen errichten, ehe man Normalschulen errichten kann ... Man bildet sich zwar insgemein ein, daß Experimente bei der Erziehung nicht nötig wären und daß man schon aus der Vernunft urteilen könne, ob etwas gut oder nicht gut sein werde. Man irrt hierin aber sehr und die Erfahrung lehrt, daß sich oft nach unseren Versuchen ganz entgegengesetzte Wirkungen zeigen von denen, die man erwartete. Man sieht also, daß, da es auf Experimente ankommt, kein Menschenalter einen völligen Erziehungsplan darstellen kann.«[9]

Als Beispiel für sein Verständnis von Experimentalschule führt Kant das Dessauische Institut an, eine Musterschule mit dem Namen »Philantropikum«, die der Aufklärungspädagoge Basedow 1774 in Dessau gegründet hatte. Es fällt nicht schwer, das Philantropikum als eine Alternativschule zu bezeichnen, denn für dieses Institut gibt Kant als besondere Merkmale an, daß die Lehrer die »Freiheit hatten, nach eigenen Methoden und Plane zu arbeiten«,[10] und daß die zweifellos auftretenden Fehler in diesem Experiment nur beseitigt werden könnten, indem man neue Versuche macht.

Die Wahl zwischen zwei Möglichkeiten, auf die das Wort Alternative hinweist, ist für Kant freilich keine Frage der pragmatischen Abwägung, sondern eine des Erziehungsprinzips. Was Kant unter der Erziehung als schwierigster menschlicher Fertigkeit versteht, geht im Anspruch weit über das hinaus, was die radikalste Alternativschule beabsichtigt. Erziehung ist für Kant ein wesentliches Mittel zur Emanzipation der menschlichen Gattung. »Ein Prinzip der Erziehungskunst, das besonders solche Männer, die Pläne zur Erziehung machen, vor Augen haben sollten, ist: Kinder sollen nicht dem gegenwärtigen, sondern dem zukünftig möglichen besseren Zustande des menschlichen Geschlechts, das ist: der Idee der Menschheit, und deren ganzer Bestimmung angemessen, erzogen werden. Dieses Prinzip ist von großer Wichtigkeit. Eltern erziehen gemeiniglich ihre Kinder nur so, daß sie in die gegenwärtige Welt, sei sie auch verderbt, passen. Sie sollten sie aber besser erziehen, damit ein zukünftiger besserer Zustand dadurch hervorgebracht werde. Es finden sich hier aber zwei Hindernisse: 1. Die Eltern nämlich sorgen gemeiniglich nur dafür, daß ihre Kinder gut in der Welt fortkommen, und 2. die

Fürsten betrachten ihre Untertanen nur wie Instrumente in ihren Absichten.«[11]

Jede Generation müsse einen Schritt näher tun zur »Vervollkommnung der Menschheit« – das ist ein Sollen, denn es ist zu vermuten, daß die Natur jene Anlagen und Keime der Vervollkommnung nicht umsonst schuf. Daß die Erzieher selbst erzogen werden müssen, ist ein mißlicher Zustand, der dazu führt, daß man nie ganz in Erfahrung bringen könne, was wirklich an Naturanlagen in den Menschen stecke. »Wenn einmal ein Wesen höherer Art sich unserer Erziehung annähme, so würde man doch sehen, was aus den Menschen werden könne.«[12] Dieses mangelnde Wissen über die menschlichen Anlagen ist einer der wesentlichen Gründe, warum Erziehungsexperimente notwendig sind.

Für den begrenzten Zweck meiner Untersuchung ist es wenig sinnvoll, alle Erziehungsexperimente, die den Normalschulen vorausgehen oder die sich gegen sie richten, als Alternativschulen zu betrachten. Das könnte nur eine umfassende Geschichtsschreibung der unterhalb der Öffentlichkeitsebene liegenden Erziehung leisten. Wenn ich zu Beginn dieses Abschnitts sagte, über Alternativschulen könne man nicht abstrakt und allgemein reden, so wollte ich damit die Schwierigkeit bezeichnen, Merkmale für einen bestimmten Typus von Schule festzulegen, ohne gleichzeitig im einzelnen zu benennen, wovon sich diese Form der Erziehung abgrenzt, was ihre Ziele sind, aus welchen nationalen und kulturellen Traditionen sie ihre Motive bezieht usw. Alternativschulen in diesem Sinne sind pädagogische Antworten auf die bestimmte geschichtliche Situation eines Landes; sie können zwar verallgemeinerbare Erfahrungen vermitteln, sind aber in der Regel von einer auf die andere geschichtlich-kulturelle Situation nur schwer übertragbar.

Zur Erläuterung dieses Gedankens möchte ich ein Beispiel anführen. Die Forderung nach »Entschulung der Schule«, die sich in zahlreichen alternativen Erziehungskonzeptionen findet, ist ihrem ganzen Sinngehalt nach auf eine Gesellschaft bezogen, in der sich die Schule in einem entwickelten öffentlichen Bildungssystem gegenüber den alltäglichen Lernprozessen der Menschen institutionell versteinert und verselbständigt hat. Die Forderung ist darauf gerichtet, die Einheitlichkeit des Lernbegriffs wiederherzustellen, gesellschaftliches Lernen des Alltags und schulisches Lernen einander anzunähern. Diese Forderung unter Bedingungen zu erheben, die dadurch bestimmt sind, daß Analphabeten die überwiegende Zahl der Bevölkerung stellen und Schulbildung nur für einen geringen Teil der Menschen erreichbar ist, ist ganz und gar unsinnig. Alternatives Lernen unter solchen Bedingungen kann zwar auch im Alltag verankert werden (wie die Alphabetisierungskonzeptionen Paulo Freires zeigen) und muß nicht unbedingt die Errichtung von Schulen zum Ziel haben, aber eine Entschulung der Schule setzt ein entwickeltes Schulsystem voraus. Ähnliche Unterschiede ergeben sich für die Forderung, Lernen nach den Bedürfnissen der Kinder zu organisieren. In einem Land, in dem für die erdrückende Mehrheit der Bevölkerung elementares Elend herrscht, haben diese Bedürfnisse eine andere physische Dringlichkeit als in einem Land, das auf einem relativ hohen Lebensniveau durch Bewußtseinsindustrie, durch liberale Erziehungspraktiken und Phantasiewerte geprägt ist.

Zusammenfassend kann gesagt werden, daß Alternativschulen immer eine bestimmte Antwort auf eine gegebene Situation sind: die Verneinung eines bestehenden Zustands und der darin begründete Versuch, mit verfügbaren Mitteln anders und anderes zu lernen. Es kommt deshalb darauf an, das, was alternativ in der Erziehung sein soll, mikrologisch zu untersuchen, das heißt im einzelnen zu überprüfen, in welcher Weise die betreffende Erziehungskonzeption den Rahmen des Bestehenden überschreitet. Da Erziehung immer im Schnittpunkt der Generationenfolge liegt, wird es von größter Bedeutung sein, welchen Begriff von Kindheit eine Gesellschaft entwickelt hat und in welchem Grade dieser Begriff öffentliche Anerkennung findet.

Ich habe mich auf Nietzsche berufen, um auf den ärgerlichen Tatbestand hinzuweisen, daß wirklich historische Begriffe nicht definierbar sind; dabei habe ich versäumt, hinzuzufügen, daß sie in bestimmter Hinsicht durchaus definierbar sind. Aber die Definition besteht in nichts Geringerem als in der Entfaltung der vollständigen Geschichte des Sachverhalts, um den es in einer solchen Definition geht. Auf unseren Zusammenhang übertragen, bedeutet das: In den gesellschaftlich-historischen Anfangsbedingungen einer Alternativschule sind wesentliche Elemente ihrer Programmatik und ihres Entwicklungsgesetzes enthalten, welche die darin stattfindenden pädagogischen Arbeitsprozesse prägen. Die dänischen Tvind-Schulen sind ohne die in diesem Land seit dem neunzehnten Jahrhundert existierende Volkshochschultradition nur schwer zu verstehen. Die Selbstverständlichkeit, mit der Freinet, ausgehend von seiner kleinen Dorfschule und dann von der nach seinen Ideen gestalteten Privatschule, Lehrer überregional gewerkschaftlich organisierte (zunächst als KP-Mitglied, seit Anfang der fünfziger Jahre unabhängig von allen politischen Parteien) – diese Selbstverständlichkeit gründet sich auf eine Tradition der französischen Intellektuellen, die seit der Revolution von 1789 immer eine stärkere Neigung als in anderen Ländern hatten, sich politisch zu engagieren.[13]

In ähnlicher Weise lassen sich die Besonderheiten anderer Alternativschulen bestimmen. Es wäre allerdings falsch, die allgemeinen Merkmale, an denen Alternativschulen in ihrem Unterschied zum jeweiligen öffentlichen Schulsystem erkennbar sind, ganz außer acht zu lassen. Diese allgemeinen Merkmale gibt es, doch sie sind Abstraktionen, die in keinem der Schulprojekte vollständig entwickelt auftreten. Um überhaupt Alternativschulen vergleichbar machen zu können, bedarf es freilich dieser Abstraktionen. Sie fassen Fragestellungen zusammen, die in den einzelnen Projekten mit ganz unterschiedlicher Gewichtung behandelt werden. Das Thema »Sexualität und Erziehung«, das in der Freinet-Pädagogik kaum in Erscheinung tritt, ist zum Beispiel in Summerhill von größter Bedeutung; das bedeutet keineswegs, daß Freinet oder andere Schulprojekte dieses Thema ganz verdrängen, aber es bestimmt nicht den Arbeitsalltag der Schule. Vergleichbare Unterschiede in den Schwerpunktsetzungen lassen sich mühelos bei anderen Alternativprojekten auffinden.

Ich will im folgenden das Alternativschulprojekt untersuchen und darstellen, von dem ich die konkreteste Kenntnis habe, weil ich an dessen Gründung und Gestaltung aktiven Anteil hatte: die Glocksee-Schule. Von diesem übersichtlichen pädagogischen Experimentierfeld aus versuche ich stets, Veränderungsimpulse in den Gesamtschulen im Blick zu behalten. Denn die Gesamtschule ist das Zentrum der sozialliberalen Schulreform, mit der strategischen Zielsetzung, aus staatlichen Experimentalschulen humane und demokratische Regelschulen zu gewinnen. An beiden Projekten sind Widersprüche und Tiefenwirkungen sichtbar zu machen.

3. Wie entsteht eine Alternativschule?

Häufig ist der Gründungsakt einer sehr folgenreichen Sache von banalen Alltagsproblemen eher geprägt als vom idealistischen Überschwang der Ideen. *Kairòs* ist die altgriechische Bezeichnung für eine glückliche Situation, die ganz verschiedene, zunächst keineswegs in eine Richtung strebende Kräfte zu einem Energiebündel zusammenfügt, das einer Neuerung zur Existenz verhilft.

Eltern waren unzufrieden über die stockende Schulreform; angeregt durch die Bewegung von '68 waren sie entschlossen, ihre Kinder nicht mehr vorbehaltlos der alten Schule zu überantworten. In Hannover entstand eine spezifische Konstellation. Herbert Schmalstieg wurde zum Oberbürgermeister gewählt, Peter von Oertzen war Kultus- und Wissenschaftsminister – zwei politische Persönlichkeiten, die sich Neuem aufgeschlossen zeigten, was bereits in der Berufungspolitik erkennbar wurde: Jürgen Seifert auf den Lehrstuhl für politische Wissenschaften, ich (gegen erhebliche Widerstände in der Fakultät) auf den Lehrstuhl für Sozialwissenschaften – das waren wissenschaftspolitische Signale für eine Weiterführung des sozialliberalen Reformansatzes.

Aber auch eine solche Konstellation reicht für die Gründung eines Schulprojekts nicht aus; vielfältige Interessen müssen im Spiel sein. Jürgen Seifert und ich hatten Kinder, die in absehbarer Zeit schulpflichtig wurden. So ging es darum, Schullösungen zu suchen, die den Alternativvorstellungen aus der Kinderladenzeit angemessen waren.

In dieser Zeit gab es – von der Gewerkschaft Erziehung und Wissenschaft ins Leben gerufen – eine »Aktion Kleine Klasse«, die Öffentlichkeitsarbeit im Interesse pädagogisch vertretbarer Klassengrößen organisierte, Flugblätter in der Stadt verteilte und Diskussionsforen zur Schulmisere veranstaltete. Dieser Aktion schloß ich mich an und gründete einen Initiativkreis, um einen wissenschaftlich begründeten Antrag auf einen Schulversuch vorzubereiten. Die Flüsterpropaganda, daß in Hannover ein von antiautoritären Prinzipien bestimmtes Schulprojekt entstehen solle, hatte eine überwältigende Wirkung. In wenigen Wochen fand der Initiativkreis[14] so kompakte Unterstützung, daß für mich die Gründung einer Alternativschule gesichert schien. Ich ging zu Herbert Schmalstieg, zu Peter von Oertzen, zeigte ihnen die Liste der Mitglieder

der Initiativgruppe, die Unterschriftenliste von Landtagsabgeordneten und Unterstützungserklärungen von renommierten Pädagogen und Erziehungswissenschaftlern. Es war nicht schwer, vom Oberbürgermeister und vom Kultusminister ein positives Votum zu bekommen.[15]

Um die Öffentlichkeit stärker in das geplante Schulversuchsprojekt einzubeziehen, hatte der Initiativkreis eine Veranstaltung ins Auge gefaßt, auf der ein von Gerhard Bott für den NDR produzierter Film über das »Rödelheimer Projekt«, eine Grundschule in einem Frankfurter Stadtteil, Diskussionsgegenstand sein sollte. Renate Stubenrauch, Alternativlehrerin der ersten Stunde, berichtete über ihre Rödelheimer Klasse, die sich mit antiautoritären Methoden des Unterrichts wie eine Enklave in einer normalen Grundschule eingenistet hatte.

Der Erfolg dieser Veranstaltung war überwältigend: Weit über 1000 Besucher waren gekommen, Lehrer, Eltern, Interessierte aus allen Schichten der Bevölkerung; der dafür vorgesehene Hörsaal faßte nur 600 Plätze; wir mußten einen zweiten Abend planen; auch an diesem wurde bis in die Nacht hinein über Erziehung und Lernen diskutiert.

Dabei lag bei vielen sicherlich kein politisches Interesse in dem Sinne vor, daß es sich bewußt auf eine Veränderung des gesamten Schulsystems oder gar der Gesellschaft richtete. Viele Eltern hatten zunächst einfach ein fundamentales Interesse an einer besseren Erziehung und Ausbildung ihrer Kinder, was grundsätzlich Basis für eine langfristige Bindung von Eltern an die Schule ist. Wenn diese Basis verlassen wird, wenn Eltern spüren, daß Erziehung nicht mehr »vom Kinde her« erfolgt, verlieren sie meist jedes Interesse an Schulprojekten, wie gut sie politisch auch begründet sein mögen.

Die Eltern, die wir für die Glocksee-Schule gewinnen konnten, gaben uns einen Vertrauensvorschuß. Das galt besonders für Arbeitereltern, die nach der Entscheidung, ihr Kind im Schulversuch anzumelden, häufig in Auseinandersetzungen mit Arbeitskollegen, Nachbarn, Verwandten gerieten und dadurch veranlaßt wurden, Formen der politischen Argumentation zu entwickeln. Wenn diese Argumentation auch von Erziehungsproblemen ausging, so war sie im allgemeinen doch nicht darauf beschränkt. Ein kollektives politisches Bewußtsein kam immer dann zustande, wenn es um Grundprobleme des Schulversuchs und um Angriffe ging, die das Versuchsprojekt als Ganzes in Frage stellten.

Als die Schule im September 1972, zunächst als organisatorisches Teilgebilde der Grundschule Suthwiesenstraße, im alten Fuhrpark der Stadt Hannover in der Glocksee-Straße (daher der Name der Schule) den Betrieb aufgenommen hatte, konzentrierte sich unsere politische Arbeit darauf, die Organisationseigenständigkeit des Schulversuchs herzustellen. Ich wurde aufgefordert, zu den in der Öffentlichkeit und im Rat der Stadt erhobenen Einwänden gegen das Projekt einer Kleinstschule, dem man zudem realitätsfremde, auch elitäre Tendenzen nachsagte, Stellung zu nehmen. Vor dem Schulausschuß der Stadt hielt ich am 8. März 1973 eine Rede, die ich im Wortlaut wiedergebe:

»Dieser Schulversuch geht auf eine Bürgerinitiative zurück, an der Eltern, Lehrer und Wissenschaftler beteiligt sind. Sie haben, bevor sie den Antrag auf Genehmigung stellten, über ein Jahr gemeinsam Erkenntnisse der modernen Pädagogik, der Sozialpsychologie, der Schulsoziologie aufgearbeitet und die öffentlichen Erklärungen des Bildungsrates und der Kultusministerien über Methoden und Erziehungsziele in der Grundschule eingehend studiert. Dabei zeigte sich, daß es keineswegs nur an finanziellen Mitteln liegt, wenn derartige Ziele und Methoden nicht oder nur begrenzt realisiert werden können, sondern vor allem auch an dem Mangel an Kooperation zwischen den beteiligten Gruppen, in erster Linie zwischen Eltern, Lehrern und Wissenschaftlern. Die Hochschulpädagogik hat erst in den letzten Jahren begonnen, sich den praktischen Schulproblemen zuzuwenden – aber immer noch mehr in der Betreuungsfunktion als in der eines ständigen Mitarbeiters.

Die Initiativgruppe hat von vornherein ausgeschlossen, daß dieser Schulversuch ein Elitemodell darstellen kann. Wir wollen kein weiteres Summerhill – außerhalb der Industriegesellschaft und ausschließlich für begüterte Eltern. Deshalb waren wir darauf bedacht, den Versuch innerhalb der Stadt, möglichst in einem Industriegelände anzusiedeln. Das Projekt in einem verlassenen Industriegebäude scheiterte an baupolizeilichen Sicherheitsvorschriften. Ich will mit diesem Hinweis nur die Tendenz andeuten, daß es heute nicht mehr darum gehen kann, Schulmodelle zu entwickeln, in denen die Kinder von den Problemen der Arbeitswelt und der fortgeschrittenen Industriegesellschaft ferngehalten werden.

Und ein weiterer Punkt ist für uns von zentraler Bedeutung: die Beziehung zwischen Elternhaus und Schule. Sie kann nicht darin bestehen, daß sich Eltern in der Schule nur zeigen, wenn ihr Kind Schwierigkeiten hat. Dadurch hebt sich nicht der Konflikt zwischen elterlichem und schulischem Erziehungswirken auf. Notwendig ist kontinuierliche, inhaltliche Zusammenarbeit.

Im Schulversuch finden vierzehntäglich Elternabende statt; daneben, auf Wunsch der Eltern, Einzeldiskussionen über Probleme ihrer Kinder. In bestimmten Abständen gibt es Wochenendtagungen zu speziellen Fragen des Schulversuchs, die erste vor etwa vier Wochen, an der sich über Dreiviertel der Eltern beteiligten.

Wenn ich jetzt auf die Konzeption des Schulversuchs zu sprechen komme, so bitte ich um Verständnis dafür, daß eine solche Konzeption nicht am grünen Tisch zu entwickeln ist; sie steht in engem Zusammenhang mit der pädagogischen Praxis, der Erziehung der Kinder, an der sie sich allein bewähren kann. Aber es gibt natürlich Ziele und Erfahrungen, von denen wir ausgehen.

Das im Antrag auf Genehmigung des Schulversuchs angegebene Untersuchungsziel ist die Klärung der schwierigen Beziehungen zwischen aggressivem Verhalten, Lernmotivation und Selbstregulierung. Das sind zunächst Zauberworte, mit denen man nicht viel anfangen kann. Sie bezeichnen aber zentrale Probleme unserer Gesellschaft.

Psychoanalytische Untersuchungen zeigen, daß Aggressionen nicht dadurch, daß sie unterdrückt werden, aus der Welt verschwinden. Unmittelbare Verbote oder Bestrafung der Kinder, die aggressiv sind, können augenblicklich zur Ruhe führen, aber nicht zur Bewältigung des Konflikts. Oft kommen unterdrückte Aggressionen erst im Erwachsenenalter heraus, dann aber in unkontrollierter explosiver Form, oder überhaupt nicht, dann können sie zu Lernhemmungen führen, die manchmal völlig unverständlich erscheinen, weil es sich um hochbegabte, intellektuell äußerst befähigte Personen handelt. Aus dieser Erkenntnis hat sich für den Schulversuch die praktische Folgerung ergeben, daß die Grundlage einer stabilen, über das ganze Leben reichenden Lernmotivation die Ausbildung des sozialen Verhaltens ist. Es geht nicht um Reaktivierung der Aggressionen – so ist es selbstverständlich, daß Lehrer unmittelbare Gefahren für ein Kind abwehren –, sondern um ihre produktive Umleitung in kooperatives Verhalten. Diese Praxis hält sich im Rahmen der Forderungen, die der Bildungsrat zum Problem des Lernens in den ersten

Schuljahren formuliert: ›Wichtiger als vieles andere, was wir heute besonders hoch bewerten, sind alle aktivierenden, problemorientierenden, Selbständigkeit, Eigeninitiative und kooperatives Verhalten fördernden Lernprozesse, das Erfassen der Grundideen, an denen sich das spätere Lernen vollziehen wird, das Lernen des Lernens, Selbstmotivierung, die Lust und Freude am Lernen und die erfolgreiche Anregung zum selbständigen und selbstgesteuerten Weiterlernen, die Verbesserung des gesamten Sozialverhaltens.‹

Diese Idee der Selbstregulierung haben wir im Schulversuch aufgegriffen und können bereits heute auf einzelne gute Ergebnisse verweisen. Kinder tun sich selbsttätig in kleine Gruppen zusammen und arbeiten an einzelnen Projekten, in der ersten Klasse noch vollständig mit Spielen verbunden. Immerhin: ein Leistungsverfall, wie ihn viele befürchten, ist nicht festzustellen. Nach fünf Monaten Schule kann ein großer Teil der ersten Klasse lesen. Auch in der zweiten und dritten Klasse zeigen sich bereits Veränderungen – sowohl in der Lernmotivation als auch im aggressiven Verhalten.

Ich möchte mich hier auf diese Hinweise beschränken, um der Diskussion nicht vorzugreifen. Dafür möchte ich jetzt noch auf einige wichtige organisatorische Probleme eingehen, die Punkte der Kritik sein können.

Erstens: die soziale Zusammensetzung der Schüler. Alle Mitglieder der Initiativgruppe haben sich intensiv darum bemüht, Arbeitereltern zu gewinnen. Das ist uns zu einem Teil gelungen; wir haben dann sehr schnell festgestellt, daß dieses Kriterium »Arbeiter/Nicht-Arbeiter« nicht ausreicht. Die Eltern geben ihre Berufe an. Nach diesem Bild zeigt sich aber eindeutig, daß es sich um keinen Schulversuch von Akademikern handelt.

Zweitens: das Problem der Übertragbarkeit des Schulversuchs auf das öffentliche Schulsystem. Wir sind in allen unseren Überlegungen von der Möglichkeit dieser Übertragbarkeit ausgegangen. Um aber wissenschaftliche Ergebnisse über Organisationsformen und pädagogische Inhalte zu erhalten, ist es meines Erachtens notwendig, den Schulversuch zunächst als eine selbständige Einheit und einen autonomen Untersuchungszusammenhang zu betrachten. Beispiele aus England und Schweden haben mich davon überzeugt, daß diejenigen Versuche den größten Einfluß auf das öffentliche Schulsystem hatten, die ihre Arbeit nicht gleich unter den eingeschränkten Bedingungen der Übertragbarkeit leisteten. Aber schon jetzt kann gesagt werden, daß wir nach Abschluß der Anfangsphase Kontakte zu einer integrierten Gesamtschule aufnehmen werden, um auch dieses Problem mit anderen Lehrern intensiv zu diskutieren.

Drittens: die organisatorische Verselbständigung des Schulversuchs.

Viertens: Beteiligung von sogenannten »schulfremden Personen«. Wir haben von Anbeginn Eltern, Praktikanten, Personen der wissenschaftlichen Begleitung in den Schulversuch einbezogen. Bisher hat sich das außerordentlich bewährt – sie arbeiten in gemeinsamer Vorbereitung mit den Lehrern, verfertigen Beobachtungsbögen, die über die Entwicklung der Kinder Auskunft geben, bieten, jeweils von ihren Berufserfahrungen ausgehend, spezifische Projekte an.

Die Probleme eines in dieser Größenordnung angesetzten Schulversuchs liegen auf der Hand. Schulversuche, die etwa die effektivere Gestaltung des Fremdsprachen- oder Mathematikunterrichts zum Ziel haben, sind wesentlich einfacher. Die damit verbundenen Probleme und Konflikte können, gerade weil wir an einem Gelingen des Versuchs interessiert sind, nicht verdeckt und verharmlost werden. Ich kann nur sagen, daß die Beteiligten mit ganzer Kraft an der Lösung dieser Probleme arbeiten.

Meines Wissens ist dieser Grundschulversuch der erste dieses Umfangs in der Bundesrepublik. Kultusministerium, Regierungspräsident und die Stadt haben bisher in völlig unbürokratischer Weise den Versuch unterstützt. Ich hoffe, es kommt so etwas wie ein ›Hannoversches Modell‹ heraus. Es melden sich bereits jetzt interessierte Pädagogen aus der ganzen Bundesrepublik; das Interesse wächst täglich, obwohl wir noch nicht viel vorzuweisen haben.«

4. Die Idee der Glocksee-Schule

Wenn ich im folgenden den Versuch mache, Voraussetzungen und Ziele der Glocksee-Schule im Sinne einer konzeptionellen Leitidee zu entwikkeln, dann bin ich mir der Schwierigkeiten durchaus bewußt, die solche architektonischen Grundrisse von Projekten mit sich führen, die jetzt schon ein Vierteljahrhundert existieren – geprägt in einem langen Prozeß durch innere Konflikte, pädagogische Auseinandersetzungen, Entmutigungen und beglückende Erfahrungen von Kindern, Jugendlichen, Lehrern und Eltern.[16] In dem von mir gemeinten Zusammenhang verstehe ich »Idee« (im guten Hegelschen Sinne) als ein dialektisches Spannungsverhältnis zwischen Begriff und Realität, nicht als etwas, was durch Erfahrungsmangel und Abstraktion bestimmt ist. Brechungen, Um- und Irrwege in den empirischen Verhältnissen dieser Schulwirklichkeit lassen sich von der Lebenskraft solcher Ideen weder säuberlich trennen, noch können sie in jedem Punkt als Existenzeinwände verstanden werden. Wenn sich kommende Geschichte in ihnen verkörpert, sind Ideen häufig realitätshaltiger als Stein gewordene Wirklichkeiten.

In die Alltagsarbeit des Schulversuchs[17] sind auf vielfache Weise Erkenntnisse der kritischen Gesellschaftstheorie, der Bildungsökonomie, der Pädagogik und der Schulgeschichte eingegangen; wie wollten durch den Schulversuch jedoch keineswegs nur Material für theoretisch befriedigende, praktisch aber unverbindliche Analysen bereitstellen, wie sie im akademischen Wissenschaftsbetrieb in weit ausholenden Spezialuntersuchungen durchgeführt werden. Angesichts der breiten Tradition von Gegenschulen, revolutionären Schulexperimenten und wissenschaftlichen Einsichten fällt es schwer, in Erziehungsfragen ganz neue Ideen zu fassen. Alle grundlegenden pädagogischen Ideen sind schon einmal gedacht worden; was fehlt, sind nicht Ideen, sondern ihre Verwirklichung. Zu den »Urideen« der Erziehung gehören Vorstellungen über Selbstregulierung, tendenzielle Entschulung der Schule, Lernen ohne Angst und Zwang, Projektunterricht, Erfahrung als Grundlage des Lernbegriffs.[18] Grob gesprochen, läßt sich feststellen, daß der Schulversuch Glocksee auf Uneingelöstes der Reformbestrebungen von '68 ebenso zurückgreift wie auf unabgegoltene, auf Realisierung drängende Ideen der klassischen bürgerlichen Pädagogik.

Zweifellos gibt es aber auch konkrete Vorbilder, die den Schulversuch Glocksee beeinflußt haben. Da ist zunächst die antiautoritäre Bewegung zu nennen, die unter anderem politischer Ausdruck von veränderten gesellschaftlichen Sozialisationsbedingungen war und deshalb in ihren Erziehungsvorstellungen nicht einfach als ausgestanden und widerlegt betrachtet werden kann oder gar aus innerer Logik heraus als gescheitert. Diese Ansätze sind abgebrochen worden, bevor wissenschaftlich fundierte Ergebnisse vorgelegt werden konnten.

Hinzuweisen ist auch auf das breite und reichhaltige Spektrum von Schulexperimenten, das es in den angelsächsischen und zum Teil in den nordischen Ländern gibt. »Open Schools«, die meist von kommunalen Selbstverwaltungsgremien getragen werden, legen das Schwergewicht auf die informelle Lernsituation, mit dem Ziel, selbständiges Lernen auf der Basis hoher intrinsischer (innengeleiteter) Motivation zu ermöglichen. Von den »Free Schools«, die meist privat organisiert sind und mit den Schulbehörden nur wenig Kontakt pflegen, unterscheiden sie sich durch straffere Curricula und feste Kursangebote; »Free Schools« kennen im allgemeinen keine Jahrgangsklassen, keine festen Curricula, keine Schulstunden und keine Prüfungen. »Community Schools« (stadtteilorientierte Schulen) stellen sich dagegen ausdrücklich der kompensatorischen Erziehung, die sich auf unterprivilegierte Bevölkerungsschichten bezieht und deren Grundlage eine intensive Elternarbeit ist. Schließlich sei die »First Street School« von Dennison[19] genannt, mit der der konsequente Versuch einer kompletten Entschulung der Schule gemacht wurde. Allen diesen Versuchsansätzen ist gemeinsam, daß die staatlichen Behörden in der Regel weder in den pädagogischen Arbeitsprozeß eingreifen noch seine einzelnen Schritte kontrollieren. Für sie sind ausschließlich die Resultate von Interesse.

Es ist kein Zufall, daß die Bundesrepublik – gemessen an der inhaltlichen und organisatorischen Variationsbreite praktisch erprobter pädagogischer Konzeptionen – ein Entwicklungsland geblieben ist. Da das deutsche Schulsystem ein Schulaufsichtssystem ist, bestehen von vornherein Barrieren für die wirkliche Freisetzung pädagogischer Initiativen, die über Regelungen formal-demokratischer Mitbestimmung und Vorstellungen zum Gruppenlernen hinausgehen und Schule als Gesamtprozeß der Erfahrungsbildung und -verarbeitung begreifen.

Eine Reihe von Fragestellungen der erwähnten ausländischen Schulversuche sind unschwer in der Glocksee-Schule wiederzuerkennen. Unter den spezifisch deutschen Verhältnissen war es allerdings erforderlich, diese einzelnen Momente in einem Projekt zusammenzufassen. Die Glocksee-Schule, die als einzügiger Grundschulversuch begann und inzwischen bis zur 10. Klasse erweitert wurde, ist ein öffentlicher Schulversuch und schließt daher in ihrer Entwicklung und in der politischen Tragweite ihrer Resultate private Lösungen aus. Sie stellt grundsätzlich Fragen an die Organisationsform und den pädagogischen Arbeitsprozeß der Grundschule insgesamt (darauf aufbauend selbstverständlich auch an die Arbeit der übrigen Schulstufen und Schulformen) und sucht konkrete, durch Praxis ausgewiesene oder doch in ihr perspektivisch angelegte Antworten zu geben. Die Glocksee-Schule ist also keine Gegenschule, die das bestehende Schulsystem abstrakt negiert und sich damit direkter Einwirkungsmöglichkeiten begeben würde.

Der Schulversuch steht im Spannungsfeld einer nicht durchgeführten, in ihren Ansätzen und Absichten blockierten Bildungsreform. Die Widersprüche dieser Reform sind durch die Erosionskrise noch verschärft worden. Das schlägt sich unmittelbar in den häufig völlig konträren Erwartungshaltungen vieler Eltern des Schulversuchs nieder: Sie erwarten unter dem Druck der ökonomischen Krise relativ rasche und kontrollierbare Lernleistungen. Gleichzeitig sehen sie aber, daß solche kognitiven Lernleistungen ohne Entwicklung des emotionalen und sozialen Unterbaus der Kinder labil bleiben und als Lern- und Arbeitsstörungen vielleicht erst in einer lebensgeschichtlichen Entwicklungsphase hervorbrechen, in der nichts mehr zu reparieren ist.

Beide Prozesse verlaufen in der Regel aber nicht gleichzeitig, sondern haben verschiedene Zeitstrukturen. Die »ökonomische« Zeitstruktur bei rein kognitiven Lernleistungen, auf die sich Curriculum-Forschung, Lernzielbestimmung und säuberliche Koordination von Lernschritten stützen, ist nicht auf emotionale und soziale »Lernleistungen« zu übertragen, ohne neue Blockierungen im Verhalten zu schaffen. Einfacher ausgedrückt: Man kann zwar nach Stundenplänen einem Kind die Techniken des Lesens und Schreibens beibringen, nicht aber nach demselben Zeitmaß dazu beitragen, Aggressionen und Ängste zu verarbeiten.

Bei diesen Erwartungshaltungen der Eltern handelt es sich nicht um bloß individuelle Konflikte, sondern um gesellschaftliche Widersprüche, die alle Reformprojekte im Bildungsbereich prägen. Schon daß ein Grundschulversuch mit Problemstellungen, die den Gesamtprozeß des Lernens und der Verhaltensentwicklung zum Inhalt haben, nur als Produkt einer mehr oder minder privaten Initiative von Eltern, Lehrern und Wissenschaftlern zustande gekommen ist, ist nur verständlich, wenn es auf den strukturellen Widerspruch der ersten Bildungsreform selbst zurückgeführt wird.

Auf der einen Seite trat die Bildungsreform nach dem Gesetz der »Ökonomisierung« des Aufwandes für die Grundqualifikation der menschlichen Arbeitskraft an. Weitgehend vorindustriell strukturierte Bereiche, wie Bildung und Ausbildung, standen unter öffentlicher Aufsicht, ohne daß sie bereits wesentlich durch Kriterien kapitalistischer Rationalität bestimmt waren (Effektivität, Standardisierung usw.). Gegen allen Glanz von Bildungsidealen setzen sich jetzt Gesetze der Kapitalverwertung, des Marktes, des ökonomischen Wachstums, der Konjunkturen und Krisen durch. Man kann bei den Veränderungen des pädagogischen Arbeitsprozesses mit Recht von einer Taylorisierung der Ausbildung, von der genauen Bestimmung des Arbeitseinsatzes pro Zeiteinheit sprechen. Diese Entwicklung ist aber auf Kostenfragen im engeren Sinn nicht zu beschränken. Tendenzen der Zentralisation und der Konzentration des Kapitals erfassen das Bildungssystem und schaffen eine Betriebsförmigkeit der Bildungsinstitutionen, die leistungsdifferenzierten Unterricht und objektiviertere Kontrollen ermöglicht. Diese Synchronisierung von Industriebetrieb und schulischem Großbetrieb in Form von Gesamtschulen scheint gegenüber dem in sich abgekapselten dreistufigen Bildungssystem größere innere Differenzierung der Lernformen und breitere Durchlässigkeit der Ausbildungsgänge zu erlauben. Sie enthält jedenfalls das Versprechen von Chancengleichheit und Bildungsgerechtigkeit.

Die Forderung Dahrendorfs nach Aufhebung des »Modernitätsrückstandes« des westdeutschen Bildungssystems beinhaltet im Grunde diesen Glauben an die emanzipatorische Wirkung technischer Rationalisierung, wie sie sich im erhöhten Mitteleinsatz (von Unterrichtstechnologie zum Beispiel), in der Beseitigung »unproduktiver« Umwege, in der wissenschaftlichen Betriebsführung und nicht zuletzt in der normierten Objektivierung der Lern- und Planungsschritte ausdrückt.

Auf der anderen Seite hatten viele Hochschulpädagogen und Lehrer in der Gutachterphase ein Bewußtsein davon, daß auch innerhalb der großbetrieblichen Organisation der Schule, die langfristig ja keineswegs auf die Gesamtschulen beschränkt bleiben sollte, der pädagogische Arbeitsprozeß strukturell nach einer anderen Logik abläuft als der industrielle Produktionsprozeß. Es werden hier nicht Waren, materielle Güter erzeugt, sondern Bewußtsein, Fertigkeit, Verhalten, Sprache, Fähigkeit des Wirklichkeits- und Selbstverständnisses von Menschen. Selbst wenn dieser Unterschied nicht immer klar als Verschiedenheit der Produktionsweisen verstanden worden ist, so ist er doch unschwer in Formeln wie Kreativität, soziales Lernen, selbst in dem zwiespältigen Begriff »Lernen des Lernens« zu erkennen, der die Abtrennung der Methode von den Inhalten und gleichzeitig die Verarbeitungsfähigkeit von Informationen bezeichnet. Diese von der industriellen Produktion radikal verschiedene Logik der Erziehung muß in ihren Ergebnissen keineswegs im Widerspruch zum kapitalistischen System stehen; sie kann sogar Bestandteil der »Kapitallogik« als einem gesamtgesellschaftlichen Prozeß sein. Die Logik der Erziehung in allen in ihr angelegten Entwicklungsformen zu entfalten und praktisch zu erproben würde dann allerdings das Brechen mit dem auf Effizienz und spezialisierte Kompetenz reduzierten Leistungsbegriff und die Überwindung bürokratischer Organisationsformen des Lernens voraussetzen. Hierin liegt die politische Grenze dieser emanzipatorischen Seite der Reformperiode.

Die Reformperiode bringt teilweise veränderte Arbeitsanforderungen des kapitalistischen Produktionsprozesses zum Ausdruck, vor allem aber veränderte Sozialisationsbedingungen, deren neue Formen in fast allen westlichen Industrieländern die Rebellion der Studenten und Jugendlichen in den sechziger Jahren angezeigt hat. Geht man nämlich von der Tatsache aus, daß die traditionellen Muster der Familiensozialisation – ödipale Konflikte, Funktionalisierung des Triebaufschubs der Kinder im Hinblick auf zukünftige Belohnungen – in Frage gestellt sind, so läßt sich der Übergang von der privaten Sozialisation zur ersten Stufe öffentlicher, bewußt vergesellschafteter Sozialisation nicht mehr in einem bruchlosen Kontinuum von herkömmlichen Lernleistungen bewerkstelligen. Den neuen Sozialisationsmechanismen, die vorwiegend durch narzißtische Störungen und Identifikationsschwierigkeiten bestimmt sind,[20] müßte eine veränderte Organisationsform der Schule entsprechen. Die bestehende Organisation der Schule setzt dagegen ein Maß gesamtgesellschaftlicher Verdrängungsleistungen voraus, das die Familie, die unter Funktionsschwund leidet, in einer Umwelt, die gleichzeitig von Verschwendung, von verwertungsnotwendigem Abfall und künstlich produzierter Armut geprägt ist, nicht mehr aufbringen kann. Da hilft keine noch so gut organisierte Didaktik. Deren Übergewicht in den schulpolitischen und pädagogischen Diskussionen ist vielmehr eine ohnmächtige Reaktion auf eine Situation, die von ihrer gegenwärtigen Organisationsform nicht bewältigt werden kann.

Eine der zentralen Fragen, die vor allem in den ersten Jahren, aber auch später immer wieder an den Schulversuch gerichtet wurde, ist die nach der Übertragbarkeit. An eine Übertragbarkeit in dem Sinne, daß die Glocksee-Schule umstandslos vervielfältigt oder in die bestehende, unverändert bleibende Schulorganisation integriert werden könnte, ist nie gedacht worden. Der Schulversuch arbeitet unter spezifischen Bedingungen, die es in der öffentlichen Schule nicht gibt. Die »Besonderheit« der Bedingungen soll allerdings keinen privilegierten Freiraum festlegen, dem der Realitätsbezug fehlt, sondern im Gegenteil Voraussetzungen schaffen, um Tendenzen der gesellschaftlichen Entwicklung, die sich in der Schulrealität niederschlagen, im Hinblick auf pädagogische Arbeitsprozesse genauer herauszuarbeiten, wissenschaftlich zu beobachten und organisatorische Konsequenzen vorzuschlagen. Darin ist Glocksee der absolute Gegensatz zu Rousseaus »negativer« Erziehung, die das Kind von den Einflüssen der Kultur fernhalten will.

In der Realität der Glocksee-Schule können alle für das Kind relevanten Konflikte, die in der Familie und anderen gesellschaftlichen Bereichen entstehen, eingehen und aufgenommen werden. Die herkömmliche Schule dagegen ist ein Schonraum, eine Insel, insbesondere in bezug auf Verhaltenskonflikte. Es wäre aber ein Mißverständnis, wenn Lehrer unter herkömmlichen Arbeitsbedingungen ihre individuelle Praxis durch den Schulversuch grundsätzlich in Frage gestellt sehen würden. Was vor allem in Frage gestellt wird, sind diese Bedingungen selbst. Die Glocksee-Schule will auf ein gesellschaftliches Problem hinweisen, nicht auf den individuellen Mangel von didaktischer Phantasie, von Problembewußtsein und Arbeitsleistungen einzelner Lehrer.

In allen kapitalistischen Industrieländern ist die Schulrealität mit zwei grundsätzlichen Problemen konfrontiert: mit der Zunahme des diffusen Aggressionspotentials der Schüler und mit der Tendenz zur Motivationszerstörung sowie zu sich verschlechternden Bedingungen selbst für die Bildung von herkömmlichen Lernmotivationen. Dies läßt sich nicht individualpsychologisch diskutieren, sondern ist ein gesellschaftliches Problem. Bessere Lehrerausstattung zum Beispiel kann sicherlich zu seiner Lösung beitragen, reicht aber nicht aus, denn es geht um die schulische Organisationsform der Lernprozesse als Ganzes.

Die Frage nach der Übertragbarkeit der Glocksee-Schule ist demzufolge so zu beantworten: Sollen beide erwähnten Probleme, Aggressionspotential und Motivationszerstörung, auch unter schulischen Bedingungen ernsthaft diskutiert und eventuell, soweit es die gegebenen gesellschaftlichen Machtstrukturen zulassen, gelöst werden, so ist die Organisationsform der Glocksee-Schule ein Beitrag dazu. Ob dieser Beitrag sich als fruchtbar erweist, hängt nicht nur von den inneren Prozessen des Schulversuchs ab, sondern von den allgemeinen politischen Bedingungen, die »Übertragbarkeit« erst möglich machen. Wenn man davon ausgeht, daß Gesamtschulen sich als Regelschule ausbreiten werden, kann die Organisationsform der Glocksee-Schule Kernstruktur dezentralisierter, pädagogisch sinnvoller Einheiten innerhalb der Gesamtschule sein, die sich durch eine besondere Kommunikationsdichte auszeichnen. Von Beginn an haben wir daher den Schulversuch auch als Beitrag zur Weiterentwicklung der Gesamtschule betrachtet.

Dabei ist es nicht möglich, isolierte Teile des Schulversuchs auf die unveränderte Regelschule mechanisch zu übertragen, zum Beispiel Aggressionen freizusetzen, wenn es nicht die geringsten Ansätze einer Verhaltensregulierung gibt, oder einen Projektunterricht aufzunehmen, wenn am Fachunterricht dogmatisch festgehalten wird.

An einzelnen aus dem Gesamtprozeß der Schule herauskristallisierten Themenkomplexen, die besonders konfliktträchtig waren, will ich aufzeigen, worin Spezifisches der Glocksee-Schule besteht. Auf das zentrale Prinzip der Selbstregulierung allerdings gehe ich erst im nächsten Großkapitel ein. Eine der drängendsten Fragen, mit denen der Schulversuch Glocksee konfrontiert wurde und bis heute wird – nicht nur von Außenstehenden, sondern auch von Eltern – ist: Lernen die Kinder etwas? Die eindeutige Antwort darauf lautet: Ja. Aber sie reicht nicht aus. Die Kinder lernen genug, aber anders, in ungleichzeitigen Rhythmen und Dinge, die über definierte schulische Lernprozesse hinausgehen. Deshalb ist es notwendig, weiter auszuholen, vor allem, um den gängigen gesellschaftlichen Leistungsbegriff zu klären.

Solange die bürgerliche Gesellschaft besteht, gibt es die Auffassung, daß mit dem Abbau einer ständischen Gliederung, die die gesellschaftliche Position des einzelnen von Geburt an vorausbestimmt, jeder durch individuelle Leistung seines Glückes Schmied sei. Inzwischen haben empirische Untersuchungen nachgewiesen, daß die Verteilung sozialer Lebenschancen auch heute noch viel stärker an vorgegebene Besitz- und Herrschaftsverhältnisse geknüpft ist als an Leistung. Der objektive Zusammenhang, der durch das Kapitalverhältnis konstituiert ist, bestimmt die Stellung, die der einzelne im gesellschaftlichen Produktions- und Reproduktionsprozeß einnimmt. In letzter Instanz sind darin also gesellschaftliche Herrschaftsverhältnisse begründet. Da aber für die breite Masse formelle Schulbildung die einzige Form ist, in der sie sich sozialen Aufstieg vorstellen können (einzelne Beispiele zeigen immer wieder die Berechtigung dieser Hoffnung), kann sich die Ideologie einer durchgängigen Leistungsgesellschaft so hartnäckig halten, obwohl doch offensichtlich ist, daß ein Arbeiter, wenn er auch noch so viel leistet, seine Stellung als Lohnarbeiter nicht aufheben kann. Die Koppelung von Leistung und sozialen Aufstiegschancen bestimmt entscheidend die Schulerwartung von Eltern.

Der mit Aufstiegsmobilität verknüpfte Leistungsbegriff ist aber durchaus zwiespältig: Zum einen ist er am Modell industrieller Produktion gebildet, mit Kontrolle und Objektivierung der einzelnen Leistungsschritte, wobei der Lernfortschritt in vergleichbarer Weise, wie die Arbeitsleistung im industriellen Produktionsprozeß, am Zeitmaß gemessen wird. Was an lebendiger Arbeitskraft, eine der bestimmenden Quellen von Wert und Mehrwert, eingebracht wird, soll eindeutig und quantitativ in ihren Produkten meßbar sein. Objektives Ergebnis davon ist, daß mit den »unproduktiven« Lernwegen im allgemeinen gleichzeitig die produktiven abgeschafft werden.

Zum anderen sieht man aber, daß gerade in denjenigen gesellschaftlichen Positionen, die Leistungen nach Maßgabe der Stechuhr nicht zulassen, die Gratifikationen, das heißt Lohn, Gehalt, gesellschaftlicher Einfluß, am größten sind. So berechtigt die Erwartung der Eltern ist, daß ihre Kinder einen normalen Ausbildungsstand in den Kulturtechniken haben, so merkwürdig ist doch, daß dieselben Eltern, die ihren Kindern gegenüber die größten Aufstiegserwartungen haben, am entschiedensten eine Organisation von schulischen Lernprozessen vertreten, die allenfalls eine Qualifizierung für abhängige Lohnarbeit sein kann. Von allen extrafunktionalen Fähigkeiten, die im allgemeinen positiv bewertet werden, wie Flexibilität, Kritikfähigkeit, Initiative, soziales Verhalten, Disziplin, bleibt am Ende nur die Disziplin übrig, wenn Lernen ausschließlich im Sinne meßbarer Leistungen verstanden wird.

Der Schulschock, den viele Kinder bei der Einschulung, manchmal schon beim Schuleignungstest erleiden, entspringt nicht nur der Angst vor einer fremden Institution oder vor der Zwangsgemeinschaft der Kinder, sondern hat vor allem seinen Grund in der von außen aufgezwungenen »Umwertung aller Werte«, der totalen Umkehrung der Tendenzen und Fähigkeiten, die sich aus der bisherigen Sozialisation ergeben haben. Was vorher weitgehend anerkannt war, Spielen, Freundschaften schließen, Phantasieren, sich zwanglos sprachlich verständigen, wird plötzlich stigmatisiert, zum Gegenstand von Strafdrohungen und Strafen, sobald es nicht durch die Gasse objektivierbarer Leistung geht. Die spezifische Produktionsform von Erfahrungen, welche das Kind ausgebildet hat, wird vielleicht noch einige Monate toleriert. Dann aber wird das Kind in einem mehr oder minder gewaltsamen Akt radikal von seinen Produktionsmitteln, den objektiven Bedingungen seiner Selbstdarstellung und Realitätsauffassung, getrennt, geradezu enteignet.

Den Bruch zwischen Familiensozialisation und Schule gibt es selbstverständlich nicht in allen Fällen. Bei Mittelschichtkindern finden sich die verschiedensten Grade von Kontinuität und Bruch. Bei manchen Arbeiterkindern kann der Bruch sogar eine positive Funktion haben: Für Kinder, die aus Elendsquartieren oder aus zerrütteten Familienverhältnissen kommen, kann die Schule, selbst wenn sie auf deren emotionale und soziale Bedürfnisse kaum eingeht, der einzig stabile und entlastende Ort sein, der Schutz und innere Sicherheit bietet, ein Zufluchtsort.

Psychologen und Pädagogen sind sich heute darüber einig, daß ohne Entwicklung des emotionalen und sozialen Unterbaus langfristige Störungen des kognitiven Lernens unvermeidlich sind, ganz abgesehen von der Einschränkung und Verkümmerung der kindlichen Erfahrungsfähigkeit. Da es in der Glocksee-Schule wesentlich um die Überwindung des Bruchs von Primärsozialisation und Schule geht, das heißt um die Weiterentwicklung der spezifischen Produktionsform von kindlichen Erfahrungen, reicht es nicht aus, die Schule lediglich den Alltagskonflikten und -erfahrungen zu öffnen. Abgesehen von der Notwendigkeit einer intensiven Elternarbeit kommt es vielmehr auch darauf an, den Leistungsbegriff vom Kind her neu zu definieren und die Organisationsformen des Lernens dementsprechend zu verändern.

Worin besteht eine Umdefinition des Leistungsbegriffs, der die Realität des Kindes berücksichtigt? Für das Kind, das zum Beispiel Schwierigkeiten in der Kontaktaufnahme mit anderen Kindern hat oder diese Kontakte nur durch aggressives Verhalten zustande bringt, ist die Beseitigung dieser Schwierigkeit die fundamentale Leistung, die es erbringen kann und die es erbringen muß, wenn psychische Konflikte nicht zu viel Energien auch von der kognitiven Leistungsfähigkeit abziehen sollen. Werden diese manchmal zu einem harten Knoten verdichteten Konfliktlinien des Kindes nicht an einem möglichst frühen Punkt seiner Schullaufbahn gelöst, so verschieben sie sich, bis sie nicht mehr erkennbar sind. Es ist nicht selten, daß derart ungelöste Konflikte erst im Erwachsenenalter als Leistungszusammenbruch und als totale Privatisierung auftreten.

Leistungen, die zur Lösung gerade solcher Konflikte führen, liegen aber nicht im Bereich des Tauschprinzips, der Verwertbarkeit und der objektiven Messung. Sie gehen in das traditionelle Benotungssystem der Schule nur dann ein, wenn sie sich in der Reduktion von Störungen pro Zeiteinheit niederschlagen. Was sie aber zur Freisetzung von Energien für die Phantasie, die Erweiterung der Erfahrungsfähigkeit und die intellektuelle Entwicklung des Kindes beitragen, fällt unter den Tisch.

Wenn daher die Glocksee-Schule die Idee der Entschulung aufgreift, Konflikte und Widersprüche der Alltagsrealität in das schulische Geschehen einbezieht und so das Inseldasein der Regelschule nicht teilt, unterscheidet sie sich nicht primär durch den Versuch, Lernen und »Leben« zu verbinden oder kognitives Lernen mit emotionalem und sozialem zu verknüpfen, auch nicht in der Reduktion der Leistung zugunsten des Glücks der Kinder (in dieser Gesellschaft wird auch der Glückliche unglücklich, wenn er nicht durch seine spezifischen Leistungen anerkannt wird). Der grundlegende Unterschied besteht vielmehr in der Veränderung dessen, was Lernen und Leistung in seiner ganzen Komplexität vom Aufbau der Persönlichkeit her bestimmt. Ein auf die Grundausstattung der Gesamtperson bezogener Leistungs- und Lernbegriff setzt voraus, daß das Verhältnis des schulischen Vergesellschaftungsprozesses eines Kindes zur gesellschaftlichen Wirklichkeit konkretisiert wird.[21]

Wir haben es mit einer widersprüchlichen Situation zu tun: Zum einen dringt zwar die Öffentlichkeit mit ihren Forderungen immer stärker in den Sozialisationsbereich, in die Mechanismen der gesellschaftlichen Grundausstattung des Kindes ein, vor allem in Gestalt von Vorschulen und Massenmedien. Die »reelle Subsumtion« von gesellschaftlichen Produktionsprozessen unter das Kapital, was so viel bedeutet wie die »Kapitalisierung« der jeweiligen Produktionsprozesse in ihrer Struktur, erfaßt tendenziell auch den pädagogischen Arbeitsprozeß. Darin wird sichtbar, daß die naturwüchsigen und privaten Organisationsformen der Sozialisation und der schulischen Ausbildung immer stärker in Konflikt geraten mit der tatsächlichen Vergesellschaftungsqualität der Produktivkräfte.

Nun gibt es aber eine absolute, von der entwickelten kapitalistischen Gesellschaft selbst produzierte Grenze für die Taylorisierung von Leistungen und Lernen. Technologische Veränderungen und Vergesellschaftungsgrad stellen nämlich spezifische und teilweise neue Qualifikationsanforderungen an die Arbeitskraft. Eine vollständige »Kapitalisierung« der Sozialisation und der Ausbildung führt unter den Existenzbedingungen einer fortgeschrittenen Industriegesellschaft unvermeidlich zur Zerstörung der Substanz der Arbeitskraft. Andererseits dringen aber die Formen bewußter Vergesellschaftung, wie sie im bestehenden Schulsystem zugelassen werden, nicht bis zu dem Punkt vor, wo der ganze Reichtum der Anlagen und Fähigkeit des Kindes in seiner Realitätsauffassung und in seiner Kommunikation aktiv entwickelt werden. Das würde die in der Grundausstattung des Kindes mitgelieferte Systemloyalität gefährden.

Lernen wird vielfach immer noch als strikter Nachvollzug von Regeln betrachtet, als Einübung in bestimmte Fertigkeiten, die sich dann habitualisieren, gewohnheitsmäßig werden. Zwar haben diese Tätigkeitsformen in der Industrie und in der herkömmlichen Verwaltung nach wie vor eine gewisse Bedeutung. Doch immer mehr derartige Arbeitsplätze werden wegrationalisiert. Auf keinen Fall bestimmen solche Tätigkeiten heute primär die Funktionsweise der gesellschaftlichen Institutionen. Vielmehr wird immer deutlicher, daß Dienst nach Vorschrift, die inhaltsabstrahierende Regelbeachtung, bei den meisten produktiven und administrativen Tätigkeiten zu einem Lahmlegen ganzer gesellschaftlicher Bereiche führen würde, wenn es in der täglichen Praxis nicht unterhalb dieser Regulierungen ein erhebliches Maß von Selbsttätigkeit, Selbstorganisation und Selbstbestimmung gäbe. Diese »subversiven« Formen von Selbstbestimmung und Selbsttätigkeit sind freilich in die bestehende Herrschaftsstruktur eingebunden, sind keine sich ihrer selbst bewußten Widerstandsformen und können sich nicht auf ihrem eigenen Niveau und mit ihren eigenen reichhaltigen Ansätzen entfalten. In der Regel wird sogar versucht, sie zu unterdrücken. Was sich auf dieser Ebene an Leistung abspielt, ist unkontrollierbar, hat aber gleichwohl eine lebenswichtige Bedeutung für die Funktionsweise einer komplexen industriellen Gesellschaft.

Da diese Anlagen und Fähigkeiten der Menschen in der Schule nicht systematisch gefördert und allseitig entwickelt werden, bleiben sie mehr oder minder privatisiert, das heißt von den kollektiven Formen des politischen Selbstbewußtseins und der sozialen Aktivität ausgegrenzt. So entstehen in der herkömmlichen Schule Parallelprozesse: offizieller Unterricht auf der einen, abgespaltene Aktivitäten, unter der Bank, auf dem Schulhof, in der Phantasieproduktion während des Unterrichts, auf der anderen Seite. Entpolitisierung ist die Form, durch die diese Aktivitäten toleriert, aber in ihrer Entfaltung blockiert werden. Die Glocksee-Schule geht nicht von der Illusion aus, daß die Verfügung über die Kulturtechniken Lesen, Schreiben, Rechnen unwichtig wäre oder auch nur in einer Werteskala gegenüber emotionalen und sozialen Entwicklungen an untergeordneter Stelle stünde. Diese sind vielmehr gleichgewichtige Momente eines einheitlichen Erziehungsprozesses, allenfalls nach Schwerpunkten in der einzelnen Sozialisationsbiographie und phasenweise für das Erziehungskollektiv verschieden gewichtet.

Weil es aber, fernab von aller organizistischen Vorstellung, in der Glocksee-Pädagogik wesentlich darum geht, Lernen als einen Gesamtprozeß zu begreifen, als eine konkrete Mannigfaltigkeit verschiedener Momente, ist es notwendig, die arbeitsteilig abgespaltenen und in treibhausmäßiger Spezialisierung vorangetriebenen Momente kognitiver Kulturtechniken wieder in den Zusammenhang von lebendigen Beziehungen des Kindes zur gesellschaftlichen Wirklichkeit zurückzuholen. Die Fragmentierung, das Auseinanderreißen des Wissens und der Fähigkeiten, ist, wie sich zeigt, ein für das Fortbestehen von Herrschaftsverhältnissen wichtiges Mittel, aber nicht von der Sache, von der Entwicklung des Kindes her, gerechtfertigt.

Betrachtet man die sogenannten Kulturtechniken als Kulturleistungen des Kindes, so zeigt sich, daß sie in verschiedenen Gesellschaftsperioden eine ganz unterschiedliche Bedeutung haben. Das Gewicht der einzelnen Kulturtechniken in Erziehungsprozessen läßt sich nicht unabhängig vom Stand der gesellschaftlichen Produktivkräfte bestimmen. Daß die herkömmliche Schule, unangesehen der tatsächlichen Veränderungen der gesellschaftlichen Wirklichkeit, abstrakt davon ausgeht, daß Lesen, Schreiben, Rechnen als Aneignungsformen der Realität gleichwertig seien, ist einer der Gründe für die Wirkungslosigkeit vieler pädagogischer Arbeitsprozesse. Wo sie völlig gegen Tendenzen der außerschulischen Lernumgebung verläuft, kann die Vermittlung von einzelnen Kulturtechniken äußerst repressive Formen annehmen.

Was kulturelle Grundausstattung des Menschen im Sinne seiner gesellschaftlichen Selbsterhaltung und der Bewältigung der Realität bedeutet, hängt von der geschichtlichen Situation ab. In einem Zeitalter, in dem Fernsehen, Plakate, Zeitungen und Illustrierte, Symbole sehr verschiedener und verschieden gewichtiger Art, die Alltagsrealität bestimmen, ist es für normal veranlagte Kinder unvermeidlich, daß sie ab einem gewissen Zeitpunkt Lesen lernen. Es bedarf nur der Förderung und der Fortsetzung des ursprünglichen Neugierverhaltens, das sie vor und außerhalb der Schule zeigen. Dies ist in seiner spezifischen Form ein geschichtlich fundamentales Bedürfnis. Blockiert werden kann es allerdings durch unzureichende materielle Verhältnisse und permanenten Leistungsdruck, der von realen Bedürfnissen und Fähigkeiten des Kindes ebenso blind absieht, wie er dann zu einer starren Verweigerungshaltung des Kindes führt. Paul Goodman, ein bekannter amerikanischer Schultheoretiker, vertrat daher mit Recht auf einem Hearing der Stadtverwaltung von Manhattan die Ansicht: »Nach dem Urteil einiger Neurophysiologen wird ein emotionell normales Kind aus mittelständischer Umgebung, das den ganzen schrecklichen Einflüssen des modernen städtischen und stadtnahen Lebens ausgesetzt ist, im Alter von neun Jahren lesen lernen, so wie es im

Alter von drei Jahren sprechen lernte. Es ist ihm nachgerade nicht möglich, die Regeln der geschriebenen Sprache nicht zu lernen, es sei denn, es wird systematisch gestört und entmutigt.«[22]

Lesen hat in der Industriegesellschaft für den einzelnen eine viel wichtigere Funktion als in einer traditionalen Gesellschaft. In ihr waren Traditionen dem einzelnen zwar äußerlich, aber durch Naturwüchsigkeit so eingeprägt, daß sie keiner ständigen Wiederholung und Erinnerung durch Lesen von Regeln bedurften. Es gab kaum Orte, die nicht mit diesen traditionalen Lebensregeln und Weltinterpretationen besetzt waren, bis hinein in die Aufteilung des Himmels.

Der Aufforderungscharakter, den das Lesen in unserer Gesellschaft hat, entspringt einer gesellschaftlichen Realität, in der die Lebensverhältnisse des einzelnen nicht mehr durch feste Überlieferungen geregelt sind. In einer Gesellschaft, die Herrschaftsverhältnisse rational legitimieren muß, bedroht deshalb jeder leere ungeregelte Ort, jede, wie es bei Juristen heißt, *res nullius* (herrenlose Sache), das ganze System der Privateigentumsverhältnisse. Damit aber für die Menschen keine Mißverständnisse entstehen, was wem gehört, ist die Öffentlichkeit mit Verboten, Orientierungen, Wegweisern, herrschaftsbestimmten Ablenkungen usw. ziemlich genau und unausweichlich gepflastert. Wer nicht lesen kann, darf heute kaum noch die Hoffnung haben, heil über die Straße zu kommen.

In der bürgerlichen Gesellschaft des siebzehnten und achtzehnten Jahrhunderts war Lesen praktisch noch das Privileg des geistlichen Standes. Das revolutionäre Bürgertum hat diese Bedeutung erkannt und über die Einrichtung von Lesezirkeln und Lesegesellschaften die Verbreitung der Lesefähigkeit vorangetrieben. Damit schuf es die Vorstufe zu Koalitionsrechten, um sich von den feudalen Abhängigkeiten befreien zu können. In den unterdrückten Schichten, vor allem bei Bauern und Handwerkern, hatte dagegen das Erzählen von Generation zu Generation, die sprachliche Überlieferung von Fertigkeiten, Symbolen, traditionalen Lebensregeln usw. eine ähnliche Selbsterhaltungsfunktion wie die, die das Lesen heute hat. Die großen und schrecklichen Märchen stammen aus jener Umbruchszeit des Lesens, die Brüder Grimm haben nur aufgezeichnet, was zu ihrer Zeit noch in den Familien erzählt wurde. Comics und Fernsehen haben heute in allen Schichten die Aufgabe der Großmutter übernommen. Das Lesen als »Kulturtechnik« hat in den fortgeschrittenen bürgerlichen Gesellschaften praktisch die Klasseneigenschaft verloren, gleichzeitig aber auch (sieht man von analphabetisierten Regionen und Ländern ab) die Emanzipationskraft.

Heute ist es nicht mehr gleichgültig, ob die Aneignung des Lesens als technischer, von allen Inhalten und Erkenntnisinteressen abgetrennter Vorgang verstanden wird oder als ein Lernprozeß, der von den Interessen der Kinder selbst geleitet ist und die kritische Verarbeitung der vorsprachlich gemachten Erfahrungen ermöglicht. Nur im zweiten Fall ist das Lesenlernen gleichzeitig eine Kulturleistung des Kindes, das ihm ein Stück autonome Bewegungsfreiheit und Distanz gegenüber der mit Herrschaftssymbolen gespickten, verdinglichten Realität erlaubt. Gibt es ein Interesse der Kinder, sich die Technik des Lesens anzueignen? Ja, spätestens dann, wenn sie den Elternbetrug durchschauen und selbst nachsehen wollen, was es im Fernsehen gibt.

Eine ganz andere Bedeutung dagegen hat heute das Schreiben. Objektivierung durch die Schriftsprache, mit der überhaupt durch Quellen vermitteltes geschichtliches Bewußtsein entsteht, hatte zwei Blütephasen: einmal die Epoche der großen Imperien (das Weltreich Alexanders, das römische Imperium, in gewisser Weise auch das England der Kolonialzeit), in denen die Geheimsprache der Herrschenden gleichzeitig die des Befehls und der kulturellen Distanz zu den beherrschten Völkern war, und die Zeit der bürgerlichen Innerlichkeit, als die Ausdrucksbedürfnisse des Bürgers die eines Weltbürgers, also universal waren, die materiellen Verkehrs- und Kommunikationsverhältnisse aber noch ganz traditional und einzelstaatlich bestimmt waren. Ob Goethes »Italienische Reise« uns in schriftlicher Form vorliegen würde, wenn Goethe (bei seiner Redseligkeit und seinem Selbstmitleid) allabendlich Gelegenheit gehabt hätte, nach Weimar zu telefonieren oder gar ein Flugzeug zu nehmen, um das am Tage Erlebte seinen Freunden unmittelbar mitzuteilen?

Da sich ein großer Teil der gesellschaftlich relevanten Kommunikation heute über das Telefon vollzieht, zudem ein dichtes Verkehrsnetz gewaltige Entfernungen schrumpfen läßt, verringert sich gesamtgesellschaftlich die Notwendigkeit für den einzelnen, sich in Form von Briefen, Aufsätzen, Stellungnahmen zu objektivieren und zu verständigen. Wenn Kinder den Sinn der schriftlichen Objektivierungsmöglichkeit begriffen haben, etwa durch Geheimmitteilungen an Freunde und Freundinnen, werden sie sich diese Möglichkeit der Verständigung auch aneignen und sie entfalten; aber heute finden sich nur schwer genügend reale Situationen, die ausreichend Aufforderungscharakter haben, um Kindern den Sinn der Objektivierungsform Schreiben klarzumachen.

In ähnlicher Weise muß das Rechnen differenziert werden. In dem Maße, wie Rechenoperationen für jedes Kind sichtbar in jedem kleinen Geschäft von Rechenmaschinen (Kassen) durchgeführt werden, verliert das Rechnen, wenn es über die Verteilung des eigenen mageren Haushalts hinausgeht, sehr schnell seinen verständlichen Sinn. Denn so richtig es ist, daß mit der Verwissenschaftlichung der Produktionsprozesse mathematische und physikalische Erkenntnisse an Bedeutung gewinnen, so unbestreitbar ist auch, daß damit gleichzeitig der »handwerkliche« Umgang mit physikalischen und mathematischen Gesetzmäßigkeiten eingeschränkt wird. Zum Beispiel gehören die Textaufgaben, bei denen es meist um Salz, Zucker oder auch um modernere Industrieprodukte, jedenfalls um brauchbare Sachen geht, wie Dreisatzaufgaben, in denen der Prozentanteil überschaubarer Vorräte errechnet werden soll, der Zeit des Kolonialwarenhändlers an, in der das Rechnen Teil des sinnlichen Umgangs mit Waren war.

Die Hinweise über die einzelnen Kulturtechniken in ihrer Stellung zur gesellschaftlichen Realität und zum Stand der gesellschaftlichen Produktivkräfte sollen andeuten, daß die Abstraktion vom jeweiligen Realitäts- und Sinngehalt derartiger Kulturtechniken Bildungsprozesse blockiert. Daß sie erlernt werden müssen, steht gänzlich außer Frage. Aber Organisationsform und Methode, in denen das geschieht, lassen die Vermittlungsinhalte nicht unberührt. Kulturtechniken, die Phantasie, Erfahrungen und Lernmotivationen des Kindes weiterführen, gemäß dem Entwicklungsstand der gesellschaftlichen Produktivkräfte, der Organisationsfähigkeit der Menschen, der verfügbaren Erkenntnismittel und dem Vergesellschaftungsgrad, müssen die Produktionsweise der kindlichen Erfahrungen zum organisierenden Zentrum haben.

Es gibt keinen gesicherten Kanon von Wissen mehr, der mit Hilfe technisch-didaktischer Mittel in den Vorstellungshorizont von Kindern umgesetzt werden könnte. Nicht nur die Hierarchie der Kulturtechniken untereinander, sondern auch deren innere Struktur, aufgebaut nach dem Induktionsprinzip, vom Einfachen zum Komplexen, ist in ihrer allgemeinen Geltung in Frage gestellt, und damit auch die Auffassung, daß all das, was in einem einzelnen spezialisierten Wissensgebiet arbeitsteilig entwickelt und zum Lehrstoff zusammengerafft ist, für Prozesse der Bewußtseinsbildung von Kindern unbedingt Bedeutung hat. Solange man davon ausgehen konnte, daß das Einschleifen der Kulturtechniken (Einmaleins, Rechtschreibung usw.) völlig problemlos Grundlage aller übrigen Wissensaneignung ist, gab es allenfalls technisch-didaktische Probleme. Mit anderen Worten: Solange der traditionelle Wissenskanon in der Schule noch weitgehend als unproblematisch galt, waren Lehrstoff und Didaktik aufeinander abgestellt. Heute drohen sich Didaktik wie Unterrichtstechnologien gegenüber den zu vermittelnden Lehrgehalten zu verselbständigen. Sie nehmen damit eine andere Funktion an: Im Grunde ersetzen sie eine Vermittlung von Methode und Inhalt, die nicht geleistet wird. Der Anspruch auf Verwissenschaftlichung wird auf die Seite des Mitteleinsatzes geschoben. Die Verwissenschaftlichung der materiellen Produktionsprozesse hat dagegen den pädagogischen Arbeitsprozeß als Ganzen erfaßt und schafft mindestens bei den Lehrern den ständigen Druck, alles, was sie inhaltlich vermitteln, und wie sie es didaktisch bringen, wissenschaftlich begründen zu müssen, und erzeugt damit ein schlechtes Gewissen. Praktisch wird das nicht überall der Fall sein, aber im Prinzip dringen Formen der Verwissenschaftlichung bis in die letzten Poren der Pädagogik hinein.

Es geht heute in den Schulen nicht nur um das altbekannte Problem der Stoffreduktion, sondern um die Frage, nach welchen Prinzipien überhaupt Lehrstoff zusammengefügt und reduziert werden soll. Und nicht nur das: Zunehmende Arbeitsteilungen in bestimmten Bereichen haben dazu geführt, daß die produktive Intelligenz im Umgang mit der Realität und dem verfügbaren Wissensstoff verlorengeht. Es ist ein alter Satz, daß man selbst ein schlechter Mathematiker ist, wenn man nur etwas von Mathematik versteht. Insbesondere in den Naturwissenschaften und auch in anderen wissenschaftlichen Bereichen gibt es daher gegenwärtig die Tendenz, Arbeitsteilungen rückgängig zu machen, das heißt, die Vermittlung der einzelnen Fächer mit den je anderen wird allmählich auch als eine methodische Forderung an die Erziehung und an die Ausbildung begriffen. Die Zerfaserung des Unterrichts in streng voneinander abgedichtete Fächer ist heute in der Pädagogik vielfach eine ohnmächtige

Widerspiegelung der gesamtgesellschaftlichen Arbeitsteilung, während die entgegenwirkenden Zusammenhänge, die unter der Oberfläche liegen, aber keine geringe Bedeutung haben, in der Schulrealität kaum wahrgenommen und praktiziert werden.

Diese gesellschaftliche Problemsituation kommt in der Unterrichtsrealität einzelner Schulen, sofern sie überhaupt Kritik am reinen Fachlehrerprinzip zulassen, im Nebeneinander von Fachunterricht und fächerübergreifendem Projektunterricht zum Ausdruck. Zusammengehalten wird das Ganze allenfalls durch pädagogische Postulate, nicht durch die inhaltliche und organisatorische Vermittlung dieser Unterrichtsformen. So hält sich eine Weile ein labiles Gleichgewicht, welches aber regelmäßig die Tendenz hat, sich zur Seite des herkömmlichen Fachunterrichts zu neigen, der scheinbar sichere Orientierungen verbürgt. Eine Lösung durch äußerliche Kombination dieser Unterrichtsformen ist auch nicht möglich. Schon in dem Begriff »fächerübergreifend« ist angedeutet, daß man auf halbem Wege stehen bleibt.

Die Glocksee-Schule macht den Versuch, die Arbeitsteilung aufzuheben und didaktische Konzepte zu entwickeln, die der notwendig gewordenen Neuorganisation des Lehrstoffs entsprechen. Alte Methoden des Projektunterrichts, die im Grunde auf Arbeiten von John Dewey Anfang der zwanziger Jahre zurückgehen, sind in den siebziger Jahren aus guten Gründen wieder diskutiert worden. Die gesellschaftliche Tendenz zur Zurücknahme von Arbeitsteilungen ist die objektive Basis für eine Requalifizierung von Wissensvermittlung. Dem kommen bei kindlichen Lernprozessen Ansätze und Dispositionen entgegen, die weitergeführt werden sollten. Das bedeutet keineswegs, daß durch Projektunterricht systematischer Unterricht über spezifische Gegenstände (also in der gewohnten Terminologie: Fachunterricht) zwangsläufig überflüssig wird. Es bedeutet vielmehr, daß dieser systematische Unterricht erst im Zusammenhang bestimmter Projekte seinen Stellenwert bekommt, nämlich in der Weiterführung, der Vertiefung, der Präzisierung des angeeigneten Gegenstandes oder der angedeuteten Zusammenhänge, die von dem tatsächlichen kognitiven Assoziationshorizont der Kinder ausgehen. Kein Kind erfährt die Realität aufgeteilt in fachspezifische Gegenstandsbereiche. Das, was den Kindern als wissenschaftliche Erkenntnis über die Gegenstände getrennt in Disziplinen entgegengebracht wird, führt ihren

Interessen- und Assoziationshorizont in der Regel nicht weiter, sondern fragmentiert und zerstört ihn. Damit wird auch das zugrunde liegende Erkenntnisinteresse ausgetrieben – häufig für immer.

Für die Glocksee-Schule nimmt das Entwicklungsprinzip eine zentrale Stellung im Lernprozeß ein. Was ist damit gemeint?

In einer kapitalistischen Gesellschaft mit entfalteter Warenproduktion gibt es das Problem, daß sich den Menschen die Verhältnisse vorwiegend in der dinglichen Gestalt von fertigen Produkten darstellen. Niemand reflektiert, wenn er eine Gabel oder ein Messer gebraucht, im Ernst auf den Produktionsprozeß, der zu ihrer Erzeugung notwendig ist. Die normale Funktion dieser Gegenstände dichtet das Bewußtsein gegen ihre Entstehungsbedingungen ab. Erst wenn Gabel und Messer zerbrechen, macht man sich Gedanken darüber, wie sie entstanden sind, oder stellt Vermutungen über die Fehler im Produktionsprozeß oder im Material an. Nimmt man die Massenmedien, so sind die Menschen auch hier mit abgeschlossenen Resultaten konfrontiert, die auf dem Bildschirm mit der Suggestion von Unmittelbarkeit erscheinen und weder einen Eingriff des Zuschauers zulassen noch die dahinterliegenden Prozesse sichtbar machen.

Aus objektiven Voraussetzungen dieser Verkehrung der Verhältnisse und der damit einhergehenden Ideologiebildung ergibt sich die Klage, daß das individuelle und kollektive Gedächtnis der Menschen schwindet, ihr historischer Sinn. Diese Bedingungen sind sicherlich nicht alleine durch Erziehung aufzuheben, ohne die Gesellschaft zu verändern, in der sie existieren. Aber eine Erziehung, die zu demokratischem Verhalten und zu autonomer, Vorurteile durchbrechender Denkweise führen soll, muß notwendig darauf gerichtet sein, geschichtliches Gegenwartsbewußtsein zu erzeugen. Erst auf dieser inhaltlichen Grundlage, die ein relativ breites Wissen des Lehrers vom Gegenstand des Unterrichts voraussetzt, können Differenzierungen von Altersstufen und didaktische Prinzipien eingesetzt werden, die der Entwicklung des Lehrstoffes durch Versinnlichung, durch Aneignung der Arbeitsmittel dienen und die Erfahrungen der Kinder für ein exemplarisches Lernen nutzen.

So wie auf der Ebene der Gegenstände ihr Produktcharakter, ihre gesellschaftliche Konstitution reflektiert wird, reflektiert das Prinzip des exemplarischen Lernens gleichermaßen den Produktionscharakter des Lernprozesses selbst.

Exemplarischer Unterricht besteht nicht in der Entfaltung einzelner zufälliger Vorstellungen der Kinder (das ist aussichtslos), sondern des bei den Kindern andeutungsweise vorhandenen Zusammenhangs dieser Ideen in systematisch vorbereiteten und vorgreifenden Projekten, die an der Unmittelbarkeit von Vorstellungen nicht kleben bleiben, sondern deren Vertiefung und Erweiterung zum Inhalt haben. Exemplarisches Lernen kann sich nicht darauf beschränken, die im Assoziationshorizont der Kinder vorgezeichneten Bahnen nachzuzeichnen, sondern es muß immer einige Schritte weiter sein, um auch die Begrenztheit des einzelnen Schrittes mitreflektieren zu können, um den Hintergrund der einzelnen Informationen, der einzelnen Antwort aufdecken zu können. Die unmittelbaren Erfahrungen des Kindes müssen als vermittelte erkennbar werden, die Erfahrungen im Haus, in der Wohnung, auf der Straße und in der Schule als Ausdrucksformen gesellschaftlicher Konflikte und Widersprüche, die auch andere Menschen betreffen. Es geht hierbei um Lebenszusammenhänge, nicht um einzelne Tatsachen und Informationen, die additiv zusammengefügt werden. Die Informationen selbst liegen heute auf der Straße, was aber fehlt, sind Orientierungsmöglichkeiten, ist die Motivation und Fähigkeit, diese Informationen zu verwenden und das eigene Leben in Zusammenhang mit den zugrunde liegenden Verhältnissen zu bringen.

Die Kinder bringen ihre eigenen Erfahrungen und Konflikte in exemplarische Lernprozesse ein, aber diese Erfahrungen und Konflikte, wie auch die Institutionen, von denen sie bestimmt werden, bedürfen der doppelten Erklärung: Sie haben einen Entstehungsprozeß in der Vergangenheit, dessen Resultat sie sind, und sie weisen in ihren Tendenzen im allgemeinen über den gegenwärtigen Zustand hinaus. Sie lassen, wo es um empfundenes Unrecht, um Unterdrückung, aber auch um Glück geht, eine utopische Dimension erkennen, den Tagtraum besserer Verhältnisse. Im Erziehungsprozeß für das Kind Partei ergreifen, nicht nur als Schutz gegen Unrecht und Gewalt, sondern um es mit Kreativität und sensibler Realitätsauffassung, mit Urteilsvermögen und neuen Lernmotivationen auszustatten, bedeutet gleichzeitig, diese beiden Dimensionen inhaltlich zu entfalten. Der Realitätsgehalt von Tendenzen ist größer als der von Tatsachen.

5. Fünf Brücken zur Regelschule: Ein Gespräch mit Rainer Winkel[23]

Winkel: Mir fällt auf, daß viele Initiatoren von Alternativschulen von Haus aus gar keine Pädagogen sind: George Dennison ist Schriftsteller, Ivan Illich Theologe, Hartmut von Hentig Altphilologe und Oskar Negt Sozialwissenschaftler. Mich würde zu Beginn unseres Gesprächs interessieren, wie Sie persönlich mit pädagogischen Problemen in Berührung kamen.

Negt: Es ist sicherlich nicht zufällig, daß eine Reihe von Leuten, die an einer alternativen Pädagogik arbeiten, aus anderen Fachgebieten kommen. Einer der Gründe liegt wohl darin, daß es ja so etwas wie eine Krise der akademischen Pädagogik gibt. Jede Disziplin hat in ihrer Tradition und Fragestellung ein Regelsystem gebildet, das ein bestimmtes Symbolspektrum von Fragestellungen ausgliedert. Ich persönlich komme, was meine erste Berührung mit Fragen der Didaktik und der Lernprozesse betrifft, von den Gewerkschaften her.

Winkel: Kann man sagen, daß die etablierten Pädagogen zum Teil schon so betriebsblind sind, daß sie die Krise der Schule gar nicht mehr wahrnehmen? Mir fällt dabei ein makabres Bild ein: Da sitzen im sechzehnten Stockwerk eines Hochhauses Architekten und sind fleißig damit beschäftigt, allerlei kluge Berechnungen anzustellen, wie man das Hochhaus verschönern kann, während es in den unteren Stockwerken längst in Flammen steht...

Negt: Der Tendenz nach trifft dies absolut zu. Auf neue Fragestellungen, Krisen, Brände usw. haben immer schon diejenigen hingewiesen, die eben nicht im Hochhaus saßen. Denken Sie an entscheidende Anregungen für neue soziologische Fragestellungen Mitte der sechziger Jahre durch Herbert Marcuse, die Philosophie also und die Psychoanalyse. Und da gibt es natürlich »vested interests«, institutionalisierte Interessen, die einen Abwehrkampf gegen neue Fragestellungen aufführen. Innerhalb der Pädagogik Ende der fünfziger Jahre und Anfang der sechziger Jahre hat es Einzelpädagogen gegeben, die das brennende Haus gesehen haben. Ich denke zum Beispiel an Heinrich Roth, der darauf beharrte, daß eine »realistische Wende« kommen müßte, oder an Basil Bernstein und seine schichtspezifischen Sprachuntersuchungen. Die Sensibilität gegenüber kindlichen Lernprozessen ist gerade von denjenigen gekommen, die keine engen pädagogischen Fragen aufgeworfen haben. Eine weitere Stimme von außen war Theodor W. Adorno, der die Frage stellte: Wie sind eigentlich Lernprozesse zu organisieren, die das verhindern, was von 1933 bis 1945 geschah? Auch dies war kein Thema der akademischen Pädagogik.

Winkel: Die relativ wenigen klassischen Alternativschulen hierzulande sind ja recht populär. Die »Pädagogik der Alternativschulen« ist zum häufigsten Thema in Universitätsseminaren und Prüfungen geworden – bezeichnenderweise in einer Manier, die nichts von dem brennenden Hochhaus zurücknehmen muß. Man beschäftigt sich zwar mit dem Feuer, aber in einer akademischen Nonchalance, die mich zweifeln läßt, ob man den Ernst der Situation wirklich begriffen hat. Ganz anders die Lehrer in Regelschulen: Sie leiden ja unter den Defekten der verbürokratisierten Staatsschule. So pilgern sie oft in Scharen in die Bielefelder Laborschule, die Freie Schule Frankfurt, nach Hannover-Glocksee oder in die Werkschule Berlin. Vielleicht nicht immer mit den richtigen Erwartungen, aber mit Sicherheit von einer großen Verantwortung geleitet. Sie können zumindest von der Glocksee-Schule her die Frage beantworten, ob und wo sich Regelschullehrer Illusionen über alternative Schulen machen.

Negt: Eine Illusion besteht mit Sicherheit darin, zu erwarten, in diesen Projekten werde etwas gemacht, das man einfach nachmachen könnte. Dieser ganze Modellplatonismus ist aber nicht nur ein Erwartungsproblem, sondern auch Ausdruck einer gewissen Ohnmacht der Unentwickeltheit von Alternativvorstellungen in diesem Lande. Wenn dann einmal ein Projekt gelingt, sich wie die Glocksee institutionell hält, dann möchte man darauf gleich die Erwartung lenken, daß dort all das gemacht wird, was man sich erträumt. Eine Art Fremdidentifikation findet statt, denn die Alternativschulen erfüllen den Wunsch, mit den eigenen Utopien nicht allein zu sein. Deshalb wird zum Beispiel die Glocksee-Schule gar nicht so sehr in dem, was sie macht, von den Regelschullehrern wahrgenommen, sondern aufgrund der Tatsache, daß es sie für die eigenen Träume gibt. Das halte ich für eine Illusion und zugleich für einen politischen Tatbestand.

Winkel: Wenn also lernen nachmachen bedeutet, dann kann man von den Alternativschulen nichts lernen?

Negt: Man kann von den Alternativschulen nur dann lernen, wenn man den Zusammenhang der Sondersituation anerkennt. Alternativschulen sind keine Inseln, sondern Stücke der und Antworten auf die Realität, aber man muß ihre spezifischen Bedingungen anerkennen.

Winkel: Meinen Sie damit, daß diese Spezifika noch viel zu wenig wahrgenommen werden?

Negt: Ja. Und gerade deshalb kommt es zu Enttäuschungen und Desillusionierungen, die aber auch ihr Gutes haben. Denn diese falschen Erwartungen erlauben ja gar keine Hinweise auf die eigene zu verbessernde Praxis ...

Winkel: ... sei es in einer schwäbischen Grund- oder in einer nordrheinwestfälischen Gesamtschule.

Negt: Ja! Denn ein wirklicher Lernprozeß würde darin bestehen, die jeweilige Sondersituation alternativer Projekte anzuerkennen und diese mit den eigenen Bedingungen in der jeweiligen Regelschule, in der die betreffende Lehrerin oder der betreffende Lehrer arbeitet, zu kontrastieren.

Winkel: Das heißt, ich muß die in Alternativschulen gewonnenen Beobachtungen auf meine Strukturbedingungen neu reflektieren.

Negt: Das ist ein schwieriger, aber unvermeidlicher Lernprozeß, der – wenn er nicht erfolgt – jedes Lernen von den Alternativschulen scheitern läßt. Man darf die Lücken und Poren, die jede Institution hat, nicht mit der globalen Feststellung schließen, daraus könne doch nichts Vernünftiges werden. Damit blockiert man sich selbst, neben den Institutionen, die sich genügend reglementieren.

Winkel: Nun, vielleicht kann dieses Gespräch dazu beitragen, manche »Lücken und Poren« zu entdecken. Ich weiß nicht, ob Sie mir in der bildungspolitischen Einschätzung zustimmen, daß es in absehbarer Zeit zu keinen Neugründungen von Alternativschulen kommen wird, und zwar in Form von Schulversuchen in öffentlicher Trägerschaft.

Negt: Alternativschulen, die ja immer auch mit der Organisierung von Unruhepotential verknüpft sind, wird man zu verhindern wissen. Größer liegen vielleicht die Chancen alternativer Projekte in Form privater

Ersatzschulen. Auch uns konfrontiert man ja mit dem Vorschlag, aus Glocksee eine Privatschule zu machen, die man dann auch großzügiger behandeln würde. Dies wollen wir aber auf keinen Fall, weil damit ganz bestimmte Ausgliederungen verbunden wären. Aber es gibt inzwischen sehr viele Alternativschulinitiativen, und unter den je spezifischen regionalen Bedingungen mag es durchaus sinnvoll sein, diese Schulen als Privatschulen zu beantragen. Aber mit Sicherheit trifft Ihre Feststellung zu, daß es keine Tendenz gibt, den staatlichen Schulaufsichtsbereich durch Gründung von Alternativschulen aufzulockern. Von daher lautet die entscheidende Frage: Was können Regelschullehrer in dem oben definierten Sinn von den Alternativschulen lernen, um ihre eigene Wirklichkeit zu verbessern?

Winkel: Ehe wir solche Brücken zwischen Alternativ- und Regelschulen genauer untersuchen, Brücken, auf denen die hier gemeinten Lernprozesse stattfinden könnten, sollten wir sie als solche kennzeichnen: Da gibt es sicher eine edukative Brücke, auf der sich der Umgang mit Kindern anders als gewohnt gestalten läßt. Zweitens scheint mir eine didaktische Brücke besprechenswert, auf der alternative Lerninhalte sichtbar werden. Drittens könnte eine methodische Brücke für Regelschullehrer interessant sein, denn anderes soll ja auch auf andere Weise gelehrt und gelernt werden. Und viertens – aber da bin ich skeptisch, ob sich hier überhaupt eine Brücke bauen läßt – könnte man von einem schulstrukturellen Anregungspotential sprechen, denn in Alternativschulen wird ja auch die gesamte Schulorganisation anders strukturiert: angefangen vom Abschaffen des Uhr- und-Schelle-Diktats bis hin zu Polstermöbeln in Schulklassen. Vielleicht sehen Sie andere und weitere oder auch gar nicht die hier genannten Brücken. Zum Zweck des wechselseitigen Verstehens sollten wir sie aber so genau wie möglich kennzeichnen.

Negt: Ich sehe diese vier Brücken auch – und eine fünfte. Ich beginne mit der edukativen Anregung, mit der Frage also: Was kann ich als Regelschullehrer vom Umgang mit Kindern in Alternativschulen für meine Wirklichkeit lernen? Hier lautet das Stichwort »Veränderung der Lehrerrolle«, die nicht mehr ausschließlich als ein linearer Vermittlungsprozeß von Lehrern zu Schülern verstanden werden kann. Lehrer sind immer auch Erzieher, und das alte Wort von Marx von der »Erziehung der Erzieher« bedeutet heute, daß der Lehrer oder die Lehrerin immer stärker mit Aufgaben der Strukturierung psychisch-sozialer Prozesse befaßt ist. Etwa: Gruppensituationen einschätzen, klimatische Bedingungen wahrnehmen, Abwehrreaktionen, Fluchtbewegungen, Regressionsphänomene usw. der Kinder verstehen, kurz: eine Sensibilisierung entwickeln, die Voraussetzung ist für inhaltliche Lernprozesse.

Winkel: Diese gerade in Glocksee praktizierte Sensibilität wird ja häufig mißverstanden.

Negt: In der Tat! Und sie muß sich gegenüber zwei Fehlentwicklungen abgrenzen: Sensibilität gegenüber psycho-sozialen Bedürfnissen der Kinder heißt ja nicht, symbiotische Beziehungen mit ihnen einzugehen, sich als Kind gegenüber Kindern zu verhalten, alles zu verstehen und zu verzeihen. Die zweite Fehlentwicklung möchte zu den traditionellen Methoden der Überwachung, Kontrolle und Disziplin zurückkehren, den Unterricht in offizielle und inoffizielle Lernprozesse aufspalten. Die hier gemeinte Sensibilität bedeutet, daß der Lehrer die Schüler in ihren konkreten Bedürfnissen anerkennt und diese gleichzeitig als Erwachsener strukturiert, verstehen lernt, erzieht. Diese Dialektik von Nähe und Distanz in der pädagogischen Situation könnte man von den Alternativschulen wieder lernen. Regelschullehrer haben es ja nicht mit ganz anderen Kindern und Problemen zu tun. Sie erledigen dieselben Probleme nur auf andere Weise, dadurch nämlich, daß sie diese ausgliedern und unter den Teppich kehren und somit unerziehbar machen.

Winkel: Könnten wir daraus so etwas wie einen ersten Merksatz für Regelschullehrer formulieren?

Negt: Von den Alternativschulen kann man lernen, daß Regel- und Alternativschulen es mit denselben Erziehungsproblemen zu tun haben, die aber in den meisten Regelschulen verdrängt werden. Um sie gegenüber der Erziehung zu öffnen, müssen sie mit einer neuen Sensibilität wahrgenommen, anerkannt und so strukturiert werden, daß an ihnen gelernt werden kann.

Winkel: Dieser Satz ist aber nur dann verallgemeinerungswürdig, transferierbar von Hamburg bis München, wenn ihn jeder Regelschullehrer auf seine Strukturbedingungen neuerlich reflektiert.

Negt: Richtig. Denn die Situation des Regelschullehrers ist ja nicht nur durch die Institution definiert, sondern jede Institution eröffnet Lernprozesse, Freiräume, die es zu nutzen gilt.

Winkel: Auf dieser ersten Brücke wäre also vornehmlich dieses zu lernen: Wer heutige Erziehungsprobleme nicht kapitulierend hinnehmen oder reglementierend disziplinieren will, muß sie erst einmal sichtbar, erfahrbar und damit bearbeitbar machen. Vielleicht begeben wir uns nun auf die zweite, die didaktische Brücke?

Negt: Der Entwicklung von Curricula, von uns in der Glocksee in den letzten Jahren mit großem Aufwand betrieben, liegt vielleicht eine Täuschung zugrunde. Ich glaube, daß es so wesentlich nicht ist, um welche Materialien es sich im Unterricht handelt: ein Schulbuch, ein durchorganisiertes Projekt, diverse Folien usw. In jedem Fall handelt es sich um vorgetane tote Arbeit, um akkumulierte dingliche Erfahrung, die als solche der lebendigen Arbeitskraft des Lehrers noch bedarf. Selbst die besten Curricula verleihen allein noch keine lebendige Anschauung. In der Glocksee haben wir gelernt, daß das Element von Erzählung, der lebendigen Verarbeitung und damit auch der persönlichen Beziehung des Lehrers zu den Materialien sehr wesentlich ist. Diese Erfahrung scheint mir auch für Regelschullehrer nachvollziehbar zu sein. Der Rückgriff auf vorgefertigte Materialien ohne persönlichen Bezug ist häufig eine Ohnmachtshaltung. Die Schüler müssen am Lehrer erkennen, daß es ihm ernst ist mit der Arbeit, die er tut. Diese Identifikation mit dem Stoff ist wichtiger als die Gliederung einer Unterrichtsstunde in verschiedene Schritte oder das Problem der Lernziele. Je organisierter und schlüssiger ein Curriculum, desto notwendiger muß es vom Lehrer aufgesprengt, verlebendigt werden.

Winkel: Heißt dies, daß Sie die sechste Analysefrage von Wolfgang Klafki, die ja die Zugänglichkeit von Inhalten für den potentiellen Schüler eröffnen soll, noch basaler wenden, indem Sie zunächst die Frage aufwerfen: Was bedeutet dieser oder jener Inhalt für mich, den Lehrer?

Negt: So ist es. Der Lern- oder Vermittlungsprozeß beginnt mit der Lehrerin und dem Lehrer oder überhaupt nicht.

Winkel: Genau dies hat aber die klassische Curriculumreform verhindert, indem sie die Curriculumpakete so schnürte, daß sie der Lehrer allenfalls aufschnüren, aber nicht verlebendigen konnte.

Negt: In der traditionellen Curriculumtheorie ist der Lehrer allenfalls ein Wasserträger, ein Medium, ein Vermittler und Paketaufschnürer. Didaktik, die keine Identifikation des Lehrers mit vorgetaner Arbeit sichtbar macht, ist für das Lernen bedeutungslos.

Winkel: Ich versuche mal einen zweiten generalisierbaren Merksatz: Ehe ich als Lehrer keinen lebendigen, kritischen Bezug zu diesem oder jenem Inhalt gefunden habe, lassen sich Curricula allenfalls in Form gepreßten Haferschleims in die Schüler hineinstopfen.

Negt: Nur müßte man diesen Satz in die konkrete Wirklichkeit transferieren, also nicht nur in den Alternativschulen gelten lassen. Die Form, in der Schüler heute mit vorformulierten Testbögen traktiert werden, bedeutet nichts anderes als die Bestätigung ihrer schlimmen Erfahrung, daß der Lehrperson der Unterrichtsstoff unwichtig ist. Dabei zwingt niemand die Regelschullehrer, so zu verfahren; sie zwingen sich selbst. Das Sprechen, das Erzählen, das Herstellen eines kommunikativen Klimas ist eine Grundvoraussetzung eines lebendigen Unterrichts – auch in der Regelschule.

Winkel: Damit haben wir eigentlich schon die dritte Brücke betreten, auf der vielleicht methodische Anregungen ausfindig zu machen sind. Ich habe den Eindruck, daß Sie gerade die zweite und dritte Brücke eng aneinanderkoppeln. Offensichtlich ist für Sie die Art der Vermittlung gar nicht zu trennen von dem, was da gelehrt und gelernt werden soll. Nun haben Ihnen linke Kritiker vorgeworfen, durch die Betonung der Vermittlungsformen sei unter Umständen die Erarbeitung bestimmter Inhalte nicht mehr gewährleistet. Im Klartext: Wer Lernprozesse freigibt und kommunikative Klimata so ernst nimmt wie Sie, kann unmöglich garantieren, daß bestimmte Inhalte – sagen wir antifaschistische Curricula – tatsächlich gelernt werden. Stricken diese Kritiker nicht dasselbe Muster wie unsere Curriculumtechnokraten, denen letztlich die Verkehrsformen des Unterrichts sekundär sind, das heißt, die im Extremfall Emanzipation mit Hilfe antiemanzipatorischer Methoden lehren?

Negt: Es gibt ja in der ganzen Landschaft gegenwärtiger pädagogischer Diskussion ein Schwanken zwischen einem formalisierten Regelsystem, das sich jeder aneignen kann, und einer »inhaltistischen« Richtung, die behauptet, die Inhalte sind das Wesentliche, und die Vermittlungsprozesse sind unwichtig. Es gibt diese Diskussion übrigens auch in der Arbeiterbildung. Beide Ansichten sind mit Sicherheit falsch, aber in beiden steckt ein richtiges Element darin, daß ein Lehrer auch eine bestimmte regelhafte Umgangsweise mit Schülern und Lehrstoffen lernen muß, wenn er den bereits vorhin angesprochenen Verlebendigungsprozeß eröffnen will. Andererseits ist konkretes Lernen immer auch ein inhaltlich gebundenes. Man kann zum Beispiel Schüler über den Faschismus nicht beliebig mit jeder Methode aufklären, ohne diesen »Inhalt« zu verändern, aber das Bedürfnis nach Aufklärung über die Vergangenheit ist eben auch an den »Inhalt« des Faschismus gebunden. Wichtig im Sinne des exemplarischen Lernens ist, daß einzelne Themen Neugierde wecken und Verarbeitungskompetenz erzeugen für das, was die Schüler hören, sehen und erfahren. Die alte Vorstellung, flächendeckend zu unterrichten, ist in allen Gebieten absurd geworden: Sie erzeugt Druck und blockiert Identität.

Winkel: Methoden müssen also inhaltsadäquat sein?

Negt: Ja. Formen und Inhalte des Lernens sind nicht identisch, aber auch nicht auseinanderzureißen. Man kann nicht über den Faschismus in einem autoritären Klima unterrichten, das heißt im Frontalunterricht und entlang operationalisierter Lernziele, ohne Schüler latent zu faschisieren. Umgekehrt: Kinder, die nie etwas über den Faschismus gehört haben, aber eine Form von demokratischer Selbstbestimmung in der Schule lernen durften, sind unter Umständen resistenter gegenüber Vorurteilen als die auf einer kognitiven Ebene bestens über den Faschismus informierten Schüler. Nach meiner Auffassung müssen Lernprozesse bei Kindern in der Form stattfinden, daß sie sich erstens nicht unter allen gesellschaftlichen Bedingungen anpassen (also auch in der Schule nicht) und daß sie zweitens in ihrer Tätigkeit erfahren, wie ihre Interessen auf Verständnis stoßen.

Winkel: Also entschiedene Zurückweisung kognitivistischer Tendenzen?

Negt: Ja. Es gibt zwar keine Pädagogik ohne das Pathos von Aufklärung, ohne die Unterstellung, daß die Subjekte durch den Kopf sich verändern...

Winkel: ... aber ohne Hals, Rumpf und Füße, ohne emotionalen Unterbau, bleibt andererseits auch der beste Kopf nicht am Leben.

Negt: Ja, diese Spaltung des Menschen zu überwinden ist eine wesentliche Aufgabe der Erziehung.

Winkel: Macht das zuletzt Gesagte nicht auch verständlich, daß Alternativschulen mittlerweile von rechts und von links heftig kritisiert werden?

Negt: Solche Konstellationen stellen sich immer her. Sie haben mehreres gemeinsam: zum einen die Chaosangst, Angst also, die Kontrolle zu verlieren. Von daher ist der Kampf gegen Spontaneismus der Rechten und der dogmatischen Linken gemeinsam. Zweitens verbindet sie die Vermutung einer Unterqualifizierung im Sinne gesellschaftlicher Arbeitsprozesse oder anders gesagt: die Ansicht, daß die kognitive Ausstattung ausreicht, berufliche Situationen zu bewältigen. Und drittens hegen beide Seiten den Verdacht, Kinder, die ihren Bedürfnissen nachgehen, müßten in der Realität scheitern. Insofern sind Alternativschulen Provokationen für rechte und linke Dogmatiker.

Winkel: Vielleicht könnte unser dritter Merksatz lauten: Von den Alternativschulen ist unter anderem auch dies zu lernen, daß – um es in der Sprache von Pestalozzi zu sagen – zur allseitigen Menschenbildung die Ausbildung von »Herz, Geist und Hand« gehört.

Negt: Jedenfalls unterstellt die bloße Kopfarbeit etwas, was es in der Gesellschaft verbindlich und gültig nicht mehr gibt, nämlich gesicherte Identität, zu der eben auch Emotionalität und Körperlichkeit gehören.

Winkel: Auf der vierten Brücke, Herr Negt, hätte ich aufgrund meiner Erfahrungen die größte Mühe, Anregungen zu entdecken. Denn wie sollen alternative Schulstrukturen auf die Bedingungen von Regelschulen transferiert werden?

Negt: Sicherlich ist es die schwierigste Brücke. Und doch sollten wir auch hier mit bescheidenen Lernhinweisen produktiv umgehen.
Ich möchte auf drei realistische Perspektiven hinweisen: Erstens ist es pädagogisch sinnvoll und organisatorisch möglich, die starren Grenzen des jahrgangsweisen Unterrichts partiell und temporär aufzulockern – vornehmlich im Rahmen von Projektunterricht. Zweitens ist die Zeit ein ganz wesentliches Prinzip der Sozialisation. Wenn Zeit äußerlich festgelegt wird, ist die Herstellung eines kommunikativen Klimas sehr erschwert. Kinder und Lehrer müssen freie Zeitblöcke zur Verfügung haben, in denen gelehrt, gelernt und gespielt werden darf. Und man

sage mir nicht, dies könnten Lehrer über Konferenzbeschlüsse und Stundenplanarragements nicht herstellen. Drittens gehört auch der Raum zu einer menschenwürdigen Erziehung. Wenn Raum nicht emotional besetzt wird, gestaltbar und aneigenbar bleibt, müssen wir uns über den Vandalismus nicht wundern.

Auch hier nutzen die meisten Regelschulen viel zu selten und viel zu wenig die möglichen Spielräume. Die Tischordnung etwa muß doch nicht unter dem Gesichtspunkt der Kontrolle von den Lehrern vorgenommen werden...

Winkel: ... und der Arbeitsökonomie von Putzfrauen.

Negt: Genau. Ich habe kürzlich mit Horst Eberhard Richter gesprochen, der meinte, dieses Bedürfnis, von Angesicht zu Angesicht zu kommunizieren, sei heute so stark, daß selbst Erwachsene nicht konzentriert zuhören können, wenn nicht immer wieder Phasen solcher Tischgruppengespräche stattfinden können. Eine andere Anregung: Wenn ich ein Interesse daran habe, daß Kinder Wände und Räume nicht zerstören, muß ich sie freigeben zur Gestaltung. Ich habe nicht mehr die Alternative, Schulen rein zu halten...

Winkel: ... sondern die Alternative lautet: entweder beschmierter Beton und zerstörte Einheitsmöbel oder Couchen in die Klassen, Teppiche und Sitzkissen.

Negt: Richtig. Und hier können wir übrigens auch von den englischen »primary schools« sehr viel lernen.

Winkel: Sie denken an die dort zu findenden didaktischen Zentren und die »learning environments«: also Leseecken, Kochnischen, Kuschelplätze usw.?

Negt: Ja. Und diese sind in Regelschulen möglich. Schauen Sie, ich habe eine Tochter auf der Gesamtschule Linden. Und wenn ich sehe, daß dieses vierzehnjährige Mädchen in der Regel einen 8-Stunden-Tag in der Schule verbringt, dann wirkt das Fehlen von entlastenden Regressionsmöglichkeiten absolut zerstörerisch.

Winkel: Ehe der Regelschullehrer solche Freiräume sucht und ausgestaltet, müßte er sich, wie mir scheint, erst einmal vor Selbstfestlegungen hüten, die später legalisiert werden.

Negt: Ja, und vor einem permanent schlechten Gewissen, wenn ihm nicht alles auf Anhieb gelingt. Aber lassen Sie mich noch eine fünfte

Brücke erwähnen, auf der das Regelschulsystem von den Alternativschulen etwas lernen könnte. Alternativschulen sind ja nicht nur Alternativen für bestimmte Schüler, sondern auch für deren Lehrer und Eltern. Dieses Dreiecksverhältnis kann insofern verbessert werden, als Eltern an der Schularbeit beteiligt werden.

Winkel: Also letztlich ein kommunalpolitisches Engagement?

Negt: Ja. Glocksee zum Beispiel würde gar nicht mehr existieren ohne diese Elternmitarbeit – übrigens auch nicht die Stabilität der Lehrergruppe.

Winkel: Heißt das: die Schule der Zukunft als »community school«, als kommunikative Drehscheibe eines Stadtteils, als gesellschaftliche (und nicht staatliche) Einrichtung, was übrigens Herbart schon gefordert hat? Die Schule als Stätte vielfältiger Begegnungen von Kindern, Jugendlichen und Erwachsenen?

Negt: Ja. Diese Möglichkeit vorgezeichnet zu haben ist auch ein Verdienst der Alternativschulen.

Winkel: Ein letzter Punkt, Herr Negt: Die heutige junge Generation zeigt andere Verhaltensweisen als die kritische Jugend vor zehn oder zwanzig Jahren. Ihr Mitarbeiter, Thomas Ziehe, spricht von einem neuen Sozialisationstyp, den er als narzißtisch begreift. Andere Forscher beobachten Fluchttendenzen, Bewegungen des Wegtauchens, Ausflippens und sprechen von der Schlaffi-Generation, deren Gurus in der Alternativszene zu Hause seien. Dies alles irritiert Lehrer, Eltern und Erzieher. Würden Sie als ein Mann, der seit vielen Jahren mit seiner ganzen Existenz für eine andere Art von Erziehung wirbt, resignierenden Zeitgenossen Mut machen können?

Negt: Erstens hat es den Verständniskonflikt zwischen den Generationen immer gegeben. Und zweitens habe ich größte Vorbehalte gegenüber der Auffassung, diese jüngere Generation sei uninteressiert, nicht engagiert, arbeitsunfähig und habe keine soziale Organisation. Elemente davon gibt es. Aber es ist die Frage, welche Bedeutung haben diese als Form der Auseinandersetzung mit der Realität. Sehen Sie, auch ein Rückzug aus der Realität ist eine Kritik an der Realität, Teil dieser Realität. Für uns sicherlich eine neue Form der Auseinandersetzung, mit der umzugehen wir lernen müssen. Dahinter stecken ungeheure Energien und Phantasien, die wir durch Veränderungen der Bedingungen der

Realität produktiv mobilisieren können. Wenn junge Menschen heute an der Realität verzweifeln und zum Beispiel nicht mehr jede Art von Arbeit akzeptieren, dann leben sie ein Stück desjenigen Protestes vor, den die Erwachsenen gleichfalls spüren, aber verdrängen und unterdrücken. Was sich in der heutigen Jugendgeneration abspielt, ist kein Randproblem, sondern im Kern unserer Gesellschaft vorhanden.

Winkel: Demonstrieren junge Menschen also auf ihre Weise das Unbehagen und schlechte Gewissen, das wir Erwachsenen längst mit Hilfe der drei As, mit Hilfe von Arbeit, Auto und Alkohol, narkotisiert haben?

Negt: Ja. Herzinfarkt, Verkehrsunfälle und Alkoholismus bilden die eine, die verschwiegene Krankheitskette. Aber sie ist doch nicht weniger harmlos als Herumgammeln und Drogensucht. Wenn sich in der Gesellschaft erst einmal andere Zielvorstellungen durchgesetzt haben, wird dieselbe Generation, die man jetzt als resignativ bezeichnet, sehr engagiert sein. Resignation ist auch eine Verarbeitung von Problemen, freilich: eine stillgestellte Verarbeitungsenergie.

Winkel: Heißt dies, daß wir Erwachsenen erst einmal unsere eigenen Deformationen sehen müßten, ehe wir, selbst resignierend, die nach uns kommende Generation als resignierende abschreiben?

Negt: Dem würde ich sofort zustimmen. Denn durch eine Verneinung der eigenen Gebrochenheit werden die Formen der Identitätsbedrohung bei den anderen ausgegrenzt. Und darin liegt das Ende jedweder Erziehbarkeit.

Winkel: Herzlichen Dank für dieses Gespräch!

6. Ein gebrochener Reformansatz: Die Legitimationslast der Gesamtschule

Den Lehrern, Eltern, der wissenschaftlichen Begleitung in der Gründungszeit und im ersten Jahrzehnt der Glocksee-Schule war klar, daß die Wirksamkeit der hier entwickelten Pädagogik davon abhängt, welche Veränderungsimpulse die bestehenden Schulen, insbesondere jedoch die selbst im Experimentalstadium befindlichen Gesamtschulen, durch diesen Erziehungs- und Lernansatz erfahren. Unser Blick war anfänglich, als wir nach geregelten (das heißt kollektiven) Übergängen für unsere Kinder nach Abschluß der vierten Klasse suchten, auf die Gesamtschulen im Regierungsbezirk Hannover gerichtet. In der Integrierten Gesamtschule Linden fand sich in der Schulleitung und im Lehrerkollegium eine Mehrheit, die eine engere pädagogische Bindung mit der Glocksee-Schule befürwortete. Gut ein Jahrzehnt währte die für alle produktive Kooperation, an der sich Lehrer, Eltern und wissenschaftliche Begleitung beider Schulen aktiv beteiligten. Es war dieser konkrete Erfahrungszusammenhang, in dem sich allmählich unser Bild von den inneren Widersprüchen, den Möglichkeiten und Grenzen einer Schulreform mit dem Zentrum Gesamtschule entwickelte.

Die Bestimmung der Maßverhältnisse ist bei pädagogischen Arbeitsprozessen Grundvoraussetzung für eine sinnvolle Erziehungs- und Lerntätigkeit. Die absolute Diskrepanz der Gefäßgrößen war der erste und bleibende Eindruck, als die kleine Glocksee-Schule auf die riesige Gesamtschule traf. Ich begann zu zweifeln, ob produktive pädagogische Arbeit ab einer bestimmten institutionellen Größenordnung überhaupt möglich ist. Das betrifft nicht nur die Schule, sondern die Maßverhältnisse in unseren Lebenszusammenhängen insgesamt. Hartmut von Hentig trifft genau diesen Punkt: »Es geht darum, menschenwürdige Lebenseinheiten herzustellen, in denen zugleich gelebt wird und gelernt werden kann, wie man lebt; man sieht es am Großen und Ganzen Haus, was das im Prinzip bedeutet; unsere Einheiten sind sowohl zu groß (Betriebe, Schulen, Universitäten, Städte, Nationen) als auch zu fragmentarisch (es wird in ihnen kein Zusammenhang sichtbar). Kinder müssen erfahren können, was eine starke, bleibende Beziehung, was schützende (nicht geschützte) Gruppen, was selbstgeschaffene Ordnungen vermögen.«[24]

Freilich gehört zu den gestörten Maßverhältnissen neben dem zu Großen und zu Fragmentarischen ein Drittes, was ein pädagogisch sinnvolles Austragen der Beziehungen zwischen Distanz und Nähe erschwert: das zu Kleine, die familiale Scheinintimität einer Gruppe, die ihre Identität daraus zu gewinnen sucht, daß sie zwischen innen und außen klare Frontlinien aufbaut – Solidaritätsdruck nach innen, Feinderklärungen nach außen.

Der Schulversuch Glocksee ist von solchen Abschließungstendenzen, wie der Bericht des Psychologen Franz Wellendorf zeigt, der längere Zeit Supervision in der Lehrergruppe machte, nie ganz frei gewesen; aber der politische Zusammenhang, der im Interesse möglicher Integration von Glocksee-Ideen in das Regelsystem der Schule immer wieder hergestellt wurde, hat die Abkapselung der Schule bisher wirksam verhindern können. Dafür entscheidend war nicht zuletzt die Zusammensetzung des Lehrerkollegiums.[25]

Idee und Wirklichkeit der Gesamtschule spielen für die Horizonterweiterung des Glocksee-Projekts eine zentrale Rolle. Keine künftige Bildungs- und Schulreform wird an der Veränderung und Umstrukturierung der Gesamtschule vorbeigehen können. Deshalb ist es nötig, ihre Widersprüche und Chancen offenzulegen.

Wer heute über Gesamtschulen redet oder schreibt, muß wissen, daß er die Probleme in unzulässiger Weise verkürzt und verzerrt, wenn er sich auf Gesamtschulfragen beschränkt. Zwar fanden die heftigsten Auseinandersetzungen um die Gesamtschule in den siebziger und achtziger Jahren statt, während heute die Gesamtschule bundesweit so weit etabliert ist, daß sie von den absoluten Schülerzahlen her allmählich zur Hauptschule und zur Realschule aufschließt. Das ändert aber nichts daran, daß die Situation je nach Bundesland sehr unterschiedlich zu bewerten ist und alle Argumente im Kampf um die Gesamtschule spätestens dann wieder aufgewärmt werden, wenn eine Gesamtschule neu eingerichtet werden soll, da in Zeiten knapper Haushaltsmittel häufig nur die Umwidmung einer anderen Schule in Frage kommt. Jedes Argument nimmt unter der Hand, so sachlich das einzelne auch gemeint sein mag, einen politisch-strategischen Akzent an. Der verschobene Bedeutungshorizont, in den sich sofort alles einordnet – auch das mit der besten Absicht Vorgebrachte –, hängt meist weniger von dem ab, was in den Gesamtschulen gemacht wird, welche politischen Absichten mit pädagogischen Arbeitsprozessen verfolgt werden, nach welchen methodischen Regeln Erziehung erfolgt, als vielmehr von dem gesamtgesellschaftlichen Bedeutungssystem, das Zwangszuordnungen vorgibt. Es ist deshalb relativ gleichgültig, an welchem Punkt die Diskussion ansetzt, ob an der Fachleistungsdifferenzierung, dem sozialen Lernen, der Projektarbeit, den Mitbestimmungsregelungen oder der Leistungsmotivation, die in ein Verhältnis zum Ausschöpfen der Begabungsreserven unterprivilegierter Schichten gesetzt wird. Da jeder in dieser Auseinandersetzung beharrlich nach Legitimationsprofiten Ausschau hält, liegt es nahe, die verwendeten Rechtfertigungsformeln mit am ehesten assoziierbaren Sachargumenten zu verkleiden.

In den vergangenen zwei Jahrzehnten ist der Eindruck entstanden, als würde an der vorgerückten »Frontstellung Gesamtschule« über Lebensschicksale der gegenwärtigen Gesellschaft und der kommenden Generationen entschieden. Daß die Gesamtschule in eine solche Frontposition geraten konnte, liegt sicherlich nicht nur am Hochspielen und Manipulieren der Probleme, mit denen sie es, in der Anfangsphase schon aufgrund ihres Versuchscharakters, zwangsläufig zu tun hat.

Vielmehr nehmen Politiker Stellung, die sich von der Bildungsdiskussion um die Gesamtschule viel für die Mobilisierung von Wählervoten versprechen. Die starken Worte, mit denen sie die Gesamtschule emotional besetzen, appellieren nicht an Bewußtsein und Aufklärung, sondern an Unbewußtes, Verdrängtes, an Unsicherheit und Existenzangst. Je ferner Politiker den Sachproblemen der Erziehung stehen, desto entschiedener und ausholender die Worte. Was konservative Kultusministerien, Privilegienschutzverbände, Elternratsvorstände aus dem verfügbaren Arsenal der politischen Sprache übernehmen und in programmatische Forderungen umsetzen, hat demgegenüber den Charakter von Rationalisierungen, der Rechtfertigung uneingestandener Interessen und Motive mit Hilfe öffentlichkeitswirksamer Teilwahrheiten, die sich als das Ganze ausgeben. Massenpsychologisch kann man daher im Blick auf die Gesamtschuldiskussion von Abspaltungen, Verkehrungen und Verselbständigungen von Sprachsymbolen sprechen, wie sie, individualpsychologisch gewendet, für das Krankheitsbild von Psychosen typisch sind. Auch hier werden Realitätsteile emotional überbesetzt, verselbständigt und somit der Erfahrungskontrolle durch den lebendigen Umgang mit Dingen und Verhältnissen entzogen.

Welcher Realitätsausschnitt diese emotionale Überbesetzung erfährt, ist demgegenüber völlig austauschbar. Wenn Franz Ebner zum Beispiel, damals Präsident des Philologenverbandes, im Namen dieser privilegierten Interessengemeinschaft von der Gesamtschule die Förderung der individuellen Schülerbegabung, organisatorische Überschaubarkeit, sinnvolle Gestaltung des Ganztagsbereichs, die Schaffung praktikabler Differenzierungsmodelle sowie eine Umwandlung integrierter in kooperative Gesamtschulen forderte, so war seine erklärte Absicht nicht, der Gesamtschule zur Verwirklichung dieser Forderungen zu verhelfen, sondern sie anläßlich dieser in der Schulrealität und mit den von ihm vorgeschlagenen Mitteln ganz offenkundig nicht erfüllbaren Forderungen abzuschaffen. Die Entflechtung zu kooperativen Gesamtschulen ist dabei nur ein Schritt auf diesem Weg. Da Ebner das nicht offen sagen wollte, knüpfte er an tatsächliche Probleme der Gesamtschulen an, deren Existenz kein Gesamtschullehrer bestreiten würde.

Der niedersächsische Kultusminister Remmers – Realist genug, um zu sehen, daß man dreizehn Gesamtschulen in seinem Einflußbereich nicht per Erlaß stillegen kann und aus eigenen Erfahrungen in der Erwachsenenbildung keineswegs ein Scharfmacher – plädierte für den existenzbedrohenden Schwebezustand des Versuchs. »Ich halte die integrierte Gesamtschule nicht für serientauglich. Wir werden deshalb auf keinen Fall die integrierte Gesamtschule als Regelschule einführen.« Abgesehen von der verräterischen Sprache, Schulen nach der Logik der Warenproduktion zu beurteilen, das Versuchsstadium von Erziehung an Regeln eines Warentestverfahrens zu messen, wird sogleich nachgeliefert, worum es eigentlich geht: »Die Gesamtschulen können nicht sagen, unsere Schüler beherrschen zwar die Vokabeln und die Grammatik nicht, dafür sind sie besser in Emanzipation.«

Versehen mit dem erhöhten Geltungsanspruch, den Äußerungen mit staatlicher Hoheitsbefugnis in Deutschland haben, spekuliert diese Sprache auf die Plausibilität tiefsitzender Vorurteile. Sie suggeriert dem Zuhörer die Unvereinbarkeit von sachlicher Qualifikation und Befreiung von Herrschaft und Zwang. Daß kein Gesamtschullehrer seinen Unterricht an die Voraussetzung bindet, Fachqualifikation und Emanzipation zu trennen, weiß dagegen allenfalls eine kleine Gruppe von Schülern, Lehrern und Eltern, die konkrete Kenntnis von den pädagogischen Arbeitsprozessen in den Gesamtschulen haben und sich ein eigenes Urteil bilden können. Ins öffentliche Bewußtsein breiter Bevölkerungsschichten vermag die Erfahrung dieser Realität jedoch kaum einzudringen.

Die von der CSU inspirierten Bildungspolitiker drückten ihr Interesse, die Gesamtschulen abzuschaffen, demgegenüber ganz unverhohlen aus und drohten offen, den Streit über Gesamtschulen in den Wahlkampf 1980 (als Strauß bekanntlich Kanzlerkandidat war) einzubinden. Wenn Strauß damals erklärte: »Bayern wird der Einführung der Gesamtschule als Regelschule weder in Bayern noch anderswo zustimmen«, so brachte er auf den Begriff, wofür andere, die sich aus allgemeinen Stimmungsgründen noch zu Verschleierungen genötigt sahen, indem sie von »blindwütigem Reformeifer«, von den »Grundsätzen von Begabung und Leistung«, von der Gleichwertigkeit der Gesamtschulabschlüsse mit den Abschlüssen des gegliederten Schulwesens usw. redeten, lediglich beflissen Legitimationshilfen sammelten.

Doch wird an der Gesamtschulfront allem Anschein zum Trotz keine entscheidende Schlacht für die Gesellschaftsentwicklung der Bundesrepublik geschlagen; die Gesamtschule ist lediglich Symptom, allenfalls Katalysator für gesellschaftliche Prozesse, deren wirkliche Widersprüche zu verdecken eine wesentliche Funktion der Scheingefechte ist.

Die Gesamtschule ist Krisenkatalysator in dem präzisen Sinne, wie das Wort Katalysator im Zusammenhang chemischer Reaktionsbildungen verwendet wird. Hier bezeichnet es die Beschleunigung oder Verzögerung des Ablaufes einer chemischen Reaktion durch einen bestimmten, in der summaren Reaktionsgleichung nicht enthaltenen Stoff. Dieser erleidet im Verlauf des chemischen Vorgangs selbst keine bleibende Veränderung, wohl kann aber der reagierende Stoff mit dem Katalysator eine Zwischenverbindung eingehen; wesentlich ist, daß nach Ablauf der Reaktion der Katalysator in seiner ursprünglichen Form vorliegt. Durch Katalysatoren tritt keine Verschiebung des Reaktionsgleichgewichts ein.

Diese Lexikonauskunft muß zweifellos gesellschaftlich übersetzt werden, um verständlich zu sein. Fremdstoffmenge ist die Gesamtschule nur insoweit, als es in den Auseinandersetzungen nicht wesentlich um sie geht. Sie motiviert jedoch spezifische Reaktionsbildungen an einem

Brennpunkt gesellschaftlicher Auseinandersetzungen. Auch ist es zweifelhaft, ob sie, im Unterschied zu einer chemischen Substanz, aus dem ganzen Vorgang unberührt herauskommt.

Wenn ich also von Krisenkatalysator spreche, so muß ich diesen Begriff in spezifischer Weise erweitern. Der nächstliegende Zusammenhang, in dem die Gesamtschulen stehen, ist der der Universitäten. Sie stehen unter demselben Legitimationsdruck wie die Gesamtschulen und sind seit gut zwei Jahrzehnten erhöhter Kontrolle ausgesetzt. Ziel dieser Kontrolle ist ihre bruchlose Wiedereingliederung in die Funktionsregeln des bestehenden Herrschaftssystems mit dem gegebenen Vorrat an Normen und Loyalitätsbindungen. Die Mittel, dieses Ziel zu erreichen, wechseln je nach Machtverhältnissen alternativ zwischen Reprivatisierung, wodurch sich Meinungsäußerungen zwanglos vorherrschenden privatkapitalistischen Interessen zuordnen, und wachsender Staatskontrolle. Ursprüngliche Ideen zur Gründung von Privatuniversitäten, den sogenannten GmbH-Hochschulen, wie sie Ende der sechziger Jahre geplant waren, werden heute öffentlich kaum noch diskutiert. Daß diese Idee nicht aufgegeben ist, halte ich für sicher. Die unmittelbaren Eingriffe des Staates, vermittels der Hochschulgesetzgebung, der Prüfungsordnungen mit erhöhten Eingriffsmöglichkeiten in die Fachautonomie, der Stellenbesetzungspolitik, Quälereien mit Bafög-Kürzungen und Einschreibgebühren, gekoppelt mit den Ängsten, die das erwartete Schicksal akademischer Dauerarbeitslosigkeit erzeugt, bestimmen das Klima der deutschen Universitäten. Die Eingriffe gehen bis tief in die Umorganisation der Studieninhalte und machen, langfristig gesehen, die Universitäten wiederum zu dem, wogegen sich die Humboldtsche Bildungsreform am schärfsten wandte: zum akademischen Bergwerk – in der modernisierten Gestalt eines verwaltungsmäßig durchrationalisierten Großbetriebs allerdings, dem zunehmend, aus Gründen des Sparzwangs, Haushaltsautonomie diktiert wird. Daß eine solche Tendenz den Inhalten und Organisationsformen dessen widerspricht, was an Arbeitsprozessen innerhalb von Forschung und Lehre selbst abläuft, verhindert, daß eine solche Absicht widerspruchslos in Wirklichkeit umgesetzt werden kann. Es ist unwahrscheinlich, daß Studenten und Hochschullehrer diese gefährliche Entwicklung, die in nichts anderem als einem Krisenmanagement auf der

Erscheinungsebene besteht, auf Dauer ohne massiven Widerstand hinnehmen werden.

Worum es in allen diesen erziehungs- und lernempfindlichen Bereichen geht, ist etwas ganz anderes. Die Mitte der sechziger Jahre beginnende Bewegung der Studenten und Jugendlichen hat in einem Punkt wirkliche, die Gesamtgesellschaft erfassende Folgen gehabt: nämlich im Infragestellen der bisher als selbstverständlich hingenommenen kulturellen Hegemonie des autoritär-konservativen Lagers. Die durchgängige Wiederherstellung der kulturellen Hegemonie des konservativ-autoritären Lagers nach der Zeit der sozialliberalen Koalition – programmatisch als geistig-moralische Wende proklamiert und heute mit betriebswirtschaftlichen Ideologien des Neoliberalismus verquickt –, ist deshalb für die politische Rechte der Bundesrepublik von einer so fundamentalen Bedeutung, weil gerade in gesellschaftlichen Krisen besondere Legitimationsleistungen nötig wären, welche die bestehenden Herrschaftsverhältnisse durch »Naturalisierung« alternativlos machen. In einem solchen gesellschaftlichen Klima wird Kritik, so minimal sie auch sein mag, als solche zur ununterbrochenen Provokation und, ganz unabhängig von den Anlässen, zur Identitätsbedrohung bestehender Verhältnisse. Was in dieser geistig-moralischen Wende für bedenklich gehalten wird, ist nicht die Kritik einzelner gesellschaftlicher Bereiche, sondern die Art und Weise, wie die Verhältnisse wahrgenommen und kritisiert werden. Es ist die soziologische Denkweise, die stört, nicht die kritische Soziologie.

Es liegt auf der Hand, daß die Gesamtschulen, die ja in ihrer Struktur gerade den Charakter geschlossener Institutionen, wie der Schultypen im dreigliedrigen Schulsystem, verlieren wollten und verlieren müssen, durch ihre Öffnung in besonderer Weise diese in Erosion begriffene Realität in sich aufnehmen und, wenn man so will, jetzt in verengtem und verdichtetem Raum auszutragen versuchen. Es ist ein wesentlicher Klagepunkt aller Gegner der Gesamtschulen, daß sie sich nicht ghettoisieren und deshalb nicht dem in sich abgedichteten dreigliedrigen Schulsystem als bloße Variante einordnen und nach den eingespielten Verwaltungsvorschriften kontrollieren lassen. Zensur als Realismusverbot wird im herkömmlichen Schulsystem auf einfache Weise gewährleistet, überwiegend dadurch nämlich, daß eine klare Gliederung der Privilegien und Ausgrenzungen, strikte Kompetenzverteilungen des Lehrpersonals und übersichtlich definierte Zugangsvoraussetzungen vorgegeben sind. In diesem System ist eindeutig prognostizierbar, wer wann wohin gelangt, zu welchen Abschlüssen manche kommen und andere nicht, welche Schwierigkeiten im Übergang von einer Schulform zu anderen bestehen, was von den einzelnen Schülern verlangt wird und was die Lehrer zu tun haben.

Unmißverständlich muß hier, um die drohende Verengung der Dimensionen zu begreifen, der Versuchscharakter der Gesamtschulen in Erinnerung gebracht werden: Gesamtschulen sind ihrer ursprünglichen Absicht und ihrer ganzen Anlage nach nicht nur Schulversuche im Interesse der Erprobung engerer pädagogischer Fragestellungen. Sie sind wesentlich auch Versuche, auf gesellschaftliche Fragen, welche die veränderten Aufbauprinzipien der Persönlichkeitsstruktur und die Erziehung berühren, im institutionellen Rahmen pädagogischer Arbeitsprozesse zu antworten. Sie sind Versuche im buchstäblichen Sinne: Vorkehrungen eines Probeverhaltens nämlich, mit den veränderten gesellschaftlichen Lernvoraussetzungen umzugehen. Emanzipation als Bewußtmachen und schließlich Überwinden von undurchschauten objektiven und subjektiven Zwängen hat heute, wie kaum vorher in der Geschichte, einen präzisen, existentiellen Sinn angenommen: Sie ist kein zusätzlicher Luxus mehr, auf den man unter Umständen auch verzichten könnte oder der nur auf Einbildungen der Linken beruhte, sondern sie berührt immer stärker selbst die physischen Existenzbedingungen und vor allem die humanen Überlebenschancen der Menschen.

Diese Öffnung der Gesamtschulen zur Gesellschaft hin, die sich in ihrer Konstitutionsgeschichte unter den bekannten Versprechen ankündigt – Chancengleichheit, soziale Integration, soziales Lernen, Ausschöpfung der Begabungsreserven usw. –, führt jedoch nicht unmittelbar zur institutionellen Stabilität in der herkömmlichen Funktionsweise eines Behördenapparats, sie erhöht vielmehr die Störanfälligkeit in einem gewaltigen Ausmaße.

Es mag ein nicht ganz zutreffender Vergleich sein, aber um die Situation verständlich zu machen, möchte ich in diesem Zusammenhang zwei Institutionen erwähnen, die in der Soziologie »totale Institutionen« genannt werden, die psychiatrischen Anstalten und die Gefängnisse. Man kann sie, um jede Störung von außen zu verhindern und interne Irritationen möglichst gering zu halten, einfach schließen und jeden lebendigen

Umgang mit der Wirklichkeit unterbinden. Revolten in Gefängnissen bei Lockerung der Aufsicht, Irritationen und Selbstgefährdungen der Kranken bei einer teilweisen Öffnung der Anstaltstore scheinen denjenigen recht zu geben, die die Zwei-Welten-Lehre schon immer für der Weisheit letzten Schluß gehalten haben. Gefängnisse und psychiatrische Anstalten sind nicht anders als im Manichäismus von Schwarz und Weiß, von Staat und Innerlichkeit, Welten in sich, und es erscheint als eine Entlastung für die davon Betroffenen, sich ohne die vielfältig verwirrenden Berührungsflächen zu der jeweils anderen Welt darin einzurichten, in der existierenden Unfreiheit stabile, auch von ihnen selbst mitproduzierte Verhaltensregeln zu entwickeln. Lebensfähiger werden sie dadurch mit Sicherheit nicht; sie wissen es nicht, aber sie arbeiten dem gesellschaftlichen Tod Schritt für Schritt entgegen. Umgekehrt erzeugt die Öffnung dieser totalen Institutionen zu einer Gesellschaft hin, die die Produktionsgrundlage jener Gefängnis- und Psychiatriekarrieren ist, zwangsläufig erhöhte Risiken – für die einzelnen, für das Aufsichtspersonal, für die Gesellschaft insgesamt. Die entscheidende Frage ist, welche Bedeutung eine Gesellschaft, die an der demokratischen Legitimation noch festhält, dem Risiko beimißt, das den Weg einer schrittweisen Humanisierung der Gesellschaft wie der Betroffenen unvermeidlich begleitet.

Ich spreche davon, daß Störanfälligkeit und Verhaltensrisiken in Schulen, die sich zur Gesellschaft hin öffnen, von ihrer Grundlage her erhöht werden, und das zunächst ganz unabhängig davon, ob es gezielte Behinderungen und Störungen durch Institutionen oder einzelne Politiker gibt. Die auf den Gesamtschulen drückende Legitimationslast hat den Charakter einer Selffulfilling prophecy: Der intensive Wunsch, sie mögen scheitern und dadurch den herkömmlichen Erziehungsvorstellungen, wenn auch über einen komplizierten Umweg, recht geben, wird durch aktiven, auf Dauer zermürbenden Eingriff dem Ziel willentlich entgegengeführt. Offensichtlich ist das die strategische Absicht ihrer Gegner. Schulen – und schon gar nicht Gesamtschulen – können auf lange Sicht keine erfolgreichen pädagogischen Prozesse organisieren, wenn sich der böse Blick auf sie richtet, wenn sie in jedem Schritt, den sie tun, sich vor irgendeiner Öffentlichkeit oder vor Verwaltungsinstanzen rechtfertigen müssen. Die Zeitstruktur pädagogischer Arbeit unterscheidet sich prinzipiell von der eines Industriebetriebes und einer effektiven bürokratischen Verwaltung. Wer Schulen an Input-Output-Modellen mißt, verwechselt die Produktion eines Autos mit der Herstellung von Leben, von lebensgeschichtlicher Identität. Wer solche Übertragungen vornimmt, ohne es zu wissen, mag ein guter Verwaltungsmann und ein geschickter Agitator sein, setzt aber seine Kompetenz an einem falschen Platz ein und erreicht damit noch nicht einmal den Stand seiner eigenen wirklichen Fähigkeiten. Wer diese Vermischung von industrieller Produktionslogik und Logik der Erziehungsarbeit bewußt einsetzt, um damit ganz andere politische Ziele zu verfolgen, handelt verantwortungslos und muß wissen, daß er das, wovon er nachprüfbare Ergebnisse erwartet, vorher zerstört.

Die Legitimationslast der Gesamtschulen hat eine vielfältige und verwirrende Gestalt. Sie entspringt zum einen der Tendenz zur Verwissenschaftlichung gesellschaftlicher Produktionsprozesse, die auch in die pädagogische Arbeit eingedrungen ist. Die traditionelle Lehrerrolle ist dadurch gebrochen. Der durch Erfahrung klug gewordene, gestandene Lehrer ist ersetzt durch den wissenschaftlich gebildeten Lehrer, von dem man nicht nur erwartet, daß er die vermittelten Inhalte auf dem gegebenen Stand wissenschaftlicher Forschung weitergibt, sondern der auch imstande ist, die methodischen Umsetzungsprobleme und seine Rolle in diesem Umsetzungsprozeß zu reflektieren. Das alles setzt eine intime Kenntnis der Lernbedingungen voraus, sowohl der der Schüler, die mit fest geprägten Voraussetzungen, Stimmungen, Lebensbedürfnissen und materiell-kulturellen Grundausstattungen in die Unterrichtsräume kommen, wie auch der Alltagsfesseln des schulischen Organisationsgefüges.

Das ist der erste Punkt der Überforderung; sie resultiert nicht aus der Selbstverschuldung des einzelnen Lehrers, sondern ist die Schuld der Gesellschaft, die sich weigert, diese notwendige Reflexionsarbeit als vollwertige Arbeit anzuerkennen und zu bezahlen. In der Tat kann sich kein Lehrer, der nicht schon resigniert hat, durch individuellen Willensakt davon freimachen, innerhalb einer Gegenstandswelt verwissenschaftlichter Zivilisation zu leben, ohne das im Unterricht praktisch zur Kenntnis zu nehmen und umzusetzen.

Eine andere Belastung besteht darin, daß jeder Schritt, den der Gesamtschullehrer in seiner pädagogischen Arbeit macht, der Zensur eines mit Schuldgefühlen durchsetzten inneren Vergleichsmaßstabs ausgesetzt ist, der ihm nahelegt, Besseres oder wenigstens doch Gleichwertiges zu den herkömmlichen Unterrichtserfolgen zu leisten. Da jedoch der Leistungsbegriff der Gesamtschulen die kognitive Dimension zwar enthält, aber nicht auf sie beschränkt ist, sondern gleichzeitig soziale und emotionale Lernprozesse mit umfaßt, also viel konkreter und umfassender ist, werden hier Maßstäbe formuliert, denen der gemeinsame Nenner fehlt. Das muß zwangsläufig die sogenannten Vergleichsstudien verzerren.

An diese Schuldgefühle, die erst durch komplette Resignation verschwinden, kann die konservativ-reaktionäre Kritik anknüpfen, um bei den Gesamtschullehrern ein zerrissenes Bewußtsein, eine doppelte Psychologie zu befestigen, die sich darin zeigt, daß sie am Ende selbst nicht mehr so recht wissen, ob ihre Arbeit tatsächlich sinnvoll ist und ob die Gegner nicht doch recht haben. Solche Schuldgefühle bewirken ambivalente Einstellungen im Verhältnis zum Sinn der eigenen Arbeit, die dem Mechanismus fortwährender Selbstentwertung unterliegt. Nicht wenige und keineswegs die schlechtesten Lehrer ziehen daraus die Konsequenz und verlassen die Schule ganz.

Nimmt man den Belastungsaspekt, um den Arbeitsplatz des Gesamtschullehrers zu charakterisieren, so wird man nicht anders als im Zusammenhang von Industriearbeit feststellen können, daß Belastung nur zu einem Teil an der effektiven Arbeitszeit zu messen ist. Wesentlich besteht sie aus den Gesamtbedingungen, wie permanente Aufmerksamkeitsanspannung und ständige Selbstkontrolle, keine politischen Fehler zu machen. Ergreift diese Mechanik des Sich-Legitimierens den Schulalltag, so tritt zwangsläufig eine folgenreiche Verschiebung der verfügbaren Arbeitskraft ein. Sie wird von den eigentlichen pädagogischen Arbeitsprozessen abgezogen und auf das System von Sicherungen gelenkt. Dadurch schrumpft der pädagogische Experimentalspielraum praktisch auf Null, der Apparat von inneren und äußeren Verteidigungslinien überwuchert dagegen alles andere.

Geht aber, wie es Peter Weigelt einmal sehr schön ausgedrückt hat, dem Lehrer die Freude auf den nächsten Tag verloren, so hört jede pädagogische Arbeit auf. Ob es sich nun um die Vergleichbarkeit von Tests, von Noten, von Schulaufbahnen, von Projekten, um den nachweisbaren Zusammenhang von emotionalem, sozialem und kognitivem Lernen handelt – in allen diesen und anderen Punkten ist die defensive Haltung für Gesamtschullehrer zur zweiten Natur geworden; sie transformieren selbst das, was das herkömmliche Schulsystem überhaupt nicht leisten kann, nämlich eine doch erhebliche Reduzierung der Schulängste, in ein Verteidigungsargument für die notwendige Fortexistenz von Gesamtschulen. Aber Schulversuche dieser Größenordnung sind nicht aus Positionen verteidigungsbereiter Befestigungsanlagen heraus zu retten, sondern nur durch ein offensives und selbstbewußtes Verhalten gegenüber jenen Institutionen der Bildung und Ausbildung, die, wie die gesamte gymnasiale Kultur, an der Katastrophenproduktion der deutschen Geschichte beteiligt gewesen sind und die auch heute keineswegs stolz darauf sein können, den aufstiegsorientierten Mittelschichten, die nicht über selbständige ökonomische Macht verfügen, zur Gewinnung und Erhaltung privilegierter gesellschaftlicher Stellungen zu verhelfen.

Die Ambivalenz, die das Verhalten und Denken vieler Gesamtschullehrer bestimmt, also jenes zerrissene Bewußtsein, die doppelte Psychologie, ist freilich kein bloßes Resultat der gegenwärtigen Restauration von Herrschaftsverhältnissen, sondern liegt im Gründungsakt der Gesamtschulen selbst, in der ersten Bildungsreform.

Wie ist die Gesamtschule als Massenschule zu retten und weiterzuentwickeln, ohne ihren ursprünglichen Emanzipationsanspruch zu opfern? Eine einheitliche Argumentationslinie herausziehen zu wollen ist weder sinnvoll noch möglich. Eine Zusammenstellung der Tendenzen, die sich in den einzelnen, durchgängig von langjähriger Erfahrung geprägten praktischen Vorschlägen zeigen, ist gleichwohl nötig, um eine politische Strategie zur Veränderung der Gesamtschulen wenigstens anzudeuten. Diese Strategie ist realistisch in dem Sinne, daß sie in ablaufende Prozesse eingreift, verschüttete Chancen bewußt macht und vor allem auf der Dialektik von Inhalt und Form des Lernens beharrt.

1. Der häufige Wechsel der Klassenräume, ohne eine entsprechende Entlastung der mit ihm unvermeidlich einhergehenden Orientierungsschwierigkeiten durch eine oder mehrere konstante Bezugspersonen, und die Zerfaserung des Unterrichtsablaufs nach einem zeitlichen Schema industrieller Produktion behindern oder zerstören die zeitliche und räumliche Identitätsbildung der Kinder. Nach vielfachen Erfahrungen ist eine Schuleinheit, die mehr als 150 bis 200 Kinder und die entsprechenden Lehrer umfaßt, im pädagogischen Sinne nicht mehr produktiv

funktionsfähig. Das ist kein Plädoyer für Zwergschulen, wohl aber dafür, unter dem verwaltungstechnischen und räumlichen Dach der Gesamtschulen übersichtlich strukturierte dezentralisierte Einheiten zu schaffen, die eine bestimmte Kommunikationsdichte zwischen Schülern, Lehrern und Eltern schaffen. Das wäre nicht nur unter unmittelbaren pädagogischen Gesichtspunkten sinnvoll, sondern auch im Hinblick auf die langfristigen gesellschaftlichen Kosten, die durch Krankheit von Lehrern und Kindern, Verschleißzeiten unproduktiver Konferenzen, Resignation und Fluchttendenzen verursacht werden. Daß der »zentralisierte Regelbetrieb« eine der krankmachenden Ursachen der Schule ist, und zwar sowohl des traditionellen Schulsystems als auch der Gesamtschule, dokumentieren Horst Brandt, Jutta Klemenz und Klaus Winkel in ihrem Beitrag über das Team-Kleingruppen-Modell der Georg-Christoph-Lichtenberg-Gesamtschule in Göttingen-Geismar, eines der wenigen Projekte in der Bundesrepublik, das sich, wie begrenzt auch immer, lange Zeit einen pädagogischen Experimentierspielraum erhalten hat.[26]

Viele Alternativvorschläge zur Weiterentwicklung der Gesamtschulen knüpfen an die praktische Ausgestaltung dieses Team-Kleingruppen-Modells Erwartungen, welche ebenso die Organisations- und Kommunikationsbedingungen wie die projektförmigen Inhalte der Lernprozesse betreffen. »Soll die permanente, regelmäßig mit Schuldgefühlen verbundene Überforderung des einzelnen Lehrers abgebaut werden, so muß das vor allem auf zweierlei Weise geschehen: durch Reduzierung der effektiven Unterrichtszeit und durch Anerkennung erweiterter Kooperationszusammenhänge als vollwertige Arbeit, weil nur so innere Differenzierung der Angebotsstruktur, der ›untrennbare Ausbildungsprozeß aller Qualifikationsmerkmale, der fachlichen nicht weniger als der sozialen und emotionalen, ohne die Kosten von Leistungsangst und Verhaltensblockierungen möglich ist‹. Von Art und Grad der Kooperation wird es abhängig gemacht, ob Innovationsbereitschaft und Problemlösungsfähigkeit des einzelnen Lehrers zu dauerhaften Veränderungen führen.«[27] Was für die Lehrer gilt, trifft in genau demselben Maße für die Schüler zu.

2. Die Identitätskrise, die alle an den pädagogischen Arbeitsprozessen Beteiligten erfaßt, ist sicherlich nicht nur durch schulorganisatorische Veränderungen zu überwinden. Aber die Schule in ihrer gegenwärtigen Struktur verschärft sie häufig bis zum äußersten. Durch die gesetzliche

Erweiterung der Elternmitbestimmung ist zum Beispiel ein neues Konfliktfeld für die Lehrer entstanden: Ihre Bemühungen um eine wissenschaftliche Selbstreflexion der Unterrichtspraxis und um das Experimentieren mit neuen Angeboten, wo beides nicht ohnehin schon durch eine erstarrte Routine erstickt ist, stoßen auf einen traditionellen Erwartungshorizont von Eltern, denen der konkrete Einblick in den pädagogischen Alltag im allgemeinen entzogen ist und die deshalb in dem Maße, wie gesellschaftliche Krisen durch drohende Arbeitslosigkeit und Sinnentwertung der Arbeit die Lebensperspektiven verkürzen, mit erhöhten Erwartungen für die Lebenschancen ihrer Kinder an die Schule herantreten.

Dieser Mangel an Information erzeugt Angst vor der Phantasie der Lehrer und eine irrationale Abwehr jedweder Veränderung. Elternarbeit ist nur dann sinnvoll und produktiv, wenn sie die pädagogischen Arbeitsprozesse fördert, und das hat zur Voraussetzung, daß sie in das schulische Gesamtgeschehen eingebunden ist, und eine Grundvoraussetzung dafür ist wiederum der übersichtliche Zusammenhang dezentralisierter Organisationseinheiten, in denen eine Lehrergruppe eine eigene Identität ausbilden kann.

Elternmitbestimmung ohne ihre inhaltliche Eingliederung in die realen pädagogischen Arbeitsprozesse wird zwangsläufig auf erziehungsfremde programmatische Forderungen reduziert, und diese bloß formale Mitbestimmung hat sich ja auch, in klarem Widerspruch zu den ursprünglichen Reformerwartungen, zu einem wesentlichen Hindernis der Reformen entwickelt. Reaktionäre Elternverbände sind nicht zufällig die Speerspitze gegen jede Art der Schulreform. Der Kontrollblick von mittlerweile keineswegs nur konservativen Eltern, ob ihr Kind denn auch genügend lerne und mit Realitätstüchtigkeit ausgestattet werde, lastet wie Blei auf der pädagogischen Phantasie von Lehrern. Gleichwohl ist festzuhalten, daß eine Fortführung der Gesamtschulreform ohne aktive Mitarbeit der Eltern unmöglich ist; denn dieser Schultyp ist zur Gesellschaft geöffnet und erfordert, anders als in den geschlossenen Institutionen des dreigliedrigen Schulsystems, Elternarbeit als eine konkrete Schutzschicht, die ihr Fundament in der nachprüfbaren, alltäglichen Erfahrung der kindlichen Entwicklung hat.

Wie sehr die Entfremdung der Eltern von der Schule, ja selbst ihre unaufgearbeiteten, recht verschiedenen Erwartungshaltungen das Lernen behindern können, zeigen Karin Dehnbostel und Wilfried Gottschalch[28], die einen weiten geschichtlichen Bogen zur Gesamtschule spannen und vorschlagen, den Kommunikationszusammenhang einer Tischgruppe mit gemischten Leistungs- und Herkunftsmerkmalen zum Ausgangspunkt einer eher informellen pädagogischen Zusammenarbeit zu machen, an der alle Betroffenen, Lehrer, Eltern und Schüler gleichermaßen, beteiligt sind. Das ist eine Form konkreter und inhaltlicher Mitbestimmung, die am Arbeitsplatz orientiert ist und sich nicht auf Konfliktregulierung beschränkt. Sie löst nicht das Problem des Zusammenhangs der gesamten Elternschaft, sie schafft aber die Basis dafür.

3. Die Gesamtschule ist nach horizontalen Struktureinheiten aufgebaut. Auf der Unverrückbarkeit dieses Prinzips altersgleicher »Beschulung« liegt gleichsam ein Tabu. Daß das Zusammenpferchen von mehreren hundert Kindern gleicher Altersstufe irgendwelche Lern- und Erfahrungsprozesse in Gang setzt, ist jedoch eine durch keinerlei pädagogische Erkenntnis gerechtfertigte Annahme. Erfahrungen der Glocksee-Schule zeigen vielmehr, daß die prinzipielle Auflösung der Klassenverbände, also eine vertikale Gliederung statt einer horizontalen, bei sehr vielen Kindern Verhaltensänderungen und kognitives Lernen motiviert, die wechselweise von jüngeren oder älteren Kindern ausgehen. Kinder, die Regressionsbedürfnisse haben, pflegen sie bei Kleineren zu erfüllen, um dann stabilisiert in ihre Altersgruppe zurückzukehren. Kognitive und emotionale Entwicklungen verknüpfen sich. Jüngere Kinder lassen sich dagegen von Älteren gerne etwas beibringen. Die vertikale Gliederung dezentralisierter Einheiten der Gesamtschulen (aber auch nur unter Bedingungen dieser Organisationsveränderung) würde auf jeden Fall die objektiven Lern- und Erfahrungschancen der Kinder und Lehrer vergrößern und langfristig auch zur Überwindung des lehrerzentrierten Verhaltens beitragen. Daß bei dieser Auflösung der starren Klassen oder formalen Gruppen- und Jahrgangsverbände das Chaos ausbrechen würde oder daß, um es zu verhindern, die kollektive Unterrichtsorganisation in individuelle Einzelbetreuung übergehen müßte, ist nicht zu erwarten. Im Gegenteil: Selbstregulierung in der Erziehung führt ab einem bestimmten Punkt der Entwicklung zur Entlastung der Lehrer. Es ist aber nicht zu bestreiten, daß die Herstellung einer vertikalen Lernorganisation zu den schwierigsten pädagogischen Reformprojekten gehört.

Wie wenig die vertikale Dimension des Lernens, die doch im Alltagsverhalten des Generationsverhältnisses eine Selbstverständlichkeit ist, in der pädagogischen Binnenstruktur der Gesamtschule Berücksichtigung gefunden hat, zeigt sich in handfesten Ungereimtheiten: Sind bereits die Einstiegsvoraussetzungen durch das Fehlen von Primarstufen in vielen Gesamtschulen verzerrt, so erwartet manchen Schüler, der die offenen Angebote ernst genommen und wenigstens Teile seiner Herkunftsblockierungen abgearbeitet hat, in der Sekundarstufe II die »Eiswüste der Abstraktion«, ein Klima, in dem er nicht mehr Lernender, sondern permanent Geprüfter ist. »Die Enttäuschung und Desillusionierung des Gesamtschülers ist groß, wenn er in der Oberstufe den systematischen Ruin des sozialen Lernens erfährt.«[29]

Wer die gymnasialen Leistungsbewertungen zugrunde legt, verändert an der Sekundarstufe II der Gesamtschule nicht Einzelerscheinungen, sondern tastet das Prinzip an, das sie auszeichnet und ohne das sie keine Existenzberechtigung hat; dazu gehört die Integration von Allgemeinbildung und beruflicher Bildung. Denn »außerhalb der Gesamtschulen bietet sich praktisch kaum eine Schulform an, die die Zusammenarbeit mit gewerblichen, kaufmännischen und Berufsschulen sucht und sowohl konzeptionell als auch praktisch tragen würde«.[30]

4. Die Gesamtschulen sind angetreten, Bildungsprivilegien abzubauen und die soziale Streuung der Schüler, entsprechend der Begabungsverteilung der Gesamtbevölkerung, möglichst breit zu halten. Den Erziehungswissenschaften diente der sogenannte dynamische Begabungsbegriff zum Hebel, die naturwüchsige Verteilung der Begabungsunterschiede auf das dreigegliederte, untereinander weitgehend undurchlässige Bildungssystem als eine Herrschaftsordnung nach dem Grundsatz von Privilegien und gesellschaftlichen Ausgrenzungen zu kritisieren. Begabung, die zwar ihre funktionellen Grenzen hat, in dieser Gesellschaft in der Regel aber nicht ausgeschöpft wird, sollte von allen klassenbedingten Überlagerungen und Verzerrungen durch die soziale Herkunft befreit werden.

Indem freilich – häufig durch Phantasielosigkeit und allzu beflissene Realitätstüchtigkeit von Lehrern mitverschuldet, die sich in der überschaubaren Alternative von Ordnung und Chaos eingerichtet haben – die Differenzierungsdiskussion mit einem solchen Gewicht in die innerschulische Öffentlichkeit eindrang, fanden unter der Hand gleichzeitig ökonomische und administrative Interessen Eingang, die sich auf die Steuerung der Abschlußquoten, auf Selektion und auf Leistungstests richteten. Gibt es aber formalisierte Tests statt umfassender und differenzierter Lernzustandsberichte, so ist die Beschränkung auf bloß instrumentelles Wissen unvermeidlich. Emotionales und soziales Lernen entzieht sich dem Instrumentarium der Tests, das ein Lernen vom Typus lebensgeschichtlicher Gedächtnisleistungen nicht zu erfassen vermag.

So reproduziert sich die gesellschaftliche Klassenspaltung und das ihr aufsitzende dreigliedrige Schulsystem auf eine sehr subtile, in Sachgesetzlichkeiten verkleidete Weise innerhalb der Gesamtschule selbst; was vorher draußen war, ist jetzt drinnen, eingemeindet gleichsam und mit ganz unverdächtigem, der bloßen Übersicht wegen geschaffenen Namen: ABC, manchmal nur A und B. Diese Form der Differenzierung, die das genaue Gegenteil von dem ist, was im Team-Kleingruppen-Modell beabsichtigt ist, ist ein der Idee der Gesamtschule fremdes Prinzip, weil es die sozialen Ausgangsdefizite unter dem trügerischen Schein von Chancengleichheit zementiert und nicht aufhebt. Konnte nämlich der Schüler des traditionellen Schulsystems seine Leistungsmängel noch auf seine sozialen Voraussetzungen, den autoritären Stil des Lehrers und die Schule als lebensfeindliche Anstalt schieben, so nimmt ihm der verständnisvolle, freundliche, jederzeit gesprächsbereite, gerechte, kühl und unparteiisch auf Testergebnisse verweisende Lehrer, der sich das Realitätsprinzip vollständig einverleibt hat, die letzten Schlupfwinkel seiner Protestenergien.

Unter solchen gruppendynamisch aufgeweichten Bedingungen können die alten Verhältnisse reinstitutionalisiert werden; der nunmehr von der Aura wissenschaftlicher Kompetenz umgebene Fachlehrer und das Fachleistungsprinzip, wodurch sich die Selektion der Schüler objektivieren und durchsichtig machen läßt, kehren zurück, als ob nichts gewesen wäre. Wer jetzt in einem B- oder C-Kurs landet, weiß, daß er einfach dumm ist; woher soll er da noch die Motivation und den Mut nehmen, den Standard des A-Kurses zu erstreben? Jeder hat seinen Platz gefunden, der ihm zusteht. In der Regel vollzieht sich hier eine Trennung der Schullaufbahnen, die den Ausgrenzungen des dreigliedrigen Schulsystems gar nicht so unähnlich ist, und es ist schon eine bemerkenswerte Beobachtung, daß selbst manche Lehrer, ganz zu schweigen von Politikern, welche die Gesamtschule im Munde führen, die Tatsache, daß in diesem Kurssystem wiederum die sozialen Klassenverhältnisse, jedenfalls mannigfache gesellschaftliche-kulturelle Benachteiligungen durchschlagen, nicht als Bedrohung der konzeptionellen Existenzbedingungen der Gesamtschule empfinden.[31]

5. Eines der schwierigsten Probleme der gegenwärtigen Schulrealität, mit dem Eltern und Lehrer zu kämpfen haben, ist das prekäre Verhältnis von Lernmotivation und Aggression oder genauer gesagt: die panische Angst, Aggressionen in der Schule zuzulassen und zu begreifen, welche Bedeutung sie für die Motivationsbildung haben. Die traditionelle Schule war ein Schonraum, in dem parallele Prozesse abliefen: hier die möglichst lückenlose disziplinierende Kontrolle des Verhaltens und die Konzentration des Unterrichts auf rein kognitive Lernoperationen, dort das Aktionsfeld von emotionalen Beziehungen, Aggressionen, Freundschaften, sozialen Kontakten – unter der Bank, auf dem Schulhof, auf dem Nachhauseweg. Inzwischen weiß man, daß die strikte Unterdrückung des emotionalen Unterbaus des Kindes selbst Folgen für die rein kognitiven Lernblockierungen hat, daß dagegen Freundschaftsbeziehungen, die auch in der Schule toleriert und gefördert werden, das Neugierverhalten der Kinder, die Grundlage jeder inneren Lernmotivation, erweitern und fortentwickeln.

Die Hineinnahme aller gesellschaftlichen und individuellen Konflikte in die Schule bedeutet, den alten Schonraum aufzugeben und die Schule selbst zu einer Institution zu machen, in der die Kinder im Umgang mit anderen ihre Konflikte zu verarbeiten lernen. Das erhöht mit Sicherheit zunächst auch die Aggressionen, die unvermeidlich auftreten, wo es gesellschaftliche Unterdrückung gibt, macht sie gleichzeitig jedoch verarbeitbar, schafft Möglichkeiten des kollektiven Austragens dieser Aggressionen, die dadurch nicht verschwinden, aber ihre privatistisch verengten und destruktiven Ausdrucksformen verlieren.

Überall dort, wo der Leistungsbegriff in der Definition kognitiver Operationen vorherrscht, bildet sich zwangsläufig die Unterwelt gestauter und verschobener Gefühls- und Aggressionspotentiale, die in dem Maße, wie sie den pädagogischen Arbeitsprozessen entzogen werden, eruptiv, häufig ungerichtet oder an falschen Objekten, also scheinbar irrational an die Oberfläche dringen. Sie ans Licht der Schulöffentlichkeit zu lassen ist der erste Akt einer Umdefinition des Leistungsbegriffs – in Richtung auf spezifische Leistungen der emotionalen und sozialen Entwicklung der Schüler, der Vervielfältigung ihrer sinnlichen Aneignungsfähigkeiten von Realität, vor allem auch der ästhetischen Ausdrucksmöglichkeiten.

Dieses Lernen hat freilich eine ganz andere, eine qualitative Zeitdimension, die nicht lediglich gradweise, sondern prinzipiell von der Test-Wissen-Vermittlung unterschieden ist. Hans-Günther Rolff, Dortmunder Erziehungswissenschaftler und einer der großen, unermüdlichen Schulreformer, hat diesen Punkt, im Blick auf die Entlastung der Gesamtschulen von permanentem Legitimationsdruck, prägnant und bis heute gültig bezeichnet. »Die Frage, um die es wirklich geht, ist, ob die Gesamtschule überhaupt das gleiche leisten soll und will wie die bestehenden Schulen, zumal die Pädagogen zunehmend die Erfahrungsleere und Sinnentleertheit des gängigen Leistungsbegriffs kritisieren und spätestens seit der reformpädagogischen Bewegung zu Beginn dieses Jahrhunderts Alternativen entwickelt haben. Die Gesamtschule ist im Selbstverständnis ihrer Träger eine andere Schule, in der anderes auf andere Weise gelernt wird.«[32]

Die Gesamtschule als Kernstück der ersten Bildungsreform ist nicht durch Beschwörung ihrer Fortschrittlichkeit zu retten. Was manchem, der die gegenwärtigen politischen Entwicklungstendenzen und die Schulpraxis kennt, als Utopie erscheinen mag, ist tatsächlich die einzig realistische Perspektive für eine menschliche Einrichtung der Schule.

IV Was sollen unsere Kinder und Jugendlichen lernen?

1. Zur Dialektik von Selbstregulierung und Strukturierungsarbeit

Das Buch handelt, wie die bisherigen Kapitel zeigen, hauptsächlich von den Veränderungen der Kindheit und vom Lernen, das die alten Selbstverständlichkeiten der Generationenübertragung verloren hat. Wenn ich aber im zweiten Kapitel davon spreche, daß die Scheinnähe der Generationen zu einem zentralen Problem geworden ist, so ist es andererseits doch notwendig, die Welt der Erwachsenen zur Geltung zu bringen.

Nicht auszudrücken, was Erwachsene von den Kindern erwarten, ist gefährlich. Was die Erwachsenen unter Wahrheit und Lüge verstehen, unter Sinn und Unsinn, unter dem moralisch Guten und Schlechten, muß für Kinder und Jugendliche unzweideutig erkennbar werden.

Das bedeutet keinen Zwang. Unter Bedingungen der Erosionskrise wird es nur selten gelingen, diese Normen autoritär umzusetzen, und zum autoritären Erziehungssystem ist der Rückweg verbarrikadiert. Aber ohne solche Strukturierungsvorschläge der Erwachsenen greifen die Kinder in eine leere Realität, und keine noch so gutgemeinte Zuneigung oder Liebe wird sie von dem schalen Gefühl befreien, daß sie gegen Gummiwände anrennen. Selbstregulierung als Antiprinzip politischer Indoktrination einerseits und Grenzsetzung, also Strukturierungsarbeit andererseits sind zwei Seiten derselben Sache: die größte Herausforderung an Erziehungs- und Lernarbeit in einer Welt der Umbrüche.

Rückt der gleichgewichtige Zusammenhang von kognitiven, emotionalen und sozialen Leistungen der Kinder in den Vordergrund der Erziehung, so verändern sich dadurch zwangsläufig die Arbeitsformen im pädagogischen Feld. Welche Schritte im einzelnen auch immer unternommen werden, um Angebote zu organisieren und die Kinder für diese zu interessieren, wie Konflikte auftreten und reguliert werden, Erziehung ist in solchen Projekten nie vollständig abzutrennen von Beziehungsarbeit, denn die wirksame Kultivierung der Gefühle gehört ebenso dazu wie die des Verstandes.

Da es isolierte, von allen anderen Vorgängen des schulischen Geschehens abstrahierte Lernprozesse außer in Ausnahmesituationen, in denen Übungen für Kinder mit großen Lernrückständen gemacht werden, nicht gibt, ist jeder pädagogische Akt der Lehrer und das soziale Handeln der Kinder untereinander in ein Beziehungsgeflecht eingebunden, das Arbeit im Sinne gegenständlicher Tätigkeit erforderlich macht.

Durch die bewußte Freisetzung der sozialen Kommunikation und der emotionalen Ausdrucksbedürfnisse ist jede Schule der Zukunft gleichzeitig immer auch eine Art therapeutisches Laboratorium. Jede Lehrerin, jeder Lehrer wendet persönliche Vorstellungen von Aggression, Schuldgefühlen, Strafbedürfnissen, Gründen der Verweigerung im Unterrichtsalltag an und probiert Verhaltensweisen aus. Und jede Lehrerin, jeder Lehrer hat auch eine Idee davon, was »Heilung« eines Kindes ist, was Kinder glücklich und unglücklich macht.

Selbst die vorbehaltlose Anerkennung von Kindheit als einer Phase der menschlichen Entwicklung, die eigene Gesetzmäßigkeiten hat, erübrigt aber nicht eine aktive Bewältigung des Spannungsverhältnisses zwischen den Bedürfnissen der Kinder und den kulturellen Standards der Erwachsenen in konkreten pädagogischen Arbeitsprozessen. Entscheidend ist dabei, daß Erwachsene kein sentimentales oder symbiotisches Verhältnis zu den Bedürfnissen und Interessen der Kinder haben, sondern eine Einstellung, welche auf Abgrenzung beruhende Distanz- und Näheverhältnisse in einem ermöglicht.

Ein bloß sentimentales Verhältnis zur Kindheit löst deren relative Autonomie auf und erzeugt den Schein eines unmittelbaren Einverständnisses und Verstehens, der von den Kindern häufig sehr schnell durchschaut wird. Auf diese Weise verhalten sich Erwachsene wie Kinder und nehmen unnatürliche, ihren gesellschaftlichen Erwachsenenrollen unangemessene Haltungen an. Daraus entsteht allenfalls Betroffenheitspädagogik, jene Vorgehensweise von Lehrern, die sich auf Einverständniserklärungen stützt, als verstehe man die Probleme der Kinder besser als sie selbst. Durch völlige Einebnung des Moments der Fremdheit, das zwischen Erwachsenen und Kindern besteht, erfolgt hierbei eine Reduktion pädagogischer Arbeit auf die Seite der Kindheit.

Der umgekehrte Reduktionismus zeigt sich im autokratischen Führungsstil. Das organisierende Zentrum aller Aktivität und Planung ist hier der Führer, der Anweisungen und Befehle erteilt; die Erwachsenenrolle ist einziger und alles beherrschender Bezugspunkt für das Denken und Handeln der Kinder.

Die Bedeutung der entsprechenden Experimente von Lippitt, White und Lewin[1] liegt in dem praktischen Nachweis, daß eine andere als autokratische und autoritäre Erziehung objektiv möglich ist. Und sie ist nicht nur möglich, sondern auch notwendig, wenn bestimmte Erziehungsziele erreicht werden sollen: Vervielfältigung der Initiativen, Ausbildung sachlicher Kompetenz, Kooperationsfähigkeit und Autonomie. Die Experimente zeigen aber auch, daß Formen und Inhalte in der pädagogischen Arbeit nicht voneinander zu trennen sind. Man kann zum Beispiel das Erziehungsziel Selbstbestimmung nicht mit autokratischen und autoritären Methoden erreichen. Selbstbestimmung ist in jenem Erziehungsstil, den Lewin den demokratischen nennt, nicht nur ein Ziel, sondern bestimmt auch die Mittel und Wege, dieses Ziel zu erreichen.

Das ist in doppelter Hinsicht gemeint: Zum einen hat Selbstregulierung die Funktion, das, was kindliche Bedürfnisse und Interessen sind, von Kindern selbst frei ausdrücken zu lassen. Man kann sich zwar von diesen Bedürfnissen und Interessen eine Vorstellung machen und sie wissenschaftlich untersuchen, das wären aber in jedem Fall immer Durchschnittsinteressen, häufig auch durch Erwachsenenwünsche idealisierte Bedürfnislagen. Was sich in pädagogischen Arbeitsprozessen jedoch als besonders wichtig erweist, ist die Kenntnis der konkreten aktuellen Interessen der Kinder, ohne die die Tätigkeit von Lehrern immer dem Ungefähren und Abstrakten verhaftet bleibt.

Um die wirklichen Interessen und Phantasien der Kinder ermitteln zu können, hat Freinet die Methode des »freien Textes« angewandt: freie Assoziationen, die Kinder selbst niederschreiben. Denn im pädagogischen Feld muß man durch den freien Ausdruck des Verhaltens, des Denkens und der Phantasien das Material für wirksame pädagogische Arbeit überhaupt erst herstellen. Der Gründer von Summerhill, A.S. Neill, hat für dieses Problem einen treffenden Ausdruck gefunden: An einem Hund, der an der Kette liegt, kann man nicht die Psyche des Hundes allgemein studieren. Überträgt man das auf die Schule, so kann man sagen, daß Kinder, die von vornherein unter die Zwangsregel der Erwachsenenwelt gesetzt sind, für den Lehrer in seiner pädagogischen Alltagsarbeit unbekannte Wesen bleiben müssen.

Zum anderen ist Selbstregulierung das Realitätsprinzip, auch in der Hinsicht, daß die in die Angebotsstruktur der Schule notwendig eingehenden Informationen und Normen der Erwachsenen eine realistische Chance haben, den kindlichen Verstehenshorizont zu erfassen, zu strukturieren und umzustrukturieren. Selbstregulierte Lernprozesse gründen deshalb auf einem hohen Aktivitätsanteil der Kinder und gleichzeitig der lehrenden Erwachsenen. Über die fundamentale Bedeutung der Angebotsstruktur für die Alternativpädagogik spreche ich ausführlicher in der Darstellung der einzelnen Alternativschulen[2] und im folgenden Abschnitt über die gesellschaftlichen Schlüsselqualifikationen; hier kommt es mir in Beziehung auf Selbstregulierung nur auf einige grundsätzliche Fragestellungen an.

Selbstregulierung ist eine Form der bewußtgemachten Vergesellschaftung und damit der Freisetzung und Ausbildung kollektiver Bedürfnisse und Interessen, die in der Entwicklung der Produktivkräfte einer hochindustrialisierten Gesellschaft angelegt, aber im Herrschaftsinteresse häufig genug in die Enge von Privatverhältnissen zurückgebannt werden. Auch die kollektiven Interessen und Bedürfnisse der Kinder sind gesellschaftlich produziert, nichts Naturgegebenes, und das heißt, daß ihre Form von der gegebenen Gesellschaft abhängt. Die Ausbildung der Gesellschaftlichkeit des Kindes, die mit dem ersten Tage seines Lebens beginnt, muß freilich durch die individuellen Bedürfnisse und Selbsterhaltungsinteressen, wie immer entfremdet sie betrachtet werden mögen, hindurchgehen, sich mit ihnen konkret vermitteln, wenn sie nicht einfach ins Unbewußte verdrängt werden sollen.

An diesem Punkt wird nun spätestens die Frage gestellt, was ein durch den pädagogischen Arbeitsprozeß von Selbstregulierung hindurchgegangenes Kind mit diesen Erfahrungen von innerer Lernmotivation und solidarischem Verhalten in der Realität, in der ganz andere Normen gelten, anfängt? Das ist im Sinne einer für das Lebensschicksal eines einzelnen Kindes gültigen Prognose mit Sicherheit nicht zu beantworten. Allerdings läßt sich sagen, daß Lernen als Fähigkeit der gesellschaftlichen Orientierung und als Möglichkeit der Konfliktverarbeitung in dem Maße an Bedeutung gewinnt, wie Kinder bereits in der Primärsozialisation und dann in der Schule auf ein breiteres Spektrum von Denkmöglichkeiten treffen und alternative Verhaltensweisen erfahren.

Eine hochindustrialisierte Gesellschaft mit ihren Klassenkonflikten, mit ihren Widersprüchen zwischen technisierter Entwicklung und verarmter Alltagsrealität der Menschen, mit ihrer komplexen und häufig undurchsichtigen Organisationsstruktur macht traditionelle Orientierungen, die durch ein verständnisschwaches Einpauken von Kulturtechniken und Kenntnissen zustande kommen, immer fragwürdiger. Bereits diese Generation steht – ganz abgesehen von der Notwendigkeit der politischen Orientierungsfähigkeit für die Stabilität demokratischer Verhältnisse und für den Widerstand gegen autoritäre oder auch faschistische Entwicklungen – immer stärker vor Alltagsproblemen, zu deren Lösung selbstreguliertes, innengeleitetes Handeln und Denken lebensnotwendig sind.

Selbstregulierung ist sicherlich der schwierigste und mißverständlichste Begriff einer auf demokratischen Prinzipien beruhenden Konzeption pädagogischer Arbeit; nicht deshalb, weil Mühe gescheut worden wäre, ihn zu präzisieren, sondern weil der Praxisinhalt ab einer bestimmten Reichweite pädagogische Begriffe undefinierbar macht, ganz entsprechend der von mir bereits erwähnten Einsicht Nietzsches, daß wirklich historische Begriffe nicht in Definitionen zu fassen sind. Klar definierbar ist nur die tote Abstraktion. Darin liegt eben die Nuance, die das Ganze entscheidet: Selbstregulierung als Kategorie und rein methodisches Prinzip oder Selbstregulierung als Praxis. In der Umschreibung der Selbstregulierung treten nicht zufällig negative Abgrenzungen auf, Aussagen über das, was sie nicht ist. Die entfaltete Definition der Selbstregulierung, wie ich sie verstehe, wäre das Ganze einer konkreten, sinnlich faßbaren Schulwirklichkeit, in allen Aspekten dargestellt, vom Endergebnis des Projekts ebenso betrachtet wie aus der Perspektive von Schülern, am Ende ihres gesellschaftlich normal ausgetragenen Lebensschicksals. Einige gesonderte Erläuterungen sind gleichwohl notwendig.

Selbstregulierung kann nicht als bloßes politisches oder pädagogisches Postulat verstanden werden, das von außen an die Schulen und an die Kinder herangetragen wird, etwa mit der Forderung »Reguliert euch selbst!« oder »Ihr sollt machen, was ihr wollt und was euch gerade einfällt!« Der Versuch, Selbstregulierung in solche normativen Formeln zu kleiden, würde die alte, von inhaltlichen Lernprozessen abgetrennte Struktur der Postulatdidaktik lediglich wiederholen. Zwar dürfen Kinder, wenn nach Grundsätzen der Selbstregulierung unterrichtet und gelernt wird, prinzipiell tun und lassen, was sie wollen; was sie aber tun, ist in der Regel alles andere als willkürlich und zufällig. Wo es dem Beobachter willkürlich und zufällig erscheint oder auch faktisch ist, da setzt die Aufgabe der Lehrer und der anderen am Projekt beteiligten Personen ein, Wesen und bloße Erscheinung auseinanderzuhalten, den Schein als Ausdruck wesentlicher Bedürfnisse zu begreifen, das heißt, die Gründe solcher Verhaltensweisen zu untersuchen. Die Befürchtung, daß dabei jedes Kind eine eigene Bezugsperson haben müßte, weil sich doch Kinder ihrer ganzen Persönlichkeitsstruktur nach verschieden verhalten und mit ganz unterschiedlichen Ausgangsbedingungen ins Leben treten, ist dabei völlig unbegründet. Die Standardisierung von Verhaltens- und Denkweisen, die sich aus einer Gesellschaft der entfalteten Warenproduktion ergibt, schafft eine begrenzte und überschaubare Zahl von Problemlinien in einer Schule. Grundlegend würde sich das erst ändern, wenn die Menschen wirklich freie und autonome Subjekte wären.

Daß diese Verlaufsformen der Selbstregulierung unter gesellschaftlichen Normen und Zwängen stehen, ist eine Selbstverständlichkeit; nicht selbstverständlich ist dagegen, daß das Wesen der Erziehung darin bestehen soll, wie manche Kritiker alternativer Erziehungskonzepte meinen, mit eigens dafür ausgedachten Mitteln diesen Zwang und diese Gewalt fortzusetzen und die versteinerten Verhältnisse zu verewigen. Was Alternativschulen tun, ist keineswegs die Herstellung einer illusionären Gemeinschaft von Lehrern, Eltern, Schülern, die ohne Konflikte auskommt und die sich von den gesellschaftlichen Gesetzen des Zwangs und der Gewalt völlig befreit weiß, ist keine Oase herrschaftsfreier Kommunikation und idealer Sprechsituationen.

Alternativschulen können, wie im übrigen jede andere Schule, keine prinzipiell neue Realität schaffen; sie verarbeiten, strukturieren, entwickeln die vorhandene, freilich in einer Weise, daß damit auch neue Erfahrungsdimensionen für die Kinder und Jugendlichen und die an diesem Prozeß beteiligten Personen aufgeschlossen werden. Das gilt vor allem im Hinblick auf die Ausbildung kollektiver, gesellschaftlicher Fähigkeiten. Eine ständige Einmischung, ja moralisierende Haltung der Erwachsenen gegenüber Kindern befestigt auf sehr subtile Weise die ohnehin vorhandene Fragmentierung des Wissens und des Verhaltens; es sind Formen des Gewaltidealismus, wie sie für die Postulatpädagogik charakteristisch sind. Sie verhindern das selbsttätige Austragen von Prozessen, so daß nicht einmal mehr erkennbar wird, welches Verhalten, welche Motivationen, welche Konflikte die Kinder tatsächlich mitbringen und mit welchen Methoden die vorhandenen Bildungsprozesse und das Neugierverhalten weitergetrieben, die autoritätsgebundenen Abhängigkeiten von den äußeren Normen und Geboten überwunden werden können.

Denn Selbstregulierung bedeutet ja keinen Zustand, der mit abzählbaren Lernschritten und mit dem Einsatz geschliffener Methoden herzustellen wäre, kein fertiges Resultat; sie bezeichnet einen Prozeß, der im Aufbrechen von Blockierungen des Verhaltens und des Bewußtseins zugleich seinen Zielinhalt realisiert: die Erweiterung der Erfahrungsfähigkeit von Kindern und Jugendlichen und die Bildung von Autonomie. Daß diese Erfahrungsfähigkeit und Autonomie nicht die der Erwachsenen sein kann und sein soll, ist unbestreitbar, nicht zuletzt deshalb, weil Autonomisierungsprozesse bei Kindern und Jugendlichen nie rein sachbezogen sind und linearen Lernschritten folgen, sondern in der Regel nur vermittelt durch sinnliche Präsenz, Beobachtung und Aktivität der Bezugspersonen zustande kommen; aber sie gelingen nur dann, wenn sie auf Ablösung zielen. Beobachtung ist das Genie der Erziehung, hat Bernfeld einmal gesagt. Diese Autonomie und Erfahrungsfähigkeit, die es im Prozeß der Selbstregulierung zu erweitern gilt, besteht nicht ausschließlich in der Erziehung kindlicher Einzelpersönlichkeiten, die sich Vergemeinschaftungszusammenhängen verweigern. Im Gegenteil. Wer den gesellschaftlichen Charakter der Menschen verneint, der beschädigt am Ende auch das Individuum.

Selbstregulierung bedeutet also nicht, daß sich die Kinder auf dem mitgebrachten Niveau ihrer geistigen Interessen und ihres Verhaltens zur Ruhe begeben, sondern daß die Dialektik zwischen Subjekt und Objekt, zwischen Erwachsenen und Kindern, im pädagogischen Arbeitsprozeß wie in der Organisationsform der Schule, tatsächlich ausgetragen wird. Damit das keine bloße Scheinvermittlung bleibt, weil die eine Seite immer im Recht ist, weil die Erwachsenen die richtige Didaktik, die richtige Planung und die richtigen Ziele haben, müssen, wie in jeder wirklich dialektischen Beziehung, beide Seiten ein Stück Selbständigkeit und eigene Artikulationsfähigkeit haben.

Selbstregulierung läßt sich daher nicht autoritär herstellen, indem man sagt, die ganze Didaktik und das pädagogische Verfahren bestehe ja darin, dem einzelnen Kinde und dem einzelnen Jugendlichen Kompetenzen der Realitätsverarbeitung und der autonomen Regulierung des Verhaltens zu vermitteln. Solche Kompetenzen sollen tatsächlich vermittelt werden, aber Inhalt und Methode, Didaktik und realer Lernprozeß sind nicht bloß technisch miteinander zu verknüpfen. Die Form der Vermittlung beeinflußt zwangsläufig den Inhalt. Alternativschulen müssen daher, begreift man sie als einen institutionellen Prozeß der gesellschaftlichen Erfahrungsverarbeitung, Handeln und Denken im Sinne der Herstellung objektiver Denk- und Handlungsmöglichkeiten definieren.

Es gibt keine Selbstregulierung an und für sich. Als lebendige Arbeit entsteht sie in der Reibung an gegenständlichen Objekten und an Personen. Die daraus entstehende Ordnung unterscheidet sich jedoch erheblich von einer, die durch Kommandogewalt und Leitungsnetze hergestellt wird, denn diese selbstregulierende Ordnung ist vielgestaltiger und verschachtelter.

In einer Schule, die selbstreguliertes Lernen zuläßt, sind beispielsweise zwei Kinder in das Entziffern von Buchstaben vertieft. Drei Kinder machen sich an einer Kletterstange zu schaffen. Eine Gruppe von Kindern stürmt und tobt, eine andere Gruppe hat Tische zu einem Haus zusammengestellt und hockt darunter. Konzentriert lösen andere Kinder ein Rätselspiel, wieder andere verfertigen künstlerische Pappfiguren. Der Lehrer bewegt sich dazwischen. Alle diese Gruppen stören einander nicht, obwohl wiederholt Verkehr und Berührungen zwischen ihnen stattfinden. Die in Aktion befindlichen und die still arbeitenden Kinder bleiben bei ihrem jeweiligen Tun. Es ist offenbar eine unsichtbare Ordnung im Raum vorhanden, die Störungen ausschließt: Diese Ordnung könnte ein Verkehrspolizist nicht herstellen, weil er die Regeln von Vorfahrt und Warten, die hier gelten, nicht kennt.

Gewiß: Eine selbstregulierende Ordnung ist genauso störbar wie eine, die durch feste Leitungsnetze kontrolliert wird. In der beschriebenen Momentaufnahme von Bewegungsabläufen in einem pädagogischen Feld ist es nicht die Selbstregulierung an sich, sondern die Form, in der sie zugelassen wurde, welche die Ordnung bewirkt. Die Kinder haben zuvor Erfahrungen darin gemacht, daß sie als »Privatarbeiter ihres ursprünglichen Eigentums«, in dem, was ihre Aufmerksamkeit fesselt, Anerkennung finden, und haben diese Anerkennung wechselseitig auf die verschiedenen Tätigkeiten übertragen. Es können ja jederzeit Kinder, die eben konzentriert gearbeitet haben, diejenigen sein, die herumspringen, und diejenigen, die am Klettergerüst geübt haben, fangen jetzt an, konzentriert zu arbeiten, weil ihr Interesse umspringt. Die Ordnung beruht auf eigener Kenntnis dessen, was die anderen machen, und damit verbundener Anerkennung. Es ist ein Glücksfall der kindlichen Kooperation. Eine Subsumierung solcher Glücksfälle in der Erfahrung der Kinder schafft ein Vermögen: ein auf freiem Bewegungsraum beruhendes Gemeinwesen.

Dringt ein Fremder ein und will stören, weil er die zunächst kaum sichtbaren Regeln dieser Ordnung nicht kennt, so werden ihn die Kinder, je nachdem, wie erfahren sie in selbstregulierenden Ordnungen, wie selbstsicher sie sind, eine Zeitlang nicht beachten. Ist die Störung beharrlich, wird sie sich auswirken und kann die Ordnung zerstören. Während aber eine durch Kommando hergestellte Ordnung bei ihrem Zerfall fast vollständiges Chaos ergibt, hat die selbstregulierende Ordnung, wenn sie einmal von den Mitgliedern beherrscht wird, eine gewisse Trägheit. Es fällt den Kindern nicht schwer, nach Störung ihrer Ordnung eine neue zu erfinden. Sie solidarisieren sich zum Beispiel gegen den Störer.

Ohne gegenseitige Anerkennung der lebendigen Arbeit des Anderen ist Selbstregulierung im wesentlichen Störung. Wenn sich lebendige Arbeit nicht an einem bestimmten Ort (dem ihr angemessenen Arbeitsfeld) befestigt hat, dann ist kein Punkt der Objektkonzentration zu erreichen; da sich keine Schwerkraft um eine Sache bildet, ist die solcher Art zerstreute Energie in jede beliebige Ordnung zusammenzufassen, die nach abstrakten Raum- und Zeiteinteilungen funktioniert. Ordnung und Unordnung sind zu einer Frage des Gesichtspunktes geworden, unter dem sie betrachtet werden. Auf diese Verkehrungen trifft die Szene in Brechts »Flüchtlingsgesprächen« zu, in der Ziffel und Kalle im verständnisvollen Streit ihre Überlegungen zum Problem der Ordnung vortragen. Kalle: »Sie könnens so ausdrücken: Wo nichts am rechten Platz liegt, da ist Unordnung. Wo am rechten Platz nichts liegt, ist Ordnung« – Ziffel:

»Ordnung ist heutzutage meistens dort, wo nichts ist. Es ist eine Mangelerscheinung.« Richtig.

Selbstregulierung ist zwar ein »Naturdenkmal« lebendiger Arbeit, da es aber in der Gesellschaft immer um zusammengesetzte Prozesse sehr verschiedener Selbstregulierungen geht, ist ihre Verwirklichung kein Selbstlauf. Nur negativ kann man sagen, daß keine emanzipatorischen Prozesse stattfinden werden, wenn sie ihre Kräfte nicht aus Selbstregulierung schöpfen. Damit positiv emanzipatorische Selbstregulierung jedoch möglich wird, sind Eingriffe erforderlich. Die verschiedenen Selbstregulierungen müssen als Elemente markiert und ihr Verhältnis zueinander in einem spezifischen Produktionsprozeß, der selbst wieder in Selbsttätigkeit wurzelt, gegeneinander übersetzt werden. Das erfolgt in den Alternativschulen durch differenzierte Angebote, die umfangreiche Vorarbeit erforderlich machen, aber auch durch die bewußte Beziehungsarbeit, welche die Eigenenergien der freigesetzten Kooperationen unter den Kindern und Jugendlichen nutzt und durch spezifische Feingriffe weiter entwickelt.

Wie sich Organisation und Spontaneität zeitlich und ihren Berührungsflächen nach zueinander verhalten, das ergibt das »Gefäß- und Röhrensystem«, das dafür entscheidend ist, ob der Selbstlauf eine emanzipatorische oder zerstörerische Richtung annimmt oder in einen labilen Zustand zerfällt. Eine emanzipatorische Richtung gelingt nie, wenn sich die Selbstregulierungen nur auf partikulare Punkte richten. Die wechselseitigen Störverhältnisse zwischen den Selbstläufen werden dabei aufrechterhalten, und es kann keine Produktivkraft vereinigt werden, die eine Übersetzung leistet.

Es verhält sich zwar nicht so einfach wie bei einem Kraftfahrzeug, man kann sich aber eine Vorstellung von der Einfachheit des Grundproblems machen, wenn man ein Auto betrachtet, das weder Kupplung noch Automatik hat. Nach wie vor kann der Motor nach dem in ihm eingebauten Gesetz laufen. Bergab würden die Räder (ohne Verbindung zum Motor) nach ihrer Regel laufen. Auf das Fahrzeug selbst wirken Schwerkraft, Trägheitseffekte usw. ein. Die Bewegungsmotive des Fahrers können selbsttätig, das heißt in der Phantasie, beliebige Entfernungen überwinden, sogar Wege fahren, die das durch Kupplung ergänzte Auto nicht bewältigen würde. Es handelt sich um nichts anderes als Entkoppelung.

Solche parallelen Tätigkeiten, die durch Entkoppelung entstehen, sind typisch für die Regelschule und wichtige Ansatzpunkte der praktischen Kritik, welche die Alternativschulen üben. Deren Forderung lautet: Es darf sich kein heimlicher Lehrplan herausbilden.

In der Betriebs- und Beziehungsarbeit und bei politischen Tätigkeiten gibt es Antreibersysteme. In der Masse treiben sie etwas an, was ohnehin selbsttätig laufen würde. Das, was ich als Übersetzung zwischen gegenläufigen Regulierungen bezeichne, hat mit schieben, mobilisieren und ähnlichen Kraftzuführungen nichts zu tun. Vielmehr vertraut es im materialistischen Sinne darauf, daß alles Tatsächliche und sämtliche Motive der Menschen sich ohnehin von selbst bewegen. Der produktive Eingriff bezieht sich ausschließlich auf Bahnungen und die Produktion des Zusammenhangs, die Herstellung von zusammenhängenden Situationen.

Diese Formseite entsteht nicht selbsttätig. Sie bedarf der Orientierung, damit sie ihr gemäße Strukturen auffindet. Bloße Theorie leistet diese Arbeit nicht, bloße Praxis auch nicht. Man muß sich den Eingriff, das heißt die organisierende Orientierung, in der Haltung verankert vorstellen (also nicht nur in den Gefühlen, nicht nur im Verstand und nicht nur in den äußeren Handlungsketten). Als Haltung bezeichne ich die integrierenden Momente des Eingriffs, in denen Potentiale und aktuelle Vergegenständlichungen auf einen Augenblick zusammentreten. Selbstregulierung, dieser fundamentale Grundsatz aller menschlichen Gestaltung von Schule, ist demzufolge radikal von einer Haltung des Gehen- und Geschehenlassens (Laisses-faire) unterschieden und hat auch gar nichts mit dem zu tun, was alternativen Projekten der Erziehung immer wieder vorgehalten wird: mit der romantischen Rückwendung zu Rousseaus »negativer Erziehung«, zu jener Auffassung, daß Erziehung wesentlich im Fernhalten schädlicher kultureller und gesellschaftlicher Einflüsse auf das Kind bestehe. Selbstregulierung besteht dagegen aus höchst bewußtem, strukturierendem Eingreifen in das unbewußt kooperierende Verhalten der Kinder, aber nicht im Zuteilen und Reglementieren, sondern in der eingreifenden Koordination von Schwerkraftzentren der Eigentätigkeit.

Ich möchte noch einmal das Problem von Störungen und Blockierungen aufgreifen. Sowenig Selbstregulierung mit passivem Zusehen und Gewährenlassen zu tun hat, so wichtig ist dabei doch die Tugend der Geduld, die Fähigkeit, Prozesse, die unter den Kindern ablaufen, intensiv zu beobachten und sich von dem Zwang freizuhalten, bei der kleinsten Schwierigkeit, auf die Kinder stoßen, sofort einzugreifen und ihnen Fingerzeige zu geben.

Hartmut von Hentig hat dieses Verhalten, Kinder fortwährend in Trab zu halten, immer in Anspannung und Aufmerksamkeit, und dort, wo sie dem Blick des Lehrers entgleiten, sofort Schuldgefühle zu entwickeln, als ein Element bezeichnet, das seinen Begriff der Kinder-Kindheit ausmacht: Es ist die vollständige Pädagogisierung aller Handlungen und Vorstellungen der Kinder – ein Alptraum. Diese vollständige Pädagogisierung ist mit dem allgegenwärtigen und unausweichlichen Bewertungsblick verknüpft, der gleichsam vom Erwachsenenhochsitz über die Verhaltenslandschaft der Kinder gleitet. Das Benthamsche Panoptikum, von Foucault als Uridee des modernen Gefängnisses diagnostiziert, ist davon so weit nicht entfernt. Was immer sie tun, es wird pädagogisch bewertet, also in ein System einbezogen, das nach Lob und Tadel strukturiert ist. Gerold Becker hat das treffend den Midas-Effekt genannt; alles, was Midas berührte, wurde zu Gold; alles, was Lehrer berühren, wird zum Stoff, wird Material für pädagogische Akte.

Unter dem Gesichtspunkt der Selbstregulierung lassen sich solche fortwährenden Eingriffe unschwer als Störungen der kindlichen Prozesse verstehen. Keiner dieser Prozesse hat die Möglichkeit, durch Selbstaktivität der Kinder ausgetragen zu werden. Und ein zweites Moment der Störung und Blockierung von Lernprozessen, die von Lehrern ausgehen, ist hier zu nennen. Es ist die verbreitete Neigung, mit Schuldgefühlen zu arbeiten. Verläßt ein Kind ein Projekt, demgegenüber es eine Verpflichtung eingegangen ist, so kommt es vor, daß Lehrer das Kind an diese Verpflichtung erinnern. Du hast doch versprochen dabeizubleiben; warum gehst du jetzt weg? Schuldgefühle sind psychologisch angesiedelt in einem Zwiespalt von Zuneigung und Abwehr. Dieser Zwiespalt bindet Kinder häufig an Zusammenhänge, die sie gar nicht interessieren, so daß sich ihre Phantasie von dem, was sie tun, abspaltet und ein Sonderdasein führt.

Die moralisierende Einstellung von Lehrern, die Arbeit mit Schuldgefühlen und Gewissensappellen, führt in der Regel nie dazu, daß Kinder lernen, ihre eigenen Interessen wahrzunehmen und auszudrücken. Bei allen Fortschritten in Lernprozessen bleiben wesentliche Bestandteile der kindlichen Abhängigkeit erhalten und werden zementiert. Das ist der Unterschied zu Abgrenzungen, zum klaren Grenzensetzen: Du hast dabeizubleiben, weil sonst der Arbeitsprozeß der anderen gestört wird.

Diese Störungen und Blockierungen, die von den erwachsenen Bezugspersonen ausgehen, sind allerdings nicht die einzigen, die es in der Realität selbstregulierter Prozesse gibt. Wenn Kinder, wie in Summerhill und Glocksee, grundsätzlich die Möglichkeit haben, Angebote anzunehmen und sie abzulehnen, auch innerhalb eines Angebots sich zu entziehen und etwas anderes zu machen, dann entsteht das Problem von Kontinuität und Diskontinuität in Lernprozessen.

Meine Erfahrungen aus der Glocksee-Schule gehen dahin, daß die Kinder es zunächst selbst als Störung empfinden, wenn andere nicht bei der Sache bleiben, wenn sie wie auf einem Jahrmarkt von einem Stand zum nächsten laufen. Da die abstrakte Ordnung nach Zeittakten und räumlichen Abgrenzungen, die geschlossen sind, nicht existiert, ist es insbesondere für Kinder, die solche Lernprozesse nicht kennen, ein großes Problem, sich in den Räumen und in der Zeit zurechtzufinden.

In der Regel zeigt sich allerdings, daß sich unter der Hand sehr schnell eine ganz andere Ordnung als die, die wir gewohnt sind, herausbildet, eine Ordnung, die zeitlich und räumlich ungewöhnliche Verdichtungen aufweist. Diese Dichtegrade stellen eine so konzentrierte Aufmerksamkeit her, daß häufig das, was von Erwachsenen als Störung empfunden wird, die Kinder selbst überhaupt nicht berührt. In einer rigiden Ordnung der Schule würden Ereignisse wie Schulbesuche von Fremden große Aufmerksamkeit auf sich lenken. Was Neill über Summerhill berichtet und was ich selbst in der Glocksee-Schule erfahren habe, ist ein Hinweis darauf, daß in dem Maße, wie Kinder sich nach Eigeninteressen konzentrieren, Veränderungen äußerlicher Art Lernprozesse kaum unterbrechen. Das gilt im übrigen bezeichnenderweise auch für Störungen in Gestalt von Lärm. Kinder scheinen weitaus weniger lärmempfindlich zu sein als Erwachsene.

Man kann also zusammenfassend sagen, daß Selbstregulierung eine spezifische Ordnung herstellt, die nicht unsere Ordnung ist, die der Erwachsenen. Aber es ist eine Ordnung, an deren Plätzen nicht nichts ist. Erst intensive Beschäftigung mit dieser inhaltlichen Ordnung verschafft uns einen Einblick in die Gesetzmäßigkeiten, nach denen sich diese Ordnung gliedert. Allerdings muß ich darauf hinweisen, daß solche Prozesse nur möglich sind, wenn – wie am deutlichsten in Summerhill und Glocksee geschehen – Beziehungsarbeit zum Schulkonzept gehört.

In dem Maße nun, wie Selbstregulierung in einer Schule zum bestimmenden Prinzip des Alltagsgeschehens und des Unterrichts wird, wächst die Bedeutung der Strukturiertheit. Strukturierungen im pädagogischen Feld von Selbstregulierung haben einen grundsätzlich anderen Charakter als autoritär auferlegte Sollensvorschriften.

Selbstregulierung war das politische Zauberwort der antiautoritären Erziehung und des antiautoritären Lernens. Ganz davon abgesehen, daß dieser Begriff mittlerweile zum üblichen Sprachgebrauch derer gehört, die den gesamten gesellschaftlichen Zusammenhang den Marktmechanismen überantworten wollen, ist dieses Prinzip der Selbstregulierung auch im Sinne eines erweiterten Begriffs von demokratischer Selbstorganisation korrekturbedürftig.

Solange es darum ging, autoritäre Strukturen in den Institutionen, Charakterpanzerungen, Verdinglichungen der Kulturindustrie und der Denkformen durch verändertes Lernen und demokratische Erziehungspraktiken aufzubrechen, konnte jeder Akt konsequenter Selbstregulierung als politischer Akt verstanden werden. Was verneint wurde, hatte trennscharfe Gegenstände, die den Protest und Widerstand dagegen unmittelbar ins Positive wendeten. In der Auseinandersetzung mit kulturellen Phänomenen konnte daher die Verdinglichungskritik als Hauptrichtung der ästhetischen Kritik verstanden werden, wie bei Walter Benjamin und Theodor W. Adorno.

Gebote, Verbotsnormen, dieses ganze Gehäuse von Hörigkeiten in Frage zu stellen, von den Vertretern dieses Systems Begründungen für den Lebenszweck von Institutionen zu verlangen, hatte daher unmittelbar einen verständlichen und überzeugenden Sinngehalt. So waren alle Alternativschulen angetreten, die herkömmlichen Strukturen des Lernens und Verhaltens zu lockern; auch die antiautoritärste Form der Erziehung und die mit offenen Projekten operierenden Lernformen vollzogen sich in einem mehr oder weniger von Linien und Strukturen durchzogenen Milieu.

In dem Maße nun, wie sich in einer Erosionskrise feste Strukturen objektiv auflösen, Deregulations- und Desintegrationsprozesse bis in die

Mikrobereiche der Subjekte und der Institutionen eingreifen, kommen solche antiautoritären, auf Selbstregulierung setzenden Praktiken der Erziehung und des Lernens in Bedrängnis, weil ihnen das widerständige Objekt fehlt, an dem sie sich reiben und abarbeiten können. Diese Ansätze, ursprünglich auf Selbstbewußtsein und Selbstbestimmung gerichtet, leiden zunehmend unter Gegenstandsverlust. Den Gegenstandsentzug kompliziert, daß es unmöglich ist, den Verlust der festgefügten alten Strukturen dadurch auszugleichen, daß man sich wenigstens auf das alte Trümmerfeld einläßt, die baufälligen Gebäude abzustützen versucht. Die zerbröckelten Strukturen schaffen in keinem Punkt Orientierung, sondern führen dazu, daß in der Auseinandersetzung mit der Realität eher diffuse Aggressionspotentiale angesammelt werden. Heitmeyer hat in seinen Untersuchungen zur Gewaltanfälligkeit von Jugendlichen sein Augenmerk mit Recht genau auf diesen Punkt gelenkt.[3]

Der Gegenstandsentzug betrifft nicht nur das Binnenverhältnis in den Institutionen der Erziehung und des Lernens, es gilt im gesamten gesellschaftlich-geschichtlichen Bereich. Viele Menschen, die sich der Demokratie und der sozialistischen Linken zugerechnet hatten, verfallen keineswegs in Trauer über den zusammengestürzten Stalinismus sämtlicher Prägungen. Doch es irritiert sie nachhaltig, daß sie den Abgrenzungsgegenstand verloren haben, der es ihnen ermöglichte, deutlich immer wieder zu erklären, was Sozialismus nicht ist, ohne aus sich heraus bestimmen zu müssen, was der positive Inhalt sozialistischer Politik ist.

Logiken des Neuaufbaus und Logiken der Auflösung alter Systeme scheinen prinzipiell so verschieden zu sein, daß wir manchmal verständnislos wahrnehmen, wie Menschen und ganze Gesellschaftsordnungen, die größte Opferbereitschaft, Erfindungsgeist und mutige Organisationsphantasie beweisen, wenn es um den Sturz alter Mächte geht oder im Krieg um die Abwehr von Feinden, sich nach dieser glücklich überstandenen Zeit außerstande sehen, die Früchte ihres Sieges in eine friedliche Organisation der Gesellschaft einzubringen. Traurige Gegenwartsbeispiele gibt es genug: die Befreiung vom Schah-Regime, der Vietnamkrieg, Kambodscha, Nicaragua, die zerstrittenen und sich gegenseitig bekämpfenden gesellschaftlichen Kräfte in der zerfallenen Sowjetunion.

Hier ist nicht der Ort, die Verschiedenartigkeit dieser Logiken weiter zu erörtern. Es ist jedoch wichtig, daß dieser Widerspruch in geschichtlichen Größenordnungen genauso wirksam ist wie in den Mikrostrukturen von Erziehung und Lernen. Das Prinzip der Selbstregulierung als Kritik autoritärer Strukturen unterscheidet sich grundlegend von der Selbstregulierung als Motiv eines demokratischen Neuaufbaus von Gemeinschaft, als Wegweiser für eine innergesellschaftliche Friedensordnung, die sich als Solidargemeinschaft versteht und gleichzeitig die individuellen Freiheitsrechte und den persönlichen Schutzraum der Privatsphäre respektiert.

Auch auf dieser Ebene haben wir es mit Strukturverlusten zu tun. Um diese auszugleichen und einen neuen Weg der Selbstregulierung im Sinne der darin enthaltenen Emanzipation zu beschreiben, ist deshalb die Entwicklung von Strukturen unabdingbar geworden, die zukunftsgerichtet sind. Wenn Strukturen nicht vorgegeben sind, und davon kann gegenwärtig keine Rede sein, dann müssen sie in den Erziehungs- und Lernprozessen durch die dafür zuständigen Erwachsenen mit erzeugt werden. Es liegt auf der Hand, daß eine solche Dialektik von Selbstregulierung und Strukturierung an die Erzieher, an die Lehrerinnen und Lehrer höchste Anforderungen stellt. Wenn es also nicht mehr gelingt, die versteinerten Verhältnisse zum Tanzen zu zwingen, indem man ihnen lediglich ihre eigene Melodie vorspielt[4], dann ist es ein Zeichen dafür, daß man die alte Melodie dieser Verhältnisse verlernt hat und die neue, welche die aufgelösten Verhältnisse in strukturierende Bewegungen bringen könnte, noch nicht kennt.

Im engeren Sinne ist, Piaget zufolge, Lernen der Erwerb von Erkenntnis, die auf besondere – von der Umwelt bereitgestellte – Informationen zurückgeht. Lernen läßt sich nicht ohne eine theoretisch frühere innere Struktur der Äquilibration denken, die das Vermögen zu lernen, die die Strukturierung des Lernprozesses bestimmt; im weiten Sinne umfaßt Lernen beide Faktoren. »Ich entdecke«, schreibt Piaget, »daß es zur Bildung dieser Grundstruktur einer beständigen organisierenden Aktivität des Subjekts bedürfte.«[5]

Gerade der Strukturalist Piaget betont die Selbstregulierungsintensität, jedenfalls im Zusammenhang kognitiver Prozesse. Von einem Kongreß der US-Behavioristen in Washington wird berichtet, daß Piaget ruhig und gelassen, wenn auch mit einer provokativen Spitze gegen die Reiz-Reaktions- Ideologen, erklärte: »Wenn Sie ein Kind etwas lehren, so hindern Sie es daran, es selbst zu entdecken.« Als sich einer der Behavioristen meldete und die Frage stellte: »Herr Piaget, das leuchtet mir ein, aber wie könnte man dieses Lernen beschleunigen?«, schüttelte Piaget nur verständnislos den Kopf.

Auf dem Boden der Selbstregulierung Strukturen aufzubauen ist eine zentrale Aufgabe für modernes Erziehen und Lernen, ja vermutlich sogar entscheidend für die Überlebensfähigkeit des demokratischen Verfassungssystems. Strukturen dafür zu entwickeln, daß die Menschen selbsttätig, kompetent und orientiert die gegenständliche Realität verarbeiten, würde einen Begriff von Wissen und Zusammenhang voraussetzen, ohne den jeder Lernschritt bloßes Herumtappen im dunkeln wäre. Es stellt sich deshalb für mich die Frage: Was müssen unsere Kinder und Jugendlichen lernen, damit sie sich in dieser Welt der Umbrüche orientieren können?

Obwohl ich von Struktur spreche, habe ich in diesem Buch Piaget nicht weiter diskutiert, da sein Strukturalismus, soweit er pädagogische Probleme betrifft, einer ausführlichen Analyse bedürfte. Von Interesse in meinem Zusammenhang ist jedoch, wie stark Piaget Selbstregulierungsprozesse im Aufbau der kognitiven Tätigkeiten von Kindern hervorhebt. Er kritisiert ja gerade die Reiz-Reaktions-Schemata, die in behavioristischen Lerntheorien Lernen einzig als eine Art Antwortspiel auf Außenreize definieren. Nach Piaget ist der Organismus nie passiv. Das menschliche Gehirn ist immer tätig, ob es von außen angeregt wird, Impulse bekommt oder nicht. Deshalb erfolgt Entwicklung häufig spontan und sprunghaft, so daß man selten aus dem äußeren Arrangement (zum Beispiel dem stufenweisen Aufbau des Lernens) entnehmen kann, wann sich große Sprünge vorbereiten. Die geistige Entwicklung vollzieht sich im Laufe der ersten achtzehn Monate »besonders rasch und besonders wichtig, weil das Kind auf dieser Stufe (der senso-motorischen Stufe) die Gesamtheit der kognitiven Substrukturen aufbaut, die als Ausgangspunkt für seine perzeptiven und intellektuellen Konstruktionen dienen, und ebenso eine gewisse Zahl elementarer affektiver Reaktionen, die zum Teil seine kommende Affektivität bestimmen«.[6]

Es gibt eine senso-motorische Intelligenz vor der Sprachentwicklung. Piaget beschäftigt sich mit der kognitiven Geburt des Menschen, nicht mit der psychischen oder sozialen. Er wehrt sich gegen die Vermutung, seine Theorie sei aprioristisch oder nach einer inneren Finalität konstruiert, nach einem unverrückbar festgelegten Stufenplan. Zwar bestimmt Piaget Grenzen der menschlichen Lernfähigkeit innerhalb bestimmter Stufen, aber die Art und Weise, wie zum Beispiel Assimilationsschemata arbeiten, wie sich Ordnungs- und Verbindungsstrukturen herausbilden, enthält doch ungewöhnlich viele Elemente gestalthafter Umorganisation, bei der aus vielen zerstreuten Einzelelementen plötzlich ganz neue Vernetzungen und Strukturen entstehen. Assimilation heißt bei Piaget: »Der inkorporierende Prozeß eines operativen Aktes. Ein In-sich-Aufnehmen von Umweltdaten, nicht in einem kausalen mechanistischen Sinn, sondern als Funktion einer internen Struktur, die kraft ihrer eigenen Natur – durch Assimilation potentiellen Materials aus der Umwelt – nach Bestätigung strebt.«[7]

Intelligenz geht vom Tun in seiner Gesamtheit aus, »sofern es die Gegenstände und das Wirkliche umwandelt«; worin Erkennen bei der Ausbildung des Kindes besteht, beruht wesentlich »auf einer aktiven und operativen Assimilation«.[8] Alles, was es außen gibt und nach innen dringt, wird hier in einen neuen funktionellen Zusammenhang eingegliedert. Und nicht nur das: Die unablässige Arbeit des Gehirns sucht durch Eigentätigkeit nach solchen äußeren Reizen, so daß jede Vorstellung von bloß passiver Aufnahme sich als falsch erweist.

Wenn das Lernen organisatorisch eingegrenzt wird, geht auch kreative Phantasie und am Ende sogar Lernbereitschaft verloren. Kaum bedarf es des Hinweises, daß es ähnliche Probleme in der Dimension der emotionalen und sozialen Beziehungen gibt.

Über die veränderte Rolle von Lehrern habe ich nur in spezifischen inhaltlichen Zusammenhängen gesprochen. Es ist jedoch klar, daß in dem Maße, wie Lehrer Nebenaufgaben der Wissensvermittlung, hauptsächlich auch die der Strukturierung und der Herstellung von Zusammenhängen, zu übernehmen haben, ihre Rolle über traditionelle Bestimmungen hinausweist. Was sind die Voraussetzungen für einen pädagogisch erfolgreichen Lehrer, welche Arbeitsmittel und Methoden sollte er benutzen?

Hermann Giesecke unterteilt die vorfindbaren pädagogischen Tätigkeiten in fünf Grundformen: Unterrichten, Informieren, Beraten, Arrangieren und Animieren. Diese Grundformen werden, wie Giesecke sagt, je nach Berufsart, zum Beispiel Lehrer oder Sozialpädagoge, in unterschiedlichem Maße beansprucht, machen aber »gemeinsam die professionelle Kompetenz eines jeden pädagogischen Berufs aus... Pädagogisches Handeln ist eine Form des sozialen Handelns, also auf das Handeln anderer Menschen bezogen und hinsichtlich seines Erfolges von daher maßgeblich abhängig. Deshalb wird die professionelle pädagogische Kompetenz nicht in erster Linie durch Regeln einer ›pädagogischen Technologie fundiert, sondern durch die Qualität der jeweiligen pädagogischen Beziehung‹.«[9]

Beziehungsarbeit in einem sehr weiten und ernstgemeinten Sinne bindet künftig diese fünf Grundformen ein und ist gleichzeitig deren Voraussetzung. Was Giesecke unter »pädagogischer Beziehung« im professionellen Kontext bezeichnet, trifft genau das, was ich in diesem Buch Beziehungsarbeit im pädagogischen Feld genannt habe. Jedenfalls hat diese Form der Beziehungsarbeit nichts damit zu tun, daß die kognitiven Kompetenzen vernachlässigt werden müssen, um mehr Freiraum für den Aufbau sozialer und emotionaler Lebensverhältnisse zu schaffen. Im Gegenteil: Nur in dem Maße, wie strukturierende Beziehungsarbeit wesentliches Moment der professionellen Kompetenz eines Lehrers wird, können Energien für die kognitiven Kräfte freigesetzt werden. Gerade die Vernachlässigung dieser Beziehungsarbeit führt dazu, daß auch die spezifischen Lernfelder nicht mehr beackert werden können. Mir ist allerdings klar, daß die Erziehung der Erzieher, daß das Lernen der dann Lehrenden auch an den Hochschulen und Universitäten verändert werden müßte – nicht im Sinne von Rabatten in den Wissenszusammenhängen, sondern mit Blick auf eine Umgewichtung der eigentlichen pädagogischen Kompetenzen.

2. Die Grundlagenkompetenz: »Zusammenhang herstellen«

Was müssen Menschen wissen, damit sie die heutige Krisensituation begreifen und ihre Lebensbedingungen in solidarischer Kooperation mit anderen verbessern können? Zunächst einmal ist es grundsätzlich notwendig, die Mitbestimmungsrechte auszuweiten, mehr Autonomie und kollektive Vertretungsmacht zu gewinnen. Jeder Schritt zur Gesellschaftsveränderung muß die Beseitigung des Grundskandals der bestehenden Ordnung einklagen: daß Millionen von Menschen vom Erwerbssystem abgekoppelt sind und keine Aussicht haben, ihre gesellschaftlichen Fähigkeiten durch Arbeit zu bestätigen. Wenn unter diesen Bedingungen eine Umdefinition des Lernbegriffs erfolgen soll – und ich glaube, das ist der entscheidende Punkt für eine Reform des Bildungssystems –, dann sind neue gesellschaftliche Schlüsselqualifikationen erforderlich, die eingeübt und gelernt werden müssen.

Über welche spezifischen Kompetenzen des gegenständlichen Lernens also müssen Menschen verfügen, damit sie den Problemen einer hochindustrialisierten Zivilisation und der Erosionskrise gewachsen sind? Ich möchte im folgenden sechs solcher Kompetenzen nennen, gesellschaftliche Schlüsselqualifikationen, die für eine befriedigende Lebensorientierung wichtig sind. Die erste dieser Kompetenzen steht über allen anderen, weil sie die Grundlage für das bildet, was unter Lernen und Begreifen heute zu verstehen ist. Ich nehme sie gleichwohl in den Kompetenzkatalog auf, weil zusammenhängendes Lernen als die entscheidende gesellschaftliche Schlüsselqualifikation auch eigentümlicher Methoden und Übungen bedarf.

Im Glocksee-Kapitel habe ich zu zeigen versucht, daß an die Stelle von bloß addierenden Lernschritten ein exemplarisches Erfahrungslernen treten muß. Wesentliches Ziel dieses Erfahrungslernens ist die Herstellung von Zusammenhängen. Das klingt sehr allgemein und ist im Grunde auch selbstverständlich. Doch wenn man betrachtet, in welchem Umfang heute die Medien gerade zur Fragmentierung des Wissens und Bewußtseins beitragen, wird deutlich, daß Zerstörung der zusammenhängenden Weltauffassung zu einem wesentlichen Herrschaftsmittel geworden ist. Man sehe sich nur einmal die Tagesschau unter dem Gesichtspunkt dieser Fragmentierungsstrategie an. Ohne erkennbare Struktur, ohne geschichtliche Hintergründe, ohne Rückverweise auf vergleichbare Ereignisse werden Informationen aneinandergereiht, die nichts erklären und Zusammenhänge zwischen der Situation des Fernsehzuschauers und der übrigen Welt buchstäblich auseinanderreißen.

Für jedes Lernen, das dem einzelnen Orientierungswissen vermittelt, ist jedoch die Rückbeziehung auf den eigenen Lebenszusammenhang unerläßlich. Am Bedürfnis nach Zusammenhängen ist kein Mangel, in jedem von uns steckt unbefriedigte Neugierde: »Ich will etwas über meine Lebensbedingungen wissen. Ich will klären, was von mir abhängt und wo ich einfach Opfer bin. Würde ein solches Lernen öffentlich stattfinden, so hätte ich auch keine Not, Informationen zu gewichten und auf meine rein privaten Verhältnisse zu beziehen.« Es liegt nicht an den einzelnen Informationen, die angeboten werden, sondern es ist der mangelnde Zusammenhang, der Zuschauer unbefriedigt läßt. Informationen über Wechselkurse, eine Mordgeschichte, ein Gipfeltreffen, Sportereignisse: alles das wird in fünfzehn Minuten angeboten und bestätigt lediglich die Verwirrung, welche auch die menschlichen Alltagsverhältnisse ausmacht. Wo also die Möglichkeit des Lernens besteht, muß vor allem die Kompetenz ausgebildet werden, Beziehungen zwischen den Dingen und Verhältnissen herzustellen, orientierende Zusammenhänge zu stiften.

Lehrern oder Bildungsarbeitern, die auf der Grundlage von Textmaterialien Informationen und Denkweisen zu vermitteln versuchen, wird die Forderung, vor allem auf Herstellung von Zusammenhängen bedacht zu sein, zunächst ganz überflüssig erscheinen. Gegen eine solche Forderung können sie einwenden, daß Bildung und Lernen überhaupt nicht anders zu verstehen seien als in der sachbezogenen Stiftung von Zusammenhängen. Doch dieser Einwand verliert seine Berechtigung, wenn wir näher über die Struktur von Lernprozessen und die Kategorie Zusammenhang als Lernprinzip nachdenken. Denn das plausible Alltagsverhalten von Lehrenden und Lernenden scheint immer weniger auszureichen, orientierendes Wissen zu begründen und das, was in sperriger Scheinklarheit als geordnetes Neben- und Nacheinander vor uns liegt, in seinen Wesensverhältnissen zu begreifen. Und auf die Beseitigung eines offenkundigen Problems zu verzichten, weil derartige Lernprozesse selbstverständlich und alltäglich geübte Praxis sind, würde jeder begrifflichen Durchdringung von Bewußtseins- und Verhaltensänderungen den Boden entziehen.

Gegenüber eingefrorenen Lehrsystemen, die von der konsequenten Ausgrenzung der menschlichen Erfahrungswelt zehrten, wurde in den vergangenen zwei Jahrzehnten Alltäglichkeit mit Recht zum eigenen Erkenntnisobjekt aufgewertet, doch sie hat die Probe der Selbstkritik noch nicht bestanden. Anzuerkennen, daß der Alltagsverstand einer der größten Meister der Verdrehungen und des metaphysischen Verwirrspiels sein kann, ist in Lernzusammenhängen von entscheidender Bedeutung, weil sich dadurch ein konkret abschreitbarer Horizont für theoretische Reflexion eröffnet.

Das setzt mit relativ einfachen Fragestellungen ein. Wie man lernt, hängt vermutlich in einem noch viel stärkeren Maße vom kulturellen Gesamtzustand einer Gesellschaft ab als das, was man lernt. Grundthema der traditionellen Pädagogik (darin von der Erwachsenenbildung nicht prinzipiell unterschieden) ist das Wie des Lernens, die Art und Weise, wie Wissen, Informationen in menschlichen Köpfen prägende Gestalt annehmen. Der moderne Ausdruck Schlüsselqualifikation hat einen technisch-instrumentellen Beigeschmack, selbst wenn die Sache so weder gemeint noch inhaltlich gefüllt wird. Er erweckt den Eindruck, als bekäme man mit dieser Qualität von Bildung Schlüssel in die Hand, um sich Zutritt zu Bereichen und Möglichkeiten zu verschaffen, die sonst verschlossen blieben. Qualität, die besondere Beschaffenheit und Eigenschaft eines Dinges oder Verhältnisses, drückt zwar etwas Werthaltiges aus, bestimmt aber keine Stelle in einer Rangordnung. Das symbolträchtige Wort Schlüssel setzt diese Art der Qualifikation sehr weit nach oben und stattet sie zudem mit der Erwartung des Handhabens, eines Technisch-Handwerklichen aus.

In den meisten der bisher geführten Qualifikationsdebatten wurde der Begriff der Schlüsselqualifikation[10] dogmatisch verengt, während ich daraus einen erweiterten, gesellschaftlichen Begriff entwickeln möchte. Ganz vom pragmatischen Sinngehalt ist dieser Qualifikationsbegriff freilich nicht abzulösen; aber läßt man sich auf den Begriff wirklich ein, treibt die Sache selbst über solche instrumentelle Verengungen hinaus. Eine Qualifikation, der Schlüsselfunktion zugeschrieben wird, wäre ohne weitertreibende Deutungszusammenhänge, die das Gesamt von angesammelten Fähigkeiten und Informationen überschreiten, überhaupt nicht begreifbar. Wo von Schlüsselqualifikationen geredet wird, ist daher tendenziell die Aufhebung von Fragmentierung und Arbeitsteilung angelegt, bildet die bewußte Herstellung von Zusammenhang ein wesentliches Ziel.

Falsch wäre es jedoch, wollte man dem Zusammenhang als einer gesellschaftlichen Schlüsselqualifikation unter allen geschichtlichen Bedingungen eine Eigenbedeutung in Lernprozessen zuschreiben. Für Plato ist Wissen nichts anderes als die Teilhabe des erkennenden Menschen an den Ideen, die ihre eigene Ordnung haben. Die unveränderliche Seinsordnung, Zusammenhang und hierarchische Gliederung der Ideen, ist für den Menschen in dem Maße erreichbar, wie er sich selbst aus der verwirrenden Schattenwelt der ihn umgebenden Dinge und Verhältnisse befreit. *Theorein* bedeutet ja das Erschauen Gottes, der Ideen; Theorie verbürgt den Zusammenhang des eigenen Lebens mit dem Kosmos und den anderen Menschen. Aber auch als diese klassische Ontologie, die fraglose Seinsgeschichte der vorgesellschaftlichen Zusammenhänge, zerbrochen ist, erscheint orientierendes Wissen vom Selbst und der Welt so sehr verknüpft mit objektiven Ordnungen, daß die Wissenschaften die Sicherheitsbedürfnisse erfüllen können. Für einen Zeitgenossen der Aufklärung ist wissenschaftliches Wissen – in den Bereichen der Natur ebenso wie der Gesellschaft und des Seelenlebens – gekoppelt an die Überwindung der durch Herrschaftsverhältnisse verzerrten und verdrehten Zusammenhänge. Positives Wissen ist die Wiederherstellung der wirklichen Ordnung. Politische Ökonomie, rationales Naturrecht, Erkenntnistheorie und Moralphilosophie sind nur verschiedene, nach Sachgebiet und Methode spezifizierte Ausdrucksformen für die Wiederherstellung der wirklichen Zusammenhänge in der Welt. Der aufgeklärte Mensch begreift diese Zusammenhänge und begründet damit seine Mündigkeit.

Mündigkeit und Wissen haben heute diese enge und selbstverständliche Verbindung verloren. Positives Wissen, und wäre es auch lediglich Spezialwissen in Einzelbereichen, erfährt eine seltsame, widersprüchliche Umwertung. In Gesellschaftsordnungen mit Zensur und privilegierten Festlegungen von Herrschaftsinformationen entwickelt positives Wissen, so fragmentiert es auch sein mag, ohne jede weitere Qualifikation Zusammenhang und dadurch Befreiungspotentiale, also Elemente möglicher Mündigkeit. Wo eine Ontologie der Öffentlichkeit existiert, wie Kolakowski diese Herrschaftsordnung der staatlich privilegierten

Informationszuteilung bereits 1956 zutreffend genannt hat, da wird jede beliebige Information, die einen Realitätsteil bezeichnet, aus sich heraus zum aufklärerischen Moment wirklicher Zusammenhänge. Bereits die Detailkenntnis, die diese Ontologie antastet, hat Sprengkraft. Was wir seit Ende der achtziger Jahre in den osteuropäischen Ländern – einschließlich der ehemaligen DDR – erfahren, ist die Auflösung der gesellschaftlichen Scheinzusammenhänge durch das Zulassen wirklichen Wissens von den existierenden Verhältnissen. So stiftet sich der Lernzusammenhang, indem Wissenschaften ebenso wie Interessen und Bedürfnisse der Menschen freie öffentliche Ausdrucksformen finden. Die herrschaftsbestimmten Realitätsverbote zerfallen, damit aber auch die Übersichtlichkeit der Ordnung, an der sich die Menschen reiben konnten, indem sie, Schwarzmarktphantasien ausbildend, die Schattenwelt des Gegebenen fortwährend in sich verneinen.

Wo die Informationen gleichsam auf der Straße liegen und alltäglich frei Haus geliefert werden, ergeben sich ganz andere Probleme für die Orientierung der Menschen durch Wissen.

Der Satz Wilhelm Liebknechts »Wissen ist Macht« – eine zutiefst bürgerliche Erfahrung, die auf Francis Bacon zurückgeht – gilt nur für eine Gesellschaftsordnung, in der einer ganzen Klasse oder sehr vielen Menschen Wissen bewußt vorenthalten wird. Heute müßte man den Satz Liebknechts umformulieren: Zusammenhänge herstellen, Begreifen, was die Welt im Innersten zusammenhält, wäre Macht – jedenfalls für diejenigen, die Liebknecht im Auge hatte, also die Masse der Unterdrückten, die nicht in der glücklichen Lage sind, über Zusammenhänge zu verfügen, ohne sie begreifen zu müssen.

Zweifellos stellt sich auf jeder kulturellen Entwicklungsstufe einer Gesellschaft die Frage neu, was denn ein als informiert und gebildet zu bezeichnender Mensch wissen müsse, um sich in dieser Welt zu orientieren. Diese Frage wird von keinem einzelnen bewußt gestellt, sie liegt gleichsam in der Luft, und unter den Menschen, die mit Wissenschaft und Bildung zu tun haben, existiert ein Einverständnis darüber, welche Kenntnis um Zusammenhänge für eine solche Charakterisierung ausreichend ist. Ein derartiges Selbst- und Weltverständnis, das sich auf die Kenntnis bestimmter Zusammenhänge und auf die Ausstattung mit bestimmten Kompetenzen stützt, gilt für ein Mitglied der bürgerlichen Klasse genauso wie für den Arbeiter, der sich durch individuelle Bildung kampffähig macht oder die Existenzbedingungen der Arbeiterklasse zu überwinden versucht. Für den Bürger wie für den klassenbewußten Arbeiter vermittelt sich Zusammenhang nicht durch bloße Alltagserfahrungen, die unmittelbar aufgerafft und zusammengestellt werden. Situationsunabhängiges Wissen, das begrifflicher Vorarbeit entspringt, ist nötig, um die eigene individuelle Lebensgeschichte mit gesellschaftlichen und geschichtlichen Zusammenhängen zu vermitteln. Kontrovers dabei ist nicht, daß Bildung und Orientierung nur durch bestimmte Verknüpfungsnetze zwischen Allgemeinem und Besonderem zustande kommen; problematisch ist vielmehr die Art und Weise, wie ein verbindliches Allgemeines zu finden ist.

Was ich damit meine, will ich an einem kurzen Beispiel erläutern. Erinnert sei an die vielen Arbeiterbildungskurse zu Beginn des Jahrhunderts, bei denen das »Kapital« von Marx eine Rolle spielte. »Das Kapital« wurde zwar in der Regel nicht gründlich gelesen, da es als zu schwierig galt, aber Kurzfassungen von »Lohnarbeit und Kapital« oder der »Anti-Dühring« von Engels erfüllten durchaus eine wichtige Funktion bei der Einübung von Wissen, das das Gesellschaftsbild des Arbeiters organisieren sollte. Zwei oder drei Bücher betrachtete man als Grundlektüre; auch der von Otto Bauer erstellte Kurzabriß über das »Kapital« hatte eine orientierende Bedeutung. Der theoretische Wissensbestand, mit dem ein politisch und gewerkschaftlich bewußter Arbeiter umzugehen hatte, war damit weitgehend vorgegeben. Selbst in der Romanliteratur gab es einen solchen Grundbestand, wozu zum Beispiel Jack Londons »Eiserne Ferse« gehörte. Der sozialkulturelle Deutungsrahmen, der den Bildungs- und Lernkanon ausmachte, enthielt gesicherte Traditionsbestände, eine mit den eigenen Erfahrungen verknüpfbare und nacherlebbare Dogmatik, der gegenüber man sich kritisch verhalten konnte, die aber nie ganz aus dem eigenen Verstehenshorizont auszugliedern war.

Nicht nur die Traditionsbestände der gebildeten Arbeiter, in denen Verstehenszusammenhänge gestiftet wurden, sind zerbröckelt; auch die übrige Gesellschaft ist mit dem Problem konfrontiert, daß jede Verbindlichkeit vorgetaner geistiger Arbeit zersetzt scheint. Es ist unmöglich, auf ein großes Werk der Philosophie, der Literatur, der Naturwissenschaft zu verweisen, mit dem Hintergedanken vielleicht, daß die Lektüre gerade dieses Werkes Strukturen der gegenwärtigen Welt zu entschlüsseln vermag. Das Verzweiflungswort von der »Neuen Unübersichtlichkeit«, das Jürgen Habermas geprägt hat, drückt etwas von dieser vergeblichen Mühe um gesicherten Zusammenhang aus. Durch die bloße Ansammlung von Wissen und dadurch, daß man sich Mühe gibt, ist die Unübersichtlichkeit – Folge der Gesteinsverschiebungen in der modernen Gesellschaft – nicht zu überwinden, ebensowenig wie durch die bloße Schärfung der Lerninstrumente, die soziale Erleichterung der Lernbedingungen und die Umgewichtung der pädagogischen Absichten.

Wo sich Erosionen der Gesellschaft und der Kultur zeigen, treten regelmäßig auch konservative, auf dogmatische Bewahrung gerichtete Projektemacher ins Licht der Öffentlichkeit. Strategien des Vergessens und der Verabschiedung von alten geprägten Zusammenhängen und die konservative Lust am Bewahren sind zwei sich bestätigende und ergänzende Seiten der Erosionskrise. Beide Optionen für die Zukunft, die für die geistige Situation der Gegenwart das geeignete Heilmittel versprechen, operieren mit der Kategorie »Zusammenhang« als Substanz. Für die postmodernen Strategien des Vergessens drückt Zusammenhang Herrschaft aus, die das Unmenschliche erst verliert, wenn Logik – die zwingende Folge von Grund und Begründetem, die Differenz von Erscheinung und Wesen – aufgesprengt ist. Der konservative Blick richtet sich auf den Gegenpol, die Bestätigung und Zementierung dessen, was sich geschichtlich als Zusammenhang hergestellt hat. »Deconstruction of text« ist die postmoderne Herrschaftskritik, die sich am Zusammenhang als Macht und Gewalt fixiert, während die Parole des Konservativismus lautet: Je älter die Texte sind, desto wahrheitshaltigere Zusammenhänge drücken sie aus. So liegt auf der Hand, daß die einen die Neigung verspüren, zusätzlich zu stoßen, was fällt; die anderen haben dagegen nichts weiter im Sinn, als das bereits Fallende zu stützen und dem alten Kontext einzufügen.

Beide Positionen sind geeignet, die blinden Mechanismen, in die die individuelle Lebensgeschichte der Menschen und ihr Denken verwickelt sind – ob sie es wissen und wollen oder nicht –, zu verewigen. Denn es ist nicht die Frage, ob es den Menschen gelingt, sich aus den objektiven Zusammenhängen restlos herauszulösen und dadurch wirkliche Autonomie und Selbstbestimmung zu gewinnen. Niemand springt aus der Gesellschaft oder aus der Geschichte heraus. Autonomes Verhalten, das ohne individuelle Lernprozesse nicht gelingen kann, gründet sich auf der bewußt gemachten Beziehung zwischen dem Besonderen, das ich bin, und dem Allgemeinen, das die anderen Menschen, die Gesellschaft, die Geschichte, das Fremde ausmachen. Die kognitive Seite der moralischen Autonomie eines Subjekts ist seine Kritikfähigkeit. Wenn Zusammenhang nicht mehr vorgegeben ist oder in individuellen Glaubenshaltungen einfach angenommen wird, dann muß er durch die subjektive Arbeit des Begriffs gestiftet werden. Erst durch die spontane Herstellung von Zusammenhang, von dem mein eigenes Leben nicht mehr bloßes Anhängsel ist, stößt sich das Subjekt von seinen eigenen zufälligen Einbindungen in das Allgemeine ab und gewinnt dadurch die für Lernprozesse unerläßliche Spannung zwischen Distanz und Nähe, zwischen Besonderem und Allgemeinem. Dieses Allgemeine, dieser Zusammenhang ist ein durch das Besondere konstituierter Zusammenhang, ein subjektiv vermitteltes Allgemeines.

In den vergangenen zwei Jahrzehnten ist in den Geistes- und Sozialwissenschaften mit besonderem Nachdruck von verschiedenen hermeneutischen Verfahren geredet worden. Text- und Kontextanalysen, tiefenhermeneutische Interpretationen von Diskussionsprotokollen und literarischen Texten sind methodisch in einer Weise reflektiert worden, daß sie eine Verbindlichkeit und Exaktheit vorzuweisen haben, die an Aussagekraft den traditionellen objektivierenden Untersuchungsmethoden weit überlegen ist.[11]

Wo die Kompetenz »Zusammenhang herstellen« als oberstes Lernziel formuliert wird, sind zwei Entscheidungen bereits getroffen: Die eine bezieht sich auf eine Trennung, nämlich die von Wesen und Erscheinung. Ohne diese Differenzbestimmung würde das Lernziel auf die alberne Formel hinauslaufen, daß alles mit allem zusammenhängt und Lernen darin bestünde, die Kombinationsfähigkeit zu erweitern. Die andere Entscheidung bezieht sich auf eine grundlegende Verbindung, nämlich die bewußte Herstellung eines Zusammenhangs zwischen den Interessen und Bedürfnissen des lernenden Subjekts und der Objektwelt. Ist dieser Zusammenhang gestört oder aus den Lernprozessen ausgegrenzt, verliert das Lernen, wie ich es hier begreife, den verläßlichen Ausgangspunkt: Lernen wird von dem Motiv getrieben, die Näheverhältnisse der eigenen Empfindungen und Wahrnehmungen zu brechen, das Vertraute zu verfremden und damit ein Stück Theorie, also vermittelte, aufbewahrte Erfahrung als Wahrheitsbeitrag zu akzeptieren.

Heute scheint es unzeitgemäß, das Wort Dialektik in den Mund zu nehmen. Daß diese Denkweise zu einem klappernden Gerüst, in dem tatsächlich alles mit allem irgendwie verbunden ist, heruntergebracht wurde, bezeichnet eine eigene Tragödie. Ist aber »Zusammenhang« eigentümlicher Zweck des Lernens, dann ist dialektisches Denken, das heißt die lebendige Bewegung in Widersprüchen, die sich weder aufheben noch umgehen lassen, von äußerster Aktualität. Der Dialektiker Hegel hat sprachlich gedacht. Seine philosophischen Begriffe treiben aus sich heraus auf einen Zusammenhang hin, der am Ende zwar das Ganze als das Wahre bezeichnet, aber die einzelnen Kontextstufen bei der Entwicklung von Zusammenhängen haben durchaus Eigengewicht. Hegel nimmt das sehr ernst, was heute den Linguisten und Sprachphilosophen zum Forschungsmaterial geronnen ist: den Text. Der lateinische Wortursprung drückt zweierlei aus: handwerklich-organische Arbeit und Zusammenfügen von Materialien oder Gedanken aus einem konzentrischen Punkt heraus. Das Tätigkeitswort *texo* bedeutet *weben, flechten, bauen, zimmern, abfassen,* im übertragenen Sinne auch *sagen, darlegen.* In allen diesen Worten ist lebendige Arbeit gemeint, die methodisch und nach bestimmten Konstruktionsprinzipien Objekte so miteinander verknüpft, daß sie einen sinnvollen Zusammenhang bilden. Das Resultat dieser methodischen Tätigkeit, in die die organische Struktur der Materialien einbezogen ist, ist ein Gewebe, Gefüge: *Textum*.

Wenn ich von der Kompetenz »Zusammenhang herstellen« spreche, läßt sich diese gut am organisch-handwerklichen Vorgang des Webens, Flechtens und Bauens verdeutlichen. Aber die Welt besteht selbstverständlich nicht nur aus Texten; die disparate, häufig in allen Sinnstrukturen zerbrochene gegenständliche Welt erlaubt nur selten, sich bedenkenlos auf ein vorgegebenes Gefüge einzulassen. Die Spannung zwischen dem lernenden Ich und dem Überhang der Objektwelt hat sich in gleichem Maße verschärft, wie das Subjekt den Traum von Autonomie und Freiheit verwirklicht glaubt. Diese Scheinautonomie und die entsprechenden Freiheitsillusionen durchschaubar zu machen und am Ende aufzuheben ist deshalb der erste und wesentliche Akt eines Lernprozesses, der wirkliche Autonomie und Freiheit begründet. Nicht nur die Erosion der objektiven Verhältnisse macht es unmöglich, daß Zusammenhang ohne aktive Beteiligung der Lernsubjekte zustande kommt; auch die zersprungene Einheit der großen Theorien legt uns nahe, über neue Verbindlichkeiten in der Herstellung von Zusammenhang nachzudenken.

Nur exemplarische Lösungen des Zusammenhangproblems sind noch möglich. Das exemplarische Erfahrungslernen, das die Nähe der eigenen Interessen und Bedürfnisse nur bricht, um sich ihrer Vermitteltheit und Abhängigkeit bewußt zu werden, hat die reflektierte Entwicklung allgemeiner Zusammenhänge aus besonderen prägnanten Punkten heraus zum Ziel. Neu an dieser Lernsituation ist, daß niemand mehr im Stande ist, sich in objektive Sinnzusammenhänge einfach einzuspinnen, ohne gleichzeitig seine individuelle Urteilsfähigkeit und Autonomie zu verlieren. In einer Zeit, da die Gesellschaft mit Informationstechnologien bestückt ist, die bis in die Intimbereiche ragen, ist das uns bekannte Informationsbedürfnis, das Aufklärung und Vorurteilsminderung versprach, antiquiert. Gegenüber der erdrückenden Macht der Einzelinformationen, die technisch beliebig kombiniert werden können, genügt unsere Verarbeitungsfähigkeit – das Vermögen zur qualifizierten Gewichtung, zur Aufdeckung von Kulturbedeutung, von konkreten Zusammenhängen zum eigenen Leben – allenfalls archaischen Ansprüchen.

Orientierendes Denken ist konkretes Denken, und konkretes Denken ist Denken in Zusammenhängen. Abstraktes Denken besteht in der Operation mit isolierten Faktoren. Das Abstrakte ist das Isolierte, das vom Zusammenhang Abgezogene. Der ungebildete Mensch, der Lernunfähige, denkt abstrakt, nicht der Gebildete. So hat es Hegel in einer kleinen Arbeit aus der Berliner Zeit mit dem Titel »Wer denkt abstrakt?« beschrieben, als er sich über die Verdrehungen des Sinngehalts von abstrakt und konkret Gedanken machte. Er erläutert das an einem Beispiel: Ein Mörder wird zum Richtplatz geführt. Dem gemeinen Volke ist er weiter nichts als ein Mörder. Dies heißt, abstrakt gedacht, in dem Mörder nichts als dies Abstrakte, daß er ein Mörder ist, zu sehen und durch diese einfache Qualität alles übrige menschliche Wesen an ihm zu tilgen. Aber abstrakt verhalten sich auch Hegel zufolge Menschen, die das Rad und den Verbrecher, der darauf geflochten war, mit Blumenkränzen bestreuen und bebinden; dies sei die entgegengesetzte Abstraktion, so als wäre es eigentlich kein Leiden, das der zum Richtplatz Geführte erfahre.

Der konkrete Zusammenhang, in dem sich der Mörder im Verhältnis zu denjenigen befindet, die ihn jetzt beobachten, bestünde nach Hegel in folgendem: »Ein Menschenkenner sucht den Gang auf, den die Bildung dieses Verbrechens genommen, findet in seiner Geschichte, in seiner Erziehung schlechte Familienverhältnisse des Vaters und der Mutter, bei einem leichteren Vergehen dieses Menschen irgendeine ungeheure Härte, die ihn gegen die bürgerliche Ordnung erbitterte, eine erste Rückwirkung dagegen, die ihn daraus vertrieb, und es ihm jetzt nur durch Verbrechen sich zu erhalten möglich machte.«[12]

Nach allen diesen Erörterungen wird man nun mit Recht fragen können, was denn die Kompetenz »Zusammenhang herstellen« an eigenen Regeln und Gegenständen enthalten kann, wenn offensichtlich Zusammenhänge doch nur hergestellt und begriffen werden können, die sich als Sachzusammenhänge erweisen.

Allgemeine Regeln für »Zusammenhang« gibt es nicht. Da Zusammenhang in dem von mir gekennzeichneten Sinne nicht in einer formalen Kombinationstechnik von Einzelmerkmalen und Faktoren besteht, ist diese Kompetenz eher als eine spezifische Denkweise zu bezeichnen, eine ausgeprägte theoretische Sensibilität, die sich auf die lebendige Entwicklung von Unterscheidungsvermögen gründet. Nicht Zusammengehöriges trennen, den suggestiven Schein des Unmittelbaren durchbrechen und als Vermitteltes nachweisen oder, in begrifflichen Zusammenhängen, Grund und Begründetes entzerren – das wären konkrete Arbeitsregeln zur Überprüfung des Gegebenen, was ja nichts anderes als Kritik bedeutet. Die andere Seite dieses entwickelten Unterscheidungsvermögens wäre Urteilskraft im Sinne der Neubestimmung von Zusammenhängen aus dem entfalteten Besonderen heraus. Gesellschaftliche Schlüsselqualifikationen bilden sich nie in der isolierten, abstrakten Beziehung zwischen einzelnem Lernsubjekt und der Gegenstandswelt. Es sind Prozesse kommunikativer Verständigung, in denen die Normen und Kategorien, die der Informationsverarbeitung zugrunde liegen, an Regeln der Plausibilität und der Wahrhaftigkeit überprüft werden. Geht in Lernprozessen die theoretische Sensibilität für Zusammenhang vollständig verloren, sind alle übrigen gesellschaftlichen Schlüsselqualifikationen unvermeidlich auf instrumentelle Abstraktionen reduziert, also in Herrschaftszwecken bereits integriert und aufbewahrt.

Mit dem bestimmenden Rang, den ich dem Konkret-Allgemeinen, dem begründeten Zusammenhang für Lernprozesse zuspreche, ist freilich in einer Zeit, in der jede Art des verbindlichen Allgemeinen, jede vorgegebene Werteordnung mit Recht in Zweifel gezogen wird, gleichzeitig ein kompliziertes Problem von Lernprozessen bezeichnet. Ist Zielinhalt des Lernens Zusammenhang, das Konkret-Allgemeine, so ist das heute nicht mehr durch autoritative Vermittlungen von oben herab möglich, sondern nur durch Entfaltung des Besonderen, durch methodische und pädagogisch umsichtige Entwicklung des im Exemplarisch-Besonderen enthaltenen Allgemeinen zu erreichen.[13]

Diese Umgewichtung im Lernen ist von so zentraler Bedeutung, daß ich noch einen Augenblick bei einer philosophischen Tradition verharre, welche im Spannungsgefüge von Besonderem und Allgemeinem aus handlungstheoretischen Gründen entschieden die Position des Besonderen vertritt. In der modernen Sozialphilosophie ist dieser Ansatz vor allem charakteristisch für das Denken Hannah Arendts, das exemplarisch deutlich macht, woran sich – auf der Basis der geistigen Situation unserer Zeit – pädagogische Arbeit zu orientieren hat.

3. Das kommunikativ ermittelte Allgemeine

Hannah Arendt hat häufig gesellschaftliche Institutionen analysiert. Ihr bestimmendes Erkenntnisinteresse ist dabei die Frage, wie Menschen darin handeln. So bewegt sich ihr Denken nie im Allgemeinen, obwohl dieses Allgemeine für das Schicksal der einzelnen eine nicht aus der Geschichte eliminierbare Größe ist. Ausgangspunkt und Erkenntnisbasis, zu der sie immer wieder zurückkehrt, ist die Vermittlungsfrage zwischen Arbeit und Herstellen: wie sich nämlich politisch- öffentliches Handeln begründen läßt und worin es Gestalt für das Gemeinwesen annimmt.

In ihrer politischen Philosophie war Hannah Arendt sorgfältig darauf bedacht, den Traditionsbeständen des Nachdenkens über das Politische gerecht zu werden.[14] Von der Vergangenheit fühlte sie sich stets aufs neue herausgefordert, in der Gegenwart die Grundsätze des menschlichen Zusammenlebens und die Konstitutionsbedingungen von Staat und Gesellschaft zu bedenken und zu begreifen. Gleichwohl liegt ihr Denken im Streit mit den vorherrschenden Tendenzen des okzidentalen Rationalismus, in dem die ontologische Priorität des Allgemeinen vor dem Besonderen nahezu unangefochten ist. Selbst dort, wo das Universalienproblem zugunsten des Nominalismus gelöst wurde, ist an dieser Beziehungsstruktur wenig geändert worden. Denn das Abstrakt-Besondere, das sich vom Allgemeinen trennt, ist wiederum nur Subsumtionsexemplar für das Allgemeine. Das Besondere hat weder ein Eigenrecht noch die Kraft in sich, sich zum Allgemeinen hin zu bewegen, ja das Allgemeine aus sich heraus mit zu produzieren. Das Besondere in der Politik erscheint allenfalls als Ausdruck von Triebkräften wie Machtstreben, Interesse, Angst, Besitzstreben usw., aber nicht als ein auf das Gemeinwesen bezogenes individuelles Handeln.

Nimmt man den im Mittelalter virulenten, auch heute noch keineswegs ausgestandenen Universalienstreit, in dem es ursprünglich darum ging, ob die Allgemeinbegriffe den Einzeldingen vorausgehen (*ante rem*), in ihnen existieren (*in re*) oder ihnen nachgeordnet sind (*post rem*), als Folie für die Erörterung von wechselndem Allgemeinen, so kann man sagen, daß in einer Erosionskrise die Bedeutung des Besonderen zunimmt. Hannah Arendt hatte ein sicheres Gespür dafür, wie wenig stabil der Geist des Allgemeinen ist, der vom lebendigen und erfahrbaren

Besonderen abgetrennt existiert. In der phänomenologisch-existentiellen Philosophie, in der sie aufgewachsen ist (in diesem Punkt gibt es Gemeinsamkeiten zwischen Husserl, Heidegger und Jaspers), fand sie die Richtung für ihre Analysen von gleichsam sinnlichen Konstellationen der politisch folgenreichen Lebenswelten vorgezeichnet. Dazu gehört vor allem ihre große Untersuchung über die Mechanismen totalitärer Herrschaft.

Ihr geht es nicht um bloße Beschreibung und das Nachzeichnen von Strukturen, sondern um die Erschließung der Bedingungen, unter denen die Menschen aus ihrer verkapselten Besonderheit handelnd herauskommen können. Nichts scheint dem Menschen unnatürlicher zu sein als die Vereinzelung. Hannah Arendt teilt sicherlich nicht die anthropologische Annahme, daß der Mensch ein politisches Lebewesen (*Zoon politikón*) ist, aber sie weigert sich entschieden, ihn auf ein *tool making animal* (ein bloß Werkzeuge produzierendes Wesen) zu reduzieren. Für sie ist der Mensch ein auf Gemeinsinn angelegtes Lebewesen, das aber aktiv werden muß, damit seine Geselligkeit und seine Sorge um die Angelegenheiten anderer, die allgemeine Angelegenheit sein könnten, öffentliche Ausdrucksformen gewinnen.

Wie konstituiert sich ein verbindliches Allgemeines aus dem Besonderen? Ihre vielfältigen Werke von den Frühschriften an zeigen im bestimmenden Erkenntnismotiv eine merkwürdige Geschlossenheit: Fahndung nach der Wirklichkeit des Politischen. Kaum zufällig greift sie in ihrem letzten Lebensjahrzehnt immer entschiedener die Kantischen Fragen auf und beschreibt den modernen Zerfall des ontologisch in vielfachen Gestalten untermauerten Allgemeinen als irreparabel. Ihr letztes großes Werk »Vom Leben des Geistes« handelt in den vollendeten Teilen vom Wissen und vom Wollen, von deren Möglichkeiten und Grenzen, ganz entsprechend den Fragen Kants: Was kann ich wissen? Was soll ich tun? Für das Frühlingssemester 1976 hatte Hannah Arendt an der New School in New York wieder eine Vorlesung über die »Kritik der Urteilskraft« angekündigt. Dazu ist es nicht mehr gekommen, sie starb im Dezember 1975.

»Vom Leben des Geistes« sollte mit einem Buch »Das Urteilen« abgeschlossen werden. Was nach ihrem Tod an Texten dazu herausgegeben wurde[15], reicht aus, um sich ein Bild davon zu machen, wie sehr Kants »Kritik der Urteilskraft« ihren Vorstellungen von einer zeitgemäßen politischen Philosophie verschwistert ist, die alle ontologischen Krücken abgeworfen hat – die Verankerungen in angeblichen Gesetzen der Anthropologie und Biologie ebenso wie in den geschichtlichen Stufenfolgen von Gesellschaftsordnungen, wie sie sich in allen Formen des dogmatischen Marxismus finden. Kant unterscheidet die bestimmende von der reflektierenden Urteilskraft in der Weise, daß die erstere die Regel der Subsumtion des Besonderen unter ein Allgemeines festlegt, während die letztere keinerlei dergleichen Sicherheit zu bieten hat, gleichwohl aber anderen Menschen Zustimmung zum eigenen begründeten Urteil zumutet. In dieser Unterscheidung wird deutlich, welch brennende Aktualität Hannah Arendts politische Interpretation der »Kritik der Urteilskraft« heute hat. Politisches Handeln, das sich nicht auf ein Gemeinwesen richtet, in dem die Bedingungen und Ausdrucksformen des geselligen Verkehrs erweitert werden, widerspricht seinem eigenen Begriff; es reduziert sich auf die Form des Herstellens oder der Arbeit, da in diesen Begriff des Politischen nichts anderes einzugehen vermag als Strategien des Machterwerbs und der Machterhaltung. Bei Kant sucht Hannah Arendt das Politische nicht dort, wo er ausdrücklich davon spricht, sondern versteckt in den systematischen Werken, aus denen es aber leicht herausgelöst werden kann, sofern der Perspektivenwechsel in der Betrachtung des Kantischen Werkes vollzogen ist.

Phantasie und Einbildungskraft gehören so eng zu diesem Begriff des Politischen, daß ohne deren öffentliche Vermittlungstätigkeit Sinnlichkeit und Verstand im Handeln nicht zusammenkommen können. Mit Recht weist Hannah Arendt darauf hin, daß eines der dunkelsten Kapitel der »Kritik der reinen Vernunft«, das sogenannte Schematismus-Kapitel, auf die Vermittlung von Bild und Begriff hinweist, wie sie sich in der großen Rhetorik von Perikles und Cicero findet, die mit geschichtlich verdichteten Bildern der Überlieferung, mit Topoi arbeiten. Die Einbildungskraft ist auch in diesem systematischen Kontext nur verständlich als ein gesellschaftliches Vermögen, ein Vermögen der Geselligkeit, kraft dessen solche Bilder in ihrem Sinngehalt von anderen aufgenommen werden. Darauf beruhte die Tradition der großen Rhetorik. Was in der »Kritik der reinen Vernunft« noch nicht ausgedrückt ist, nämlich die zentrale Rolle der Urteilskraft in der Vermittlung von Sinnlichkeit und Verstand, den zwei Stämmen der Erkenntnis, wird auch in der letzten der drei Kritiken, wo für den *Chorismós*, den ontologischen Graben zwischen den Sinnen und dem Denken, Brücken gebaut werden, nicht ausdrücklich auf Gegenstände der Geschichte und des politischen Handelns bezogen. Es fehlte Kant im Preußen seiner Zeit vielleicht die gesellschaftliche Atmosphäre, die eine eigene politische Philosophie herausforderte. Wenn man urteilt, urteilt man als Mitglied einer Gemeinschaft, sagt Hannah Arendt.

Aber nicht nur die Struktur politischen Handelns hängt von dieser reflektierenden Urteilskraft ab, die dem Besonderen sein Eigenrecht beläßt, sondern auch der mitmenschliche, auf Achtung des anderen beruhende Zusammenhalt des Gemeinwesens. Es ist die Uridee einer demokratischen Gesellschaft, die Hannah Arendt in Kants ästhetischer Urteilskraft aufzudecken versucht. Unter dem *sensus communis* versteht Kant »die Idee eines gemeinschaftlichen Sinnes, d.i. eines Beurteilungsvermögens..., welches in seiner Reflexion auf die Vorstellungsart jedes anderen in Gedanken (a priori) Rücksicht nimmt, um gleichsam an die gesamte Menschenvernunft sein Urteil zu halten«. Achtung des Andersdenkenden verknüpft sich hier mit der Erwartung, ja der Zumutung, daß das andere Vernunftwesen mit mir in einen geselligen Verkehr eintritt, aus dem etwas Gemeinsames hervorgeht, das mehr ist als eine bloße Summe von Teilmeinungen. Wendet man diesen Gesichtspunkt auf das pädagogische Handeln an, so bedeutet es, daß nur in dem Maße Gemeinschaftshandeln möglich ist, wie die Menschen in ihrer Urteilskraft einen gewissen Grad von Mündigkeit und Autonomie erreicht haben. Politische Bildung ist demnach die Entwicklung von Unterscheidungsvermögen. Dieses wiederum hängt von der Bildung der Sinne und des Geschmacks ab, das heißt von der Art und Weise, wie Menschen ihre Geselligkeit entwickeln.

Noch ein anderer Punkt, der für den Begriff des Politischen bei Hannah Arendt wichtig ist, kommt in ihrer Kant-Interpretation zum Ausdruck. Sie stellt die Frage, warum Kant das Urteilsvermögen mit den Empfindungen von Lust und Unlust verbindet. Ihre Antwort gibt dem politischen Handeln eine Dimension, die ein Charakteristikum ihrer Gesellschaftsutopie sein mag: Wirkliches, auf Gemeinwesen bezogenes Handeln ist lustvoll, weil es durch Einbildungskraft, durch Phantasie die getrennten Vermögen und Gegenstände zum Ausgleich zu bringen vermag, also die menschlichen Neigungen zu Kooperation und Geselligkeit fördert. Einbildungskraft und Urteilsvermögen sind nicht zuletzt lustvolle Überschreitungen der Grenzziehungen, welche der Verstand als das Vermögen der Regeln vorgibt.

Kants »Kritik der Urteilskraft« enthält laut Hannah Arendt die Umrisse einer politischen Philosophie, die er nicht entfaltet hat und der er sich auch nicht voll bewußt war, die jedoch sein bedeutendstes Vermächtnis an die politischen Philosophen ist. In einer Zeit, in der Vorurteile und tödliche Verletzungen des Gemeinsinns wiederum die öffentliche Moral des Handelns zu bestimmen drohen, gewinnt nicht nur das Vermächtnis von Kant, sondern auch das von Hannah Arendt wachsendes Gewicht für die Reflexion über das Politische; deren Substanz ist freilich auf das Gelingen von Erziehungs- und Lernprozessen gegründet.

4. Fünf gesellschaftliche Schlüsselqualifikationen[16]

Den Umgang mit bedrohter und gebrochener Identität lernen
(Identitätskompetenz)

Alte Identitätsmuster sind in Frage gestellt. Die Identitätsbalance verschlingt immer größere Teile der kognitiven Energie. Es gibt in unserer Gesellschaft eine zweite Realität, in die Massen von Menschen hineingezwungen sind: Hunderttausende von Obdachlosen, Millionen, die ihre Erwerbsarbeit verloren haben, viele Menschen, die Objekte der Sozialfürsorge und der psychiatrischen Betreuung geworden sind. Diese zweite Realität hat sich in den vergangenen zehn Jahren gewaltig ausgeweitet. Alte Wertorientierungen haben aber auch in der ersten Realität, welche die wohlgeordnete Gesellschaft ausmacht, weitgehend ihre Gültigkeit verloren. Die traditionelle Identität der Menschen, die in den Grundinstitutionen von Eigentum und Arbeit gebildet war, ist ausgehöhlt.

Andere Orientierungen, die eine ähnliche Stabilität versprechen, sind noch nicht sichtbar, zeigen sich allenfalls ansatzweise in der Protestmoral vereinzelten Widerstandes und Projekten der Selbstorganisation. Aus dem Erwerbssystem ausgegliedert zu werden ruft Ängste hervor, die inzwischen alle sozialen Schichten betreffen. Die Distanz zur eigenen Arbeit, die kritische Bewertung, ob das, was man macht, auch wirklich menschenwürdig ist oder nicht, hat das Bewußtsein breiter Massen erfaßt. Die Kompetenz zu einer aufgeklärten Umgangsweise mit bedrohter und gebrochener Identität gehört daher zu den Grundausstattungen von Lernprozessen, die auf Zukunft gerichtet sind.[17]

Energien aus gelungener Balancearbeit gewinnen zu können ist auch Ergebnis eines oft mühevollen, aber individuell lohnenden Lernprozesses. Psychologie und Sozialwissenschaften geben uns heute viele Mittel an die Hand, in Frühphasen der kindlichen Entwicklung Wege aus verriegelten Situationen zu finden, die später zu so schwerwiegenden Persönlichkeitsstörungen führen können, daß sie nur noch durch aufwendige individuelle Therapie zu behandeln sind.

Flexibilität ist heute zum Zauberwort von Krisenlösungen geworden, allerdings keineswegs nur im positiven Sinne als größerer Handlungsspielraum, mehr Freiheit, Zeitsouveränität usw., sondern auch als das genaue Gegenteil: Flexibilität, indem Menschen aus ihren Lebenszusammenhängen herausgestoßen werden. Vertreibung ist ein konstitutives Element unserer Gesellschaft, Vertreibung aus dem Erwerbssystem, aus Heimat und Wohnmilieu. In einer solchen Welt wird lernender und wissender Umgang mit bedrohter und gebrochener Identität zur Lebensfrage.

Gesellschaftliche Wirkungen von Technik begreifen und Unterscheidungsvermögen entwickeln (technologische Kompetenz)

Wir leben nicht nur in einer von Technik bestimmten oder beherrschten, sondern in einer durch Technik konstituierten Welt. Kritische Positionen, in denen antitechnische Affekte durchschlagen, verwandeln sich leicht in realitätslose moralische Widerstandshaltungen, die sich in machtgeschützter Innerlichkeit verkapseln oder Ausbruchsversuche in punktuellen Gewaltaktionen unternehmen. In bezug auf Technik ist deshalb die Bildung von Unterscheidungsvermögen eine Schlüsselqualifikation. Die Annahme, die technologische Entwicklung hätte von sich aus eine apokalyptische Dimension, ist ein Irrtum und entspringt Unkenntnis. Man muß unterscheiden zwischen Technologien, die in der Tat des Teufels sind (wenn man mir diese theologische Metapher einen Augenblick erlaubt), die geächtet, abgeschafft werden müssen, weil sie gattungsgeschichtliche Gefährdungen über Jahrtausende enthalten. Und es gibt selbstverständlich Technologien, die dem Menschen immer näher gekommen sind, zum Beispiel die Mikroelektronik. Die Einsatzmöglichkeiten für Speicher-Chips sind heute unendlich vielfältig; warum soll das nicht menschlich handhabbar und anwendbar sein?

Technologische Kompetenz bedeutet also nicht nur technische Qualifikationen im Sinne von Fertigkeit, sondern gleichzeitig das Wissen um die gesellschaftlichen Wirkungen von Technologien. Komplexe und widersprüchliche Entwicklungen bis in gesellschaftliche Mikrostrukturen hinein zu begreifen, betrachte ich als eine eigentümliche Kompetenz, als eine durch Wissenserweiterung und Übung erworbene Fähigkeit, Technik als ein gesellschaftliches Projekt wahrzunehmen.[18]

Wir müssen Technik in ein Subjekt-Objekt-Verhältnis rückübersetzen, das grundlegende Probleme von Sein und Sollen aufwirft. Technik ist nichts Neutrales. Sie kann als Herrschaftsmittel benutzt werden, und sie kann der Befreiung dienen. Wo man sie wertfrei betrachtet, übt sie in der Regel eine für die Betroffenen undurchsichtige Herrschaftsfunktion aus. Als Mittel der Befreiung dagegen bedarf sie des aktiven Eingriffs, der bewußten Gestaltung der Verhältnisse.

Im konservativ-liberalen Lager glaubt man, der neuen Technologien Herr werden zu können, indem man die Menschen mit umfangreicheren technischen Informationen ausstattet. Schulen werden mit Computern bestückt, um den Schülern technische Vorgänge nahezubringen; der Anschluß an das Internet gilt als der letzte Schrei. Tatsächlich ändert sich aber in dem fremden und entfremdeten Verhältnis zwischen Mensch und Technik dadurch überhaupt nichts. Es handelt sich ausschließlich um eine größere Bedienungskompetenz dieser Apparate, durch die sie in ihrer Struktur undurchsichtig und in ihren gesellschaftlichen Wirkungen unaufgeklärt bleiben. Könnten die Schüler diese Apparate auseinandernehmen, um zu sehen, wie sie zusammengebaut sind, wie sie im Inneren funktionieren, und sie dann für das verwenden, was ihnen selbst wichtig erscheint, so wäre das ein erster Schritt zu einem produktiven und kritischen Umgang mit den Technologien.

Arbeiterbewegung, Gewerkschaften und die Linke insgesamt haben kein proportionales Verhältnis zur Technik entwickelt. In der traditionellen Arbeiterbewegung herrschte die Überzeugung vor, daß Technik und Produktivkräfte den Menschen am Ende zugute kommen werden. Eines Tages würde die Emanzipationskraft der Technologien an die engen Produktions- und Herrschaftsverhältnisse stoßen und eine Epoche sozialer Revolutionen auslösen. Technik galt als ein wesentliches Befreiungsmittel. Eine umgekehrte Bewertung der Technik läßt sich in der alternativen Linken feststellen, bei der jeder technische Entwicklungsschritt die Menschheit in neue Gefahren bringt. Für sie ist die apokalyptische Vision der Technik das bestimmende Bild. Am besten sollte man von dem ganzen Teufelswerk die Finger lassen, da die industrielle Zivilisation dazu neige, das bannende Wort zu vergessen, das die technischen Krisenlösungen, die aller Orten Zauberlehrlinge aus dem Boden schießen lassen, unter menschliche Kontrolle bringen könnte.

Um an der Aufklärung festhalten zu können, sind wir gezwungen, eine Selbstaufklärung der Aufklärung zu betreiben; das einfachere Mittel der

Gegenaufklärung führt, auch unter linken Vorzeichen, in Sackgassen.[19] Erst die Differenzierung der Technologien erlaubt es uns, aus dem Horizont der romantischen Verklärung einer von Technik befreiten Welt herauszutreten und bedrohliche Technologien von anderen zu unterscheiden, die in den Dienst der Menschen genommen werden können. Erst ein proportionales, das heißt den wirklichen Gefährdungen entsprechendes Verhältnis zur Technik verschafft uns die Legitimation, die eine Technologie zu bekämpfen und deren Entwicklung wirksam zu behindern, die andere dagegen als Mittel der Befreiung zu nutzen.

Es gibt tatsächlich technologische Bereiche, von denen der Mensch seine Finger lassen sollte, weil sie menschenwürdige Lebensverhältnisse bedrohen oder gar die Grundlage menschlichen Lebens zerstören. Wenn ich das so radikal ausdrücke, befinde ich mich in guter Gesellschaft. Erwin Chargaff, auf den eine Reihe biochemischer Entdeckungen zurückgehen, hat einmal (sinngemäß) gesagt: »Wir müssen nicht alles wissen wollen, was in den Mikroorganismen der Materie und in den Genzellen los ist. Niemand hindert uns daran, diesem Wissensdrang eine Grenze zu setzen. Das Fatale an der heutigen Entwicklung der Naturwissenschaften ist, daß alles, was entdeckt wird, eines Tages auch technologische Anwendung findet.« Das ist durchaus nicht immer der Fall gewesen. Was zum Beispiel Galilei, Newton, Kepler formulierten, war zunächst reines naturwissenschaftliches Wissen, das selten direkte praktische Anwendung fand, wie die nicht immer erfolgreiche Projektierlust in der Renaissance und später zeigt. Wir müssen, sagt Chargaff, vom *big science* wegkommen und zur kleinen Betriebsform, zur Bescheidenheit des wissenschaftlichen Handwerks zurückkehren. Erst hier können wir ethische Maßstäbe in unserer Wissensproduktion zurückgewinnen. Die Selbstreflexion des wissenschaftlichen Handelns, die Chargaff nahelegt, fordert im Grunde einen hippokratischen Eid für jeden Naturwissenschaftler, vergleichbar dem ärztlichen Schwur: sein Handeln auf das zu beschränken, was Leben erhält.[20]

Geächtet werden muß zum einen der ganze Bereich der Atomindustrie, der atomaren Zertrümmerung, der Kernfusion und der Kernspaltung, die kriegerische wie friedliche Nutzung der Atomkraft, und zwar aus Gründen der Selbsterhaltung der Menschheit unter einigermaßen würdigen Bedingungen. Die Strukturen dieser Technologie sind aufs engste mit gesellschaftlichen Herrschaftsverhältnissen verknüpft, aus ihnen ergibt sich der Sicherheitsstaat in Permanenz.

Das Diktum Robert Jungks – wer eine Gesellschaft mit Atomkraftwerken bestückt, der muß den Atomstaat wollen – gilt unumstößlich bis auf weiteres.[21] Diese gefährliche Materie muß bewacht werden, wenn sie funktioniert. Sie muß bewacht werden, wenn Atomkraftwerke abgeschaltet sind oder ihr Betrieb eingestellt wird. Deren Verschrottung erzeugt zusätzliche Probleme. Hier handelt es sich um Gefährdungspotentiale, die in der Art der Technologie selbst enthalten sind. Sie drückt in ihrer Struktur Herrschaft aus, und es unterliegt nicht der gesellschaftlichen Kontrolle, ob sie für Herrschaftszwecke benutzt wird oder menschlichen Zwecken dient.

Ein zweiter Bereich, von dem ich meine, daß nur mit größter Vorsicht weiter geforscht werden darf, ist die Gentechnologie. Hier werden Eingriffe in die Gattungsgeschichte möglich, wie sie bisher noch nie bestanden haben. Mikroben werden produziert, die fähig sind, die ganze Erde zu verpesten. Es ist wohl kein Zufall, daß die Gentechnologie gerade dort am fortgeschrittensten ist, wo Kriegsforschung stattfindet. Ein riesiger Apparat ist mit Investitionen in Milliardenhöhe dabei, die Grundlagen für technische Anwendungen zu schaffen, deren Folgen unübersehbar sind. Wer kann im Ernst unter Bedingungen, die Klonen von Menschen und anderen Lebewesen erlauben, verhindern, daß Frankenstein aus der Phantasie in die Realität tritt?

Die genannten beiden Technologiebereiche bezeichne ich als hermetische Technologien; sie sind geschlossen in dem Sinne, daß sie demokratische Selbstbestimmung und die Humanisierung der Lebensverhältnisse erschweren oder prinzipiell nicht zulassen. Ich glaube, daß das, was Österreich mit dem unfertigen Atomkraftwerk Zwentendorf gemacht hat, die einzige humane Alternative zu den aufgezeigten Entwicklungsperspektiven ist: die Anlagen stillzulegen und in ein Museum zu verwandeln, um den Menschen zu zeigen, wie weit man hätte kommen können, wenn man tatsächlich diesen Weg konsequent weitergegangen wäre.

Nun meldet sich immer wieder die sogenannte ökonomische Vernunft zu Wort, mit der Behauptung, Atomkraft schaffe eine billigere und umweltfreundlichere Energiequelle als alles, was wir bisher kennen. Das ist eine gewaltige Lüge. Gerade in diesem Jahr ist eine Bilanz von Harrisburg herausgekommen, die zeigt, daß ein Unfall, der noch nicht einmal die Dimensionen von Tschernobyl hatte, vom Unfalltag an bis heute Kosten von mehreren Milliarden Dollar verursacht hat, um die immer wieder auftretende radioaktive Strahlung unter Kontrolle zu halten. Würde man die Betreiber von Atomkraftwerken dazu verpflichten, für alle möglichen Folgen dieser Energiequelle aufzukommen, also den staatlichen Bewachungsaufwand zum Beispiel für Entsorgungstransporte ebenso zu bezahlen wie das, was radioaktive Strahlung in Folge von Unfällen anrichten könnte, so bin ich sicher, daß die Unternehmer nach anderen, menschlicheren Energiequellen Ausschau halten würden – und sie würden sie finden.[22]

Bei der Mikroelektronik dagegen handelt es sich um eine offene Technologie. Daß diese Technologie verwendbar ist für den Krieg, für Atomkraftwerke und für Genmanipulationen, ist ein berechtigter Einwand vieler Technikkritiker. Zudem führt sie zur Vernichtung von Arbeitsplätzen, wenn Industrieroboter der lebendigen Arbeitskraft die Möglichkeit nehmen, sich zu vergegenständlichen, was die materielle Existenzgrundlage von Menschen bedroht. Das liegt jedoch nicht an der Struktur dieser Technologie, sondern an den fortbestehenden Klassenverhältnissen und an den Bedürfnissen des konservativen Lagers, die Ängste in dieser Gesellschaft als Kitt der bestehenden Privilegienstrukturen aufrechtzuerhalten. Ich kann mir aber vorstellen, daß Mikroelektronik in einer frei organisierten Gesellschaft eine Verwendung finden könnte, die der Beseitigung von Not, von Angst und Existenzunsicherheit dient.

Sensibilität für Enteignungserfahrungen, für Recht und Unrecht, für Gleichheit und Ungleichheit (Gerechtigkeitskompetenz)

Bildungsarbeit, die in die Lebenswelt der Menschen einzudringen versucht, ist in erster Linie eine Bewußtseinserweiterung, die das Spannungsverhältnis zwischen der Vermittlung objektiver Informationen und der Aufarbeitung subjektiver Erfahrungen durchhält. Die Kenntnis von Rechten ist als ein Ziel emanzipatorischer Bildungsarbeit unumstritten, da erst dann die unter Lohnarbeitsbedingungen stehenden, das heißt abhängigen Menschen in Solidaraktionen um deren Verwirklichung kämpfen können. In dem Maße jedoch, wie die Menschen von den selbstproduzierten Produkten als bloße Anhängsel mitgeschleift werden, ist es eine Frage der Lebenserhaltung, auch die Enteignungserfahrungen zum Gegenstand des Lernens zu machen. Das Bewußtsein von den alltäglichen Enteignungserfahrungen zu stärken und in politisches Handeln umzusetzen, gewinnt immer größere Bedeutung nicht nur für gewerkschaftliche Kämpfe, sondern überhaupt für die Handlungsorientierungen der Menschen. Daraus ergibt sich das besondere Gewicht einer Kompetenz, die sich in keinem Lernzielkatalog findet: der Sensibilität für Gerechtigkeit.

Die Wahrnehmung von Recht und Unrecht, das Messen der eigenen Rechte an der Realität, ist ein Problem, mit dem wir künftig mehr zu tun haben werden als bisher. Denn alltägliche Enteignungserfahrungen liegen häufig unterhalb der Ebene einklagbarer und sichtbar verletzter Rechte; der Normgehalt der Gesetze und der subjektiven Rechte mag sogar unberührt bleiben. Nimmt man die konservativen Strategien zur Gesellschaftstransformation, so verläuft die Umwandlung von Rechten in Realitätsschichten, die nach Maßstäben der Gesetzeskenntnis gar nicht zu erfassen sind. Rechte erfahren eine Umwandlung, so daß Menschen ihre Bedürftigkeit anmelden müssen, daß Bitten und Erwartungen an den Staat entstehen, wo es sich früher um einklagbare Rechte handelte.[23]

Vielen Menschen ist in einer Zeit, da wachsende Existenz- und Zukunftsängste ihren Vorstellungshorizont verengen, das natürliche Rechtsbewußtsein verlorengegangen, die Sensibilität dafür, was ihre Rechte ausmacht, was verteidigungswürdig ist und wofür man sich einsetzen muß, alltäglich und in den kleinsten Angelegenheiten, damit demokratische Verhältnisse nicht in autoritäre umschlagen.

Wenn ich von einer Kompetenz spreche, welche die Sensibilität für Enteignungen schärft, dann verstehe ich darunter eine sehr weitgehende Folgerung für das Lernen, die sich aus Bedrohungen der menschlichen Existenzweise ergibt.[24] Heute vollzieht sich ein großer Vertreibungsprozeß der Menschen aus ihren gewohnten Umgebungen, aus einer Lebenswelt, in der sie sich wiedererkennen können. Stadtsanierungen haben häufig die Wirkungen von Stadtzerstörungen. Was Menschen als Heimat verstehen konnten, ist ihnen unter dem Vorwand der Rationalisierung weggenommen worden. Der gesellschaftliche Wandel, von dem Soziologen sprechen, hat sich weitgehend ohne Beteiligung der Betroffenen abgespielt und in der Regel gegen ihre Interessen. Dieser Auflösung der geschichtlichen Erinnerungskraft der Menschen – sichtbar an der äußeren Umgebung – entsprechen Enteignungen ganz anderer Art. Die Verwissenschaftlichung und Technologisierung der Entscheidungsprozesse hat dazu geführt, daß die Menschen auch ihre natürlichen Fähigkeiten und Fertigkeiten im Umgang mit den Dingen verloren haben. Ich meine damit eine Enteignung der Sinne, des Denkens: Vieles von dem, was man einst selbst tat, wird einem jetzt von einer komplexen Maschinerie abgenommen. Die Apparate und Maschinen des täglichen Umgangs erlauben nur wenige Eingriffe. Jeder Mensch verfügt über handwerkliche Fähigkeiten, aber die Objekte für eine derartige Betätigung werden immer weniger. Was noch an individuellem handwerklichem Vermögen übriggeblieben ist, steht in einem radikalen Widerspruch zu dem, was die objektivierte Technik ausmacht.

Es sind Vergleiche darüber angestellt worden, welche Alltagsfähigkeiten Stammesangehörige in Afrika besitzen und ein Durchschnittseuropäer. Sogenannte Primitive nehmen ihre Umwelt und die Techniken, mit denen sie umgehen, äußerst differenziert wahr, erkennen sehr genau Nuancen in der Veränderung ihrer Umwelt und in den Beziehungen zu anderen Menschen. Der Objektüberhang durch Maschinerie und hochkomplexe Kommunikationssysteme hat beim Durchschnittseuropäer zu einer Kompetenzentwertung geführt, so daß man auf dieser Ebene durchaus von einer Primitivierung der Beziehungen zwischen Mensch und Lebenswelt sprechen kann. Es wird ihm kaum noch etwas zugemutet und zugetraut. Was heute auf dem Hobbymarkt angeboten wird, ist vielfach bereits zugeschnitten und bedarf nur noch geringfügiger Fähigkeiten, es zusammenzusetzen. Das intellektuelle Kombinationsvermögen wird jedenfalls dadurch nicht herausgefordert. So versiegen schöpferische Kräfte, die dem menschlichen Arbeitsvermögen innewohnen, und das hat selbstverständlich auch politische Folgen, welche langfristig zur Aushöhlung demokratischer Selbstbestimmung führen.

Eine solche Wahrnehmung bezeichne ich als eine Fähigkeit zur Enteignungserfahrung. Es handelt sich hierbei nicht um ein charakterliches Merkmal einzelner Menschen, etwa ihren ausgeprägten Gerechtigkeitssinn, oder die Mitleidensfähigkeit für andere Menschen, für malträtierte

Tiere und Dinge. Wenn ich hier von einer Kompetenz spreche, so meine ich damit vielmehr, daß man eine solche Sensibilität lernen und üben kann, daß man dafür ein bestimmtes Wissen benötigt und daß dieses Wissen für Orientierungen in der heutigen Welt ebenso wichtig ist wie Lesen, Schreiben und Rechnen.

Der pflegliche Umgang mit Menschen, mit der Natur und den Dingen (ökologische Kompetenz)

Bei allen Lernprozessen, die zu Auswegen aus der Krise verhelfen können, ist heute die ökologische Kompetenz notwendig. Wir wissen genug von dem, was in der Produktion stattfindet, jedenfalls können wir uns leicht darüber informieren; aber die gesellschaftlichen Folgen der industriellen Produktion allgemein gehören zu Bereichen einer unterschlagenen Wirklichkeit, die selbst durch spektakuläre Problematisierungen von Umweltzerstörungen nicht öffentlich gemacht ist. Anknüpfend an die Grundlagenkompetenz muß vor allem der Zusammenhang zwischen der industriellen Produktionsweise und ihren psychosozialen Folgen zu einem öffentlichen Thema werden. Ich meine damit nicht nur die Umweltproblematik im engeren Sinne, sondern das mit der Zerstörung und Bedrohung unserer Lebenswelt einhergehende geschichtlich Neuartige der Situation.

Die ökologische Kompetenz bezieht sich keineswegs nur auf die Ruinierung der Umwelt, auf deren lebensfeindliche Verschandelung. Dabei handelt es sich um ein relativ traditionelles Problem, für das es auch Lösungen geben wird. Dieselben Leute, die Zerstörungen herbeiführen, produzieren häufig schon Gegenstrategien und Gegenmittel. Ich meine mit ökologischer Kompetenz den pfleglichen Umgang mit Menschen, mit der Natur und den Dingen, das heißt, anzuerkennen, daß Menschen, Natur und Dinge ihre eigenen Gesetze haben. Die Überwältigung des einen durch den anderen, die Herrschaft des Menschen über den Menschen, ist gekoppelt an die Herrschaft des Menschen über die Natur. Wo äußere und innere Natur überwältigt wird, werden auch andere Menschen überwältigt, weil es sich um ein und dieselbe Denkweise handelt. Das Wissen darüber, ein Arsenal der Erkenntnismittel und nicht nur die gefühlsmäßige Einstellung, meine ich mit dem Begriff Kompetenz.[25]

Zum ersten Mal in der Geschichte sind die Menschen imstande, ihre Lebensgrundlage auf unabsehbare Zeit selbst zu zerstören, das Leben mit Stumpf und Stiel auszurotten. Das ist eine absolut neue Qualität der sogenannten neuen Technologien. Man muß nicht einmal mehr Krieg führen. Es reicht aus, daß die friedliche Produktion, zum Beispiel bei Atomkraftwerken, der Kontrolle entgleitet. Jahrhunderte hat es gedauert, bis die Menschen imstande waren, mit der Pest fertig zu werden. Unter dem Eindruck der Folgewirkungen von Tschernobyl zeigt sich, daß pestartige Vernichtungen in unsere Gesellschaft zurückgekehrt sind. Es ist Barbarei auf einem hochzivilisierten Niveau.

Ökologische Kompetenz besteht darin, sich jene theoretischen und praktischen Mittel anzueignen, die notwendig sind, mit Menschen und Dingen in pfleglicher, das heißt auf gewaltloser Kommunikation beruhender Weise umzugehen. Ökologische Kompetenz bezeichnet nicht nur das Verhalten der Menschen zur äußeren Natur, sondern auch ihr Verhältnis zur inneren Natur. Wir haben heute einen höheren Grad an psychologischem Wissen, das uns ermöglicht, die internen Strukturen der Subjekte besser zu erkennen und ihr Verhalten menschlicher zu gestalten. Ende der sechziger Jahre hat man das Wort von der neuen Sensibilität geprägt. Dies ist heute nicht mehr eine Zusatzqualifikation, die man erwerben kann oder auch nicht. Sie zu haben bedeutet gleichzeitig, über etwas zu verfügen, was die eigene Existenzweise fundamental berührt und ihren Freiheitsspielraum ausmacht.

Erinnerungs- und Utopiefähigkeit (historische Kompetenz)

Die Menschen müssen gerade bei beschleunigtem technologischem Wachstum, bei schneller Entwertung und Umwertung der Dinge so etwas wie eine geschichtliche Kompetenz erwerben, den Umgang mit Zeitstrukturen, mit der Zeit in vielfacher Hinsicht. Darunter fasse ich zum Beispiel nicht nur die Aufteilung von Freizeit und Arbeitszeit, sondern auch die Entwicklung von Mußefähigkeit. Gerade in einem Zeitalter, in dem der Teil der Lebenszeit, der unmittelbar im traditionellen Sinne der Produktion von Gütern dient, immer stärker reduziert wird, wird die Umgangsweise mit dieser zusätzlichen Lebenszeit darüber entscheiden, ob es eine Zeit wird, die lediglich die Verwertungschancen kapitalkräftiger Gruppen erweitert oder als gesellschaftliche Emanzipationszeit der Individuen begriffen werden kann. Große Medienkonzerne sind dabei, jede Stunde, die frei wird, zu verwerten und die Menschen ja nicht alleinzulassen, weil sie dann vielleicht auf eigene Gedanken kommen könnten. Die Umgangsweise mit der Zeit ist deshalb für mich eine eigene Dimension des gesellschaftlichen Lernens.

Die historische Kompetenz besteht im Wissen von der Geschichte einer Gesellschaftsformation, ihren Klassenstrukturen, ihren politischen Entwicklungsgesetzen und der eigenen Lebensgeschichte. Es gehört zu den bedrohlichsten Symptomen unserer Gegenwart, daß man von einem chronischen Gedächtnisverlust der Menschen sprechen kann. Das gilt nicht nur für die politische Rechte, sondern in demselben Ausmaß auch für die Linke. Der Marxsche Satz »So hat es Geschichte gegeben, aber es gibt keine mehr« ist bestimmend für die Beschreibung aller linken Bewegungen der letzten zwei Jahrzehnte, die in einem Maße durch theoretische wie praktisch-politische Moden bestimmt waren, daß hier von einem bedrohlichen kollektiven Gedächtnisschwund zu sprechen ist.

Die Ideologie der Verabschiedungen spielt dabei eine maßgebliche Rolle. Was ist nicht alles postmodern, postindustriell, posthistoire genannt worden, um traditionelle Denkweisen zu diskriminieren? Der beschleunigte Wechsel von Moden und Konzeptionen trägt wesentlich dazu bei, daß keine neuen Konzeptionen einer humanen Gesellschaft politische Gestalt annehmen können. Was in der alten Arbeiterbewegung vielleicht etwas zuviel vorhanden war, nämlich ein Beharrungsvermögen, sich durch den unmittelbaren Situationsdruck nicht verwirren zu lassen, ist hier ins Gegenteil umgeschlagen. Nichts wird wirklich ausgetragen: Wenn etwas in kurzer Zeit nicht klappt, wird es verabschiedet, und man setzt auf ein neues Pferd.

Die Zerstörung der Erinnerungsfähigkeit ist jedoch für jede Emanzipationsbewegung ruinös.[26] Da die Linke kein Verhältnis zur Geschichte, auch nicht zu ihrer eigenen Geschichte hat, nimmt sie teil an jenem psychologischen Mechanismus, den Mitscherlich als die Unfähigkeit zu trauern bezeichnete. Wer über Verluste, die er erlitten hat, nicht trauern kann, hat auch keine Kraft zur Utopie. Soziales Gedächtnis und Utopiefähigkeit sind zwei Seiten derselben Sache. Sich begrifflich mit dem Vergangenen auseinanderzusetzen bedeutet nicht die Wiederholung alter

Tatbestände und Fehler, ganz im Gegenteil: Es setzt den Blick frei für zukünftige Konstruktionen und für eine politische Gegenwartsbewältigung. Erfahrene eigene Lebensgeschichte in Lernprozessen weiterzuführen, die einen Begriff von allgemeiner Geschichte vermitteln, wäre daher der Weg, sich historische Kompetenz anzueignen. Gesellschaftliche Lernprozesse, die diese Kompetenz vermitteln, sind ein zentraler Beitrag zur Neuformulierung des Generationenvertrages.

Zum Schluß ein Wort zu den Überschüssen, die in diesen Überlegungen zum Kompetenzerwerb stecken. Es gibt keine Änderung von Bildungssystemen auf der Ebene rational durchkalkulierter Interessen und Abhängigkeiten. Wer das Bildungssystem im Hinblick auf den Arbeitsmarkt reformiert, auf die Qualifikationen, die heute erforderlich sind, wird scheitern, da sich das Erwerbssystem, wenn diese Qualifikationen ihre schöpferische Kraft entfalten, geändert haben wird. Sie liegen dann brach. Deshalb müssen wir Entwurfsphantasie verbinden mit einem realitätsgesättigten Begriff von gesellschaftlichen Lernprozessen. Es geht um Qualifizierung von Generationen. Es geht um die Realisierung eines Generationenvertrags mit der kommenden Generation.

Die von mir angeführten fünf Kompetenzen, die ein Lernen ausmachen, das der Orientierung in unserer Welt dient, sind aufs engste miteinander verknüpft. Ich weiß, daß es schwierig ist, Lernziele dieser Art in einzelnen Lehrgängen didaktisch umzusetzen. Ein Mißverständnis wäre es jedoch, wollte man die Forderung, das notwendige Wissen für ein gegenwärtiges Weltverständnis auf die individuellen Erfahrungen zurückzubeziehen, als eine Absage an Theorie verstehen. Wir benötigen heute mehr denn je einen Begriff von der Geschichte, der objektiven Verhältnisse, um allgemeines Wissen in ein praktisches Handlungswissen umzusetzen. Aus der im Grunde unaufhebbaren Spannung von Theorie und Erfahrung kann keine wirkliche Bildung herausspringen. Erst wenn wir einen Begriff von der Vergangenheit haben, gewinnen wir die Utopiefähigkeit zurück, können wir Befreiungsphantasien entwickeln, die aus wissender Hoffnung bestehen.

V Die offene Angebotsschule

1. Schule als öffentliches Lern- und Kommunikationszentrum

Von den familienähnlichen Einrichtungen der Kindergärten oder Kinderläden abgesehen, ist Schule die erste gesellschaftliche Institution, die Kinder mit Fremdanforderungen konfrontiert. Die Art des Einstiegs in diese Institution, ob Kinder freundlich begrüßt und erwartet werden oder sich ängstlich und widerstrebend in das Unabwendbare fügen, kann daher entscheidende Bedeutung für die künftigen Lernschicksale haben. Und nicht nur das: Sie kann auch vorprägen, was Menschen mit gesellschaftlichen Institutionen überhaupt in ihrer individuellen Wertehierarchie verknüpfen. Denn Schule ist zwar eine Institution, aber mit einer spezifischen, von anderen institutionellen Gebilden deutlich unterschiedenen Prägung.

In der Soziologie versteht man unter Institution eine durch Sitte oder Recht gebundene Dauerform einer sozialen Gruppe. Der Lebenszusammenhang dieser Gruppe unterliegt einem eigenen Regelungssystem mit Normen, die vorschreiben, was getan und was unterlassen werden muß. Im engeren Sinne wird der Begriff für komplexe soziale Regelungen gebraucht, denen im Gesamtsystem der Gesellschaft vitale Bedeutung zukommt, wie zum Beispiel der Ehe, dem Eigentum, dem Beruf, der Schule. Durch die Institutionen werden den Gesellschaftsmitgliedern soziale Funktionen und spezifische soziale Positionen (zum Beispiel Funktion und Position des Familienvaters, der Ehefrau, des Meisters, des Lehrers und des Schülers) zugewiesen, die nicht durch Normen mit unspezifischer Geltung, wie Brauch, Sitte oder Konvention, sondern durch Rechte und Pflichten bestimmt sind. Nimmt man solche Begriffsmerkmale für die definitorische Umgrenzung von Institutionen, so sind alle diese Merkmale auch in der Schule anzutreffen, selbst in schulischen Zusammenhängen, die aus spontaner Kritik der Regelschule entstanden sind.

Je deutlicher die Schule in den gesellschaftlichen Krisenzusammenhang einbezogen ist, desto gewichtiger werden zwei spezifische dialektische Beziehungen, die eine besondere Konstellation von Funktionsmerkmalen für die Institution Schule ergeben: zum einen die Dialektik von Nähe und Distanz, von Bedürfnisorientierung und schmerzhaften Fremdanforderungen, und zum anderen die Dialektik von Selbstregulierung und Strukturierungsarbeit, die ausgetragen werden muß, wenn Erziehungs- und Lernprozesse gelingen sollen. Wo die Maßverhältnisse in diesen Beziehungen gestört sind, indem nur die eine Seite zur Geltung kommt, zum Beispiel die von Nähe und Selbstregulierung oder die von Distanz und Strukturierung, droht die Institution Schule funktionsunfähig zu werden.

Aber auch in anderer Hinsicht unterscheidet sich die Institution Schule von allen anderen Einrichtungen der Gesellschaft, die auf Dauer gestellt sind und einem definierten Regelsystem unterliegen. Jeder Verein, jede Organisation und jede staatliche Institution verfolgt Ziele und definiert Zwecke. Diese sind möglichst so gehalten, daß die spezifischen Differenzen gewahrt bleiben, so wie Aristoteles Definition versteht: *differentia specifica* und *genus proximum* – charakteristischer Unterschied also, was das Wesen dieser besonderen Einrichtung ausmacht, und nächsthöhere Gattung.

Die Staatsschule in ihrer traditionellen Form hatte den Staat zur nächsthöheren Gattung, und sie befand sich im Unterschied zur Institution der Familie. Luther hat diesen Zusammenhang, wie ich zu zeigen versuchte, am deutlichsten zum Ausdruck gebracht. Was die Familie im kleinen beginnt, hat die Schule konsequent fortzusetzen. Im Großen Katechismus nimmt der Kommentar zum vierten Gebot eine Sonderstellung ein. Der Vater ist Stellvertreter Gottes, der Lehrer der Stellvertreter der Staatsmacht. Für beide sind die Ziele ihrer Tätigkeit vorgegeben – Zucht, Demut und Scheu einer Majestät gegenüber: »In gleicher Weise ist auch zu reden vom Gehorsam gegen die weltliche Obrigkeit, die, wie gesagt, samt und sonders zum Vaterstand gehört und sich am allerweitesten erstreckt. Denn hier handelt es sich nicht um einen Vater einer einzelnen Familie, sondern um einen, der sovielmal Vater ist, so viel er Einwohner, Bürger oder Untertanen hat. Durch diese Obrigkeits-Väter als durch unsere Eltern gibt und erhält uns nämlich Gott Nahrung, Haus und Hof, Schutz und Sicherheit. Darum, weil sie diesen Namen und Titel als ihren höchsten Preis mit allen Ehren führen, sind wir auch schuldig, sie zu ehren und hochzuachten als den teuersten Schatz und das köstlichste Kleinod auf Erden.«[1] Der staatsorientierte Zweck der Schule gilt bis in unsere Zeit hinein. Mit der Schulpflicht ist die Staatsaufsicht über das Unterrichtsgeschehen, über die Rechtsform der Schule und die Funktionsbestimmung der darin tätigen Personen, über Lernziele und Schülerrechte mitgesetzt. Soweit diese Staatsvermitteltheit der Schule lediglich die formalrechtlichen Rahmenbedingungen von pädagogischen Arbeitsprozessen betrifft, ist auch unter heutigen Krisenbedingungen gegen diesen Staatsrest in der Schule wenig einzuwenden.

Problematisch wird die Sache dort, wo staatliche Behörden zu definieren versuchen, was zum Beispiel ein pädagogischer Akt ist oder worin Lernen zu bestehen habe. Je mehr die nationalstaatliche Substanz – von Hegel noch als Wirklichkeit der sittlichen Idee begriffen, von nationalkonservativen Regierungen aber immer wieder mit demonstrativen Kraftakten ins Leben geholt – ausgezehrt wird, desto stärker gerät die Schule der westlichen Industrienationen in ein Dilemma: Der staatliche Anspruch, der sich auch in der Verbeamtung des Personals und in deren Bezahlung aus Steuergeldern dokumentiert, signalisiert das fundamentale öffentliche Interesse der Gesellschaft an Erziehung und Lernen mit dem erklärten Ziel, die neue Generation für ihre Aufgaben angemessen auszustatten. Auf der anderen Seite zeigt sich hier und in allen gesellschaftlichen Bereichen die Regulierungsarmut dieses Staatsgebildes. Wird aber Schule zu einer bloßen staatlichen Verwaltungsangelegenheit, dann unterliegen allmählich auch die pädagogischen Arbeitsprozesse in den einzelnen Schulen bloßem Verwaltungshandeln.

Ein solches Dilemma produziert aus sich heraus gefährliche Lösungen. Der Staat – in der Angst befangen, die Kontrolle über das öffentliche Erziehungs- und Lernsystem zu verlieren, und nicht bereit, die pädagogische Autonomie konsequent herzustellen – hält mangels eigener Gestaltungskraft das Schulsystem in einem reformfeindlichen Schwebezustand. Die in diese Institution hineinwirkenden widersprüchlichen Kräfte auszugleichen und den normalen Arbeitstag funktionsfähig zu halten, verzehrt einen großen Teil der Balancearbeit von Lehrern.

Unterhalb der Funktionsoberfläche vollziehen sich jedoch Abspaltungsprozesse. Einer dieser Abspaltungsprozesse besteht in institutionellen Ausgliederungen. Viele unzufriedene Eltern schicken ihre Kinder in

Privatschulen, Schulen mit besonderer pädagogischer Prägung, die zwar überwiegend öffentlich finanziert werden, aber geringere pädagogische Staatsaufsicht zu befürchten haben. Ein anderer Abspaltungsprozeß vollzieht sich über normale Marktregulierungen: Die Nachhilfeangebote zum Ausgleich von schulischen Lernrückständen werden immer zahlreicher und differenzierter. In einzelnen westlichen Ländern hat die Nachhilfeindustrie einen Umfang und eine Angebotsdifferenzierung angenommen, daß man von Auflösungstendenzen des bestehenden Schulsystems sprechen kann. Wenn aber eine bestehende Institution auseinanderzubrechen droht, stellen sich klare Handlungsalternativen: Entweder man stößt zusätzlich, was bereits fällt, um etwas ganz Neues an die Stelle des ausgehöhlten Alten zu setzen, oder man entscheidet sich für einen radikalen Reformprozeß. Dieser greift bewährte alte Formen auf, um sie mit neuen Strukturen und neuem Inhalt auszufüllen. Was die Schule betrifft, ist für mich die zweite Alternative die einzige, die ich im Sinne eines demokratisch vertretbaren gesellschaftlichen Umgliederungsprozesses für realistisch und praktikabel halte.

Gäbe es in der gegenwärtigen Krisengesellschaft genügend Hinweise darauf, daß die alten Sozialisationsaufgaben der Familie, der Öffentlichkeit und der Schule anderswo aufbewahrt und vielleicht besser erfüllt werden könnten, dann würde sich eine solche radikale Reformierung des Schulsystems erübrigen und es wäre überflüssig, eine aufwendige Rekonstruktion der Alternativpädagogik einzubeziehen. Da aber keine kurzfristigen, bloß technischen Lösungen aus der Schulmisere herausführen, ist eine Selbstverständigungsdebatte über Lernen, Erziehung, Schule notwendig, die alte Glaubenssätze erschüttern wird.

Die Neigung, Krisenbereiche dadurch zu beruhigen, daß man öffentliches Eigentum, Formen der selbstverständlichen Gemeinwesentätigkeit privatisiert, also dem normalen Marktgeschehen von Angebot und Nachfrage eingliedert, könnte eines Tages auch das Schulsystem erfassen. Solche Tendenzen sind ja nicht nur in den Universitäten und anderen Ausbildungseinrichtungen erkennbar, sondern auch in der erwähnten Ausgliederung pädagogisch sinnvoller Arbeit aus dem öffentlichen Schulsystem. Sollte sich diese Tendenz durchsetzen, würden automatisch alte Klassenschranken im Lernen und in der Ausbildung auf höchst greifbare Weise wiedererrichtet, käme es zu Bildungsverlierern und Bildungsgewinnern. Das konservativ-liberale Gerede über die Notwendigkeit von Eliten zeigt unmißverständlich in diese Richtung. Was dem öffentlichen Schulsystem bliebe, wäre nichts weiter als eine prinzipielle Alphabetisierung, wobei auch das inzwischen fragwürdig geworden ist.

Die Schule muß eine öffentliche Einrichtung bleiben.[2] Gerade in einer Zeit, in der die soziale und kulturelle Polarisierung auch in den reichen Ländern fortschreitet, also die Zahl der Verlierer wächst, darf der Gemeinwesenauftrag der Schule nicht angetastet werden. Wo jedoch stur an den alten Strukturen festgehalten wird, dringt Erosion in die Poren dieser Institution, die am Ende erstarrt und funktionsunfähig wird. Bewahrung und Erneuerung sind die gleichgeordneten Lebensprinzipien von Institutionen, die sich der neuen gesellschaftlichen Herausforderungen bewußt sind und auf sie reagieren wollen. Diese Reaktionen werden nie spontan erfunden, sondern sie sind seit langem in Arbeit, vielfach zugespitzt in einzelnen Projekten, Ideenentwürfen oder wiederholten Ratschlägen. Es gibt den Satz: Nichts ist mächtiger als eine Idee, deren Zeit gekommen ist. Was sich seit gut einem Jahrhundert in schulischen Alternativprojekten ins öffentliche Bewußtsein gedrängt hat, mühevolle Ansätze einzelner, die dem mechanischen Lernbegriff des offiziellen Schulsystems zutiefst mißtrauen und mit differenzierten Lernformen experimentierten, der ganze, sehr reichhaltige Vorrat an pädagogischer Phantasie, muß heute den inneren Geist des öffentlichen Schul- und Bildungssystems ausmachen, wenn die Schule als Ort des Lernens für berufliche Qualifikation, für Weltorientierung und für eine dem Gemeinwesen verpflichtete Verantwortung erhalten bleiben soll. Wenn ich vor fünfzehn Jahren klarzumachen versuchte, daß es zur Alternativpädagogik keine Alternative geben könne, dann trifft das heute in einem buchstäblichen Sinne zu. Reformen im Zusammenhang von Kindheit, Jugend, von Lernen und Erziehung können heute nur noch gelingen, wenn die produktiven Anstöße, die in experimentellen Bereichen außerhalb und oft auch gegen das System der Staatsschulen entwickelt wurden, zur Kraftquelle einer neuen Reformbewegung von unten werden.

Dabei ist es notwendig, viel Altgewohntes und manche Verteidigungsanlage, in der nichts anderes als Besitzstandswahrung betrieben wird, aufzusprengen. Ich kann mir eine blühende Schullandschaft vorstellen, in der die jetzige Staatsschule mit ihren verallgemeinerten Lernplänen, mit festgelegten Stundenreglements und unverrückbaren Jahrgangsklassen übergegangen ist in ein reichhaltigeres Angebot verschiedener Schultypen, die sich nicht nur nach Lernformen, Benotungs- und Lernzustandsberichten unterscheiden, sondern auch in verschieden gewichteten Schwerpunkten der gesamten Bildungs- und Lernorganisation – für Kinder und Jugendliche. Kinder lernen nicht alle nach demselben Schema. Manche sind zum Beispiel äußerst neugierig, wenn handwerkliche oder gestalterische Angebote im Spiel sind, an denen sie sich dann auch die übrigen Kulturtechniken Schreiben, Lesen, Rechnen viel zwangloser aneignen als in einem systematischen Unterricht.

So könnten in einem Stadtbezirk zehn pädagogisch verschieden gewichtete Angebotsschulen vorhanden sein: Die eine wäre vielleicht mehr an Prinzipien von Summerhill orientiert, die andere der Waldorfpädagogik verpflichtet; die dritte würde schwerpunktmäßig das präsentieren, was Freinet unter der Verbindung von Arbeit und Spiel verstand; die vierte würde Glocksee-Erfahrungen praktizieren, also exemplarisches Lernen, Projektunterricht, Formen der Selbstregulierung anbieten. Das klingt zunächst sehr marktorientiert; ganz frei von Angebotskonkurrenz ist diese Form der öffentlichen Schule gewiß nicht. Es wäre jedoch fatal, müßten diese Schulen über den Markt und die Zahlungsfähigkeit der Eltern organisiert sein, denn das würde wiederum zur sozialen Ungleichheit und kulturellen Polarisierung beitragen. Was riskiert der Staat schon, wenn er den einzelnen Schulen ein freies Verfügungsrecht über die jeweiligen Haushalte einräumt, sie normaler Rechnungskontrolle unterwirft und im übrigen der pädagogischen Autonomie einen sehr weiten Spielraum gibt?

Nicht nur die verschiedenen Lernbedürfnisse von Kindern, auch ihr Lebenswille könnte in solchen zu Lern- und Kommunikationszentren gewordenen Schulen kräftige Impulse empfangen, die der Ausbildung öffentlicher Tugenden zugute kämen. Seit es Schulen gibt, hat man den Zwangscharakter des Lernens, den darin enthaltenen Triebverzicht und das Unglück, von dem die Kinder und Jugendlichen häufig betroffen waren, mit dem Hinweis ausgleichen wollen, daß es ja nicht für die Schule sei, sondern für das Leben. Diese Paukerweisheit, nicht selten in ihrer Würde noch durch das Lateinische bekräftigt, hat über Jahrhunderte dazu herhalten müssen, die unsinnigsten Lern- und Erziehungsmethoden zu rechtfertigen.

Die Schule als Zwangsapparat setzt die Existenz von autoritär oder durch Tradition vermittelbaren Normen und Verpflichtungen voraus. In einer Erosionskrise dagegen ist, wie ich nachzuweisen versucht habe, demokratische Selbstregulierung von Erziehung und Lernen ein wesentliches Element für das Gelingen pädagogischer Arbeitsprozesse. Ganz abgesehen von den Zwecken und Zielen, die der demokratische und soziale Rechtsstaat vorgibt, ist die demokratische Schule in einer Erosionskrise auch zunehmend verantwortlich für die fachliche Qualifikation von Schülern und Schülerinnen, ihre Ausstattung mit Kompetenz und Orientierung. Wenn ich von neuen Schlüsselqualifikationen gesprochen habe, die vermittelt werden müssen, damit sich Kinder und Jugendliche (selbstverständlich auch Erwachsene) in dieser Welt der Umbrüche mit der Wirklichkeit auseinandersetzen können, dann sind solche Qualifikationsprozesse eingebunden in Formen des Verantwortungslernens, in die Bildung öffentlicher Tugenden. Sie fragen nach dem Wohl und Wehe des Gemeinwesens.

Die von mir skizzierte Reformschule – in der ganzen Breite ihrer differenzierten Angebote – hätte ihr Ziel völlig verfehlt, ginge es in ihr nur um Qualifikationen im technischen Sinne. Herstellung von Zusammenhang im Lernen, Vergrößerung der Autonomiefähigkeit der Menschen, Aufhebung von Vorurteilen, Mut, Toleranz, Geduld im Aushandeln von Kompromissen: das sind entscheidende öffentliche Tugenden einer demokratischen Gesellschaftsordnung, die als einzige befähigt ist, die freien Sphären der Individuen zu sichern und die Gewaltanfälligkeit der Menschen zu vermindern. Ohne ein lebendiges Gemeinwesen, das unterhalb der institutionellen Verankerungen getragen wird von demokratischen Einstellungen als gesicherten Momenten der Persönlichkeitsbildung und der Ich-Stärke, kann es sinnvolles Lernen nicht geben. Die Gefahr, daß die immer wieder beschworenen Individualisierungsschübe die Substanz des Gemeinwesens durchlöchern und daß in den Schulen subjektiv die Vereinzelung noch einmal durch Beliebigkeitsthesen bestätigt wird, ist gegenwärtig sehr groß. Es muß aber betont werden, daß mit der Aushöhlung und Durchlöcherung des Gemeinwesens auch die Individuen in ihrem Selbstwertgefühl und ihrer Ich-Stärke beschädigt werden. Eine vom Gemeinwesen abgetrennte Persönlichkeitsbildung ist eine Illusion, die am Ende außengeleitete Menschen erzeugt. Selbst der humanistische Anspruch, den das Bildungsbürgertum umzusetzen versuchte, kann mißbraucht werden, wie wir aus der Zeit des Nationalsozialismus wissen. Demokratische Erziehung und Verantwortungsbildung für das Gemeinwesen sind heute unabdingbar miteinander verknüpft.

Darin liegt auch der Unterschied zur traditionellen Bildung. Wo das Selbst des Menschen Reservate, Rückzugsmöglichkeiten schaffen kann, entsteht ein gewisses Maß von Situationsunabhängigkeit. Die Integrität der Person ist durch eine Schutzschicht gegen zu rasche und häufige Verletzungen gesichert. Wilhelm Reich hat in diesem Zusammenhang von Charakterpanzerung gesprochen. Ist der Panzer durchlöchert oder so dünn geworden, daß einem die Objekte buchstäblich auf den Leib rücken, dann liegt das Selbst blank zutage: Es reagiert scharf und spontan, ist aber dauernd auf Betroffenheitsanlässe angewiesen. Das ist einer der Gründe, warum heute Bildung verknüpft sein muß mit der Herstellung von Zusammenhang, doch dieser Zusammenhang läßt sich auf der kognitiven Ebene nur befestigen, wenn es ausgewogene Beziehungen zwischen sozialem, kognitivem und emotionalem Lernen gibt.

Adorno hat einen kategorischen Imperativ für Erziehung und Lernen formuliert, von dem er meinte, er lasse sich ebensowenig beweisen wie der Kants, teile mit diesem aber die Evidenz des Sollens: Handle so, daß die Maxime deines Wollens und Handelns darauf gerichtet ist, den Menschen als möglichen Lernsubjekten plausibel zu machen, daß sich Auschwitz nicht wiederholen dürfe. Auch im Adornoschen Denken hat dieser Imperativ zwei Seiten: die objektive einer Gesellschaftsordnung, in der es keine Verfolgung und Vernichtung von Minderheiten, von Andersdenkenden, in anderen kulturellen Lebensstilen Empfinden geben darf. So gesehen will Adorno nichts anderes als ein Gemeinwesen mit einer politisch-demokratischen Selbstbestimmung und Selbstregulierung. Die andere Seite dieser Erziehung ist die Überwindung von Vorurteilen, ist das Erziehen zu Achtung und Anerkennung des Fremden und der Fremden. Diese Achtung muß aus dem Innern der Individuen kommen und läßt sich vollständig überhaupt nicht durch Institutionen sichern. Eine Demokratie ohne Demokraten kann es nicht geben.

2. Betriebsklima im pädagogischen Feld

Gegenüber den gemischten Näheverhältnissen in den Familien herrschen in jeder Form von Schule – ob es sich nun um die Regelschule oder um eine Alternativschule handelt – durch den bloßen Tatbestand der Institutionalisierung größere Abstände zwischen den in diesem Zusammenhang handelnden Personen. Die Variationsbreite der Beziehungen in dieser Institution ist außerordentlich komplex und läßt sich nie bis zu dem Punkt reduzieren, der die Intimität der elterlichen Wohnung ausmacht. Gleichwohl können auch unter den Bedingungen solcher Institutionen Bedürfnisse nach Intimität und Nähe entstehen, die familialen Situationen vergleichbar sind.

Auf jeden Fall ist es sinnvoll, diesen äußersten Punkt der Intimität idealtypisch anzunehmen, um von da aus ermessen zu können, wie weit die sozialen Distanzen im Beziehungsgeflecht der Schule gehen können. Ich möchte vor allem vor dem Irrtum warnen, daß sich eine Alternativschule durch die in ihr bewußt ablaufenden Prozesse vollständig von dem Tatbestand lösen könnte, daß auch die beste dieser Schulen eine Institution ist und damit, wie jede beliebige Regelschule, institutionellen Gesetzmäßigkeiten unterliegt. Es ist nicht der Tatbestand, sondern die Art und Weise, wie mit dem Tatbestand »Institution« umgegangen wird, was Regelschulen von Alternativschulen, was konventionelle Pädagogik – wenn dieser vereinfachende Ausdruck einen Augenblick erlaubt ist – von der Pädagogik der Selbstregulierung unterscheidet.

Betrachtet man Alternativschulen als soziale Gebilde, so gibt es Distanzverhältnisse in doppelter Hinsicht: einmal die jeweilige Distanz der Institution zu den Näheverhältnissen der Familien und familienähnlichen Haushalte, zum anderen jene Distanzen, die die einzelnen in dieser Institution tätigen Personen zueinander haben. Da es sich um ein konkretes Ganzes handelt, bei dem kein einziger Teil sich ohne Folgen für das Beziehungsgeflecht isolieren läßt, ist einer der entscheidenden Faktoren die Atmosphäre, das Klima. Industriesoziologen haben vom Betriebsklima gesprochen, und dieser Begriff ist zweifellos auch auf die Schule anwendbar. Der deutsch-amerikanische Psychologe Kurt Lewin, Vetreter der Berliner Schule der Gestaltpsychologie, führt dazu aus: »Es ist allgemein bekannt, daß die Größe des Erfolgs, den ein Lehrer oder eine Lehrerin im Klassenzimmer hat, nicht nur von ihrer Geschicklichkeit, sondern zu einem großen Teil von der Atmosphäre abhängt, die sie schafft. Diese Atmosphäre ist etwas Unfaßbares; sie ist eine Eigenheit der sozialen Lage im ganzen.«[3]

Was die Erziehungsatmosphäre, das Betriebsklima der Schule, im einzelnen ausmacht, ist schwer zu bestimmen. Man kann nur sagen, daß sie buchstäblich in alle Poren einer solchen Institution eindringt, in die Stimmungen der einzelnen, in die Kommunikation zwischen ihnen, in den Unterrichtsstil, in das Verhalten der Schüler, ihre Lernbereitschaft usw. Insofern definiert Atmosphäre am genauesten das, was das konkrete Ganze des Schulgeschehens ausmacht.

Es sind freilich nicht nur psychologische Tatbestände, die das Betriebsklima einer Schule ausmachen, sondern zweifellos auch objektive Gegebenheiten, etwa Leistungsansprüche, die Bereitschaft, auf einzelne Kinder einzugehen, Aggressionen, die sich auf einen Außenseiter richten und dort fixieren. Keiner, der sich in einer Institution bewegt, bleibt von derartigen Stimmungen unberührt. In Redewendungen wie »Hier herrscht dicke Luft« oder »Die Luft ist wieder rein« sind solche Stimmungen exakter erfaßt als in Hinweisen auf einzelne, möglicherweise schwerwiegende Mißstände.

Ludwig von Friedeburg hat Arbeiter und Angestellte in einem Konzern der Montanindustrie befragt und die Bedingungen für die Entstehung einer Betriebsatmosphäre empirisch untersucht. Er schreibt: »Zufriedenheit oder Unzufriedenheit, Arbeitswilligkeit oder Renitenz, das Gefühl der Zugehörigkeit zu einer Produktionsgemeinschaft oder das Bewußtsein, ohne innere Identifikation eine Arbeit zu verrichten, bei der man nicht ausharren möchte – das gibt ebenso ein Element des Betriebsklimas ab wie, ob ein Meister auf die Sorgen einer unter schwierigen physischen Bedingungen arbeitenden Gruppe mit Verständnis eingeht oder ob ein überlasteter Vorgesetzter nicht die Zeit findet, sich der Nöte der ihm Anvertrauten überhaupt anzunehmen.«[4]

Betriebsklimauntersuchungen von Schulen gibt es meines Wissens nicht. Man kann jedoch mit Sicherheit sagen, daß die Atmosphäre für das gesamte schulische Geschehen von noch größerer Bedeutung ist als das Betriebsklima in Wirtschaftsunternehmen. Die Faktoren, die ein Betriebsklima in der Schule bestimmen, unterscheiden sich freilich grundlegend von denjenigen eines Industrie- und Dienstleistungsbetriebes.

Zunächst erscheint es von größter Bedeutung, wie der soziale Raum freier Bewegungen sich gliedert, welche offenen und verbotenen Orte es gibt, zu denen die Kinder Zugang haben. Kurt Lewin hat in seiner Studie, die sich mit der Lösung sozialer Konflikte beschäftigt, mit empirisch-experimentellen Forschungsmethoden solche Topologien von Bedürfnisspannungen, Konflikten und möglichen Lösungen entwickelt. Er untersucht Räume, Orte, Zeiten, offene und verbotene Regionen, in denen sich individuelle Beziehungen abspielen. Von besonderem Interesse für unseren Zusammenhang ist die Rolle, die bestimmte Erziehungsstile auf das Gesamtverhalten der Kinder und auf das Klima einer Schule haben.

Lewin bezieht sich auf ein sozialwissenschaftliches Experiment des amerikanischen Soziologen Lippitt, das dieser mit dem Ziel angesetzt hatte, entsprechend der relativ exakten soziometrischen Methode Morenos Häufigkeiten bestimmter Bewegungen, Kontakte, Gesten im gruppendynamischen Geschehen zu messen. Lippitt hatte zwei Gruppen von Jungen und Mädchen im Alter von zehn und elf Jahren zusammengestellt, die Masken herstellen sollten. Untersuchungsziel war, die gruppendynamische Wirklichkeit verschiedener Führungs- und Erziehungsstile zu analysieren. Die demokratische Gruppe wählte ihre Betätigung frei, die autokratische Gruppe wurde danach angewiesen, das zu tun, was die demokratische jeweils frei gewählt hatte.

In diesem Experiment wurde zum erstenmal mit Hilfe der Interaktionsmuster nachgewiesen, welchen bestimmenden Einfluß die Erziehungsstile, das Hierarchiegefälle, die Rolle des Führers im Prozeß der Gruppenbildung haben. Lewin betont vor allem die folgenden Ergebnisse: In der autokratisch bestimmten Gruppe besteht der Kontakt zum Führer wesentlich in einer Reaktion auf dessen Initiativen. Es stellt sich eine Art vereinzelter Dialog zwischen Führer und einfachem Mitglied her. Initiativen werden nicht selbständig und unabhängig von Anweisungen ergriffen, weil das immer das Risiko enthalten würde, vom Führer nicht akzeptiert zu werden, so daß das Unsicherheitsgefühl der Betroffenen sich vergrößert und mit Kränkungen verknüpft sein könnte. Die Vereinzelung von Anweisung und Reaktion darauf hat zur Folge, daß sich in der autokratisch geführten Gruppe die Mitglieder nie gegen ihren

Führer zusammenschließen. Die durch Unterdrückung der eigenen Bedürfnisse entstandenen Spannungen werden in aggressivem Verhalten gegeneinander abreagiert. Das Aktionsklima der autokratischen Gruppe besteht deshalb in einem schnellen Wechsel zwischen Aggressivität und Apathie.

Weil kollektive Formen der Aggressivität dem Führer gegenüber, der für die Selbstunterdrückung verantwortlich ist, kaum zustande kommen, entsteht in diesem Spannungsfeld sehr schnell die Neigung, einen Prügelknaben auszumachen, der den diffusen Aggressionen ihren Gegenstand verschafft. »Kraftfelder der Kinder schwächten sich gegenseitig, statt sich durch Zusammenarbeit gegenseitig zu stärken.«[5] Häufig stärkten Gruppenmitglieder ihr Selbstwertgefühl in Beziehung auf die Gruppenanerkennung durch eine besonders forsche Aggression gegen Außenseiter. »Indem sie sich zu einem Angriff auf einen einzelnen zusammenschlossen, waren die Mitglieder, die auf andere Weise höheren Rang nicht erreichen konnten, durch heftige Unterdrückung eines ihrer Kameraden dazu imstande.«[6]

Zusammenfassend läßt sich sagen, daß in der autokratischen Gruppe häufige Ermahnungen zur Aufmerksamkeit die Regel waren; feindselige Kritik, die sich auf andere Gruppenmitglieder richtete, vergiftete das Arbeitsklima. Die Forscher stellten fest, daß etwa dreißigmal soviel als in der demokratischen Gruppe Wortäußerungen und Aktionen festzustellen waren, die Herrschsucht und Eifersucht ausdrückten. Der von dem Führer angestrebte Lebens- und Denkstil beherrschte die Beziehung zwischen den Kindern so sehr, daß feindselige und hochgradig persönliche Haltungen gegenüber der Zusammenarbeit das Übergewicht hatten und sich eine horizontale Beziehungsarbeit zwischen den Kindern überhaupt nicht herstellte.

Das verweist nun auf eines der interessantesten Ergebnisse dieser Studie. Wo sich ein Kollektiv nur angesichts einer beherrschenden Führerfigur bildet, mag dieses im Hinblick auf die vom Führer festgelegten Ziele effektiv arbeiten, dabei bleiben jedoch alle Ich-bezogenen Neigungen wie Eifersucht, Aggression, feindselige Einstellungen unbearbeitet, ja sie werden auf diese Weise besonders gefördert.

In der demokratischen Gruppe dagegen bildete sich eine intensive Zusammenarbeit heraus. Die Gruppenmitglieder lobten sich untereinander für ihre Haltung; gegenüber Fehlern einzelner Gruppenmitglieder äußerten sich die Jungen und Mädchen verständnisvoll und hilfsbereit, während in der autokratischen Gruppe nur in einer Richtung Nachgiebigkeit gezeigt wurde: gegenüber dem Führer selbst. »Wir-bestimmte« Feststellungen kamen in der demokratischen Gruppe doppelt so häufig vor wie in der autokratischen, während hier eher »Ich-bestimmte« Äußerungen festzustellen waren. Das bedeutet nun allerdings keineswegs, daß in der autokratischen Gruppe die Individualität größer gewesen wäre, im Gegenteil: Das größere Wir-Gefühl, das heißt die Identifikation mit der demokratischen Gruppe, verschaffte den einzelnen Mitgliedern viel größere Möglichkeiten, ihre individuellen Interessen und Initiativen durchzusetzen.

In beiden Fällen zeigte sich, daß das Verhalten der Kinder die Atmosphäre der Gruppe spiegelte, in der sie sich bewegten. Der in beiden Atmosphären bestimmende Lebensstil prägte sowohl die Beziehung von Kind zu Kind als auch die Beziehung der Kinder zum Führer. Um dieses zentrale Ergebnis der Experimente zu erhärten, machten die Forscher zusätzlich Kontrolluntersuchungen. Sie verpflanzten einzelne Kinder in die jeweils andere Gruppe, und es zeigte sich sehr schnell, daß diese Kinder sich der neuen Atmosphäre entsprechend veränderten. Es lag also nicht an deren mitgebrachten Eigenschaften, an Initiativbereitschaft oder Passivität, an Dummheit oder Lernwilligkeit, an Identifikationsbereitschaft oder Ich-Sucht, sondern es war die das Gruppenklima beherrschende Einstellung der Führungspersonen, welche die Bedingungen des individuellen Verhaltens bestimmten.

Schließlich hat man einfach die Führungsstile der jeweiligen Gruppen ausgewechselt. Was dabei herauskam, beschreibt Lewin in bewegenden Worten: »Auf mich haben wenige Erlebnisse einen so starken Eindruck gemacht wie die, den Ausdruck der Kindergesichter im Laufe des ersten Tages der Autokratie sich verändern zu sehen. Die freundliche, aufgeschlossene und zur Zusammenarbeit willige Gruppe, die voller Leben war, wurde innerhalb einer kurzen halben Stunde zu einer ziemlich apathisch aussehenden Versammlung ohne Initiative. Der Übergang von der Autokratie zur Demokratie schien etwas mehr Zeit zu beanspruchen als der von der Demokratie zur Autokratie. Autokratie wird dem Individuum auferlegt; Demokratie hat es zu lernen.«[7]

Es ist heute kaum noch möglich, die für die Lebensfähigkeit der Menschen so fundamentale Beziehungsarbeit ausschließlich in den engen, äußerst verdichteten Familienverband zu zwängen, ohne in vielfacher Hinsicht Sozialisationsschäden zu bewirken. So entsteht die Frage, welche andere gesellschaftliche Institution imstande wäre, jene für die Lebensfähigkeit der Menschen notwendige Balance von Nähe, Intimität und Distanz herzustellen und Teilaufgaben der Sozialisation mit zu übernehmen. Alternativschulen haben aus der veränderten Situation Konsequenzen gezogen, indem sie Lernprozesse in Beziehungsarbeit integrieren und den Sozialisationsbereich auf diese Weise ausweiten und verlängern. Es entsteht dadurch ein Laboratorium besonderer Art: Die darin ablaufenden pädagogischen Arbeitsprozesse richten sich gleichermaßen auf Kompetenzerwerb, Verhaltensänderungen, Orientierungen und Gefühlsbildung der Kinder und Jugendlichen.

In allen mir bekannten Schulversuchen wird ein gewisses Maß bewußter Beziehungsarbeit geleistet: in Neills Summerhill freilich wesentlich stärker als bei Freinet, in Hartmut von Hentigs Bielefelder Laborschule anders als in der Glocksee-Schule. Die Art und Weise, wie diese Beziehungsarbeit gestaltet, welches Gewicht ihr im Zusammenhang kognitiver Lernprozesse zuerkannt wird, kann für das jeweilige Betriebsklima entscheidend sein.

Beziehungsarbeit führt unter anderem dazu, daß die Kinder in ganz anderer Weise als im Regelschulsystem bereit sind, die Schule als ihre eigene zu betrachten und sie gegen Angriffe zu verteidigen. Dabei verteidigen sie charakteristischerweise eher den Raum freier Bewegungen und die Atmosphäre als irgendeine einzelne Errungenschaft, ein Angebot, das sie besonders lieben, oder eine Lehrperson.

Die auf Lernen und Erziehung bezogenen Feldstudien Kurt Lewins verweisen auf gruppendynamische Prozesse, die den gesellschaftlichen Hintergrund für Faschismus, Stalinismus, ethnozentristische Vorurteilsbildung und vielfältige Verhaltensmuster der autokratischen, der autoritären und der autoritätsgebundenen Einstellungen bilden, und damit auf das Problem einer demokratischen Gestaltung der Gesellschaft. Die Betriebsklimauntersuchungen der Nachkriegsgesellschaft, wie die Ludwig von Friedeburgs, sind beispielhaft für eine ökonomische und politische Aufbauphase, in der Störungen von Produktivität genauso wichtig sind wie die Aufarbeitung der Vergangenheit, also die Überwindung antidemokratischer Ressentiments.

Nichts von den gruppendynamischen Kräftekonstellationen dieser wissenschaftlichen Versuche, die die Atmosphäre von Institutionen charakterisieren, kann als überholt betrachtet werden. Deren Untersuchungsfaktoren haben ihre geschichtliche Färbung verloren, aber nicht ihr strukturelles Gewicht. Gleichwohl bedürfen heutige Betriebsklimastudien der Ergänzung und der Erweiterung. In einer kulturellen Erosionskrise hat sich die sozialpsychologische Grundsituation verändert.

Mobbing ist ein aktuelles Stichwort für atmosphärische Veränderungen innerhalb von institutionellen Gruppenzusammenhängen, deren reibungslose Funktionsfähigkeit durch ausgeglichene emotionale Beziehungen garantiert wird. Wo harte Leistungskonkurrenz nach innen dringt, wo das Denken und Verhalten der einzelnen bis ins Unbewußte hinein durch Überlebenskampf bestimmt wird, wo Unbehagen und Wut aber keine eindeutigen Adressaten finden, entstehen leicht diffuse Aggressionen, die sich auf beliebige Objekte fixieren.

In dieser Hinsicht unterscheidet sich das Betriebsklima einer Schule, eines Kindergartens oder Kinderladens prinzipiell nicht von dem einer Verwaltung oder eines Wirtschaftsunternehmens. Wenn Mobbing praktiziert wird, sind die Arbeitsprozesse auf allen Ebenen gestört. »Einer der schlimmsten Störfaktoren im Betrieb ist der Kleinkrieg unter den Beschäftigten, der Psychoterror am Arbeitsplatz oder kurz: ›Mobbing‹. Mobbing kennt fast jeder und hat rein statistisch jeder vierte einmal in seinem Leben erlebt. Mobbing greift die Persönlichkeitsstruktur der Arbeitnehmer an und macht krank. Mobbing zerstört das Betriebsklima und untergräbt den Erfolg des Unternehmens.«[8]

Die Mobbing-Täter und die Mobbing-Opfer wechseln. Je weniger in einer Einrichtung Offenheit und Öffentlichkeit für Konfliktbearbeitungen zugelassen sind, je mehr Leistungskonkurrenz und Krisensituationen Verhalten und Bewußtsein der Menschen prägen, desto entschiedener werden gestaute und diffuse Aggressionen auf Ersatzschuldige geleitet, weil kein Verursacher der beklagten Misere zu benennen ist.

Klasseneltern an einer Schule, die besondere pädagogische Prinzipien für sich in Anspruch nimmt, klagen seit Jahren über den mangelnden Leistungsstand der Schüler, über Disziplinlosigkeiten und fehlende kooperative Strukturen unter den Schülern. Sprecher dieser Elternschaft beginnen, alle vermuteten Übel auf einen einzigen Schüler zu projizieren – und wollen diesen Schüler aus der Schule entfernen lassen. In allen einzelnen Schritten, auch dem, daß Mobbing-Opfer nie ganz unschuldig sind an den auf sie gelenkten Aggressionen, erfüllt das den Tatbestand eines Eltern-Mobbing gegen Schüler.

In einem Kinderladen entlassen Eltern zweimal innerhalb eines knappen Jahres ihre Bezugspersonen – sie werfen ihnen pädagogische Unzulänglichkeit vor, jedoch ohne vorherige Diskussion über Konzeption und Erwartungen. In beiden Fällen, mit zum Teil anderen Eltern, bildet sich eine Mobbing-Situation des Herausdrängens, die schließlich, da die betroffenen Erzieherinnen nicht freiwillig gehen, zur Kündigung führt.

Ich nehme bewußt zwei Beispiele aus Bereichen, in denen Offenlegung und solidarische Lösungsbereitschaft im Selbstverständnis aller Beteiligten, der Opfer wie der Täter, einen hohen Rang einnehmen, aber von Mechanismen unterlaufen werden, die sich von einem autokratisch gelenkten und auf Konfliktverdrängung beruhenden Betrieb nur wenig unterscheiden. Bezeichnend sind die Suche nach Sündenböcken, aggressive Vorurteilsbereitschaft, Projektionsneigungen mit der Tendenz, anderen Aggressionen zuzuschreiben, die man selbst hegt, aber verdrängt, Ausgrenzung der Fremden und vor allem des Fremden.

Die Untersuchungen von Lippitt, die ich in der Fassung von Kurt Lewin referiert habe, verweisen nicht nur darauf, daß einzig in den demokratisch strukturierten Gruppen das Verhalten nicht primär von Aggressivität und Apathie bestimmt wird.[9] Ein weiterer wichtiger Punkt betrifft das Verhältnis von Distanz und Nähe. Die Versachlichung von Beziehungen der Kinder zueinander und damit zu den Objekten erfolgt im Sozialisationsprozeß nicht voraussetzungslos. Gerade diejenigen Kinder, die sich in der Atmosphäre der Schule emotional nicht aufgehoben fühlen, haben größte Schwierigkeiten, ihre individuellen Neigungen und Interessen zu versachlichen. Das zeigt eindrucksvoll das autokratische Experiment.

Erst die emotionale Sicherheit, als gleichgeachtetes Mitglied der Gemeinschaft akzeptiert zu werden, setzt Energien frei, die sich auf sachliche Lerninteressen richten können. Eine ohne diese emotionale Atmosphäre erzeugte, gewissermaßen pädagogisch befohlene Sachlichkeit ist nicht imstande, Distanz zu den eigenen Bedürfnissen herzustellen, und blockiert den Prozeß der Versachlichung. Die antirealistischen Gefühle der Kinder setzen sich nur über intensive Arbeit an den Beziehungen in realistische Einstellungen um.

Was Kurt Lewin den Experimenten entnimmt, bleibt aktuell und sollte auch künftig bedacht werden: »Das soziale Klima, in dem ein Kind lebt, ist für das Kind ebenso wichtig wie die Luft, die es atmet. Die Gruppe, zu der ein Kind gehört, ist der Boden, auf dem es steht. Sein Verhältnis zu dieser Gruppe und sein Rang in ihr sind die bedeutsamsten Faktoren für sein Sicherheits- oder Unsicherheitsgefühl. Kein Wunder, daß die Gruppe, von der die Person ein Teil ist, und die Kultur, in der sie lebt, zu einem sehr hohen Grade ihr Verhalten und ihren Charakter bestimmen, welchen Raum freier Bewegung sie hat und wie weit sie mit einer gewissen Klarheit in die Zukunft blicken kann. Mit anderen Worten, sie bestimmen in einem wesentlichen Grade ihren persönlichen Lebensstil und die Richtung und Produktivität ihres Planes.«[10]

Demokratie muß gelernt werden – manches andere haben wir ohne Mühe und umsonst.

3. Kindgemäße Architektur

Ist der Raum freier und bindungsfähiger Bewegungen entscheidend für ein Schulklima, das Eigeninitiative und Lernbereitschaft fördert, so stellt sich sofort die Frage, wie architektonische Strukturen einer Schule aussehen, die eine emotionale Balance zwischen Distanz und Nähe im Alltagsverhalten aller Beteiligten erleichtern oder stören.

Es mag ein wenig übertrieben sein, daß bereits beim Betreten eines Schulgebäudes erkennbar wird, ob hier die Kinder und Jugendlichen Subjekte des Lernens sind oder die Schule nach Maßstäben der Verwaltung und der Lehrerkontrolle organisiert ist. In vielen modernen Schulgebäuden, deren architektonische Grundsubstanz auf Sachlichkeit und Funktionsvielfalt angelegt ist, sind Lern- und Erfahrungsprozesse nur mit äußerster Anstrengung der Lehrer und der Kinder möglich. Schulgebäude existieren, auf deren Eingangsportal Dantes Höllenvers aus dem dritten Gesang der »Göttlichen Komödie« passen würde: »Laßt jede Hoffnung, die ihr mich durchschreitet.« Sie haben keine dezentralisierten Einheiten, keine Ecken, nichts, wo man sich ausruhen kann, sie sind wartesaalähnlich, mit offenen, leicht verschiebbaren Räumen, die eine Befestigung des kindlichen Interesses an einem Ort nur mit größter Anstrengung zulassen. Alternativschulen müssen von vornherein in ihrer Wahl von Räumen und in deren Gestaltung einen anderen Weg gehen, um für Kinder erfahrungs- und aneignungsfähige Objekte zu schaffen. Schulgebäude und die darin enthaltenen Räume bilden, neben der elterlichen Wohnung, die Außenhaut der Kinder.

Zweifellos verteilen sich die Lern- und Erfahrungsorte von Kindern in der heutigen Gesellschaft viel stärker, als das früher der Fall gewesen ist. Nicht nur erlauben die größeren Verkehrsmöglichkeiten den Kindern im allgemeinen, sich an ganz verschiedene Orte zu begeben, auf Reisen Erfahrungen zu machen. Auch die Massenkommunikationsmittel schaffen Bedingungen, von denen Kinder unmittelbar betroffen sind und die ihre traditionellen Erfahrungs- und Lernorte erweitern. Wo Kinder und Jugendliche wirklich etwas lernen, ist nicht mehr ganz leicht auszumachen. Es kann im Kommunikationszusammenhang der Discos, in kleinen Freundschaftsgruppen, durch Fernsehen und Radio sein, aber auch in Jugendzentren, auf der Straße, in den Familien und Schulen.

Obwohl sich nun Lern- und Erfahrungsorte auf den gesamten Lebensumkreis des Kindes verteilen, ist doch anzunehmen, daß besonders intensive Erfahrungen – Glückserlebnisse oder Gefühle der Entfremdung – dort entstehen, wo sich Kinder länger in geschlossenen Räumen aufhalten. Es wird Gründe haben, warum Jugendliche gerne in der oft beengten Atmosphäre von Discos und Jugendzentren verweilen, selbst wenn Erwachsene sich in dieser Umgebung keineswegs aufgehoben fühlen. Daß immer weniger die Familien und deren Wohnungen den Aufenthalt von Kindern und Jugendlichen bestimmen, wird auch daran liegen, daß sie sich in deren Raumeinteilung und Ausstattung kaum wiedererkennen. Fremdheit oder Wirtlichkeit von Innenräumen beeinflussen jedoch ganz wesentlich, ob Lernen als Erfahrungslernen stattfindet oder nicht. Es geht also nicht allgemein um eine angemessene Architektur, sondern um die Frage, in welcher Weise Pädagogik auf das spezifische Raumbedürfnis von Kindern und Jugendlichen antwortet.

Natürlich muß man deutlich zwischen einer kindgemäßen architektonischen Utopie und der Realität der Räume unterscheiden, über die einzelne Alternativschulen verfügen. Unbestreitbar ist jedoch, daß alle Alternativschulen sehr viel Aufmerksamkeit auf Räume legen. Genaueres über den Zusammenhang zwischen Lernprozessen von Kindern und der räumlichen Gestaltung ihrer Umgebung möchte ich im Blick auf die Glocksee-Schule entwickeln.[11]

Ein Jahr bevor diese Schule in Hannover gegründet wurde, hielt ich eine Reihe von Vorträgen, die auch den Zweck hatten, Eltern für dieses pädagogische Experiment zu gewinnen. Neben vielen anderen Fragen, die die Konzeption, die wissenschaftliche Begleitung und den pädagogischen Alltag der künftigen Schule betrafen, wurde mir die Frage gestellt, wie ich mir ein ideales Schulgebäude für einen solchen Versuch vorstelle. Ich war zunächst irritiert, weil wir uns in bezug auf das Schulgebäude keinen Träumen hingeben konnten, denn in allen unseren Verhandlungen mit Behörden wurde uns deutlich gemacht, daß die ganze Angelegenheit, sollte sie gebilligt werden, möglichst wenig kosten dürfe. Ich antwortete, eine Schule mit der von den Initiatoren formulierten Konzeption sollte ein Gebäude haben, das kurz vor dem Abbruch steht. Ich war selbst über diese Bestimmung eines Schulgebäudes etwas erschrocken, weil ich sofort merkte, daß meine Zuhörer damit keineswegs einverstanden waren, vielleicht sogar Gefährdungen für ihre Kinder damit verknüpften. Dennoch halte ich heute diese Feststellung für richtig.

Untersuchungen von Piaget[12] zeigen, wie zentral für die Entwicklung eines Kindes Raumvorstellungen und Raumwahrnehmungen sind, und deshalb muß eine Schule menschlichen Zuschnitts der Besetzungsphantasie der Kinder differenzierte Möglichkeiten verschaffen. Das stößt gewiß bei Erwachsenen auf Vorurteile, deren Denkweise eher auf gerade Linien, saubere Abgrenzungen, hygienische Atmosphäre, auf Ordnung und Zweckrationalität gerichtet ist. Wer aber selbst Erinnerungen aus seiner Kindheit zu Hilfe ruft, um sich zu fragen, ob die in dieser Weise gestalteten Räume die eigene Gefühlswelt je ausgefüllt hätten, wird feststellen, daß es ganz andere Räume waren, in denen man sich gerne aufgehalten hat – Orte, an denen man noch etwas verändern konnte, an denen es nicht besonders sauber und glattflächig aussah. Beschreibungen, Bilder oder persönliche Eindrücke, die ich von Alternativschulen habe, vermitteln den Eindruck, daß Staub, ein bißchen Verwahrlosung und Verfall, Risse in den Wänden, viel Schrägen und Ecken das bestimmen, was Lebendigkeit der Raumwahrnehmung ausmacht.

Kinder haben die Neigung, sich Räume, die ihnen fremd entgegentreten, in der ihrer Phantasie und ihren Bedürfnissen eigentümlichen Weise anzueignen. Der Respekt, den Erwachsene vor dem Glatten, dem Sauberen von Wänden, den klaren geometrischen Formen haben, ist ihnen relativ fremd. Fremd ist ihnen auch das, was im allgemeinen die Erwachsenen als gemütlich ansehen. Eine Wand, die keine Geheimnisse birgt, eine Ecke, die als klar umgrenzte Spielecke definiert ist, ein Raum, in dem absolut nichts mehr zu verschieben und zu verrücken ist: All das hat einen geradezu faszinierenden Aufforderungscharakter, etwas damit anzustellen, es zu verändern, zu bemalen, notfalls auch zu verunstalten.

Umgekehrt läßt sich feststellen, daß Kinder, die sich in einem alten Gebäude wohl fühlen, in dem eigentlich gar nichts mehr wirklich stimmt, eine Art pfleglichen Umgang mit diesem Gebäude haben, um es zu bewahren. Sicherlich spielt dabei auch eine Rolle, daß ein solches altes Gebäude in ganz anderer Weise mit Wunschvorstellungen besetzbar ist, daß sie es sich aneignen können, ohne Gefahr zu laufen, Tabugrenzen der Erwachsenen zu verletzen – wie beim Sofa in der guten Stube des Elternhauses, das ja bekanntlich besonderen Gefährdungen ausgesetzt ist.

Als die Initiativgruppe der Glocksee-Schule daran ging, ein Schulgebäude im Stadtbereich Hannover zu suchen, stießen wir zunächst auf eine alte Fabrik. Das Fabrikgebäude war noch intakt, aber die einzelnen Räume und Ecken hätten ganz nach unseren Vorstellungen gestaltet werden können. Doch laut Stadtbauamt kam dieses Gebäude aus Sicherheitsgründen nicht in Frage, weil auf dem Nebenhof ein Gabelstapler arbeitete.

Dann besichtigten wir ein Bürgerhaus im Zentrum Hannovers mit Parkettboden, Wandtäfelungen, überhaupt sehr viel Holz. Das Gebäude war tadellos intakt, aber es erschien uns undenkbar, daß sich Kinder in diesen Räumen bewegen könnten, ohne fortlaufend auf Gegenstände, Holzpolituren, Treppen zu achten. Nach vielen anderen vergeblichen Versuchen, geeignete Räume für den Schulversuch zu finden, wurde uns schließlich das alte, nicht mehr benutzte Fuhramt der Stadt Hannover in der Glockseestraße zur Verfügung gestellt. Im Grunde abbruchfertig, wurde es nach geringfügigen Renovierungen von uns bezogen, und die Kinder fühlten sich darin sehr wohl, weil es verschachtelte Räume hatte und alt genug war, daß sie es im Sinne der Erhaltung pflegen konnten.

Mehr als sechs Jahre später verließen wir das Fuhramt und zogen in ein größeres Schulgebäude aus der Zeit der Jahrhundertwende um. In der Hölderlinstraße gab es wieder zahlreiche Räume, die umgestaltet werden konnten; die Traumphantasien zur Besetzung der Räume hatten viele Betätigungsmöglichkeiten. Und das Gebäude, in dem die bis zur 10. Klasse gehende Glocksee heute lebt und arbeitet, ist ebenfalls ein altes Haus mit vielen Gestaltungsmöglichkeiten.

Freilich konnte auch dieses Schulgebäude den Wunschvorstellungen der Kinder und Lehrer nicht ganz entsprechen, denn es war nicht nach den Vorstellungen jener geplant und gebaut, deren Erfahrungsraum es sein sollte. Nun sind Architekten, die Schulen hinsetzen, die wie große Krankenhäuser und Schwimmhallen aussehen, in ihren Planungen keineswegs immer durch Sicherheitsvorschriften und Kostenfaktoren gebunden. Bei den mißglückten Bauten vieler Schulen liegt es häufig an der völligen Phantasielosigkeit des Architekten und des Bauherrn, an der Nicht-Berücksichtigung kindlicher Interessen und Bedürfnisse, daß solche Schulen keine Erfahrungsräume der Kinder sein können. Nimmt man die Gesamtkosten für deren Erhaltung, die die zwangsläufig durch

Entfremdung auftretenden Zerstörungen verursachen, so wäre es zweifellos von vornherein billiger gewesen, Räume zu planen, die den kindlichen Phantasien entsprechen.

Langgestreckte Rechteckräume haben Vorteile für die Kontrolle, die der Lehrer ausübt, doch runde Räume, elliptische, quadratische sind viel geeigneter, Phantasie zu entwickeln. In allen Glocksee-Schulgebäuden waren Hängeböden eingebaut, wohin sich die Kinder besonders gerne zurückziehen. Auch ungenutzte Ecken sind nötig, die für ungeplante Zwecke verwendet werden können, wenn zum Beispiel zwei oder mehrere Kinder Geheimnisse austauschen wollen. Rein funktionale Räume sind tödlich für Lernprozesse und vergrößern das Unbehagen in der Schule. Sie erzeugen Fremdheit und Entfremdung, und ein Teil der wachsenden Aggressionen gegen Mobiliar, Wände, sonstige Einrichtungen der Schule entspringen dem Tatbestand, daß es kaum einem Kind möglich ist (und Jugendlichen schon gar nicht) mit seinen Triebphantasien einen vollen Arbeitstag in einer Umgebung zu verbringen, die nicht von ihm selbst produziert, gestaltet, angeeignet ist, ohne sich zur Wehr zu setzen.

Wenn ich angeben sollte, was ich mir unter einem idealen Gebäude für eine Schule vorstelle, so wäre nicht gleich das fertige Resultat wichtig, sondern die Art und Weise, wie es zustande kommt. Ich kann das nicht besser erläutern als durch eine Erzählung, die sich bei E. T. A. Hoffmann findet. Er beschreibt hier die Geschichte eines sonderbaren Kauzes. Dieser Rat Krespel kauft eines Tages alle nur möglichen Materialien, löscht Kalk, siebt den Sand und setzt die Mauersteine in regelmäßige Haufen. Es ist erkennbar, daß er etwas bauen will. Aber mit irgendeinem Baumeister hat er nicht gesprochen, noch an irgendeinen Grundriß gedacht. Als er alles zusammengestellt hat, holt er sich einen tüchtigen Baumeister, Gesellen und Burschen, Handlanger usw., um sein Haus bauen zu lassen. Er schreitet seinen Garten ab und an einer bestimmten Stelle, in einem regelmäßigen Viereck, zieht er einen Graben und sagt:»›Hier soll das Fundament meines Hauses gelegt werden, und dann bitte ich die vier Mauern so lange heraufzuführen, bis ich sage, nun ist's hoch genug.‹ – ›Ohne Fenster und Türen, ohne Quermauern?‹ fiel der Meister, wie über Krespels Wahnsinn erschrocken, ein. ›So, wie ich es Ihnen sage, bester Mann‹, erwiderte Krespel sehr ruhig, ›das übrige wird sich alles finden.‹« E. T. A. Hoffmann fügt hinzu, daß nur das Versprechen reicher Belohnung den Meister bewegen konnte, den unsinnigen Bau zu unternehmen, und »unter beständigem Lachen der Arbeiter, die die Arbeitsstätte nie verließen, da es Speis und Trank vollauf gab, stiegen die vier Mauern unglaublich schnell in die Höhe, bis eines Tages Krespel rief: ›Halt!‹ Da schwieg Kell' und Hammer, die Arbeiter stiegen von den Gerüsten herab, und indem sie den Krespel im Kreise umgaben, sprach es aus jedem lachenden Gesicht: ›Aber wie nun weiter?‹ – ›Platz!‹ rief Krespel, lief nach einem Ende des Gartens und schritt dann langsam auf sein Viereck los, dicht an der Mauer schüttelte er unwillig den Kopf, lief nach dem andern Ende des Gartens, schritt wieder auf das Viereck los und machte es wie zuvor. Noch einige Male wiederholte er das Spiel, bis er endlich, mit der spitzen Nase hart an die Mauer anlaufend, laut schrie: ›Heran, heran, ihr Leute, schlagt mir die Tür ein, hier schlagt mir eine Tür ein!‹ – Er gab Länge und Breite genau nach Fuß und Zoll an, und es geschah, wie er geboten. Nun schritt er hinein in das Haus und lächelte wohlgefällig, als der Meister bemerkte, die Mauern hätten gerade die Höhe eines tüchtigen zweistöckigen Hauses. Krespel ging in dem innern Raum bedächtig auf und ab, hinter ihm her die Maurer mit Hammer und Hacke, und sowie er rief: ›Hier ein Fenster, sechs Fuß hoch, vier Fuß breit! – dort ein Fensterchen, drei Fuß hoch, zwei Fuß breit!‹, so wurde es flugs eingeschlagen.«

Was der Rat Krespel hier macht, ist nichts anderes als Kinderphantasie, in die Tat umgesetzt. Es heißt bei E.T.A. Hoffmann, daß alle Gedanken dieses sehr merkwürdigen Rats Krespel sofort Taten werden, ganz entsprechend den Omnipotenzvorstellungen von Kindern. Da Krespel den ungewöhnlichen Hausbau mit reichlicher Bewirtung verbindet und am Ende auch das ganze Dorf, das diesen sonderbaren Mann mit Mißtrauen betrachtet, zu einem Fest einlädt, stehen schließlich alle herum, gehen in das Haus und bewundern es. Es ist kein Hausbau nach den geometrischen Maßen eines Architekten, sondern nach der Phantasie eines Menschen, der darin wohnen will.

Ich kann mir gut vorstellen, daß eine ähnliche Form des Hausbaus, bei der Kinder unmittelbar beteiligt sind, indem ihren Vorschlägen Folge geleistet wird – wo Türen und Fenster, wo Fensterchen hinkommen –, ein ganz anderes Verhältnis zu diesem Objekt erzeugt als ein Gebäude, das einfach in der gesamten Struktur vorhanden ist, ohne daß Kinder es nach eigenen Traumphantasien gestalten. Ganz abgesehen von dem Spaß, den das Einschlagen der Löcher für Fenster und Türen machen würde, könnte auch das Resultat genau dem entsprechen, was sich Kinder wünschen, worin sie Lust hätten, zu wohnen und zu lernen.

In einer Nachbemerkung muß ich freilich festhalten, daß eine phantasiereiche Architektur dem Bürgertum, jedenfalls in jener Zeit, als es anfing, sich als herrschende Klasse zu konstituieren, gar nicht so fremd gewesen ist. Es gibt Pläne aus der Französischen Revolution, in denen Gebäude in Tierform entworfen wurden. So existiert zum Beispiel von dem Architekten Lequeu ein Entwurf, der die Beschriftung trägt: »Nach Süden gelegener Kuhstall auf einer frischen Wiese«, eine Allegorie der Viehzucht. An der Stelle, an der 1789 die Bastille gestürmt und niedergerissen wurde, wollte Napoleon einen Elefantenbrunnen errichten. Dieser Dickhäuter sollte nicht einfach ein Denkmal sein, sondern man sollte hineinsehen können, um das gestaltete Innen in Augenschein zu nehmen. Auch das wäre etwas, was der Architektur von Schulen entsprechen würde, Gebäude in Tiergestalt. Jedenfalls wäre es sehr dazu angetan, die Phantasie der Kinder zu erregen.

Wer jedoch dem Schularchitekten Krespel Mißtrauen entgegenbringt, weil dieser zu archaisch gestaltet und seine Gebäude ohne statische Berechnungen aus dem Boden stampft, kann für das, was ich unter kindgemäßer Architektur verstehe, Hinweise bei Antoni Gaudí finden, einem der größten Architekten der Moderne. Die Lust am Ornament, an der märchenhaften Integration natürlicher Materialien, Tierformen und Phantasiegestalten ist derart bestimmend für die Raumgliederung seiner Gebäudefassaden, der Parkanlagen und Kirchen, wie der Innenausstattung von Wohnungen, daß sofort ein Interesse an der Umgebung entsteht, ein Nachdenken über Natur und Geschichte. Gaudí kombiniert für die zahlreichen Mosaikflächen rohe Bruchsteine, die er dem an Ort und Stelle abgeräumten Erdreich entnimmt, mit Keramikfliesen und unterbricht damit die steifen Linien. Säulen und Bögen haben eine eigentümliche Leichtigkeit, als hätten sie nichts zu tragen. Ich kann mir denken, daß Schulgebäude, die nach den Prinzipien Gaudís gebaut sind (übrigens einer ökologisch bewußten Bautechnik), Kinder und Jugendliche in ihren Bann ziehen würden, bevor noch eine Lehrerin oder ein Lehrer in die Klasse kommt und Angebote präsentiert.

Dieser utopische Ausblick auf die kindgemäße Architektur darf jedoch nicht dazu führen, daß man die Augen vor der Begrenztheit der Schule als Erfahrungsraum schließt. Mischformen und Unfertiges, Verschiebbares oder, wie die Bildungsratsgutachten es ausdrücken, »elementiertes Bauen«, überschaubare Vielfalt sind sicherlich grundlegende Forderungen für die bauliche Struktur einer Schule, die den Phantasien und Erfahrungen der Kinder entspricht. Aber der Erfahrungsraum Schule ist ein selektiver Boden, auf dem Erfahrungen gemacht werden. Er ist weder der einzige noch in vielen Fällen der entscheidende. Bestimmte Begrenzungen gibt es nicht nur für die öffentlichen Schulen, sondern auch für die Alternativschulen, die freilich immer bemüht sind, diese Grenzen möglichst weit hinauszuschieben.

Johannes Beck hat einmal errechnet, wieviel Raum tatsächlich einem Schüler der Bundesrepublik durchschnittlich zur Verfügung steht. Ein normaler Klassenraum ist ca. 50 m^2 groß. Wenn 25 Kinder und eine Lehrkraft darin eingesperrt werden, hat jeder einzelne ca. 2 m^2 zur Verfügung, um sich zu bewegen. Ein Toter auf einem Friedhof hat dagegen wenigstens 3 m^2 zum Liegen.

Dennoch gehört die Forderung, die Schule solle wenigstens auch ein Erfahrungsraum der Kinder sein, zu den ältesten der Pädagogik. Comenius und Rousseau, Diesterweg und Dewey, Kurt Hahn und A. S. Neill, Hartmut von Hentig – sie alle haben die Bedeutung der räumlichen Wiedererkennbarkeit für das Lernen betont. Je weniger Erfahrungsraum tatsächlich vorhanden ist, desto stärker wird die Schule mit künstlichen Erfahrungsgegenständen ausgestattet, die das spontane Verhalten allerdings nicht ersetzen können. Die Grenzen der Schule als Erfahrungsraum sind jedoch nicht nur aufgrund der räumlichen Struktur gesetzt, sondern auch durch die Tatsache, daß Schule Institution ist und die darin tätigen Lehrer, wie sehr sie ihr Verhalten auch ändern mögen, ihre Sache professionell, das heißt in einer festgefügten Lehrerrolle machen müssen. Sie können zwar die Erfahrungsmöglichkeiten der Kinder erweitern, aber nicht von sich aus die Grenzen verschieben, welche die Gesellschaftsstruktur gesetzt hat. Dennoch müßten Schulen daran arbeiten, diesen Erfahrungsraum zu erweitern, durch Einbeziehung anderer gesellschaftlicher Lernorte, aber vor allem auch durch die bewußte Herstellung von Kinder- und Jugendöffentlichkeit.

4. Das Prinzip Hautnähe

Bei den menschlichen Sinnen hat sich eine fatale Rangordnung in der Wertigkeit von Erziehungsprozessen hergestellt: Je näher sie kognitiven Operationen kommen, desto größere Aufmerksamkeit wird ihnen im Erziehungsvorhaben gewidmet. Hören und Sehen bilden die Spitze der Hierarchie; Angebote in »Formen und Gestalten« sollen dazu beitragen, den Tastsinn zu entwickeln. Hin und wieder gibt es Küchen, in denen Kinder ihren Geschmackssinn differenzieren können. Der Geruch hat dagegen eine eher belästigende und störende Bedeutung. Für jeden dieser »klassischen« Sinne wäre es nötig, eine Kulturgeschichte zu schreiben, wenn nicht gar eine eigene Schulgeschichte.

Ich will mich auf die Erörterung eines Sinnes beschränken, der bisher fast völlig vergessen wurde. Doch je fremder und entfremdeter die Lebensumwelt von Kindern und Jugendlichen empfunden wird, desto größere Bedeutung gewinnt dieser Sinn für das Gelingen von Erziehungsprozessen: ich meine die Haut. Für die Sozialisation des Kleinkindes ist die Bedeutung der Haut anerkannt, nicht aber im gleichen Maße für schulisches Lernen. Einen wesentlichen Grund für die wachsende Zerstörung von Lernmotivationen und das zunehmende Ausmaß von diffuser Aggressivität in öffentlichen Schulen sehe ich in der Verletzung der Hautnähe.

Beispiele dafür, wie dieses Prinzip in Alternativschulen umgesetzt wird, gibt es genug. Es werden Nischen, Kuschel- und Leseecken, Räume hergestellt, die wie Rumpelkammern aussehen. Kinder sitzen zusammen, reiben und wärmen sich aneinander. Häufig reicht die Hand – auf den Kopf eines Kindes gelegt – aus, es zu beruhigen und ihm die Angst zu nehmen. Ich habe bereits im Abschnitt über »kindgemäße Architektur« hervorgehoben, daß die Unwirtlichkeit der Lernumgebung eine wesentliche Ursache für die Unlust am Lernen ist. Überall dort, wo Schulen Hautnähe erlauben und fördern, stellt sich dagegen ein ganz anderer Betätigungsraum für alle Sinne her. Aber selbst die Eltern von Kindern in Alternativschulen sind weit davon entfernt, solche Einrichtungen und Verhaltensweisen für pädagogisch begründet zu halten. Es kommt mir deshalb darauf an, zunächst allgemein zu bestimmen, welche grundsätzliche Bedeutung Hautnähe und sinnlich faßbare Kommunikation für Lernprozesse von Kindern haben.

Das Sich-an-die-Haut-eines-anderen-Lebewesens-Klammern, die Hautsinne, befinden sich auf einer eigentümlichen Grenze zwischen Materialismus und Idealismus, zwischen innen und außen, zwischen Schutz und Gefahr, zwischen bewußt und unbewußt. Dieses radikale Prinzip Oberfläche widersteht allen Versuchen, dafür Ersatz zu schaffen oder Verschiebungen vorzunehmen. Im Kern geht es darum, die Selbstregulierungen nicht in irgendeiner Tiefe oder Höhe zu verwurzeln, sondern in dem, was als erstes der Umwelt ausgesetzt ist. Das ist die Haut.

Um diesen zunächst sehr theoretisch erscheinenden Gedanken zu verdeutlichen, möchte ich auf eindrucksvolle Experimente eines amerikanischen Wissenschaftlers zurückgreifen. In seinem Aufsatz »The Nature of Love« setzt sich Harry F. Harlow mit der »Frage der primären Triebe« auseinander.[13] Nach herrschender Lehre seien die Basismotive vor allem Hunger, Durst, Einsamkeit, Schmerz und Sex. Das Verhältnis von Mutter und Kind befriedige die primären Triebe, und durch sekundäre verstärkende Mechanismen komme die Mutter-Kind-Beziehung zustande. Richtig an diesen Beobachtungen sei, daß keine andere Bindung so intensiv wie die Mutter-Kind-Beziehung das weitere Triebschicksal und seine Verallgemeinerung beeinflusse. Es sei aber auffällig, daß alle sekundären Verstärker, die sich mit Befriedigungen der genannten Triebkräfte oder Nöte verbinden, bei experimenteller Prüfung nach einer gewissen Zeit verschwänden. Im Gegensatz dazu verschwänden die menschlichen Zuwendungen, die im Verhältnis Mutter-Kind angelegt seien, überhaupt niemals, sie hätten vielmehr eine Tendenz zu breiter Verallgemeinerung.

Harlow geht experimentell vor. Er trifft dabei auf die Schwierigkeit, daß bei menschlichen Neugeborenen die experimentellen Überprüfungen auf eine unangemessene Ausbildung der motorischen Fähigkeiten stoßen. Dies ist bei neugeborenen Makakenäffchen anders. Sie sind gleich nach der Geburt motorisch reifer und entwickeln sich rascher. Die unmittelbaren Antworten (*basic responses*), die sich auf Liebe beziehen (»affection, including nursing, contact clinging, and even visual and auditory exploration«), zeigen dagegen keine grundlegenden Unterschiede zu Menschenkindern. Harlow hat deshalb in einem dreijährigen Experiment zunächst diese Affenkinder studiert. Er bot gleichstarken Babygruppen jeweils zwei Ersatzmütter an: eine Stoffmutter und eine Drahtmutter. Das Experiment erfolgte so, daß einmal die Drahtmutter, das andere

Mal die Stoffmutter Milch gab. In allen Fällen, also auch wenn der Hunger nicht durch die Stoffmutter gestillt werden konnte, konzentrierten sich die Babies ausschließlich auf die Hautmutter.[14]

Was folgt aus diesen Experimenten mit Affenkindern für Konzeption und Praxis von Alternativschulen? Unmittelbar sicherlich nichts. Aber die Experimente geben doch Hinweise darauf, wie wichtig körperliche Nähe für die Angstreduktion und damit für die Erweiterung des menschlichen Bewegungsspielraums ist. Anna Freud stellte in ihren Untersuchungen über Kriegskinder fest, daß bei allen Kindern, die sich während der Bombenangriffe in der körperlichen Nähe ihrer Eltern oder anderer Bezugspersonen aufhielten, entweder überhaupt keine Angstzustände vorhanden waren oder sich diese wenigstens nicht zu fortwirkenden traumatischen Erlebnissen verdichtet hatten.

Die idealistische Pädagogik, die heute noch in den Regelschulen vorherrscht, arbeitet überwiegend mit Forderungen, die sich auf die Binnenorganisation des Kindes richten. Und zwar auch dort, wo sie die emotionalen und sozialen Bedürfnisse einbezieht. Vereinfachend ausgedrückt geht die herkömmliche Pädagogik von innen nach außen. Sie zielt auf intrinsische Motivation, auf innengeleitetes Denken und Handeln, und betrachtet alles Äußerliche als bloße Barriere oder Förderungsmittel dieser Innendimension. Die Alternativschulen gehen den umgekehrten Weg – von außen nach innen. Zunächst müssen die Bewegungsräume der Kinder gesichert sein, muß sich Kinderöffentlichkeit herstellen. Günstige Bedingungen für Hautnähe sind zu schaffen, bevor das Kind frei werden kann, sich auf das Innen zu konzentrieren. Die Oberfläche ist genauso wichtig wie die Tiefe. Ohne Einlassen auf die Oberfläche und ohne Bearbeitung ihrer Ausdrucksformen ist eine wirkliche Tiefendimension des Lernens überhaupt nicht zu erreichen.

Ich habe gezeigt, daß Beziehungsarbeit im pädagogischen Feld wesentlich das Betriebsklima einer Schule bestimmt. Das Bewegungsklima berührt auch die Art und Weise, wie sich Lernerfolge in den Motiven der Kinder befestigen. Die Zulassung von Hautnähe erscheint einem Betrachter, der Alternativschulen nicht kennt, zunächst als kindliche Regression, die häufig vom Alter her nicht mehr zu rechtfertigen ist. Das trifft auch durchaus zu. Doch die Frage ist nicht, ob es Regressionen gibt oder nicht, sondern wann sie auftreten. Viele Erwachsene, die sich als Kinder nie Regressionen hingeben durften, fallen nach einer langen Phase der Selbstüberforderung plötzlich in kindliche Regression zurück.

Die meisten Alternativschulen schaffen Möglichkeiten, daß solche Regressionen in einem Alter stattfinden, in dem sie die erworbene Identität nicht gefährden, sondern eher dazu dienen, eine gleichgewichtige Entwicklung der emotionalen, kognitiven und sozialen Fähigkeiten zu gestatten. In der Glocksee-Schule gibt es viele Beispiele dafür, daß ältere Kinder sich kleineren zuwenden, Fürsorge für sie entwickeln und ihre Hautnähebedürfnisse nicht bei Gleichaltrigen oder Erwachsenen befriedigen, sondern eben bei fürsorgebedürftigen, kleineren Kindern. Nach einer gewissen Zeit kehren sie dann befriedigt und frei von der Angst, überfordert zu werden, in ihre Altersgruppe zurück. Es ist bisher kein Fall vorgekommen, daß Kinder, die ihren Nähebedürfnissen nachkommen konnten, längere Zeit in diesen Bedürfnissen steckenblieben. Im Gegenteil. Die Gewährung von Hautnähe ist Grundbedingung dafür, daß sie sich aus der Nestwärme lösen können und die Angst verlieren, sich von ihren Nestern zu entfernen und sich auf Sachlichkeit einzulassen.

Ich komme hier noch einmal zurück auf das spezifische Verhältnis von Distanz und Nähe. Alle Erfahrungen der Alternativschulen im weiten Spektrum ihrer Geschichte belegen, daß in dem Maße Distanz, differenziertes Umgehen mit Dingen und Menschen möglich wird, wie die Angst vor dem Verlust von Nähe verschwindet. Bemerkenswerterweise kann Hautnähe durch keinen der anderen Sinne wirklich ersetzt werden. Erst die Befriedigung der Hautnähe gibt den anderen Sinnen ihre eigentümlichen Betätigungsfelder. Ist der Hautsinn gestört, sind auch die übrigen Sinne eingeschränkt oder gar geschädigt, jedenfalls befinden sie sich in einem ungleichgewichtigen Verhältnis zueinander.

Wo von Hautnähe gesprochen wird, entsteht die Frage nach der für Schulen zulässigen Intimität und damit nach der Sexualität. »Befreiung der Sexualität« war eine der zentralen Parolen des Protestes von '68. Wilhelm Reichs Buch »Die sexuelle Revolution« gehörte zu den Grundtexten dieser Bewegung, die neben Studenten auch Schüler erfaßte. Daß diese Gedanken in die antiautoritäre Bewegung und in die sich daran anschließenden Alternativschulen Eingang fanden, war nicht erstaunlich. Man muß jedoch hervorheben, daß das keineswegs zu einer Sexualisierung der Schule geführt hat. Durch die Anerkennung kindlicher Sexualität wird deren Abspaltung von den übrigen libidinösen Ausdrucksformen aufgelockert und in gewissem Ausmaß zu einem selbstverständlichen Bestandteil des kindlichen Alltagslebens.

Zunächst ist hier an einen anthropologischen Grundtatbestand zu erinnern. Freud spricht vom »zweizeitigen Ansatz des Sexuallebens«, den es außer beim Menschen in der organischen Natur offenbar sonst nicht gibt. Die frühkindliche Sexualität geht ab einem bestimmten Alter verloren und fällt der infantilen Amnesie bis auf Reste zum Opfer. In der Latenzphase erscheint die Sexualität beim Kind gänzlich verschwunden. Freud hat die Vermutung, daß der Mensch von einem Säugetier abstammt, das mit fünf Jahren geschlechtsreif wurde. Dann muß es einen gewaltigen Bruch in der gattungsgeschichtlichen Entwicklung gegeben haben. »Irgendein großer äußerer Einfluß auf die Art hat dann die gradlinige Entwicklung der Sexualität gestört. Damit könnten andere Umwandlungen des Sexuallebens beim Menschen im Vergleich zum Tier zusammenhängen, etwa die Aufhebung der Periodizität der Libido und die Verwendung der Rolle der Menstruation in der Beziehung der Geschlechter.«[15]

Da die sexuelle Entwicklung des Kindes sich nicht geradlinig vollzieht und es ganz verschiedene Stufen gibt, auf denen Sexualität Hebel von Erziehung sein kann, wird die Erziehung in der oralen und analen Phase anders sein müssen als in der phallisch-sadistischen, von der Freud spricht. Und wiederum wird sie anders geartet sein in der Latenzphase und während der Pubertät.

Solange es Erziehung gibt, ist Sexualität für sie immer ein prekäres Problem gewesen. Wenigstens seit der griechischen Antike gibt es das Paar Erzieher/Zögling, das ein spezifisches Kampffeld zwischen Abgrenzung, Distanz und Nähe, die auch zu körperlicher Nähe wird, darstellt. Päderastie (Knabenliebe) und Pädagogik haben nicht nur dem Ursprungssinn des Wortes nach Ähnlichkeit. In den Platonischen Dialogen wird offen der Eros propagiert, wenn auch durch die bewußte Distanz des Sokrates die ursprünglich körperlich gemeinte Liebe in »Liebe zur Weisheit« (Philosophie) veredelt ist. Der Antike erscheint Erziehung weder ohne Liebe möglich noch durch die Praktizierung der Sexualität. In diesem Spannungsverhältnis bildet sich eine spezifische erotische Phantasie auf beiden Seiten, die aber durch vielfältige Verbote gebrochen wird.

Die Distanz, welche die bürgerliche Gesellschaft zwischen Erzieher und »Zögling« bewußt herstellt, wird durch eine verschärfte Kontrolle und Beobachtung des Zöglings erkauft. Am ausdrücklichsten hat Rousseau dieses Problem für die moderne Pädagogik formuliert. Er fordert vom Erzieher, den Zögling keinen Augenblick aus den Augen zu verlieren. Emil, die Hauptfigur seines Erziehungsromans, bedarf der fortwährenden schützenden Eingriffe des Erziehers, um nicht seiner eigenen schlechten Natur zu verfallen und um auf den Stand der wahren Natur, die im Grunde mit Vernunft identisch ist, gehoben zu werden. Das unter permanente Aufsicht gestellte Kind ist Beobachtungsobjekt in allen Regungen, die es zeigt. Immerhin ist Rousseau sich dieses Spannungsverhältnisses, in dem der Erzieher lebt, noch bewußt.

Die Institutionalisierung der Schule, ihre Eingliederung in die Staatsaufsicht, führt zwar nicht dazu, daß das Problem verschwindet, aber es wird nicht mehr thematisiert. René Schérer hat diese Veränderungen in den Beziehungen zwischen Sexualität und Erziehung nachgezeichnet.[16] Ihm zufolge haben zwar die moralischen und religiösen Sanktionen, die auf der Sexualität lasten, nachgelassen; Sexualität wird nicht mehr als etwas Sündhaftes, Unrechtes, Unsauberes angesehen. Aber die sogenannte Sexualaufklärung in der Schule und im Elternhaus steht doch weiterhin unter dem Zeichen von Verschiebungen und Scheinerklärungen. Von einer natürlichen Einstellung zur Sexualität sind die Menschen auch heute noch weit entfernt. Schérer schreibt: »Das Kind wird, dieser Umzäunung entsprechend, nur der trügerischen Sexualität der Familie entrissen, um der Desexualisation der Schule ausgeliefert zu werden. Diese tendiert heute darin, die Sexualität in sich aufzunehmen, allerdings ohne Zusammenhang, ohne rechtes Konzept und für das Kind auf jeden Fall falsch und verdächtig. Das Kind kann damit nichts anfangen, denn es bleibt noch immer das Objekt aufmerksamer Beobachtung, Abschirmung und des Studiums von Psychologen, Pädagogen und Psychiatern.«[17]

Wie sehr nun Sexualität auch aus puritanischen Verklemmungen befreit sein mag und in der Öffentlichkeit sichtbar geworden ist, wie sehr die fundamentale Bedeutung eines gesunden Sexuallebens für die Entwicklung des Menschen anerkannt wird: In Alternativschulen geht die Bedeutung der Sexualität keineswegs in einheitliche und bewußt umgesetzte Konzepte ein. Alternativschulen thematisieren in der einen oder anderen Form Sexualität und Erziehung, zum Beispiel durch Veränderung der Lehrerrollen oder durch die besondere Aufmerksamkeit auf die Entwicklung geschlechtsspezifischer Rollen der Kinder. Doch das Gewicht, das der Sexualität in Alternativprojekten zukommt, ist sehr unterschiedlich. Zwischen Summerhill und den Freinet-Klassen liegt ein außerordentlich breites Spektrum von Einstellungen zur Sexualität.

Theoretisch ist Summerhill, jedenfalls in den Äußerungen seines Gründers und Leiters Neill, am aufgeschlossensten und radikalsten. Aber gerade am Beispiel Summerhill zeigt sich, daß überall dort, wo Erwachsene Sexualität als etwas Natürliches betrachten, über das man mit Kindern ohne Geheimnistuerei und ohne Verdrehungen redet, Sexualität in den Gesprächen und Phantasien an Bedeutung abnimmt. Die Kinder sehen unter diesen Bedingungen viel leichter ein, daß die Schule bestimmten Scham- und Peinlichkeitsschwellen unterliegt, und sie akzeptieren diese Grenzen, zum Beispiel wenn ihnen klargemacht wird, daß Nacktheit nichts Schlechtes oder Böses ist, daß sich aber manche anderen Leute daran stören. Die Normalisierung der Einstellung zur Sexualität, wie sie in einer Reihe von Alternativschulen stattfindet, führt nicht, wie manche Vorurteile unterstellen, zu einem perversen Ausleben sexueller Wünsche, sondern dazu, daß sexuelle Probleme in den Normalarbeitstag der Schule völlig integriert sind. Nur unterdrückte Sexualität eignet sich in besonderer Weise zu einem Herrschaftsmittel auch in Erziehungsprozessen.

Diese These wird durch neuere Untersuchungen von Michel Foucault gestützt. Er hat sich entschieden gegen alle Auffassungen gewandt, welche Befreiung von Herrschaft durch Befreiung der Sexualität erhoffen. Befreiung in diesem Sinne bedeutet Normalisierung und damit Verlust ihrer Eigenbedeutung. Die Sexualität ist nach Foucault nämlich zu keinem Zeitpunkt – auch nicht durch Puritanismus, Viktorianismus, Entsublimierung, Sublimierung – verkümmert gewesen, sondern die scheinbare Unterdrückung sei das stärkste Machtmittel ihrer Heraushebung und Überschätzung. Sexualität transportiere wie keine andere Agentur mikrostrukturelle Herrschaft. Herrschaft setzt die Überschätzung der Sexualität voraus. Sie könne mit sachlichen, das heißt menschlichen Menschen nicht dauerhaft umgehen.

Untersuchen wir zum Beispiel die Wechselwirkungen von Sexualdisposition – das heißt der Verfügbarkeit der Sexualitätsanlage – und Erziehungschancen an einzelnen Organen, so erhält Foucaults These starke Plausibilität. Michael Balint zählt auf: Herzarbeit – Atmen – Muskelaktion – Verdauungs- und Urethralregion – Hände – Genitale. Diese Reihung von Organtätigkeiten weist eine zunehmende sexuelle Besetzung auf. Wird Sexualität ganz auf das Genitalprinzip geschoben, so werden hier Triebenergien gewissermaßen verdichtet und von den anderen Organen abgezogen. In unserer Kultur erweist sich das Herz als Sexualapparat weniger spezialisiert als der Atem, dieser weniger als die Erotik der Muskelbewegung, diese weniger sexualisiert als die Analität, diese weniger vieldeutig sexuell als die Hand, diese ähnlich besetzt, aber weniger spezialisiert als die Genitale. Balint vergleicht die Erziehbarkeit der jeweiligen Organe: »Herztätigkeit wird meines Erachtens nirgends erzogen.«[18]

Die Art und Weise, wie in Liebesliedern das Herz besungen wird, erweckt den Eindruck, als befinde sich das Herz geradezu im Zentrum der Sexualdisposition. Aber man darf hier die symbolische nicht mit der organischen Bedeutung verwechseln. Für das Atmen gibt es im Jogakult oder in Taucherschulen Erziehung. Stärker ist wiederum der erzieherische Anknüpfungspunkt bei allen Muskelaktionen. An jede libidinös umfassende Bewegungsmöglichkeit läßt sich ein erzieherischer Hinweis, eine Selektion anhängen, solange wie Gehen, Stehen, Sitzen noch nicht vollständig erlernt sind und zu den normalen Muskeltätigkeiten gehören. Und in diesen Lernprozeß wird auch das Festhalten, Wahrnehmen, Berühren wahlweise einbezogen. Wiederum deutlich ist der kulturelle erzieherische Angriff, der sich auf die Beherrschung des Verdauungstraktes richtet. Mit ihm werden ja schon in früher Kindheit Disziplin und körperliche Selbstkontrolle eingeübt und damit häufig auch für ganze gesellschaftliche Perioden Erziehungskatastrophen angerichtet, die nur möglich sind, weil ihnen formbare sexuelle Energien aus der Besetzung dieser erogenen Zonen erwachsen.

Entsprechend verliert in Alternativschulen die nicht aus dem Schulleben der Kinder verdrängte Sexualität völlig ihre herausragende Bedeutung gegenüber vielen anderen Realisierungsweisen des Lustprinzips. Die vorher auf wenige Punkte konzentrierten und darin gestauten Energien verteilen sich auf Betätigungsweisen des ganzen Körpers. Erziehung mag damit ein wesentliches Herrschaftsmittel aufgeben, aber für die Persönlichkeitsentwicklung des Kindes ist es doch von maßgeblicher Bedeutung, daß damit auch eine Reihe von Störungen, die bei der Herausbildung von Geschlechtsidentität entstehen können, vermieden werden.

Dennoch haben Kinder in der Latenzphase oder auch in der Pubertät nach wie vor entscheidende Probleme mit ihrer Geschlechtsrolle, was insbesondere auch in der Glocksee-Schule untersucht wurde. Da die Glocksee-Kinder, jedenfalls in der ersten Phase, hauptsächlich aus Kinderläden kamen, waren jene Probleme, mit denen Neill zu kämpfen hatte, also die Folge von Onanie, von sexueller Aufklärung, in der Schule selbst nicht mehr so bedeutsam. Die Fragen konzentrierten sich mehr auf die Ausbildung von männlicher und weiblicher Geschlechtsrolle. Aber auch hier ging es vor allem darum, die Prozesse nicht durch permanenten Eingriff zu lenken, sondern den Kindern Hilfestellungen zu geben, ihre Entwicklung mit ihnen und den Eltern zu diskutieren, also Bedingungen dafür zu schaffen, daß die Kinder im Kontakt untereinander Probleme selbst lösen oder wenigstens Lösungsvorschläge machen konnten.

Die Emanzipation der Sexualität ist ohne Emanzipation der Sinne und der Aufhebung der arbeitsteiligen Hierarchien, die Resultat der ungleichgewichtigen Entwicklung der Sinne sind, kaum denkbar. Dies ist ein wesentliches Prinzip der Alternativpädagogik, auch wenn sie sich der begrenzten Wirksamkeit innerhalb einer unveränderten Gesamtgesellschaft sehr wohl bewußt ist.

Die Situation hat sich freilich noch einmal verdreht; auch die Nichtunterdrückung von Sexualität führt nicht selbstverständlich zur Aufhebung von Herrschaft der Menschen über Menschen. Die kulturelle Erosionskrise scheint auch in diese Intimbereiche einzudringen und manches buchstäblich auf den Kopf zu stellen, was vorher in den Sinnen lokalisiert war.»Aus dem revolutionären Eros, ist, etwas zu modern gesagt, lean sex geworden: selbstdiszipliniert und selbstoptimiert. Love Parades sind folglich der Inbegriff der Neosexualität. Werktags wird sauber und korrekt funktioniert, am Wochenende aber wird eine Techno-Sau durch den Tiergarten getrieben, die nur noch von ferne an die Verheißungen und Risiken des Gartens der Lüste erinnert.«[19] In der Diffusion libidinöser Energien, die weder privaten noch öffentlichen Ausdruck finden, liegt ein gefährliches Potential gesellschaftlicher Gewalt.

5. Zuverlässigkeit als pädagogisches Arbeitsprinzip oder die angstfreie Schule

Zuverlässigkeit wird nicht durch Beteuerungen und Versprechungen, sondern allein durch sinnliche Evidenz hergestellt. Was für die gattungsgeschichtliche Entwicklung gilt, wiederholt sich in der Individualgeschichte: Erst die Entlassung aus dem Angstklammern setzt die Hand, den Kopf und die Sinne zur Arbeit und zum Handeln frei; sich fallen lassen zu können, ohne in den Abgrund zu stürzen, erzeugt Glaubwürdigkeit selbst für die, die davon gar nicht betroffen sind.

Arbeitsgegenstand in den Beziehungsverhältnissen ist Verläßlichkeit. Soweit mit Gütern und Dingen umgegangen wird, sind sie Medien der Beziehung und nicht Produkt. Produkt des Arbeitsprozesses ist das Beziehungsverhältnis, und Beziehungsarbeit ist in dieser Hinsicht Naturalwirtschaft. Es geht um Unmittelbarkeit als Besitz, Mitteilbarkeit als Vergewisserung, daß diese mittelbaren Beziehungen (zum Beispiel eine Erinnerung, eine Phantasievorstellung, eine Norm) für mich nicht gleichgültig sind und eine wirkliche Verbindung herstellen. Eine solche Naturalform des Verkehrs ist empfindlich und äußerst störanfällig.

Die Herstellung von Trennschärfe und Zusammenhang, das heißt nichts anderes als Zuverlässigkeit, ist dabei Ziel der Produktion. Das, was in der Sozialisation den Zeitrhythmus der Zuverlässigkeit bezeichnet, kehrt in der Geschichte wieder als Bedürfnis nach Wiedererkennung des eigenen Werts in den Formen von Treueverhältnissen. Enttäuschung im Beziehungsbereich, Mangel an Zuverlässigkeiten, führt zu einem verschobenen Bedürfnis – dem nach Wiedererkennung von Treueverhältnissen in der Gesellschaft. Am Ende ist es die große Führerpersönlichkeit, die diese Treue verspricht. Enttäuschung an diesen gesellschaftlichen Treueverhältnissen verschiebt umgekehrt die Hoffnungsarbeit auf die Beziehungsparzelle, die allerdings nichts von dem erfüllen kann, was von den in der Gesellschaft angesammelten Bedürfnissen auf sie zukommt.

In einem solchen Zeitrhythmus an Zuverlässigkeit wachsen zum Beispiel Kinder auf. Die Grundform dieser Zeitgestalt ist die Schwangerschaft und die nach der Geburt eintretende Symbiose des Kindes zunächst mit der Mutter, dann auch anderen verläßlichen Bezugspersonen. Alle Defizite in einer Liebesgeschichte lassen sich in solchen Zeiten und ihrer Unterbrechung messen. Es geht um die Zeit, in der einer ausreden kann, um Zeit, die einer verliert; ohne sie entsteht keine Beziehung. Die Zerstückelung von Arbeits- und Freizeit im Industriebetrieb ist das Gegenbild zur intakten Beziehungsarbeit, die Lebenszusammenhang erzeugt.

Wenn ich sage, daß Zeit selbst, also ein Rhythmus, etwas erzeugt, so bedeutet das bereits, daß es nicht um leere Zeit geht. Vielmehr handelt es sich um die Form, in der sich lebendige Arbeitskraft bei der Herstellung von Beziehungen verwirklicht. Rhythmus und Zeitgestalt, in der so miteinander verknüpfte Beziehungen erprobt werden – oder aber in Brüchen und Trennungskatastrophen enden und sich in neue Beziehungsversuche umsetzen –, prägen vermutlich Rhythmus und Zeitgestalt aller kommenden Beziehungsverhältnisse. Man prüfe das an der eigenen Lebensgeschichte, bei den Arbeitsvermögen, die sich in der Beziehungsarbeit vergegenständlichen: sachlich sein, Neugierde, Vertrautheit herstellen, sich zuwenden, sich wegwenden, Gefühle konzentrieren, lieben, hassen, Freude, Trauer, Gefühle in der Zerstreuung belassen, entspannen, einschlafen, die Ausbildung der Sicherungsrituale, die das Einschlafen oder ruhiges Essen oder Hautberührung erlauben. Sich-trennen-können, sich-binden-können, weggehen, nach Hause kommen usw.

Die Ausbildung jeder dieser Eigenschaften setzt eine damit in Zusammenhang stehende Entfaltung paralleler Eigenschaften voraus; jede dieser Entfaltungen setzt wiederum einen bestimmten Rest an Urvertrauen voraus, was zunächst nichts anderes ist als die intime Kenntnis von Zuverlässigkeit, die ich auf die Herstellung und zeitliche Struktur neuartiger Situationen übertrage.

Zuverlässigkeit ist eine der komplexesten und kompliziertesten Voraussetzungen für pädagogische Arbeit und nicht nur für diese. Sie bestimmt wesentlich die Kontinuität und Intensität des Lernens von Kindern und Jugendlichen. Die Kontinuität mag für Regelschulen kein großes Problem sein, weil der Zwang, an vorgegebenen Angeboten teilzunehmen und sich zu einer gegebenen Zeit in bestimmten Räumen aufzuhalten, eindeutig den äußeren Rahmen definiert, in dem sich die Kinder bewegen können und sollen. Dort aber, wo dieser Zwang nicht besteht, Zuverlässigkeit herzustellen setzt ein viel umsichtigeres Verhalten der Lehrer voraus.

Unter der Hand habe ich die Worte Zuverlässigkeit und Vertrauen praktisch im gleichen Sinne verwendet. Glaubwürdigkeit wäre dem als Bedeutungsvariante beizufügen. Trotzdem scheint es einige Unterschiede zwischen den Begriffen zu geben, die für die pädagogische Arbeit wichtig sind. Spricht man von der Zuverlässigkeit oder der Verläßlichkeit eines Menschen, so ist damit offenbar gemeint, daß ihn eine Charaktereigenschaft dieser Art auszeichnet. Ich kann mich auf einen Menschen verlassen, ist gleichbedeutend mit der Überzeugung: Ich kann weggehen und wiederkehren, ohne befürchten zu müssen, einen ganz anderen vorzufinden. Er muß nicht unbedingt von sich aus etwas für mich tun, aber wenn ich ihn brauche, ist er da, wo ich ihn vermute, und er tut das, was ich von ihm erwarte. Diese Einstellung unterscheidet sich von der bloß subjektiven Hoffnung, daß der andere sich in bestimmten Situationen so und so verhalten möge. Verläßlichkeit und Zuverlässigkeit sind Einstellungen, die Trennungen und Entfernungen ermöglichen, ohne daß das Gefühl des Verlassenseins, des Alleingelassenwerdens auftreten würde. Zuverlässigkeit bewährt sich in sinnlichen Handlungen und häufig auch in sinnlicher Präsenz.

Der Begriff des Vertrauens bezieht sich dagegen eher auf ein Verhältnis zu anderen Menschen und zu Vorgängen, von denen ich annehme, daß sie meinen eigenen Interessen und Bedürfnissen nicht widersprechen. Ich vertraue einem Menschen, daß er meine Interessen mitvertritt, daß er stellvertretend für mich handelt und mich damit von eigenen Überlegungen und Entscheidungsschwierigkeiten entlastet.

Je unübersichtlicher und fremder Situationen sind, die vom einzelnen sehr viel an Wissen und Entscheidung abfordern, desto eher ist er geneigt, zu personalisieren, das heißt einzelnen Personen, zu denen er Vertrauen hat, eine Globalvollmacht zu erteilen. Niklas Luhmann hat Vertrauen als eine zentrale Form der Reduktion, der Vereinfachung komplexer sozialer Verhältnisse bezeichnet. Vertrauen ist ihm zufolge eine »riskante Vorleistung«. Die Komplexreduktion erfolgt durch die Übersetzung äußerer Sicherheit, die ja sinnlich nicht in jedem Augenblick überprüft werden kann, in innere Sicherheit. Diese innere Sicherheit kann bis zu einem bestimmten Grade von den betreffenden Personen auch enttäuscht werden, hält sich aber, weil sie stärker durch Generalisierung einzelner Merkmale bestimmt ist, häufig sehr viel länger, als die erfahrenen Enttäuschungen nahelegen würden. Ausnahmen und Interpretationsmöglichkeiten sind im Vertrauensverhältnis wesentlich größer als bei einer Beziehung, die man mit Zuverlässigkeit verknüpft. Das läßt sich sehr leicht nachprüfen, wenn man beide Begriffe auf politische Verhältnisse anwendet. Es ist immer wieder erstaunlich, wie lange Vertrauensverhältnisse gegenüber politischen Repräsentanten bestehen, die Wähler enttäuscht haben.

Unter schulischen Bedingungen ist Vertrauen ein sehr schwieriges und zerbrechliches Verhältnis. Wo Lehrer mit Vertrauensappellen arbeiten, sind meist auch die Schuldgefühle nicht weit entfernt, auf die im Falle von Enttäuschungen nachdrücklich verwiesen wird. Zuverlässigkeit bezeichnet dagegen eher ein Beziehungsverhältnis, das dem Urvertrauen nahe kommt und an äußerliche Handlungen geknüpft ist.

Aus Summerhill gibt es ein Beispiel, an dem erkennbar wird, welche Bedeutung eine solche Zuverlässigkeit für den pädagogischen Alltag haben kann. Da in dieser Schule die Kinder nicht gezwungen sind, an Angeboten regelmäßig teilzunehmen oder sich für eine bestimmte Art von Angebot zu entscheiden, ist es nie gesichert, daß ein Lehrer für ein bestimmtes Angebot genügend Interessenten findet. Man hat in Summerhill aber festgelegt, daß sich der Lehrer zu einer bestimmten Zeit und in einem dafür vorgesehenen Raum aufhält und sich für ein klar umschriebenes Unterrichtsangebot bereithält.

Es kam nun hin und wieder vor, daß sich für ein solches Angebot überhaupt kein Schüler interessierte, jedenfalls für einige Zeit nicht. Der Lehrer hätte daraus die Konsequenz ziehen und den Raum verlassen können. Statt dessen blieb er jedoch in dem Raum, hatte das Angebot vorbereitet, beschäftigte sich während der Zeit, in der keine Schüler da waren, mit anderen Dingen, war aber jederzeit fähig und bereit, den Unterricht aufzunehmen, wenn ein Schüler kam. Die Schüler wußten, daß sie den betreffenden Lehrer hier finden. Das hat sich in der Tat als sehr produktiv erwiesen, denn die Gewißheit, daß sie hier einen Lehrer antreffen können, hat schließlich viele veranlaßt, ohne äußeren Zwang sein Angebot in Anspruch zu nehmen oder ihm wenigstens Fragen zu stellen. Hätte er den Raum einfach verlassen, wäre diese Grundzuverlässigkeit gestört gewesen, und zwar ein für allemal.

Ähnliche Erfahrungen gibt es in anderen Alternativschulen. Wer die Arbeit an einem Projekt von der Zahl der teilnehmenden Kinder oder vom kontinuierlichen Dabeibleiben abhängig macht, erzeugt sehr schnell angepaßtes Verhalten, das von der inneren Motivation nicht gedeckt ist. Wichtig hierbei ist vor allem die physische Präsenz. Natürlich hätten die Kinder auch die Möglichkeit gehabt, den Lehrer aus dem Lehrerzimmer zu holen, wenn sie ein Angebot haben wollen. Das wäre aber etwas ganz anderes gewesen. Die Erklärung, ich bin doch jederzeit für euch da, reicht nicht aus und ist in der Regel auch eine Lüge zur Beruhigung der Kinder. Zuverlässigkeit ist nur durch sinnliche Evidenz beweisbar.

Wenn in der pädagogischen Öffentlichkeit von einer Schulkrise gesprochen wird, dann fallen immer auch Worte wie Schulmüdigkeit, Schulangst, Schulverweigerung, Schulstreß, Schulversagen, zunehmende Aggression der Kinder gegen Lehrer, untereinander und gegen Dinge. So wenig nun diese Tatbestände zu bezweifeln sind und so plausibel auch die Erklärungen sein mögen, über das bloße Bedauern geht es häufig nicht hinaus. Man verweist auf die Ursachen, kann sich unter den gegenwärtigen Verhältnissen aber nur schwer Lösungen vorstellen.

Als der Schulversuch Glocksee gegründet wurde, bestand der offizielle Versuchsauftrag darin, die Beziehungen zwischen Selbstregulierung, Lernmotivation und Aggression zu erforschen. Wir gingen davon aus, daß Aggressionen häufig Abreaktion von Ängsten und Versagungen sind, die in der Regelschule meist nicht zur Kenntnis genommen und deshalb auch nicht bearbeitet werden können. Tatsächlich stand, wenn ich auf die ersten Jahre des Schulversuchs zurückblicke, die Aggressionsfrage im Mittelpunkt aller Diskussionen. Nach unserem Konzept waren wir der Überzeugung, daß man auf aggressive Kinder nicht, wie es sonst üblich ist, mit abgestuften Strafen reagieren kann. Wenn Aggressionen ihre Ursachen im psychodynamischen Haushalt eines Kindes oder Jugendlichen haben und wenn sie eine Reaktion auf vielfältige Frustrationen sind, dann wird man sie nicht dadurch bekämpfen, daß man sie unterdrückt, sondern daß sie in ihrer jeweiligen Funktion für die Erwachsenen und für die Kinder selbst erkennbar und produktiv bearbeitbar werden.

Eine solche Auffassung stieß auf viele Vorbehalte der Eltern. Sie stellten sich immer wieder die Frage, wie kann mein Kind, das Aggressionen auf sich lenkt, vor der Gewalt der anderen geschützt werden. Die merkwürdige Erfahrung, die wir im Schulversuch machten, war nun, daß in der ersten Phase zwar vieles chaotisch und in einem relativ aggressiven

Klima verlief, daß es aber kaum wirkliche Verletzungen der Kinder gab. Die besonders aggressiven Kinder gefielen sich, als sie merkten, daß sie kaum drakonische Strafen zu erwarten hatten, in zunehmend martialischen Drohgebärden. Doch mit der Kenntnis, die die Lehrer von den einzelnen Kindern gewannen, bildete sich allmählich eine gewisse Sicherheit aus, Drohgebärden von wirklichen Gefährdungen zu unterscheiden. Häufig dienten die Drohgebärden Kindern, die Schwierigkeiten hatten, auf andere Weise Kontakt aufzunehmen, als einzige Möglichkeit, Aufmerksamkeit zu erregen. Es war ein Versuch, durch Anrempeln oder Stören der Tätigkeit anderer die eigene Isolierung zu durchbrechen. Das freigesetzte Aggressionsklima stellte zunächst an die Erwachsenen erhebliche Anforderungen, unter anderem auch, sich der Provokation, die in solchen aggressiven Akten lag, nicht zu fügen, also anders zu reagieren, als diese Kinder es von ihren Eltern und von der Straße her gewohnt waren. Bei jeder Neueinschulung wiederholen sich die Aggressionsprobleme und die entsprechenden Diskussionen mit den Eltern.

Insbesondere ein Grundsatz löste immer wieder kontroverse Diskussionen aus: nämlich die Auffassung, daß das aggressive Kind mehr emotionale Unterstützung, mehr Zuverlässigkeit benötige als das Aggressionsopfer. Zunächst schien es, daß die sogenannten stillen Kinder, die durch ihre Demutsgebärden Aggressionen in besonderer Weise auf sich lenkten, umfassend und regelmäßig geschützt werden müssen. Wir konnten aber im Laufe des Schulversuchs feststellen, daß dieser Erwachsenenschutz, der ja ohnehin nicht lückenlos sein kann, im Grunde beim aggressiven Kind überhaupt keine Verhaltensänderung bewirkt. Werden Aggressionsakte fortlaufend durch Erwachsene reguliert, kann das aggressive Kind keine Erfahrung mit dem Angegriffenen machen. So zeigte sich allmählich, daß Aggressionen zwischen Kindern und gegenüber den Lehrern am besten dadurch abgebaut werden konnten, daß das aggressive Kind mit seinen Problemen nicht alleingelassen wurde.

Nach einiger Zeit kehrten sich die Probleme um. Die Kinder, die mit Aggressionen begonnen hatten, entwickelten sehr schnell ihre Aktivitäten, und die stillen, angepaßten und folgsamen Kinder wurden zu den eigentlichen Problemkindern, weil sie Schwierigkeiten hatten, ihre Gefühle auszudrücken. Natürlich war das nicht in allen Fällen so. Es gab aggressive Kinder, deren Probleme auch durch diesen Schulversuch nicht gelöst werden konnten. Selbst größte Aufmerksamkeit und Zuneigung waren nicht imstande, die emotionalen Knoten zu lösen, die sich in der Primärsozialisation der Familien gebildet hatten.

Aber auch in diesen Fällen erwies es sich als nützlich, in einer sehr engen Kooperation mit den Eltern deutlich zu machen, daß nicht das freie Klima der Schule für diese Aggressionen verantwortlich ist, sondern umgekehrt: Das freie Klima bringt verdrängte Aggressionen überhaupt erst zum Ausdruck und setzt dadurch verschobene Energien frei. Manche Eltern haben aus dieser Erkenntnis die Konsequenz gezogen, ihr Kind abzumelden, weil sie den bewußt gemachten Widerspruch zwischen Schule und Elternhaus nicht aushalten konnten, oder haben ihr Kind in Einzeltherapie gegeben.

Man wundert sich heutzutage häufig, daß kindliche Aggressionen selbst in Schulen verbreitet sind, in denen relativ liberale und verständnisvolle Lehrer unterrichten. Nun bestehen zwischen verschiedenen Formen von Angst fundamentale Unterschiede. Realangst bezieht sich auf tatsächliche einzelne Bedrohungen, die von der Realität ausgehen. Aber es gibt nach Freud zugleich eine Angst, die durch ängstliche Kontrolle über die eigenen Triebkräfte ausgelöst wird. Um die Triebkräfte unterhalb der Schwelle ihres bewußten Ausdrucks zu halten, wird Energie verzehrt.

Alles, was ich vorhin an Symptomen der Schulmisere angeführt habe – Schulangst, Streß usw. –, deutet eher auf Ängste dieser diffusen Art. Schulangst entsteht ja nicht dadurch, daß Kinder sich von einzelnen Lehrern bedroht fühlen, sondern von der ganzen Institution, vom permanenten Leistungsdruck, der darin herrscht, der Unwirtlichkeit der ganzen Umgebung. Wenn sich Kinder in einer Lernumgebung unbehaglich fühlen, ohne genau zu wissen, worin das Unbehagen besteht, wenn sie keine selbstverständliche Anerkennung ihrer Probleme erfahren, sich in den ganzen Normen dieser Institution nicht wiedererkennen, dann entsteht unspezifische Angst. Es ist ein Angstklima, in das sehr wohl einzelne Realängste passen. Aber diese Realängste sind nicht alleine die Ursache der Krisensymptome.

Keine Schule, gleich welcher Art, kann den Anspruch erheben, alle diese Ängste zu beseitigen. Der erste Schritt zu einem angstfreien Klima besteht vielmehr darin, daß diese Ängste geäußert werden können, ohne sogleich auf Strafsanktionen zu stoßen. Denn die Strafrituale der Schule drängen die aus den Familien und der Gesellschaft kommenden Ängste immer wieder in den alten Zustand der Nichtbearbeitung zurück. Werden aber Aggressionen nicht in einer öffentlich anerkannten Form ausgetragen, so daß sie auch zur Erweiterung der Kommunikationsbeziehung zwischen den Kindern und mit den Erwachsenen führen können, dann werden sie in den Untergrund gedrängt und verlieren in gewissem Maße die Rationalität ihres Ausdrucks. Es ist dann gleichgültig, ob die gestauten Frustrationen an Gegenständen, Lehrern oder an anderen Schülern abreagiert werden, es hängt von der jeweiligen Situation ab, welchen Weg sie nehmen.

Nun ist die Strafsanktion in einer Zeit relativer Liberalität nicht auf manifeste Gewalteingriffe der Erwachsenen zu beschränken. Wie ich bereits erwähnte, drücken liberale Lehrer häufig ihre Aggressionen gegen Kinder nicht direkt aus, sondern operieren mit den Schuldgefühlen der Kinder. Sie geben einzelnen Kindern zu erkennen, daß sie von ihnen enttäuscht sind und daß sie sich von ihrem Verhalten etwas anderes erwartet hatten. Dieses Operieren mit Schuldgefühlen ist eine sehr gefährliche Strategie. Es führt nicht zum Austragen der Proteste und Widerstände, sondern zur Selbstanklage und am Ende sogar zur Entwicklung von Strafbedürfnissen, die nur dadurch befriedigt werden können, daß aggressive Akte wiederholt werden.

Da der größte Teil der Aggressionen aus Angstreaktionen besteht (man spricht in diesem Zusammenhang auch von einem Angstbeißen), sind drakonische Strafen die ungeeignetsten Mittel, Aggressionen zu beseitigen. Aggression und Strafe bilden einen Teufelskreis, aus dem es kein Entrinnen gibt. Aber auch die verinnerlichten Strafen brechen diesen Kreis nicht wirklich. Das Operieren mit Schuldgefühlen bedeutet, daß Kinder abhängig bleiben und nie dazu kommen, in autonomer Selbstbestimmung Verantwortung für sich und die anderen zu übernehmen.

Was wir unter Strafe verstehen, kann auch in Alternativschulen nicht vollständig vermieden werden. Es ist freilich ein Unterschied, ob Verletzungen von Regeln, die sich die Kinder selbst geben, Strafsanktionen zur Folge haben, oder ob diese Strafe von außen kommt. Dabei ist noch nicht einmal entscheidend, wie hoch das Strafmaß für eine Regelverletzung ist. Strafen, die Kinder über ihresgleichen aussprechen, sind keineswegs milder als die der Erwachsenen. Man kann sogar von einem spezifischen moralischen Rigorismus der Kinder sprechen. Alles hängt von der Qualität der Strafe ab und von der Form, in der sie vom betroffenen Kind akzeptiert wird. Strafe bemißt sich in Alternativschulen in der Regel am Ausmaß des Schadens, der der Gemeinschaft der Kinder oder einzelnen zugefügt wurde. Also muß der Schaden wiedergutgemacht werden. Das betrifft nicht nur Diebstahl gegenüber einzelnen Kindern, sondern auch den materiellen Schaden, der der Schule zugefügt wird.

Ich muß hier noch einmal hervorheben, daß der Umgang mit Aggression abhängig ist von dem Begriff, den man sich von der Aggression macht. Ist Aggression Produkt von Angst und Frustration, von Triebunterdrückung, dann kann man auf sie nicht reagieren, als wäre sie das eigens ausgedachte Produkt einer bösen Gesinnung oder von Neigungen zur Gewalttätigkeit. Haben Aggressionen Ursachen im Gesamthaushalt des Kindes, dann müssen diese Ursachen bearbeitet werden. Eine Schule, die sich gesellschaftlichen Problemen öffnet, bietet vielleicht die wirksamste und letzte Möglichkeit in einer Lebensgeschichte, Aggressionen zu bearbeiten und den fatalen Kreislauf von Gewalt und Strafe zu durchbrechen.

6. Zur Neuformulierung des Generationenvertrages

Das Generationenverhältnis mit seinen Verpflichtungen und Rechten ist heute viel unübersichtlicher und komplexer als früher. Weder strahlt, wie noch in einer »Kindheit um 1900«[20], die alte Generation mit ihren Regeln und Normen selbstverständliche Autorität aus, noch macht sie Anstrengungen, der neuen Generation die Welt von morgen zu entwerfen. Die Maßverhältnisse sind zwischen den Generationen verlorengegangen: Eltern verhalten sich wie Kinder; Kinder, im Simulationszustand von Erwachsenen, sind von Dingen überfordert, die sie unter keinen Umständen bewältigen können.

Strukturen werden weder von Eltern noch von Schulen vermittelt, aber es wird so getan, als wüßte man, was und wie es zu vermitteln sei, und diese Scheinsicherheit wird von der jüngeren Generation auf allen Ebenen als Täuschung durchschaut. Der Bedarf an gesellschaftlicher Reflexion ist heute viel höher, was die Elterngeneration vor andere Anforderungen stellt. Mangelndes Wissen führt zu einem schlechten Gewissen, und so entstehen in Lern- und Erziehungsprozessen Blockierungen eigener Art, nämlich ein um sich greifender Verzehr von emotionalen und intellektuellen Energien durch Schuldgefühle der Erwachsenen. Sie sind so sehr bemüht, den kindlichen Bedürfnissen entgegenzukommen, daß sie am Ende selbst die eigenen Ansprüche des Erwachsenenlebens verneinen, aber sie haben gleichzeitig das bedrückende Gefühl, nicht genug getan zu haben.

Diese neue Form des Generationskonflikts läßt sich am Autoritätsproblem erörtern. Wo Autoritätsbeziehungen gleichzeitig reiche Chancen für Identifikation bieten und Macht sich mit Liebe und Zuneigung der Kinder verbinden läßt, ist die Übertragung der eigenen Wertvorstellungen und Normen auf die neue Generation ebenso unproblematisch wie die schließlich einsetzende Abkopplung von den Erwachsenen durch einen in Eigentätigkeit übergehenden Protest. Der typische Autoritätskonflikt heutiger Gesellschaften besteht dagegen eher darin, daß das Balanceverhältnis zwischen Distanz und Nähe gestört ist. Die Abhängigen können sich von der Autorität weder eindeutig lösen noch sich mit ihr eindeutig identifizieren. In dieser Zwischenwelt entsteht Gaetano Benedetti zufolge eine Vielzahl neurotischer Autoritätskonflikte, weil Autoritätshaltungen in der Gesellschaft zwar ihren wesentlichen Gehalt verloren haben, jedoch nicht ihren Anspruch. »Solange eine Tradition in einer echten Weise verpflichtet, das heißt dem Einzelnen nicht bloß eine Pflicht auferlegt, sondern gleichzeitig in dieser Pflicht die Möglichkeit erschließt, an wesentlichen Werten teilzuhaben, ist deren Autorität sinnvoll. Sinnvoll war zum Beispiel die Autorität der patriarchalischen Familie in übersichtlichen, bäuerlichen und handwerklichen Lebensformen... Sinnvoll ist eine erzieherische Autorität, selbst nach der Auflösung der patriarchalischen Familien und nach dem Entstehen der kleinen, individualistischen Familie, solange die erzieherische Autorität in allererster Linie nicht die Ausübung der Macht sucht, sondern sich in der Liebe zu den Kindern zu eindeutigen Werten verpflichtet fühlt, welche von der Autoritätsperson selber in einer menschlichen und überzeugenden Weise vertreten werden können. Wird aber die Hauptsorge, daß das Kind etwas leiste, Karriere mache, Erfolg im Lebenswettkampf habe, oder werden in autoritärer Weise konventionelle Werte mitgeteilt, von deren Sinn und Wirken die erziehende Person im tiefsten Kerne selber entfremdet ist, oder sucht die Autorität ausübende Person in dieser ihrer Haltung oft unbewußt eine Bestätigung ihrer selbst, eine Sicherung des eigenen Selbstbewußtseins oder gar einen egozentrischen Genuß, oder gebärdet sich schließlich die erzieherische Instanz als einengende Autorität aus einer untergründigen Angst heraus: In allen diesen und vielen anderen Situationen verliert die Autoritätsgebärde ihren wesentlichen humanen Gehalt, jedoch nicht ihren Anspruch.«[21]

Es ist keine Frage, daß wir uns heute in einer Erosionskrise, in einem solchen Zustand gebrochener Autoritätsverhältnisse im Generationengefüge befinden. In diesem Klima wird aller Orten und in jeder Zeit Autorität beansprucht, aber sie wird nicht mehr lebendig gelebt. So hat sie ihre Glaubwürdigkeit verloren, und wo beanspruchte Autorität nicht durchgesetzt werden kann, kippt sie leicht in Gewaltverhältnisse um.

Benedetti zufolge entsprechen diesem Klima gebrochener Autorität neurotische Autoritätskonflikte als Krankheitssymptome. Die neurotische Ambivalenz im menschlichen Verhalten zur Autorität drückt sich darin aus, daß gegensätzliche Bestrebungen von verschiedenem Bewußtseinsgrad die Menschen bestimmen: Sie lehnen sich zum Beispiel gegen die Autorität auf, rebellieren dagegen, protestieren und schreien, verneinen also die Geltung und den Anspruch der Autorität, aber sie suchen gleichzeitig Chancen, sich mit dieser Autorität gutzustellen, sie suchen ihre Gunst. Diese Menschen wollen frei sein, aber sie fühlen sich in dieser Freiheit einsam, leer, verloren, vernachlässigt. Sie sind in ihrem ganzen Gefühl darauf gerichtet, die Enge dieser Form von Autorität zu bezeichnen und dagegen anzurennen. Entzieht sie sich aber diesem Protest, tritt sie zurück, entsteht ein unangenehmer Zustand der Haltlosigkeit. Sie schwelgen in Haßphantasien, die sich gegen die die Autorität personifizierenden Menschen richten, träumen jedoch insgeheim davon und sehnen sich danach, gerade von diesen Menschen geliebt und anerkannt zu werden. Dem entspricht auch das Streben nach Selbständigkeit, doch entsteht gerade in Bereichen, wo diese beginnende Selbständigkeit als Möglichkeit anzutreffen ist, ein eigentümliches Gefühl der Schuld.

Eindeutige Entscheidungen setzen die Einheit der Person voraus. Ist die Person in sich zerrissen, in zwei gleich leidenschaftlich ringende Teilpersönlichkeiten gespalten, dann wird fortwährend die eine Entscheidung durch die andere in Frage gestellt. Gaetano Benedetti faßt seine Analyse des Autoritätszerfalls, der dem sozialen Selbst den Mut zur lebendigen Erfahrung nimmt, so zusammen: »Eine Autorität, mit der sich die wachsende Seele des Kindes, des Jugendlichen, nicht identifizieren kann, an die sich der Geist, sich in ihr findend, nicht anlehnen kann, bleibt eine Äußerliche. Ein äußerlicher Anspruch, mit dem die junge Person in einem ewigen, bald offenen, bald geheimen und immer zermürbenden Gegensatz lebt, ein Anspruch also, der nie nach innen genommen, nie als eigenes, starkes Gewissen erfahren wird, schwächt den Charakter, anstatt ihn zu fordern, ihn in die eigene potentielle Stärke zu führen.«[22]

Neben der Ambivalenz ist der mangelnde Selbstausdruck Zeichen dieser sozialpsychologischen Neurosen. Fehlt in der persönlichen Lebensgeschichte die Selbstbestätigung in der Auseinandersetzung mit einer Autorität, die Selbsterfahrung im erfolgreichen Nein zu ihr, die Identitätsbildung im faktischen Suchen einer konstruktiven Opposition, dann findet die Rebellion keinen öffentlichen Ausdruck, sie schwelt im Innern und kann, je nach Situation, plötzlich in völlig unangemessenen Explosionen der Ungeduld und des Mißmutes ausbrechen.

Traditionelle Autoritätsverhältnisse lassen sich nicht einfach wiederherstellen: Gelebte Autorität in unserer Zeit hat ganz andere Voraussetzungen als die des achtzehnten und neunzehnten Jahrhunderts. Sie ist offener, reflektierender; sie muß überzeugen durch Kompetenz, durch ein hohes Maß an Wissen und die Bereitschaft, dieses Wissen in Wirklichkeit umzusetzen. Darin sieht Benedetti auch die Möglichkeit, die Distanz der Generationen wiederherzustellen, nicht im Sinne einer gefühlskalten Barriere, sondern um die wirklichen Anteile von Kindern und Jugendlichen auf der einen und der Erwachsenen auf der anderen Seite trennscharf zu halten.

Benedetti plädiert dafür, im Generationskonflikt Unterscheidungsvermögen zu entwickeln, um an der Generationengrenze gesellschaftliche und psychologische Arbeitsprozesse organisieren zu können: »Alle diese Phänomene lassen sich unter dem Begriff eines ›Verlustes der Generationengrenze‹ zusammenfassen. Die Generationengrenze ist die natürliche Distanz, welche zwischen Eltern und Kindern, mitten in einem innigen Verhältnis, herrschen soll. Die Eltern dürfen nicht ihre eigene Bedürftigkeit, geliebt und bestätigt zu werden, im Verhältnis zum Kinde unterbringen, weil dieses durch solche elterliche Ansprüche in seiner normalen Entwicklung gestört wird. Der neurotische Elternteil aber, der Erwachsene mit starken infantilen Tendenzen, neigt dazu, die Generationengrenze zu verletzen, weil er selber in manchen affektiven Bereichen ein Kind ist und somit dem Kinde nicht überlegen sein kann. Wir sehen also, daß das Autoritätsproblem sowohl nach oben wie auch nach unten gerichtet ist und daß infantile Eigenschaften sowohl die Beziehung zum oberen Pol, zum Vorgesetzten, wie auch zum unteren Pol, zum Kinde und zum Angestellten, stören.«[23]

Nicht nur die Verbindung der Generationen gehört zum Generationenverhältnis, sondern auch deren spezifische Trennung, damit jeder weiß, was er zu leisten vermag und was seine Aufgabe ist. Von der Tyrannei der Intimität hat Richard Sennett gesprochen; es ist lediglich die andere Seite der bürokratischen Kälte, von der die Menschen eingedeckt werden. Beides sind Abstraktionen, und in der Erziehung und im Lernen der Kinder wirken sich diese Abstraktionen als pädagogische Prinzipien ruinös aus.

Der Generationskonflikt existiert, seit es Erwachsene und Kinder gibt; wie er bearbeitet und bewältigt wird, hat jedoch eine genaue und unverwechselbare geschichtliche Färbung. Wer könnte treffsicher die folgende Äußerung datieren: »Ich selbst bin in letzter Zeit von so viel Eltern um Rat gefragt worden, die bekennen, daß sie nicht mehr wissen, wie sie ihre Kinder erziehen sollen; und die frühe Verderbnis der Jugend ist jetzt eine so allgemeine Klage geworden, daß es angebracht erscheint, diese Frage öffentlich zur Diskussion zu stellen und Vorschläge zur Besserung zu machen.«

Sind die Sätze 1917 geschrieben worden, als die ganze alte Welt von Erziehung zusammengebrochen war, oder nach der Französischen Revolution von 1789 oder aus der besorgten Sicht von Eltern des Jahres 1996? Wenn ich das heute ungebräuchliche Wort »Verderbnis« herausnehme, sind alle Datierungen möglich. Geschrieben wurde dieser Satz 1690 von dem englischen Philosophen John Locke, im Nebenberuf Privaterzieher.

In jeder Generation, die sich nicht ausdrücklich weigert, ein ihren objektiven Möglichkeiten und ihrem Können entsprechendes Maß an Lebensenergie, Sorgfalt und lebendiger Arbeitskraft auf die Zukunft zu lenken, existiert ein Grundvertrag besonderer Art, eine Verfassung, in der die einzelnen Subjekte, die empirisch miteinander nicht in Kontakt kommen müssen, bewußt oder unbewußt ihre Überlebensfähigkeit und ihre Zukunft beschließen. Der Vertragsinhalt, wenn man es denn so nennen darf, ist in der Regel sehr einfach: Wie soll die neue Generation ausgestattet werden, um sich fähig und imstande zu fühlen, die Welt der Erwachsenen entweder fortzuführen, zu erweitern, vielleicht in ihren Grundprinzipien zu befestigen oder, wenn die geschichtlichen Brüche kaum Alternativen im Bestehenden zulassen, eine neue Welt aufzubauen?

Die einzelnen Erwachsenen, die mit Kindern alltäglich zu tun haben, sind sich solcher Verträge nur selten bewußt, es sei denn, sie betreffen die Kontinuität des Eigentums in der unumgehbaren Erbfolge oder individuelle Testamente. In der ganzen Generation aber existieren durchaus Vorstellungen über einen solchen Grundvertrag, der Rechte und Pflichten der Kinder und Jugendlichen festlegt, und die verschiedenen kollektiven Rituale der menschlichen Reifung waren seit Generationen dazu angetan, die Zukunft der Kinder zu sichern. Bewußt haben über solche Verträge, die man Verfassungstexte im Generationenverhältnis nennen könnte, vor allem Philosophen und Pädagogen nachgedacht, doch auch Schriftsteller beschäftigen sich mit derartigen Überlegungen.

Zwei Extreme im Generationskonflikt zwischen Vater und Sohn sehe ich, wenn ich auf große literarische Beispiele zurückgehe, die selbstverständlich nie die prosaische Seite von Eltern-Kind-Konflikten widerspiegeln. Doch die folgenden Gedanken von Söhnen, die brieflich Mängel und Vorteile aufrechnen, sind für mich exemplarisch.

»Liebster Vater«, schreibt Franz Kafka, »Du hast mich letzthin einmal gefragt, warum ich behaupte, ich hätte Furcht vor Dir. Ich wußte Dir, wie gewöhnlich, nichts zu antworten, zum Teil eben aus der Furcht, die ich vor Dir habe, zum Teil deshalb, weil zur Begründung dieser Furcht zu viele Einzelheiten gehören, als daß ich sie im Reden halbwegs zusammenhalten könnte. Und wenn ich hier versuche, Dir schriftlich zu antworten, so wird es doch nur sehr unvollständig sein, weil auch im Schreiben die Furcht und ihre Folgen mich Dir gegenüber behindern und weil die Größe des Stoffs über mein Gedächtnis und meinen Verstand weit hinausgeht.«[24]

Ganz anders der Brief von Karl Marx vom 10. November 1837, der nichts Kränkendes für den Vater enthält. Der Bericht über die eigene Bildungsgeschichte schließt mit den Worten: »In der Hoffnung, daß nach und nach die Wolken sich verziehen, die um unsere Familie sich lagern, daß es mir selbst vergönnt sei, mit Euch zu leiden und zu weinen und vielleicht in Eurer Nähe den tiefen, innigen Anteil, die unermeßliche Liebe zu erweisen, die ich oft so schlecht nur auszudrücken vermag, in der Hoffnung, daß auch Du teurer ewig geliebter Vater, die vielfach hin und her geworfene Gestaltung meines Gemüts erwägend, verzeihst, wo oft das Herz geirrt zu haben scheint, während der kämpfende Geist es übertäubte, daß Du bald wieder ganz völlig hergestellt werdest, so daß ich selbst Dich an mein Herz pressen und mich ganz aussprechen kann – Dein Dich ewig liebender Sohn Karl.«

Sechzig Seiten lang ist Kafkas Brief, eine einzige den Vater anklagende Leidensgeschichte. Der verbitterte Sohn trägt schreibend einen Generationskonflikt aus, der völlig in die Innendimension der um Anerkennung kämpfenden Subjekte verlagert ist und zu einem unaufhebbaren, tödlichen Bruch geführt hat. Die atmosphärische Kälte dieses Generationskonflikts geht so weit, daß Kafka den Brief nicht abschickt, seinem Vater also selbst die Möglichkeit einer Antwort verweigert.

In Marx' Fall gewinnt man den Eindruck, daß alles erfüllt wurde, was ungeschriebene wie formal festgeschriebene Verträge über eine würdige

Staffettenübergabe zwischen den Generationen vorsehen, und daß Dankbarkeit über diese Vertragserfüllung herrscht. Von einem Eigentumsverhältnis zwischen mächtigem Vater und ohnmächtigem Sohn ist nichts zu spüren. Marx selbst hat diese Glückserfahrung eingebracht in die allgemeine Formulierung eines Generationenvertrages, der den pfleglichen Umgang zwischen den Generationen verknüpft mit der Art und Weise, wie sich die Menschen zu ihrer Naturgrundlage, der Erde, verhalten.

»Vom Standpunkt einer höheren ökonomischen Gesellschaftsformation wird das Privateigentum einzelner Individuen am Erdball ganz so abgeschmackt erscheinen, wie das Privateigentum eines Menschen an einem anderen Menschen. Selbst eine ganze Gesellschaft, eine Nation, ja alle gleichzeitigen Gesellschaften zusammengenommen, sind nicht Eigentümer der Erde. Sie sind nur ihre Besitzer, ihre Nutznießer, und haben sie als boni patres familias den nachfolgenden Generationen zu hinterlassen.«[25]

Was Marx hier sagt, ist für das Generationenverhältnis von ebensolchem Gewicht wie Kafkas Aufrechnungen von Schuld und Unglück, von Verantwortungslosigkeit und Besitzdenken, auch wenn solche Konflikte eher Öffentlichkeit gewinnen. Die Protestbewegung von '68 hat beide Ebenen miteinander zu verbinden versucht. Ihr Einklagen eigener Emanzipationswünsche geht einher mit politischer Gesellschaftskritik. In einem nachmetaphysischen Zeitalter, das immer weniger Traditionsprägungen kennt und sich auf keine gesicherten Ontologien oder Kosmologien rückbeziehen kann, muß der Generationenvertrag in einem hohen Maße bewußt gemacht werden, weil sich nichts mehr aus bloßen Überlieferungen und Konventionen ergibt. Die heutige Zivilisationsstruktur, vor allem die gewaltigen Zerstörungspotentiale (Waffen und industrieller Abfall), legen den Bewegungsspielraum der neuen Generation in ganz anderen Dimensionen fest als zur Zeit von Marx oder selbst von Kafka. Der Gattungsbezug, der immer im Generationenvertrag enthalten war, hat ein ganz anderes Maßverhältnis angenommen.

In der Natur gibt es solche »Verträge« nicht – Vogeleltern sorgen dafür, daß die dem Ei entschlüpften Lebewesen eine lebensfähige Ausstattung erhalten, und eines Tages werden sie zunächst versuchsweise von einem Ast zum nächstliegenden, aber unzweideutig aus dem Nest gestoßen. Andere Tiere beißen ihre Jungen aus der Brutstätte heraus, wenn sie den

Eindruck haben, daß sie lebensfähig sind. Die Natur fängt sie auf oder läßt sie fallen. Was »Lebensfähigkeit« bedeutet, entzieht sich den Einflußmöglichkeiten der Tiereltern.

Daß es bei Menschen nicht so ist, bedarf keiner besonderen Begründung. Gleichwohl werden Generationenbeziehungen überwiegend so genommen, als handle es sich um ein Naturverhältnis, in dem sich alles von selbst reguliere und planender Wille, das Abstecken von Zielen und Zwecken, verwerflich und schädlich ist.

Was heißt aber unter Menschen »lebensfähig«? Wie statten wir unsere Kinder aus, mit dem Schrott der Atomkraftwerke, der ihr waches Leben bestimmen wird, fertig zu werden? Wie werden sie mit dem Bewußtseinsabfall der Medien, mit Kultur- und Unterhaltungsindustrie zurechtkommen? Gewiß, gemessen an den für viele Jahrhunderte sich abzeichnenden Gefahren der Klimaveränderung, der Zerstörung der Tierwelt, der Strahlengesellschaft des Atomabfalls, überhaupt den der Natur irreparabel zugefügten Wunden, erscheint das, was man als die Verschleuderung der Bewußtseins- und Denkmöglichkeiten bezeichnen könnte, fast als belangloses Anhängsel. Aber in alledem steckt die Frage: Welche Gesellschaft hinterlassen wir unseren Kindern? Ist es eine lebenswerte, zukunftsgerichtete Gesellschaft? Oder ist sie mit Zeitbomben bestückt, bietet aber eine glitzernde Fassade an, die uns nicht nur über drohendes Unheil hinwegtröstet, sondern auch die lebendige Arbeitskraft davon abhält, in den Bereichen unterschlagener Wirklichkeit tätig zu werden?

Wo immer wir von Pädagogik reden, von Erziehung, Lernen und Schule muß heute diese Frage das organisierende Zentrum bilden. Wenn wir Eltern direkt befragen, werden wir prompte Antworten bekommen. Für seine eigenen Kinder würde jeder doch sehr viel einsetzen, notfalls sogar sein Leben – aber auch im Kollektiv? Dazu bedarf es einer gesonderten Vereinbarung, eines Urvertrages. Es ist ein Vertrag eigener Art, in der praktischen Vernunft ebenso begründet wie in der Erfahrung. Sollte es ihn nicht geben, so müßte er konstruiert werden. Denn im Generationenvertrag schließen sich Vergangenheit, Gegenwart und Zukunft miteinander zusammen. Kinder, Eltern, Großeltern bilden einen einzigen Lebenszusammenhang, was spätestens dann konkret erkennbar wird, wenn Störungen auftreten und therapeutische Arbeit auf einer dieser Lebenszeitstufen erforderlich ist.

Kein Gesellschaftstheoretiker des Naturrechts, ob es sich um Hobbes, um Rousseau oder Pufendorf handelt, hat im Ernst geglaubt, ein gesellschaftlicher Urvertrag sei geschichtlich empirisch gestiftet durch die an einem Ort versammelten und abstimmenden Gesellschaftsmitglieder. Kant hat in seiner Rechtslehre die Vermischung von empirischen Verhältnissen und Vernunftideen zurechtgerückt: Der Gesellschaftsvertrag Rousseaus sei ein Vertrag vernunftbegabter Wesen, deshalb nicht in der Wirklichkeit abgeschlossen; seine objektive Gültigkeit beruhe auf einem Gesetzgebungsakt der reinen praktischen Vernunft, so daß der Rang seiner Geltung positiven Gesetzen vorausgehe und von den empirischen Zufälligkeiten befreit sei.

Wir sind uns nicht mehr so sicher, was die reine praktische Vernunft an Gesetzen zu produzieren hat; aber wenn es eine Sicherheit in einem naturrechtlich bestimmten Vertragsverhältnis geben sollte, dann doch in jenem, das wir zu unseren eigenen Kindern und der nachfolgenden Generation insgesamt haben. Vielleicht ist das der letzte Punkt metaphysischer Sicherheit, den Menschen in ihrem Glauben und in ihren Hoffnungen an die Zukunft haben. Das Lied der vom Schlachtfeld von Frankenhausen abziehenden Bauernhaufen – »Geschlagen ziehen wir nach Haus; unsere Enkel fechten's besser aus« – scheint ein Urbild von Generationshoffnungen zu sein.

Dieser Generationenvertrag ist zwar dem Typus nach ein Gesellschaftsvertrag mit fiktiven vertragsschließenden Subjekten, aber seine Idee beruht darauf, daß diejenigen, die empirisch diesen Vertrag heute noch nicht unterzeichnen können, weil sie nicht vertragsfähig sind, als autonomiefähig gedacht werden müssen, weil sonst eine Erbschaftsübergabe von einer Generation zur anderen überhaupt nicht möglich wäre. Kant spricht von einem a priori vereinigten Willen aller Menschen, der erfahrungsunabhängig, ja jeder Erfahrung vorgeordnet sei, aber für alles, was das Gemeinschaftsleben, was Besitz und Generationenverhältnis betrifft, unabdingbare Vernunftvoraussetzung ist.

Das ganze Vertragsdenken des bürgerlichen Naturrechts bestimmt der Impuls, daß es beim bloß Faktischen der Verhältnisse, des Besitzes, der Beziehungen der Menschen untereinander nicht sein Bewenden haben darf. Der Frage »Quid facti?« ist deshalb stets das Problem der Legitimation, die Frage »Quid juris?« vorgeordnet. Dieses Denken folgt der römischen Rechtstradition, die viel stärker die formalisierten Vertragsbestandteile und dessen durch Sanktionsgewalt vollstreckbare Erfüllung betont und die eher weichen Vertragskonstruktionen des Naturrechts vollständig überlagert hat.

Die griechische Rechtstradition, die meiner Vorstellung eines Generationenvertrages wesentlich näher steht, kennt dagegen eine viel weichere Deutung der Vertragsverhältnisse. »Die Idee der *obligatio* als eines Gläubiger und Schuldner persönlich aneinander bindenden *vinculum juris* ist von den Griechen niemals mit der gleichen Schärfe konzipiert und in ihre Konsequenzen verfolgt worden wie von den Römern. Im Grunde blieb das griechische Rechtsdenken bei der einfachen Vorstellung des vergeltenden Zugriffs stehen. Es ist bezeichnend, daß die griechische Rechtssprache nur für diesen, dagegen nicht sein passives Gegenstück, die Haftung, ein Wort hatte.«[26]

Die Idee des Gesellschaftsvertrages ist im griechischen Denken sehr verbreitet. Die im römischen Recht ausgeprägte Definition, daß Willenserklärungen zum Wesen des Vertrages gehören, ist dem griechischen Denken fremd, das stärker orientiert ist am »einvernehmlichen Sichvertragen«, dem konkludenten Verhalten oder Handeln, aus dessen Merkmalen der Jurist gewohnt ist, auf bindende Rechtsbeziehungen zu schließen. Schon bei Protagoras ist erkennbar, wie eng der Herrschafts- und Gesellschaftsvertrag mit einem politischen Ideal verknüpft ist, mit der Vorstellung eines Vertrages unter Gleichen. Vom politischen Ideal her gesehen ist der Urvertrag eine Hilfskonstruktion, er ist aber nicht von dieser Hilfskonstruktion zu trennen. »Nichtalleinsein«, »gegenseitige Hilfeleistung«, »Einträchtigkeit« gehören zum Sprachschatz des Urvertrages, der keineswegs nur in sophistischen Kreisen eine Denkfigur war, die ganz selbstverständlich gehandhabt wurde.[27]

Die entwicklungsgeschichtliche Betrachtung von Gesellschaftsordnungen und Staaten ist in unserer Zeit so sehr in den Vordergrund gerückt, daß kaum jemand ernsthaft die Idee eines Urvertrages zu diskutieren bereit ist, dem die für ausgewachsene Juristen zentralen Kategorien im Vertragsgedanken fehlen: Willenserklärung, Rechtssubjekt, Vollmacht, Rücktritt. Selbst Kant traut sich nicht mehr, die Geltung des Naturrechts zur Sprache zu bringen, ohne sie als provisorisch zu betrachten – als eine Vernunftkonstruktion, die des Realitätsgehalts staatlicher

Sanktionierung bedarf, um in den Vollbesitz ihrer Geltung zu gelangen. Der peremtorische, das heißt endgültige Rechtszustand ist der der bürgerlichen Gesellschaft mit der Zwangsgewalt des Staates. Aber implizit spielen diese naturrechtlichen Vorstellungen bei Kant immer eine große Rolle, und das gilt insbesondere für die Beziehungen zwischen den Generationen.

Was aufbewahrungswürdig und den Nachkommen zu übergeben sei, verkörpert sich für Kant vor allem im kulturellen Stand der Aufklärung, die kommenden Generationen nicht vorenthalten werden darf. »Ein solcher Kontrakt, der auf immer alle weitere Aufklärung vom Menschengeschlechte abzuhalten geschlossen würde, ist schlechterdings null und nichtig: und sollte er auch durch die oberste Gewalt, durch Reichstage und die feierlichsten Friedensschlüsse bestätigt sein. Ein Zeitalter kann sich nicht verbünden und darauf verschwören, das folgende in einen Zustand zu setzen, darin es ihm unmöglich werden muß, seine (vornehmlich so sehr angelegentlichen) Erkenntnisse zu erweitern, von Irrtümern zu reinigen und überhaupt in der Aufklärung weiterzuschreiten. Das wäre ein Verbrechen wider die menschliche Natur, deren ursprüngliche Bestimmung gerade in diesem Fortschreiten besteht; und die Nachkommen sind also vollkommen dazu berechtigt, jene Beschlüsse, als unbefugter- und frevelhafterweise angenommen, zu verwerfen. Der Probierstein alles dessen, was über ein Volk als Gesetz beschlossen werden kann, liegt in der Frage: ob ein Volk sich selbst wohl ein solches Gesetz auferlegen kann?«[28]

Aufklärung, Selbstaufklärung der Menschen zu erleichtern, den Nachkommen günstige Bedingungen für Bildung und lernenden Umgang mit der Welt zu schaffen, ist zentraler Inhalt dieses Generationenvertrags aus praktischer Vernunft. »Ein Mensch kann zwar für seine Person und auch alsdann nur auf einige Zeit in dem, was ihm zu wissen obliegt, die Aufklärung aufschieben; aber auf sie Verzicht zu tun, sei es für seine Person, mehr aber noch für die Nachkommenschaft, heißt die heiligen Rechte der Menschheit verletzen und mit Füßen treten.«[29]

Gewiß ist dieser Generationenvertrag eine regulative Idee, unter die jede pädagogische Arbeit gestellt ist. Aber ohne diese Vernunftidee müßte jede Gesellschaft die kommende Generation völlig vernachlässigen.

Es ist noch nicht lange her, daß die Pädagogik eine realistische Wendung propagierte – in einer Zeit, als der idealistische Überhang der Postulatpädagogik vorherrschte. Heute ist eine Gegenbewegung erforderlich: Die Reduktion pädagogischer Forschung auf organisatorisch-empirische Bedingungen erdrückt alle Impule, die über das Bestehende hinausweisen; im Spannungsfeld zwischen empirischen und utopischen Elementen der Erziehung geht alles verloren, was den Kindern weitergehende Orientierung bieten könnte. Die vorbehaltlose Analyse der kindlichen Realität und der Mut, Perspektiven zu entwickeln, der Gewalt des Faktischen ein Sollen entgegenzustellen – diese Spannung muß ausgetragen werden, im Sinne einer guten Dialektik. Diese Dialektik erfordert konkrete Arbeitsprozesse, hat aber auch ein moralisches Fundament. Niemand will, daß unsere Kinder Konkursverwalter eines ruinierten Unternehmens »Gesellschaft« werden.

Wie lernen Menschen?

10 Variationen

1. Persönliches im Erkenntnisinteresse

Kindheit und Lernen gehören zu jenen Begriffen, die man von sich abstoßen muß, um sie eingehender betrachten zu können. Sonst mischen sich fortwährend persönliche Erfahrungen in Zusammenhänge, die allgemeinere Ansprüche erheben, wenn sie andere überzeugen sollen. Aber so zu tun, als folge man strikt dem Gesetz objektivierender wissenschaftlicher Einstellung, würde Selbstzwang bedeuten; die eigenen Gefühle, die sich aus Erlebnissen und Erfahrungen, aus Kindheitsbegegnungen, Schule, Bildung ergeben, lassen sich nicht verleugnen. Das erkenntnisleitende Interesse ist von der individuellen Lebenserfahrung nie ganz abzulösen. So werden nicht nur Bildung und Lernen durch dialektische Spannungen bestimmt, selbst die Beschäftigung mit diesen Gegenständen erfordert eine komplizierte Balance zwischen Nähe und Distanz.

Rousseau sagt: »Der Vater ist nicht der natürliche Erzieher.« Ist er denn fähig, über Erziehung, über Kindheit und Lernen zu schreiben?

Einerseits ruht dieses Buch ganz auf den Schultern anderer – großer Kindheitsforscher, leidenschaftlicher Erzieher wie Tolstoi, Pestalozzi, Makarenko. Doch vieles von dem, was der Leser hier erfährt, ist von einer Erziehungs- und Bildungserfahrung geprägt, die auf andere nicht einfach übertragbar ist, die aber als Lernmaterial dienen kann. In meinem eigenen Bildungsweg haben mich Erziehungsfragen nie ganz losgelassen. Was lernen ist, wie die für Lernen günstigen Institutionen auszusehen haben, wie sich Lerninteressen binden lassen: das alles hat mich mein Leben lang beschäftigt – bis hin zur Frage des Klassenlernens, des Lernens aus der Geschichte.

»Aus Schaden wird man klug« gilt als intelligenter Volkssatz. Ich bin mir über die Weisheit dieses Spruchs nie ganz sicher gewesen. Daß man im Leben Glück haben muß, gehört wohl nicht weniger zu einem Aufstieg in den Zustand von Klugheit. Brutaler Schaden macht auch dumm. Warum Menschen aus eigenem oder fremdem Schaden nichts lernen, ist für mich ein Ansporn zur Erkenntnis geblieben. Eine mögliche Antwort besteht darin, daß die Formen, in denen Unglück verarbeitet und ein tödlicher Lernprozeß vermieden werden kann, in unserer Gesellschaft nicht genügend entwickelt sind.

Meine eigene Kindheit ist in verschiedener Hinsicht in diesem Buch gegenwärtig. Ich komme aus einer Generation kinderreicher Eltern. Sieben waren wir, fünf ältere Schwestern, ein Bruder, dann ich – im Abstand von zwölf Jahren. Was macht eine solche Kindheit aus? Von den gewaltigen Beschwerlichkeiten, die meine Mutter als voll arbeitende Bauersfrau mit so viel Kindern hatte, will ich hier nicht reden. Es war eine heroische Anstrengung und eine Arbeit, die Tag und Nacht, praktisch ohne Unterbrechung, ablief. Mir persönlich, der seinen Platz ganz unten in der Hierarchie der Großfamilie hatte, sind nur Vorteile in Erinnerung geblieben. Im jeweiligen Lebensabschnitt, das galt selbst für die Flucht mit zwei Schwestern und die bittere Zeit in dänischen Flüchtlingslagern, hatte ich ganz mir zugeneigte Mütter. Immer fand sich eine ältere Schwester, die mich versorgte und auf die ich mich verlassen konnte.

Bei den eigenen Kindern nutzt einem das Vorwissen der Kindheit, ob man in einem Großverband von sieben Kindern oder einzeln aufgewachsen ist, allerdings ziemlich wenig. Erfolge, Enttäuschungen, Verzweiflungen, Gewaltreaktionen, die aus dem Augenblick geboren sind, liegen so nah beieinander, daß man nicht von einem Fortschreiten des Wissens und von wohlüberlegter Toleranz sprechen kann. Wenn man ältere Kinder hat, müßte man doch sicherer, distanzierter im Urteil und Verhalten werden, müßte abschätzen können, wann man in eine nicht absehbare Verwicklung hineingerät, wo Alltagskriege beginnen, die man nicht siegreich beenden wird – doch diese Weisheit habe ich (zu meinem größten Bedauern) nicht gewinnen können. Kinder sind stets ganz eigene und unvorhersehbare Herausforderungen. Nichts hat mich in meiner Neigung, Dinge in ihrem Selbstlauf langmütig zu beobachten und erst dann einzugreifen, wenn die Chance des Gewinns besonders groß ist, so gestört wie das unbotmäßige Verhalten der eigenen Kinder. Jede Regel der Toleranz, unentwegt als Grundrecht bekräftigt, kann da verlorengehen. So ist in diesem Kontext die Professionalisierung der Erziehung ein Zivilisationsgewinn. Die Rolle des Lehrers bewahrt jene Zurückhaltung, die in der Hitze von Nähebeziehungen fortwährend verletzt wird.

Als Pestalozzi in der Erziehung die Möglichkeit eines Berufs erkannte, formulierte er bitter: »Mein Glück ist der Lohn meiner Verzweiflung«, befand aber auch: »Ich hatte nichts Unbedingtes als einen eingewurzelten Vorsatz, einen in mir selbst unwiderruflichen Anspruch: ich will's – einen durch keine Erfahrung erschütterten Glauben; ich kann's – und ein namenloses in mir lebendes Gefühl: ich soll's.«[1]

Reichhaltige Gründe gibt es, über die Zukunft der Kinder nachzudenken. Häufig ist es einfach die wachsende Besorgnis mit zunehmendem Alter, was aus den eigenen Kindern wird, zumal wenn sie sehr klein sind. Das gilt in extremem Maße für mich: 62 Jahre alt, mit einer Tochter, die gerade eingeschult ist und wie alle meine Kinder die Glocksee-Schule besucht. Die Frage, wie sie – wenn ich hundert Jahre alt sein sollte und sie dann in der Mitte ihres Lebens steht – mit Problemen konfrontiert ist, für deren Produktion ich mit Verantwortung trage, bestimmt zweifellos meine Gefühlslage. Was überlassen wir der neuen Generation an Erbschaften, auf deren Grundlage sie vernünftig und mit eigenen Selbstverwirklichungswünschen weiter arbeiten können?

Die eigene Kindheit und die eigenen Kinder zum Ausgangspunkt für Überlegungen zu nehmen, die in die Zukunft reichen, ist legitim. Aber das kann nur der Ansatzpunkt für eine weitergehende Analyse sein, in der die eigenen Kinder in Verbindung gebracht werden mit Kindern in der Welt, die unter ganz anderen Lebensbedingungen existieren. Der Kindheitsbegriff bleibt leer und verlogen, wenn er nicht aufgefüllt wird durch das Schicksal jener Kinder, die hungern, elend zugrunde gehen, eltern- und heimatlos sind, ghettoisiert in Heimen leben, Gewalt erleiden in den Familien und der Gesellschaft.

Ich weiß nicht, wie dieses weite Spektrum verschiedener Kinderschicksale, das mit Fernseh-Kindheit oder anderen Kindheitsdefinitionen unserer Breitengrade nicht das geringste zu tun hat, in einen Kindheitsbegriff zu bringen ist. Straßenkinder, die sich von Abfällen ernähren, sind Kinder wie die, die nur noch das achten, was sie kaufen können – aber was ist das Gemeinsame solcher Kindheit? Die soziale Differenzierung, kulturelle Unterschiede, Lebenserwartungen, Kindersterblichkeit und Müttersterblichkeit, das alles ist heute in unseren Begriffshorizont mit aufzunehmen, wenn wir über Kindheit und Lernen oder die Beziehungen der Kinder zur Schule sprechen und schreiben. Ich bin mir bewußt, wie eng auf Europa begrenzt eine Analyse der Schule und des in unserem kulturellen Milieus vorherrschenden Lernbegriffs ist. Aber die Veränderung unserer

Verhältnisse kann auch dazu beitragen, das Bewußtsein für weiterreichende Probleme zu schärfen, ja unsere Kinder selbst in einen Lernprozeß darüber einzubeziehen.

Lernprozesse haben einen so sensiblen Bezug zur Lebensgeschichte, daß Übertragbarkeit nur schwer möglich ist. Was in Theoriezusammenhängen und pädagogischen Entwürfen das spezifische Gewicht einzelner Begriffe, methodischer Grundannahmen und Perspektiveinschätzungen ausmacht, wird persönlich und unverwechselbar gefärbt von jenen Lern- und Erfahrungsprozessen, die der Autor selbst in seiner Kindheit und in den übrigen Bildungszeiten gemacht hat. So berichte ich über einige Schlüsselerlebnisse. Abgesehen von durch Vertreibung, Flucht und Umzug eher bitteren Schulerfahrungen, die jedoch von zwei faszinierenden Lehrern erhellt sind, habe ich bereits im Studium viel darüber nachgedacht, unter welchen Bedingungen natürliches Neugierverhalten in kreatives Lernen umgesetzt oder auf Dauer zerstört werden kann.

Aus meiner Schulzeit stammt die erste Berührung mit der Vorstellung einer Alternativschule. Einer meiner Deutschlehrer, ein Anhänger Goethes und Hans Carossas, quittierte den Schuldienst und gab seine Oberstudienratsstelle einschließlich Pensionsberechtigung auf, um nach Freiburg an eine Waldorfschule zu gehen. Wir Schüler konnten das Verhalten des von uns allen verehrten Lehrers nicht verstehen. Weil er einen schwebenden Gang hatte und aus seinen Worten immer etwas Bedeutsames herausklang, nannten wir ihn einfach »Gott«. Später, als ich ihn während meines Studiums einmal besuchte, erklärte er mir, ihm sei es von Jahr zu Jahr unerträglicher geworden, nach offiziellen Unterrichts- und Schulplänen Bildung zu vermitteln. Von der Sache her hat er mich nicht überzeugen können, weil ich Waldorf damals für eine Erziehungssekte hielt, aber der mutige Schritt »auszusteigen«, wenn die eigenen Bildungsvorstellungen im offiziellen Schulsystem nicht mehr realisierbar sind, hat mich doch sehr beeindruckt.

1956 nahm ich, nach einem kurzen Zwischenspiel in Jura, das Studium der Philosophie und der Soziologie in Frankfurt bei Horkheimer und Adorno auf. Beide waren, auf ganz verschiedene Art, faszinierende akademische Lehrer, und zwar gerade weil sie niemals versuchten, sich den Studenten gegenüber pädagogisch zu verhalten. Indem sie ans Katheder traten, ihre Notizzettel sortierten und anfingen, über einen wichtigen

Gegenstand öffentlich nachzudenken, erzeugten sie bei den Zuhörern eine Atmosphäre wachsender Spannung und Neugier. Sie vermittelten mir einen fundierten Traditionsbestand philophisch-soziologischen Wissens und leiteten mich zur kritischen intellektuellen Arbeit an, was in mancher Hinsicht Grundlage für meine spätere Beschäftigung mit alternativen Erziehungskonzeptionen wurde. Vor allem lernte ich durch sie zu begreifen, welche Bedeutung Personen in der Vermittlung von Informationen und Denkweisen haben, die das, was sie tun, selbst als wichtig ansehen und denen man anmerkt, daß ihnen Denken, die Herstellung von Zusammenhängen, Spaß macht.

Ich habe damals gelernt, daß die lustlose Vermittlung einer noch so interessanten Sache auch durch die umsichtige Organisierung von Lernschritten, durch Curricula, Lernzielkataloge und sonstige didaktische Erleichterungen nicht wettgemacht werden kann. Produktives Lernen enthält offenbar immer ein Moment der Faszination, der persönlichen Übertragung. Aus meinen eigenen Studienerfahrungen habe ich die Überzeugung gewonnen, daß Lernblockierungen gegenüber komplexen Verhältnissen in der Regel nicht dadurch entstehen, daß etwas zu kompliziert ist, sondern weil der akademische Lehrer nicht imstande ist, Lernmotive dafür zu erzeugen. Und mit am stärksten motiviert, wenn aus diffusen Informationen plötzlich strukturierte Zusammenhänge entstehen, wenn der Groschen fällt, wenn etwas, was vorher zusammenhanglos nebeneinanderlag, zum Knotenpunkt einer neuen Erkenntnis wird.

Meine ersten selbständigen Lehrerfahrungen liegen außerhalb der Universität. 1960 war ich Assistent an der Bundesgewerkschaftsschule in Oberursel. Da der Leiter dieser Schule im Auftrag des damaligen DGB-Vorsitzenden Willi Richter häufig Auslandsreisen machte, hatte ich anderthalb Jahre die Aufgabe, diese Schule zu leiten. Für gewerkschaftliche Vertrauensleute und Betriebsräte gab ich Kurse in Wissensgebieten, die nicht meine Studienfächer waren, zum Beispiel Geschichte der Gewerkschaften, Betriebsverfassungsgesetz, Konjunktur und Krise, Arbeitsrecht, Volkswirtschaftslehre. Die mir verfügbaren Lehrbücher über diese Gegenstandsbereiche lieferten zwar differenziertes Informationsmaterial, auch bestimmte Theorieansätze. In der Praxis wurde mir aber sehr bald klar, daß ohne Kenntnis von Interessen, Phantasien, Vorstellungen der erwachsenen Adressaten, mit denen ich es in diesen Kursen zu tun hatte, eine sinnvolle Bildungsarbeit nicht möglich ist.

Auf der Suche nach Lernmethoden, die eine Reduzierung des Stoffes erlaubten und die Interessen der Beteiligten einbezogen, fielen mir einige Aufsätze von Martin Wagenschein in die Hände, die mich sofort fesselten und einen prägenden Einfluß auf meine pädagogischen Vorstellungen hatten. Wagenschein entwickelt – wenn auch zunächst auf den naturwissenschaftlichen Unterricht beschränkt –, eine neue Methode des Unterrichts und der Stofforganisation, die dem allseitigen Fragmentierungsdruck des Wissens entgegensteht. Ich griff den Gedanken des exemplarischen Lernens begierig auf und erprobte in den nächsten Jahren das exemplarische Prinzip vor allem an historisch-gesellschaftlichen Unterrichtsgegenständen. Die Entwicklung dieser Lehr- und Lernmethode erfolgte im Rahmen von gewerkschaftlicher Bildungsarbeit, also wesentlich von Erwachsenenbildung, und in ständigem praktischen Austausch mit Teilnehmern gewerkschaftlicher Bildungskurse. 1968 erschien dann mein Buch »Soziologische Phantasie und exemplarisches Lernen«, das eine didaktische Theorie entwickelt, die den praktischen Erfahrungshorizont der Erwachsenenbildung mit der gesellschaftstheoretischen Dimension der Arbeiterbewegung zu verknüpfen versucht.

Seit nunmehr fast 30 Jahren ist die in diesem Buch entwickelte Konzeption Gegenstand sehr kontroverser Auseinandersetzungen innerhalb der gewerkschaftlichen Bildungsarbeit. Ich selbst begriff diese Untersuchung zunächst als eine alternative Bildungskonzeption für Erwachsene, doch später wurde mir immer klarer, daß sie von ebensolcher Bedeutung für Kinder und Jugendliche ist. Sie richtet sich auf eine offene Organisation des Stoffes, auf Reduktion des Wissensmaterials und auf eine kritische Verarbeitung von Informationen um bestimmte prägnante Punkte herum, aus denen Zusammenhänge erkennbar werden. Hauptziel des exemplarischen Lernens ist die Fähigkeit, aufgrund eigener Interessen und Bedürfnisse sich Informationen selbständig anzueignen, gewichtet zu verarbeiten und dadurch Zusammenhänge zwischen dem eigenen Leben und geschichtlich-gesellschaftlichen Prozessen aufzudecken, die für den einzelnen handlungsrelevant sind.

Erwachsenenbildung war der erste Erfahrungszusammenhang, in dem bei mir der Begriff eines alternativen Lernens Gestalt annahm. Zwar hatte ich schon lange ein Ahnung davon, welche bestimmende Bedeutung der Erfahrungsbegriff für emanzipatives Lernen hat, aber die Kategorie der Erfahrung war noch nicht entfaltet. »Soziologische Phantasie und exemplarisches Lernen« war sehr stark auf die Analyse der Lerninhalte und ihrer didaktischen Vermittlung gerichtet, und nun kam es darauf an, zu untersuchen, was sich in den Köpfen und im Verhalten der Adressaten von Lernprozessen abspielt, bevor sie (Kinder aus der Familie, Erwachsene in der Regel nach einer langjährigen Berufspraxis) in eine formelle Lernsituation wie Schule, Bildungskurs usw. kommen. Heute sind die Schule und institutionalisierte Bildungsveranstaltungen nicht mehr die einzigen Orte, an denen Lernprozesse stattfinden. Viele Pädagogen vertreten die Auffassung, diese herkömmlichen Lernorte würden im Verhältnis zu anderen, über die ganze Gesellschaft verstreuten Lernumgebungen wie den Massenmedien, Jugendzentren, Straßen und Plätzen immer stärker an Bedeutung verlieren – Gründe genug, die Kategorie der Erfahrung ins Zentrum gesellschaftlicher und pädagogischer Lernprozesse zu rücken.

Die kritische Auseinandersetzung mit der Bewußtseinsindustrie, mit den durch moderne Kommunikationsmittel bewirkten Veränderungen von Verhalten und Bewußtsein, veranlaßte mich, gemeinsam mit Alexander Kluge die Beziehungen zwischen verschiedenen Formen der Erfahrung und der Öffentlichkeit zu untersuchen. 1972 erschien unser gemeinsam geschriebenes Buch »Öffentlichkeit und Erfahrung«, das vor allem die kollektiven Formen von Basiserfahrungen und die sie blockierenden Verhältnisse analysiert.

Nachdem Hartmut von Hentigs Schrift »Schule als Erfahrungsraum?« erschienen war, zeichnete sich in der pädagogischen Öffentlichkeit eine wachsende Ernüchterung über die Curriculum-Euphorie der sechziger Jahre ab, und man wandte sich verstärkt dem Problem zu, wie Erfahrungsfähigkeit entsteht, welche vorgängigen Interessen, Phantasien und Erfahrungen das schulische Geschehen prägen und auf welche Weise sie pädagogisch sinnvoll verarbeitet werden können.

Der in unserem Buch entwickelte Erfahrungsbegriff ist nicht im engeren Sinne auf das Schulgeschehen konzentriert. Aber gerade das spezifische Verhältnis, das Erfahrung und Öffentlichkeit in Lernprozessen annehmen, erweitert den Begriff alternativen Lernens und weist darauf hin, daß eine Alternativschule notwendig die traditionelle Definition der Schule aufsprengen muß. Kinder gewinnen ihre Primärerfahrungen an Orten, die außerhalb der Schule liegen, in der Familie, auf der Straße, zunehmend auch durch die Medien. Eine politisch ernstzunehmende Alternativschule ist undenkbar ohne eine ihr entsprechende Kinder- und Jugendöffentlichkeit, von der Gesellschaft herkommend, aber auch im Binnenraum der Schule. Wo immer alternatives Lernen versucht wird, ist schon ein Schritt zur Entschulung der Schule gemacht.

Das war der zweite Erfahrungszusammenhang für meine Beschäftigung mit alternativem Lernen; hier thematisierte ich den Erfahrungsbegriff selbst und die kollektiven Bedingungen, unter denen er Handeln anstiftet. Der dritte und für dieses Buch wichtigste Zusammenhang, in dem ich mit unkonventionellen Formen des Lernens in Berührung kam, war die Gründung der Glocksee-Schule in Hannover und die gut zehn Jahre dauernde konzeptionelle Mitarbeit bei dieser Alternativschule.

Ende der sechziger Jahre bildeten sich im Windschatten der Protestbewegung eine Reihe von Initiativgruppen, die sich antiautoritäre Erziehung zum Ziel setzten. Eltern, die Wilhelm Reich und Neills »Summerhill« gelesen hatten, unternahmen Versuche, im Wege der Selbsthilfe und der spontanen Selbstorganisation »Kinderläden« aufzubauen, in denen sich die Kinder freier als in den öffentlichen Kindergärten verhalten konnten. Die Zeit war absehbar, nach der diese Kinder in öffentliche Schulen gehen mußten, in denen ganz andere Erziehungsprinzipien vorherrschten. So entwickelten sich aus der Kinderladenbewegung wiederum Initiativen für antiautoritäre Schulprojekte.

Als ich 1970 einen Ruf auf den Lehrstuhl für Sozialwissenschaften an der Universität Hannover erhielt, hatte sich in Hannover eine Initiativgruppe gebildet, um die Schulbehörden zu veranlassen, die Grundschulklassen zu verkleinern. Innerhalb dieser »Aktion Kleine Klasse« taten sich Eltern, Lehrer, Pädagogen der Universität zusammen, um einen Schulversuch zu planen und einen entsprechenden Antrag an das Niedersächsische Kultusministerium und die Stadt Hannover als Schulträger zu formulieren. 1972 wurde per Erlaß die Glocksee-Schule als öffentlicher Schulversuch gegründet. Nicht zuletzt wegen meiner beiden Kinder gehörte ich von Anfang an zu den Initiatoren des Versuchsprojektes und leitete ab 1972 gut zehn Jahre – zeitweise mit Unterstützung von Thomas

Ziehe – die wissenschaftliche Begleitung, die sich aus Lehrern, interessierten Pädagogen, Soziologen und Eltern zusammensetzte.

Die von der Bund-Länder-Kommission definierte Aufgabe der wissenschaftlichen Begleitung bestand darin, aus der beobachtenden Distanz heraus pädagogische Arbeitsprozesse mit dem Ziel zu untersuchen, die Beziehungen zwischen Lernmotivation, Aggression und Selbstregulierung aufzuhellen. Die geforderte Distanz erwies sich jedoch schnell als irreal. Eine sehr intensive Kommunikation mit den Lehrern und Eltern war notwendig, um die Probleme des Versuchsprojektes auch nur verstehen zu können. In Abständen von vierzehn Tagen fanden Sitzungen statt, auf denen ein breites Spektrum von Fragestellungen diskutiert wurde. Einzelkonflikte von Kindern, Elternverhalten, Probleme der aggressiven, aber auch der stillen, gehemmten, zurückhaltenden Kinder waren Gegenstand ausführlicher Sozialisationsbiographien; Art und Umsetzung von Projekten nahmen intensive Arbeit in Anspruch. Da die wissenschaftlichen Untersuchungsergebnisse sofort in den Unterricht und das Lehrerverhalten eingingen und damit von beobachtender Distanz nicht geredet werden konnte, erwies sich diese Form der Begleitung als höchst produktiv für die Alltagsarbeit der Pädagogen, aber weniger für wissenschaftliche Untersuchungsarbeit. Was mich selbst betrifft, so habe ich keinen Unterricht gemacht, war aber hier zum erstenmal nach meiner eigenen Schulzeit in eine Schulrealität integriert, die sich jedoch von den Erfahrungen meiner Kinder- und Jugendzeit radikal unterschied, sowohl in den Lerninhalten wie in der gesamten Form des Lernens.

Insbesondere aus diesem konkreten Projektzusammenhang habe ich Maßstäbe für Perspektiven, Kategorien und Problemstellungen einer alternativen Pädagogik gewonnen. Die Erfahrungen mit der Glocksee-Schule bestimmen eindeutig meinen Standpunkt, wenn ich eine kritische Bewertung anderer Erziehungsexperimente vornehme und wegen der zentralen Veränderungen von Kindheit, Familie, Jugend eine grundlegende Reform des öffentlichen Schulsystems fordere. Die genannten drei Erfahrungszusammenhänge geben mir die Möglichkeit, über Utopie und Lernen, über Kindheit, Erziehung und Schule in einer Welt der Umbrüche zu schreiben, ohne mich in praxislosen Spekulationen zu verlieren.

2. Erlöserkinder: Siegfried, Rousseaus Emil und die Kinder von Summerhill

Nehmen wir, als prosaischen Einstieg in den Mythos der Helden- und Erlöserkinder, die Frage zum Ausgangspunkt: Was ist das für ein Mensch, dieser Siegfried, der so viel kollektive Phantasie erregt hat und längere Zeit sogar den Rohstoff für typische Charakterbestimmungen eines ganzen Volkes lieferte? Jeder Mythos hat einen gesellschaftlich-geschichtlichen Erfahrungskern, der von Legenden, Märchen und Zeitzusätzen vielfach überlagert wird. Die sicherste Methode, solche Erzählungen nachvollziehbar zu machen, um daraus für unsere Zeit zu lernen, besteht darin, dem Wortsinn der Texte zu vertrauen, also buchstäblich zu lesen. Siegfried – das ist der kraftvolle Retter, der dem Element des Feuers gebietet und als Erlöser auftritt. »Als Siegfried würdest du stark und schön«, gibt der Ziehvater Mime die Botschaft wieder, die die sterbende Mutter mit dem Namen verknüpfte.

Die Idee des Erlöserkindes – eines voraussetzungslosen Neuanfangs, in dem die schöpferische Naturkraft noch verschlossen ist – geht sehr weit in die Geschichte zurück. Während des Hellenismus, der über ausgeprägte Kindheitsbilder verfügte, verdichtet sie sich zur Vorstellung des ›göttlichen Kindes‹, dessen Erscheinen die Welt und die Menschheit erneuern wird – eine Botschaft, die mit der Geburt Christi die ganze christlich-abendländische Tradition bestimmt.

In Jesaja 9,5 verkündet der Prophet: »Denn uns ist ein Kind geboren, ein Sohn ist uns gegeben, und die Herrschaft ruht auf seiner Schulter; und er heißt Wunder-Rat, Gott-Held, Ewig-Vater, Friede-Fürst.« In Vergils viertem Hirtengedicht findet sich die berühmte abendländische Heilandsprophetie, in der der Dichter das Bild des künftigen Weltenbeherrschers entwirft und ihm Züge des Messias gibt: Als Göttersohn werde er lachend das Licht erblicken, Frieden dem Erdenrund bringen und das goldene Zeitalter, das Reich Apolls, wiedererrichten.

Im Mittelalter, einem Höhepunkt der Vergil-Rezeption, war das Bedürfnis nach der Geburt eines Erlöserkindes so stark, daß der zeitgeschichtlich naheliegende Rückbezug Vergils auf Kaiser Augustus, den großen Gönner des Dichters, gar nicht realisiert wurde. Man war in gespannter Erwartung. Als am zweiten Weihnachtstag 1194 die normannisch-sizilianische Thronerbin Konstanze dem Kaiser Heinrich VI. einen Sohn gebar, brachte man diesem jüngsten Staufer sogleich die Achtung und Verehrung eines künftigen Retters entgegen. Er galt als ein die »Zeit erfüllender Caesar«, freilich mit einer umgehend mitgelieferten Mischung von Heldentum und Tragödie. Merlin, der bretonische Zauberer, habe die »wundersame und unverhoffte Geburt« des Knaben nicht nur vorausgesagt, sondern auch das Unheil, das ihn begleiten werde. Der kalabresische Zisterzienserabt Joachim von Fiore erkannte laut Ernst Kantorowicz in dem Neugeborenen alsbald den »künftigen Weltzüchtiger und Widerchrist, der kommen werde, die Welt zu verwirren«. Um die Heldenmutter, acht Ehejahre kinderlos und mit dreißig Jahren für damalige Verhältnisse bereits alternd, spannen sich viele Legenden: Die späte Schwangerschaft verdanke die Kaiserin Konstanze einem Dämon; ihr sei im Traum geoffenbart worden, sie werde den feurigen Brand, die Fackel Italiens, gebären.

Die Geburtsaura, die Friedrich II. umgab, begleitete ihn in der Tat bis zu seinem bitteren Ende, auch in den Enttäuschungen über die »mißlungene Erlösung«. Als Puer Apuliae ist der große Stauferkaiser in die Geschichte eingegangen. »Den ›Knaben Apuliens‹, das Kind von Pulle, ›Unser Kind‹ – nur so, fast niemals mit Titel nannten ihn damals die Leute, und noch nach Jahrzehnten fügten Chronisten dem Namen des gewaltigen Kaisers das ›Puer Apuliae‹ bei, als wäre es ein Beiname Friedrichs gewesen... Man feierte in dem Stauferknaben den Sieg des Kindes überhaupt, das mit unsichtbaren Waffen den viel Stärkeren bezwingt...›Seht da des Kindes Macht!‹ sang ein Troubadour...«[2]

Um diese Zeit etwa, der hohen Zeit des Rittertums, entsteht das Nibelungenlied, das dramatische Motive aus der Zeit der Völkerwanderung mit Elementen der höfischen Ritterkultur mischt. Es verkörpert die Trauer über den Verlust der ritterlichen Tugenden, und die Klage über eine heraufziehende Welt, die vom Gold, von Intrigen, verschlagenem Machtwillen, von Vertragsverletzungen und Treulosigkeit bestimmt ist, klang so durchdringend und schrill, daß auch die Götter keine Antwort anzubieten hatten.

Alle Hoffnungen sind auf einen Neuanfang gerichtet. Wenn selbst die Götter sich ratlos zeigen und ihre moralische Integrität verloren haben, dann ist Rettung nur von den Menschen zu erwarten. Und dieser Anfang wird immer radikal gedacht (radikaler noch als eine gesellschaftlich-revolutionäre Umwälzung), das heißt als naturbedingte Infragestellung der ganzen bisherigen Welt der Naturverlassenheit. »Alles ist gut, wie es aus den Händen des Schöpfers kommt; alles entartet unter den Händen der Menschen«, beginnt Rousseaus Erziehungsroman »Emil«.

»Das Kind von Pulle«, Parzifal, Lohengrin, Siegfried, Emil, die Kinder von Summerhill – das scheint eine Reihung, der jeder Zusammenhang fehlt. Die Zeitalter sind in Produktionsweise, gesellschaftlichem Verkehr, Macht und Herrschaft, Lebensgefühlen grundverschieden. Schließlich die Beziehung zu Kindern unvergleichlich, ja das, was wir heute unter Kindheit verstehen, entwickelt sich erst in der bürgerlichen Gesellschaft, im sechzehnten und siebzehnten Jahrhundert.

Gleichwohl entspricht der vorzivilisatorische Geburtsakt eines Erlöserkindes offenbar einer starken Neigung der Menschen, einen Naturursprung zu setzen, der Utopie des absoluten Anfangs zu vertrauen. Die Formen, in denen sich dieses Bedürfnis darstellt, und der gesellschaftliche Umgang mit solchen Neuanfängen sind freilich sehr unterschiedlicher Art.

Alles, was seinem Heldendasein nützt, ist Siegfried nicht durch Erziehung beigebracht worden. Das zersprungene Schwert kann er nicht aus Teilen zusammenfügen, wie Mime es nach alten Regeln der Schmiedekunst versucht. Siegfried macht Späne daraus, schmilzt den verzauberten Rohstoff ein und schmiedet es neu. Nothung ist jetzt mehr und anderes als die Waffe seines Vaters, die an Wotans Speer zerbrach. Zum Leidwesen Mimes, der stolz darauf ist, ihn versorgt und als Kind gepflegt zu haben, ist alles mißglückt, was Erziehung ausmachen könnte: Achtung vor dem Ersatzvater, dem Meister, lebenserhaltende Vorsorge für den Weg in die Welt, Furcht und Angst als »Frühwarnsysteme« für tödliche Gefahren. Siegfried betrachtet die Natur als seinen eigentlichen Lehrmeister – er ist ein Stück dieser Natur: Der wilde Bär läßt sich auf Anhieb an der Leine zu Späßen gegen Mime führen; Siegfried versteht die Sprache der Vögel; Fafners Blut verzehnfacht den Härteschutz seiner Haut; es wachsen ihm auf geheime Weise Sinnesorgane zu. In der Sprache der modernen Anthropologie kann man das als Organverlängerungen,

Organergänzungen, Organersatz bezeichnen, die der Sonderstellung des Menschen im Kosmos als Mängelwesen zukommen.

Siegfried ist der Anti-Intellektuelle, der Tatmensch, der die List, die taktischen Umwege und die Täuschung verweigert, die doch wesentlich zum Überleben der Gattung beigetragen haben. Geradlinigkeit und Offenheit sind bestimmende Eigenschaften des Helden. Siegfried wirbt nicht mit Worten um die Zuneigung anderer; er drückt Abneigung offen aus. Mime, der Zivilisierte, der um die Weltgefahren weiß, muß sich gefallen lassen, in der Wertschätzung niedriger als Tiere und Pflanzen gesetzt zu werden. »Aber Tiere sind mir teurer als du: Baum und Vogel, die Fische – Bach, lieber mag ich sie leiden als dich.«

Ein solches Leistungsgenie aus Natur, das Ursprung setzt, darf selbst keinen eindeutigen Ursprung haben. Die erlösende Tathandlung ist nur möglich, wenn Siegfried von mythischen Bindungen der Verträge und des Eigentums ausgenommen (also unwissend) ist. »Nicht Land noch Leute biet' ich, noch Vaters Haus und Hof: einzig erb' ich den eigenen Leib; lebend zehr ich den auf.« So rankt sich eine Elternlegende um die Geburt. Viele der Wagner-Helden haben dieses Herkunftstabu, das Rätsel aufgibt, man bedenke nur Lohengrins Befehl an Elsa: »Nie sollst du mich befragen, noch Wissens Sorge tragen, woher ich kam der Fahrt, noch wie mein Nam' und Art.« Das Herkunftstabu bei Wagner, gewiß auch von biographischen Erfahrungen geprägt, weil er seinen eigenen Vater nicht kannte, ist zwiespältig: Die wirkliche Leistung adelt, nicht das Erbe. Andererseits benötigen die Leistungshelden doch die Ursprungsaura, die sie vor den Normalgeborenen auszeichnet.

Wagners Liebes- und Leistungshelden müssen für ihr Naturgenie, das einen geheimnisvollen Erlösungsauftrag enthält (Nietzsche sprach in seiner späteren Abrechnung mit Wagner von dessen Erlösungswahn), mit dem Leben bezahlen. Die gebrochenen Revolutionen seines Jahrhunderts bilden vielleicht Erfahrungskerne, um die sich manche seiner Heldenfiguren zentrieren. Darin ist Wagner ein Sohn des neunzehnten Jahrhunderts: Schon als Jugendlicher rebellisch und revolutionär gesinnt – »Die geschichtliche Welt begann für mich von diesem Tage an; und natürlich nahm ich volle Partei für die Revolution«, schreibt er über die Julirevolution von 1830 –, steht er 1849 auf den Barrikaden von Dresden, wird steckbrieflich verfolgt.

Gewiß, auch der Nibelungen-Siegfried wird erschlagen; aber der Siegfried des neunzehnten Jahrhunderts ist, als besonderer und eigensinniger Leistungsheld, zum Überleben, zum Glück und zum wirklichen Sieg nicht ausreichend ausgestattet; im Schicksalsverlauf des »Rings« ist ihm jede autonome Setzung eigener Zwecke genommen. Er arbeitet, ohne es zu wissen, im Interesse anderer. Den listigen Mime, der seine Kraft mißbrauchen will, kann er erschlagen; dem Spiel der wirklich Mächtigen erliegt er.

Adorno und Horkheimer haben das »Fühlhorn der Schnecke« als das »Wahrzeichen der Intelligenz« bezeichnet. Stößt es auf ein Hindernis, so zieht es sich sogleich in die schützende Haut zurück; nur zaghaft wagt es sich wieder hervor. »Wenn die Gefahr noch da ist, verschwindet es aufs neue, und der Abstand bis zur Wiederholung des Versuchs vergrößert sich. Das geistige Leben ist in den Anfängen unendlich zart... Dummheit ist ein Wundmal.« Die Weisheit der »tumben Toren« hat also, wie ausdrucksstark die menschliche Natur auch immer sein mag, nicht nur ihre Grenzen, sondern auch ihre Kosten für das Gemeinwesen.

An dieser prekären Grenzlinie zwischen Natur und Gesellschaft setzt Rousseau an. Natur ist für Emil, den idealtypischen Zögling, nicht weniger als für Siegfried die große Lehrmeisterin, aber in einer ganz anderen Verbindung zur Vernunft und in einem viel weiter gefaßten Spektrum menschlicher Ausdrucksmöglichkeiten. »Wir werden schwach geboren und brauchen die Stärke. Wir haben nichts und brauchen Hilfe; wir wissen nichts und brauchen Vernunft. Was uns bei der Geburt fehlt und was wir als Erwachsene brauchen, das gibt uns die Erziehung.« Drei Arten der Erziehung nennt Rousseau: »Die Natur oder die Menschen oder die Dinge erziehen uns. Die Natur entwickelt unsere Fähigkeiten und unsere Kräfte; die Menschen lehren uns den Gebrauch dieser Fähigkeiten und Kräfte. Die Dinge aber erziehen uns durch die Erfahrung, die wir mit ihnen machen, und durch die Anschauung.«

Als geglückte Erziehung darf man nach Rousseau nur die ansehen, in der ein feinnerviges Zusammenwirken von Natur, den Dingen und den Menschen gelingt. Die Naturanlagen entwickeln sich nicht von selbst. Nur bewußte Erziehung, die die menschlichen Vernunftanlagen – als den eigentlichen anthropologischen Bruch mit der Tierwelt – zur regulativen Idee erhebt, die Erkenntnis und moralisches Handeln leitet, läßt den Menschen als Mensch überleben. Ohne Erziehung lägen die Naturanlagen brach, ja noch schlimmer: »Unter den heutigen Verhältnissen wäre ein Mensch, den man von der Geburt an sich selbst überließe, völlig verbildet. Vorurteile, Macht, Notwendigkeit, Beispiel und alle gesellschaftlichen Einrichtungen, unter denen wir leben müssen, würden die Natur in ihm ersticken, ohne etwas anderes an seine Stelle zu setzen.« Vernunftrecht und Naturrecht sind zwei Seiten desselben Zusammenhangs; Vernunft ist die durch Erziehung gelenkte Entwicklung der menschlichen Natur.

Die Verehrung des Kindes, das von ihm ausgehende Faszinosum hat alte religionsgeschichtliche Wurzeln. Aber nicht mehr Erlösung ist das Thema bürgerlicher Aufklärung, sondern Befreiung, Herstellung von Autonomie. Die säkularisierte Gestalt der Erlösungsverheißung ist das Wunderkind; dieses bringt am meisten von der Natur mit, aber ohne sorgsame und frühzeitige Bildung wird auch aus ihm nichts. Genie ist die einzige Form der Natur, die der Natur ihre Regeln und Gesetze gibt – wenn auch, wie Kant einschränkend sagt, nur in Bereichen der schönen Künste.

Der Kindheitsstatus ist zum Gesetzgeber geworden; jedes Kind bildet einen Neuanfang. Sie kommen als »white paper«, als unbeschriebenes Blatt, auf die Welt und dienen so John Locke als Argument für seine empiristische Erkenntnistheorie. Leibniz korrigierte seinen Philosophenkollegen, indem er sie mit Marmor verglich, dessen Maserung und Stoffqualität doch für Erziehung einiges vorgibt. Aber immer ist Erziehung im Spiel. Schon die Begriffe *großziehen, ziehen* setzen ein stets präsentes Autoritätsgefälle von Erwachsenen und Kindern voraus. Eine solche Pädagogik richtet sich auf den isolierten Einzelnen, der sich von den Berührungen mit der Welt möglichst freihalten soll, und bringt der Selbstentwicklung der Kinder im gesellschaftlichen Umgang mit Dingen und anderen Kindern höchstes Mißtrauen entgegen. Emil darf keinen Augenblick alleine gelassen werden, das Auge das Erziehers darf nicht ermüden. In dieser Hinsicht haben Emil und Siegfried dieselbe Prägung; ihr soziales und kulturelles Unterscheidungsvermögen überschreitet kaum den Horizont einer in feste Lager eingeteilten Welt.

Mit der Götzen- und Götterdämmerung der Helden rücken freilich ganz andere Entwicklungsprinzipien von Menschen zur Entfaltung ihrer Naturanlagen, ihrer gesellschaftlichen Natur, in den Vordergrund: Diese

Prinzipien sperren sich gegen jede treibhausmäßige Spezialisierung und Vereinseitigung. Die differenzierte Entwicklung der Gefühlswelt (Mut, Angst, Hilfsbereitschaft, Aggression) ist für eine selbstbestimmungsfähige Persönlichkeit ebenso wichtig wie Verstand und gesellschaftliches Kommunikationsvermögen. Die zivilisationskritische Komponente wird hier nicht zum Argument gegen die Aufwertung gesellschaftsfähiger Vernunft.

Seit A. S. Neill 1921 Summerhill gründete, waren neue Erziehungsmotive gesetzt. Seit diesem großen Schulexperiment wissen wir, daß ohne eine Entwicklung des emotionalen Unterbaus, ohne reichhaltige Entfaltung von sozialen Fähigkeiten, selbst körperliche und geistige Spitzenleistungen lebensgeschichtlich nur sehr schwer der Persönlichkeit zu integrieren sind. Selbstbestimmung, Selbstregulierung der eigenen Bedürfnisse, Kooperation und gesellschaftliche Solidarität – das sind wesentliche Momente einer Bildung, die den Helden und das Genie überflüssig machen, ohne auf die ihnen allein zugesprochenen kulturellen Leistungen verzichten zu müssen.

Aber ganz die Helden und Genies zu verabschieden scheint auf große Sperren im kollektiven Unbewußten zu stoßen. Das Bedürfnis nach ihnen ist um so verbreiteter, als in einer krisenhaften Welt die überzeugenden Krisenlösungen ausbleiben. Große Persönlichkeiten (vielleicht gar Genies oder Helden?) schaffen neue Übersichtlichkeiten. Doch die modernen Helden und Kraftgenies, Boxer, Tennisspieler, Fußballer (und für jeden die entsprechende Figur im Mediengeschäft), sehen vorerst nicht ganz so finster und bedrohlich aus wie die alten Stukapiloten und Ritterkreuzträger. Aus dem Siegfried-Motiv ist das Boris-Becker-Syndrom geworden.

3. »Vergesellschaftung von unten« als Bedingung individueller Freiheit: Zur Selbstaufklärung der Aufklärung

Francisco Goya hat modernen Kritikern der Aufklärung ein Bild hinterlassen, das sie ebenso häufig wie hilflos verwenden. Denn es umfaßt den ganzen, mit verwirrendem Gegensinn durchsetzten Deutungsreichtum, der den Begriff der Aufklärung ausmacht.

Der Titel der Radierung »Capricho 43«, die um 1798 entstand, lautet schlicht: »El sueño de la razon produce monstruos«. Dieser Text findet sich auf der Seitenfläche einer Art Schreibtisch, an dem ein Mann über seinem Schreibwerkzeug eingeschlafen ist. Um ihn herum schwirren Fabeltiere mit Eulengesichtern und Fledermausflügeln. Auf dem Boden liegt eine Raubkatze. Alle Tiere scheinen ihrer Bewegung und der starren Blickrichtung nach den Schlafenden zu bedrohen.

Dem kritischen Zeitgenossen der Industriegesellschaft wird es keinerlei Probleme bereiten, monströse Ungeheuer zu beschreiben und höchst materiellen Erscheinungen der Kriegstechnologie, der synthetischen Biologie und der Computertechnik zuzuordnen. Aber »el sueño« ist Schlaf und Traum in einem – in bezug auf die Fortschrittsphilosophie eine abgründige Doppelbedeutung. Wie die Nachgeborenen Goyas dieses provokative, ja geradezu anstößige Bild verstanden, hängt mit ihrer Grundeinstellung zur Aufklärung zusammen. Die einen sprachen davon, daß die Phantasie, vom Verstand und der Vernunft verlassen, Ungeheuer hervorbringe, vereint mit ihnen jedoch die Mutter der Künste sei. Die anderen deuteten den Titel des Blattes so, daß die Menschen dem Ruf des Verstandes und der Vernunft folgen müssen, wenn nicht alles zur Fieberphantasie und zum Alptraum werden soll. Man machte sich auch Gedanken darüber, welcher Deutung Goya selbst wohl den Vorzug gegeben hätte. Seine ganze Lebensgeschichte und sein künstlerisches Werk sprechen dafür, daß Ungeheuer dann geboren werden, wenn die Vernunft bloß noch dazu dient, die Phantasie als authentischen Ausdruck der lebendigen Erfahrungsweise von Menschen zu unterdrücken. Ungeheuer entstehen aber auch dadurch, daß die Realitätsbewältigung durch Verstand und Vernunft verlorengeht.

Aufklärung ist nicht eine Frage des logischen Diskurses, sondern der praktischen, auf Eingriff gehenden Welteinstellung. Unterhalb der Aufklärung verläuft alles so, wie es immer gewesen ist. Das ist das eigentümliche Recht des Mythos, der vom Wiederholungszwang lebt. An verschiedenen Zusammenhängen, in denen sich das problematische Verhältnis von Individuum und Gesellschaft zeigt, läßt sich verdeutlichen, wie dieser Mythos zu brechen ist und welche Funktion die Selbstaufklärung der Vernunft darin haben könnte. Diese Selbstaufklärung hat gerade erst begonnen, und sie fällt unendlich schwer im Vergleich zu einer Haltung, die sich spöttisch neben die Aufklärung stellt und der Vernunft aufbürdet, was doch Verbrechen der vernunftlosen Menschen und der aus ihren Fugen geratenen Gesellschaft sind.

Günter Grass fragt, »ob der derzeitige, pragmatisch verengte, so kalte wie selbstherrliche Begriff von Vernunft weiterhin herrschen darf oder ob, in Fortführung der Aufklärung, eine offene, die Einbildungskraft einbeziehende Vernunft nicht hilfreicher wäre; deren Licht freilich könnte nur noch gebrochen, aber auch wärmer die allgemeine Wirrnis ausleuchten«. Im folgenden versuche ich eine solche legitime Kritik der Aufklärung, die ihren eigenen Nährboden nicht verleugnet und sich als Erweiterung und Fortführung der Aufklärung versteht. Nicht ein Zuviel an Aufklärung, wie uns immer neue Mythen und die archaisierende Gefühlsästhetik mit suggestivem Geschäftseifer nahelegen wollen, ist verantwortlich für die Misere des gesellschaftlichen Bewußtseins, sondern ein Zuwenig. Und wer sich entschlossen hat, das Ende der Aufklärung als Tatbestand zu nehmen und vielleicht sogar das, was fällt, noch stoßen möchte, muß wissen, auf welche Abenteuer er sich damit einläßt. In einer auf sich selbst angewandten Aufklärung sehe ich das einzige Mittel, die Dunstschwaden der Gegenaufklärung zu vertreiben, die sich immer dann ausbreiten, wenn in gesellschaftlichen Krisenstimmungen ein starkes Bedürfnis nach eindeutigen Schuldzuweisungen entsteht.

Aufklärung hat ihrem Ursprungsgehalt nach die logische Urteils- und Begründungsfähigkeit der Menschen zum Ausgangspunkt und die Herstellung eines vernunftbestimmten sittlichen Gemeinwesens zum Ziel. Für Kant sind Aufklärung und Vernunft unabdingbar geknüpft an den Prozeß des Mündigwerdens, an den kategorischen Imperativ, sich seines Verstandes ohne Anleitung eines anderen zu bedienen. Autonomie, also

Selbstbestimmung im Handeln und Denken, und Vernunft sind praktisch bedeutungsgleich. Aufklärung ist also, moderner gesprochen, Vorurteilskritik: die durch Wissenschaft und Erfahrung gewonnene Möglichkeit, selbstverschuldete oder durch Herrschaft und Gewalt aufgezwungene Abhängigkeiten der Menschen durchschaubar zu machen, sowie die praktische Verpflichtung, Protest zu erheben gegen Unterdrückung und Erniedrigung. Von diesem Begriff der Aufklärung gehe ich aus, wenn ich im folgenden einige Thesen zur »Vergesellschaftung des Menschen« als Voraussetzung individueller Emanzipation formuliere.

Der Begriff der Vergesellschaftung ist vieldeutig und eignet sich deshalb in besonderer Weise als politischer Kampfbegriff. Vergesellschaftung des Menschen wird oft dahingehend aufgefaßt, daß eine zunehmende gesellschaftliche Integration der Individuen angestrebt sei, an deren Ende das völlige Aufzehren ihrer individuellen Besonderheit steht. In der deutschen Kulturgeschichte trägt »Vergesellschaftung« zudem einen negativen Akzent. »Vergemeinschaftung«, der polemische Gegenbegriff, verspricht die Gefühlsqualität der Nähe, die Entfaltung all dessen, was die wirklichen menschlichen Bedürfnisse in Form eines sittlichen und konfliktlosen Gemeinwesens fortführt und produktiv befestigt. Vergesellschaftungshandeln dagegen ist immer auf Organisationen und Verbände, auf Staat und Ökonomie bezogen und scheint sich als etwas strukturell Fremdes, sogar Kaltes und Totes auf den Lebensprozeß der Menschen zu legen. Soll Gemeinschaft die bloße Erweiterung der individuellen Intimität zu gemeinsamem Handeln in Gruppen und ganzen Völkern ermöglichen, so wird Gesellschaft gerade daran gemessen, daß sie entindividualisiert, also die auf Dauer zu sichernden Institutionen über die wechselnden Bedürfnis- und Gefühlslagen der Menschen stellt.

Diese Charakterisierung von Vergesellschaftung setzt jedoch ein abstraktes, zuletzt unwandelbares Gegenüber von Gesellschaft und Individuum voraus, so als würden zwei voneinander unabhängige Wesenheiten einen Kampf um Einflußsphären führen. Ein solcher Kampf kann tatsächlich stattfinden, aber als politische Auseinandersetzung in einer je gegebenen Konstellation beider, nicht als ein gleichsam ewiges Ringen zwischen einer vorgesellschaftlichen Natur des Menschen und der ihr gegenüberstehenden Gesellschaft. Auch das Innere des Menschen, seine einzigartige Individualität, die seine Einspruchs- und Widerstandsmöglichkeiten gegen die Gesellschaft bestimmt, ist in einem so hohen Maße gesellschaftlich vermittelt, seine spezifischen Ausdrucksformen sind so stark kulturell geprägt, daß die biologische beziehungsweise gattungsgeschichtliche Ausstattung der Individuen demgegenüber eher als Naturrohstoff der vergesellschaftenden Arbeit betrachtet werden muß.³

Marx hat diesen Gesichtspunkt, indem er die sich gegenseitig bedingenden Abstraktionen des Feuerbachschen Materialismus und der idealistischen Persönlichkeitstheorie einer Kritik unterzog, ins Zentrum der Dialektik von Individuum und Gesellschaft gerückt: »Es ist vor allem zu vermeiden, die ›Gesellschaft‹ wieder als Abstraktion dem Individuum gegenüber zu fixieren. Das Individuum ist das gesellschaftliche Wesen. Seine Lebensäußerung – erscheint sie auch nicht in der unmittelbaren Form einer gemeinschaftlichen, mit anderen zugleich vollbrachten Lebensäußerung – ist daher eine Äußerung und Bestätigung des gesellschaftlichen Lebens.«⁴ Das ist ein Existentialurteil: Die Besonderheit macht den Menschen zum Individuum, und zwar als Kategorie realer Praxis, nicht nur in der Idee. Das Recht dieser Besonderheit ist ein Produkt der neuzeitlichen Geschichte. Vergesellschaftung der Produktion durch Vervielfältigung von Arbeitsteilung und Kooperation sowie gesellschaftlicher Verkehr der austauschenden und handelnden Subjekte auf der Stufenleiter der großen Industrie lösen die individuelle Besonderheit nicht auf, sondern schaffen sie: Erst sie machen die Menschen zu individuellen Gemeinwesen, die ihre Autonomie in dem Maß gewinnen, wie sie den gesellschaftlichen Reichtum nicht nur in Objekten anschauen können, sondern über eigene, subjektive Aneignungs- und Ausdrucksmittel dieses Reichtums verfügen.

Es gehört zur tragischen Entwicklung des Marxismus im zwanzigsten Jahrhundert, daß dieser humane Grundgedanke völlig pervertiert wurde. In dem Maße, wie die Marxsche Gesellschaftstheorie ihre Substanz als Kritik verlor und zu einer Legitimationswissenschaft für gesellschaftliche Modernisierung und treibhausmäßig nachgeholte Industrialisierung wurde, erstarrte die Dialektik von Individuum und Gesellschaft, die ja, philosophisch gesprochen, ihr prozeßhaftes Leben gerade daraus bezieht, daß in jedem Akt der Versöhnung neue Widersprüche entstehen und also Nicht-Identisches mitproduziert wird. Hat das Individuum einmal das Licht der geschichtlichen Welt erblickt, hat es sich als selbständige Kraft aus den Banden naturwüchsiger Gemeinschaften gelöst, so behält sein Recht der Freiheit Eigensinn auch gegenüber der Gesellschaft, der es entsprungen ist.

Von diesem Tatbestand ging die Marxsche Theorie aus. Zu seiner Verteidigung konnte sich die Kritik darauf konzentrieren, den objektiven Schein des Absolutheitsanspruchs der Subjekte ideologiekritisch zu denunzieren. Was als Kritik an der Bewußtseinsphilosophie und der idealistischen Subjekttheorie intendiert war und zu der fatalen politischen Formel zugespitzt wurde, der Mensch sei das »Ensemble gesellschaftlicher Verhältnisse«, konnte unter den Bedingungen einer rückständigen Gesellschaftsordnung, unter der das Individuum erst im Entstehen begriffen war, zum Einwand gegen den gesellschaftlichen Eigensinn des Subjekts gemacht werden. Das Allgemeine, die Gesellschaft, wird wieder in den Rang eines naturwüchsigen Gemeinwesens erhoben, für das die Individuen nur Anhängsel sind – eine ironische Verkehrung vom Wahrheitsgehalt des Marxschen Denkens, das vom historisch gewordenen individuellen Gemeinwesen ausgegangen war.

An diesem Punkt setzt nun ein ganz anderer Mechanismus in bezug auf die Vergesellschaftung des Menschen ein. Er beruht auf einer politisch bewußten Planung, die gerade das wieder fixiert, was Marx vermeiden wollte: die ›Gesellschaft‹ als Abstraktion dem Individuum gegenüber. Die darin angelegte Störung einer lebendigen Dialektik von Individuum und Gesellschaft, aus deren grundsätzlicher Widersprüchlichkeit nicht herauszuspringen ist, produziert jetzt als falsche Versöhnung eine Reihe anderer Widersprüche, die ich hier in ihren soziologischen Verästelungen nicht entfalten, lediglich in ihren politischen Konsequenzen benennen kann.

Jeder Versuch, die Menschen von oben zu vergesellschaften, ohne den zivilisatorisch erreichten Stand der Ausbildung des Individualismus in den historisch gleichzeitig fortgeschrittenen Ländern zu berücksichtigen, der Versuch, die Stufe der Individualisierung von Rechten und Freiräumen unter den jeweils historisch spezifischen Lebensbedingungen einer Gesellschaft zu überspringen, ist zum Scheitern verurteilt. Die Entscheidung einer Gesellschaft, den Weg der industriellen Produktion zu beschreiten, ist unabdingbar an die Notwendigkeit geknüpft, mit der gesellschaftlichen Produktion zugleich das individuelle Gemeinwesen zu entfalten. Die Menschenrechte der Privatsphäre müssen als Schutzrechte des Individuums gegenüber Staat und Gesellschaft verankert werden. Das Versprechen politischer Machtapparate, die wirklich gesellschaftlichen Eigenschaften der Menschen freizusetzen, hat deren tatsächliche historisch-praktische Entfaltung zur Voraussetzung. Das je Eigene des Menschen ist zwar bis ins Innerste durch Gesellschaft konstituiert, aber es ist weder bloßer Schnittpunkt noch die Summe gesellschaftlicher Verhältnisse. Wenn Marx davon spricht, daß nur in der Gesellschaft der Mensch sich vereinzeln könne, so benennt er ein unverzichtbares Privileg, das die Individuen in der modernen Gesellschaft genießen und das ein historisches Minimum darstellt. Es ist gegenüber allen traditionalen Ordnungen zu verteidigen, wie auch gegenüber denjenigen, die Vergesellschaftung zum standardisierten Verhaltensmuster von Volksgemeinschaften pervertieren wollen.

Selbstaufklärung der Aufklärung in Zusammenhängen, in denen es um den politischen Ausdruck von gesellschaftlichen Fähigkeiten und Eigenschaften der Individuen geht, muß deshalb auf der Erkenntnis bestehen, daß nur von einer befriedigten Individualität, durch die Pflege und den Schutz von Intimität, Kräfte freigesetzt werden können, die den Menschen als gesellschaftlichen Wesen zugute kommen und eine stabile kollektive Regelung ihrer Angelegenheiten ermöglichen. Das Bedürfnis nach politischer Kollektivität muß von den Menschen selbst reklamiert werden und kann nicht bloßes Resultat der politischen Programmatik von Machtapparaten sein. In den Menschen muß ein ununterdrückbares Bedürfnis danach entstehen, daß sie durch politische Formen der Vergesellschaftung und durch eine auf das Gemeinwesen gerichtete gesellige Kommunikation zu ihren Privatverhältnissen etwas hinzugewinnen; daß der andere Mensch ihnen zum politischen Bedürfnis geworden ist.

Überall dort, wo den Menschen die kollektiven Sinne von außen aufgeredet werden, wo so getan wird, als wäre die Verantwortung vor dem Kollektiv wichtiger, produktiver und befriedigender als die Verantwortung vor sich selbst, lösen sich ganze Schichten ihrer Persönlichkeit aus diesen Zwangsvergesellschaftungen und tendieren zu den verdrehtesten Ausdrucksformen. Das war in allen Ländern des »realen Sozialismus« der Fall.

Da sich dort ein Schwarzmarkt der Träume und der Wünsche herausbildete, die sich im Privaten verbarrikadierten, kann man buchstäblich davon sprechen, daß die Gesellschaft in zwei gegeneinander hermetisch abgeriegelte Gesellschaften zerfiel: In der einen verbrachten die Menschen ihren Alltag, übten Funktionen aus, unterschrieben gesellschaftliche Selbstverpflichtungen und Solidaritätserklärungen, erweckten also öffentlich den Anschein, als wäre die Zeugung des politischen Menschen endlich massenhaft geglückt; in der zweiten Gesellschaft lebten sie ihre individuellen Hoffnungen und Träume aus. Ob sich das innere Gemeinwesen, Phantasietätigkeit und Alltagsutopien, nun in die Religion, in den Alkohol oder in die Datscha flüchtete oder ob es in Phantasien vom Goldenen Westen und entsprechenden Fluchtimpulsen zum Ausdruck kam, war ziemlich gleichgültig angesichts der Tatsache, daß privates und öffentliches Leben völlig auseinanderfielen. Diese Tendenz der Aufspaltung wurde im übrigen auch dadurch bestätigt, daß in allen diesen Gesellschaftsordnungen, in denen es bereichsweise (wie im Militärsektor) entfaltete Ökonomie und industrielle Produktion auf hohem technischen Niveau gab, Emanzipationsbewegungen immer auch individuelle Rechte und den Schutz der Persönlichkeitssphäre einzuklagen versuchten.

Die Kritik an der Überpolitisierung des Kollektiven, an der von oben angeordneten und staatlich sanktionierten Vergesellschaftung, wie sie in Gesellschaftssystemen mit nachgeholter Industrialisierung regelmäßig anzutreffen war, erlaubt jedoch keineswegs befriedigende Aussagen über die hiesigen Verhältnisse. Das zweifellos höhere Maß an Privatheit ist nicht unmittelbar Zeichen für einen reicheren Bewegungshorizont der Individualität. Was die Systemblöcke voneinander unterschieden hat, läßt sich nicht schematisch als Gegensatz von kollektivem Zwang und individueller Freiheit bestimmen, sondern bestand wesentlich in den verschiedenen Verarbeitungsformen der hier wie dort gestörten Dialektik des Vergesellschaftungsprozesses und in der unterschiedlichen Verwertung des Rohstoffs, der in diesen Störungen gesellschaftlicher Bedürfnisse von Individuen durch deren Fragmentierungen, Ablenkungen und Verschiebungen produziert wird.

Genauer: In allen hochindustrialisierten Ländern mit dominanter Kapitalverwertung vollzieht sich eine extreme Polarisierung zwischen hochgradiger Vergesellschaftung bestimmter Prozesse der Produktion, in der zu Apparaten und Maschinensystemen geronnene lebendige Arbeit fortlaufend auf die tote Arbeit gehäuft wird, und einer wachsenden Privatisierung der menschlichen Lebenszusammenhänge. Von diesem chronischen Ungleichgewicht der Vergesellschaftungsschichten zehren die kapitalistischen Verwertungsinteressen. Die Angst, die aus diesem Widerspruch von privater Ohnmacht und öffentlicher Macht entsteht und entsprechend ihrer unbewußten Virulenz Ordnungsträume und Unterwerfungsphantasien hervortreibt, kommt dem Legitimationsbedarf des politischen Herrschaftssystems nur zu gelegen. Was sich im Ganzen an Aufspaltungen von Öffentlichkeit und Privatheit vollzieht, durchdringt auch die Subjekte und wird hier immer aufs neue befestigt.

Der Preis für die treibhausmäßige Entwicklung der Verstandestätigkeit, welche der Logik der verselbständigten Zwecke, einer durch wachsende Naturbeherrschung erleichterten Selbsterhaltung dient, ist die Rückbildung der übrigen menschlichen Fähigkeiten, die auf dem einmal erreichten Niveau festgehalten werden oder durch solchen rasanten Fortschritt zusätzlich verkümmern: Reichtum des Verstandes und Armut der Sinne sind zwei Seiten desselben Zivilisationsprozesses. Die beschleunigte Vergesellschaftung des Verstandes, der in seinen wissenschaftlichen und technischen Produktionen eine eigene machtvolle und die Lebensweise aller Menschen durchdringende Gegenstandswelt erzeugt hat, ist von der Entwicklung der Gefühle, der Sinne, der Vorstellungs- und Einbildungskraft abgekoppelt worden. Diese Vermögen haben Privatcharakter erhalten, und in dem Maße, wie sie in ihrem archaischen, nicht-vergesellschafteten Zustand gehalten werden können, ermöglichen sie einen fruchtbaren Boden für die Vergesellschaftung durch Kultur- und Bewußtseinsindustrie, die mit autonomen vergesellschafteten Lebensräumen nicht weniger als ihren Verwertungsrohstoff verlieren würde. Dadurch, daß die Sinne blind bleiben, hat auch der Verstand seine Sehkraft verloren.

Die Antiquiertheit des Menschen, von der Günther Anders spricht,[5] bezeichnet diese gleichsam anthropologische Rückständigkeit, die freilich ihren geschichtlich genau benennbaren Grund hat: Es sind die strukturellen Interessen von Kapital und bürokratischen Herrschaftssystemen, die in den hohen Vergesellschaftungsgrad von Wissenschaft und Technik eingehen. Gleichzeitig errichten diese Interessen, ohne daß solche Vorgänge noch als einzelne Interventionen erkennbar wären, Barrieren gegen eine diesem technisch-wissenschaftlichen Entwicklungsniveau entsprechende Umgestaltung der menschlichen Lebenswelt, in der die

Vergesellschaftungsbedürfnisse (und nicht nur die Nähebeziehungen der Vergemeinschaftung) zum freien Ausdruck kommen könnten. Mit freiem Ausdruck meine ich, daß Formen der gegenständlichen Tätigkeit entwickelt werden, einer Selbstverwirklichung, die nicht auf bloßes Innenleben beschränkt bleibt, sondern eine Öffentlichkeit des kommunikativen Handelns herstellt, in der sich die einzelnen Subjekte wiedererkennen können, obwohl es sich gerade nicht um eine bloße Erweiterung ihrer geschwisterlichen und familialen Nähebedürfnisse handelt.

Kant mag recht haben, daß aus einem so krummen Holze wie dem, woraus der Mensch besteht, schwerlich etwas Gerades gezimmert werden könne. Aber es kommt gesellschaftlich gar nicht darauf an, Geradlinigkeit der Verhältnisse herzustellen, wo grundlegende Konflikte und Widersprüche bestehen: Diese Konflikte und Widersprüche öffentlich zu machen, gemeinschaftliche Formen des Umgangs mit diesen Konflikten zu ermöglichen, wäre schon ein Akt von Selbstaufklärung der Aufklärung, der sich sehen lassen könnte.

Nimmt man den Menschen in seinen mannigfaltigen Eigenschaften und Fähigkeiten als inneres Gemeinwesen, so läßt sich in keiner Hinsicht ein Naturgrund dafür angeben, daß einige dieser Fähigkeiten in besonderer Weise für Vergesellschaftungen geeignet sind, andere dagegen prinzipiell ungesellig bleiben müssen. Marx spricht mit Recht davon, daß auf einem bestimmten Entwicklungsniveau der Geschichte die »Sinne Theoretiker werden«; denn deren Emanzipation besteht eben darin, daß sie sich das ihnen Fremde aneignen und doch seine Eigenmacht anerkennen, darin, daß sie den gefräßigen »Sinn des Habens« überwinden und Verstand annehmen. Aus einem kulturellen Mißverständnis behält man die Genußfähigkeit, den genießenden Reichtum nur jenen Sinnen vor, die sich der Reflexionskraft des Verstandes verweigern. Freilich hatte schon Kant, indem er die erkennende Vernunft strikt von ihrem praktischen und ästhetischen Vermögen trennte, dem *sensus communis*, das heißt dem vergesellschafteten Sinn, einen niederen Status zugeschrieben und ihm lediglich die Bereiche der ästhetischen Urteilskraft zugeordnet. In der europäischen Denktradition besitzen die aus der Vergesellschaftung des Verstandes und der Vernunft entwickelten Verpflichtungen einen wesentlich höheren Grad der kommunikativen Verbindlichkeit als die, die es mit der Sinnentätigkeit zu tun haben.

Geschichtlich hat sich dieser Zwiespalt zwischen hochgradig vergesellschafteten Verstandesleistungen und den vorgesellschaftlich, gleichsam archaisch fixierten Sinnestätigkeiten aufs Äußerste zugespitzt und eine lebensbedrohende Dimension angenommen. Denn überall dort, wo einzelne isolierte menschliche Fähigkeiten – und Wissenschaft und Technik gehören dazu – treibhausmäßig entwickelt werden, ohne daß diese Prozesse von einer Vergesellschaftung von unten begleitet sind, erweitern sie zwangsläufig die Grauzonen, in denen sich Angst und Zerstörungspotentiale entfalten. Die Menschen verhalten sich ihnen gegenüber, als handle es sich um Naturvorgänge, gegen die der einzelne gar nichts auszurichten vermag und kleine selbstbewußte Kollektive nichts Nennenswertes erreichen können. In Wahrheit ist die Aufrechterhaltung und Erweiterung dieser Grauzonen jedoch ein wesentliches Mittel zur Bewahrung und Zementierung überholter Herrschaftsverhältnisse.

Die politischen Herrschaftssysteme im Osten haben größte Anstrengungen unternommen, das Experimentierfeld politischer Vergesellschaftungen von unten einzuschränken und zu fragmentieren; sie sind allesamt daran zerbrochen. Aber auch der Westen ist nicht frei von solchen Tendenzen. Die Enteignung der menschlichen Lebenszusammenhänge, die das Ziel solcher Einschränkungen und Fragmentierungen ist, jene »Kolonisierung der Lebenswelt«, von der Jürgen Habermas spricht, erfolgt unter hiesigen Bedingungen in einer fein abgestimmten Kooperation zwischen Überwachungsstaat, der die politischen Kommunikationsrechte austrocknet, und Teilverwertungen der Bedürfnisse und Interessen durch die kapitalistische Medienindustrie. Jeder Ansatz einer autonomen politischen Kommunikation, der von Alltagsinteressen der Vergesellschaftung ausgeht, wird mit Mißtrauen verfolgt und in Bahnen gelenkt, die politische Initiativen neutralisieren und auf das Niveau eines Privatrisikos zurückdrücken.

Wird der sinnlichen Betätigungsweise jedoch der öffentliche Raum entzogen, so schrumpft gleichzeitig deren gesellschaftliche Entwicklungsbasis. Öffentlichkeitsentzug und Objektverlust sind jene Mechanismen eines Herrschaftssystems, in denen fortwährend Trennungsängste produziert werden, die sich auf jede Initiative lähmend auswirken und die gesellschaftsbezogene Phantasie, die sich auf die produktive Veränderung der Verhältnisse richtet, in den abgeschotteten Bereich von Wunschträumen bannen. Diese privatisierten Wünsche eignen sich in besonderer Weise als Rohstoff einer Vergesellschaftung von oben.

Menschen, die unter Bedingungen hochindustrialisierter Gesellschaften leben und von Geburt an mit Gesellschaft in Berührung kommen – deren Sozialisation und Erziehung also mit Normen und Werten ausgestattet sind, die sich auf Zusammenleben ausrichten –, leiden nicht nur unter zwangsweisen Privatisierungen, sondern sind in Gefahr, krank zu werden. Aus der Arbeitslosenforschung weiß man, was es für die einzelnen bedeutet, wenn sie auf Dauer von gegenständlicher, gesellschaftlich bedeutsamer Tätigkeit getrennt werden. Mit dem Objektverlust verkümmern auch die Zeitperspektiven ihrer Lebensplanung; ihr individuelles Gemeinwesen verarmt im gleichen Maße, wie sie die konkreten Möglichkeiten verlieren, sich im gesellschaftlichen Gemeinwesen bestätigt zu finden. Die fatale Einrichtung von Hochsicherheitstrakten zeigt, daß es im Extremfall sogar tödlich sein kann, den Sinnen ihr gesellschaftliches Betätigungsfeld zu entziehen.

Diese gestörten Vergesellschaftungsprozesse in der industriellen Zivilisation zerbrechen jedoch nicht nur die individuellen Lebenszusammenhänge, sondern bedrohen langfristig auch die Lebensfähigkeit der Gesamtgesellschaft. Ist lebendige Arbeitskraft nicht mehr imstande, durch kollektive Willensbildung Kontrolle über die Vergesellschaftungsprozesse von Wissenschaft und Technik auszuüben oder wenigstens die begriffliche Einbildungskraft soweit zu entwickeln, daß die darin beschlossenen Gefahren mit den Alltagsinteressen verknüpfbar bleiben, dann entstehen ganz neue Gefahrenherde in der Gesellschaft, die quer zu den guten oder bösen Absichten der Menschen liegen. Weil sie lebendigen Zwecksetzungen entzogen waren, als sie produziert wurden, sperren sich diese Absichten auch gegen den Zugriff aktuell lebendiger Kontrolle und Veränderung.

Was ich damit meine, möchte ich am Strukturwandel des Krieges erläutern, dem äußersten Punkt der menschlichen Selbstentfremdung und der höchsten Ausdrucksform einer Entwertung von lebendiger Arbeit zugunsten der in Maschinensystemen vergegenständlichten toten Arbeit.

Angst ist ein Warnsignal für drohende Gefahr. Sie motiviert viele Bewegungen, die ihre Kraft gewinnen aus dem Widerstand gegen die bedrückende Anhäufung von Kriegsmaterial und gegen die unkalkulierbaren Folgen der Technik. Das Besondere unserer gegenwärtigen Situation besteht darin, daß sich elementare Existenzängste der Menschen, wie sie in der bisherigen Geschichte immer wieder aufgetreten sind – Arbeitsplatzängste, Furcht vor Hunger und Tod, lebensgeschichtliche Krisen, die zur Zersetzung der Zukunftsperspektiven führen –, mit Ängsten koppeln, die in der bisherigen Geschichte völlig unbekannt gewesen sind: Ängsten vor der materiell möglichen Selbstvernichtung der Menschheit und der Ruinierung ihrer Lebensgrundlagen. Auch wer apokalyptische Untergangsvisionen von sich weist und mit Recht einwendet, daß der größte Teil der Menschen, die solche Perspektiven beschwören, in ihrem Alltagsverhalten davon nur wenig berührt sind, muß zugestehen, daß der Untergang der Menschheit zum ersten Mal in der uns bekannten Geschichte aufgrund selbstproduzierter Zerstörungsmittel möglich ist. Das ist ein qualitativer Unterschied zu allem, was es an erdgeschichtlichen und gattungsgeschichtlichen Brüchen, Sprüngen und Revolutionen bisher gegeben hat. Diese kumulierten Ängste haben zweifellos zu einer erhöhten Aufmerksamkeit für gesellschaftliche Gefahrenherde geführt und die Abwehrfront dagegen vergrößert. So diffus diese Ängste sind, signalisieren sie auch das Unvermögen, die verselbständigten, mit Eigensteuerungen ausgestatteten Maschinensysteme und Apparate in den praktischen Vorstellungshorizont des Alltagslebens zurückzuholen.

Angst hat mit Enge eine gemeinsame Sprachwurzel, und die Bewältigung der wirklichen Gefahren wird durch sie blockiert. Diese sprengen nicht nur das Vermögen der sinnlichen Vorstellungskraft und der menschlichen Wahrnehmungsfähigkeit, sondern auch die herkömmlichen Begriffe, mit denen wir sie zu fassen versuchen. Den Krieg hatte der preußische Militärphilosoph Clausewitz definiert als einen »Akt der Gewalt, um den Gegner zur Erfüllung unseres Willens zu zwingen... Um diesen Zweck sicher zu erreichen, müssen wir den Feind wehrlos machen, und dies ist dem Begriff nach das eigentliche Ziel der kriegerischen Handlung.« Nicht Vernichtung ist demzufolge das Ziel des Krieges: In hochindustrialisierten Ländern entspricht, was Clausewitz Krieg nannte, eher dem, was Christa Wolf mit Vorkrieg meint. Die Wirkungen der modernen Massenvernichtungswaffen erscheinen so ungeheuerlich, daß man den Begriff des Krieges mit zweckrationalen Bestimmungen überhaupt nicht mehr umschreiben kann. Urbilder des Atomkrieges sind die Gaskammern der Konzentrationslager und der Feuertod Hiroshimas; und wenn man nach vergleichbaren Ereignissen in der Welt der Mythen und der Religionen sucht, muß man zu den Urkatastrophen zurückgehen oder Beschreibungen der Hölle heranziehen. Für all das noch das Wort Krieg zu verwenden ist unangemessen, ja trägt zur Verharmlosung des zugrundeliegenden Sachverhaltes bei; es ist Ideologie, falsches Bewußtsein.

Die menschliche Vorstellungskraft wäre überfordert, wollten wir unsere Welt realistisch sehen. Mit der Vorstellungskraft für das Unheil schwindet auch die für das Glück und für befriedigende und lebensfördernde Verhältnisse. Obwohl niemand sich anmaßen kann, einen geschlossenen Plan zur Gesellschaftsveränderung zu entwerfen, so zeigen sich doch unter unseren Augen praktische Schritte, die auf eine überfällige politische Vergesellschaftung der Menschen von unten auf der Basis ihrer wirklichen sozialen Lebensbedürfnisse zielen.

Wenn ich von einer notwendigen Vergesellschaftung der Menschen von unten spreche und sie sowohl von den politischen Zwangsvergesellschaftungen als auch von den Fremdvergesellschaftungen durch Bewußtseins- und Kulturindustrie abgrenze, dann meine ich damit etwas ganz Elementares in den Lebenszusammenhängen der Menschen: die Erweiterungen der Formen, in denen die Menschen ihre durch Familiensozialisation, in Schule und Beruf erworbenen gesellschaftlichen Fähigkeiten auch praktisch betätigen können. Die gegenständliche Tätigkeit der Nähesinne dort, wo die Menschen wohnen und arbeiten, wo sie ihre Ängste in politischen Demonstrationen öffentlich ausdrücken, wo sie Gefahren wahrnehmen und bekämpfen – diese Betätigung ist Grundlage für die Entwicklung der Fernsinne, von sinnlich reflektierten Wahrnehmungen, die sich auf das Ganze der Gesellschaft unter dem Aspekt seiner Veränderbarkeit richten können. Erst die Gestaltung einer eigenen Gegenstandswelt, in der die Menschen sich wiedererkennen, löst das Gespensterdasein der Dinge und der Verhältnisse auf, jenen »Alp der toten Geschlechter« und vor allem der toten Arbeit, der auf den Sinnen und Köpfen der Lebenden lastet.

Vergesellschaftung der Produktionsmittel wird bei einem wachsenden Stand der riesigen Produktivkräfte, die durch das marktwirtschaftliche Nadelöhr privatkapitalistischer Verfügungen geschleust werden, auf Dauer unvermeidlich sein. Aber eine emanzipative Bedeutung wird diese Vergesellschaftung nur dann entfalten, wenn die Menschen ihre gesellschaftlichen Vermögen im kleinen haben entwickeln können. Erst dann kommen Vernunft und Sinne, Verstand und Einbildungskraft wieder zusammen.

Was könnte, unter diesen Bedingungen einer gebrochenen und vielfach verzerrten, von Fremdinteressen und Gewalt überlagerten Vergesellschaftung der Menschen, ein moralisch vertretbarer und durch die Gefahren gebotener Standpunkt zur Selbstaufklärung der Aufklärung sein?

Ich komme auf Kant zurück. Um das Programm des Zeitalters der Kritik und der Aufklärung zu bezeichnen, stellte er drei Fragen: Was kann ich wissen? Was soll ich tun? Was darf ich hoffen? Schließlich die vierte, welche die übrigen zusammenfaßte, aber viel zu allgemein war, als daß man darauf eine spezielle Untersuchung hätte gründen können: Was ist der Mensch? Die letzte Frage findet sich nur in seinen Vorlesungsaufzeichnungen zur Metaphysik und Logik.

Die erste dieser Fragen war für ihn offenbar noch ein Problem, denn es ging ihm um gesicherte und das hieß für Kant naturwissenschaftlich begründete Erkenntnis, die zur Realitätsaneignung und -bewältigung tauglich ist. Die Frage ist heute leicht zu beantworten, denn selbst prominente Naturwissenschaftler wie Erwin Chargaff sind mittlerweile erschrocken über die Beschleunigung, mit der die Naturwissenschaften immer weiter voranschreiten, und plädieren für die Rückkehr zur »kleinen Wissenschaft«, zu einem eher handwerklich bestimmten Wissenschaftsbetrieb.[6]

Mir scheint demgegenüber notwendig zu sein, das Kantsche »Können« als einen Begriff zu betrachten, der von den Sachverhalten her, auf die er sich ursprünglich bezog, veraltet ist, und ihn durch ein nicht prinzipielles, sondern offenes »Sollen« zu ersetzen: Was sollte ich wissen, damit die Gefahren, die mit dem Machbaren und Erkennbaren verknüpft sind, vermieden werden können? Ein solches Wissen würde technisch-naturwissenschaftliche Erkenntnis in gesellschaftliches und geschichtliches Bewußtsein einbinden und den Irrtum vermeiden, dabei handele es sich um gegenständliches, wertneutrales Wissen. Wenn ich der Gentechnologie das Wort rede, sollte ich wissen, was unter bestimmten Herrschaftsbedingungen damit gemacht wird. Ich kann es wissen, aber es wäre notwendig, auch die Konsequenzen eines solchen Wissens mit zu bedenken: Diese würden nicht nur technischer Art sein, sondern sich auf den Lebenszusammenhang der Menschen beziehen.

Kant fragt zweitens: Was soll ich tun? Ich soll alles tun, was der Menschheit in meiner Person zu ihrem Recht verhilft. Das jedoch ist ein Imperativ, der so allgemein gehalten ist, daß er zu nichtssagenden Bekenntnissen herausfordert. Die Kantische Frage muß also umformuliert werden, indem nicht das Sollen, sondern ein in Handlungszusammenhänge eingebundenes Können unsere auf Erkenntnis und Wissen gehende Neugierde bestimmt. Welche Möglichkeiten des Eingriffs in die Verhältnisse bestehen, welche Folgen haben sie? Häufig benutzen in Ohnmacht versetzte Menschen die Formel, daß sie nichts tun können, obwohl sie sich dessen doch bewußt sind, daß sie etwas tun sollten. Von dieser Entmutigung des Tuns, die jedem einzelnen widerfährt, lebt der zerstörerische Selbstlauf der Verhältnisse.

Und schließlich bedürfen wir nicht des Kantischen »Was darf ich hoffen?«, sondern unsere Frage lautet: Was muß ich hoffen, damit die in mir arbeitende Phantasietätigkeit, die produktive Einbildungskraft, nicht bloße Privattätigkeit bleibt oder dem gesellschaftlichen Betrieb eingefügt wird, wie etwa an den Formen der ghettoisierten Kunstpraxis abzulesen ist.

Im Begriff des Realismus hat sich Entscheidendes geändert: Realistisch scheinen nur noch die Utopien zu sein – die negativen ebenso wie die positiven –, in denen sich die wissende Hoffnung autonom vergesellschafteter Menschen Gehör verschafft und Licht auf die praktischen Schritte wirft, die zur Überwindung des Gespensterdaseins der Tatsachenwelt unternommen werden.

4. Tabula rasa (White paper) oder Marmor? Die erkenntnistheoretische Beweiskraft eines Neugeborenen

Aus der Gemeinschaft vernunftfähiger Lebewesen herausgenommen und in den Status des reinen Naturwesens gedrückt, degeneriert das Kind zum bloßen Empfindungsmaterial, zur passiven Materie. Es kehrt erst dann in die Gesellschaft des »animal rationale« zurück, wenn es konstituiert, das heißt durch die Kategorien der Erwachsenenwelt strukturiert ist. Das Kind hat – in einem keineswegs nur metaphorisch gemeinten Sinn – den erkenntnistheoretischen Status des bloßen Sinnenmaterials.

Seit Descartes die philosophische Frage der eingeborenen Ideen (*ideae innatae*) aufgeworfen hat, die immer wieder Kontroversen hervorruft, spielen Kinder in der Erkenntnistheorie eine entscheidende Rolle. Das gilt insbesondere für John Locke, dessen erfahrungsbestimmter Erkenntnisansatz nur empirische Widerlegungen und Begründungen zuläßt. Um zu beweisen, daß weder praktische Prinzipien noch Ideen angeboren sind, vielmehr durch Erfahrung erworben werden müssen, greift Locke auf Anschauungsbeispiele aus der Kinderwelt zurück. Für ihn selbst, der von 1667 bis 1675 im Hause des Earl of Shaftesbury als Arzt und Freund den kranken Sohn pflegte und erzog, hatten solche Beispiele unmittelbare Beweiskraft. Beobachtungen, die er über die geistige, moralische und körperliche Entwicklung von Kindern machte, faßte er schließlich 1693 in einer Schrift über Erziehung zusammen, die Rousseau für die Entwicklung seiner eigenen pädagogischen Ansichten ausgiebig benutzt hat.

Wenn der Mensch geboren wird, bringt er nichts auf die Welt mit außer Anlagen. Keine Spur von Ideen läßt sich auffinden, nichts, was sich als Objekt des Verstandes begreifen läßt, was immer man unter »Phantasma, Begriff, Vorstellung, oder was immer es sei, das den denkenden Geist beschäftigen kann, versteht«.[7] Locke führt aus: »Wenn wir neugeborene Kinder aufmerksam betrachten, so werden wir wenig Grund zu der Annahme haben, daß sie zahlreiche Ideen mit sich auf die Welt bringen. Denn abgesehen vielleicht von einigen schwachen Ideen von Hunger, Durst, Wärme und gewissen Schmerzen, die sie im Mutterleibe empfunden haben mögen, zeigt sich bei ihnen nicht die geringste Spur von tief eingewurzelten Ideen, insbesondere nicht von Ideen, die den Ausdrükken entsprächen, aus welchen die als angeborene Prinzipien betrachteten allgemeinen Sätze gebildet sind. Man kann wahrnehmen, wie später allmählich Ideen in ihren Geist gelangen und daß sie weder mehr noch andere Ideen erwerben als die, mit denen die Erfahrung und die Beobachtung der ihnen begegnenden Dinge sie ausstatten.«[8]

Wären Kategorien wie Identität, Unmöglichkeit, Sätze wie »Es ist nicht möglich, daß etwas ist und gleichzeitig nicht ist«, das mathematische Prinzip »Das Ganze ist größer als eines seiner Teile«, die Gottesvorstellung usw. Ideen im Sinne der dem Menschen ursprünglich eingeprägten Schriftzeichen, dann müßte es in der Kindheitsentwicklung von Geburt an Hinweise dafür geben, daß die Kinder mit solchen Erkenntnisprinzipien zwanglos und vor jeder Erfahrung umgehen können. Das bestreitet Locke entschieden. »Hat ein Kind eine Idee von Unmöglichkeit und Identität, bevor es eine solche von weiß oder schwarz, süß oder bitter besitzt? Beruht es auf der Erkenntnis dieses Prinzips, daß es schließt, daß eine mit Wermut bestrichene Brust einen anderen Geschmack hat, als das Kind ihn dort zu finden gewohnt war? Ist es die tatsächliche Kenntnis des Satzes: impossibile est idem esse et non esse (es ist unmöglich, daß etwas ist und zugleich nicht ist), die das Kind veranlaßt, zwischen seiner Mutter und einer Fremden zu unterscheiden, oder es bestimmt, jene lieb zu haben und diese zu fliehen? … Die Namen Unmöglichkeit und Identität stehen für zwei Ideen, die soweit davon entfernt sind, … mit uns in die Welt gekommen zu sein, sie liegen dem Denken der ersten Kindheit und Jugend so fern, daß ich glaube, eine Prüfung wird ergeben, daß sie auch vielen Erwachsenen fehlt.«[9]

Die Beobachtung von Kindern macht es Locke zufolge einleuchtend, daß es keine Ideen gibt, die nicht aus Sensation (Empfindung) und Reflexion entspringen, dieser doppelten Quelle von Erfahrung und Erkenntnis. Die Menschen bringen nichts als Naturanlagen auf die Welt, und diese werden erst genutzt und zur Entwicklung fähig, wenn sie auf äußere Gegenstände stoßen. Ideen sind in Begriffe und Worte gekleidete Antworten auf Sinnenreize. Wo die Sinne sich nicht an den Dingen reiben können, entstehen auch keine Ideen und Begriffe. Bei einem neugeborenen Kind ist wenig zu finden, »was auf eine an vieles Denken gewöhnte Seele deutete, und noch weit weniger, was von solchen Überlegungen überhaupt zeugte. Jedoch ist es schwer vorstellbar, daß eine vernünftige Seele so viel denke, aber gar keine Schlüsse ziehen sollte. Man bedenke, daß neugeborene Kinder den größten Teil ihrer Zeit verschlafen und kaum wach sind, es sei denn, daß sie hungrig nach der Mutterbrust verlangen oder daß ein Schmerz (die ungestümste aller Sensationen) oder ein anderer starker körperlicher Eindruck den Geist zur Wahrnehmung und Beachtung zwingt; ich sage, man ziehe all dies in Betracht und man dürfe vielleicht die Annahme für begründet halten, daß der Zustand des Fötus im Mutterleib sich nur wenig von dem der Pflanze unterscheidet; denn ersterer bringt den größten Teil seiner Zeit ohne Wahrnehmung und ohne Gedanken zu und tut kaum etwas anderes als an einem Orte zu schlafen, wo er nicht nach Nahrung zu suchen braucht und von einer stets gleich nachgiebigen Flüssigkeit von fast immer gleicher Temperatur umgeben ist, wo kein Licht das Auge trifft und die Ohren in ihrer Abgeschlossenheit kaum für Geräusche zugänglich sind, wo es wenig oder gar keine Abwechslung oder Veränderung der Objekte gibt, die die Sinne erregen könnten.«[10]

Die Ideen so ganz aus der Reibung mit dem Stoff des Denkens zu gewinnen – allein verursacht durch die Eindrücke, die äußere Objekte bei unseren Sinnen hervorrufen –, erscheint Locke, der um den gewaltigen Ideen- und Gedankenvorrat, die Gedächtnisleistungen und die Kombinationskraft des menschlichen Verstandes weiß, doch unzureichend. Die Erfahrung des Pädagogen mag ihn zu der Überzeugung gebracht haben, daß aktive Arbeit erforderlich ist, wenn menschliche Erkenntnis über das bloße Aufraffen zufälliger Empfindungen hinauskommen will; Allgemeinheit und Notwendigkeit in der Erkenntnis sind nicht als bloße gewohnheitsmäßige Wiederholungen zu verstehen, wie David Hume angenommen hat.

»Nehmen wir also an, der Geist sei, wie man sagt, ein unbeschriebenes Blatt, ohne alle Schriftzeichen, frei von allen Ideen; wie werden ihm diese dann zugeführt? Wie gelangt er zu dem gewaltigen Vorrat an Ideen, womit ihn die geschäftige schrankenlose Phantasie des Menschen in nahezu unendlicher Mannigfaltigkeit beschrieben hat? Woher hat er all das Material für seine Vernunft und für seine Erkenntnis? Ich antworte darauf mit einem einzigen Worte: Aus der Erfahrung. Auf sie gründet sich unsere gesamte Erkenntnis, von ihr leitet sie sich schließlich her.

Unsere Beobachtung, die entweder auf äußere sinnlich wahrnehmbare Objekte gerichtet ist oder auf innere Operationen des Geistes, die wir wahrnehmen und über die wir nachdenken, liefert unserem Verstand das gesamte Material des Denkens. Dies sind die beiden Quellen der Erkenntnis, aus denen alle Ideen entspringen, die wir haben oder naturgemäß haben können.«[11]

Soweit es die Seite der Empfindungen (Sensations) betrifft, also eher die Welt der Erscheinungen und der entsprechenden Wahrnehmungen, bleibt Lockes Argumentation konsequent. Aber bereits die Ergänzung dieses Empfindungsprinzips durch das der Reflexion bricht den einseitigen Kausalitätszusammenhang, der jetzt Elemente geistiger Operationen einbezieht, die eine eigen-sinnige Struktur haben. Der Unterscheidung zwischen Sensation (Empfindung) und Reflexion entspricht jetzt, in umgekehrter Beziehung zur Erfahrung, die Unterscheidung zwischen primären Qualitäten und sekundären Qualitäten. An sich müßte man nach Lockes These annehmen, daß primäre Qualitäten die sind, die sich unmittelbar aus der Dingwelt ableiten. Das Kind wird als unbeschriebenes, weißes Blatt verstanden (»white paper, void of all characters, without any ideas«), in der lateinischen Übersetzung wird der Begriff *tabula rasa* benutzt. Für die Seele, die gleich einem weißen unbeschriebenen Blatt ohne alle Vorstellungen zu verstehen sei, wird dieser Begriff seit Aristoteles verwendet. Variationen gibt es bei Erasmus von Rotterdam, dem ersten großen Humanisten der modernen Welt, der von *tabula complanatea* und der *anima vacua* spricht. Aber von diesen philosophischen Konzeptionen unterscheidet sich Locke. Ihm ist als gutem Bürger zwar vollständiges Wissen nicht wichtig, Locke betont aber, daß das Wissen sich auf unser wirkliches Verhalten bezieht, weil er Gründe für die Entwicklungsfähigkeit der Menschen angeben muß. Um zeigen zu können, was aus einem Lebewesen, das als unbeschriebenes Blatt in die Welt eintritt, durch Bildung und Erziehung gemacht werden kann, bedarf es einer inneren Kraft, die einer solchen Prägung entgegenkommt. Angeboren sind daher nicht die Ideen, gleichsam Begriffe vor der Existenz ihrer körperlichen Träger, sondern Naturvermögen, die brachliegen können wie Verwertungsrohstoff oder zu höchsten Gestaltungen gebracht werden. Die wirkliche Leistung der bürgerlichen Bildung und Erziehung bemißt sich daran, daß die Distanz zwischen Kindern und Erwachsenen, bildbarem Rohstoff und den objektiv möglichen Zielen, besonders groß ist. Für diesen Beweis bürgerlicher Leistungsfähigkeit eignet sich eine Kinderseele, die ursprünglich ein unbeschriebenes Blatt ist, in besonderer Weise.

Aber diese Uridee von bürgerlicher Bildung und Erziehung, wie sie Locke erkenntnistheoretisch am unbeschriebenen Blatt des Kindes ausdrückt, ist in der bürgerlichen Gesellschaft nie unbestritten gewesen. Es gibt zwei Traditionen von Bildungsbegriffen, die schon im Entstehungsprozeß der bürgerlichen Welt mitspielen. Die eine Tradition geht auf Plato zurück und begreift Lernen als einen Prozeß der Anamnesis, als eine allmähliche, durch die Geburtshilfe der Erwachsenen geförderte Wiedererinnerung von Ideen und Erkenntnissen, die an sich vorhanden sind und sich nicht erst durch den äußerlichen Anstoß der Erfahrung bilden. Die zweite Tradition vertritt die Auffassung, daß Begriffe und Erkenntnisse wesentlich durch die Außenwelt und – wenn man den Erzieher dazwischenschaltet – durch die wissenden Erwachsenen geprägt werden. Die bürgerliche Gesellschaft unterscheidet sich von der vorbürgerlichen, der antiken und der mittelalterlichen Welt lediglich dadurch, daß dieser Widerspruch im Begriff des Lernens zugespitzt wird. Auch in diesem Punkt erfindet die bürgerliche Gesellschaft keine originellen Elemente von Bildung und Erziehung, sondern radikalisiert nur einzelne Positionen, weil sich jetzt die Aufmerksamkeit auf die Kindheit konzentriert. Ohne die permanente Herstellung einer Ausgangslage, die ganz neue Anfänge ermöglicht, konnte sich eine Idee von der Erziehung des Menschengeschlechts überhaupt nicht bilden.

Leibniz steht mit seinen Ideen in der Tradition der Anamnesis. Er nimmt Lockes Untersuchung über den menschlichen Verstand zur Vorlage seiner eigenen Kommentare – eine in dieser Zeit vielfach praktizierte Anerkennung großer Vorgänger. Was er aber im einzelnen entwickelt, unterscheidet sich radikal von den Grundannahmen Lockes. Dessen System hat, wie Leibniz sagt, »mehr Beziehung zu Aristoteles und das meinige zu Platon. Wir unterscheiden uns hinsichtlich einiger recht wichtiger Gegensätze. Es handelt sich darum zu wissen, ob die Seele an und für sich ganz leer ist, gleich einer noch unbeschriebenen Tafel (tabula rasa), wie Aristoteles und der Verfasser der Abhandlung annehmen, und ob alles, was darauf verzeichnet ist, einzig von den Sinnen und der Erfahrung herrührt; oder ob die Seele ursprünglich die Prinzipien verschiedener

Begriffe und Lehrsätze enthält, welche die äußeren Gegenstände nur bei Gelegenheit in ihr wiedererwecken, wie ich in Übereinstimmung mit Platon ... glaube.«[12] In der Geschichte der Philosophie findet Leibniz viele Namen für jene der Erfahrung vorausgehenden Begriffe: Historiker hätten diese Prinzipien *prolepses* (Grundannahmen) genannt, die Mathematiker *notiones communes*, in der Philosophie seien andere schöne Namen erfunden worden, so *semina aeternitatis* (Samenkörner der Ewigkeit) oder auch *zopyra*, »als ob [Julius Scaliger] von lebendigen Feuern sprechen wollte, von leuchtenden, in unserem Inneren verborgenen Zügen, die bei der Berührung mit der sinnlichen Erfahrung aufscheinen, gleich den Funken, die aus dem Gewehr beim Losdrücken heraussprühen... Die Sinne sind zwar für alle unsere wirklichen Erkenntnisse notwendig, aber doch nicht hinreichend...«[13]

Nichts sei im Verstande, was nicht vorher in den Sinnen gewesen sei, hatte Locke behauptet. Leibniz hat demgegenüber die kleine, aber wesentliche Einschränkung gemacht: Außer dem Verstande selbst (*nisi intellectus ipse*). Verstand und Sinne rücken bei Leibniz wiederum zusammen, es gibt Übergänge zwischen den »matters of facts« und den »relations of Ideas«. Einen ontologischen Graben zwischen Empfindungen und Reflexionen akzeptiert Leibniz nicht. Die Welt der Wahrnehmungen und des Denkens baut sich allmählich durch Intensitätsgrade und Stufen des Bewußtseins auf, so daß es unmerkliche Empfindungen gibt und stärker bewußte, die eine größere Nähe zum Verstand haben. Aus bloßem vernunftlosen Material kann sich nichts Vernünftiges entwickeln. Leibniz setzt bei Lockes prekärem Begriff von Reflexion an; dieser enthält in der Tat vieles, was erfahrungsunabhängig ist, weil uns die Sinne darüber keine Auskunft geben.

»Ist dies so, kann man dann leugnen, daß es in unserem Geiste viel Angeborenes gibt, weil wir sozusagen uns selbst angeboren sind, und daß es in uns Sein, Einheit, Substanz, Dauer, Veränderung, Tätigkeit, Perzeption, Lust und tausend andere Gegenstände unserer intellektuellen Ideen gibt? ... Daher habe ich lieber den Vergleich mit einem Stück Marmor gebraucht, das Adern hat, als den mit einem ganz einheitlichen Marmorstück oder einer leeren Tafel, die man bei den Philosophen tabula rasa nennt. Denn wenn die Seele dieser leeren Tafel gliche, so würden die Wahrheiten in uns enthalten sein, wie die Figur des Herkules im Marmor, wenn dieses Stück Marmor vollständig gleichgültig dagegen ist, ob es diese oder irgendeine andere Gestalt erhält. Gäbe es aber in dem Stein Adern, welche die Gestalt des Herkules eher als irgendeine andere Gestalt anzeigten, so würde dieser Stein dazu mehr angelegt sein, und Herkules wäre ihm in gewissem Sinne wie eingeboren, wenn auch Arbeit nötig wäre, um diese Adern zu entdecken und sie durch Politur zu säubern, indem man alles entfernen würde, was sie daran hinderte, deutlich hervorzutreten. In dieser Weise sind uns die Ideen und Wahrheiten eingeboren als Neigungen, Anlagen, Fertigkeiten oder natürliche Kräfte, nicht aber als Tätigkeiten, obgleich diese Kräfte immer von gewissen, oft unmerklichen Tätigkeiten, welche ihm entsprechen, begleitet sind.«[14]

Mit diesem Ansatz des Lernens und der Bildung unterscheidet sich Leibniz grundlegend von Locke. Der werdende Mensch ist in allem – selbst der Verschiedenheit der Menschen untereinander – bereits im Kinde angelegt und bildet kein beliebig formbares Material. Es ist wohl kein Zufall, daß Leibniz keine spezielle Erziehungstheorie entwickelt hat und auch sonst die Ausstattung des Kindes nicht benutzt, um Wahrheitsbeweise zu führen. Da das Ganze und Vollkommene bereits in den kleinsten Elementen enthalten ist, wenn auch nicht in bewußter Form, ist potentiell auch alles im Kinde enthalten, was durch bewußte Förderung und Eingriffe der Erwachsenen später daraus gemacht werden kann. Das gilt bei Leibniz sogar für die Tiere, die nicht völlig vernunft- und bewußtseinslos sind.

In diesem Punkt steht Leibniz der psycho-genetischen Erkenntnistheorie von Piaget nahe; ohne Eigenaktivität der senso-motorischen Grundausstattungen des Kindes, die sich bereits im Mutterleib regen, würden die gegenständlichen Herausforderungen nie zur Ausbildung einer komplexen Struktur des Denkens und der Urteilsbildung führen. Für Leibniz laufen viele Tätigkeiten und Erregungen, die es im Kind, aber auch in den Erwachsenen gibt, in Bereichen des Vorbewußten und Unbewußten ab, so daß das von Descartes und Locke für das Denken geforderte *clare et distincte* die Reflexion nicht trennscharf und eindeutig von den Empfindungen (Sensations) abgrenzt. »Er [Locke] hält uns«, sagt Leibniz, »entgegen: da die Körper ohne Bewegung sein können, vermöchten wohl die Seelen ebensogut auch ohne Denken zu sein. Aber da antworte ich ein wenig anders, als es gemeinhin geschieht. Ich nehme nämlich an, daß eine

Substanz von Natur aus nicht ohne Tätigkeit sein kann, und daß es selbst niemals einen Körper ohne Bewegung gibt... Eindrücke in der Seele und im Körper, wenn sie den Reiz der Neuheit verloren haben, sind nicht mehr stark genug, um unsere Aufmerksamkeit und unser Gedächtnis konzentriert auf sich zu ziehen.«[15] So entwickelt Leibniz einen ganz anderen Begriff von Identität. Es sind die mikrologischen Empfindungen, die sich zusammensetzen zu einem Teilganzen, wodurch Eindrücke entstehen. »Diese kleinen Perzeptionen sind also in der Folge von größerer Wirksamkeit, als man denkt. Sie bilden das ›Ich-weiß-nicht- was‹, diesen Geschmack nach etwas, diese Vorstellungsbilder von sinnlichen Qualitäten, welche alle in ihrem Zusammensein klar, jedoch in ihren einzelnen Teilen verworren sind; und sie bilden auch jene Eindrücke, die die umgebenden Körper auf uns machen, und die das Unendliche in sich einschließen, jene Verbindung, die jedes Seiende mit dem ganzen Universum besitzt. Man kann sogar sagen, daß vermöge dieser kleinen Perzeptionen die Gegenwart mit der Zukunft schwanger geht und mit der Vergangenheit beladen ist... Diese unmerklichen Perzeptionen (perceptions insensibles) bezeichnen auch und konstituieren das identische Individuum, das durch Spuren oder Ausdrucksformen charakterisiert wird, die sie von den vorhergehenden Zuständen dieses Individuums aufbewahren und wodurch sie die Verbindung mit seinem gegenwärtigen Zustand herstellen; ein höherer Geist könnte diese Spuren erkennen, auch wenn das Individuum selber sie nicht bemerken würde, das heißt, wenn es keine ausdrückliche Erinnerung mehr an sie besäße.«[16]

Aus dieser These von den unmerklichen Perzeptionen ergibt sich für Leibniz, daß kein Mensch wie der andere ist und Bildung, Erziehung und Lernen nie nach solchen identifizierenden Mustern erfolgen können. Ist nämlich das Kind einmal zur *res extensa* geschlagen, also zur vernunftlosen, ausgedehnten Substanz, dann entspringt alles, was aus den darin enthaltenen Vermögen zu machen wäre, der *res cogitans*, der erwachsenen männlichen Vernunft.

Mich interessiert im begrenzten Zweck meiner Untersuchung die Frage, wie Lernen verstanden wird – einen bestimmten Begriff von Kindheit, also eine spezifische Form der Subjekt-Objekt-Beziehung vorausgesetzt. Aus den bisherigen Erörterungen ergibt sich, daß für John Locke zunächst die Herstellung einer Umgebung zentral ist, die für die kindlichen Sinnesorgane günstig ist und deren Entfaltung fordert. Diese Form des Lernens erscheint ihm jedoch nicht ausreichend, weil der reflexive Anteil darin fehlt, der auf der Einübung von Prinzipien und Verhaltensregeln beruht. So benötigt seine Pädagogik über die förderlichen und günstigen Verhältnisse hinaus den Erzieher (bei Locke bevorzugt in der Rolle des Hauslehrers), um durch Übung und möglichst früh einsetzende Affektkontrolle zur Bildung von Gewohnheiten beizutragen. »Habits«, Gewohnheiten, die sich am Ideal des tugendhaften Bürgers, des Gentleman, orientieren, sind nur zu erreichen, wenn die Kinder »sogar schon von der Wiege an daran gewöhnt werden,... ihre Begierden zu unterdrücken und mit ihren Wünschen leer auszugehen. Das erste, was sie lernen müßten, besteht darin, daß sie nicht etwas bekommen sollen, was ihnen gefällt, sondern weil es als ihnen zukommend (fit for them) angesehen wird.«[17]

Dieser puritanisch getönte Lern- und Erziehungbegriff gründet sich keineswegs auf die damals üblichen Gewalttakte gegen Kinder, auf Peitschen- und Stockhiebe. Die pragmatische Strenge der Erziehung enthält, je näher das Kind an die Erwachsenenvernunft herankommt, immer stärker Züge eines auch lustbetonten und auf Neugier gehenden Lernens, das wesentlich auf »vertrauensvollen Austausch« (confident communication) zwischen heranwachsenden Kindern und Erwachsenen beruht. Die sich vergrößernde Eigendynamik der Ideenassoziationen – auch sie werden durch gewohnheitsmäßige Verknüpfungen erweitert – verändert jedoch nicht die Grundstruktur dieses Lernbegriffs, der von äußerlichen Eingriffen, Reizen und Motiven lebt. »The great Thing in Education is, what Habits you settle.« Mit seiner Verknüpfung von Erkenntnistheorie und Pädagogik leistet John Locke einen die gesamte Zeit der Aufklärung bestimmenden Beitrag zur Entwicklung des gesellschaftlichen Erfahrungsbegriffs. »Lockes Erziehungsgedanken beruhen auf durchdachten philosophischen, psychologischen und politiktheoretischen Grundlagen. Nicht zuletzt war es das Prestige des Philosophen, das auch zur Anerkennung des Pädagogen Locke beitrug. Ihm kommt ein wesentlicher Anteil an der Geschichte der ›Entdeckung des Kindes‹ zu. Er gehört zu den Überwindern der Vorstellung von Unterricht als bloßem Vollstopfen des Kopfes mit Lernstoff. Alles Lernen wird von ihm auf die Entwicklung des Denkvermögens und der Einstellung für die Erforderung des Lebens bezogen.«[18]

Leibniz bestreitet keineswegs, daß Erfahrungen und Sinneswahrnehmungen für unsere Erkenntnisse notwendig sind; er bestreitet aber, daß in der Welt der äußeren Erscheinungen die Hauptkräfte der lebendigen Bewegungen, der Reize und der Ursachen für Eindrücke und Ideen liegen. Indem Leibniz entschieden gegen die Descartessche Vorstellung von den Tieren als bloßen seelenlosen Maschinen protestiert, entwickelt er einen Begriff des Lernens, der nicht mehr am Erkenntnisideal von Logik und kalkulierender Vernunft gebildet ist. Ein großer Teil der Lernprozesse vollzieht sich unterhalb dieser Idealvorstellung von Erkenntnis, durch unmerkliche Perzeptionen, wie Leibniz sagt. Wichtig ist vor allem, daß er – wie am Beispiel des vorstrukturierten Marmor – von der sich erweiternden Eigentätigkeit der kleinsten Einheiten spricht, die er Substanzen oder Monaden nennt. Gewiß ist es unzulässig, Einheiten wie die eines neugeborenen Lebewesens, eines Kindes, mit der Vorstellung von einer solchen Monade zu verbinden. Da die Charaktermerkmale sich aber auf letzte unteilbare Einheiten beziehen, die sich durch Zusammensetzungen nicht wesentlich ändern, kann man diese Idee der Monade durchaus auf die Vorstellung beziehen, die Leibniz mit der Eigenwelt der Kinder verbindet.

Eine Substanz ist von Natur aus nicht ohne Tätigkeit, und es gibt nach Leibniz keinen Körper ohne Bewegung. So gibt es folglich menschliche Lebewesen, die nicht denken, aber es gibt keine, die nicht geistig rege und tätig sind. Alles, was sich Ausdruck verschaffen kann, ist im Innern der Lebewesen angelegt, in Keimen, Samen, Potentialen. In der »Monadologie« heißt es: »Die Philosophen sind über den Ursprung der Formen, Entelechien oder Seelen immer sehr in Verlegenheit gewesen. Heute jedoch, wo man durch genaue Untersuchungen an Pflanzen, Insekten und anderen Tieren erkannt hat, daß die organischen Körper der Natur niemals aus dem Chaos oder einer Fäulnis hervorgehen, sondern stets aus Samen, in denen zweifellos irgendeine Präformation lag, ist man zu dem Schluß gekommen, daß nicht nur der organische Körper in ihnen schon vor der Empfängnis enthalten war, sondern auch eine Seele in diesem Körper und, mit einem Worte, das Lebewesen selbst. Mittels der Empfängnis hat dieses Lebewesen nur die Fähigkeit zu einer großen Umbildung erlangt, wodurch es zu einem andersartigen Lebewesen wird.«[19]

Im Hinblick auf Kindheit und Lernen wären diese Gedanken über Leibniz noch weiter zu differenzieren. Ich beschränke mich aber darauf, zweierlei festhalten: Einerseits gehört Leibniz zu jenen Denkern des okzidentalen Rationalismus, die in vielfacher Hinsicht selbst Kritik an dieser Form der Vernunft üben, indem er außereuropäische Kulturen, wie zum Beispiel die Chinas, in seinen Begriff der Vernunft einbezieht. Das Fremde, fremde Völker und Kulturen erwecken die Neugierde von Leibniz.[20] So fügt sich Leibniz nicht der Feststellung von Dieter Richter, daß die Geschichte der Kindheit und der Prozeß der Zivilisation parallel verlaufen. Triebnatur des Kindes, Verhaltensmuster der Unterschichten und in den Kolonisierungsprozeß einbezogene Wilde ergeben ein unentwirrbares Geflecht im Deutungshorizont eines Bürgertums, das sich in dem Maße als geschichtliche Macht fühlt, wie es alles, was der entwickelten Vernunft fremd ist, ausgliedert und auf den Zustand einer ursprünglichen Akkumulation, das heißt beliebiger Rohstoffverwertung bringt. »In vielen Punkten damit parallel verläuft auch der Prozeß der ›europäisch-überseeischen Begegnung‹. Ähnlich wie die Ethnologie sich konstituiert als Reflex der Erfahrung fremder, außereuropäischer Kulturen, der ›Wildheit‹ und ›Unzivilisiertheit‹ der Eingeborenen, so entstehen die Kindheitsbilder der bürgerlichen Gesellschaft im Gefolge einer ›ethnologischen Erfahrung im eigenen Land‹. Gemessen an den Verhaltensstandards der (›gebildeten‹) Erwachsenen erscheinen Kinder zunehmend als unzivilisiert, als kleine Wilde, und dies in der doppelten Bedeutung des Wortes. ›Wild‹ meint: ungebildet und roh. Das Kind, vom Erwachsenen (der Mittel- und Oberschichten) durch den Prozeß der Zivilisation mehr und mehr getrennt, erscheint als noch nicht fertiger Mensch. Mit der ›Erfindung der Erziehung‹ (Katharina Rutschky) versucht die Gesellschaft den stärker fühlbar werdenden Bruch zwischen Erwachsenen und Kindern zu heilen, normativ zu überbrücken. Das Kinderbild der pädagogischen Bewegung des achtzehnten und neunzehnten Jahrhunderts trägt also Züge einer gigantischen Projektion: Alles, was die Menschheit an gesellschaftlichem Fortschritt erzielt hat und noch erreichen soll, wird an den Kindern exerziert, weil sie unbegrenzt lernfähig erscheinen, Wachs in des Schöpfers Hand. An ihnen wird täglich aufs neue die Natur in Zivilisation gemodelt. Das, was den Erzieher an diesen Kindern interessiert, ist nicht ihr Eigen-Sinn, ihr Eigen-Leben, sondern die Tatsache, daß dieses Leben verwandelt, geläutert, veredelt werden kann.«[21] Aus dem vorbürgerlichen Kinderkult wird also ein Kindheitskult. Das Wunder der Erziehung tritt an die Stelle des Wunders der Gnade. Kinder stehen, wie Richter feststellt, als Exemplare unendlicher Bildbarkeit vor uns; ihren Eigen-Sinn zu brechen steht daher am Anfang des Lernens. Im romantischen Kindheitsbild, in dem dieselbe auf Natur reduzierte Gestalt des Kindes aufgenommen wird, gilt das Kind als das unschuldige, durch Zivilisation nicht gebrochene, unverbildete Lebewesen. »Wo Kinder sind, da ist ein goldenes Zeitalter« (Novalis). Beiden Vorstellungen widerspricht Leibniz.

Zum anderen ist es ein Gedanke, der gut 250 Jahre nach Locke und Leibniz weiterentwickelt wird, daß nämlich »die senso-motorischen Strukturen die Grundlage für die späteren Denkoperationen darstellen. Daraus folgt, daß die Intelligenz vom Tun in seiner Gesamtheit ausgeht, sofern es die Gegenstände und das Wirkliche umwandelt, und daß das Erkennen, dessen Ausbildung man beim Kind verfolgen kann, wesentlich aktive und operative Assimilation ist.«[22] Piaget und Inhelder beziehen sich direkt auf die Kontroverse zwischen Leibniz und Locke, wobei sie allerdings die beiden näher aneinanderrücken, als jedenfalls Leibniz das zugestehen würde. »Die empiristische Tradition, die eine gewisse Pädagogik stark beeinflußt hat, hält das Erkennen im Gegenteil für eine Art Kopie des Wirklichen, wobei dann die Intelligenz ihren Ursprung allein in der Wahrnehmung (um nicht von Empfindungen zu sprechen) haben soll. Sogar der große Leibniz, der die Intelligenz gegen den Sensualismus verteidigte (indem er zur Sentenz *nil est in intellectu quod non prius fuerit in sensu* das *nisi ipse intellectus* hinzufügte), ließ die Vorstellung gelten, daß zwar nicht die Formen der Begriffe, Urteile und Gedankengänge von den Sinnen ›herrühren‹, daß aber ihr Inhalt integral aus diesen hervorgehe: Als ob es im geistigen Leben nur die Empfindungen und die Vernunft gäbe ... und keinerlei Aktion!«[23] Hier wird die Dialektik zwischen der Eigentätigkeit des Verstandes, ja des psychischen Apparates und der Sinne in strukturelle Beziehung zu dem gesetzt, was durch Wahrnehmungen und Empfindungen von der Außenwelt nach innen dringt. »Weder die Nachahmung noch das Spiel, noch die Zeichnung, noch das Bild, noch die Sprache, noch sogar das Gedächtnis (dem man eine mit der Wahrnehmung vergleichbare Fähigkeit spontaner Aufzeichnung hätte zuschreiben mögen) entwickeln oder organisieren sich ohne die ständige

Unterstützung durch die der Intelligenz eigene Strukturierung.«[24] Für den begrenzten Zweck dieses Abschnitts reichen diese Querverbindungen in der Analyse von Kindheit und Lernen aus, die sich keineswegs in eine geschichtliche Reihenfolge eingliedern lassen. Bestimmte Motive kehren immer wieder; so als wären sie Zeichen dafür, daß in mancher Hinsicht jede Generation im Umgang mit ihren Kindern von vorne anfängt und Erfahrungen nur schwer übertragbar und akkumulierbar sind.

5. Begabung, soziale Ungleichheit, Eliteförderung: Anthropologische Variationen

Jeder, der sich ernsthaft mit Erziehung und Lernen beschäftigt, fragt irgendwann: Wo sind die Grenzen unseres Einwirkens auf andere? Was bringen die Menschen als Naturteil mit, das wir durch bewußte Anstrengungen kaum verändern können? Worin bestehen die biologischen Barrieren, die gleichsam naturwissenschaftlich gezogenen Grenzen für Lernen und Erziehung?

Solche Fragestellungen zeigen, daß in der praktischen Verzweiflung über die Grenzen von Erziehung und Bildung nach Gründen gesucht wird, die die vergebliche Mühe wenigstens erklären. Im Erkenntnisinteresse entsteht dabei ein merkwürdiges Ungleichgewicht: In einem Gesellschaftsklima, das weitgehend durch Optimismus in Erziehungs- und Bildungsfragen bestimmt wird, erfolgt ein Ausschlag hin zu größerer Formbarkeit der Menschen in der Erziehung und zu offener Lernfähigkeit, während in Phasen gesellschaftlicher Entmutigung die Neigung wächst, die Ungleichheit unter den Menschen auf biologische Faktoren oder sonstige Entwicklungsgesetze zurückzuführen. Ist die eine Tendenz durch »Überhistorisierung« bestimmt, das heißt durch die Überzeugung, daß von anthropologischen Grundlagen der Erziehung und des Lernens überhaupt nicht gesprochen werden könne, so ist »Naturalisierung« die abstrakte Kehrseite dieser Tendenz, weil der geschichtlich-gesellschaftliche Boden nur als Veranschaulichungsmaterial natürlicher Triebe und Anlagen betrachtet wird.

Für beide Ausschläge im Erkenntnisinteresse gibt es gute Gründe: Wir sind nicht die allmächtigen Produzenten unserer Sinne, auch nicht die unserer Kinder. Die Sinnenausstattung mag Ergebnis von lebendiger Arbeit sein, aber nicht die des einzelnen Menschen, sondern einer in die Jahrmillionen reichenden Gattungsgeschichte. Die Greiffähigkeit unserer Hände, der Augensinn, Empfindungen der Haut, Denkfähigkeit und Gefühlsanlagen sind zunächst Naturtatbestände, die durch Manipulation verändert, ja verunstaltet und zerstört, aber in ihren Grundlagen nicht neu produziert werden können. Die unübersehbaren Naturtatsachen haben immer wieder dazu verleitet, das biologische Gattungserbe der Menschen möglichst weit zu strecken und dem menschlichen Einfluß in Geschichte und Gesellschaft sehr enge Grenzen zu ziehen.

Eine pessimistische Anthropologie, die die Grenzen von Erziehung und Lernen sehr eng zieht, operiert mit der Grundannahme, daß im historischen Wechsel der Erscheinungen nur Variationen einer Gattungsgeschichte zum Ausdruck kommen, die biologisch bestimmt ist, das heißt aus der Tierwelt herüberragt und sich in einer Art Invariantenlehre fassen läßt. Zu den Invarianten gehören zum Beispiel der Aggressionstrieb, Neid, Konkurrenz und viele andere Energien, die durch die entwickelte Kultur negativ besetzt sind. Eine Anthropologie dagegen, die das Erziehungs- und Lernfeld sehr weit faßt, betrachtet das biologische Erbe lediglich als objektive Möglichkeit, als Potential und Anlage. Marx nimmt in diesem Zusammenhang sicherlich eine Extremposition ein, die aber zum Traditionsbestand der bürgerlichen Aufklärungsphilosophie gehört.

Auch für Marx steht außer Frage, daß die menschlichen Sinne in ihrem biologischen Kern nicht Resultat der Geschichte und der Gesellschaft sind; aber in der Form sind es rohe Sinne, eigentlich noch nicht menschliche Sinne. Alles Wesentliche der Sinne entsteht dadurch, daß sie nach außen gehen, sich äußern und veräußern. Was sie sind, welche Kräfte und Möglichkeiten in ihnen stecken, ist ganz und gar davon abhängig, wie die gegenständliche Welt aussieht, auf die sie treffen und in der sie sich bestätigt oder verneint finden. Es ist nicht zu sagen, was zuerst da sein muß, der Sinn oder der Gegenstand des Sinns. Die Bildungsgeschichte der Sinne und ihrer Objektwelt konstituiert sich in einer subtilen Subjekt-Objekt-Dialektik. Naturanteile des Menschen und seine Geschichtsanteile lassen sich, will man seine Welt konkret begreifen, auch im nachhinein nicht wirklich voneinander trennen.

»Die Geschichte selbst ist ein wirklicher Teil der Naturgeschichte, des Werdens der Natur zum Menschen. Die Naturwissenschaft wird später aber ebensowohl die Wissenschaft vom Menschen, wie die Wissenschaft von dem Menschen die Naturwissenschaft unter sich subsumieren: Es wird eine Wissenschaft sein. Der Mensch ist der unmittelbare Gegenstand der Naturwissenschaft; denn die unmittelbare sinnliche Natur für den Menschen ist unmittelbar die menschliche Sinnlichkeit (ein identischer Ausdruck), unmittelbarer als der andere sinnlich für ihn vorhandene Mensch; denn seine eigene Sinnlichkeit ist erst durch den anderen Menschen als menschliche Sinnlichkeit für ihn selbst. Aber die Natur ist der unmittelbare Gegenstand der Wissenschaft vom Menschen. Der erste Gegenstand des Menschen – der Mensch – ist Natur, Sinnlichkeit und die besonderen menschlichen sinnlichen Wesenskräfte, wie sie nur in natürlichen Gegenständen ihre gegenständliche Verwirklichung, können nur in der Wissenschaft der Naturwissenschaft ihre Selbsterkenntnis finden. Das Element des Denkens selbst, das Element der Lebensäußerung des Gedankens, die Sprache ist sinnlicher Natur. Die gesellschaftliche Wirklichkeit der Natur und die menschliche Naturwissenschaft oder die natürliche Wissenschaft vom Menschen sind identische Ausdrücke.«[25] Die Geschichte ist somit nichts anderes als das Werden der Natur für den Menschen; jeder Geburt folgt eine zweite; der Mensch ist das einzige Lebewesen, das zweimal geboren wird.

Erst in der zweiten Geburt nehmen die Sinne menschliche Gestalt an. Aber weniger durch direkte Eingriffe der Menschen auf diese Sinne als vielmehr durch die Gestaltung der gegenständlichen Welt, an der sich diese Sinne reiben und aus der sie ihre Objektanteile erhalten. »Die Sinne des gesellschaftlichen Menschen [sind] andere Sinne, wie die des ungesellschaftlichen; erst durch den gegenständlich entfalteten Reichtum des menschlichen Wesens wird der Reichtum der subjektiven menschlichen Sinnlichkeit, wird ein musikalisches Ohr, ein Auge für die Schönheit der Form, kurz, werden erst menschliche Genüsse und fähige Sinne, Sinne, welche als menschliche Wesenskräfte sich bestätigen, teils erst ausgebildet, teils erst erzeugt. Denn nicht nur die fünf Sinne, sondern auch die sogenannten geistigen Sinne, die praktischen Sinne (Wollen, Lieben etc.), mit einem Wort der menschliche Sinn, die Menschlichkeit der Sinne wird erst durch das Dasein seines Gegenstandes, durch die vermenschlichte Natur. Die Bildung der fünf Sinne ist eine Arbeit der ganzen bisherigen Weltgeschichte. Der unter dem rohen praktischen Bedürfnis befangene Sinn hat auch nur einen bornierten Sinn. Für den ausgehungerten Menschen existiert nicht die menschliche Form der Speise, sondern nur ihr abstraktes Dasein als Speise; ebensogut könnte sie in rohester Form vorliegen, und es ist nicht zu sagen, wodurch sich diese Nahrungstätigkeit von der tierischen Nahrungstätigkeit unterscheidet. Der sorgenvolle bedürftige Mensch hat keinen Sinn für das schönste Schauspiel; der Mineralienkrämer sieht nur den merkantilischen Wert, aber nicht die Schönheit und eigentümliche Natur des Minerals; er hat keinen mineralogischen Sinn; also die Vergegenständlichung des menschlichen Wesens, sowohl in theoretischer als in praktischer Hinsicht, gehört dazu: Sowohl um die Sinne des Menschen menschlich zu machen, als um für den ganzen Reichtum des menschlichen und natürlichen Wesens entsprechenden menschlichen Sinn zu schaffen.«[26]

Es mag nun abschweifig und nutzlos erscheinen, in einem Buch, das sich praktischen Problemen von Erziehung und Lernen widmet, so weit zurückzugehen und selbst noch die biologische und anthropologische Dimension mit einzubeziehen. Doch jede pädagogische Arbeit und jede Theorie, die sich mit Erziehung, Bildung und Lernen beschäftigt, enthält einen anthropologischen Hintergrund, Bilder und Begriffe vom Menschen. Sie werden selten deutlich herausgestellt, sondern eher verschleiert, aber sie sind unschwer aufzudecken, wenn man sich um begriffliche Arbeit bemüht.

So muß jede Bildungstheorie Bruch und Kontinuität in den »Stufen des Organischen«, wie Helmuth Plessner die Gradwanderung zwischen Tier und Mensch nennt, noch einmal überdenken. Die Frage nach der *conditio humana*, nach der Naturgrundlage des Menschen, gibt vor, was er aus sich machen kann und wo er sich zu einem anmaßenden Prothesen-Gott entwickelt. Sollte es wirklich natürliche Invarianten in der Menschengattung geben, dann eröffnet das Bewußtsein davon Wege, die Welt menschlicher zu gestalten und von Generation zu Generation Erfahrungen und Forderungen weiterzugeben.

Was den Bruch zwischen Tier- und Menschenwelt betrifft, so ist die philosophische Anthropologie über die Grunderkenntnisse von Kant und Marx kaum hinausgekommen. Selbst die Bemühungen Arnold Gehlens, den institutionellen Aufbau der menschlichen Hochkulturen als Orientierung und Entlastung für die plastischen Antriebe des Menschen zu verstehen, der als Mängelwesen auf die Welt kommt und sich vielfache Ersatzorgane schaffen muß, finden sich im Prinzip schon bei Herder, Kant und Marx. Alles, was es an kulturellen Errungenschaften gibt, dient nach Gehlen der Stabilisierung dieser plastischen Antriebe, die aus sich heraus keine Struktur zu schaffen vermögen. Beide Elemente – die Tatsache des Mängelwesens wie die, daß der Mensch das einzige Lebewesen ist, das seine Werkzeuge selbst produzieren und somit erzogen werden muß – sind Bestandteil der Marxschen Analyse des Arbeitsprozesses, den Marx ja in seiner Allgemeinheit als eine Art anthropologische Grundlage der Geschichte betrachtet. Arbeit ist ein Prozeß zwischen Mensch und Natur, und wie immer man den Beginn der menschlichen Geschichte definieren mag – ob durch Religion, durch Sprache, durch aufrechten Gang –, der Mensch unterscheidet sich vom Tier dadurch, daß er die Werkzeuge seiner Lebensproduktion und damit den Kommunikationsprozeß, in dem diese Werkzeuge verwendet werden, selbst herstellt.

»Der Gegenstand, dessen sich der Arbeiter unmittelbar bemächtigt – abgesehn von der Ergreifung fertiger Lebensmittel, der Früchte zum Beispiel, wobei seine eigenen Leibesorgane allein als Arbeitsmittel dienen –, ist nicht der Arbeitsgegenstand, sondern das Arbeitsmittel. So wird das Natürliche selbst zum Organ seiner Tätigkeit, ein Organ, das er seinen eigenen Leibesorganen hinzufügt, seine natürliche Gestalt verlängernd, trotz der Bibel. Wie die Erde seine ursprüngliche Proviantkammer, ist sie sein ursprüngliches Arsenal von Arbeitsmitteln... Der Gebrauch und die Schöpfung von Arbeitsmitteln, obgleich im Keim schon gewissen Tierarten eigen, charakterisieren den spezifisch menschlichen Arbeitsprozeß, und Franklin definiert daher den Menschen als ›a toolmaking animal‹, ein Werkzeuge fabrizierendes Tier. Dieselbe Wichtigkeit, welche der Bau von Knochenreliquien für die Erkenntnis der Organisation untergegangener Tiergeschlechter, haben Reliquien von Arbeitsmitteln für die Beurteilung untergegangener ökonomischer Gesellschaftsformationen. Nicht was gemacht wird, sondern wie, mit welchen Arbeitsmitteln gemacht wird, unterscheidet die ökonomischen Epochen. Die Arbeitsmittel sind nicht nur Gradmesser der Entwicklung der menschlichen Arbeitskraft, sondern auch Anzeiger der gesellschaftlichen Verhältnisse, worin gearbeitet wird. Unter den Arbeitsmitteln selbst bieten die mechanischen Arbeitsmittel, deren Gesamtheit man das Knochen- und Muskelsystem der Produktion nennen kann, viel entscheidendere Charaktermerkmale einer gesellschaftlichen Produktionsepoche als solche Arbeitsmittel, die nur zu Behältern des Arbeitsgegenstandes dienen und deren Gesamtheit ganz allgemein als das Gefäßsystem der Produktion bezeichnet werden kann, wie zum Beispiel Röhren, Fässer, Körbe, Krüge usw.«[27]

Exemplarisch für die Aufklärungstradition in der modernen Anthropologie steht Helmuth Plessner. Zunächst davon ausgehend, daß instinktgebundene Intelligenz in Umweltbezügen zweifellos bei Tieren wie bei Menschen vorhanden ist, setzt er den radikalen Bruch zwischen Tier und Mensch dort, wo es um den menschlichen Geist, um menschliche Vernunft und den mit ihr verknüpften offenen Weltbegriff geht. Fundamental verstanden ist der Mensch der Emigrant der Natur, der keine Heimat von Natur hat, sondern nur insoweit, als er sie sich erobert und mit allen seinen geistigen Kräften des Gedankens und des Herzens an ihr festhält. Der Mensch schafft sich eine Wohnstätte, er schafft sich eine Heimat, weil er nirgendwo an einen Boden gebunden ist. Alles in der menschlichen Gattung ist darauf abgestellt, daß die biologischen Mängel ausgeglichen werden, aber nicht im Sinne einer Fortsetzung der Naturgeschichte, sondern zur selbstgestalterischen autonomen Überwindung von Abhängigkeiten und zur Selbstorganisation seiner Freiheitssphäre.»Die Stärke seiner biologischen Schwäche und Unspezialisiertheit steht mit der merkwürdigen Wurzellosigkeit zusammen, von der er in der Tat in allen seinen Handlungen, seinem ganzen Verhalten Zeugnis ablegt. Gerade diese Wurzellosigkeit, dieses sich überall von neuem verwandeln und seine Wurzeln, wenn er sie einmal geschlagen hat, stets wieder ausreißen können, ist das, was den Menschen zum Menschen macht. Man hat uns lange genug vorspiegeln wollen, das Höchste, was der Mensch erstrebend bewahren müsse, sei das Festgegründetsein in einer bestimmten heimatlichen Landschaft in Blut und Boden. Gegen einen entwurzelten oder wurzellosen Menschentyp gerichtet, mag die Verteidigung des verwurzelten Bauers oder Städters sich hören lassen, obwohl die Gefahr des Mißbrauchs, der mit den Werten von Heimat, Volk und Brauchtum getrieben wird, zutage liegt. Aber direkt zur Lüge wird die Aufstellung einer derartigen Norm, wenn sie sich auf die Behauptung einer fundamentalen Gebundenheit des Menschen an ein bestimmtes Blut und an einen bestimmten Boden, das heißt an eine Umwelt im Sinne tierischer Gebundenheit beruft... Es gibt nichts in seinem Leben, was der Mensch nicht machen müßte, wofür er nicht zu sorgen, was er nicht zu gestalten hätte. In diesem eigentümlichen Nichtfestsitzen des Menschen gründet seine eigentümliche Geistigkeit, Menschlichkeit, Freiheit.«[28]

Die menschlichen Sinne und Ausdrucksformen sind Resultat eines Prozesses, der von den kulturellen Vorleistungen nicht abzutrennen ist. Beim Gehen, Greifen, Ruhen und Sichbewegen, aber auch in den Phänomenen von Lachen, Lächeln und Weinen, im Erröten der Scham, im Erbrechen, im Schlaf und in der Ohnmacht manifestieren sich Tätigkeiten und Ausdrucksformen, die die Sonderstellung des Menschen in der Welt bezeichnen und die ohne das Prägende seiner geistigen Existenz nicht zu verstehen wären. Die Sprache ersetzt die Bewegung; in dem Maße, wie die Menschen sich sprachlich entwickeln, wird die Motorik des Kindes geordneter und sparsamer. Die Sprache ist für Plessner ein unsichtbares Bewegungs- und Greiforgan von größerer, aber auch ganz anderer Reichweite als Fuß und Hand. »Wenn die Differenzierung von Fuß und Hand anatomisch und funktionell mit der Aufrichtung des Körpers zusammenhängt, so muß die tief eingreifende Veränderung des ganzen Verhaltens beim Menschen, verglichen mit dem Verhalten anderer Anthropoiden, Möglichkeiten der Zusammenarbeit zwischen den Sinnesorganen des Kopfes, dem Bewegungsorgan des ganzen Körpers und der Sprache eröffnen, die weit über die Umwelt des Anthropoiden hinausgehen. Frontales Gerichtetsein der Augen, größeres Blickfeld bei Wendungen des nunmehr entlasteten Kopfes, Freiheit der Armbewegungen schaffen eine Erweiterung des Lebenshorizonts. Das Gehirn kann sich frontal entwickeln, das Gesicht wird Frontalfläche und damit zur Spielfläche des Ausdrucks.«[29]

Was in der ersten Geburt als Naturanlagen gesetzt ist, ist nichts weiter als ein Gesamt von Fähigkeiten und Anlagen, die sich aus eigenem Trieb gar nicht entfalten können. Der ersten Geburt muß eine zweite, eine dritte folgen. Diese folgenden Geburtsakte sind nicht einheitlich zu fassen, sondern man kann mit gleichem Recht von einer psychischen Geburt, einer kognitiven Geburt, einer emotionalen Geburt sprechen. Alle diese Geburtsakte sind sprachlich vermittelte Interaktionen, die durch ein soziales Feld geprägt sind, in das Menschen hineinwachsen. In der Diskussion um die verschiedenen Geburtsakte, die sich in Teilentwicklungen auseinanderlegen, konkretisiert sich die Auffassung, daß in den ersten Jahren – manche sprechen vom ersten Jahr allein, manche teilen den Entwicklungsprozeß in verschiedene aufeinanderfolgende Phasen ein – Grundprägungen des Menschen festgelegt werden. Da jedoch diese Grundprägungen wiederum kulturellen Mustern folgen und nicht bloße Instinktversatzstücke sind, werden auch in diesen neuen Geburten lediglich Verhaltensneigungen, Denkweisen, erweiterungsfähige oder traumatisch verengte Tätigkeitsmodelle produziert.

Es würde den Rahmen des gegenwärtigen Argumentationszusammenhangs sprengen, diese verschiedenen Geburten im einzelnen zu behandeln. Aber Piaget zum Beispiel ist vor allem an der kognitiven Geburt des Kindes interessiert, wenn er in Phasenmodellen die Entfaltung des Zahl- und Zeitbegriffs, des moralischen Urteils und der Wahrnehmungsfähigkeit untersucht. Die Blickrichtung von Melanie Klein, überhaupt der psychoanalytisch orientierten Kindheitsstudien, ist auf die psychische Geburt des Kindes konzentriert und entwickelt darin ein weiteres Konfliktmodell von Prägungen. Erkenntnisinteressen, die den sozialen und emotionalen Entwicklungen nachspüren, haben zwangsläufig eine ganz andere Vorstellung von der Subjekt-Objekt-Dialektik und müssen sich viel stärker mit den konkreten Familienstrukturen und der gesellschaftlichen Umgebung auseinandersetzen. Im Grunde gehört in diese neue Dimension, die den Kindheitsbegriff konkretisiert, auch die Pränatalforschung mit ihrer These, daß selbst in der embryonalen Entwicklung des Kindes bereits Umweltspuren deutlich sind, die die Sinne und den Verstand mitbestimmen.

Die Frage, was angeboren ist, ob es biologische Grundlagen der sozialen Ungleichheit und der menschlichen Leistungsfähigkeit gibt, drängt sich um so nachdrücklicher in die Öffentlichkeit, je diskreditierter Gesellschaftstheorien sind, die die Verflechtungen von natürlicher Ungleichheit und sozialer Differenzierung kritisch bearbeiten. Jede Reformperiode im Bildungs- und Erziehungssystem – wenn die Menschen neu darüber nachzudenken beginnen, wie sich Lernen gestaltet und worin zeitgemäße Erziehungsmaximen bestehen – beginnt mit einer radikalen Kritik biologisch oder allgemein anthropologisch festgelegter und unveränderbarer Bedingungen der menschlichen Entwicklung.

Zur Zeit der Aufklärung hat Kant den Trennungsstrich zwischen Natur und Gesellschaft am kräftigsten gezogen. Alles, was aus dem Menschen gemacht werden kann, ist sein eigenes Arbeitsergebnis. »Der Mensch ist das einzige Geschöpf, was erzogen werden muß. Unter der Erziehung nämlich verstehen wir die Wartung (Verpflegung, Unterhaltung), Disziplin (Zucht) und Unterweisung nebst der Bildung. Demzufolge ist der Mensch Säugling, – Zögling, – und Lehrling.«[30] Die Natur stattet ihn mit einer Reihe von Anlagen aus und mehr nicht. Zu den Hauptanlagen gehören Freiheits-, Autonomie- und Vernunftfähigkeit. Für das Tier wird laut Kant alles durch seinen Instinkt mit Hilfe fremder Vernunft veranstaltet. Der Mensch muß sich durch eigene Vernunft aus dem tierischen Dasein heraus entwickeln. »Die Menschengattung soll die ganze Naturanlage der Menschheit durch ihre eigene Bemühung nach und nach von selbst herausbringen. Eine Generation erzieht die andere.«[31] Kant variiert immer wieder den Gedanken, daß der Mensch Mensch nur durch Erziehung werden kann. Ob wirklich alle Anlagen zur Entfaltung kommen, entzieht sich freilich der Kenntnis der empirisch vorfindbaren Menschengattung. »Wenn einmal ein Wesen höherer Art sich unserer Erziehung annähme, so würde man doch sehen, was aus dem Menschen werden könne.«[32]

»Der Mensch ist frei geschaffen, ist frei, und würd' er in Ketten geboren«, heißt es bei Schiller. »Der Mensch ist von Natur aus frei und doch überall in Ketten«, beginnt Rousseau seinen Gesellschaftsvertrag. Im Erziehungsbuch »Emil«, ebenfalls 1762 erschienen, variiert er diesen Gedanken: »Alles ist gut, wie es aus den Händen des Schöpfers kommt; alles entartet unter den Händen des Menschen.«[33] Natur in diesem Sinne ist freilich nicht das Andere der Vernunft, sondern mit Vernunft identisch, wenn sie im Interesse der menschlichen Gattung gehandhabt wird. So ist bei Rousseau das Anknüpfen der Erziehung an die Natur kein Beweis für die Ungleichheit unter den Menschen, sondern im Gegenteil ein Hinweis darauf, daß soziale Ungleichheit der Natur des Menschen widerspricht.

Wenn in der modernen Gesellschaft Biologie oder Anthropologie angeführt wurden, um Erziehungs- und Lerntheorien eine wissenschaftliche Fundierung zu verschaffen, waren häufig Legitimationen für bestehende soziale Differenzierungen, für die Ungleichheit unter den Menschen mit im Spiel – ganz zu schweigen von der Rassenanthropologie der Nazis. Da die Privilegienstruktur, die sozial differenzierte Herrschaftsordnung und das Leistungsgefälle immer weniger naturgegebenen oder gottgewollten Ordnungen zuzurechnen waren, wurde mittels empirischen Forschungen versucht, Legitimationsgründe in der biologischen Ausstattung der Menschen zu finden, um das Bildungssystem als unreformierbar betrachten zu können. So hat der Soziologe Karl Valentin Müller 1956 die Notwendigkeit einer »hierarchischen Gesellschaftsordnung« aus einer der »Sozialpyramide entsprechenden biologischen Begabungspyramide« ableiten wollen; an die Stelle der gängigen nativistischen Begabungstheorien traten jetzt die empiristischen, die sich einen Legitimationsvorteil durch Untersuchungen unter Laborbedingungen versprachen.

Die politische Forderung nach Chancengleichheit im Bildungssystem, die mit dem Einklagen von Bildung als Bürgerrecht verknüpft war, traf in den sechziger Jahren mit dem Erkenntnisinteresse zusammen, die in der Gesellschaft vorhandenen Begabungs- und Lernpotentiale von möglichst vielen Barrieren zu befreien, biologischer Herkunft ebenso wie aus Ablagerungen des sozialen Gefälles. Ist mit dem Begriff der Begabung die Annahme verknüpft, Begabung sei nach Grad, Ausmaß und Richtung eine genetische Mitgift, vererbt von den Vorfahren, Ergebnis einer genetischen Mechanik oder Kombinatorik, so wird in den Gutachten für die Bildungskommission des Deutschen Bildungsrates, wie Heinrich Roth sie 1969 zusammenfaßt, eine Schwerpunktverlagerung deutlich: »Pauschalbegriffe wie Begabung und Intelligenz spielen in den Gutachten nicht mehr die Rolle, wie es vielleicht selbst noch der Fachmann erwartet. Der Zentralbegriff ist der Lernbegriff geworden, man könnte auch sagen: ein neuer Begriff des Lernens. Entsprechend treten in den Vordergrund Begriffe wie Lernfähigkeit, Lernprozeß, Lernerfahrungen, Lernzuwachs, Lernleistungen, Steuerung und Steigerung von Lernleistungen, Lehrverfahren usw. Der Begriff Lernfähigkeit bezieht sich noch am ehesten auf den Begabungsbegriff, aber auch er enthält schon, daß jedes weiterführende Lernen früher Gelerntes zur Voraussetzung hat. Insofern werden in allen Gutachten die erworbenen oder nicht erworbenen Lernvoraussetzungen wichtiger genommen als kaum präzis bekannte Variablen wie Begabung (im genetischen Sinne) oder Reifung. Ein zweites Ergebnis, in dem ebenfalls die Gutachten eindeutig konvergieren, ist die gemeinsame Grundauffassung des Ausschusses, daß Lernleistungen von weit mehr und vielleicht auch von weit bedeutsameren Bedingungsfaktoren abhängig sind als nur von dem Faktor Begabung, wie dieser Begriff landläufig zur Erklärung von unterschiedlichen Lernleistungen benutzt wird, nämlich im Sinne einer erblich eindeutig vorgegebenen Anlage.«[34]

Roth schließt daraus: »Man kann nicht mehr die Erbanlagen als wichtigsten Faktor für Lernfähigkeit und Lernleistung (gleich Begabung) ansehen, noch die in bestimmten Entwicklungsphasen und Altersstufen hervortretende, durch physiologische Reifevorgänge bestimmte Lernbereitschaft. Begabung ist nicht nur Voraussetzung für Lernen, sondern auch dessen Ergebnis. Heute erkennt man mehr als je die Bedeutung der kumulativen Wirkung früher Lernerfahrungen, die Bedeutung der sachstrukturell richtigen Abfolge der Lernprozesse, der Entwicklung effektiver Lernstrategien, kurz: die Abhängigkeit der Begabung von Lernprozessen, die Abhängigkeit aller Lernprozesse von Sozialisations- und Lehrprozessen.«[35]

Die Begabungstheorie der sechziger Jahre geht von zwei Gesichtspunkten aus: Zum einen ist eine genetische Bestimmung der Fähigkeitsentwicklung objektiv nicht feststellbar; von einer »Plastizität der Begabung« ist die Rede. Zum anderen lassen sich nur noch »Fähigkeitsprofile« angeben, die mit Leistungsmotivationen und schichtenspezifischer Sprachausstattung der Kinder verknüpft sind. Immer tiefer verankern sich die Meßergebnisse von Intelligenzquotienten und Leistungsmotivationen in den sozialkulturellen Lebensbedingungen der Kinder. Was wir wirklich messen können, ist soweit bereits durch geschichtlich-gesellschaftliche Faktoren vorgeprägt, daß im nachhinein Naturanlagen und das, was in der menschlichen Lebenswelt daraus gemacht worden ist, nicht mehr trennscharf auseinandergehalten werden können.

Kinder kommen gewiß mit bestimmten Anlagen auf die Welt. Es gibt Spezialbegabungen wie die der Musikalität (das absolute Gehör zum Beispiel), grandiose Gedächtnisleistungen. Doch die kritische Begabungsforschung der sechziger Jahre ist eher am Gehirn des Durchschnittsmenschen orientiert, also an grundlegend gleichen physiologischen Ausgangsbedingungen. »Das von der modernen Wissenschaft vermittelte Bild des Gehirns ist das eines ›durchschnittlichen‹ Gehirns, das bei allen Männern und Frauen der Welt gleich konstruiert ist und in gleicher Weise funktioniert. Das Gehirn, das bisher erforscht wurde und das die wichtigsten Erkenntnisse geliefert hat, ist das Gehirn des Menschen kurz vor dem Jahr 2000; dennoch wird davon ausgegangen, daß wir es hier mit dem gleichen Gehirn zu tun haben, mit dem die Spezies Mensch seit vielen Jahrtausenden ausgestattet ist. Es gibt jedoch noch ein

›anderes‹ Gehirn, mit dem sich die Wissenschaft nicht oder nur am Rande befaßt, und zwar zum einen das Gehirn eines jeden Individuum, das sich von demjenigen anderer Individuen unterscheidet, und zum anderen das Gehirn von Individuen, die verschiedenen Kulturen angehören. Es ist das Gehirn der Wissenschaftler und der Künstler, das Gehirn derjenigen, die über das Meer fahren, das Gehirn des Menschen, der in der Tundra oder im arktischen Eis lebt, desjenigen, der lesen und schreiben kann bzw. einer schriftlosen Kultur angehört, wie auch desjenigen, der durch Krankheit oder Unfall seine geistigen Fähigkeiten eingebüßt hat... Der Mannigfaltigkeit des menschlichen Gehirns ist es zuzuschreiben, daß der Mensch gegenüber anderen Spezies eine dominierende Stellung einnimmt; sie ist der Ausgangspunkt für soziale Beziehungen und für die Entstehung von Kultur. Eben diese Mannigfaltigkeit des menschlichen Gehirns aber wird ignoriert. Statt dessen wird ein ›normales‹ Gehirn untersucht, das es in Wirklichkeit gar nicht gibt.«[36]

Aber selbst diese Differenzierungen in der Gehirnstruktur sind nur dort erkennbar, wo die kulturellen und gesellschaftlichen Resultate mit den individuellen Ausdrucksformen verknüpfbar sind. Das Gehirn ist ein gewaltiger biologischer Apparat, dessen eigentliche Leistungen nur dann bestimmbar sind, wenn es sich in konkreten Produkten Ausdruck verschafft. Das Gehirn ist im Grunde das, was daraus gemacht wird; und was wir am Ende messen können, ist Resultat einer geheimen kooperativen Struktur zwischen biologischem Anteil und gesellschaftlichen Faktoren. Dieser Vorgang ist jedoch noch genauer zu fassen. Alles, was der Mensch aus seinen Anlagen macht, ist eingebunden in einen Interaktionsprozeß zwischen verschiedenen Menschen und nie das eigentümliche Resultat isolierten individuellen Ausdrucks. So hat Alfred Lorenzer seine materialistische Sozialisationstheorie begriffen, die sich nicht mit bloßen Ideen oder Begriffen befaßt, sondern in der sich symbolische Interaktionen an materielle gegenständliche Faktoren der Umwelt binden. Kein Kind entfaltet seine kognitiven Anlagen, das heißt seine im Gehirn vorgegebenen Fähigkeiten, ohne gleichzeitig in seinen emotionalen und sozialen Beziehungen reichhaltiger zu werden.

In der Frage nach dem »einzigartigen Gehirn«, dem klassischen Thema des Geniekults, steckt freilich immer die Versuchung, die Ausnahmeentwicklungen einzelner, besonders begabter Menschen als Rechtfertigung für die soziale und kulturelle Ungleichheit unter den Menschen zu benutzen. »Genie ist das Talent (Naturgabe), welches der Kunst die Regel gibt. Da das Talent, als angeborenes, produktives Vermögen des Künstlers, selbst zur Natur gehört, so könnte man sich auch so ausdrücken: Genie ist die angeborene Gemütsanlage (ingenium), durch welche die Natur der Kunst die Regel gibt.«[37]

Nur die schönen Künste sind nach Kant Künste des Genies. Es handelt sich um eine von der Natur angestoßene Produktionsweise, die für den Urheber selbst unbewußt verläuft: Er weiß nicht, »wie sich ihm die Ideen dazu herbeifinden, auch ist es nicht in seiner Gewalt, dergleichen nach Belieben oder planmäßig auszudenken und anderen in solchen Vorschriften mitzuteilen, die sie instand setzen, gleichmäßige Produkte hervorzubringen. (Daher dann auch vermutlich das Wort Genie von genius, dem Eigentümlichen einem Menschen bei der Geburt mitgegebenen schlitzenden und leitenden Geist, von dessen Eingebung jene Originale Ideen herrührten, abgeleitet ist).«[38] Im Genie drückt sich die Natur in Zwecken aus, die durch Erkenntnis aus ihr nicht zu gewinnen sind. Es ist jedoch kein Zufall, daß Kant diese Naturtätigkeit in besonders begabten Menschen nur auf das Feld der schönen Künste bezieht und ausdrücklich die Wissenschaften und die sonstigen Intelligenzleistungen des Menschen davon ausnimmt.

»Das Drama des begabten Kindes«, wie ein berühmtes Buch von Alice Miller heißt, tritt in unendlichen Variationen auf, aber immer steht dem intellektuellen Reichtum und Überschuß eine Vereinseitigung, ja Verkümmerung sozialer und emotionaler Dimensionen gegenüber. »Das narzißtisch besetzte Kind hat die Chancen, seine intellektuellen Funktionen ungestört zu entwickeln, nicht aber seine Gefühlswelt, und das hat schwerwiegende Konsequenzen für sein Wohlbefinden. Der Intellekt übernimmt zwar eine prophetische Funktion von unschätzbarem Wert, indem er die Abwehr stärkt. Doch dahinter kann sich die narzißtische Störung (die Störung des Selbstwertgefühls, das in Ausschlägen von Grandiosität und Depression sich bewegt) noch vertiefen.«[39]

Der chronische Mißbrauch der Anthropologie für Herrschaftszwecke, ja für rassistische Entwertungen des Menschen und die Verwischung der Grenzen zwischen Tier und Mensch führte dazu, daß es zu keiner humanistischen dialektischen Anthropologie kam, welche den Sinnenzusammenhang im biologischen Erbteil der Menschen entwickelt. Die Rehabilitierung der Sinne im Kontext pädagogischer Arbeit steckt auch heute erst in den Anfängen. Und durch die isolierende Abstraktion von dem Verstandes-, dem Vernunftvermögen und der menschlichen Urteilskraft droht heute eine Vereinseitigung, die wiederum Protest herausfordert. So leben die genetischen Naturvorurteile in abgewandelten Formen weiter. Auch der alte Begabungsbegriff, ja die Genietheorien existieren fort, als hätte es nicht vor dreißig Jahren eine reichhaltige wissenschaftliche Landschaft gegeben, in der die in die Gesellschaft hineinragenden Invarianten überprüft worden wären.

Bereits zehn Jahre nach der gründlichen Kritik des genetischen Begabungsbegriffs, wie er von den Bildungsratsgutachten geübt wurde, heißt es in einem Wörterbuch der Pädagogik, das 1977 erschien: »Die von H. Roth und der unter seiner Leitung stehenden Bildungskommission des Deutschen Bildungsrates besonders geförderte Begabenstheorie wollte die ideologische Forderung erfüllen helfen, Chancengleichheit zwischen Menschen im Sinne vollständig gleichwertiger Ausgangslagen herzustellen. Dieses Ziel ließ sich nicht halten. Zu stark hat die alltägliche Praxis des Lebens und der Schule erwiesen, daß es individuelle Begabungsdifferenzen gibt; in neuerer Zeit wurden dazu noch empirische Forschungsbeiträge erbracht, welche die genetischen Faktoren, die in der Begabungskonstitution stecken, aufwiesen. Ausländische Forscher wie A. Jensen (USA) oder C. Burt (Großbritannien) haben die Gegenposition zu sogenannten Begabensforschungen international begründet. 80 Prozent der Anlagen sind ererbt, 20 Prozent werden durch Umwelteinflüsse erworben. Nach deutschen Untersuchungen (Arnold) sind die Anlagefaktoren zu 2/3 und die Umweltfaktoren zu 1/3 am Begabungsschicksal eines Menschen beteiligt. Selbst Pädagogen wie der Amerikaner C. H. Jencks vertreten die Auffassung, daß sie über die natürlichen Anlagen und Gegebenheiten mit pädagogisch-didaktischen Manipulationen nicht hinwegkommen. Es ist deshalb zu erwarten, daß diese Forschungsergebnisse für Theorie und Praxis in der Zukunft sich fruchtbar auswirken. Nicht neue organisatorische Planungen und Maßnahmen und auch nicht ideologische Forderungen, sondern didaktisch aufgearbeitete Bildungsinhalte mit humanitären Bildungszielen sollen Leitfunktion für die Schule der Zukunft haben.«[40]

Dieser Lexikontext fügt sich der allgemeinen Klimaveränderung in Bildung und Lernen ein, die der Eliteförderung den Vorzug vor gleichmachenden Reformvorschlägen gibt. 1983 sprach sich Bundeskanzler Helmut Kohl in seiner Regierungserklärung für »offene Eliten« aus, und sein Vizekanzler Hans-Dietrich Genscher wurde nicht müde, eine verstärkte Hochbegabten- und Eliteförderung zu verlangen. Die damalige Bildungsministerin Dorothee Wilms hat eine Stiftung »Bildung und Begabung« ins Leben gerufen und dazu eine Sachverständigenanhörung veranstaltet.

Die konservative Wende in der politischen Landschaft der Bundesrepublik rückte eine These ins Licht der Öffentlichkeit, von der man geglaubt hatte, sie sei bereits endgültig zurückgewiesen: daß es nämlich einen von gesellschaftlichen Zusammenhängen gelösten Begriff der Begabung gibt. Die Krise des Bildungssystems erschien nun als Ausdruck der Unterforderung jener Begabungsreserven in der Gesellschaft, die durch die Maschen des allgemeinen Schulsystems hindurchfallen. »In welchem Kindesalter kann man Talente wie Beethoven oder Goethe bereits sicher erkennen? Sind geniale Hochleistungen von erfolgreichen Philosophen, Wissenschaftlern oder Künstlern vorhersagbar? Sollten schon vor dem Schuleintritt kleine Genies identifiziert und gefördert werden? Hochbegabtenforschung ist seit der ›Wende‹ in Bonn wieder in.«[41] Aus den Kindergärten, ja aus den Kinderläden Hannovers sind im Herbst 1985 Kinder aufgesammelt worden, die als hochbegabt angesehen wurden, um in einem vom Bundeswissenschaftsministerium finanzierten Modellprojekt unterrichtet zu werden. Ausdrücklich sollten nicht Lesen, Schreiben oder Rechnen – also die traditionellen Kulturtechniken – gefördert werden, sondern der Umgang mit Denkspielen, das Einüben problemlösenden Verhaltens, auch Bewegung, Tanz, Spiel, Malen, Singen und Musizieren, um damit den jüngsten Spitzenbegabungen Möglichkeiten zu geben, »eventuell auftretende Langeweile und Frustration im üblichen schulischen Betrieb leichter zu verarbeiten und zu bewältigen«, wie der mit der Projektleitung betraute Klaus Urban von der Deutschen Gesellschaft für das hochbegabte Kind es formuliert.

Über Hochbegabtenförderung ist in diesem Jahrhundert immer wieder diskutiert worden. In allen Ländern, insbesondere auch in den Vereinigten Staaten und Großbritannien, gibt es klassische Institutionen, die sich einer speziellen Förderung von Hochbegabten widmen. Aber wie läßt sich feststellen, welches Kind hochbegabt ist? Was ist eine besondere Leistung, die sich auf die gesamte Lebensgeschichte bezieht, und durch welche Faktoren wird sie bestimmt? Das erwähnte Forschungsprojekt nennt als Zielgruppe »allseitig hochbegabte Kinder, deren übergroßem Wissensdurst und voraneilender intellektueller Entwicklung weder von Eltern noch vom Kindergarten angemessen entsprochen werden kann, die von daher der Gefahr ausgesetzt sind, kognitive, soziale und emotionale Anpassungsprobleme zu entwickeln oder ihre natürliche Lernlust und Kreativität zu verlieren«.[42]

Zweifellos spielt bei der Diskussion des Begabungsproblems die Auffassung eine Rolle: Wer wirklich etwas kann, wem die Gesellschaft in seinen Fähigkeiten entgegenkommt, aus dem kann etwas werden. So entsteht eine gesellschaftliche Atmosphäre, die mit Leistungskonkurrenz arbeitet und individuelle Lebenskrisen eher auf mangelnde Leistungsmotivation als auf gesellschaftliche Tatbestände zurückführt. Man kann das das Boris-Becker-Syndrom nennen. Durch Medienspiele gestützt, werden Leistungswettbewerbe unter Kindern und Jugendlichen zu entscheidenden Mechanismen im Kampf um die Marktchancen des Lebens. Die Naturalisierung gesellschaftlicher Verhältnisse leistet der Verewigung bestehender Herrschaftsbeziehungen Vorschub. Der Generationenvertrag, der ja nur Gültigkeit gewinnen kann, wenn er die Kindheit und Jugend insgesamt einbezieht, wird durch Privilegierung bestimmter Schichten von Kindern und Jugendlichen im Grundprinzip verletzt. Die Sorgfaltspflicht reduziert sich auf einen Teil der Kinder. Die moralische Korruption, die sich hier im Umgang mit der künftigen Generation zeigt, ist eine Frage des Prinzips. Wer auf Elitebildung spekuliert, behauptet gleichzeitig, daß die Massenbildung keine besondere Aufmerksamkeit der Gesellschaft verdient.

Wie immer jedoch Naturbedingungen in die menschliche Gesellschaft hineinragen und hier und dort die Persönlichkeit auch mitprägen mögen, die gesellschaftlichen Anteile, die gesellschaftlichen Formbestimmungen, welche sich bis in die Persönlichkeitskerne der menschlichen Individualität Geltung verschaffen, sind nie trennscharf und säuberlich von der Natursubstanz abzulösen und als bloßes Beiwerk zu betrachten. Was Natur im Begabungssinne ist, läßt sich nur als Potential, als Naturanlage aufnehmen. So wird die Theorie von Leibniz, daß die Struktur des Marmors vorgibt, ob daraus ein Herkules gemeißelt werden kann oder nicht, dem Verhältnis von Naturgrundlage und menschlicher Gestaltungsmacht wohl besser gerecht als der Anspruch, der mit wissenschaftlicher Kausalforschung verknüpft ist. Im Grunde weiß man erst am Ende des Lebens, ob jemand wirklich begabt gewesen ist. Das ist kein Einwand gegen die wissenschaftliche Erforschung dieser Zusammenhänge, aber ein Hinweis darauf, mit Begriffen wie »Begabung« und »Hochbegabte« äußerst vorsichtig umzugehen.

6. Schule als therapeutisches Laboratorium: Summerhill

Summerhill bildet in der langen Reihe von Alternativschulen zweifellos das radikalste Schulexperiment. Schon den Begriff Schule dafür zu benutzen ist fragwürdig. Allenfalls die Internatsform, in der hier Lernprozesse stattfinden, verweist auf die traditionelle Schule. Was darin abläuft, ist jedoch von unserer gewöhnlichen Vorstellung von Schule so weit entfernt, daß es schwerfällt, an einzelnen Merkmalen festzumachen, worin der Unterschied zum herkömmlichen Schulsystem besteht.

Man kann Summerhill als eine therapeutische Anstalt oder als ein Sozialisationslaboratorium bezeichnen, in dem nicht nur Lernformen ausprobiert, sondern auch Verhaltens- und Denkformen anerkannt sind, die in der Gesellschaft gewöhnlich mit Chaos und Anarchie verknüpft werden. Seit er Summerhill 1921 gründete, bricht Alexander Sutherland Neill (1883-1973) in der praktischen Arbeit mit vielen Tabus. Und selbst wenn es theoretische Analysen gegeben hat, die sich in der Radikalität des Ansatzes von Summerhill nicht wesentlich unterscheiden, so ist das Provokative dieses Experiments darin begründet, daß es eben nicht reine Theorie geblieben ist, sondern zeigt, daß veränderte Verhaltensweisen der Menschen möglich sind. Die Überzeugungskraft eines Experiments, und wenn es sich noch so wenig auf allgemeine Verhältnisse übertragen läßt, ist immer größer als die reine Theorie.

Summerhill fordert ein Spektrum von Urteilen heraus, das von vollständiger Verdammung bis zu euphorischer Begeisterung reicht. Zwei kontroverse Äußerungen mögen die Zwiespältigkeit demonstrieren, die Summerhill hervorruft. Max Rafferty, der einer US-amerikanischen Schulaufsichtsbehörde angehört, schreibt:»Diese Fata Morgana mit dem idyllischen Namen Summerhill ist kein Schritt in die Zukunft. Es ist eine Rückkehr zu Rousseau, zu den verstaubten Ideen und romantischen Phantasien des achtzehnten Jahrhunderts. Summerhill ist ein Konglomerat von Insel der Seligen und Narrenparadies, von Pandämonium und Teufelsinsel... Deshalb ist Summerhill ein schlechter Witz.«[43]

Y. M. Culkit, Jesuit und als Direktor des »Center for understanding media« einer der führenden Vertreter der Medien- und Kommunikationsforschung in den Vereinigten Staaten, meint dagegen: »Die Eunuchen haben schon immer vor dem Leben Angst gehabt... Die Schüler leben heute in einer völlig von Medien beherrschten Welt. Fast schutzlos sind sie dem Trommelfeuer einer geschlossenen elektronischen Umwelt ausgesetzt. Und dann werden diese äußerst beweglichen, überreizten jungen Leute in die Schule gesteckt, diese unbeweglichste aller Einrichtungen unserer Kultur. Dieses Zusammentreffen ist wie geschaffen für explosive Entladungen... Der Geist von Summerhill entspricht vollkommen den Bedürfnissen der Kinder des elektronischen Zeitalters. Am Anfang steht die Achtung vor dem Kind und die Liebe zu ihm. Sie sind die Grundlage jeder echten Kommunikation. Neills Eintreten für eine ganzheitliche Entwicklung aller Verstandes- und Gefühlskräfte als richtig anzuerkennen, sollte uns heute nicht mehr schwerfallen, wo die Anziehungskraft der elektronischen Medien uns unwiderstehlich in eine solche Ganzheit hineinzieht – während die traditionellen Institutionen das Leben noch immer einer tödlichen Spezialisierung und Fragmentierung unterwerfen.«[44]

Summerhill läßt sich viel schwerer beschreiben als andere Alternativschulen. Es fehlen herausragende didaktische Charakteristika wie bei der Freinet-Pädagogik mit ihrem freien Text und ihrer Schuldruckerei. Oder bei den Tvind-Schulen, für die Welterfahrung durch Reisen typisch ist. Oder bei Glocksee, das durch Projektplanung und Selbstregulierung bestimmt ist. Summerhill hat, literarisch gesprochen, die Qualität eines Romans, in dem alle Kleinigkeiten gleich wichtig sind, in dem keine großen Entscheidungen getroffen werden, die die Richtung der Entwicklung bezeichnen. Neill selbst hat zu Summerhill einen Roman geschrieben, wohl der einzige unter den großen Pädagogen, der die Geschichte seiner eigenen Schule in Gestalt einer Erzählung für die Kinder dieser Schule verfaßt hat. Mit Illustrationen von F. K. Waechter erschien der Roman »Die grüne Wolke. Den Kindern von Summerhill erzählt«, in dem sich Wirklichkeit und Phantasie aufs engste verknüpfen, 1971 im Rowohlt Verlag.

Dennoch lassen sich für Summerhill theoretische Grundlagen und eindeutige Prinzipien angeben. Die theoretische Grundlage des ganzen Summerhill-Experiments ist die pädagogisch gewendete Freudsche Psychoanalyse. Das bedeutet keineswegs, daß Neill in allen Punkten ein orthodoxer Schüler von Freud wäre, dafür ist seine Pädagogik viel zu praktisch orientiert. Neill probiert Erkenntnisse aus. In diesem Sinne ist

Summerhill ein pädagogisches Laboratorium, das wissenschaftliche Erkenntnisse der Psychologie nicht einfach didaktisch umsetzt, sondern Bedingungen dafür herstellt, daß sich bestimmte Verhaltensweisen der Kinder und der Lehrer verändern können. Auf die Frage, wie es denn um die Zukunft Summerhills bestellt sei, wenn er abtrete, antwortet Neill: »Die Zukunft Summerhills selbst mag von geringer Bedeutung sein. Doch die Zukunft der Summerhill-Idee ist für die Menschheit sehr wichtig.«[45] Die Grundidee, die Summerhill zu dem mache, was es ist, bestehe »in der Nichteinmischung in das Heranwachsen des Kindes und dem Verzicht auf jeglichen Druck«.[46]

Neills Konzept wurde zwar von Psychologen und Schriftstellern beeinflußt, aber nicht von Pädagogen. Rousseau, auf den Neill so häufig festgelegt wird, hat er nie gelesen. Starke Impulse erhielt er von H. G. Wells, von George Bernard Shaw und Homer Lane, also aus dem reformsozialistischen Milieu der Fabian Society, dann aber vor allem von Freud und Wilhelm Reich. Darauf angesprochen, ob er in allen Punkten mit Reich übereinstimme, antwortete Neill: »Ich bin kein Reichianer; ich bin nur ein bescheidener Zeitgenosse, für den Reich ein Genie war, ein Mann von großer Einbildungskraft und tiefer Menschlichkeit, der entschieden auf der Seite der Jugend, des Lebens und der Freiheit stand. In meinen Augen ist er der größte Psychologe nach Freud.«[47] Als Neill 1937 in Norwegen Reich kennenlernte und bei ihm eine Therapie machte, in der Reich Muskelspannungen löste, existierte Summerhill bereits sechzehn Jahre. Einen direkten Einfluß von Reich auf die pädagogische Arbeit Summerhills hat es nicht gegeben. Neill wehrt sich entschieden dagegen, auf theoretische Vorbilder festgelegt zu werden – dadurch werde der Horizont des Lernens zu beschränkt.

Im Verhältnis zu Freud oder zu den Freudianern geht es Neill um ganz spezifische Probleme, die er in der Schulrealität lösen muß und für die er nach Erklärungen sucht. Aggression zum Beispiel ist nichts Angeborenes, sondern vielmehr Produkt einer verengten, auf mannigfachen Verdrängungen beruhenden Sozialisation in der Familie und in der Gesellschaft. Neill möchte nicht die Wurzeln des aggressiven Verhaltens von Kindern freilegen; er beobachtet erst einmal, um dann Vorschläge zu machen, in welcher Weise aggressives Verhalten, das er auch in Summerhill vielfältig vorfindet, bearbeitet werden kann. »Ist Aggression nicht die Folge von

Verhinderung, von Frustration? Ich frage mich das, weil die aggressivsten Schüler, die ich habe, immer diejenigen sind, die zu Hause und in der Schule am strengsten gehalten wurden.«[48] Selbstverständlich kann auch Summerhill Aggressionen nicht abschaffen. Im Gegenteil, Neill stellt fest, daß insbesondere im Alter von acht bis vierzehn Jahren, das er das Gangsteralter nennt, sehr viel Gehässigkeiten, brutales Verhalten gegen Schwächere, Tyrannisieren von Jüngeren auftritt. Indem Neill Aggressionen zuläßt, will er deren Verschiebungen und Verdrängungen vorbeugen. Die Praxis von Summerhill besteht also darin, den Kindern die Angst vor dem offenen Ausdruck von Aggressionen zu nehmen. Das führt ganz offenkundig zu einer Milderung der diffusen Aggression. Das beste Mittel gegen Aggression sei, erklärt Neill, sich auf die Seite des Kindes zu stellen. »In einer freien Umgebung gibt es für die kindliche Aggression ein Ventil. Aber was wird aus ihr bei einer strengen Erziehung? Wahrscheinlich bleibt sie tief im Innern des Menschen eingeschlossen und kommt dann später als Haß gegen das Leben, Sexfeindlichkeit und Streitsucht heraus. Offensichtlich gibt es nur ein sicheres Mittel gegen die Aggressivität: man muß dem Kind die Freiheit geben, sich auf seine eigene Art und nach seinem eigenen Zeitmaß zu entwickeln.«[49]

Neill hebt immer wieder hervor, daß bisher niemand das freie Kind gesehen hat. Abgerichtete, gehemmte, disziplinierte Kinder findet man dagegen überall auf der Welt – man braucht nur über die Straße zu gehen. Neill verfügt über keine wissenschaftliche Theorie der Kindheit, deren Grundsätze er empirisch bestätigen will. Kindheit ist für ihn eine Art pädagogische Arbeitshypothese mit einem starken humanistischen Impuls und mit Argumenten, die die Plausibilität des Alltagsverhaltens für sich haben. Würden seine Beobachtungen in Summerhill diesen Grundannahmen regelmäßig widersprechen, wäre Neill der letzte, der an ihnen festhielte.

Den Trennungsstrich zu einer konservativen Anthropologie zieht Neill bewußt und radikal. Weder geht er davon aus, daß Aggressionen angeboren sind, noch daß der Mensch, um vernünftig leben zu können, der Herrschaft, der sozialen Kontrolle und äußerlich auferlegter Disziplin bedarf. Seine Idee von Freiheit enthält Kantische Elemente. Kant hat ja angenommen, daß Freiheit außerhalb der wissenschaftlich beweisbaren Vernunft liege. Die Vermutung, daß der Mensch seinen Anlagen nach freiheitsfähig sei, leitete er aus dem Faktum des Sittengesetzes ab. Der Mensch könne sich so verhalten, daß er den Kausalzusammenhang der Welt aufsprengt; Freiheit sei theoretisch, also den Erkenntnisgesetzen nach, möglich und praktisch notwendig. Wenn dem Menschen die Natur nun die Anlage zur Freiheit gegeben habe, argumentiert Kant, so sei zu vermuten, daß sie auch wolle, daß er frei sei.

Ganz ähnliche Begründungen finden sich bei Neill. Die konservative Anthropologie von Arnold Gehlen und Helmut Schelsky zum Beispiel – die davon ausgeht, daß der Mensch durch seine Instinktreduziertheit und die Plastizität seiner Antriebe überfordert sei, sich autonom zu verhalten – ist für Neill eine schlichte Projektion der bestehenden Zustände auf die Natur des Menschen. Nimmt man die Geschichte so, wie sie verlaufen ist, geht man von den Kindern aus, wie sie unter vorhandenen Herrschaftsverhältnissen von Eltern geprägt sind, so werden immer Verhaltens- und Denkweisen herauskommen, die diesen Zuständen entsprechen und sie als Naturzustände bestätigen. Neill verdeutlicht dieses erkenntnistheoretische Problem mit der Analogie »An einem Hund, der an der Kette liegt, läßt sich nicht die Psyche des Hundes allgemein studieren«. Der domestizierte, durch Körperstrafen zugerichtete, zu Mißtrauen disziplinierte Hund wird Resultate vorweisen, die man selbst produziert hat. Ein gewissermaßen humanisierter Hund dagegen unter ganz anderen Lebensbedingungen würde vielleicht davon radikal verschiedene Verhaltensweisen zeigen – was durch Experimente, wie sie zum Beispiel Konrad Lorenz mit Graugänsen unternahm, durchaus bestätigt wird. Neill geht also in seiner Anthropologie von einer Veränderungsfähigkeit der Menschen aus und unterstellt die prinzipielle Freiheits- und Autonomiefähigkeit des Kindes. Dieser Grundsatz ist in praktischer Hinsicht für ihn identisch mit der Entwicklung von Bedingungen, unter denen Lebensbejahung des Kindes stattfinden kann.

So entschieden und kompromißlos hat meines Wissens noch nie ein Pädagoge die Parteilichkeit für das Kind formuliert, weder Comenius noch Pestalozzi, noch Rousseau. Obwohl die genannten Pädagogen das Spezifische der Kindheit und der kindlichen Entwicklung deutlich machen, haben sie immer auch Ziele formuliert, für die das Kind lediglich Medium und Durchgangsstufe ist. Den römischen Rechtsgrundsatz »Im Zweifel für den Angeklagten« überträgt Neill einfach: im Zweifel für das

Kind. »Es gibt kein problematisches Kind, es gibt nur problematische Eltern. Vielleicht wäre es noch besser zu sagen: es gibt nur eine problematische Menschheit.«[50] Hier wird geradezu ein geschichtsphilosophisches Programm greifbar: Kindheit ist der Kristallisationspunkt für einen Neubeginn, einen Ausbruchsversuch aus dem kulturellen Teufelskreis des bisherigen Geschichtsverlaufs, in dem das einzig Dauerhafte und Unveränderliche die Katastrophe, das Unheil, Unterdrückung und Herrschaft sind. Wenn wir irgendwo anfangen müssen, diese Kette zu durchbrechen, dann in der Sozialisation und Erziehung der neuen Generation.

Neill variiert unendlich das Thema von der Lebensfeindlichkeit unserer Gesellschaft, um hieraus die Grundnorm zu bestimmen, an der sich jeder einzelne Schritt im Umgang mit den Kindern orientiert, nämlich die Herstellung von Glück und Lebensbejahung. »Unsere Gesellschaft ist krank und unglücklich, und ich behaupte, daß die Wurzel dieses Übels die unfreie Familie ist. Von der Wiege an werden die Kinder von den Kräften der Reaktion und des Hasses abgestumpft. Sie werden dazu abgerichtet, das Leben zu verneinen, weil ihr junges Leben ein einziges langes Nein ist. Mach keinen Lärm, onaniere nicht, lüg nicht, stiehl nicht!«[51]

Um die Kette dieses langen Nein zu unterbrechen, bedarf es einer entschiedenen Bejahung alles dessen, was Lebensfähigkeit und Genußfähigkeit darstellt. Es gibt für Neill keine wirklichen Kompromisse zwischen Lebensverneinung und Lebensbejahung. Wer aufhört zu träumen, sagt er, ist tot. Sein Traum vom anderen Leben sprengt die konventionellen Regeln der Erziehung. »Es ist vielleicht keine Übertreibung zu sagen, daß alle Kinder unserer Gesellschaft in einer lebensfeindlichen Atmosphäre geboren werden. Die Verfechter der Fütterung nach Stundenplan sind im Grunde Feinde des Genusses.«[52]

Wenn Erwachsene ihre Kontrollbefugnis über Kinder abgeben oder verlieren, entstehen regelmäßig Ohnmachtsgefühle und Chaosängste. Daß Kinder sich unter plötzlich freigesetzten Lebensbedingungen sofort selbst organisieren können, ist nicht zu erwarten. Sie werden die unter repressiven Verhältnissen gestauten Gefühle, die nur in versteckten Aggressionen zum Ausdruck kommen konnten, jetzt in aller Offenheit äußern. Wenn man aber von vornherein auf Selbstregulierung setzt, so daß die Kinder Erfahrungen mit der Regelung aller wichtigen Angelegenheiten machen können, breitet sich kein Chaos aus. Das ist eine der wichtigsten Thesen Neills.

In Summerhill verwalten sich die Schüler selbst, sieht man von einigen wenigen Kompetenzen ab, die sich Neill vorbehalten hat oder die seiner Frau zugesprochen sind. Zum Beispiel dürfen Schüler nicht über die Einstellung und Entlassung von Lehrern befinden. Ein anderer Vorbehalt betrifft die Organisation des Essens. Sonst werden alle wichtigen Entscheidungen – über sämtliche Regeln, die das Zusammenleben in der Schulgemeinschaft betreffen, Schlafenszeit, wer rauchen darf und wer nicht, über Lohn und Strafe usw. – in der samstäglichen Schulversammlung besprochen, in der jeder nur eine Stimme hat, der Lehrer ebenso wie der Sechsjährige. Neill betont aber, daß die Selbstregulierung nur funktioniert, wenn ältere Kinder dabei sind, die das Selbstregulierungsprinzip wollen. Diese werden ebensowenig wie die Lehrer in jedem Fall eine Mehrheit für sich gewinnen. Wenn sie in der Minderheit bleiben, können sie dasselbe Problem immer wieder auf die Tagesordnung setzen, so daß sich allmählich eine Abarbeitung – und zwar in öffentlicher Form – an diesem Problem ergibt, was erfahrungsgemäß zu einer vernünftigeren Entscheidung führt. Am prekärsten sind natürlich Gerichtsverhandlungen, die in diesen Schulversammlungen stattfinden. In Summerhill sind fast alle Strafen Geldstrafen: die Sperrung des Taschengeldes oder der Entzug des Kinogeldes. Moralische Formen der Bestrafung, Ausgrenzung, Einsperren oder die Erzeugung von Schuldgefühlen sind nicht üblich.

Abgesehen von der Tatsache, daß Neill die Selbstregulierung für die wirksamste Umsetzung seines Begriffs von Kindheit hält, betont er den erzieherischen Wert der Selbstbestimmung.»Den erzieherischen Wert der praktischen Staatsbürgerkunde kann man gar nicht genug hervorheben. Die Schüler von Summerhill würden bis zum letzten Blutstropfen für ihr Recht kämpfen, sich selbst zu regieren.«[53] Man hat gegen Neill eingewandt, daß gerade Kinder in der Bestrafung von Kindern besonders hart seien. Er selbst bestreitet das, weil es ganz von der Art und Weise abhänge, in der Kinder lernen, über ihre Angelegenheiten autonom zu befinden. Gerechtigkeitssinn ist nicht von vornherein gegeben. Egoistische Triebanteile des Kindes sind ebenso unverkennbar wie die Neigung, in einem bestimmten Alter andere zu tyrannisieren. Aber die Selbstverwaltung ist eine Möglichkeit, diese aggressiven Potentiale öffentlich zu machen und vernünftige Kompromisse dafür zu finden, wie man mit ihnen umgeht. Die Kooperation in einem für alle sichtbaren Entscheidungsprozeß ermöglicht einen Ausgleich der sich bekämpfenden und widerstreitenden Interessen. Wichtig ist vor allem, daß der allgegenwärtige moralische Erziehungsblick Erwachsener diese Selbstregulierung nicht zu einem Spiel ohne Ernst herabsetzt.

Selbstregulierung bestimmt auch die Vorstellung von Arbeit, die in Summerhill vorherrscht. Ursprünglich war Neill davon ausgegangen, daß die Kinder wenigstens einige Stunden körperliche Arbeit zu leisten hatten, im Garten, in der Küche oder anderswo. Doch Arbeit, in die keine Interessen der Kinder eingehen, wird als langweilige Zwangsarbeit empfunden, so daß sich die Kinder vor dieser Arbeit drücken. Neill hatte ein Projekt vorgeschlagen, das den Bau eines Krankenhauses vorsah. Der größte Teil der Kinder weigerte sich, daran mitzuarbeiten, und es wurde praktisch von den Lehrern gebaut. Einen Fahrradschuppen dagegen, der für ihre eigenen Interessen vorgesehen war, bauten sie mit Teilnahme, Umsicht und Begeisterung. Die Weigerung, entfremdete Arbeit zu machen, ist für Neill kein Ausdruck von Faulheit: »Ich habe noch nie ein faules Kind gesehen. Was normalerweise als Faulheit bezeichnet wird, ist in Wirklichkeit Interesselosigkeit oder schlechter Gesundheitszustand. Ein gesundes Kind kann einfach nicht müßig herumsitzen. Es hat den Drang, sich immer mit etwas zu beschäftigen.«[54]

Die kindliche Arbeitsunlust ist auch entwicklungspsychologisch begründet. Selbstlosigkeit entsteht erst relativ spät und löst sich nie ganz vom Eigennutz. Wenn in Summerhill also Arbeit verweigert wird, so beharrt Neill auf der These, daß diese Verweigerung nur eine bestimmte Form von entfremdeter Arbeit betrifft, aber nicht die libidinös besetzte, durch eigene Interessen vermittelte Arbeit, die man bei Kindern als Spiel bezeichnen kann. Nur wenn es gelingt, auf der jeweiligen Stufe der kindlichen Entwicklung das, was Kinder tun, auch als Arbeit zu begreifen und zu akzeptieren, werden sie nach der These von Neill fähig, später entfremdete Arbeit zu leisten, auszuhalten und sich im Beruf zu qualifizieren. Spätere Leistungen ergeben sich unter anderem dadurch, daß »Kinder in Summerhill ihre ichbezogenen Phantasien austoben konnten«[55].

Spiel und Arbeit sind bei Kindern nicht voneinander zu trennen. Oder anders ausgedrückt: die spezifische Form der Arbeit ist das Spiel. Und gerade das Spiel muß sich entfalten können, damit Lerninteressen entstehen und die Menschen nicht als Erwachsene kompensatorisch und unproduktiv das Spiel fortsetzen, indem sie, wie im Fußballstadion, andere stellvertretend für sich spielen lassen.»Kindheit ist Spielzeit.«[56] An einer Stelle definiert Neill Summerhill geradezu als Schule, in der das Spiel am wichtigsten ist.»Warum Kinder und kleine Katzen spielen, weiß ich nicht. Ich nehme an, es ist eine Frage der Energie.«[57]

Neill malt sich kein Bild vom Kinde, wie es sein sollte – jederzeit selbstlos, solidarisch, kooperativ. Wenn solche Normen von außen auferlegt werden, produzieren sie gleichzeitig unter der Haut das Gegenteil. Neill richtet statt dessen seine pädagogische Arbeit und die von Summerhill auf die Wirklichkeit der Kinder aus. Selbstregulierung ist deshalb nicht nur wichtig für die Selbsterziehung der Kinder zu Autonomie und Gemeinschaftsfähigkeit, es ist auch das einzige Medium, das die wirklichen Interessen, Bedürfnisse, Phantasien der Kinder zum Ausdruck bringt und damit öffentlich, das heißt zunächst schulöffentlich bearbeitbar macht. Die schlimmsten Erziehungsfehler sind für Neill diejenigen, bei denen sich Verhalten, Gedanken, Phantasien der Kinder von dem abspalten, was an der Oberfläche nach außen dringt. Das Vertrauen, daß alles, was die Kinder ausdrücken können, im Grunde auch vergemeinschaftungsfähig ist, macht Selbstregulierung zu einem Realitätsprinzip, mit dem sich erst die wirklichen Zusammenhänge herstellen. Bestimmte Gefährdungen sind tabu. Die Kinder dürfen nicht aufs Dach klettern, und sie dürfen in der Schule keine Gewehre benutzen. Aber am Unterricht kann teilnehmen, wer will und wann er will. Wenn sich der Wille und das Interesse gebildet haben, holen Kinder, die lange den Unterricht verweigert haben, in kürzester Zeit das Versäumte nach. Von diesem Vertrauen lebt das Konzept der Selbstregulierung.

Neill legt innerhalb der Dialektik von subjektiven und objektiven Interessen das Gewicht sehr stark auf die subjektiven Interessen und Bedürfnisse. Nur so bilden sich Interessen, die sich auf eine Sache um ihrer selbst willen richten. Gerade weil sie das, was Erwachsenen als störend, unangenehm erscheint, ausleben können und damit eine kollektive Chance zur Abarbeitung und Korrektur erhalten, werden Kinder frei, sich nicht nur abgrenzend, verneinend zu bestimmten Normen zu verhalten, sondern mit ihnen flexibel umzugehen. Das direkte Einüben von

Erwachsenennormen, die die Gefühle der Kinder nicht beteiligen, führt immer zu einer Verdrängung und Abspaltung von Interessen, die dann später in Verkümmerungsformen fortexistieren und ein wesentliches Element des menschlichen Unglücks darstellen. Neill führt ein Beispiel an: »Ob man Beethoven oder heißen Jazz bevorzugt, hat keinen Einfluß darauf, wie glücklich oder unglücklich man im Leben wird. Die meisten Schulen würden mehr erreichen, wenn sie Beethoven aus ihrem Lehrplan streichen und Jazz an seine Stelle setzen. Drei unserer Schüler wurden durch Jazz-Bands angeregt, ein Instrument zu spielen, zwei kauften sich eine Klarinette und der dritte eine Trompete. Nach der Schulentlassung begannen sie alle drei ein Studium an der Königlichen Musikakademie. Heute gehören sie alle einem Orchester an, das ausschließlich klassische Musik spielt. Ich möchte glauben, der Geschmack dieser Jungen hat sich erst dadurch entwickelt, daß sie in Summerhill Duke Ellington und Bach oder jeden anderen Komponisten hören durften.«[58]

Was in jeder einzelnen Betätigungsart kindgemäß ist, kann ein Erwachsener nur schwer festlegen. Neill läßt deshalb die Kinder selbst bestimmen, was kindgemäß ist, woran sie augenblicklich Interesse haben und was sie austragen müssen, damit es nicht als verdrängter Untergrund weiterlebt und Energien unproduktiv verzehrt.

Die größte Barriere auf dem Weg zu einem autonomen Interessenbewußtsein der Kinder und zur Freisetzung ihrer Lernenergien besteht in ihrer Abhängigkeit von Schuldgefühlen. Wo Schuldgefühle vorherrschen, ist fremdbestimmtes Verhalten die Regel. Schuldgefühle bei Kindern zu verhindern ist daher das erste Gebot für die Lehrer. Drückt man diesen Gedanken in Rechtskategorien aus, so unternimmt Summerhill den Versuch, Strafe von Schuld ganz abzutrennen und im Unterschied zur Vergeltung das restitutive, das heißt auf Wiedergutmachung gerichtete Strafrecht zum Gesetz zu erheben, überwiegend in Form von Geldbußen oder gesonderten Leistungen. Ein Kind wird nicht gestraft, weil es eine böse Tat begangen hat, sondern weil es anderen oder der Gemeinschaft Schaden zugefügt hat, der wiedergutgemacht werden muß.

Bei seinen Vorträgen ist Neill immer wieder mit Fragen konfrontiert worden, die die Chaosängste der Eltern ausdrücken, beispielsweise: Was würden Sie tun, wenn ein Junge anfinge, Nägel in den Konzertflügel zu schlagen? Neill gibt zur Antwort: »Es ist ganz egal, was Sie mit dem Kind machen, solange Ihre Einstellung zum Kind richtig ist. Es macht nichts, wenn Sie es vom Flügel wegziehen, solange Sie ihm keine Schuldgefühle beibringen. Solange Sie nur auf Ihren persönlichen Rechten bestehen, ohne das durch moralische Urteile zu einer Frage von gut und böse zu machen, solange richten Sie auch keinen Schaden an. Der Gebrauch von Wörtern wie schlimm, schlecht oder schmutzig ist es, was Schaden anrichtet.«[59] Dabei bestreitet Neill nicht, daß es Problemkinder gibt, die von den Erwachsenen besonders besetzte Möbelstücke mit großer Lust zu zerstören geneigt sind. Solche verschobenen Konflikte werden aber durch spezifische Problemkonstellationen innerhalb der Familie hervorgerufen. Akte von Aggression, von Sadismus und Destruktion und die besondere Aufmerksamkeit, die dieses Verhalten erzeugt, sollen die nicht vorhandene Liebe und Anerkennung ausgleichen. Beruht die Erziehung der Kinder dagegen auf Liebe und Anerkennung, so wird es im allgemeinen nicht schwierig sein, durch einen Hinweis auf die verschiedenen Interessenssphären von Kindern und Erwachsenen die Kinder zu einem bestimmten Verhalten zu veranlassen. Die Regel Summerhills, daß sich die Kinder frei und autonom verhalten können, solange sie die Rechte anderer nicht antasten, gilt auch für diesen Fall. Aber solche Gemeinschaftsregelungen beruhen auf gegenseitiger Anerkennung und verlangen keine Folgebereitschaft, weil eine Sache schlecht und die andere gut ist.

Ähnliches gilt für Verhaltensweisen wie Lügen, Stehlen, Lärmmachen, Angst. Wo Angst davor herrscht, die eigenen Gefühle zu äußern und öffentlich zu machen, ist Lüge unvermeidlich. Auch Summerhill kann nicht versprechen, Ängste der Kinder aufzuheben. Worum sich Neill und seine Mitarbeiter allerdings bemühen, ist ein Klima, in dem Ängste geäußert werden können, damit sie bearbeitbar sind. Das gesamte Alternativschulkonzept von Summerhill richtet sich auf den emotionalen Unterbau der Kinder, auf die Überwindung der Trennungen von kognitiven, emotionalen und sozialen Lernprozessen. Der praktizierte pädagogische Realismus soll verhindern, daß sich durch die Unterdrückung von Bedürfnissen und Interessen Energien abspalten, die dann auch dem kognitiven Lernen entzogen werden.

Um deutlich zu machen, was die Substanz seines Projekts ist, verzerrt Neill häufig ein Problem bis zur Überdeutlichkeit und Kenntlichkeit.

Das folgende Beispiel zeigt, wie sehr die Lehrer von Summerhill mit dem Unbewußten und den Gefühlen umzugehen verstehen. Ein Mädchen, dessen unglückliche Lebensgeschichte Neill bekannt war, hatte 1 Pfund Sterling gestohlen; im Ausschuß der Schulversammlung, vor dem sie zur Rechenschaft gezogen wurde, behauptete sie, Neill hätte ihr das Geld gegeben, damit sie Eis und Zigaretten kaufen könnte. Neill berichtet: »Die drei brachten sie zu mir und fragten, hast Du Liz das Geld gegeben? Ich ahnte die Zusammenhänge und erwiderte ruhig; Ja, natürlich, warum fragt ihr. Ich wußte, sie hätte nie wieder Vertrauen zu mir, wenn ich sie bloßstellen würde. Ihr symbolisches Stehlen von Liebe in Form von Geld hätte nur zu neuer Feindseligkeit gegen sie geführt... Meine Lüge hatte einen heilenden Zweck.«[60]

Wie von einem Anhänger Freuds und Wilhelm Reichs nicht anders zu erwarten, ist für Neill die Sexualität das Gebiet, an dem sich vor allem die Lebenslüge der Erwachsenen festmacht. Im Sexualhaß sieht er eine wichtige Ursache für lebensfeindliche Einstellungen. Und umgekehrt schafft die Befreiung von sexueller Unterdrückung eine wesentliche Voraussetzung für Lebensgenuß und Lebensfähigkeit. »Die Frage der Onanie ist in der Erziehung von größter Bedeutung. Unterrichtsfächer, Disziplin, Sport, alles hat keinen Sinn, wenn das Problem der Onanie ungelöst bleibt. Freiheit auf diesem Gebiet bedeutet frohe und glückliche und lebhafte Kinder, die an der Onanie wirklich nicht sehr interessiert sind. Das Onanieverbot bedeutet armselige, unglückliche Kinder, die leicht krank werden, sich selbst und folglich auch andere hassen. Daß die Summerhill-Kinder so glücklich sind, beruht hauptsächlich darauf, daß Furcht und Selbsthaß, die durch Sexualverbote erzeugt werden, beseitigt sind.«[61] Die Vorbehalte gegenüber der Summerhill-Erziehung beziehen sich entsprechend vor allem auf die Sexualität. Den freien Umgang mit Sexualität kann Neill in der Schule nicht zulassen, aber er begründet das nicht mit irgendwelchen Tabus, sondern mit staatlichen Vorschriften.

Im Rahmen einer Erziehung, wie Summerhill sie praktiziert, muß die Sexualproblematik nicht ausführlich erörtert werden, weil in dem Augenblick, in dem eine gewisse Offenheit in diesen Dingen vorhanden ist, die Verschiebungen und Verklemmungen nachlassen. Über sexuelle Probleme wird in Summerhill offen diskutiert, und Verbote werden nur danach ausgerichtet, wie weit sie das Gemeinschaftsleben erfordert beziehungsweise inwieweit sie von außen zwingend vorgeschrieben sind. Keine mir bekannte Alternativschule hat in ähnlicher Weise die Sexualität zu einem Gegenstand der Bearbeitung gemacht.

Summerhill praktiziert das extreme Gegenteil einer Postulatpädagogik, die am Lehrziel, am Stoff, an didaktischen Schritten orientiert ist. Das Schwergewicht liegt eindeutig auf der Entwicklung des emotionalen Unterbaus, der Lernfähigkeit. Aber diese Lernfähigkeit ist nicht in den traditionellen Kanon von Fächern, von Unterrichtseinheiten, ja von Qualifikation einbezogen. Einziges Lernziel ist Glück, wenn man das überhaupt in einer solchen Dimension fassen kann. Oder die Verringerung des Unglücks – entsprechend Neills Aussage, daß er nicht wisse, was Erziehung sei, wohl aber, was sie nicht sei. Um ein Gleichgewicht zwischen kognitiven, sozialen und emotionalen Lernprozessen herzustellen, muß der Punkt überbetont werden, der in der normalen Schule am wenigsten entwickelt wird, die emotionale Seite der Kinder. Für Neill war entscheidend, von seinem Lehrer Homer Lane erfahren zu haben, welche Rolle Gefühle und Unbewußtes in der Erziehung spielen.»Von da an verlagerte sich mein Interesse von dem Kampf gegen die Verrücktheit des Lehrstoffes auf den Kampf für das Recht des Kindes, seine Gefühle völlig ungehindert zu entfalten.«[62] Das Vorhaben, die Schule kindergeeignet zu machen und nicht die Kinder schulgeeignet, beruht auf Neills Erlebnissen als Rektor einer Dorfschule, Erfahrungen, die ihn zu einer Neubesinnung über Erziehung drängten.

Summerhill wurde 1921 gegründet. Die Internatsschule liegt in dem Dorf Leiston in der Grafschaft Suffolk, etwa 150 km von London entfernt. Einige Kinder kommen bereits im Alter von fünf Jahren nach Summerhill, andere erst, wenn sie bereits fünfzehn sind. Im allgemeinen bleiben die Schüler bis zu ihrem sechzehnten Lebensjahr. Durchschnittlich hat Summerhill 25 Jungen und 20 Mädchen, die in drei Altersgruppen unterteilt sind: Fünf- bis Siebenjährige, Acht- bis Zehnjährige und Elf- bis Fünfzehnjährige. Neill wurde immer wieder gefragt: Lernen die Kinder genug, um sich später im Berufsleben zu bewähren? Erwerben sie genügend Grundkompetenzen, um den Anforderungen einer industriellen Gesellschaft gerecht zu werden?

Diese und ähnliche Fragen werden allerdings nicht nur Summerhill gestellt, sondern allen Alternativschulen. Und je nach dem Charakter der

Alternativschule fallen die Antworten aus. Im allgemeinen wird jeder Repräsentant einer solchen Schule betonen – jedenfalls öffentlich –, daß Kinder hier dieselben oder gar höhere Kompetenzen für die spätere Lebensbewältigung erwerben wie an Regelschulen. Neill formuliert auch in diesem Zusammenhang die radikalste Antwort. Da es ihm nicht darauf ankomme, Schüler für stumpfsinnige Arbeiten zu qualifizieren, sondern die Glücksmöglichkeiten zu vergrößern, sei ihm die Karriere gleichgültig. »Logischerweise ist Summerhill eine Schule, in der Kinder mit der angeborenen Fähigkeit und dem Wunsch, Gelehrte zu werden, Gelehrte werden, während jene, die nur zum Straßenkehrer geeignet sind, Straßenkehrer werden. Bisher ist jedoch aus unserer Schule noch kein Straßenkehrer hervorgegangen. Ich sage das ohne Snobismus; denn ich sehe eine Schule lieber einen glücklichen Straßenfeger hervorbringen als einen neurotischen Gelehrten.«[63]

Eine andere Frage, die gerade heute an Alternativschulen häufig gestellt wird und mit der auch Neill konfrontiert war, ist die Feststellung, daß er doch nur mit Kindern von Eltern zu tun habe, die ein solches Internat bezahlen können. Natürlich sind Eltern wie Kinder von Summerhill privilegiert, und Neill bedauert das. Doch er kann sich die Bedingungen, unter denen er versucht, die Kette von falscher Erziehung zu durchbrechen, nicht aussuchen – so willkommen ihm Kinder armer Eltern wären. Neill betont mit Recht, daß die Privilegierung kein Einwand gegen die Konzeption ist. Eine solche Erziehung zu unterlassen, nur weil aus finanziellen Gründen nicht alle Bevölkerungsschichten an ihr teilnehmen können, wäre politisch und pädagogisch kaum zu begründen. Daß eine solche Erziehung objektiv möglich ist, daß sie von »Natur« aus, aufgrund der gesellschaftlichen Verhältnisse und der Voraussetzungen bei Kindern und Eltern, nicht ausgeschlossen ist, begründet die politische Substanz eines solchen Projekts und erlaubt einen pädagogischen Optimismus, der für jede Erziehungstätigkeit unerläßlich ist.

In den Kontroversen um Summerhill spielt jedoch noch ein anderes Argument eine Rolle. Die Betonung der emotionalen Kommunikation und der damit angestrebten kollektiven Therapie muß sicher nicht zwangsläufig dazu führen, daß die Angebotsseite der Projekte, das heißt die eigentliche Lernorganisation, demgegenüber praktisch bedeutungslos wird. Unterricht gibt es auch in Summerhill, das ist keine Frage. Aber die entfremdete Arbeit der kognitiven Seite wird offensichtlich unterschätzt. Da Kinder in den entwickelten Industriegesellschaften durch eine medienvermittelte Lernumgebung gehen, halte ich es für zweifelhaft, daß das bloße Freilegen von Bedürfnissen, Interessen, Lernmotiven ausreicht, um intellektuelle Lernprozesse zur Herstellung von Zusammenhängen zu ermöglichen. Jedenfalls scheint mir die spannungsreiche Dialektik zwischen kognitiven, emotionalen und sozialen Fähigkeiten derart zugunsten der emotionalen und sozialen Leistungen geschlichtet zu sein, daß für die übrigen Leistungsformen kaum noch Energie übrigbleibt. Mit anderen Worten: Möglicherweise überfordert Summerhill die Autonomie der Kinder, was den Erwerb von kognitiver Kompetenz, die Bildung von realitätsbewältigenden Eigenschaften anbetrifft.

Die Alternativschule Summerhill existiert immer noch. Doch wie gefährdet die Idee von Summerhill weiterhin ist, zeigt 1994 ein Gutachten für den britischen Erziehungsminister John Patten, in dem Schulinspektoren wieder einmal die Einwände anführen, die seit 1921 genannt werden: Der Lehrplan sei schmalspurig angelegt, viele Schüler nähmen nur unregelmäßig am Unterricht teil, das Leistungsniveau bleibe hinter den Standards staatlicher Schulen zurück; im Umgang mit dem Lehrpersonal würden Verhaltensweisen erlernt, die die Jugendlichen im späteren Leben »verwundbar« machten. Anlaß zur Besorgnis bestehe vor allem im »ungezwungenen Gebrauch der Umgangssprache« und darin, daß bei Sportveranstaltungen einsames Nacktbaden mit Lehrern ausdrücklich gestattet sei. Zoe Redhead, Tochter des Summerhill-Gründers und Leiterin der Schule, verwahrte sich gegen die »unfairen« Vorwürfe und erklärte, ebensogut hätte man Atheisten damit betrauen können, eine Kirche zu inspizieren.[64]

7. Reisen als Lern- und Arbeitseinheit: Die dänischen Tvind-Schulen

Eine Entschulung der Schule ist charakteristisch für alle Alternativschulprojekte. Die Formen, in denen eine solche Entschulung praktisch umgesetzt wird, sind dagegen sehr verschieden. Sie werden unter anderem vom Wirklichkeitsverhältnis der jeweiligen Lernkonzeption bestimmt.

Für die einen ist Wirklichkeit vor allem das, was an unausgedrückten Interessen und Bedürfnissen der Kinder in schulischen Lernprozessen entwickelt werden soll. Für die nächsten ist Wirklichkeit im wesentlichen das Geschehen außerhalb der Schule, in der Stadt, in der Fabrik, in der Landwirtschaft, im öffentlichen Leben. Für die dritten ist Wirklichkeit das, was den Zusammenhang zwischen der eigenen Umwelt und der Fremdheit herstellt, zu Ländern, in denen sich die Lebensbedingungen und kulturellen Verhältnisse ganz anders gestalten.

Die Tvind-Schule greift am weitesten über den meist unbeweglichen, allenfalls leicht erweiterbaren Lernort der Regelschule hinaus, indem sie Reisen zum Lernprinzip der Welterfahrung macht. Neues zu sehen, sich zu bewegen, in Trümmern alter Kulturen und in anderen Lebensverhältnissen Nachforschungen zu betreiben, die Faszination des Fremdartigen – diese menschlichen Bedürfnisse sind so weit verbreitet und sitzen so tief, daß es erstaunlich ist, wie wenig sie für weiterführende Lernprozesse genutzt werden. Im Zeitalter der Medien werden zwar Informationen über die Länder der Dritten Welt vermittelt, häufig aber in verdrehter, mit Vorurteilen verknüpfter Form. Daraus entsteht der Schein einer gebildeten Weltläufigkeit, der jedoch das Fundament unmittelbarer, überprüfbarer Erfahrung fehlt.

Bevor ich auf die Tvind-Schulen im einzelnen eingehe, möchte ich noch einige Erläuterungen zum Begriff des Reisens machen. Reisebeschreibungen von fremden Ländern, die zu Beginn des bürgerlichen Zeitalters nach Europa drangen – von Abenteurern wie Marco Polo oder von christlichen Missionaren verfaßt –, galten damals keineswegs als bloß exotische Berichte. Sie wurden von den bedeutendsten europäischen Denkern begierig aufgegriffen und bildeten häufig das Fundament für eine

Kritik an der eigenen Kultur. Reisen und Reisebeschreibungen erweiterten die Kenntnis vom Menschen, die Kenntnis fremder Länder; und Vergleichsmöglichkeiten zwischen verschiedenen Kulturen definierten damals den Weltbürger. So ist es kein Zufall, daß Kant Reisen zu einem wesentlichen Bestandteil seiner Anthropologie macht. Er unterscheidet zwischen einem Lernen, das bedeutet, »die Welt kennen«, und einem anderen, das bedeutet, »die Welt haben«. Beim ersteren versteht man zwar das Spiel, die Kultur, um die es geht, beim zweiten hat der Betreffende jedoch zudem mitgespielt oder sie jedenfalls unmittelbar erfahren. »Zu den Mitteln der Erweiterung der Anthropologie im Umfange gehört das Reisen; sei es auch nur das Lesen der Reisebeschreibung. Man muß aber doch vorher zu Hause, durch Umgang mit seinen Stadt- oder Landesgenossen, sich Menschenkenntnis erworben haben, wenn man wissen will, wonach man auswärts suchen sollte, um sie in größerem Umfange zu erweitern. Ohne einen solchen Plan (der schon Menschenkenntnis voraussetzt) bleibt der Weltbürger in Ansehung seiner Anthropologie immer sehr eingeschränkt. Die Generalkenntnis geht hierin immer vor der Lokalkenntnis voraus...«[65]

Nebenbei bemerkt: Nachdem Kant in pragmatischer Absicht das Reisen als so bedeutsam für die Weltkenntnis bezeichnet hat, bereitet es ihm Probleme, das mit seiner eigenen Abneigung gegen das Reisen in Einklang zu bringen. Er schreibt deshalb in einer Fußnote, daß es unter bestimmten Bedingungen auch möglich sei, Weltkenntnis ohne Reisen zu gewinnen: »Eine große Stadt, der Mittelpunkt eines Reichs, in welchem sich die Landeskollegia der Regierung desselben befinden, die eine Universität (zur Kultur der Wissenschaften) und dabei noch die Lage zum Seehandel hat, welche durch Flüsse aus dem Innern des Landes sowohl, als auch mit angrenzenden entlegenen Ländern von verschiedenen Sprachen und Sitten, ein Verkehr begünstigt, eine solche Stadt wie etwa Königsberg am Pregelflusse kann schon für einen Platz zu Erweiterung sowohl der Menschenkenntnis als auch der Weltkenntnis genommen werden; wo diese auch ohne zu reisen, erworben werden kann.«[66]

Die Initiatoren der Tvind-Schule formulieren Regeln für Lernprozesse beim Reisen, verzichten aber darauf, in einem weiterführenden pädagogischen Zusammenhang auszuführen, worin der originelle Beitrag des Lernens durch Reisen besteht. Das ganze Projekt hat seit seiner Gründung, die eine phantasiereiche Improvisation war, einen praktischen Zuschnitt. Im Jahre 1967 fanden sich sechs Männer und zwei Frauen zusammen, die einen Bus älteren Baujahrs, der für 32 Fahrgäste bestimmt war, umbauten, mit Küche und Schlafplätzen ausstatteten und dann ein knappes halbes Jahr lang quer durch Asien fuhren. Das geschah ohne pädagogische Absicht, schon gar nicht mit dem Plan, darauf eine reisende Volkshochschule zu gründen. Sie lasen unterwegs Bücher, studierten die Sitten der Länder, durch die sie fuhren, redeten mit den Leuten, besuchten Schulen und Krankenhäuser, verarbeiteten Statistiken, interviewten Minister und Arbeiter. Später setzten sie ihre Studien in Polynesien, Lateinamerika und Afrika fort. Nach der Rückkehr von diesen Reisen hielten die Betreffenden Vorträge und sprachen mit Behörden. Dabei kristallisierte sich allmählich eine pädagogische Konzeption heraus. Es sollte ein Schulprojekt gegründet werden mit dem Zweck, alte Arbeitsteilungen produktiv rückgängig zu machen: die Arbeitsteilung zwischen Kopf- und Handarbeit, zwischen Arbeit und Lernen, die Aufspaltung von Lokalkenntnis und Welterfahrung.

Die reisende Hochschule, wie sie sich nennt, startet im Januar 1970. Hauptgegenstand der Lehrveranstaltungen und Kurse bilden die gesellschaftlichen Verhältnisse in den Ländern der Dritten Welt und in Dänemark. Die Lokalkenntnis, von der Kant spricht, wird in einer Studienphase erworben, die sich auf die konkreten gesellschaftlichen Verhältnisse des eigenen Landes konzentriert.

Um das gesellschaftliche Klima, aus dem diese reisende Hochschule hervorgeht, etwas genauer zu charakterisieren, muß man berücksichtigen, daß zu dieser Zeit in den Solidarisierungsaktionen der Linken die Dritte Welt eine ganz entscheidende Rolle spielt. Sogenannte ML-Gruppen entstehen, die sich mit der chinesischen Kulturrevolution solidarisieren oder sogar nach dem chinesischen Modell Parteiaufbauorganisationen aus dem Boden stampfen. Weltweit wird gegen den Vietnamkrieg protestiert. Solidarisierungen finden mit der Volksfront Allendes in Chile statt; Persien steht am Anfang der deutschen Protestbewegung.

Wo es möglich war, wurde diese abstrakte Gegenwart der Dritten Welt in den europäischen Ländern durch Reisen, durch eine Art politischen Tourismus ausgefüllt. Aber es zeigte sich sehr schnell, daß die Solidarisierungen zerbrachen, wenn die Bewegungen, auf die sie sich richteten, keinen Erfolg hatten oder in den Ursprungsländern zerschlagen wurden. Eine wirkliche Kenntnis der Dritten Welt im Zusammenhang mit spezifischen Problemen des eigenen Landes war selten. Die Tvind-Schule zieht, selbst wenn ihr das nicht voll bewußt ist, die Konsequenz aus diesem fragwürdigen Verhältnis zwischen europäischen Ländern und Ländern der Dritten Welt und bemüht sich darum, Lernprozesse zu organisieren, die nicht nur aus Büchern oder aus moralischem Protestwillen stammen, sondern sich wesentlich auch auf unmittelbare Anschauung stützen.

Ein solches Reiseprojekt ist Projekt im buchstäblichen Sinne, mit sehr vielen und verschiedenen Tätigkeiten, die zu seinem Gelingen notwendig sind. Alle praktischen und theoretischen Arbeiten werden von den Projektteilnehmern selbst erledigt. Dazu gehört das Funktionsfähigmachen des Busses, Überholen des Motors, Überprüfen der Bremsen. Selbst theoretischer Unterricht über die Funktion des Dieselmotors, die Einstellung der Bremsen usw. wird erteilt. Die Zusammensetzung der Gruppe bestimmt sich nach den Teilnehmern, die ganz unterschiedliche Berufe und Qualifikationen mitbringen: »In unserer Gruppe lagen wir altersmäßig zwischen 18 und 42, und wir hatten einen sehr unterschiedlichen Hintergrund: Tischler, ungelernter Arbeiter, Student, Volksschullehrer, Seemann, Reklamezeichner, Invalidenpensionist, Gymnasiallehrer, Arbeitsloser. Unsere Gründe zu kommen, waren auch sehr vielfältig: Reiselust, ein besserer Hintergrund für die eigenen Zukunftspläne, Lust, auf eine neue Weise in der Zusammenarbeit mit anderen Menschen zu lernen, der Wille, mehr über die Welt zu lernen, in der wir leben.«[67] Jeder entscheidet sich für die Tätigkeit, für die er sich am qualifiziertesten hält.

Ein Reiseprojekt baut sich aus mehreren Arbeitsperioden auf. Die erste Periode besteht in einer zweimonatigen Vorbereitung der Reise, in der die Teilnehmer sich mit dem geplanten Reiseland beschäftigen und die praktischen Voraussetzungen der Reise klären, aber auch spezielle Studien zu dänischen Verhältnissen treiben, um dem Vermittlungsprozeß zwischen dem Reiseland und Dänemark die Einseitigkeit zu nehmen. Die zweite Periode bildet die Reise selbst. In der dritten erfolgt eine Nachbereitung der Reise; es werden Erfahrungen berichtet, Diaserien angefertigt und zusätzlich Studien über dänische Verhältnisse, jetzt auf dem Hintergrund der Reiseerfahrungen, gemacht.

Danach können die einzelnen Teilnehmer den Kurs in einer vierten Periode fortsetzen, in der Erwerbsarbeit und Studienkreise in dänischen Städten im Zentrum stehen. Diese Periode umfaßt fünf Monate, in denen sich der Kurs in Stadtgruppen von neun bis fünfzehn Personen aufgliedert und je nach Berufswunsch arbeitet, als Lehrer, Sozialarbeiter, Industriearbeiter. Diese Gruppen, die sich außerhalb der Hochschule zusammenfinden, arbeiten und wohnen zusammen. Eine fünfte Periode findet dann wiederum innerhalb der Hochschule statt mit täglichem Unterricht in politischer Ökonomie und mit Spezialthemen wie Geschichte der Gewerkschaftsbewegung, Parlamentarismus usw.

Die Gesamtorganisation eines Kurses umfaßt also eine ganze Reihe von Aktivitäten sowohl außerhalb wie innerhalb der Hochschule. Von Bedeutung ist vor allem, daß praktische Arbeit und theoretische Arbeit immer miteinander verknüpft sind und sich nie auf bloßen Erfahrungsaustausch der Teilnehmer beschränken. Alle Lernprozesse sind in unmittelbaren praktischen Erfahrungen verankert, werden aber nicht darauf reduziert. Gleichzeitig wird die Lernumgebung der Kursteilnehmer weit über den Einzugsbereich der Hochschule hinaus erweitert, die Lernorte ermöglichen ein großes Spannungsgefüge von Erfahrungen. Die Hochschule ist zwar noch organisierendes Zentrum, aber nicht mehr der dominierende Lernort.

Neben dieser reisenden Hochschule verfügt Tvind noch über zwei weitere Organisationsformen: einerseits über das sogenannte »notwendige Seminar«, eine staatlich geförderte Versuchsbasis für eine vierjährige Lehrerausbildung, andererseits über die sogenannte Efterskole. Das Ziel der Efterskole ist die Ausbildung der Vierzehn- bis Achtzehnjährigen in praktischer und theoretischer Arbeit. Aufgegliedert nach Erwerbsgruppen werden Drucker, Lebensmitteltechniker, Bauhandwerker usw. ausgebildet. Arbeit wird in ihrem Ernstcharakter, nicht als bloße Probearbeit verstanden. Das »notwendige Seminar« und die Efterskole sind nach denselben Prinzipien wie die reisende Hochschule organisiert und in verschiedene Praxisfelder aufgeteilt, zum Beispiel Praxisfeld Schule, nationales Praxisfeld, internationales Praxisfeld.

Die Tvind-Hochschule liegt in der Nähe des Städtchens Ulfborg in Nordwest-Jütland. Wahrzeichen ist die Tvind-Mühle, 54 m hoch, mit 27 m hohen Windmühlenflügeln aus weißem Polyester. Diese Windmühle ist fast schon ein Mythos geworden. Mit 2,8 Megawatt Strom, die hier erzeugt werden, gehört sie zu den größten Windgeneratoren der Welt und ist ein besonderer Beitrag zur Auseinandersetzung mit den Atomkraftwerken.

Rund 700 Lehrer und Schüler leben und arbeiten in den Tvind-Schulen. Hinzu kommen die Efterskole für 150 Schüler in Wunstrop, einem Gutshof, den die Tvind-Lehrer gemeinsam mit der größten dänischen Gewerkschaft gekauft haben, ein Schiff der reisenden Hochschule in Thorsminden und die neue Schule in Julesminden für 150 Schüler, in einem ehemaligen Hospital direkt am Ostseestrand, sowie die Produktionsschule in Vandrup. Wenn von Tvind-Schulen geredet wird, handelt es sich also inzwischen um ein sehr komplexes Gebilde von einzelnen Schuleinheiten.

Ein solches Schulprojekt wird wie andere Alternativschulen auch von den eigentümlichen Traditionen des Herkunftslandes bestimmt, was die Übertragbarkeit auf andere Länder erschwert. Die Tvind-Schulen sind Teil der sehr ausgeprägten Volkshochschulbewegung Dänemarks, die im neunzehnten Jahrhundert als Landschulbewegung entstand und eine ganz andere Anerkennung durch den Staat und die Bevölkerung erfährt, als das bei Erwachsenenbildungsinstitutionen in anderen Ländern der Fall ist. Vor allem die Idee der Heimvolkshochschule, also einer Institution, in der Wohnen, Arbeit und Lernen zusammengefaßt sind, macht die spezifische Atmosphäre des Tvind-Projekts aus. Für einzelne Projekte und Aktivitäten gibt es staatliche Unterstützungen, die allerdings auf den dänischen Raum begrenzt sind. Daß sich Tvind als Alternativschulprojekt in dieser Weise entwickeln konnte, kommt auch daher, daß das dänische Schulsystem sehr viel weniger als zum Beispiel das der Bundesrepublik ein Schulaufsichtssystem ist. Öffentliche Schulen in Dänemark können eine Vielzahl von unkonventionellen pädagogischen Methoden praktizieren, ohne daß Schulbehörden eingreifen.

Als ich vor gut zehn Jahren mehrere Vorträge über die Glocksee-Schule vor Lehrern, Sozialarbeitern und akademischen Pädagogen in Kopenhagen hielt, habe ich die für mich erstaunliche Erfahrung gemacht, daß das, was ich vortrug, dem größten Teil des Publikums gar nicht neu und unbekannt schien. Ich mußte bei den Zuhörern nicht für bestimmte Konzeptionen von Glocksee werben. Deren Erfahrungshorizont war so sehr mit dem Erproben pädagogischer Methoden vertraut, daß überhaupt keine Abwehr gegen Neuerungen bestand, im Gegenteil: Man wollte erfahren, wie ähnliche Vorstellungen unter ganz anderen Bedingungen umgesetzt werden. Nach anfänglicher Irritation meinerseits, weil ich etwas ganz anderes erwartet hatte, entstand daraus eine sehr produktive Kommunikation mit dänischen Lehrern, Pädagogen und Sozialarbeitern.

Die Tvind-Schulen in dem Ideenzusammenhang, den ich beschrieben habe, gibt es heute nicht mehr. Keine Idee, die die bestehenden Herrschaftsverhältnisse infrage stellt – ob es sich nun um Genossenschaften, Gemeinwirtschaftsunternehmen oder alternative Lernformen handelt –, ist davor bewahrt, in die bestehende Gesellschaft integriert zu werden oder sich im Größenrausch zu korrumpieren. Aus den Tvind-Schulen ist ein betrügerischer Reisekonzern geworden, dem die Lernbereitschaft der Menschen nur noch Verwertungsrohstoff ist. Doch ist damit der Wahrheitsgehalt der Idee widerlegt?

Die ganze Tragödie einer großen Idee von Reisen als Lern- und Arbeitseinheit läßt sich nicht besser auf den Begriff bringen als in einem von Georg Ring verfaßten Bericht der »Süddeutschen Zeitung« vom 10.5.1996, den ich vollständig zitieren möchte: »Mit einem Sondergesetz stoppt der dänische Unterrichtsminister Ole Vig Jensen für die Dauer von zwei Jahren alle staatlichen Zuschüsse für die 31 Schulen des Tvind-Konzerns. Vig Jensen bezeichnete ihn als eine ›Geldmaschine‹, deren Stiftung sich jeglicher staatlicher Kontrolle entzogen und ständig Erlasse und Bestimmungen übertreten habe. Der angesichts der äußerst liberalen dänischen Schulgesetzgebung drastische Schritt ist der Zustimmung der Regierung und des Parlaments sicher.

Staatliche Instanzen haben 25 Jahre lang dem nach einem jütländischen Städtchen benannten Tvind-Imperium gegenüber beispiellose Engelsgeduld an den Tag gelegt. Obwohl die ideologische Leitlinie der Schulen ganz klar war, scheuten sich die Politiker davor, gegen den Konzern vorzugehen, der unter anderem zum Ziel hat, ›Menschen für die große historische Aufgabe unserer Generation auszubilden, auf die Vorbereitung für und die Durchführung einer gesellschaftlichen Umwälzung, die den Beginn einer Gesellschaft darstellt, in der die Arbeiterklasse und ihre Verbündeten die Richtlinie für die Produktion und die Kultur festlegen‹. Wer sich als Schüler oder Student diesen Vorstellungen nicht unterordnete, wurde ›Erziehungsmaßnahmen‹ ausgesetzt, die auch als psychischer Terror ausgelegt werden konnten. Geflüchtete Schüler haben darüber ausführlich berichtet. Auf der anderen Seite bedienten sich die Sozialbehörden von Kreisen und Kommunen gern der Tvind-Schulen, um schwer erziehbare Schüler oder solche unterzubringen, die schulmüde waren und bei Tvind-Lehrern auf Verständnis stießen. Alle Lehrer verzichten auf Teile ihres Gehalts. Sie fließen, wie erhebliche Summen der Staatszuschüsse, in Schachtelunternehmen, die sich jeglicher Kontrolle entziehen. Auf Grund der strengen Abschottung und der Transfers ins Ausland ist die Höhe des Gesamtvermögens schwer abzuschätzen. Sie wird jedoch auf umgerechnet 50 bis 75 Millionen Mark beziffert. Die staatlichen Zuschüsse machen 57 Prozent der Einnahmen des Konzerns aus. Wie intensive Untersuchungen ergaben, habe das Imperium die Mittel oft fremd verplant und zweckentwendet. Daher müssen sieben von 31 überprüften Schulen jetzt zweistellige Millionenbeträge zurückzahlen. Zweige des Konzerns wurden Mieter einer konzerneigenen Dachgesellschaft. So stiegen zum Beispiel die Mieten für Schulgebäude im Laufe von nur zwei Jahren um 48 Prozent – was die staatlichen Zuschüsse entsprechend erhöhte. Anstatt unterrichtet zu werden, mußten die Schüler oft als Arbeiter tätig sein, unter anderem in Entwicklungsländern.

Dank dieser Machenschaften wurden die Tvind-Schulen, ihre Volkshoch- und Nachschulen ständig ausgebaut und zuletzt zu einem straff gelenkten Konzern. Seine Tätigkeit war oft Gegenstand von Kritik. In einem Land, das gerade die Schul- und Bildungsfreiheit groß schreibt und wo selbst Gottlose oder – seinerzeit – Kommunisten mit entsprechender Lehrbefähigung Schulen gründen und für deren Betrieb 85 Prozent an staatlichen Zuschüssen kassieren können, hatte bis heute kein Politiker den Mut, den groben Mißbrauch staatlicher Mittel zu stoppen. Niemand wollte sich dem Vorwurf des Gesinnungsterrors aussetzen. Dadurch konnte das Imperium, das Unterrichtsminister Vig Jensen eine Geldmaschine nannte, nach Belieben schalten und walten. Wenn dem Schulkonzern der Geldhahn zugedreht wird und er seinen Betrieb weitgehend einstellen muß, stehen die Sozialbehörden vor dem Problem, wem sie schwererziehbare Jugendliche anvertrauen können.«

8. Arbeit und Spiel: Die Ecole Moderne Freinets

»Es lebe die école moderne!« – nie zuvor hat jemand einem Erschießungskommando so zivile Worte entgegengeschleudert wie der Anarchosyndikalist Ferrer, der nach dem gescheiterten Putsch in Barcelona 1901 erschossen wurde. Daß sich jemand für seine Erziehungsideale töten läßt, mag für Célestin Freinet so eindrucksvoll gewesen sein, daß er sein eigenes Schulexperiment, das ausgesprochen anarchistische Impulse gegen autoritäre Strukturen enthält, nach der Revolutionsparole Ferrers benannte.

Die von Freinet in den zwanziger Jahren gegründete Bewegung »Ecole Moderne« (moderne Schule) unterscheidet sich, abgesehen von allen didaktischen und pädagogischen Besonderheiten, durch zwei charakteristische Merkmale von anderen Alternativschulprojekten jener Zeit: Zum einen besteht ein politischer Kooperationszusammenhang zwischen den Lehrern, die an verschiedenen Schulen unterrichten und auf regelmäßigen Tagungen ihre Erfahrungen austauschen; zum anderen ist die Freinet-Pädagogik organisatorisch nicht vom öffentlichen Schulsystem der jeweiligen Länder abgetrennt. Es gibt Freinet-Klassen an öffentlichen Schulen, in denen sonst nach ganz anderen Methoden gearbeitet wird, ja einzelne Lehrer, die ihren normalen Unterricht mit didaktischen Mitteln der Freinet-Pädagogik aufbereiten. Das erweckt zweifellos den Anschein, als bestünde die Freinet-Pädagogik im wesentlichen aus einem Arsenal von Hilfsmitteln, die beliebig verwendbar sind. Tatsächlich kann man die von Freinet begründete Alternativerziehung als eine Schulform innerhalb des öffentlichen Schulsystems bezeichnen.

Dieser Widerspruch zwischen sehr weit gefaßten politischen Ansprüchen, die in einer »Republik aufgeklärter Pädagogen« öffentlich demonstriert werden, und didaktischen Mitteln, die ohne wesentliche Veränderung von Rahmenbedingungen anwendbar sind, bestimmt bereits die Ursprungsgeschichte der Freinet-Bewegung. Wenn Bertolt Brecht zwischen kleiner und großer Pädagogik unterscheidet – wobei die kleine jene ist, die unter fortexistierenden Bedingungen Bildung und Erziehung minimal verändert, während die große Pädagogik auf revolutionäre Umwälzung zielt –, so gibt es bei der Freinet-Bewegung in der Theorie beide Komponenten, praktisch aber nur die kleine Pädagogik.

Freinets Entwurf für eine »Schule des Proletariats« steht in der Tradition der Schulversuche der Russischen Revolution und der radikalen Reformansätze, die es sowohl in Deutschland als auch in Spanien nach dem Ersten Weltkrieg gab. 1896 in einer südfranzösischen Bauernfamilie geboren und aufgewachsen, hat Freinet zeit seines Lebens die bäuerlichen Erfahrungen immer wieder herangezogen, um deutlich zu machen, wie Kinder mit Dingen der Landschaft und mit Tieren umzugehen pflegen. Sein bäuerlicher Erfahrungshorizont, zu dem natürlich auch handwerkliche Techniken gehören, hat ihn nie zu einem reinen Theoretiker werden lassen. Er war Teilnehmer des Ersten Weltkrieges und wurde vor Verdun durch einen Lungenschuß schwer verletzt. Man sagt, die durch die Kriegsverletzung bedingte Hemmung seines Sprechvermögens habe ihn dazu gebracht, durch die Errichtung einer Schülerdruckerei Entlastung vom Sprechen zu schaffen. 1920 wurde er als Lehrer angestellt. Wie alle kritischen Intellektuellen, die den Ersten Weltkrieg erlebt hatten, suchte er nach neuen Wegen, die gesellschaftlichen Verhältnisse zu verändern. Er experimentierte als Pädagoge in seiner Schule, studierte daneben aber eingehend die Schriften von Marx, Engels und Lenin. Größte Bedeutung für seine pädagogische Arbeit hatten Auslandsreisen, die ihn nach Deutschland führten und mit der hier stark entwickelten Reformpädagogik bekannt machten. Er lernte persönlich Paul Geheeb, den Gründer der Odenwald-Schule, und Peter Petersen kennen, mit dem ihm bis zum Ende seines Lebens ein intensiver Briefwechsel verband.

Freinets Engagement beschränkte sich allerdings nicht auf die Schule. Das Elend der Bauern veranlaßte ihn, Einkaufs- und Verkaufsgenossenschaften zu gründen; er trat der Anti-Kriegsbewegung bei und wurde Mitglied der Einheitsgewerkschaft der Arbeiter im Bildungswesen. 1929 wurde er Mitglied der kommunistischen Partei Frankreichs.

Es war kaum zu vermeiden, daß Freinet mit unkonventionellen Forderungen wie »Weg mit den Schulbüchern!« in Konflikt mit Eltern und Schulbehörden geriet. Nach einem solchen Konflikt, bei dem es wohl darum ging, daß ein Kind in einem freien Text ein Fest beschrieb, bei dem auch der Pfarrer betrunken war, wurde er aus dem staatlichen Schuldienst entlassen. 1935 gründete er in Anlehnung an die Landerziehungsheime, die er in Deutschland kennengelernt hatte, in Vence bei Cannes eine Alternativschule, die erste Privatschule für Proletarier. Freinet entwikkelte – unabhängig von staatlichen Kontrollen – sowohl seine Erziehungstheorie als auch seine didaktischen Mittel, organisierte den Erfahrungsaustausch mit Kollegen und gab der mittlerweile wachsenden Bewegung der Ecole Moderne kräftige Impulse.

Das Verhältnis Freinets zur großen Politik und zu den kommunistischen Organisationen war von Anbeginn durchaus zwiespältig. Als er 1925 von einem Besuch Rußlands zurückkehrte, gab er seiner Bewunderung Ausdruck über die dort 1923 gegründete Einheitsschule für alle Bevölkerungskreise; auch die Einheitsschule Deutschlands faßte er als ein Modell für die Entwicklung des französischen Schulsystems auf. Nach dem Stalin-Hitler-Pakt von 1939 kühlte sich das Verhältnis zur Sowjetunion ab.

Freinet hat nie akzeptiert, daß seine pädagogische Arbeit durch politische Interessenzusammenhänge funktionalisiert wird. Im Zentrum seiner Arbeit stand die spezifische Logik der Erziehung, die Interessen und Bedürfnisse von Kindern. Als 1950 in der kommunistischen Partei der Sturm auf Freinets Pädagogik losbrach und man ihr alles mögliche vorwarf – kleinbürgerlichen Spontaneismus, Anarchosyndikalismus, Idealismus, also klassische Merkmale linker Ausgrenzungen –, verletzte das die Person Freinets, nicht aber seine pädagogische Lebensarbeit. Es folgte zwar kein Parteiausschluß, doch als 1952 die Parteibücher ausgewechselt wurden, »vergaß« man, ihm die neue KP-Mitgliedskarte zuzustellen.

Die proletarische Pädagogik Freinets ist am Kind, nicht an der Parteiorganisation befestigt. Das mag einer der Gründe dafür gewesen sein, daß es zwischen der Logik pädagogischer Arbeit und dem, was gewöhnlich als politisch betrachtet wird, in der Geschichte der Freinet-Bewegung immer wieder Konflikte gegeben hat. Freinet verstand sich stets in erster Linie als Pädagoge, der sich allerdings dessen bewußt war, daß pädagogische Arbeit einer Öffentlichkeit bedarf, in der Anhänger gewonnen werden müssen. Die vorbehaltlose Identifikation mit einer einzigen Partei oder Gewerkschaft hat er freilich schon ziemlich früh für problematisch gehalten. In Artikel 3 der Charta der Freinet-Bewegung heißt es deshalb: »In dieser Absicht wird jedes Mitglied der Bewegung Ecole Moderne entsprechend seiner ideologischen, weltanschaulichen und politischen

Einstellung darauf hinwirken, daß die Forderungen der Erziehung in die umfassenden Bemühungen der Menschen auf der Suche nach Glück, Kultur und Frieden unabdingbar einbezogen werden... Es gibt in der Ecole Moderne weder einen Katechismus noch ein Dogma oder System, die zu unterschreiben von irgend jemand verlangt wird. Die empirische Forschung an der Basis ist die Voraussetzung aller Bemühungen für eine Modernisierung der Schule.«[68] Der Artikel fordert, daß jedes Mitglied der Bewegung Ecole Moderne dort, wo es organisiert ist, die spezifischen Aspekte dieser pädagogischen Arbeit vertritt – mehr nicht. Gerade diese Distanz zu bestimmten Parteien und Organisationen mag dazu beigetragen haben, daß sich die Freinet-Bewegung entwickeln und verbreiten konnte.

Am 8. Oktober 1966 starb Célestin Freinet und wurde in seinem Geburtsort Gars beerdigt. Nach seinem Tode wurde deutlich, daß seine pädagogischen Auffassungen fester Bestandteil einer Alternativbewegung geworden waren, welche die unmittelbare Bindung an seine Person bereits überschritten hatte. Und mit dem wachsenden Interesse an der Freinet-Pädagogik seit den sechziger Jahren traten auch westdeutsche Pädagogen auf den jährlich stattfindenden Freinet-Kongressen auf und stellten ihre eigenen Erfahrungen in der Alltagsarbeit dar. Inzwischen gibt es zahlreiche Kooperativen, Initiativen und Gruppen, die Freinet-Materialien produzieren und verbreiten.

Heute arbeiten in Frankreich etwa 25 000 Lehrer nach Freinet-Prinzipien – vor allem in der Grundschule, doch auch in anderen Schularten und Schulstufen. Hinzu kommen einige Tausend Lehrer in 40 weiteren Ländern, darunter die Bundesrepublik. Man kann also von einer wirklichen Bewegung sprechen.

Das Zentrum der Freinet-Pädagogik bildet der Arbeitsbegriff: Eine sinnvolle Erziehung besteht in gegenständlichem Lernen. Für Freinet sind nicht Interessen der Kinder allgemein, sondern deren funktionelle, das heißt auf gegenständliche Arbeitsprozesse bezogenen Bedürfnisse Objekt der pädagogischen Aufmerksamkeit.»Der Leitfaden unserer täglichen Praxis ist die große Frage nach dem Interesse und der Arbeit.«[69]

Es ist bemerkenswert, daß Freinet, der in der Tradition der Marxschen Gesellschaftstheorie steht, nie den für die orthodoxe kommunistische Bewegung allein gültigen Arbeitsbegriff akzeptiert hat. Als produktive, das heißt Wert und Mehrwert schaffende Arbeit galt hier allein Lohnarbeit. Freinets Auffassung in diesem Punkt ist um so erstaunlicher, da ja erst 1932 ein viel umfassenderer Begriff von Arbeit im Marxismus bekannt wurde, als man die ökonomisch-philosophischen Manuskripte von Marx in Paris entdeckte und der »nagenden Kritik der Mäuse« entzog, der sie Marx überlassen hatte. In diesen Manuskripten wird Arbeit als wesentliches Mittel menschlicher Selbstverwirklichung und Emanzipation verstanden.

Bevor Freinet den Arbeitsbegriff für die Erziehung von Kindern präzisierte, informierte er sich über die deutsche Schulreformbewegung. Am meisten beeinflußte ihn dabei die Idee der Arbeitsschule, wie Georg Kerschensteiner und Hugo Gaudig sie entwickelten. Auch andere bedeutende Pädagogen gaben ihm wichtige Anregungen für sein pädagogisches Programm, so zum Beispiel Hermann Lietz mit seinem Landerziehungsheim, Paul Geheeb und Adolphe Ferriere, der ein Buch über die »école active« (die Tatschule) geschrieben hat.

Freinet verläßt die allgemeine Ebene von Reformforderungen wie Kerschensteiners Parole »Die Schule der Zukunft wird die Arbeitsschule sein!« sehr schnell, indem er die theoretischen Begründungen für seine Arbeitsschule vertieft und vor allem sehr viel Phantasie darauf verwendet, Arbeitsmittel für den schulischen Alltag zu entwickeln.

Er setzt dabei am Spielbedürfnis der Menschen als einem kulturgeschichtlichen Grundtatbestand an, um dann jene Ernstformen des Spiels zu entwickeln, die er als *jeux-travaux* bezeichnet, was übersetzt soviel wie »Spiel mit Arbeitscharakter« bedeutet. Diese bilden die primäre, das heißt nicht weiter ableitbare, allenfalls durch das Selbsterhaltungsinteresse der Menschen bestimmte Triebquelle für Tätigkeiten. »Spiele mit Arbeitscharakter befriedigen primäre Bedürfnisse des einzelnen; sie befreien und kanalisieren die physische Energie und die psychischen Kräfte, die wirksam werden wollen.« Spiel als eine von der Arbeit abgezogene, ihr gegenüber verselbständigte Tätigkeit, wie sie sich unter dem Druck entfremdeter Arbeit gewöhnlich bildet, tritt in der Bedeutung für den Erziehungsprozeß dagegen weit zurück. »Wenn akzeptiert wird, ... daß die Arbeit die wesentliche natürliche Funktion ist, die ohne großen Aufwand sozusagen unmittelbar den spezifischen Bedürfnissen der Kinder entspricht, dann erscheint das Spiel nur noch als zusätzliche und weniger wichtige Aktivität, es verdient nicht so in den Vordergrund des Erziehungsprozesses geschoben zu werden.«[70] Spielen, die nur Spaß machen, fehlt der Ernstcharakter und damit das Erlebnis, das »ein Stückchen jener tiefen inneren Befriedigung erreichen kann, die lebensnotwendig ist«.[71] Wie weit Freinet in der Frage des Arbeitsbegriffs von der marxistischen Orthodoxie seiner Zeit abweicht und wie sehr er einen originellen materialistischen Begriff von Arbeit entwickelt, der erst heute zu seiner wirklichen Bedeutung gelangt ist, mögen einige Hinweise aus einer Marxschen Schrift unter Beweis stellen, die erstmals 1939 und 1941 im Verlag für fremdsprachliche Literatur in Moskau erschien und die Freinet mit Sicherheit nicht kannte.

In diesen »Grundrissen der politischen Ökonomie« nimmt Marx Gedanken seiner Frühschriften wieder auf, obwohl es sich um Ausarbeitungen handelt, die den Rohentwurf des »Kapital« betreffen. In einer Gesellschaft, sagt Marx, in der Arbeit als Sklaven-, Fronde-, Lohnarbeit, also Zwangsarbeit, verstanden wird, muß Nicht-Arbeit als Freiheit und Glück erscheinen. Aber das sei nur die eine Seite der Arbeit, die historisch bestimmt sei und keine Verankerung in der menschlichen Natur hätte. In seiner Kritik an Adam Smith hält Marx fest: »Daß das Individuum ›in seinem normalen Zustand von Gesundheit, Kraft, Tätigkeit, Geschicklichkeit, Gewandtheit‹ auch das Bedürfnis nach einer normalen Portion von Arbeit hat und von Aufhebung der Ruhe, scheint A. Smith ganz fernzuliegen. Allerdings erscheint das Maß der Arbeit selbst äußerlich gegeben durch den zu erreichenden Zweck und die Hindernisse, die zu seiner Erreichung durch die Arbeit zu überwinden. Daß aber diese Überwindung von Hindernissen an sich Betätigung der Freiheit – und daß ferner die äußeren Zwecke den Schein bloß äußerer Naturnotwendigkeit abgestreift erhalten und als Zwecke, die das Individuum selbst erst setzt, gesetzt werden – also als Selbstverwirklichung, Vergegenständlichung des Subjekts, daher reale Freiheit, deren Aktion eben die Arbeit, ahnt Adam Smith ebensowenig.«[72]

Jehovas Fluch, der auf der Arbeit lastet und Ruhe zu Freiheit und Glück mache – also Arbeit als bloßes Opfer –, erschöpft nach Marx nicht den ganzen menschlichen Arbeitsbegriff. *Travail attractive,* Selbstverwirklichung des Individuums als Verwirklichung von Arbeitskraft, ist für das Glück und die Identität der Menschen ebenso notwendig, »was keineswegs meint, das sei bloßer Spaß, bloßes Amusement, wie Fourier es sehr grisettenmäßig naiv auffaßt«. »Wirklich freie Arbeit, zum Beispiel Komponieren, ist gerade zugleich verdammtester Ernst, intensivste Anstrengung.«[73]

Noch unter den unmenschlichsten Bedingungen gewinnen die Menschen aus Arbeit ein Element ihrer Würde. In Freinets pädagogischer Anthropologie wird dieser Arbeitsbegriff zum organisatorischen Zentrum für jene didaktischen und technischen Hilfsmittel, die Triebenergien für Spiel und Arbeit kombinieren, um daraus wirksame Lernprozesse zu gestalten. Indem das Kind Widerstände überwindet, erreicht es das Gefühl eigener Macht gegenüber Dingen und gewinnt die Anerkennung anderer für das, was es geleistet hat.

Viele Beispiele, die Freinet zur Bestätigung seiner pädagogischen Anthropologie anführt, hat er seiner eigenen Kindheit als Bauernjunge entnommen. Mit seinem Vater eine Mauer hochzuziehen oder bei der Ernte zu helfen verschafft ihm das Gefühl, etwas Ernsthaftes und Wichtiges getan zu haben, das von den anderen Bauern mit anerkennenden Bemerkungen kommentiert wird.

Spiele mit Arbeitscharakter bilden das konstitutive Element für die Organisation von Erfahrungen in der kindlichen Welt. Der zweckgerichtete Umgang mit Materialien und Dingen und die für Planungen erforderliche Disziplin sind nicht fremdbestimmt, von außen vorgeschrieben, sondern ergeben sich aus den sachlichen Bedingungen des Prozesses. Sie sind daher eingebunden in den autonomen Spielraum des Kindes; und selbst dann, wenn sie keinen Spaß machen, sind sie mit dem Gefühl der Befriedigung für das Gelungene verknüpft.

Freinet faßt seine Psychologie der Arbeit folgendermaßen zusammen: »Es gibt beim Kind kein natürliches Spielbedürfnis, es gibt nur ein Arbeitsbedürfnis, das heißt die organische Notwendigkeit, die Lebenskraft für eine sowohl individuelle als auch soziale Aktivität zu nutzen, und zwar auf ein deutliches Ziel hin im Rahmen der kindlichen Möglichkeiten. Die Bandbreite möglicher Empfindungen muß dabei sehr groß sein: Erschöpfung – Erholung; Bewegung – Ruhe; Gefühlsaufruhr – Beruhigung; Angst – Risiko; Risiko – Sieg. Vor allem muß eine solche Arbeit eine gerade für dieses Alter sehr wichtige psychologische Neigung befriedigen: das Gefühl für die eigene Stärke, den dauerhaften Wunsch, sich und andere zu übertreffen, den – kleinen oder großen – Sieg zu erringen, etwas oder jemanden zu bezwingen.«[74]

Wenn Arbeit die Grundfigur der pädagogischen Anthropologie ist, so ist damit noch nicht im einzelnen gesagt, welche Arbeitsformen der kindlichen Lebenswelt entsprechen. Aus der Kritik an den vorhandenen Lehrmaterialien, an Grammatiken und Schulbücher, an historischen Datensammlungen und naturwissenschaftlichen Kompendien haben Freinet und seine Mitarbeiter phantasiereiche Experimente entwickelt, unter deren Bedingungen die Subjekte von Lernprozessen, die Schüler selbst, ihre eigenen Lehrmaterialien entwickeln können.

Schon 1920, als Freinet in dem Dorf Bar-sur-Loupe eine erste Anstellung als Volksschullehrer erhält, probiert er solche didaktischen Mittel aus. Er nimmt die besten Schüleraufsätze und läßt sie in einer Schülerzeitung drucken. Er fertigt eine kleine Handdruckerpresse an und entwickelt daraus eine Technik der Schuldruckerei, durch die er in der Welt bekannt wird. Dabei geht Freinet nie systematisch vor, sondern immer orientiert am Lernerfolg der Schüler. Sein pragmatischer Umgang mit Lehr- und Lernmitteln wird von der Frage geleitet: »In welcher Arbeitsorganisation, mit welchen Techniken kann die Schule die Kinder am ehesten erreichen, um am nachhaltigsten zu wirken?«[75] Die technischen Mittel wählt Freinet so aus, daß Verstand und Sinne der Kinder sich in gleicher Weise betätigen können. Die verbalistische Schule, die auf rein kognitive Erziehung abgestellt ist, wird überwunden, indem die Kinder ihre normalen Tätigkeiten, Bewegungen, Sehen, Tasten, Experimentieren in Lernprozesse einbeziehen können.

Aus der Entstehungsgeschichte der Psychoanalyse ist uns ein Beispiel geläufig, das zeigt, wie sich Methoden und Techniken der Behandlung verändern müssen, wenn ohne aktive Teilnahme des Patienten eine Heilung seiner psychischen Leiden nicht möglich scheint. Freud hatte zunächst in der Behandlung der Hysterie die sogenannte kathartische Methode verwendet, die zur Freilegung und Reinigung verdrängter und eingeklemmter Gefühlsregungen die Hypnose einsetzt und damit den Patienten zwangsläufig zum Objekt ärztlicher Eingriffe macht. Dieses technische Hilfsmittel war nicht ohne Erfolg, denn es förderte bei dem Patienten seelische Regungen zu Tage, die seiner Erinnerung verlorengegangen waren und die er durch Erinnerungsarbeit auch nicht bewußtmachen konnte. Dennoch lehnte Freud die Methode ab, weil sie den Normalzustand des Patienten nicht sichtbar machte und seine Eigentätigkeit an der Heilung blockierte. Sie erschien ihm als therapeutische Überrumpelung, als Suggestion, die alles vom Arzt und nichts vom Patienten verlangte. Kamen die auf diese Weise geheilten Patienten in den normalen Alltag zurück, stellten sich im allgemeinen wieder die alten Krankheitssymptome ein.

Um die Ausnahmesituation zwischen Arzt und Patient, gewissermaßen eine künstliche Beziehung, überwinden zu können, entwickelte Freud die Methode der freien Assoziation: Er verpflichtete die Kranken dazu, auf alles bewußte Nachdenken zu verzichten und sich in Ruhe der Konzentration, der Verfolgung ihrer spontanen, ungewollten Einfälle hinzugeben, also die Oberfläche ihres Bewußtseins abzutasten. Sie sollten dem Arzt alle Einfälle mitteilen, auch wenn sie Einwände dagegen verspürten, wie zum Beispiel, daß der Gedanke unangenehm sei, unsinnig oder zu unwichtig, um mitgeteilt zu werden. Freud stellte fest, daß gerade die ungewollten und mehr oder weniger zufälligen Assoziationen alles andere als willkürlich waren. Sie lieferten vielmehr ein reiches Material von Spuren und Andeutungen, mit denen der Analytiker arbeiten konnte, um an die wirklichen Probleme des Kranken heranzukommen.

Meines Wissens hat Freinet seine Methode nie aus der Psychoanalyse begründet. Dennoch ist es lehrreich, die Verfahrensweise von Freud mit der Freinets zu vergleichen. Im Grunde steht auch Freinet als Pädagoge vor dem Problem, eine Normalsituation des Kindes so herzustellen, daß seine Interessen und Bedürfnisse, seine Alltagsphantasien, erkennbar werden. Das Bild, das sich Erwachsene von Kindern machen, ist in der Regel höchst fragwürdig. Die Wirksamkeit der pädagogischen Arbeit wird eben nicht alleine durch die Qualität der Angebote oder durch einen Lehrervortrag bestimmt, der die Schüler hypnotisch einfängt. Daß Lehrer dabei auch eine Faszination auf die Kinder ausüben können, ist ganz unbestreitbar. Aber es ist ein unzuverlässiges Mittel der pädagogischen Arbeit und bezieht den Erfahrungshorizont der Kinder zuwenig ein. Die Angebote müssen vielmehr die tatsächlich vorhandenen Phantasien und Bedürfnisse der Kinder erfassen, fortführen und damit in deren Alltagszusammenhang eindringen.

Die Methode, freie Texte (*textes libres*) von den Kindern selbst herstellen zu lassen, hat eine doppelte Funktion: Solche Texte ermöglichen den Kindern zunächst einen von Erwachsenenregeln freien, ihrem kindlichen Assoziationsbedürfnis entsprechenden Ausdruck von Interessen, Gefühlen und der für sie wichtigen Dinge. Sie produzieren auf diese Weise das Material ihrer eigenen Lernprozesse. Das unterscheidet sich grundlegend von dem in Lehrbüchern vorgesehenen Verfahren: Kurzfassungen zu machen, Aufsätze zu vorgegebenen Gegenständen anzufertigen, Beschreibungen von Erlebnissituationen zu geben, die nach Rückkehr aus pädagogisch ausgedachten Situationen (Museen, Landschulaufenthalten usw.) das Wesentliche festhalten sollen. Da entsprechend der Freinetschen Konzeption die Kinder die Freiheit haben, auszudrücken, was sie wollen, werden sie in der Regel das zum sprachlichen Ausdruck bringen, was sie für besonders interessant und wichtig halten.

Texte, die Schüler der herkömmlichen Schulen verfassen, sind ihrem ganzen Sinngehalt nach auf das Urteil des Lehrers gerichtet. Er korrigiert, was grammatikalisch falsch ist, er beurteilt, welche Wörter zulässig sind, welche Erlebnisse adäquat und welche unangemessen ausgedrückt werden. Der *text libre* dagegen dient als Ausgangspunkt einer selbstorganisierten Kommunikation. Er wird gleichsam materialisiert, vergegenständlicht, indem er als gedruckter Text der Schul- und Schüleröffentlichkeit zur Kritik und Begutachtung ausgesetzt wird. Im Zentrum der weitgehend autonomen Kinderöffentlichkeit befindet sich das Produktionsmittel Druckerei, die ursprüngliche, originelle Erfindung Freinets, die geradezu zum Symbol seiner Pädagogik geworden ist.

Die Druckerei ist kein Spielapparat, sondern stellt mit ihrer Komplexität besondere Anforderungen an manuelle und kognitive Fähigkeiten. Die Kinder verstehen sich selbst als Korrespondenten, als Berichterstatter und Forscher, die von außerhalb der Schule, aus der Welt, Neuigkeiten zurückbringen und den anderen mitteilen wollen. Nie sind es bloße Informationen, die Freinet interessieren: »Wirklich wichtig ist nicht das Wissen, sind nicht einmal die Entdeckungen: wichtig ist Forschen, der Geist ist nicht eine Scheune, die man füllt, sondern eine Flamme, die man nährt.«[76]

Die Druckerei dient der schöpferischen Aktivität der Kinder in der täglichen Praxis: der Betätigung ihrer Sinne, ihres Sehens, ihres Tastens, ihrer

Berührung mit Farben und Formen. Was die Schüler empfinden, denken und ausdrücken, geht nicht verloren, verschwindet weder im Berichtsbogen des Lehrers noch in einer sonstigen Mappe. Es wird auf mehrfache Weise befestigt, der öffentlichen Kritik und dem gemeinsamen Urteil unterworfen. Freier Text, Schuldruckerei und Klassenkorrespondenz, die dem Mitteilungsbedürfnis der Kinder ein kontinuierliches Medium schaffen, bilden einen in sich verknüpften und gegliederten Zusammenhang. Ergebnisse der Klassenkorrespondenz, zum Beispiel Briefwechsel mit anderen Klassen anderer Schulen, können wiederum gedruckt werden und Anlaß sein für die Verfassung neuer freier Texte.

Elise Freinet, die Frau des Pädagogen, die seit den frühesten Jahren mit ihm gemeinsam tätig war, faßt die Vorteile der Schuldruckerei und der Korrespondenz folgendermaßen zusammen: »Manuelle Geschicklichkeit und harmonisches Aufeinanderabstimmen der Bewegungen. – Vollendung der Arbeit: Erziehung zur Aufmerksamkeit; jedes Schriftzeichen hat seinen Wert, denn der gedruckte Text muß so perfekt wie möglich sein. Fortschreitendes Training des visuellen Gedächtnisses. – Natürliches, müheloses Erlernen des Lesens und Schreibens der Wörter. – Bleibendes Gespür für den korrekten Satzbau. – Erlernen der Rechtschreibung durch Ganzheitsmethode und Analyse der Wörter und Sätze zu gleicher Zeit. – Sinn für persönliche und gemeinsame Verantwortlichkeit. – Neues Klima einer brüderlichen und dynamischen Gemeinschaft.«[77]

Ein Kind, das selbst einen Text verfaßt, den es in Bleilettern so zu setzen versteht, daß er grammatikalisch richtig ist und von anderen verstanden wird, hat einen anderen Zugang zum Wort, zum Satzbau, zur Grammatik als jemand, der diesen Prozeß der Vergegenständlichung des Wortes nie selbst kennengelernt hat. Auf diese Weise wird auch die blinde Ehrfurcht, die kritiklose Hinnahme des gedruckten Wortes gebrochen.

Die Druckerei vereinigt einige wichtige Prinzipien, die für die Freinet-Pädagogik charakteristisch sind. Sie ermöglicht das Erlernen von Lesen und Schreiben in einem sinnvollen Handlungszusammenhang, und zwar in einer Verknüpfung von manueller und intellektueller Tätigkeit. Durch ihre funktionellen Anforderungen ermöglicht sie die Kooperation der Kinder für ein sinnvolles Produkt, zum Beispiel die Klassenzeitung. Allerdings verlaufen die Arbeitsprozesse keineswegs völlig unabhängig vom Lehrer. Dieser muß Hilfe zur Selbsthilfe leisten. Er lernt an, damit die

Schüler selbständig mit den Dingen umgehen können. Seine Aufgabe besteht darin, vorhandene Interessen und Bedürfnisse weiterzuführen, zu entwickeln und nicht durch von außen gesetzte Regeln abzulehnen oder zu zerstören.

Das erfahrungsvermittelte Lernen, das Freinets Lernbegriff ausmacht, hat zwei Komponenten: sinnliche Berührung und Anschauung, unmittelbare Empfindungen und Erlebnisse einerseits und andererseits die Verarbeitung dieser unmittelbaren Eindrücke mit Hilfe möglichst reichhaltig zur Verfügung gestellter Arbeitsmittel. Die Herstellung unmittelbarer Berührungsflächen mit Dingen und Verhältnissen ist für das Lernen der Kinder ebenso wichtig wie das Verfügbarmachen von Mitteln, von Werkzeugen, Raum und Zeit, um diese Anschauungen, Erlebnisse verallgemeinerungsfähig und damit mitteilsam zu machen.

Wenn man Freinet den Vorwurf gemacht hat, er praktiziere eine pragmatische Pädagogik, so trifft diese Kritik in einem Punkt sicherlich zu: nicht Einübung, sondern Umgang mit Dingen und Verhältnissen sind für ihn entscheidende Ansatzpunkte für wirksames Lernen. Ein systematisches Einüben der Kinder in die Regeln von Rechtschreibung und Grammatik hat für Freinet bei weitem nicht die Festigkeit und lebendige Wirksamkeit, wie wenn die frei geschriebenen Texte, die gedruckt werden sollen, Anlaß bieten, über orthographische Richtigkeit und grammatikalisches Schreiben nachzudenken. Der Ausbau sinnlicher Berührungsflächen zum gedruckten Text ist Voraussetzung dafür, daß der Spracherwerb sich grammatikalisch erweitert. Insoweit trifft sein Lernbegriff stärker den Zusammenhang, den Levi-Strauss als *bricoler* beziehungsweise *bricolage* (Basteln) bezeichnet. Es handelt sich um ein Experimentieren und Probieren mit den auf einer bestimmten kulturgeschichtlichen Stufe verfügbaren Werkzeugen und Verhältnissen.

Rückt dieser Erfahrungsbegriff in den Mittelpunkt der Didaktik, ergeben sich daraus Folgen für die Organisation von Zeit und Raum. Nicht nur der Dreiviertelstundenrhythmus ist in den Freinet-Klassen abgeschafft, sondern man kann buchstäblich von einer Verräumlichung des Lernens sprechen. Mittels verschiedenartiger Lernorte wird Lernen viel stärker horizontal gegliedert. Freinet strukturiert den leeren Raum der Klassen, in dem sich die Schüler aufhalten, nach bestimmten Verdichtungsgraden um konzentrische Kreise, die intensive Kommunikation,

Kooperation und Arbeit ermöglichen. Diese Lernorte bezeichnet er als Arbeitsateliers. Ein solches Arbeitsatelier muß man sich nicht immer gleich als ganzes Laboratorium vorstellen. Häufig sind es Arbeitsecken. Wichtig für ein Arbeitsatelier in einem Klassenraum ist vor allem, daß Werkzeuge, Experimentalvorrichtungen, Karteikarten usw. für einen bestimmten Objektbereich und für einen bestimmten Zweck bereitliegen. Die Arbeitsateliers haben Werkstattcharakter, ob es sich nun um Ateliers für physikalische Experimente, für mathematische Berechnungen, für Malen, Töpfern oder für Musizieren und Komponieren handelt. Die räumliche Aufgliederung in verschiedene Lernorte ermöglicht arbeitsvermittelte Konfliktregulierungen und Austauschprozesse von Erfahrungen innerhalb der Klasse und durch die Klassenkorrespondenz auch mit anderen Klassen.

Freinet will die Kinder durch die Arbeitsateliers keineswegs – wie der Vorwurf einer pragmatisch verengten Pädagogik es nahelegt – in die Mechanismen des industriellen Arbeitsprozesses einfügen, im Gegenteil: Einübung in Disziplin, bloße Gedächtnisleistungen, wie sie die herkömmliche Lernschule fordert, bilden eher Mittel zur Vorbereitung auf entfremdete Arbeit, vor allem auf die stupide repetitive Teilarbeit, die an Fabrikfließbändern verlangt wird. Freinets Arbeitsbegriff ist definiert durch die Merkmale Arbeitsgegenstand, Arbeitsmaterial, Produktionsmittel, zweckgerichtete Tätigkeit, *field of employment* (Ort und Raum, in dem Produktion stattfindet), schließlich und keineswegs zuletzt: Selbstverwirklichung.

Alle diese Merkmale sind freilich in den Verstehens- und Handlungshorizont von Kindern übersetzt. Das gilt auch für den Begriff der Kooperation. Es ist immer wieder erstaunlich, wie eng Freinets Pädagogik an die Marxschen Begriffsbestimmungen angelehnt ist, wenn sie auch nicht immer ausdrücklich genannt werden. Wenn Freinet den Geist mit dem Symbol der Flamme vergleicht, die Stoff zum Verzehr benötigt, dann läßt sich dieser Vergleich vor allem auf die Kooperation beziehen. Im ersten Band des »Kapital« von Marx heißt es: »Abgesehen von der neuen Kraftpotenz, die aus der Verschmelzung vieler Kräfte in eine Gesamtheit entspringt, erzeugt bei den meisten produktiven Arbeiten der bloße gesellschaftliche Kontakt einen Wetteifer und eine eigene Erregung der Lebensgeister (animal spirits), welche die individuelle Leistungsfähigkeit der einzelnen erhöhen ... dies rührt daher, daß der Mensch von Natur, wenn nicht, wie Aristoteles meint, ein politisches, jedenfalls ein gesellschaftliches Tier ist.«[78]

Von den Lebensgeistern der Kooperation zehren nicht nur die Kinder, sondern auch die Lehrer. Ein charakteristisches Element der Freinet-Pädagogik ist der ständige Austausch der Lehrer untereinander, ihre Diskussion auf Kongressen und Tagungen, die gegenseitige Vermittlung von Materialien. Diese Kontakte ermöglichen auch über Ländergrenzen hinaus die Weitergabe von freien Texten und damit Kooperationserfahrungen der Kinder, die wieder zu neuen Lernprozessen führen. Dabei gehört es zu den großen Vorzügen der Freinet-Pädagogik, daß die rein konzeptionellen Diskussionen, unabhängig von Material und Erfolg, ein relativ geringes Gewicht haben.

Vieles von dem, was die Freinet-Pädagogik vorschlägt, scheint keineswegs ungewöhnlich zu sein. Konrad Wünsche hat in einem Artikel in der »Zeit« vom 2. Dezember 1977 prägnant zusammengefaßt, was die Freinet-Pädagogik so attraktiv macht: »Der Leser fragt sich vielleicht: was ist daran originell. Viele Reformschulen lassen drucken, den freien Aufsatz gab es schon bei der Kunsterzieherbewegung, aus der Schule an Leute Briefe schreiben ist gerade en vogue, Musikinstrumente solcher Art läßt Kagel vielleicht noch interessantere machen – hatten wir oder haben wir das alles nicht schon? Ja, zwar nicht ganz so, aber fast. Und gerade darum halte ich die Freinet-Pädagogik für aussichtsreich: sie überfordert, genau gesehen, niemanden, weder Kinder noch Eltern, noch Lehrer, noch Administration. Allerdings verlangt sie gerade deshalb viel, weil man nicht nur von ihr zu schwärmen braucht, sondern sie machen kann. Vom Lehrer etwa verlangt sie Fleiß und Augenmaß.«

Es ist in der Tat das Normale und Plausible, was die Freinet-Pädagogik auszeichnet. Und es ist keineswegs übertrieben, festzustellen, daß die meisten wirksamen pädagogischen Mittel durch Einfachheit und Plausibilität charakterisiert werden.

9. Glocksee-Schule heute: Ein Blick in die Praxis
von Doris Krammling-Jöhrens

Das Besondere der Glocksee-Schule zu beschreiben fällt den daran Beteiligten schwer, weil es gerade in den unausgesprochenen Selbstverständlichkeiten der Praxis steckt. Diese sind nicht mit der Auflistung aller konzeptionellen, institutionellen und praktischen Merkmale zu erfassen, denn viele pädagogische Veränderungen, die in den Anfangsjahren der Glocksee als ungewöhnlich und innovativ galten, sind mittlerweile in die Regelschule – insbesondere in Grundschulen – eingegangen.

Während meiner Mitarbeit im Kasseler Graduiertenkolleg »Schulentwicklung an Reformschulen« hatte ich als Lehrerin der Glocksee-Schule die Möglichkeit, mit dem Ansatz ethnographischer Schulforschung von außen auf das scheinbar Vertraute zu blicken. Ich ging der Frage nach, wie neue Kinder das dichte Gewebe von Regeln, Gewohnheiten, Situationsdeutungen und Verhaltensstilen kennenlernen, darin hineinwachsen und es gleichzeitig verändern.

Mein Blick in die Praxis, den die Überschrift verspricht, ist also auf den Schulanfang gerichtet. Diese »Statuspassage« im Leben der Kinder wird an allen Schulen mit einem Initiationsritus, der Einschulungsfeier, eingeleitet. Dies ist die erste Erfahrung, die Kinder beim Eintritt in die neue Institution machen. Sie trifft auf ihre Erwartung, die sie der Schule entgegenbringen, auf mögliche Neugier, Vorfreude, Angst. Am Anfang meines Beitrages möchte ich deshalb zeigen, wie dieser besondere Tag für die SchulanfängerInnen in der Glocksee-Schule aussieht, welche Erfahrungen sie machen können. Gleichzeitig können die LeserInnen sich auf diesem Wege der Schule nähern.

Anschließend möchte ich mit Ausschnitten von Beobachtungsprotokollen auf den Schulalltag einer 1. Klasse eingehen. Auch wenn jeder Tag in dieser 1. Klasse anders aussieht, enthalten die Ausschnitte einzelne Szenen, die als typisch gelten können, weil sie in ähnlicher Form immer anzutreffen sind. Dennoch zeigen sie nur einen Blick, den der Autorin, und sie zeigen nur einen Einblick.

Das Einschulungsfest

Heute werden die Kinder der neuen 1. Klasse erwartet. Um 9 Uhr ist es auf dem Schulhof noch recht leer. Ein paar Kinder sitzen auf den Treppen der »Wuselkuhle«[79] und schauen zu, wie die 2. Klasse ein Lied vor dem Mikrofon probt, das die Kinder gleich bei der Feier hier vorsingen wollen. Es gibt Beifall von den zuschauenden Kindern, die Zweitkläßler wirken zufrieden mit ihrem Werk. Christian und Birgit, die KlassenlehrerInnen der neuen 1. Klasse, eilen an uns vorbei: »Es geht los. Wir holen sie!« Alle wissen, was gemeint ist: Die neuen Kinder und Eltern werden vom nahegelegenen Schützenplatz abgeholt. Dort haben sie sich versammelt, um gemeinsam in die Schule einzuziehen. Sie werden Pfeifen, Tröten und Topfdeckel bei sich haben, um sich mit viel Krach auf den Weg zu machen.

Langsam kommen immer mehr Kinder und Erwachsene aus der Schule und suchen sich einen Platz auf den Rängen der Wuselkuhle. Einige jüngere Kinder laufen aufgeregt an die Ecke des Schulhofes, von wo aus sie den Einzug von weitem beobachten können. »Sie kommen!« tönt es, und schon ist auch ein Tuten und Klappern zu hören. Ich laufe ans Hoftor, wo ein paar Kinder stehen. »Ich weiß noch genau, wie das bei uns war«, höre ich, auch »3 kenn' ich!« und »Sind die klein!«

Ein paar große Jungen spielen auf dem Hof Basketball, etwas weiter kicken einige mit dem Fußball. Als die Ankommenden den Hof betreten, nehmen die Großen wie selbstverständlich ihre Bälle unter den Arm und suchen sich einen Platz. Für die Eltern rücken nun alle etwas zusammen, für die neuen Kinder ist die erste Reihe reserviert. Es ist leiser geworden, hier und da gibt es eine Begrüßung, ein Winken. Die Wuselkuhle ist bis auf den letzten Platz gefüllt. Einige Zuschauer müssen stehen, erwartungsvoll blicken alle auf die »Bühne«.

Ein Lehrer tritt ans Mikrofon: »Ich heiße Jens und bin Lehrer in der zweiten Klasse. Wir heißen euch willkommen in unserer Schule und möchten heute mit euch eure Einschulung feiern.« Dann erklärt er ganz kurz das Programm, und schon sind die Zweitkläßler dran. Sie singen ihr Lied, wobei kleine Gruppen hervortreten und in den einzelnen Strophen die neuen Kinder mit ihrem Namen ganz persönlich begrüßen. Der Musiklehrer begleitet sie auf dem Keyboard. Die Zuschauer sind konzentriert und leise, so sind die zarten Stimmen gut zu hören. Es gibt einen Riesenapplaus für diese Darbietung, die Eltern sind ganz gerührt und begeistert, auch von Kindern und LehrerInnen höre ich zustimmende Äußerungen.

Nun ruft Jens die neuen Kinder einzeln zu sich nach vorn. Sie trauen sich alle – einige mit leichtem Zögern – zu ihm zu kommen und werden auf ihrem Weg nach vorn von Beifall begleitet. Jedes bekommt Geschenke von den Kindern der Unterstufe überreicht. Die 6. Klasse hat Glücksbringer gebastelt, je zwei Kinder aus der 3. und 4. übergeben eine kleine selbstgemachte Schultüte mit gebastelten Geschenken. Dann überreichen Mädchen und Jungen aus der 9. Klasse, die jeweils für ein neues Kind eine Patenschaft übernommen haben, ihren Patenkindern handbemalte T-Shirts. Am Ende der Zeremonie gibt es wieder Beifall, und bepackte Erstkläßler gehen schnell auf ihren Platz zurück. Mir fällt auf, daß die kleinen Jungen lauter beklatscht werden. Zunächst glaube ich an Zufall, aber dann wird deutlich, daß die zuschauenden Jungen ihre Geschlechtsgenossen besonders lautstark begrüßen.

Nun tritt Katrin, als Sprecherin der Paten, ans Mikrofon und erklärt, daß die Kleinen immer zu ihnen kommen können, wenn sie Sorgen haben oder auch einfach »nur so«. Sie fordert die neuen Erstkläßler auf, jetzt mit den Paten einen Bummel über das Schulgelände zu machen.

Es gibt noch einmal Beifall, die Versammlung löst sich auf. Eltern, einige Großeltern, Kinder und LehrerInnen stehen nun in kleinen Grüppchen plaudernd herum oder schlendern über das Gelände. Die Geschenke sind bei den Eltern abgegeben, einen Schulranzen gibt es nicht. Ich sehe Kleine mit ihren Paten Hand in Hand, andere mit etwas Abstand, manche Neuntkläßler haben ihr Patenkind auf dem Arm. »Bist du Jakob? Ich bin Jonas«, höre ich ein Vorstellen, »kommst du mit?« Der erste Weg führt hinten in den Garten zur Trockenmauer. Dort macht die 5. Klasse von jedem neuen Kind ein Polaroidfoto, das dann auf eine bunte Pappe geklebt wird. Auf dem Weg dorthin höre ich ein kleines Mädchen sagen: »Durch das kleine Tor geht's in den Garten. Das weiß ich schon!«

Auf der Wiese ist viel Betrieb, die meisten Kinder aus der Unterstufe sind jetzt hier. Einige Jungen spielen Fußball, andere Jungen und Mädchen haben die Rolle von Fremdenführern angenommen und erklären den neuen Eltern und Kindern das Gelände. »Die Trockenmauer haben wir selbst gebaut und auch diesen Teich. Da sind Tiere drin, da darf man nichts reinwerfen.« – »Soll ich dir mal unser Baumhaus zeigen?« Das Klettergerüst hinter der Turnhalle wird ausprobiert und das kleine Lehmhaus auf der anderen Seite besichtigt.

»Die Spiele fangen an!« rufen die Kinder. Nach und nach verlagert sich das Interesse auf den oberen Flur im Schulgebäude. Hier haben Kinder und Erwach-

sene aus der Unterstufe Spielstationen aufgebaut. In den Klassen im unteren Flur ist inzwischen der Unterricht für die Oberstufe weitergegangen. An den Spielstationen haben sich Schlangen gebildet. »Nix da, hinten anstellen!« höre ich. Die Wartenden sind sich einig, freundlich, aber konsequent verteidigen sie ihre Plätze, ausnahmsweise darf ein neues Kind mal vor. Es gibt ein abwechslungsreiches Programm: Laut geht es am Stand mit den Wasserpistolen zu, leiser werden an einem andern mit verbundenen Augen Aufgaben zum Schmecken, Fühlen und Hören gelöst. Ein großes Aquarium lädt zu einem rätselhaften Experiment ein, lebendige Spinnen können besichtigt und auch angefaßt werden. Unbekümmert kann man sein Glück beim Fadenziehen versuchen, während das Mitmachen am »Rasierstand« etwas Mut erfordert. Da schauen manche – ob groß oder klein – lieber zu.

Zwischen den ca. 100 Kindern aus der Unterstufe fallen die neuen Erstkläßler kaum noch auf. Einige laufen ganz selbstverständlich überall herum, andere haben bekannte ältere Kinder getroffen, wenige suchen hin und wieder ihre Eltern zum Erzählen. Auf dem Flur ist viel Lärm, aber überall geht es freundlich zu. Die Klassentüren sind geöffnet, manche Kinder haben sich zum Spielen in die Räume zurückgezogen.

Zwischendurch werden die Erstkläßler von Christian und Birgit einmal in ihren Klassenraum gerufen. Dort soll nun außer den Kindern und LehrerInnen für eine Weile niemand hinein. Später höre ich von den LehrerInnen, daß die Kinder hier die Umrisse ihrer Hand auf grünes Papier zeichneten. Die fertigen Produkte wurden dann zu Blättern an einem Baum, der an eine Wand des Klassenzimmers gemalt ist. Dann ging's wieder raus auf den Flur.

Ich schaue in den Klassenraum der neuen 1. und sehe dort Birgit und Christian mit einigen Eltern. Sie sitzen plaudernd am runden Tisch, auf dem ein großer Strauß Sonnenblumen steht, den die LehrerInnen zum Schulanfang von den Eltern bekommen haben. Andere Eltern begegnen mir auf dem unteren Flur, sie schlendern durch die Schule und schauen sich die Fotos und Bilder an den Wänden an oder studieren das Infobrett. Auf den Bänken auf dem Hof sitzen einige Erwachsene eher abwartend herum. Zwei ältere Damen betrachten ausgiebig die schönen Blumen, die auf einer Rabatte am Schulhaus entlang blühen. Einige ältere Jungen spielen Basketball, andere Tennis an der Wand.

Als ich wieder auf den oberen Flur komme, gibt es in der Küche Mittagessen. Zuerst für die Erstkläßler, hatte Jens heute morgen erklärt, dann für die anderen. Zwei LehrerInnen und eine Mutter stehen hinter der »Bar« und verteilen Würst-

chen und verschiedene Salate. An den Tischen sitzen Eltern und Kinder, auch aus den anderen Klassen sind schon welche dabei. So eng hat man die Aufteilung wohl nicht gesehen. Es gibt reichlich zu essen, alle wirken zufrieden. Ein kleines Mädchen hat sich auf den Schoß seiner Mutter gekuschelt, andere Erstkläßler haben müde ihren Kopf auf die Arme gestützt. Es ist 13 Uhr, das Einschulungsfest ist zu Ende.

Ein besonderes Fest. Es hatte Elemente, die seit einigen Jahren auf jedem Einschulungsfest in der Glocksee zu finden sind und sich nach und nach entwickelt haben: Die KlassenlehrerInnen gingen den Kindern entgegen, begleiteten sie. Kinder und LehrerInnen der 2. Klasse fühlten sich für die Begrüßung der neuen Kinder zuständig, während die anderen Klassen der Unterstufe für Geschenke sorgten. Die Paten aus der 9. Klasse stellten sich vor, Kinder und LehrerInnen hatten Spielstationen aufgebaut, für das Mittagessen sorgten Eltern und LehrerInnen, eine Klasse hatte den Getränkeausschank übernommen. Es gab eine Zeit, in der die Erstkläßler mit ihren LehrerInnen allein in der Klasse waren.

Diese wiederkehrenden Elemente machen das Fest zu einem Ritual. Bei der Planung und Durchführung sind die Kinder mit ihren Ideen und Wünschen beteiligt, und es gibt die Möglichkeit spontaner Veränderung. Die kreativen Vorschläge und Aktionen der organisierenden Kindergruppen sorgen dafür, daß dieses Fest nicht zum »Ritualismus des Schulehaltens« (Combe) verkommt, sondern immer wieder zu einem »inszenierten Ereignis« (Ziehe) wird.

Die Einschulung wird als Fest für die ganze Schule gesehen, bei dem die neuen Kinder im Mittelpunkt stehen, an dem aber auch die anderen ihre Freude haben. Die neuen Erstkläßler werden von ihnen neugierig erwartet, freundlich willkommen geheißen und in gemeinsame Spiele einbezogen. Alle Kinder können sich an den Spielen beteiligen, müssen es aber nicht. Wer lieber »unter sich« sein möchte, zieht sich ins eigene Klassenzimmer zurück.

»Es war richtig schön heute. Ganz ruhig«, sagt eine Lehrerin am Ende des Tages und deutet damit an, daß nicht jedes Schulfest in dieser Harmonie abläuft. Streit bei den Spielen und besonders beim Drängeln um Essen und Getränke gab es heute nicht. Scheinbar waren alle bemüht, sich von ihrer besten Seite zu zeigen und den Erstkläßlern einen schönen

Empfang zu bereiten. Möglicherweise halfen dabei die Erinnerung an das eigene Einschulungsfest. Die ritualisierte Form mag dabei hilfreich unterstützen.

Die Einschulung in die Glocksee-Schule lief nicht immer in der beschriebenen Form ab: Der »laute Einmarsch« der neuen Kinder und Eltern, der für alle Beteiligten inzwischen selbstverständlich dazugehört, hat eine eigene Entwicklungsgeschichte. In den frühen Jahren wurden die neuen Erstkläßler keineswegs freundlich empfangen wie beschrieben. Häufig kam es schon am ersten Schultag für die Neuen zu Konflikten mit älteren Kindern über die Teilnahme an Spielen, Nutzung der Räume oder das Verteilen von Süßigkeiten. Die LehrerInnen erkannten im Verhalten der Glocksee-Kinder eine Form von Terrainverteidigung und suchten nach Möglichkeiten, aus einer Abwehrhaltung gegenüber den Neuen Vorfreude und Aufnahmebereitschaft werden zu lassen.

Aus Gesprächen mit den Kindern und gemeinsamen Überlegungen zur Gestaltung des Einschulungstages entwickelten sich nach und nach Elemente eines Festes. Dabei entstand auch die Idee, die neuen Kinder mit einem Lied vor dem Hoftor zu begrüßen und sie durch ein Spalier von Glocksee-Kindern, die sich gegenüberstanden und mit den Armen eine »Brücke« bildeten, in die Schule einziehen zu lassen. Doch dieses wohlgemeinte Vorhaben erzeugte bei den neuen Kindern Ängste, zumal manche Brücke über ihren Köpfen »einbrach«. Wieder wurde nach einer veränderten Einzugsmöglichkeit gesucht. Die Erstkläßler sollten angstfrei die neue Schule betreten können. So entstand die Idee, ihnen Instrumente anzubieten, mit denen sie durch laute »Musik« die Spannung vertreiben und gleichzeitig als Gruppe auf sich aufmerksam machen konnten. Der laute Einzug ist geblieben, seine Geschichte ist den meisten nicht mehr bekannt.

Das Verteilen von Willkommensgeschenken an die neuen Kinder gehört ebenfalls seit Jahren zum Einschulungsfest. Auch darin steckt ein Stück (vergessener) Schulgeschichte. Traditionell gehört zum Schulanfang eine Schultüte. In den Anfangsjahren der Glocksee-Schule wurde sie als verlogenes Mittel zur »Versüßung« bitterer Schulerfahrungen enttarnt und damit aus der Schule verbannt. Für Glocksee-Kinder war ein solches Ritual nicht nötig!

Nach einigen Jahren gab es dann eine große gemeinsame Tüte aus Lochblech, die mit kleinen Geschenken für die Schulanfänger gefüllt war. Diese Tüte zog auch mit um in das Schulhaus Am Lindenhofe, wurde auf dem Dachboden aufbewahrt und zum Schulanfang entstaubt und mit bunten Bändern geschmückt. Beim diesjährigen Einschulungsfest tauchte sie nicht mehr auf. Das machte mich neugierig.

»Gibt's denn nicht die große Tüte?« frage ich einen Lehrer. »Welche große Tüte?« – »Na die, wo immer die Geschenke drin sind«, mischt sich Hanna aus der 9. Klasse ein. »Ach die, ne, glaub' ich nicht.« – »Schade«, bedauert Hanna, »bei uns gab's die und sonst auch immer. Außerdem gehe ich so gerne in den Raum, wo die steht, da sind immer so geheimnisvolle Sachen drin.«

Ich frage eine Mutter, ob die Eltern über die Schultüten gesprochen haben. »Ja, wir haben gesagt, daß alle hier die gebastelte Tüte kriegen und nicht zu Hause noch eine. Aber Geschenke gibt's noch zu Hause.« – »Wir hatten sonst immer eine große gemeinsame Tüte, aus der sich alle ein Geschenk nehmen konnten.« – »Eine gemeinsame Tüte?« Sie grinst spöttisch: »Das hätte ich aber auch nicht mitgemacht.«

Der Schulalltag

In der Unterstufe beginnt die Schule mit einer gleitenden Anfangszeit, die von den Kindern auf vielfältige Art genutzt wird. Gespräche und Spiele entwickeln sich, in den ausliegenden Materialien wird gestöbert, mitgebrachte Schmusetiere und Pistolen haben ihren Auftritt. Während dieser Zeit begrüßen die LehrerInnen die einzelnen Kinder, haben Zeit zum Zuhören, wenn es Erlebnisse zu berichten gibt, und die gibt es immer.

Das erste gemeinsame Vorhaben des Schultages ist für die Kinder und LehrerInnen die Klassenversammlung. Hier werden wichtige Nachrichten vermittelt, die Tagesplanung besprochen, Geschichten erzählt, ein Spiel gemacht. Die LehrerInnen legen Wert darauf, daß an dieser Klassenversammlung alle Kinder teilnehmen.

Die Kinder sind nicht nur einen langen Zeitraum in der Schule, sondern sie haben auch viel Zeit. Unverplante Zeit, auszufüllende Zeit, viel Freizeit und auch Arbeitszeit. Fixpunkte sind neben der Klassenversammlung das gemeinsame Mittagessen, aber auch die unterschiedlichen Anwesenheitszeiten der beiden KlassenlehrerInnen. Die Offenheit der Tagesplanungen auf den Klassenversammlungen ist dadurch eingeschränkt. Die KlassenlehrerInnen kündigen hier die geplanten Angebote an und besprechen und verabreden die Anfangszeiten und eine günstige Reihenfolge. Da ihr Unterricht von FachlehrerInnen ergänzt wird, kommen weitere zeitliche Vorgaben hinzu.[80] Ebenso äußern die Kinder Wünsche für selbstgeplante Vorhaben, die sie allein, in Gruppen, mit oder ohne Erwachsene durchführen möchten. Auch dafür soll Zeit sein. Für die einzelnen Kinder ergeben sich aus dem Insgesamt der Absprachen unterschiedliche Tagespläne und -abläufe.

Ein Tagesablauf gliedert sich nach der gleitenden Anfangszeit und der Klassenversammlung in einen Wechsel verschiedener Phasen, die ich als »Zeiten der Übergänge«, »Angebote«, »Festgelegte Arbeitsphasen« und »Arbeit in Projekten« unterscheide und im folgenden mit kurzen Einblicken darstelle.

Zeiten der Übergänge

Zunächst sollen die unverplanten Zeiten des Schultages betrachtet werden. Die Eigenzeit der Kinder hat hier ihren besonderen Platz, dem – gemessen in Uhrzeit – täglich viel Raum gegeben wird. Ich nenne diese Phasen die »Zeiten der Übergänge«, um sie abzugrenzen von den Phasen, in denen die Kinder sich für oder gegen ein gemeinsames Vorhaben mit den LehrerInnen entscheiden können. Während sie bei dieser Entscheidung zu einem abwägenden Strukturieren ihrer Eigenzeit herausgefordert sind, lassen die Zeiten der Übergänge davon befreite Entscheidungen für selbstgewählte Tätigkeiten oder Muße zu.

Zu diesen Zeiten sind manchmal sehr viele, manchmal nur wenige Kinder im Klassenraum, weil manche lieber draußen etwas machen möchten. Ein Erwachsener ist dabei für sie da, manchmal sind die Kinder aber auch allein in der Klasse. Die Kinder nutzen diese Zeit nach ihren Wünschen und Interessen, allein oder mit selbstgewählten PartnerInnen. Die im Klassenraum zur Verfügung stehenden Spiel- und Lernmaterialien dienen dabei als Anregung für ihr Tun.

So entwickeln sich parallele Gruppierungen, die spielen oder arbeiten, lesen, malen, basteln, kuscheln oder kämpfen. Dabei finden unentwegt informelle Gespräche statt. Die Kinder bleiben dabei unter sich oder fordern die Erwachsenen zum Mitspielen, zum Vorlesen oder zum Helfen auf. Spielen und Arbeiten finden nebeneinander statt oder vermischen sich innerhalb eines Vorhabens, auch das mit und ohne LehrerInnen.

Diese Zeiten haben für das Zusammensein der Kinder untereinander besondere Bedeutung, sie ermöglichen ihnen aber auch ein Zusammensein mit den LehrerInnen unabhängig »vom Fach«.

Dazu eine Szene:
An der Wand hängt ein neues Plakat zum Lesenlernen. Davor sitzen Anke und Bea und sind damit beschäftigt, einen Gegenstand mit Hilfe des Anfangsbuchstabens auf diesem Suchbild zu finden. Hinter dem Rücken der beiden Mädchen spielen Laura und Lisa ein Fangspiel. Sie rennen um einen Tisch herum. Dabei stoßen sie in jeder Runde Anke und Bea an. Die beiden scheinen das nicht zu merken. Auf dem Tisch sitzt Michael. Er baut eine Pistole aus Steckelementen.

Lotte kommt auf Michael zu. »Das war mein J!« schimpft sie. Dabei lacht sie und schubst ihn an. Er springt vom Tisch: »Das war nicht dein J!« Lotte tritt ihn vors Schienbein und sagt dabei freundlich: »Doch!« Dann läuft sie ein paar Schritte rückwärts. »Gar nicht!« Jetzt tritt Michael Lotte, auch er mit freundlichem Gesicht. Nun mischt sich Lisa ein. Sie schleicht sich von hinten an Michael heran und tritt ihm vorsichtig in den Po. So geht es eine Weile hin und her. Michael steht zwischen den beiden Mädchen, wird abwechselnd von ihnen getreten und tritt zurück. Alle drei haben sich für eine vorsichtige Variante des Tretens entschieden und zeigen ihren Spaß dabei. Manuel kommt in die Klasse und bleibt vor ihnen stehen. Michael: »Machst du mit? Wir beide gegen die beiden.« Lotte geht zu einer spielenden Mädchengruppe. Manuel geht wortlos zu seinem Fach und holt eine Pistole heraus. Er und Michael beschießen sich. Lisa habe ich aus dem Blick verloren. Anke und Bea sitzen immer noch vor dem Suchbild.

Nils fordert gerade Christian zu einem Spiel auf. Sie setzen sich nebeneinander an einen Tisch und beginnen das »Turmspiel«.

Am Nachbartisch spielen Ines, Cora und nun auch Lotte mit einem dicken Plüschclown, den Cora mitgebracht hat. »Guck mal, Christian, das bist du!« ruft Cora. Die Mädchen lachen Christian an. »Was, so einen dicken Bauch hab' ich doch gar nicht«, antwortet Christian sehr ernst. Er hebt seinen Pullover hoch und zeigt seinen Bauch. Dann holt er ein Kissen und steckt es sich unter den Pulli. »Jetzt kriegst du ein Baby!« lachen die Mädchen.

Angebote

In den Zeiten des Überganges entwickeln sich häufig die Angebote der LehrerInnen. Sie greifen ein beobachtetes Interesse der Kinder auf oder erzählen und erklären, was sie für heute geplant haben. Bei den Angeboten kann es zu ähnlichen Konstellationen wie in den Zeiten der Übergänge kommen. Es sind nicht alle Kinder anwesend, einige Kinder haben (noch) etwas anderes vor, andere schließen sich gleich den Vorschlägen der LehrerInnen an. Diese Parallelität wird akzeptiert, solange sich niemand gestört fühlt.

Die LehrerInnen wissen, daß nicht alle Kinder zur gleichen Zeit an einem Angebot Interesse haben und akzeptieren verschiedene Zugangswege und Anfangszeiten.

Manche Kinder brauchen erst ein Zuschauen, um sich dann vom Thema oder auch vom Mitmachen anderer Kinder anregen zu lassen. Andere möchten gerne mitmachen, trauen sich aber aus unterschiedlichen Gründen nicht. Sie halten sich in der Nähe auf und verfolgen das Geschehen, ohne sich zum Mitmachen zu entscheiden. Einige wollen einfach nur dabeisein, weil sie die Nähe bestimmter Kinder oder eines Erwachsenen suchen. Manche geraten in einen Entscheidungskonflikt, weil sie zwar mitmachen wollen, aber gleichzeitig auch ein aktuelles Interesse an etwas anderem haben. Für sie ist ein späterer Einstieg möglich. Wiederum andere haben zwar Interesse am Angebot, hatten aber gerade eine Auseinandersetzung mit einem Kind, dann muß das erst geklärt werden.

Auch dazu eine Szene:

Im Klassenraum sind nach dem Mittagessen viele Kinder mit Verschiedenem beschäftigt. Christian kommt mit viel Schwung in die Klasse und fragt, wer Lust hat auf ein neues Urwaldlied. Einige Kinder gehen spontan zur Sitzecke, während Christian seine Gitarre aus dem Schrank holt. »Wer Lust hat auf ein neues Urwaldlied, kommt mit in die Ecke!« ruft er dabei noch mal. Conny, die gerade die Klasse betritt, folgt ihm in die Ecke. Dort sitzen nun sieben Mädchen und Ben.

Lotte und Cora haben sich Stühle in die Nähe der Sitzecke gestellt. Dort sitzen sie und häkeln, die Beine auf einen Stuhl gelegt.
Gregor, Kai, Nils und Tim spielen weiter mit den Papierfliegern. Sonst ist niemand im Raum.
Christian erklärt zunächst den Refrain des Liedes, einige singen gleich mit. Dann trägt Christian die erste Strophe vor und singt noch mal den Refrain, jetzt können es schon fast alle: »Ingedingedinge,susewuseduse,sabadabadabadei,ei,ei.« Christian fühlt sich von den Fliegerbauern gestört, die gerade mit dem Abstürzen ihrer Maschinen beschäftigt sind. »Seid bitte mal etwas leiser, ich kann mich sonst nicht konzentrieren!« ruft er in ihre Richtung. Tatsächlich wird es etwas leiser, und Christian beginnt, das Lied zu singen und mit leiser Gitarre dazu zu spielen. Die Kinder lauschen ihm aufmerksam und konzentrieren sich auf ihren Einsatz. Das Lied erzählt von verschiedenen Tieren, nach jeder Strophe wird der Refrain deutlicher und kräftiger gesungen. Die Fliegergruppe ist wieder lauter geworden. Christian unterbricht sein Vorsingen und fordert sie noch mal zu mehr Ruhe auf. »Ihr könnt das weiter machen, aber leiser«, sagt er ruhig, aber sehr bestimmt. Dann singt er die nächste Strophe. Die Kinder haben begonnen, sich im Rhythmus hin- und herzuwiegen. Das Lied bietet sich dazu an, Christian betont dies mit der Gitarre jetzt besonders. Ich sehe, daß er öfters einen Blick zur Seite wirft. Als ich mich umdrehe, sehe auch ich Tim, der sich auf einen Tisch gestellt hat und im Rhythmus des Liedes tanzt. Während der ganzen Zeit liegt übrigens Susi bäuchlings mitten im Kreis auf der Erde und schreibt Zahlen in ihr Übungsheft.
Als das Lied zu Ende ist, rufen gleich mehrere Kinder: »Noch mal!« – »Dann können wir uns dazu bewegen«, schlägt Christian vor. Die Kinder stehen auf und bilden eine Schlange. Christian geht mit der Gitarre voran, und so ziehen sie durch die Klasse. Auch Susi und die häkelnden Mädchen schließen sich an. Tim tanzt weiter auf dem Tisch, die anderen Fliegerbauer gucken zu. Als das Lied beendet ist, löst sich die Gruppe auf.
Einige Kinder geben mit dem Aufsuchen der Sitzecke zu erkennen, daß sie mitmachen wollen. Lotte und Cora sind interessiert, wollen aber auch weiter häkeln und finden für sich einen Kompromiß. Der wird von Christian ebenso akzeptiert wie das weitere Fliegerbauen der Jungen und Susis Schreiben mitten im Kreis. Während des Singens fühlt Christian sich von diesen Jungen gestört und gibt ihnen zu verstehen, daß er für seine Arbeit Ruhe braucht und sie gerne weiterspielen können, wenn sie das akzeptieren.

Die Fliegerbauer haben sich gegen ein Mitmachen beim Singen entschieden. Vielleicht wollten sie ihr Spiel nicht aufgeben, weil es Spaß machte und ihnen weiter wichtig war. Möglicherweise finden sie aber, »Singen« sei nur etwas für Mädchen (nur ein Junge hat zunächst mitgemacht), und bringen das demonstrativ zum Ausdruck. Tim läßt sich deutlich anregen und traut sich zu tanzen. Das kann er aber nur, indem er sich auf den Tisch der Fliegerbauer stellt. Er bleibt damit bei seiner Gruppe und gibt sein Interesse »gebrochen« zum Ausdruck. Die anderen Jungen sagen nichts dazu, beobachten aber Tim und die umherziehenden Kinder.

Lotte, Cora und Susi geben ihre anfänglichen Tätigkeiten auf und schließen sich der Schlange an. Spätestens jetzt haben sie sich deutlich zum Mitmachen entschieden.

Festgelegte Arbeitsphasen

Die grundsätzliche Möglichkeit der freiwilligen Teilnahme an den Angeboten haben Christian und Birgit im Verlauf des ersten Schuljahres durch eine Entscheidung eingeschränkt, die sie aufgrund ihrer Erfahrung mit einigen Kindern für alle getroffen haben: Jedes Kind soll täglich an zwei Arbeitsphasen mit Christian und Birgit teilnehmen, das heißt einmal am Rechnen, einmal am Lesen/Schreiben.[81] Diese Entscheidung trafen sie aufgrund ihrer Beobachtung, daß einige Kinder in dem Nebeneinander unterschiedlicher Erwartungen nur schwer oder gar nicht Möglichkeiten und Grenzen eigener Entscheidungen für sich erkennen konnten. Daß diese unterstützende Maßnahme für das Rechnen und Lesen getroffen wurde, ist nicht zufällig. Es wird deutlich, daß beide LehrerInnen in diesem Bereich besonderen Wert auf ein regelmäßiges Mitmachen der Kinder legen, um Lernrückstände zu vermeiden. Gleichzeitig reagieren die LehrerInnen damit auf ein Bedürfnis der Kinder: Schulanfänger wollen lernen, besonders Lesen, Schreiben und Rechnen. »Ich warte auf den Unterricht«, sagt Gregor zu Beginn des ersten Schultages, und mehrere Kinder fragen: »Wann lernen wir denn was?«

Nach meinen Beobachtungen kommt es dennoch auch in diesen verabredeten Lernphasen nicht zu einem Lernen im Gleichschritt, sondern die LehrerInnen halten auch hierbei an einem individuellen Umgang mit den einzelnen Kindern fest.

Neue Arbeitsschritte werden überwiegend in der großen Gruppe erklärt. Daran schließt sich immer eine Arbeit in Gruppen oder mit einzelnen Kindern an. Parallel zu den Gruppen, die mit einem Erwachsenen arbeiten, gibt es Kindergruppen, die ohne Erwachsene üben oder etwas anderes machen. Wer fertig ist oder abbrechen will, kann selbstverständlich den Klassenraum auch verlassen.

Ein Ausschnitt:

Die Kinder sind mit Birgit zum Rechnen verabredet. Im Klassenraum ist es langsam voller geworden. »So, jetzt kommt das Rechnen für alle«, sagt Birgit noch mal laut. An zwei Tischen suchen sich die Mädchen einen Platz, drei Jungen stehen noch etwas unschlüssig herum. »Kommt, Tim, setzt euch, dann kann ich anfangen«, spricht Birgit sie an. Die drei holen ihre Übungsbücher aus dem Fach und setzen sich an den dritten Tisch. Es ist unruhig, weil alle viel zu erzählen haben. »Ich warte auf Ruhe«, sagt Birgit, »dann kann ich anfangen. Habt ihr alle 'n Stift?« Als es etwas leiser geworden ist: »Ich zeige euch jetzt eine Seite, die für alle neu ist. Ich erkläre euch, wie es geht, wenn ihr gut aufpaßt, könnt ihr dann alleine die Seite bearbeiten.« Jetzt ist es ganz still. »Ich setze mich hier vorne hin, und wer etwas fragen will, kommt zu mir.« Nun erklärt Birgit die Übungen auf dieser Seite, und sofort beginnen die Kinder mit der Arbeit. Birgit hat sich auf einen Stuhl gesetzt und sagt staunend: »Ich hab' ja gar nichts zu tun.«

Ben kommt in die Klasse, holt sein Übungsbuch und setzt sich zu den anderen Jungen. »Du hast leider die Erklärung nicht mitgekriegt, ich zeig's dir«, sagt Birgit, die sich neben ihn gehockt hat. Dann geht sie um die rechnenden Kinder herum und hilft hier und da. Etwas später erklärt Birgit: »Ich geh' jetzt mal zu den anderen, um mich mit denen zu verabreden.« Als sie die Klasse verlassen hat, ändert sich dort nichts.

Die Kinder sind nach und nach fertig. Im Übungsheft gab es eine Möglichkeit der Selbstkontrolle, einige zeigen ihre Arbeiten trotzdem Birgit, andere vergleichen miteinander oder räumen die Übungsbücher einfach weg. Am Jungentisch sitzt noch Ben, die anderen gehen schon mal raus. Einige Mädchen schlendern durch die Klasse, einige sind ebenfalls rausgegangen. Birgit spricht Susi an. »Susi, woll'n wir noch ein bißchen zusammen?« Susi nickt erfreut. »Aber nicht mehr ganz viel, sonst dampft ja dein Kopf«, sagt Birgit und nimmt neben Susi Platz. Ines kommt und möchte, daß Birgit ihre Aufgaben kontrolliert. »Alles richtig«, sagt sie. »Fehler sind ja nicht so schlimm – bei Kindern«, betont Anke. »Bei Erwachsenen auch nicht, ich mach' auch manchmal Fehler«, sagt Birgit. Moritz hat vorsichtig die Nase zur Tür reingesteckt und setzt sich nun mit David zum Spielen an einen Tisch. Birgit rechnet mit Susi. Manchmal singen sie beide dabei. »Du hast Fortschritte gemacht«, sagt Birgit, als sie aufhören. Christian kommt in die Klasse und begrüßt alle. »Wir haben sechs Drückeberger beim Rechnen«, erklärt ihm Birgit. »Zwei sitzen hier. Ich hab' noch Zeit. Da könntet ihr doch noch mit mir rechnen«, wendet sie sich dabei an Moritz und David. »Wir wollen aber noch weitermachen«, antwortet David. »Könnt ihr doch dann noch«, sagt Birgit. Die beiden Jungen schauen sich an: »Ja?« Sie stehen auf, holen ihre Übungsbücher und setzen sich zu Birgit. »Schön«, sagt Birgit. »Wißt ihr was, es wäre ja noch schöner, wenn Manuel auch mitmachen könnte.« – »Der macht da draußen was, soll ich den da wegzerren?« fragt David mit einem »etwa« im Unterton. »Wegzerren nicht, aber fragen könntest du mal.« – »Ich hab' müde Beine.« – »Ich weiß schon, daß du lauffaul bist. Moritz, wie ist es mit dir?« Moritz schüttelt den Kopf. »Oder beide?« fragt Birgit nun. Ja, zusammen wollen sie. »Schlag schon mal die Seite auf!« ruft David vom Flur. Nach wenigen Minuten sind die beiden mit Manuel wieder da. Zu dritt rechnen sie nun mit Birgit.

Das Arbeiten der LehrerInnen mit einzelnen Kindern oder kleinen Gruppen ist für die Beteiligten selbstverständlich. Die LehrerInnen haben dafür Zeit eingeplant oder nehmen sie sich, wenn es vom Tagesablauf her paßt.
    Die Gruppen und Einzelarbeiten finden überwiegend parallel zu Aktivitäten anderer Kinder statt.
    Die angesprochenen Kinder können darüber in Kontakt zu den anderen bleiben und müssen sich nicht durch Zusatzarbeit isoliert fühlen. Die anderen Kinder können dabei zugucken, darüber mitlernen oder einfach nur in der Nähe sein und etwas anderes machen. Die individuellen Lernwege der einzelnen Kinder, ihre Fähigkeiten, aber auch ihre Schwächen werden darüber öffentlich gemacht, die Kinder gewähren den anderen Einblick in ihr Lernen. Die Regelmäßigkeit der Einzel- und Kleingruppenarbeit ermöglicht es den Kindern, sich in wechselnden Rollen zu erleben. Sie sind Beobachter und Beobachtete zugleich. Sie geben etwas von sich preis und erfahren diese Offenheit auch von anderen. Darüber können sie ihre Einzigartigkeit mit der anderer in Beziehung setzen und Verständnis von sich und für einander entwickeln. Diese Möglichkeit des

Vergleichens haben die Kinder in vielen unterschiedlichen Bereichen der Schule – nicht nur beim Lernen und nicht nur im Zusammenhang mit Erwachsenen. Daran soll hier erinnert werden, weil ein Vergleichen der kognitiven Fähigkeiten auf diesem Hintergrund geschieht.

Für die LehrerInnen erhöhen die Gruppen- und Einzelarbeiten die Chance, individuell auf die Kinder einzugehen. Das Ansprechen der einzelnen Kinder geschieht aus dem Wissen der LehrerInnen um deren Teilnahme an den Angeboten in der großen Gruppe (hier: David und Moritz) bzw. aus ihrem Wissen um besondere Schwierigkeiten einzelner Kinder (hier: Susi). Die Einzelarbeit bzw. Kleingruppenarbeit ist also einerseits eine Form von Differenzierung, bei der individueller Kenntnisstand, Lernbereitschaft und Arbeitstempo berücksichtigt werden können. Andererseits ist sie notwendige Folge der freiwilligen Teilnahme an den Angeboten. Das erfahren und wissen auch die Kinder: Es ist ihre Entscheidung, ob sie in der großen Gruppe mitmachen oder – aus unterschiedlichen Gründen – lieber mit den LehrerInnen allein oder in kleinen Gruppen arbeiten, aber grundsätzliche Verweigerungen in den Bereichen Lesen und Rechnen lassen die LehrerInnen nicht zu. Sie machen ihre Erwartung deutlich, daß alle beim Rechnen und Lesen mitmachen sollen, wenn auch zu unterschiedlicher Zeit. (Im gezeigten Protokoll kann Ben später zur Gruppe dazukommen, drei Jungen entscheiden sich erst nach der Gruppenarbeit zum Mitmachen.)

Diese Erwartung wurde mit den Kindern besprochen. Aktuell wird sie den Kindern deutlich, weil die LehrerInnen laut nachdenken und darüber reden, welche Kinder ihnen beim Arbeiten gefehlt haben, warum sie bestimmte Kinder gerade jetzt suchen bzw. holen. Aus dieser Öffentlichkeit können die Kinder Sicherheit und Vertrauen gewinnen: Ihre LehrerInnen kümmern sich um ihr Lernen, wissen, was nötig ist, sorgen dafür. Dennoch wird den Kindern darüber nicht die eigene Verantwortung für ihr Lernen abgenommen, sie wird zugespitzt auf die aktuelle Bereitschaft zum Mitmachen – auch in den hier betrachteten verpflichtenden Arbeitsphasen. Die Bereitschaft muß von jedem Kind selbst aufgebracht werden, über Modalitäten wird verhandelt. Eine Aushandlung zwischen Lehrerin und Kindern wird am Ende des gezeigten Protokolls sichtbar. Birgit kann sicher sein, daß die Jungen wiederkommen, obwohl unterwegs andere Reize locken.

Arbeit in Projekten

Nach Möglichkeit wird das Lernen in Projekten organisiert, die aus Anregungen der Kinder oder aus geplanten Vorhaben der LehrerInnen entstehen. Sie sind in Form und Zeit nicht festgelegt und aktuell veränderbar. Dabei orientieren sich die Erwachsenen an den Interessen der Kinder, haben aber gleichzeitig auch die eigenen professionellen Ansprüche im Blick. Nicht immer und nicht nur ist solches Arbeiten möglich, deshalb gibt es stets auch kursartige Angebote (hier: Rechnen) oder Einzelangebote (hier: Singen).

Nach den Sommerferien, also zu Beginn des 2. Schuljahres, beobachtete ich in dieser Klasse die Arbeit in einem Projekt, das sich aus einer Frage der Kinder entwickelte. An Tonscherben, die Christian aus einem Griechenlandurlaub mitgebracht hatte, interessierte die Kinder nicht – wie von ihm erwartet – das Alter der Scherben oder eine mögliche Gegenstandszuordnung, sondern neugierig stellten sie eine andere Frage: »Wo hatten die denn die Farben her?« Aus diesem Interesse entwickelte sich ein Projekt, das Christian in Form einer »Farbwerkstatt« strukturierte. Die Kinder gingen darin ihrer Vermutung nach, daß »früher die Farben irgendwie aus der Natur« kamen. Selbsttätig und entdeckend konnten sie an einer Beantwortung ihrer Frage arbeiten und dabei auch dahinterliegende Interessen artikulieren.

Ein Ausschnitt aus der 2. Farbwerkstatt:

Auf dem Hof zerschlagen zwei Mädchen Ziegelsteine, um rotes Farbpulver zu gewinnen, während in der Küche eine Jungengruppe Spinat auskocht.

Im Klassenraum: Susi und Kirsten haben aus ihrer Erde schon ganz feinen Schlamm hergestellt. Jetzt saugen sie das Wasser ab, indem sie Handtuchpapier in die Schale halten. Dann wollen sie einen neuen Malversuch machen. Christian kommt vom Hof zurück und ist von dieser Idee ganz begeistert.

David wollte »Schwarz« aus der Schornsteinklappe besorgen, aber das ist ihm nicht gelungen. Jetzt spielt er mit Manuel ein Spiel, das dieser mitgebracht hat.

Cora und Katrin sitzen an einem Tisch und machen ein »Farbenbuch«. Sie wollen sich heute nicht mit dem Herstellen von Farben beschäftigen, sondern haben sich eine andere Aufgabe ausgedacht. Sie schneiden sich Papier zurecht, schreiben auf die einzelnen Blätter den Namen einer Farbe und malen Bilder dazu, die sie mit der jeweiligen Farbe assoziieren. Unter einer gelben Sonne steht gelb, unter blauen Wolken himmelblau.

In einer Ecke sitzt Lene. Sie hat Mittwoch bei der roten Gruppe mitgemacht. »Heute habe ich keine Lust, die sind doof«, erzählt sie mir. Sie knüpft ein buntes Armband aus Stickgarn.

Christian hat viel zu tun und eilt von Gruppe zu Gruppe. Lars und Ben haben wieder über lange Zeit Erde mit Wasser vermischt, gesiebt und gematscht. Jetzt haben sie genug davon. Ben hat überhaupt keine Lust mehr. Lars fragt Christian, wie es denn weitergehen könne. »Die Erde müßte ganz trocken sein, sehr fein ist sie ja jetzt«, überlegt Christian laut. Lars versucht nun, den Schlamm in einem Tuch auszupressen, doch auch bei größter Kraftanstrengung bleibt die Erde recht feucht. Christian schlägt vor, den Schlamm flach auszubreiten und trocknen zu lassen. Lars holt sich einen Teller, auf den er sorgfältig seinen Schlamm zerkrümelt. David und Manuel kommen zu ihm. Ich höre ihr Gespräch: »Das war aber viel Arbeit.« – »Die haben das bestimmt anders gemacht. Warum machen wir das eigentlich, wir haben doch Farben?« – »Aber die doch nicht.« – »Vielleicht haben die einfach alles so gelassen und hatten nur schwarz und weiß.« – »Das sind auch Farben.« – »Alles sind Farben, überall sind Farben.« – »Die hatten aber kein Hemd.« (Das Tuch zum Auspressen war ein altes Hemd.) »Doch, die waren doch nicht nackt.« – »Hatten die Nadeln?« – »Wieso?« – »Dann konnten die sich ein Hemd stricken.«

Inzwischen ist Lars' Teller voll. Er schreibt auf einen Zettel »Ben und Lars« und bringt seine Sachen zum Ablagetisch. Dann geht er zum Spielen zu Ben in die Sitzecke.

Christian hockt nun neben Kirsten und Susi, die ihren feinen Schlamm andikken wollen. Ein paar Kinder stehen drumherum. Christian: »Ich habe gelesen, daß man das mit Kleister oder Mehl machen kann.« Kinder: »Hö, hö, da gab's doch noch keinen Kleister!« Kirsten: »Wir nehmen Mehl!«

Nun stellt Christian die einzelnen Tische zusammen. Alle Kinder sollen über ihre Erfahrungen berichten. Es ist jetzt unruhig und dauert eine Weile, bis alle einen Platz gefunden haben. Siebzehn Kinder sind anwesend. »Liebe Farbforscher«, beginnt Christian.

Als erste berichten Ines und Anke von der roten Gruppe. Sie reden abwechselnd von ihrer Arbeit und den Schwierigkeiten dabei und zeigen ihren roten Farbstaub. Dann heben sie Christians zerlöchertes Hemd in die Höhe, in das sie die Steine vorm Zertrümmern eingepackt hatten. »Das war das beste Ergebnis!«

prustet Ines. Moritz fragt ganz erstaunt: »*Wie kommen da die Löcher rein?*«
Anke führt es vor. Lotte sitzt neben ihnen, sagt aber nichts. Als sie fertig sind mit ihrem Bericht, klatschen die anderen Kinder.
Jetzt berichten Kirsten und Susi von ihrem Versuch, ihre Erdfarbe mit Mehl anzudicken. Sie zeigen verschiedene Glasschalen und die passenden Malversuche dazu. Wieder gibt es Applaus.
Die Jungen aus der Küche zeigen in mehreren Glasschalen unterschiedlich flüssigen Spinat. In einer Schüssel ist grünliches Wasser. »*Das wollen wir noch aufkochen, vielleicht bleibt dann ein Rest Farbe*«*, berichtet Gregor. Tim sitzt neben ihm und drückt immer noch Spinat durch ein Sieb. Er hat ganz rote Bäckchen und erzählt, was er macht. Sein Sieb ist viel größer als die Schale. Er kann es nicht auflegen, sondern muß es festhalten. Die Praktikantin:* »*Besser wäre eine große Schale, aber ich hab' nicht gedacht, daß Tim soviel arbeitet.*« *Tim strahlt.*
Nils, der bisher recht zappelig war, ergreift das Wort und schildert im Zusammenhang den Arbeitsablauf in der Küche. Wieder Applaus.
Dann berichten noch Cora und Katrin über ihr Farbenbuch und zeigen ihre Seiten, die sie morgen zusammenheften wollen. In den Applaus hinein sagt Nils: »*Das hat doch nichts mit Farben zu tun, wie man Farben macht.*« *Christian:* »*Das stimmt. Aber mit Farben hat es auch zu tun, zum Beispiel wo sie vorkommen. Ich danke euch jedenfalls allen für eure Berichte. Ihr seid richtige Farbforscher. Montag machen wir weiter. Jetzt ist Frühstück, und danach ist Birgit für euch da. Wer aber unbedingt noch was machen will, kann auch dann noch weitermachen, hat Birgit gesagt.*«

Die Mitarbeit an diesem »Farbenprojekt« schien für alle Kinder selbstverständlich, ohne daß der Klassenlehrer das explizit erwähnte. Dabei konnte ich an den verschiedenen Tagen auch wieder beobachten, daß nicht alle alles mitmachten, sich Pausen gönnten, den anderen »nur« zuguckten oder auch mal keine Lust hatten. Grundsätzlich waren aber alle Kinder an diesem Projekt beteiligt und zu den Projektzeiten – bis auf wenige Ausnahmen – anwesend. Der Projektverlauf war für die sieben- und achtjährigen SchülerInnen ein Arbeitsprozeß, der viele Sinne einbezogen hat. Dabei wurde den Kindern genug Zeit eingeräumt, eigene Fragen, auch Nebenaspekte zu verfolgen und mit Phantasie, Versuchen und wachsender Informiertheit – auch spielerisch – zu klären.

Ausblick

Am Anfang dieses Beitrages wurde an Sprenkeln vom Einschulungsfest angedeutet, daß heute vorgefundene Situationen als Ergebnis der (manchmal schon vergessenen) Schulgeschichte zu verstehen sind. Am Ende möchte ich auf eine bevorstehende Veränderung in der Unterstufe eingehen, die eine Ursprungsidee der Glocksee-Schule wieder aufgreift.

Von Beginn der Glocksee-Schule an war die Vorstellung vom »vertikalen Lernen« Bestandteil der Konzeption. Nicht zuletzt war und ist dies ein Grund für offene Klassentüren und »freie Räume«: Kinder sollen von und mit jüngeren und älteren Kindern lernen können – im kognitiven und sozialen Bereich.

Heute werden die Glocksee-Kinder überwiegend in ihren Jahrgangsklassen unterrichtet. Eine organisierte Form des gemeinsamen Lernens von Kindern verschiedenen Alters bieten die Projektwochen, die alle Klassen der Unterstufe einbeziehen und viermal pro Schuljahr stattfinden. In diesen klassenübergreifenden Projektwochen wählen die Kinder ihr bevorzugtes Thema und arbeiten daran eine Woche lang mit Kindern aus anderen Klassen. Andere Formen von gemeinsamen Lern- oder Spielangeboten wurden in den vergangenen Jahren immer wieder ausprobiert, konnten aus unterschiedlichen Gründen aber nicht aufrechterhalten werden.

Die Entwicklung der altersgemischten Lerngruppen der Anfangsjahre zu den heutigen Jahrgangsklassen wird seit längerer Zeit kritisch diskutiert. Als eine Konsequenz sollen beginnend mit dem nächsten Schuljahr die Klassen 1–3 zu jahrgangsübergreifenden Lerngruppen zusammenwachsen.

Der »Rückzug in die Klassen« ist im Zusammenhang mit dem zahlenmäßigen Größerwerden der Glocksee-Schule in den achtziger Jahren zu sehen. Der Wunsch (auch der Erwachsenen) nach Überschaubarkeit drückt sich darin aus. Gleichzeitig hat die Schule sich damit eine Falle gebaut: Ungleichheiten und unvermeidbare »Interaktionspannen« (Goffman) dienten eher einer Abgrenzung von als einer Auseinandersetzung mit verschiedenartigen anderen. Die Klassen sollten einen räumlichen und sozialen Bezugspunkt bieten, der Sicherheit und Geborgenheit gibt. Zu beobachten war aber, daß das Zusammengehörigkeitsgefühl einer

Klassengruppe sich häufig über Abgrenzung von den Nachbarklassen Bestätigung holte.

Grundsätzlich ist den Kinder eine Teilnahme am Unterrichtsgeschehen in anderen Klassen auch heute noch möglich; sie machen davon jedoch nur selten Gebrauch. Bei selbstorganisierten Spielen auf den Fluren und im Außengelände sind dagegen häufig altersgemischte Kindergruppen zu beobachten.

Die Wiedereinführung von altergemischten Lerngruppen ist Ausdruck für die Bedeutung, die die Schule den Beziehungen zwischen den Kindern zumißt: für ihr aktuelles Befinden, für ihre Entwicklung und als Grundlage kognitiver Lernprozesse. Die Glocksee-Schule gab und gibt dem sozialen Miteinander der Kinder viel Raum, auch wenn sich gegenüber der Anfangszeit die Betonung von »Schule als Lebensraum« zu »Schule als Lernort« verschoben hat.

Die strukturellen Vorgaben und pädagogischen Intentionen der Glocksee tragen nach wie vor zur Förderung intensiver Kinderkontakte bei, innerhalb der Klassen und – eingeschränkt – zu anderen Kindern der Schule. Zeiten und Tätigkeiten, die Kinder miteinander verbringen, werden als wertvoll und produktiv angesehen. Im selbstorganisierten Spiel, in frei gewählten Arbeitsgruppen und durch informelle Gesprächssituationen können die Kinder ihre emotionalen und sozialen Beziehungswünsche miteinander bearbeiten. Aus der äußerlichen Zusammengehörigkeit zu einer Klasse bzw. Schule kann darüber ein Kennenlernen untereinander werden, das ein Wahrnehmen der einzelnen anderen Kinder ermöglicht und zu gegenseitiger Akzeptanz führt.

Ein Ziel der Glocksee-Schule sollte daher weiterhin die Herstellung eines Zusammenhanges sein, in dem Kinder Freundschaften schließen können – auch mit jüngeren oder älteren. Die Vorteile, die altersgemischte Lerngruppen hierfür bieten, eben nicht nur für kognitive Lernprozesse, sind in dieser Schule hinreichend bekannt, in anderen Reformschulprojekten werden sie betont. Während diese Schulen jahrgangsübergreifende Gruppen als Bestandteil des Konzepts ausweisen und neue Kinder und Eltern in die bestehende Praxis hineinwachsen, steht die Glocksee-Schule heute vor dem Problem der Einführung, das heißt vor einer Veränderung des Bestehenden. Zugunsten der altersgemischten Gruppen müssen zunächst die existierenden Klassengruppen aufgelöst werden.

Gerade weil den Beziehungen unter den Kindern eine besondere Bedeutung zugemessen wird, löste die aktuell notwendige Umgestaltung und die jährlich etwas veränderte Zusammensetzung der Kindergruppen Ängste aus. Es wurde befürchtet, daß bestehende Freundschaften und Gruppen auseinandergerissen werden. Übersehen wurde dabei, wie Kinder Freundschaft definieren. Während sich für Schulanfänger Freundschaft über Kennenlernen und Spielen herstellt, erkennen ältere Kinder in den anderen individuelle Persönlichkeiten, worüber Freundschaft für sie dann zu einer Beziehung wird, zu deren Erhaltung Kooperation erforderlich ist. Für diesen Entwicklungsprozeß von Freundschaften zwischen Kindern bietet gerade die Glocksee-Schule viel Zeit und Raum.

Der Gefahr, daß über eine wechselnde Gruppenzusammensetzung Fragmentierungstendenzen von Beziehungen in die Schule hereingeholt werden, kann unter dieser Bedingung begegnet werden: Die Freiräume für die Kinder, in denen sie sich in selbstgewählten Gruppen zusammenfinden können, müssen erhalten bleiben. Raum und Zeit für selbstbestimmte Beziehungen muß weiterhin zur Verfügung stehen. So gestaltet, bietet die Wiedereinführung altersgemischter Gruppen den Kindern eine Erfahrung des Größerwerdens durch Integration der jüngeren in eine bestehende Gruppe und die Verabschiedung der älteren, ohne daß Beziehungen fragmentiert werden.

Künftig wird in jedem Jahr nicht nur eine Aufnahme von neuen Kindern gefeiert werden können, sondern für das Verlassen der ältesten der Gruppe werden Formen eines Abschieds zu suchen sein.

10. Der Mythos von Sisyphos: Die pädagogische Wirklichkeit

Will man heute den Zustand der Erziehungsarbeit veranschaulichen, Rechenschaft ablegen über pädagogische Ideale und gescheiterte Experimente, so drängt sich unwiderstehlich der Mythos von Sisyphos auf: Die Richter der Toten haben ihm als Strafe auferlegt, einen Stein den Hang eines Hügels hinaufzurollen. Jedoch gelingt ihm dies nie. Wenn er fast den Gipfel erreicht hat, wird das Gewicht des tückischen Steines so groß, daß dieser wieder in das Tal hinabrollt. Von dort holt er ihn zurück und muß wieder von vorn anfangen, obwohl er in Schweiß gebadet ist und eine Staubwolke über seinem Haupt hängt.

Dieser Mythos von der äußersten Anstrengung, die das Ziel doch nie erreicht, wie nahe sie ihm auch kommen mag, gehört seit ihrem Ursprung zum symbolischen Grundbestand der Pädagogik, bezeichnet aber auch die Tragödie individueller Erziehungsanstrengungen, die selbst von den eigenen Kindern häufig nicht durch eine Geste der Dankbarkeit belohnt werden. Selten hat man den Stein über den Berg gebracht.

Johann Heinrich Pestalozzi, Ehrenbürger der Französischen Revolution, vermittelt die Geschichte, wie er in seinem Fragment »Pestalozzi an sein Zeitalter« (1802/1803) schreibt, im Grunde genommen nur eine einzige Erfahrung: daß »die Menschheit seit Jahrtausenden zwischen einem ewigen Streben nach Veredelung und einem Fehlen ihres Ziels« schwankt. Indem er nun den Sinn seiner pädagogischen Arbeit darin sieht, die »Mittel aufzufinden, dem ewigen Kreislauf von Barbarei zu Barbarei ein Ende zu machen«, durch Erkenntnis der menschlichen Natur eine Methode zu entwickeln, die ihn zur Selbsthilfe und zur Autonomie befähigt, muß er am Schicksal seiner eigenen Schulexperimente erfahren, daß sich dieser Kreislauf bis in die pädagogische Alltagsarbeit fortsetzt. Gut 150 Jahre früher hat Comenius, wohl der Begründer der bürgerlichen Pädagogik und Didaktik, die freilich noch ganz in christliche und pansophische Vorstellungen eingebunden ist, seine »Didacta magna« (1657) mit den Worten eingeleitet: »›Didaktik‹ bedeutet Kunst des Lehrens. Fähige Männer haben in jüngster Zeit, voll Erbarmen mit der Sisyphos-Arbeit in den Schulen, diese Kunst zu erforschen unternommen, doch mit ungleichem Mut und ungleichem Erfolg.«

Am bekanntesten in diesem Zusammenhang ist wohl das Buch von Siegfried Bernfeld »Sisyphos oder die Grenzen der Erziehung«, und wer die jüngsten Analysen Hartmut von Hentigs zur Situation an der Bielefelder Laborschule liest – etwa in seinem Merkur-Aufsatz »Sozialpathologie der Schule« oder in seiner »Laudatio« auf Heinrich Roth – kann sich kaum des Eindrucks erwehren, daß hier ein Pädagoge in seiner Alltagsarbeit darum kämpft, zunächst einmal zu verstehen, was heute Erziehung überhaupt noch sein kann.

Einer der Gründe für die Sisyphos-Arbeit der Erziehung, die mit Beginn der bürgerlichen Epoche einsetzt, mag darin liegen, daß der reale pädagogische Arbeitsprozeß des Lehrers, auch wenn er sich noch so sehr auf bewährte Ideen, auf Experimente, Erziehungskonzeptionen rückbezieht, eine eigene Situationslogik hat. Zu deren Bewältigung kann der einzelne zwar viel vorgetane Arbeit einbringen, im Grunde aber fängt er immer wieder von vorne an. Das gilt nicht nur für den Schulalltag, sondern vor allem auch für das Verhältnis der Generationen zueinander. Mehr theoretisch formuliert, ist der Erzieher im wesentlichen auf nichtakkumulative Erfahrungen angewiesen (also auf Erfahrungen, die von einem auf den anderen schwer übertragbar sind). Das Beste, wozu er sich bringen kann, ist, wie Peter Weigelt einmal gesagt hat, eine »Didaktik der Freude auf den nächsten Tag«. Ein Naturwissenschaftler oder Techniker dagegen baut in der Forschung oder in der technologischen Anwendung von Wissen immer auf einen relativ gesicherten Bestand von Methoden und Erkenntnissen auf und akkumuliert neue Erfahrungen, muß jedenfalls nicht immer von vorne anfangen. Die Berührung mit lebendigen, autonomiefähigen, aber nicht autonomen Menschen scheint das auszuschließen.

Zur Diskontinuität von Erziehungsprozessen tragen grundlegende Veränderungen der bürgerlichen Gesellschaft bei, vor allem, daß Erziehung, soweit sie die Einübung in Kulturtechniken, in den Umgang mit Menschen und Dingen betrifft, zunehmend in ghettoisierten Institutionen stattfindet, die vom Lebenszusammenhang des Kindes abgespalten sind. Diese fortschreitende Abspaltung ist weder allein durch die Schärfung der didaktischen Instrumentarien noch dadurch zu überwinden, daß die Gesellschaft in die inhaltlichen Unterrichtsangebote eindringt. Alle großen Schulexperimente der vergangenen fünfzig Jahre arbeiten daher an dem Problem einer »Entschulung der Schule«, um die fatale, Lernprozesse der Kinder blockierende Trennung von öffentlicher, das heißt in der Regel rechtlich-formalisierter Schulsituation und privaten Erfahrungen, die vor den Türen der Schule bleiben, aufzuheben. Solange eine Rückkoppelung von Schule und Gesellschaft nicht möglich ist, behält die Schule etwas von Leistungs- und Disziplindressur an sich. Alle auf Humanisierung drängenden pädagogischen Anstrengungen, wie sie seit Beginn des bürgerlichen Zeitalters formuliert wurden und sich im Begriff der Autonomie zusammenfassen lassen, werden damit zunichte gemacht.

Immanuel Kant liegt etwas abseits der pädagogischen Diskussion, gleichwohl hat er den Widerspruch bürgerlicher Erziehung in öffentlichen Schulen am prägnantesten bezeichnet: »Eines der größten Probleme der Erziehung ist«, sagt Kant, »wie man die Unterwerfung unter den gesetzlichen Zwang mit der Fähigkeit, sich seiner Freiheit zu bedienen, vereinen könne. Denn Zwang ist nötig! Wie kultiviere ich die Freiheit bei dem Zwange? Ich soll meinen Zögling gewöhnen, einen Zwang seiner Freiheit zu dulden, und soll ihn selbst zugleich anführen, seine Freiheit gut zu gebrauchen.«[82]

Wie können Freiheit und Autonomie mit Zwang hergestellt werden? Wie kann die Selbstbestimmungsforderung der Aufklärung, sich seines Verstandes ohne Anleitung eines anderen zu bedienen, erfüllt werden, wenn Ziel und Struktur des pädagogischen Arbeitsprozesses so kraß auseinanderweisen?

Kant – und mit ihm die bürgerliche Pädagogik – denkt Autonomie keineswegs abgetrennt von der Realität; die Realitätshaltigkeit des Autonomiebegriffs beruht auf der Erwartung, daß die Menschen durch Erziehung aus ihren Knechtschaftsverhältnissen gelöst und in einen Zustand versetzt werden, der gleichzeitig durch den gesetzgebenden Citoyen und den privat autonomen Besitzbürger bestimmt ist.

Dieser individualistische Autonomiebegriff ist keine bloße Ideologie. In ihm steckt ein Moment des Unabgegoltenen, der unrealisierten Forderung nach Urteilsfähigkeit, nach Selbstbestimmung und Selbstregulierung des Verhaltens. Um seine Substanz ohne jede leblose Restauration bewahren zu können, bedarf es der grundlegenden Umorganisation der pädagogischen Arbeit. Sie muß mit dem Schein der individualistischen Autonomie in Erziehungsprozessen brechen, um ein Stück wirklicher Autonomie herstellen zu können. Solange es noch nicht die Massenschule gab, konnte sich dieser pädagogische Schein aufrechterhalten; heute ist er unrettbar zerstört.

Überfüllt waren Schulen schon immer, auch ist der Gedanke, aus ökonomischen und pädagogischen Gründen Zwergschulen abzuschaffen, nicht neu. Erst die Gesamtschule bezeichnet das Ende der bürgerlichen Bildung, indem sie diesem Massenproblem einen planmäßigen und organisatorischen Ausdruck gibt. Waren Gymnasium und Universität Humboldtscher Prägung die Organisationsformen von Lernprozessen, in denen das deutsche Bildungsbürgertum sein politisches Selbstverständnis zum Ausdruck brachte, so sind die Gesamtschulen Embryonalformen der künftigen Massenschule. Gesamtschulen werden kaum rückgängig zu machen sein, haben aber in vieler Hinsicht noch nicht die organisatorische Gestalt gefunden, die die Realisierung ihrer eigenen Ansprüche und Konzeptionen erlaubt.

Die Ideen der Chancengleichheit, der höheren Durchlässigkeit, der gleichgewichtigen Entwicklung von kognitiven, emotionalen und sozialen Fähigkeiten, der Entwicklung demokratischer Einstellungen und des gesellschaftlichen Bewußtseins: alle Postulate und inhaltliche Planungen konkretisieren und erweitern unter den heutigen geschichtlichen Bedingungen das, was in bürgerlichen Begriffen von Autonomie, Urteilsfähigkeit und Freiheit mitgedacht wird, aber sie stoßen alltäglich an die Wand einer vorgegebenen, meist nach verwaltungstechnischen Gesichtspunkten geplanten Organisationsstruktur, an eine räumliche Gliederung, der jede pädagogische Phantasie fehlt, an Zeiteinteilungen, die der industriellen Produktion entstammen, an Arbeitsteilungen des Fachunterrichts, die verständnisschwaches Lernen einprogrammieren.

Lehrer, die ursprünglich einem starken Veränderungsimpuls folgen und mit unermüdlichem Arbeitseinsatz über Jahre, Tag für Tag, Kinder unterrichten, werden doch in ihren Idealen unvermeidlich von der Gewalt der Verhältnisse eingeholt. Der Schwung im Aufgreifen neuer Anregungen und Ideen droht sich im Gestrüpp der Alltagsroutine zu verlieren und belebt sich nur noch in Erinnerungsdaten. Das hat gar nichts mit Charakterschwäche oder mangelndem Reformwillen zu tun. Es ist die materielle Schwerkraft der Verhältnisse, die regelmäßig nach unten zieht und die Normalverteilung der individuellen Energien wiederherstellt. Der Stein rollt immer wieder an den Fuß des Berges zurück. Ein Stück Absurdität steckt in der Tat in dieser besinnungslosen Mühe; aber kann daraus, wie Albert Camus behauptet, Sinn oder gar Glück gewonnen werden? »Jedes Gran dieses Steins, jeder Splitter dieses durchnächtigten Berges bedeutet allein für ihn eine ganze Welt. Der Kampf gegen Gipfel vermag ein Menschenherz auszufüllen. Wir müssen uns Sisyphos als einen glücklichen Menschen vorstellen.«[83]

Ja, das können wir, aber irgendwann muß es ihm gelingen, den verfluchten Stein über den Berg zu befördern. Erst das würde den menschenunwürdigen Mythos von der Wiederholung des Ewig-Gleichen brechen. Erziehungs- und Lernarbeit ist unendliche Mühe, dem Wiederholungszwang, der tödlich ist, zu widersprechen.

Anmerkungen

Vorwort

1 VE, Informationen Nr. 8, Juni 1981.
2 Eine ausgezeichnete Übersicht zur Reformpädagogik bietet das von Hermann Röhrs herausgegebene Buch »Die Schulen der Reformpädagogik heute. Handbuch reformpädagogischer Schulideen und Schulwirklichkeit«, Düsseldorf 1986.
3 Ich verweise hier auf folgende Schriften: Regina Becker-Schmidt, Gudrun-Axeli Knapp (Hrsg.), »Das Geschlechterverhältnis als Gegenstand der Sozialwissenschaften«, Frankfurt am Main/New York 1995. Regina Becker-Schmidt, Gudrun-Axeli Knapp, »Geschlechtertrennung – Geschlechterdifferenz. Suchbewegungen sozialen Lernens«, Bonn 1987. Christine Morgenroth, »Die engagierte Frau. Frauen und Interessenorganisationen«, Münster 1996. Mechthild Rumpf, »Spuren des Mütterlichen. Die widersprüchliche Bedeutung der Mutterrolle für die männliche Identitätsbildung in Kritischer Theorie und feministischer Wissenschaft«, Frankfurt am Main/Hannover 1989. Hinweisen möchte ich in diesem Zusammenhang auch auf das interessante Buch »Geschlechtsbezogene Pädagogik«, hrsg. von Elisabeth Glücks/Franz Gert Ottemeier-Glücks, Münster 1994.

Kapitel I – Erosionskrise und Bildungsreform

1 Ich verweise in diesem Zusammenhang auf meine Untersuchung »Lebendige Arbeit, enteignete Zeit. Politische und kulturelle Dimensionen des Kampfes um die Arbeitszeit«, Frankfurt am Main/New York, ³1987.
2 Vgl. Emile Durkheim, »Der Selbstmord«, mit einer Einleitung von Klaus Dörner und einem Nachwort von René König, Neuwied/Berlin 1973, und »Über die Teilung der sozialen Arbeit«, eingeleitet von Niklas Luhmann, Frankfurt am Main 1977. Was den Zusammenhang zwischen moralischer Anomie und Erziehung betrifft, so ist auch Durkheims Vorlesungssammlung »Erziehung, Moral und Gesellschaft«, Neuwied/Darmstadt 1973, von Interesse.
3 Gerhard Neuweiler, »Erdrückt vom Studentenberg«, in: »Süddeutsche Zeitung« (Feuilleton-Beilage), 22./23.8.1992. Neuweiler ist Mitglied im Wissenschaftsrat und im Senat der Deutschen Forschungsgemeinschaft.
4 Georg Picht, »Die deutsche Bildungskatastrophe«, Olten/Freiburg im Breisgau 1964, S. 56.
5 »Der Spiegel«, 19.11.1984.
6 André Gorz, »Wege ins Paradies. Thesen zur Krise, Automation und Zukunft der Arbeit«, Berlin 1983, S. 39.
7 Johann Gottlieb Fichte, »Der geschlossene Handelsstaat«, in: »Ausgewählte Werke«, Darmstadt 1962, Bd. 3, S. 422.
8 Jürgen Borchert, »Junge Menschen ausbilden, nicht alte zum Sonnen nach Mallorca schikken«, in: »Süddeutsche Zeitung«, 13.2.1996.
9 Hartmut von Hentig, »Die Schule neu denken«, München/Wien 1993, S. 10.
10 A.a.O., S. 18.
11 Jürgen Rüttgers, »Optimismus gibt's gratis«, in: »Focus« 14, 1996, S. 66.

Kapitel II – Erziehungs- und Lernorte

1 Siehe dazu das Kapitel »Kindheit und Lernen« in meinem Buch »Achtundsechzig. Politische Intellektuelle und die Macht«, Göttingen 1995, S. 289 ff.

2 Lloyd de Mause, »Hört ihr die Kinder weinen. Eine psychogenetische Geschichte der Kindheit«, Frankfurt am Main 1980, S. 12.
3 In seiner Anthologie »Kindheit im Gedicht« schreibt Dieter Richter: »Die ältesten Verse zum Thema ›Kindheit und Tod‹ stammen aus den spätmittelalterlichen Totentänzen ... (Aber sie haben) dem Kindtod keine besondere Bedeutung beigemessen ... Alte müssen sterben, also auch das kleine Kind ... In der Zeit um 1800 hat sich die Bild- und Gefühlswelt geändert ... Der Tod des Kindes setzt jetzt den Sinn des Lebens selber aufs Spiel, zerstört das Zentrum der eigenen Existenz: ›Sie haben das Herz aus der Brust mir genommen‹ (Rückert)«. »Kindheit im Gedicht. Deutsche Verse aus acht Jahrhunderten«, gesammelt, hrsg. und kommentiert von Dieter Richter, Frankfurt am Main 1992, S. 153 f.
4 Philippe Ariès, »Geschichte der Kindheit«, München 1978, S. 562.
5 Neil Postman, »Das Verschwinden der Kindheit«, Frankfurt am Main 1983, S. 47 f.
6 A.a.O., S. 170.
7 Davon ist ausführlich die Rede in Variation 1: »Persönliches im Erkenntnisinteresse«.
8 Merkwürdig ist jedoch der Tatbestand, daß gerade in dem Augenblick, da intensive Forschungen über die unterschlagene Geschichte der Kindheit betrieben werden (vor allem durch Philippe Ariès angeregt), also Kindheit als Substanzbegriff genauer bestimmbar wird, die Problematisierungen dieses Begriffs einsetzen.
9 Diese Unterscheidung stammt von Ernst Cassirer, »Substanzbegriff und Funktionsbegriff«, 1910.
10 Heinz Hengst, in: »Die Zeit«, 5.10.1984.
11 Vgl. dazu die auf umfangreiches biographisches Material gestützte Arbeit von Irene Hardach-Pinke, »Kinderalltag. Aspekte von Kontinuität und Wandel der Kindheit in autobiographischen Zeugnissen 1700 bis 1900«, Frankfurt am Main/New York 1981.
12 Vgl. die Anthologie »Das Reich der Kindheit, aus deutschen Lebenserinnerungen und Dichtungen des 18. und 19. Jahrhunderts«, ausgewählt und zusammengestellt von Friedrich Minckwitz und Noa Kiepenheuer, Weimar 1958, S. 94.
13 »Frankfurter Rundschau«, 8.10.1994.
14 »Frankfurter Rundschau«, 21.9.1993.
15 »Hannoversche Allgemeine Zeitung«, 12.3.1992.
16 Heinz Hengst, »Tendenzen der Liquidierung von Kindheit«, in: »Kindheit als Fiktion«, Berichte von H. Hengst, M. Köhler, B. Riedmüller, M. M. Wambach, Frankfurt 1981, S. 48.
17 »Kindheit als Fiktion«, a.a.O., S. 9 f.
18 A.a.O., S. 70.
19 Philippe Ariès, »Geschichte der Kindheit«, a.a.O., S. 551.
20 Dieter Richter, »Das fremde Kind. Zur Entstehung der Kindheitsbilder des bürgerlichen Zeitalters«, Frankfurt am Main 1987, S. 19.
21 A.a.O., S. 25.
22 Siehe dazu Variation 2: »Erlöserkinder: Siegfried, Rousseaus Emil und die Kinder von Summerhill« und Variation 4: »Tabula rasa (White paper) oder Marmor? Die erkenntnistheoretische Beweiskraft eines Neugeborenen«.
23 Dieter Richter, »Das fremde Kind«, a.a.O., S. 25.
24 Barbara Beuys, »Familienleben in Deutschland. Neue Bilder aus der deutschen Vergangenheit«, Reinbek bei Hamburg 1980, S. 233.
25 A.a.O., S. 234.
26 Georg Wilhelm Friedrich Hegel, »Grundlinien der Philosophie des Rechts«, Frankfurt am Main 1970, S. 309.
27 Marina Fischer-Kowalski, »Zur Modernisierung von Eltern-Kind-Verhältnissen«, in: Institut für Schulentwicklungsforschung (IFS), Werkheft 30, »Zukunft von Kindheit und Schule«, Dortmund 1989, S. 69.
28 Mit Alexander Kluge habe ich dieses Problem lebensfähiger Gefäßgrößen systematisch untersucht: »Maßverhältnisse des Politischen«, Frankfurt am Main 1992.
29 Interview im »Spiegel«, 17.2.1992, S. 86.

30 Maria S. Rerrich, »Balanceakt Familie. Zwischen alten Leitbildern und neuen Lebensformen«, Freiburg 1988.
31 Klaus Mollenhauer, »Vergessene Zusammenhänge. Über Kultur und Erziehung«, Weinheim/München ³1991, S. 17.
32 Ingeborg Weber-Kellermann, »Die deutsche Familie. Versuch einer Sozialgeschichte«, Frankfurt am Main ⁶1980, S. 258.
33 Hermann Giesecke, »Das Ende der Erziehung. Neue Chancen für Familie und Schule«, Stuttgart ⁵1990, S. 88.
34 A.a.O.
35 Bericht der »Süddeutschen Zeitung« vom 17.5.1995.
36 Anna Freud, Dorothy Burlingham und Mitarbeiter, »Heimatlose Kinder. Zur Anwendung psychoanalytischen Wissens auf die Kindererziehung«, Frankfurt am Main 1982, S. 29.
37 A.a.O.
38 Eine rühmliche Ausnahme davon machen die Arbeiten von Peter R. Gleichmann, die methodisch an Norbert Elias anknüpfen.
39 Siegfried Giedion, »Die Herrschaft der Mechanisierung. Ein Beitrag zur anonymen Geschichte«, Frankfurt am Main 1982, S. 334 f.
40 A.a.O., S. 338.
41 Max Horkheimer, »Studien über Autorität und Familie. Allgemeiner Teil«, Paris 1936, S. 75 f.
42 Siehe dazu Variation 3: »›Vergesellschaftung von unten‹ als Bedingung individueller Freiheit: Zur Selbstaufklärung der Aufklärung«.
43 Sigmund Freud, »Das Unbehagen in der Kultur«, in: »Gesammelte Werke«, Frankfurt am Main 1948, Bd. XIV, S. 435.
44 Thomas Hobbes, »Grundzüge der Philosophie«, Leipzig o.J., 2. und 3. Teil: »Lehre vom Menschen. Lehre vom Körper«, S. 171.
45 Vgl. das Kapitel »Die Medienwelt als zweite Wirklichkeit und der alltägliche Erfahrungsverlust« in: »Achtundsechzig. Politische Intellektuelle und die Macht«, a.a.O., S. 98 ff.
46 Helmut Schelsky, »Die skeptische Generation. Eine Soziologie der deutschen Jugend«, Düsseldorf/Köln 1957, S. 387 f.
47 A.a.O., S. 389.
48 Frankfurt am Main 1962.
49 Heinrich Popitz, Hans Paul Bardt u. a., »Das Gesellschaftsbild des Arbeiters«, Tübingen 1957.
50 »Die Party-Partei. Cortt Schnibben über eine Jugendrevolte, die sehr laut ist und sprachlos«, in: »Der Spiegel«, 15.7.1996, S. 92 f.
51 Martin Büsser, »Vom Punker bis zum Feierabend-Raver«, in: »Erziehung und Wissenschaft«, Nr. 2, 1996, S. 11.
52 Ich beziehe mich hier auf Thomas Ziehes Buch »Zeitvergleiche. Jugend in kulturellen Modernisierungen«, Weinheim/München 1991.
53 Vgl. Variation 3: »›Vergesellschaftung von unten‹ als Bedingung individueller Freiheit: Zur Selbstaufklärung der Aufklärung«.
54 Thomas Ziehe, »Zeitvergleiche«, a.a.O., S. 126 ff.
55 Götz Eisenberg, Reiner Gronemeyer, »Jugend und Gewalt. Der neue Generationenkonflikt oder Der Zerfall der zivilen Gesellschaft«, Reinbek bei Hamburg 1993, S. 9.
56 »In den USA hat sich bereits ein ganzer Wirtschaftszweig um das ›Home Schooling‹ herum entwickelt. Dutzende von Verlagen bieten Schulbücher und Lernprogramme an. ... Und da ist vor allem auch der Kontakt zu anderen Heimerziehern. In Texas gibt es inzwischen in jeder Stadt einen Heimschulverband, in dem Eltern sich gegenseitig helfen und Ratschläge erteilen.« Jörg-Michael Dettmer, »Forth Warth. Das Klassenzimmer in der Wohnküche. Immer mehr US-Bürger boykottieren die Staatsschulen und unterrichten ihre Kinder lieber selbst zu Hause«, in: »Frankfurter Rundschau«, 26.8.1996.
57 Diese Angaben entnehme ich der von Martin Baethge und anderen erstellten Studie des Soziologischen Forschungsinstituts Göttingen (SOFI): »Jugend: Arbeit und Identität. Lebensperspektiven und Interessenorientierungen von Jugendlichen«, Opladen 1988, S. 40 f.
58 A.a.O., S. 41.

Kapitel III – Alternativpädagogik

1 Ich will hier nicht im einzelnen auf die Entwicklung der Schule eingehen. Klaus Schmitz hat die Stationen in kurzgefaßten Schritten dargestellt: »Geschichte der Schule«, Stuttgart 1980. Vgl. auch Herwig Blankertz, »Die Geschichte der Pädagogik. Von der Aufklärung bis zur Gegenwart«, Wetzlar 1982. Blankertz zeigt, daß das deutsche Schulsystem zwar 1780 durch die Bewegung des Neuhumanismus einen starken Antrieb erhielt, sich aber im Realschulwesen und in der Volksschule erst am Ende des neunzehnten und zu Beginn des zwanzigsten Jahrhunderts wirklich entfaltet hat.
2 Vgl. Hermann Röhrs (Hrsg.), »Die Schulen der Reformpädagogik heute«, a.a.O.
3 Mario Montessori, »Erziehung zum Menschen. Montessori-Pädagogik heute«, München 1977, S. 13.
4 Sigmund Freud, »Gesammelte Werke«, Frankfurt 1972/73, Bd. 17, S. 75.
5 A.a.O., S. 69.
6 Immanuel Kant, »Werke in sechs Bänden«, hrsg. von Wilhelm Weischedel, Darmstadt 1964, Bd. 6, »Schriften zur Anthropologie, Geschichtsphilosophie, Politik und Pädagogik«, S. 697.
7 A.a.O., S. 699.
8 A.a.O., S. 701.
9 A.a.O., S. 708.
10 A.a.O., S. 709.
11 A.a.O., S. 704.
12 A.a.O., S. 699.
13 Ich habe deshalb im zweiten Teil meines Buches den Versuch unternommen, drei dieser Alternativprojekte konkret zu beschreiben: Summerhill, die Tvind-Schulen und die Freinet-Pädagogik (Variationen 6, 7 und 8).
14 Jedes der Mitglieder hat in den folgenden Jahren eine wichtige Funktion in der Glocksee-Schule ausgeübt. An dieser Stelle möchte ich allen meinen Dank aussprechen, die – in häufig aufopferungsvoller Arbeit – zum Gelingen dieses Schulprojekts beigetragen haben. Ich hoffe, ich habe niemand vergessen: Hedi Apel, Angela Braun, Margret und Erich Braun, Werner Braun, Uwe Döring, Hanna Drechsler, Monika und Peter Grabowski, Heinrich Hammersen, Barbara und Christian Hauenschild, Viola Hempel, Lutz Hieber, Ilse und Hartmut Kulf, Inge Negt, Hesi und Karsten Reinecke, Peter Richter, Gunda und Karl Schröder, Hagen Schulze, Ille und Auwi Spangenberg, Elke und Peter Urban, Gabi und Peter Weigelt.
15 In der Zeit der Planungseuphorie Schulprojekte zu fördern bedurfte keiner großen Anstrengung. Um so mehr gilt der Dank der Glocksee-Schule denjenigen, die über lange Jahre mit Interesse und Hilfe in einer völlig unbürokratischen Verfahrensweise den Schulversuch unterstützten: dem niedersächsischen Kultusministerium, der Stadt Hannover und dem Regierungspräsidium. Wir haben diesen Dank einzelnen Personen, mit denen wir es im Alltagsgeschehen zu tun hatten, immer wieder ausgesprochen, unter anderen den sozialdemokratischen Kultusministern Peter von Oertzen, Ernst Gottfried Mahrenholz und Rolf Wernstedt (der lange vor seinem Eintritt in die Regierung als bildungspolitischer Sprecher der SPD-Fraktion im Landtag das Schulprojekt mit größter Energie gefördert hat). Erwähnenswert ist heute, fast 25 Jahre nach der Schulgründung, freilich auch der Tatbestand, daß durch den unerwarteten Regierungswechsel selbst unter dem Ministerpräsidenten Ernst Albrecht und den Kultusministern Remmers und Oschatz, nach anfänglichen kritischen Vorbehalten gegenüber dem Schulprojekt, keine nennenswerte Änderung eintrat. Im Gegenteil: in dieser Zeit wurde der Schulversuch bis zur zehnten Klasse aufgestockt.
Hier ist der passende Ort, um einen knappen Überblick zur Schulgeschichte der Glocksee zu geben: Beginn des Schulbetriebs im September 1972 mit einer 1. Klasse in der Grundschule Suthwiesenstraße. Im Oktober 1972 Umzug in das alte städtische Fuhramt in der Glockseestraße und Beginn der Klassen 2 und 3. Am 6.3.1974 Genehmigung der Erweiterung bis zur 6. Klasse. Am 31.7.1978 Aufhebung der Genehmigung für Klasse 5 und 6, Genehmigung der Führung als Ganztagsschule, Vorklasse nicht genehmigt. Im Februar 1979 Umzug in die Hölderlinstraße. Am 22.4.1983 Genehmigung zur Führung einer Ganztagsschule mit besonderer

pädagogischer Prägung bis zur 10. Klasse. Im September 1984 Umzug in die Schule Am Lindenhofe.
16 Die fundiertesten Analysen der ersten Jahre sind nach wie vor »Glocksee-Schule. Berichte Analysen Materialien«, Redaktion Ernst Manzke, Berlin 1981, und »Schulversuch Glocksee«, »Ästhetik und Kommunikation«, Heft 22/23, 3. erweiterte Auflage März 1979.
17 Zur Alltagsarbeit selbst vgl. Variation 9, in der Doris Krammling-Jöhrens, Lehrerin seit der ersten Stunde, einen Einblick in die Praxis der Glocksee-Schule heute gibt.
18 Der spezifische Gehalt solcher Ideen ergibt sich immer erst aus der konkreten Konstellation von Projekten und pädagogischen Konzeptionen. So scheint mir einer der Gründe für die Reaktualisierung des Erfahrungsbegriffs im pädagogischen Denken darin zu liegen, daß die fetischisierte Produktion von Curricula in eine Sackgasse geraten ist. Hartmut von Hentig hat 1972 eine beachtenswerte Studie zum pädagogischen Erfahrungsbegriff geschrieben: »Schule als Erfahrungsraum?«, Stuttgart 1972. Was im Schulversuch Glocksee unter Erfahrung verstanden wird, habe ich an anderer Stelle systematisch erörtert. Vgl. das erste Kapitel in: Oskar Negt, Alexander Kluge, »Öffentlichkeit und Erfahrung«, Frankfurt am Main 1972.
19 George Dennison, »Lernen und Freiheit. Aus der Praxis der First Street School«, Frankfurt am Main 1971.
20 Vgl. dazu die Studie von Thomas Ziehe, »Pubertät und Narzißmus. Sind Jugendliche entpolitisiert?«, Frankfurt am Main/Köln 1975.
21 Siehe hierzu Variation 3: »Vergesellschaftung von unten‹ als Bedingung individueller Freiheit: Zur Selbstaufklärung der Aufklärung«.
22 Zitiert nach Jörg Ramseger, »Gegenschulen«, Hamburg 1975, S. 92.
23 Immer wieder unverändert abgedruckt in diversen Zeitschriften und Sammelbänden. Zuerst erschienen in: »Westermanns Pädagogische Beiträge«, Heft 12, Dezember 1980.
24 Hartmut von Hentig, Vorwort zu Philippe Ariès, »Geschichte der Kindheit«, a.a.O., S. 41 f.
25 Wenn ich im folgenden nur die Namen der Lehrerinnen und Lehrer erwähne, die in den ersten zehn Jahren in der Glocksee-Schule arbeiteten, so ist das keine Entwertung der späteren; einige von ihnen sind ohnehin noch Glocksee-Mitarbeiter. Mir kommt es darauf an, das zu bestimmen, was Goethe mit dem »Gesetz, wonach sie angetreten« meint. Das wird, in mühevoller Alltagspraxis, in dieser Zeit festgelegt von: Christa Beug, Uschi Bieder, Barbara Both, Dieter Hermann, Hartmut Horn, Ulrike Köhler, Doris Krammling-Jöhrens, Anne Krovoza, Claudia Landmann, Dietmar Rose, Barbara Schlecht, Gabi Schuster.
26 In: Winfried Baßmann, Karin Dehnbostel, Günter Drenkelfort, »Gesamtschule. Lernen ohne Angst«, Frankfurt am Main 1980, S. 151 ff.
27 A.a.O., S. 198 f.
28 »Elternarbeit an Gesamtschulen«, in: Baßmann u.a., a.a.O., S. 114 ff.
29 Winfried Baßmann, Konrad Schneegans, »Die gymnasiale Oberstufe an Gesamtschulen – eine Karikatur sozialen Lernens«, in: Baßmann u.a., a.a.O., S. 246 ff.
30 A.a.O.
31 Siehe dazu Günter Drenkelfort, »Gesamtschule – Zielsetzungen, Entwicklung, Perspektiven«, in: Baßmann u.a., a.a.O., S. 53 ff., und Ulrike Winkelvoß, »Viele neue Inhalte, wenig neues Lernen – Selbstbestimmung nach neun Jahren Curriculumrevision«, in: Baßmann u.a., a.a.O., S. 100 ff.
32 »Frankfurter Rundschau«, 8.11.1979.

Kapitel IV – Schlüsselqualifikationen

1 Vgl. S. 249–255 dieses Buches.
2 Vgl. dazu die Variationen 6, 7, 8 und 9.
3 Vgl. dazu vor allem sein jüngstes Buch, das der euphorischen Deutung des emanzipatorischen Gehalts von Individualisierungsschüben entschieden widerspricht: Wilhelm Heitmeyer, »Gewalt – Schattenseiten der Individualisierung bei Jugendlichen aus unterschiedlichen Milieus«, Weinheim/München 1994.

4 Karl Marx, »Die Frühschriften«, hrsg. von Siegfried Landshut, Stuttgart 1953, S. 211.
5 Jean Piaget, »Einführung in die genetische Erkenntnistheorie«, Frankfurt am Main 1970, S. 93.
6 Jean Piaget, Bärbel Inhelder, »Die Psychologie des Kindes«, Frankfurt am Main 1983, S. 11.
7 Jean Piaget, »Einführung in die genetische Erkenntnistheorie«, a.a.O., S. 97.
8 A.a.O., S. 29.
9 Hermann Giesecke, »Pädagogik als Beruf. Grundformen pädagogischen Handelns«, Weinheim/München ³1992, S. 14.
10 Vgl. Klaus Meisel u.a., »Schlüsselqualifikationen in der Diskussion«, Frankfurt am Main 1989. Ausgegangen ist die vor allem in der Erwachsenenbildung geführte Diskussion über Schlüsselqualifikationen von Dieter Mertens. Siehe dazu den aufschlußreichen Artikel von Hans Tietgens, »Von der Schlüsselqualifikation zur Erschließungskompetenz«, in: Petsch, H.-J./Tietgens, H., »Allgemeinbildung und Computer«, Bad Heilbrunn/Abb. 1989.
11 Siehe dazu zwei Schriften von Christine Morgenroth: »Sprachloser Widerstand. Zur Sozialpathologie der Lebenswelt von Arbeitslosen«, Frankfurt am Main 1990, »Die engagierte Frau. Frauen und Interessenorganisationen«, Münster 1996.
12 Georg Wilhelm Friedrich Hegel, »Sämtliche Werke«, Stuttgart 1927–1930, Bd. 20, S. 445 ff.
13 Vgl. dazu meine Untersuchung »Soziologische Phantasie und exemplarisches Lernen. Zur Theorie und Praxis der Arbeiterbildung«, Frankfurt am Main ⁷1981.
14 Hannah Arendt, »Fragwürdige Traditionsbestände im Denken der Gegenwart«, Frankfurt am Main 1957.
15 Hannah Arendt, »Das Urteilen. Texte zu Kants politischer Philosophie«, hrsg. und mit einem Essay von Ronald Beiner, München/Zürich 1982.
16 Jeweils ein kritischer Essay ist diesen fünf Kompetenzen gewidmet in »Report 26. Literatur- und Forschungsreport. Alternative Schlüsselqualifikationen«, hrsg. von E. Nuissl, H. Siebert, J. Weinberg, H. Tietgens, Frankfurt am Main 1990.
17 Vgl. dazu Wilhelm Mader, »Kompetenz im Umgang mit gebrochener Identität«, in: »Report 26«, a.a.O., S. 20 ff.
18 Vgl. dazu meine Untersuchungen »Prinzipien der exemplarischen Reorganisation des Lehrstoffs am Beispiel der Technik«, in: »Soziologische Phantasie und exemplarisches Lernen«, a.a.O., S. 113 ff., und »Aspekte der politischen Psychologie der Technik«, in: »Lebendige Arbeit, enteignete Zeit«, a.a.O., S. 227 ff.
19 Ich verweise hier auf Variation 3: »›Vergesellschaftung von unten‹ als Bedingung individueller Freiheit: Zur Selbstaufklärung der Aufklärung«.
20 Erwin Chargaff, »Der Mensch macht sich zum Maßschneider des Schicksals«, in: »Frankfurter Rundschau«, 7.11.1981.
21 Robert Jungk, »Der Atom-Staat. Vom Fortschritt in die Unmenschlichkeit«, Reinbek bei Hamburg 1979.
22 Bernd Passens, Ingrid Schöll, »Die Technik in ein Subjekt-Objekt-Verhältnis rückübersetzen«, in: »Report 26«, a.a.O., S. 31 ff.
23 Siehe dazu vor allem Ursula und Wolfgang Apitzsch, »Wahrnehmungsfähigkeit von Recht und Unrecht als soziale Schlüsselqualifikation«, in: »Report 26«, a.a.O., S. 57 ff.
24 Wie solche Lernprozesse zu organisieren sind, habe ich in meiner Schrift »Soziologische Phantasie und exemplarisches Lernen« zu zeigen versucht – in dem Kapitel »Prinzipien der exemplarischen Reorganisation des Lehrstoffs am Beispiel des Rechts«, a.a.O., S. 104 ff.
25 Dazu Gerd Michelsen, »Von der Umweltbildung zur ökologischen Kompetenz«, in: »Report 26«, a.a.O., S. 45 ff.
26 Siehe dazu Georg Behse, »Vom Umgang mit der Zeit«, in: »Report 26«, a.a.O., S. 66 ff.

KAPITEL V – OFFENE ANGEBOTSSCHULE UND GENERATIONENVERTRAG

1 Martin Luther, »Der große Katechismus«, Gütersloh 1995, S. 48.
2 Meine Analysen und Reformvorschläge decken sich in vielen Punkten mit denen von Hans-Günter Rolff, dessen bemerkenswertes letztes Buch besondere Beachtung verdient: »Wandel

durch Selbstorganisation. Theoretische Grundlagen und praktische Hinweise für eine bessere Schule«, Weinheim/München 1993.
3 Kurt Lewin, »Die Lösung sozialer Konflikte«, Bad Nauheim 1953, S. 116.
4 Ludwig von Friedeburg, »Frankfurter Beiträge zur Soziologie«, Bd. 3, Frankfurt am Main 1955, S. 9.
5 Kurt Lewin, »Die Lösung sozialer Konflikte«, a.a.O., S. 123.
6 A.a.O.
7 A.a.O., S. 120.
8 Henry Walter, »Mobbing, Kleinkrieg am Arbeitsplatz. Konflikte erkennen, offenlegen und lösen«, Frankfurt am Main/New York 1993, S. 7 f.
9 Lippitt hat später gemeinsam mit White weitere Studien durchgeführt und auch einen dritten Führungsstil untersucht, den des Laisser-faire. Die demokratische Gruppe erwies sich in jeder Hinsicht als die produktivste und emotional am stärksten ausgeglichene.
10 Kurt Lewin, »Die Lösung sozialer Konflikte«, a.a.O., S. 125.
11 »Lebensraum Schule«, die ausgezeichnete Diplomarbeit von Silvia Hesse und Mechthild Laube, die an der Architekturabteilung der Universität Hannover entstand, ist meines Wissens nicht veröffentlicht.
12 Jean Piaget, Bärbel Inhelder u. a., »Die Entwicklung des räumlichen Denkens beim Kinde«, Stuttgart 1971.
13 Harry F. Harlow, »The Nature of Love«, in: »American Psychologist«, 13, 1958, S. 673–685.
14 Beide Muttermaschinen hatten im Hintergrund einen Ventilator, der Wärme spendete. Die Wärme wurde aber offenbar anders empfunden, wenn sie vom Draht kam. Die Versuche umfaßten die Einführung eines »typical fear stimulus«. Die Babies ergriffen die Flucht zur Stoffmutter, praktisch niemals zur Drahtmutter. Das Antlitz der Stoffmutter bestand aus einem Holzkopf. Nach einer gewissen Zeit wurde die gleiche Stoffmutter mit einem bemalten Antlitz angeboten. Die Babies drehten diesen Kopf um 180°. Sie wollten kein Gesicht sehen, sondern den Holzkopf, der zum warmen, vibrationsreichen, sonst aber unbeweglichen Hautkörper der Mutter paßte.
15 Sigmund Freud, »Abriß der Psychoanalyse«, Frankfurt am Main 1972, S. 15.
16 René Schérer, »Das dressierte Kind. Sexualität und Erziehung. Über die Einführung der Unschuld«, Berlin 1980.
17 A.a.O., S. 17.
18 Michael Balint, »Urformen der Liebe und die Technik der Psychoanalyse«, Stuttgart 1965, S. 45.
19 Volkmar Sigusch, »Die Trümmer der sexuellen Revolution«, in: »Die Zeit«, 4.10.1996.
20 Walter Benjamin, »Berliner Kindheit um neunzehnhundert«, mit einem Nachwort von Theodor W. Adorno, Frankfurt am Main 1987.
21 Gaetano Benedetti, »Der psychisch Leidende und seine Welt. Eine medizinisch-psychologische Studie«, Frankfurt am Main 1984, S. 57 f.
22 A.a.O., S. 59.
23 A.a.O., S. 63.
24 Franz Kafka, »Brief an den Vater«, Frankfurt am Main 1981.
25 Karl Marx, »Das Kapital«, Bd. III, MEW Bd. 25, S. 784.
26 Hans Julius Wolff, »Die Grundlagen des griechischen Vertragsrechts«, in: »Zur griechischen Rechtsgeschichte«, hrsg. von Erich Berneker, Darmstadt 1968, S. 522 f.
27 Vgl. dazu »Der Herrschaftsvertrag«, hrsg. von Alfred Voigt, Neuwied 1965, S. 7 ff.
28 Immanuel Kant, »Beantwortung der Frage: Was ist Aufklärung?«, in: »Werke in sechs Bänden«, a.a.O., Bd. 6, S. 57 f.
29 A.a.O.

Variationen

1 Johann Heinrich Pestalozzi, »Werke«, Bd. II, »Schriften zur Menschenbildung und Gesellschaftsentwicklung«, Zürich 1986, S. 689.

2 Ernst Kantorowicz, »Kaiser Friedrich der Zweite«, ⁶1985, Hauptband, S. 59; siehe dazu auch Dieter Richter, »Das fremde Kind«, a.a.O., S. 20 f.
3 Vgl. dazu Oskar Negt, Alexander Kluge, »Geschichte und Eigensinn«, Frankfurt am Main 1981.
4 Karl Marx, »Nationalökonomie und Philosophie«, in: »Die Frühschriften«, a.a.O., S. 238.
5 Günther Anders, »Die Antiquiertheit des Menschen«, Bd. 1: »Über die Seele im Zeitalter der zweiten industriellen Revolution«, Bd. 2: »Über die Zerstörung des Lebens im Zeitalter der dritten industriellen Revolution«, München 1995.
6 Siehe dazu Erwin Chargaff, »Das Feuer des Heraklit. Skizzen aus einem Leben vor der Natur«, Frankfurt am Main 1989.
7 John Locke, »Über den menschlichen Verstand«, 2 Bd., Berlin 1962, Bd. 1, S. 28.
8 A.a.O., S. 81.
9 A.a.O., S. 81 f.
10 A.a.O., S. 124.
11 A.a.O., S. 108.
12 Gottfried Wilhelm Leibniz, »Neue Abhandlungen über den menschlichen Verstand, Buch I-II«, in: »Philosophische Schriften«, hrsg. und übersetzt von Wolf von Engelhardt und Hans Heinz Holz, Bd. III.1, Darmstadt 1959, S. IX.
13 A.a.O., S. XI.
14 A.a.O., S. IXX.
15 A.a.O., S. XXI.
16 A.a.O., S. XXV.
17 John Locke, »Some Thoughts concerning Education«, § 38.
18 Günter R. Schmidt, »John Locke (1632 bis 1704)«, in: »Klassiker der Pädagogik I«, hrsg. von Hans Scheuerl, München 1991, S. 115.
19 Gottfried Wilhelm Leibniz, »Vernunftprinzipien der Natur und der Gnade. Monadologie«, Hamburg 1982, S. 61.
20 Siehe dazu meine Erörterungen in: »Modernisierung im Zeichen des Drachen. China und der europäische Mythos der Moderne«, Frankfurt am Main 1988, S. 30 ff.
21 Dieter Richter, »Das fremde Kind«, a.a.O., S. 26.
22 Jean Piaget, Bärbel Inhelder, »Die Psychologie des Kindes«, a.a.O., S. 29.
23 A.a.O.
24 A.a.O., S. 70.
25 Karl Marx, »Die Frühschriften«, a.a.O., S. 245 f.
26 A.a.O., S. 243.
27 Karl Marx, »Das Kapital«, Bd. I, in: MEW, Bd. 23, S. 194 f.
28 Helmuth Plessner, »Mensch und Tier (1946)«, in: »Gesammelte Schriften VIII. Conditio humana«, Frankfurt am Main 1983, S. 63 f.
29 A.a.O., S. 62 f.
30 Immanuel Kant, »Über Pädagogik«, in: »Werke in sechs Bänden«, a.a.O., Bd. 6, S. 697.
31 A.a.O.
32 A.a.O., S. 699.
33 Jean-Jacques Rousseau, »Emil oder Über die Erziehung«, Paderborn/München/Wien/Zürich 1989, S. 9.
34 Heinrich Roth, »Die wichtigsten Ergebnisse der Gutachten aus dem Buch ›Begabung und Lernen‹«, in: Basil Bernstein u.a., »Lernen und soziale Struktur. Aufsätze 1965 bis 1970«, Amsterdam 1970, S. 92.
35 A.a.O.
36 Luciano Mecacci, »Das einzigartige Gehirn. Über den Zusammenhang von Hirnstruktur und Individualität«, Frankfurt am Main/New York 1986, S. 9 f.
37 Immanuel Kant, »Kritik der Urteilskraft«, § 46.
38 A.a.O.
39 Alice Miller, »Das Drama des begabten Kindes und die Suche nach dem wahren Selbst«, Frankfurt am Main 1979, S. 68.

40 Wilhelm Arnold, »Begabung«, in: »Wörterbuch der Pädagogik«, Freiburg/Basel/Wien 1977.
41 »›Auch die Tests finden die Hochbegabten nicht‹. Jetzt suchen Forscher nach einer neuen Theorie«, in: »Frankfurter Rundschau«, 4.12.1986.
42 »Süddeutsche Zeitung«, 19.4.1985.
43 In: »Summerhill: Pro und Contra«, Reinbek bei Hamburg 1980, S. 19 ff.
44 A.a.O., S. 29 ff.
45 A. S. Neill, »Das Prinzip Summerhill: Fragen und Antworten«, Reinbek bei Hamburg 1982, S. 104.
46 A.a.O., S. 103.
47 A.a.O., S. 88.
48 A.a.O., S. 89.
49 A.a.O.
50 A. S. Neill, »Theorie und Praxis der antiautoritären Erziehung. Das Beispiel Summerhill«, Reinbek bei Hamburg 1982, S. 112.
51 A.a.O., S. 112.
52 A.a.O., S. 105.
53 A.a.O., S. 70.
54 A.a.O., S. 74.
55 A.a.O., S. 75.
56 A.a.O., S. 77.
57 A.a.O., S. 76.
58 A.a.O., S. 85.
59 A.a.O., S. 149.
60 A.a.O., S. 153.
61 A.a.O., S. 215.
62 A. S. Neill, »Das Prinzip Summerhill: Fragen und Antworten«, a.a.O., S. 135.
63 A. S. Neill, »Theorie und Praxis der antiautoritären Erziehung«, a.a.O., S. 23.
64 Vgl. »Summerhill droht die Schließung«, in: »Süddeutsche Zeitung«, 12./13.2.1994.
65 Immanuel Kant, »Werke in sechs Bänden«, a.a.O., Bd. 6, S. 400.
66 A.a.O.
67 Zitiert nach Manfred Borchert, Karin Derichs-Kunstmann (Hrsg.), »Schulen, die ganz anders sind. Erfolgsberichte aus der Praxis für die Praxis«, Frankfurt am Main 1980, S. 110.
68 Célestin Freinet, »Pädagogische Texte mit Beispielen aus der praktischen Arbeit nach Freinet«, Frankfurt am Main 1980, S. 106 f.
69 A.a.O., S. 95.
70 A.a.O., S. 89.
71 A.a.O., S. 86.
72 Karl Marx, »Grundrisse der politischen Ökonomie (Rohentwurf) 1857-1858«, Berlin 1953, S. 505.
73 A.a.O.
74 Célestin Freinet, »Pädagogische Texte«, a.a.O., S. 87.
75 A.a.O., S. 95.
76 A.a.O., S. 25.
77 Elise Freinet, »Erziehung ohne Zwang. Der Weg Célestin Freinets«, Stuttgart 1981, S. 27 f.
78 Karl Marx, »Das Kapital«, Bd. I, a.a.O., S. 341 f.
79 So heißt im Sprachgebrauch der Beteiligten ein Versammlungsplatz auf dem Schulhof, der in Form eines kleinen Amphitheaters angelegt ist.
80 Das heißt, es gibt festliegende »Fachstunden«, zum Beispiel in Sport, Musik oder Werken.
81 Rechnen, Lesen und Schreiben findet darüber hinaus im Zusammenhang mit Sachthemen, Alltagsorganisation und Projekten statt.
82 Immanuel Kant, »Werke in sechs Bänden«, a.a.O., Bd. 6, S. 711.
83 Albert Camus, »Der Mythos von Sisyphos. Ein Versuch über das Absurde«, Reinbek bei Hamburg 1995, S. 101.

Auswahlbibliographie

Ariès, Philippe/Duby, Georges (Hrsg.), »Geschichte des privaten Lebens. Vom Römischen Imperium zum Byzantinischen Reich«, Frankfurt am Main 1989.

Baethge, Martin u. a., »Jugend: Arbeit und Identität. Lebensperspektiven und Interessenorientierungen von Jugendlichen«, Studie des Soziologischen Forschungsinstituts Göttingen (SOFI), Opladen 1988.

Baßmann, Winfried/Dehnbostel, Karin/Drenkelfort, Günter (Hrsg.), »Gesamtschule. Lernen ohne Angst«, Frankfurt am Main 1980.

Becker-Schmidt, Regina/Knapp, Gudrun-Axeli (Hrsg.), »Das Geschlechterverhältnis als Gegenstand der Sozialwissenschaften«, Frankfurt/New York 1995.

Becker-Schmidt, Regina/Knapp, Gudrun-Axeli, »Geschlechtertrennung – Geschlechterdifferenz. Suchbewegungen sozialen Lernens«, Bonn 1987.

Benedetti, Gaetano, »Der psychisch Leidende und seine Welt. Eine medizinisch-psychologische Studie«, Frankfurt am Main 1984.

Benjamin, Walter, »Berliner Kindheit um neunzehnhundert«, Frankfurt am Main 1987.

Bernfeld, Siegfried, »Sisyphos oder die Grenzen der Erziehung«, Frankfurt am Main 1990.

Bernstein, Basil u.a., »Lernen und soziale Struktur. Aufsätze 1965–1970«, Amsterdam 1970.

Beutler, Kurt/Horster, Detlef, »Pädagogik und Ethik«, Stuttgart 1996.

Beuys, Barbara, »Familienleben in Deutschland. Neue Bilder aus der deutschen Vergangenheit«, Reinbek bei Hamburg 1980.

Blankertz, Herwig, »Die Geschichte der Pädagogik. Von der Aufklärung bis zur Gegenwart«, Wetzlar 1982.

Bründel, Heidrun/Hurrelmann, Klaus, »Gewalt macht Schule. Wie gehen wir mit aggressiven Kindern um?«, München 1994.

Dennison, George, »Lernen und Freiheit. Aus der Praxis der First Street School«, Frankfurt am Main 1971.

Durkheim, Emile, »Erziehung, Moral und Gesellschaft«, Neuwied/Darmstadt 1973.

Durkheim, Emile, »Der Selbstmord«, Neuwied/Berlin 1973.

Durkheim, Emile, »Über die Teilung der sozialen Arbeit«, Frankfurt am Main 1977.

Eisenberg, Götz/Gronemeyer, Reiner, »Jugend und Gewalt. Der neue Generationenkonflikt oder Der Zerfall der zivilen Gesellschaft«, Reinbek bei Hamburg 1993.

Fertig, Ludwig, »Friedrich Hölderlin der Hofmeister«, Darmstadt 1990.

Fertig, Ludwig, »Jean Paul der Winkelschulhalter«, Darmstadt 1990.

Freinet, Célestin, »Pädagogische Texte mit Beispielen aus der praktischen Arbeit nach Freinet«, Frankfurt am Main 1980.

Freinet, Elise, »Erziehung ohne Zwang. Der Weg Célestin Freinets«, Stuttgart 1981.

Freire, Paulo, »Der Lehrer ist Politiker und Künstler«, Reinbek bei Hamburg 1981.

Freud, Anna, »Kriegskinder. Berichte aus den Kriegskinderheimen ›Hampstead Nurseries‹ 1941 und 1942«, »Die Schriften der Anna Freud«, Band 2, Frankfurt am Main 1987.

Freud, Anna, »Anstaltskinder. Berichte aus den Kriegskinderheimen ›Hampstead Nurseries‹ 1943 und 1945«, »Die Schriften der Anna Freud«, Band 3, Frankfurt am Main 1987.

Freud, Anna/Bergmann, Thesi, »Kranke Kinder. Ein psychoanalytischer Beitrag zu ihrem Verständnis«, Frankfurt am Main 1977.

Fromm, Erich/Horkheimer, Max/Mayer, H./Marcuse, Herbert u.a., »Autorität und Familie«, vollständige Ausgabe in zwei Bänden, Band 1, Paris 1936.

Gerner, Berthold (Hrsg.), »Das exemplarische Prinzip. Beiträge zur Didaktik der Gegenwart«, Darmstadt 1966.

Giesecke, Hermann, »Das Ende der Erziehung. Neue Chancen für Familie und Schule«, Stuttgart ^{5}1990.

Giesecke, Hermann, »Pädagogik als Beruf. Grundformen pädagogischen Handelns«, Weinheim/ München 1992.

Hengsbach, Friedhelm, »Abschied von der Konkurrenzgesellschaft. Für eine neue Ethik in Politik, Wirtschaft und Gesellschaft«, München 1995.

Hentig, Hartmut von, »Die Schule neu denken«, München/Wien 1993.

Huizinga, Johan, »Homo Ludens. Vom Ursprung der Kultur im Spiel«, Reinbek bei Hamburg 1962.

Hurrelmann, Klaus/Rixius, Norbert/Schirp, Heinz, »Gegen Gewalt in der Schule«, Weinheim 1996.

Hurrelmann, Klaus u.a. (Hrsg.), »Anti-Gewalt-Report. Handeln gegen Aggression in Familie, Schule und Freizeit«, Weinheim 1995.

Illich, Ivan, »Entschulung der Gesellschaft. Entwurf eines demokratischen Bildungssystems«, Reinbek bei Hamburg 1981.

Jugendwerk der Deutschen Shell, »Jugend '92. Lebenslagen, Orientierungen und Entwicklungsperspektiven im vereinigten Deutschland«, Band 1 und 2, Opladen 1992.

Kafka, Franz, »Brief an den Vater«, Frankfurt am Main 1981.

Kornadt, Hans-Joachim (Hrsg.), »Aggression und Frustration als psychologisches Problem«, Band 2, Darmstadt 1992.

Kürner, Peter/Nafroth, Ralf, »Die vergessenen Kinder. Vernachlässigung und Armut in Deutschland«, Köln 1994.

Lenzen, Dieter, »Mythologie der Kindheit. Die Verewigung des Kindlichen in der Erwachsenenkultur. Versteckte Bilder und vergessene Geschichten«, Reinbek bei Hamburg 1985.

Montessori, Mario, »Erziehung zum Menschen. Montessori-Pädagogik heute«, München 1977.

Morgenroth, Christine, »Die engagierte Frau. Frauen und Interessenorganisationen«, Münster 1996.

Negt, Oskar, »Lebendige Arbeit, enteignete Zeit. Politische und kulturelle Dimensionen des Kampfes um die Arbeitszeit«, Frankfurt/New York ^{3}1987.

Negt, Oskar, »Soziologische Phantasie und exemplarisches Lernen. Zur Theorie und Praxis der Arbeiterbildung«, Frankfurt am Main ^{7}1981.

Neill, A.S., »Das Prinzip Summerhill: Fragen und Antworten«, Reinbek bei Hamburg 1982.

Neill, A.S., »Die grüne Wolke. Den Kindern von Summerhill erzählt«, Reinbek bei Hamburg 1971.

Neill, A.S., »Theorie und Praxis der antiautoritären Erziehung. Das Beispiel Summerhill«, Reinbek bei Hamburg 1970.

Neusüss, Arnhelm (Hrsg.), »Utopie. Begriff und Phänomen des Utopischen«, Neuwied/Berlin 1968.

Nuissl, E./Siebert, H./Weinberg, J./Tietgens H. (Hrsg.), »Report 26. Literatur- und Forschungsreport Weiterbildung«, Frankfurt am Main 1990.

Paffrath, Hartmut F., »Die Wendung aufs Subjekt. Pädagogische Perspektiven im Werk Theodor W. Adornos«, Weinheim 1994.

Pestalozzi, Johann Heinrich, »Lienhard und Gertrud«, Werke Band 1, Zürich 1986.

Pestalozzi, Johann Heinrich, »Zur Menschenbildung und Gesellschaftsentwicklung«, Werke Band 2, Zürich 1986.

Piaget, Jean, »Das moralische Urteil beim Kinde«, Frankfurt am Main 1979.

Piaget, Jean, »Die Bildung des Zeitbegriffs beim Kinde«, Frankfurt am Main 1974.

Piaget, Jean/Inhelder, Bärbel, »Die Psychologie des Kindes«, Frankfurt am Main 1983.

Postman, Neil, »Das Verschwinden der Kindheit«, Frankfurt am Main 1983.

Raufuß, Dietmar, »Technik und Bildung«, Bad Salzdetfurth 1991.

Richter, Dieter, »Das fremde Kind. Zur Entstehung der Kindheitsbilder des bürgerlichen Zeitalters«, Frankfurt am Main 1987.

Röhrs, Hermann (Hrsg.), »Die Schulen der Reformpädagogik heute. Handbuch reformpädagogischer Schulideen und Schulwirklichkeit«, Düsseldorf 1986.

Rolff, Hans-Günter, »Schule im Wandel. Kritische Analysen zur Schulentwicklung«, Essen 1984.

Rolff, Hans-Günter, »Wandel durch Selbstorganisation. Theoretische Grundlagen und praktische Hinweise für eine bessere Schule«, Weinheim/München 1993.

Rolff, Hans-Günter/Zimmermann, Peter, »Kindheit im Wandel. Eine Einführung in die Sozialisation im Kindesalter«, Weinheim/Basel 1985.

Roth, Heinrich (Hrsg.)/Deutscher Bildungsrat, »Gutachten und Studien der Bildungskommission«, Band 4, »Begabung und Lernen. Ergebnisse und Folgerungen neuer Forschungen«, Stuttgart 1980.

Rousseau, Jean-Jacques, »Emil oder Über die Erziehung«, Paderborn/München/Wien/Zürich 1989.

Rühle, Otto, »Zur Psychologie des proletarischen Kindes«, Frankfurt am Main 1975.

Saña, Heleno, »Das Ende der Gemütlichkeit. Eine Bilanz der Krise unserer Zeit«, Hamburg 1992.

Saña, Heleno, »Die verlorene Menschlichkeit. Wege aus einem Ausnahmezustand«, Düsseldorf 1994.

Schérer, René, »Das dressierte Kind. Sexualität und Erziehung: Über die Einführung der Unschuld«, Berlin 1980.

Scheuerl, Hans, »Klassiker der Pädagogik I. Von Erasmus von Rotterdam bis Herbert Spencer«, München 1991.

Scheuerl, Hans, »Klassiker der Pädagogik II. Von Karl Marx bis Jean Piaget«, München 1991.

Schöpf, Alfred (Hrsg.), »Phantasie als anthropologisches Problem«, Würzburg 1981.

Tolstoi, Leo, »Die Schule von Jasnaja Poljana«, Wetzlar 1980.

Weber-Kellermann, Ingeborg, »Die deutsche Familie. Versuch einer Sozialgeschichte«, Frankfurt am Main 1974.

Ziehe, Thomas, »Pubertät und Narzißmus. Sind Jugendliche entpolitisiert?« Frankfurt am Main/Köln 1975.

Ziehe, Thomas, »Zeitvergleiche. Jugend in kulturellen Modernisierungen«, Weinheim/München 1991.